ERWIN TRAGATSCH

Motorräder

DEUTSCHLAND · ÖSTERREICH · TSCHECHOSLOWAKEI

MOTORBUCH VERLAG STUTTGART

Einband und Schutzumschlag: Siegfried Horn

Für die freundliche Unterstützung dieser Arbeit durch Bereitstellung von Informationen und Illustrationsmaterial danke ich verbindlichst den Firmen BMW, DKW und Hercules (Zweirad Union), Kreidler, Maico, MZ, NSU, Opel, Tornax und Zündapp sowie den Herren Rudi Albert, Walter Brandstetter, Jack W. G. Branse, Horst Bredow, Christian Christophe, Ing. Fritz Ehn, Hans-Heinrich von Fersen, G. L. Hartner, Michael Heise, Willy Helmerding, Rudolf Hiller, Helmut Hütten, Basil Jones, Dr. Helmut Krackowizer, Václav Petřik, Siegfried Rauch, Bernhard Reichert, Peter Schneider, Dr. Rolf Schrödter, Philipp Sittmann, Siegfried Werner, Alfred Winkler, Lothar Wonnenberger, August Wurring und Ludwig Zemene sowie dem Zweirad-Museum in Neckarsulm, dem Zweitakt-Museum auf der Augustusburg und dem Museum in Marxzell.
Weiteres Illustrationsmaterial stammt aus »Das MOTORRAD« und dem Archiv des Verfassers.

1. Auflage ISBN 3-87943-106-X
ab 2. Auflage ISBN 3-87943-213-9

4. Auflage 1974

Gesamtherstellung: Druck- und Verlagsanstalt Welsermühl
Printed in Austria

VORWORT

Dies ist die vierte und bedeutend erweiterte Auflage von »Motorräder in Deutschland, Österreich und der Tschechoslowakei«. Erweitert durch zahlreiche neue Bilder und Texte. Geschrieben für alle, die in irgendeiner Verbindung zu Motorrädern stehen, enthält dieses Buch eine Übersicht über die ganze Motorradindustrie in den genannten drei Ländern. Angefangen beim Jahr 1894, als Hildebrand & Wolfmüller in München erstmals Motorräder auf kommerzieller Grundlage herstellten, bis zur Gegenwart. Und das ist auch der Hauptgrund, daß sich dieses Buch (jetzt mit 642 Illustrationen) so großer Beliebtheit erfreut. Weil es sowohl für die Jugend wie auch für ältere Generationen von Motorradfahrern bestimmt ist. Und nicht zuletzt für den praktischen Gebrauch im Motorradhandel, in Lehrstätten und als praktisches Nachschlagewerk überhaupt.

Es gab bisher noch kein derart ausführliches Werk, das die Motorradfabrikation in den letzten 80 Jahren vermittelt; noch kein Werk, das derart viele und derart einmalige Illustrationen von Motorrädern bietet. Hier werden aber auch technische, kommerzielle und sportliche Angaben über bekannte und interessante Modelle der einzelnen Marken gemacht und nicht nur zahlreiche berühmte Rennfahrer, sondern auch Konstrukteure und andere bedeutende Persönlichkeiten aus der Motorradindustrie erwähnt.

Es gelang mir, für diese vierte Auflage ganz neues – und ich kann getrost behaupten einmaliges – Bildmaterial zu bekommen. Es ist so zahlreich und so interessant, daß ich es an Stelle eines längeren Vorwortes in dieses Buch bringe. Dazu kommt, daß ich bei einzelnen Marken Bilder ausgewechselt habe. Teilweise durch bessere Illustrationen, teilweise aber auch durch die neuesten Modelle ersetzt. Und dadurch bleibt »Motorräder in Deutschland, Österreich und der Tschechoslowakei« das ideale Nachschlagwerk für alle Generationen.

Möge die Lektüre viel Information und Wissen vermitteln und manche Erinnerung wachrufen. Dies wünscht allen seinen Lesern,

Erwin Tragatsch

DIE VIERTE AUFLAGE

Diese neue Auflage von »Motorräder in Deutschland, Österreich und der Tschechoslowakei« enthält – erstmalig! – dieses Kapitel mit 66 neuen, zum Teil einmaligen und bisher noch nie veröffentlichten Illustrationen. Und so kommt es, daß dieses Buch nunmehr 642 Bilder von Motorrädern bringt, die von 1894 bis zum heutigen Tage in diesen drei Ländern gebaut wurden und zum Teil noch in Produktion sind.

Das sind die Einzelheiten zu den neuaufgenommenen Bildern:

1. Von Albertus 1922 in Achern gebaute 142 ccm Zweitaktmaschine mit dem von Julius Löwy konstruierten Rohölmotor. Beachtenswert die zusätzlichen Kraftstoffbehälter auf beiden Seiten des Zylinders. Kerzen, die nicht standhielten, Kolbenringe, die verklebten, und mangelnde Leistung des Motors verhinderten einen Erfolg dieser Konstruktion.

2. An dieser 1925 von Benninger in Augsburg geschaffenen Agon ist der 346 ccm ohv-Motor bemerkenswert. Er stammte von Bradshaw in England und hatte Ölkühlung.
3. Der seit 1921 existierende Motorradbau von August Wurring in Breidscheid bei Düsseldorf stellte – wie das Bild zeigt – 1936 auch schöne 496 ccm Einzylindermodelle mit sv-Motoren von Columbus her.
4. Bauer in Klein-Auheim am Main gehörte zu den zahlreichen Motorrad-Konfektionären der fünfziger Jahre. Gebaut wurde dieses 148-ccm-Modell mit dem Sachs-Motor 1951.
5. Die Firma hieß »Bayern Leichtfahrzeug GmbH« und war in München. Zuletzt, 1926 stellte sie jedoch große Motorräder mit wechselgesteuerten 996 ccm V-Motoren von MAG her.
6. Einer Schrittmachermaschine ähnlich sehend, wurde diese 846 ccm V-Zweizylinder Bismarck 1905 in Radevormwald gebaut. Der Motor stammte von Zedel.
7. Bereits 1925 baute BMW in München Einzylindermodelle mit 248 ccm ohv-Motoren. Dieses Bild ist insofern interessant, weil es die damals nur in wenigen Exemplaren hergestellte Sport-Version darstellt.
8. Mit einem zweizylindrigen 745 ccm ohv-Motor und Kompressor ausgerüstet, erreichte diese BMW-Weltrekordmaschine – 1935 von Ernst Henne gesteuert – 258,06 km/h.
9. Und das ist die – derzeit – neuste BMW. Der Typ R 90 S mit 898 ccm Hubraum, 67 PS bei 7000 U/min und einer Spitze von über 200 km/h.
10. Bei Bücker in Oberursel im Taunus wurden während der Jahre zahlreiche Einbaumotoren, darunter 1954 auch dieser 244 ccm Zweizylinder-Zweitaktmotor von Ilo, verwendet.
11. In Magdeburg-Buckau stellten die Busse-Werke AG 1925 außer Modellen mit DKW- und Paqué-Motoren auch diese 246-ccm-Zweitaktversionen mit eigenen Motoren her.
12. Auch der einst berühmte Megola-Konstrukteur Fritz Cockerell schuf 1924 einen Fahrrad-Hilfsmotor. Es war ein 110 ccm Zweitakter, der über dem Hinterrad angebracht wurde. Man begann mit dem Großserienbau desselben, blieb aber, als Tausende von Motoren halb fertig waren, infolge Rückzugs der Schweizer Geldgeber auf halbem Wege liegen.
13. Erfolgreicher war vorher Jörgen Skafte Rasmussen, Inhaber der Zschopauer DKW-Werke. Sein – 1919 von Hugo Ruppe konstruierter – Fahrrad-Hilfsmotor führte zum großen Aufstieg der Marke DKW.
14. Prachtvoll auch diese 1953 gebaute 246-ccm-Zweitaktmaschine von DKW in Ingolstadt, die unter der Bezeichnung RT 250 auf den Markt kam und schon eine gute Hinterradfederung besaß.
15. Zu Zeiten, als Dürkopp in Bielefeld Fahrräder mit Kardanantrieb herstellte, hatten diese 7 PS V-Zweizylinder Dürkopp-Motorräder Riemenantrieb zum Hinterrad. Das war 1905.
16. Fast 50 Jahre später wurden abermals – von Dr. Gosslau konstruierte – Dürkopp-Motorräder hergestellt. Das Bild zeigt die 148 ccm »MD 150« mit eigenem, leistungsfähigem Zweitaktmotor. Baujahr: 1952.
17. Gute Konstruktionstendenzen verrät die 245 ccm E.B.S. von 1925. Da ist nicht nur der Doppelschleifenrahmen, sondern vor allem auch der vollkommen verdeckte Ventilmechanismus des eigenen ohv-Motors. Trotzdem war die in Berlin gebaute E.B.S. vor allem als »Bauernmotorrad« bekannt.
18. Auf dieses Bild bin ich besonders stolz. Nicht weil die 1925 gebaute 198 ccm Elster eine besonders schöne Konstruktion war, sondern weil bereits 1928 die führende damalige deutsche Motorradzeitschrift diese Marke überhaupt nicht kannte. Und da freut es einen, wenn man nach 50 Jahren den Lesern doch noch ein Bild dieser in Mylau (Vogtland) gebauten Konstruktion zeigen kann.

19. Auch die Düsseldorfer Fadag gehörte keinesfalls zu den populären Maschinen ihrer Periode. Man baute Leichtkrafträder und 1925–1926 auch diese 490 ccm ohv-Einzylindermodelle.

20. Von den Otto-Werken GmbH in München gebaut, hatte die Marke Flottweg einen guten Namen als Hersteller von Hilfsmotoren für Fahrräder. Das war zwischen 1921 und 1924. Und 1925 entstand diese 169 ccm ohv-Einzylinder-Flottweg-Maschine.

21. August Göricke stellte in seiner berühmten Bielefelder Fahrradfabrik schon 1903 Motorräder her. Gute, für heutige Begriffe natürlich ungewöhnliche Maschinen mit 2¾ PS Einzylindermotoren.

22. Auch diese 4½ PS Maschine mit dem eigenen V-Zweizylinder sv-Motor stammt aus der ersten Motorrad-Periode von Göricke und besaß Magnetzündung. Das Baujahr: 1904.

23. So manches könnte man an der 346 ccm Göricke von 1928 kritisieren. Keinesfalls den wechselgesteuerten MAG-Motor, aber die fehlende Vorderradbremse, den zu kleinen Kraftstoffbehälter und auch die zu hohe Sattelposition.

24. Die einst zu den Hansa-Automobilwerken gehörenden Hansa-Präzisionswerke AG in Bielefeld stellten 1926 technisch interessante 197-ccm- und 247-ccm-ohv-Modelle mit eigenen Blockmotoren her. Die Ventile saßen hier schräg in Ebene quer zur Fahrrichtung im Zylinderkopf.

25. Den etwas ungewöhnlichen Namen Hapamee bekamen diese Leichtkrafträder von den ersten zwei Buchstaben des Konstrukteurs und Herstellers Hans-Paul Meinke. Das letzte »e« war wohl nur eine Zugabe dieser einst in Salzwedel (Altm.), Breitestraße 18, befindlichen Motorradfabrik. Abgebildet ist die 158 ccm Hapamee von 1924. Der Motor war eine eigene Konstruktion.

26. Beim Bau der Haweka-Motorräder bei der Firma H. & W. Kruse in Hamburg wurden 1926 zahlreiche englische Komponenten verwendet. Typisch ist der 676 ccm sv-Motor von JAP in London. Auch die kleineren Einzylindermodelle besaßen Einbaumotoren dieser einst berühmten englischen Werke.

27. Hecker in Nürnberg gehörte auch zu den deutschen Motorradherstellern, die ihre Motoren von Spezialfabriken bezogen. Und es war auch in diesem Fall der englische JAP, den man lange Zeit einbaute. Das Bild aus dem Jahr 1931 zeigte eine 198-ccm-Hecker mit dem obengesteuerten JAP-Doppelauspuffmotor.

28. Zwanzig Jahre später, 1952, verwendete Hecker auch 247er Ilo-Zweitakt-Einzylindermotoren. Und – als Besonderheit – vollkommen eingeschlossene Ketten zum Hinterrad. Erwähnt sei, daß Mitte der zwanziger Jahre in Nürnberg bei Scharrer & Gross gebaute Einbaumotoren – die englischen AJS-Motoren sehr ähnlich sahen – von Hecker eingebaut wurden.

29. In Nürnberg wurden auch die Heller-Motorräder mit zweizylindrigen Boxermotoren hergestellt. Mit dem 492-ccm-Motor von BMW und auch mit – wie das Bild von 1925 zeigt – von der Fürst Hohenzollerschen Maschinenfabrik in Immendingen hergestellten 746-ccm-M.J.-Einbaumotoren, die obengesteuerte Ventile besaßen.

30. Dies ist eine neue, 1973 geschaffene Motorradkonstruktion. Bei Hercules in Nürnberg gebaut, hat diese W 2000 als erstes serienmäßig hergestelltes Motorrad einen 294-ccm-Wankel-Motor. Dieser stammt von Fichtel & Sachs in Schweinfurt ... Hercules gehört zur Fichtel & Sachs-Gruppe.

31. Interessant das Fahrgestell dieser 1926 in Minden gebauten Hoco. Es bestand aus Eschen-

holz, das in vernickelte Stahltaschen gepreßt war. Die abgebildete Maschine hatte einen seitengesteuerten 293-ccm-JAP-Motor.

32. Bei Kleemann (Horex-Werke) in Bad Homburg v. d. H. gab es 1953 schnelle Rennmaschinen mit eigenen 498-ccm-Parallel-Zweizylinder-Doppelnockenwellenmotoren. Fahrer dieser Werksrennmaschinen waren Kurt Mansfeld, Friedl Schön, Hugo Schmitz, Bill Petch und Werner Gerber.
33. Die einst sehr erfolgreiche 348-ccm-Imperia-Rennmaschine gewann unter Ernst Loof zahlreiche deutsche Meisterschaften bei Straßen- und Bergrennen. Der vierventilige ohv-Motor stammte von Python (Rudge) in England. Das Bild zeigt die 1934 gebaute Rennmaschine, die auch von Schanz, Schminke, Kohfink, Hartmann, Steiner, Thorn-Prikker, Anderson, Frentzen und anderen Fahrern erfolgreich gesteuert wurde.
34. Die Komet, 1905 von Kirschner & Co. in Dresden gebaut, war eine der ersten in Deutschland serienmäßig hergestellten Zweitaktmaschinen. Der Motor hatte 3 PS.
35. KTM in Mattighofen (Österreich) gehört zu den jüngeren Motorradfabriken, die festen Boden gefaßt und ihre Position auch am amerikanischen Markt ausgebaut haben. Das Bild zeigt eine 1971 gebaute 123 ccm Moto-Cross KTM, wie sie an den amerikanischen Importeur Penton geliefert wurde.
36. Aus Österreich kam auch die – von der Erdberger Maschinenfabrik AG in Wien gebaute – Lanco. Bemerkenswert an diesem 1924er Modell der eigene, im Rahmen hängende 492-ccm-ohv-Motor. Konstrukteur: Josef Wild.
37. Jungbunzlau, jetzt Mladá Boleslav, gehörte bis 1918 zur österreichisch-ungarischen Monarchie, seitdem zur Tschechoslowakei. Und dort befand sich seit 1899 die Motorradfabrik von Laurin & Klement, wo 1905 dieser 5-PS-Typ CCR mit einem eigenen V-Motor entstand.
38. Laurin & Klement, später eine Autofabrik, die 1926 von Škoda übernommen wurde, baute 1905 auch schon Motorräder mit eigenen 5-PS-Vierzylinder-Reihenmotoren. Sie erreichten 96 km/h, wogen rund 80 kg und kosteten £ 74,– in England, wo sie auch unter dem Namen Hewetson offeriert wurden.
39. Die Maschinenfabrik von Christian Linser in Reichenberg gehörte zu den Konkurrenten von Laurin & Klement. Sie baute ihre Motorräder auch unter dem Namen Zeus. Die abgebildete 3½-PS-Linser wurde 1904 hergestellt.
40. Sehr solid und klar in der Konstruktion die zweizylindrige 5-PS-Linser aus dem Jahre 1905. Alles, auch Motor und Vergaser, wurde im eigenen Werk gebaut. Nur Magnete und einige andere kleine Teile wurden von Spezialfirmen bezogen.
41. Die einst von der Magnet-Motoren AG in Berlin-Weißensee produzierten Magnet-Motorräder genossen dank ihrer Qualität einen erstklassigen Ruf. Schön auch die abgebildete, 1906 hergestellte 4,5 PS V-Zweizylinder-Magnet. Der Motor war eigene Konstruktion und Herstellung.
42. Deutschlands führende Marke im Moto-Cross ist Maico in Pfäffingen/Ammerbuch, wo auch schnelle 123 ccm Straßenrennmaschinen gebaut werden. Das Bild stellt die 386-ccm-Moto-Cross-Version mit dem eigenen 42-PS-Zweitaktmotor dar, wie er 1974 zum Einsatz kam.
43. Kein sehr gutes, aber sicherlich einmaliges Bild. Es stellt 1921 gebaute Mars-Werksrennmaschinen mit den Fahrern Ernst Schulz und Heinz Wilhelm dar, die damals die Meisterschaft von Bayern gewannen. Die zweizylindrigen 956-ccm-Boxermotoren wurden von den Maybach-Werken ausschließlich für Mars in Nürnberg-Doos hergestellt.

44. Wie die sagenhafte Mars in ihrer serienmäßigen Ausführung aussah, zeigt dieses Bild. Fast wäre sie 1925 nach dem kommerziellen Zusammenbruch der Werke vom Markt verschwunden. Gerettet wurde sie durch die Brüder Johann und Karl Müller, die damals – bis auf den Namen – Mars übernahmen.

45. So kam es, daß die 956 ccm Mars nunmehr M.A. hieß. Und da sie die Produktion nicht auslasten konnte, kamen 1929 kleinere M.A.-Modelle dazu. Das Bild zeigt eine damals hergestellte »KLEINE« M.A., deren 496-ccm-ohv-Einzylinder-Doppelauspuffmotor von MAG in Accacias bei Genf stammte.

46. Eine der vielen ungewöhnlichen Motorradkonstruktionen der zwanziger Jahre war die M.D., wobei die zwei Buchstaben für »München-Danzig« standen. Auffallend, daß sich beim 197-ccm-Einzylindermotor Einlaß- und Auslaßkanal wie auch die Kerze vor dem Zylinder befanden.

47. Die große Mars war ein klassisches Motorrad, Fritz Cockerells 640-ccm-Megola wohl aber doch noch eine Stufe höher. Weil hier ein Fünfzylindermotor vorhanden und noch dazu ins Vorderrad eingebaut war. Auch hatte die Mars ein Zweigang-, später sogar Drei- und Viergangetriebe. Die Megola besaß nie ein Getriebe und auch nie eine Kupplung. Und doch wurden zwischen 1921 und 1925 2000 davon in Münchens Grünwalder Straße gebaut.

48. Deutschlands größte Dreizylinder-Zweitaktmaschine, die 700 ccm Münch, wurde 1973 vorgestellt, aber – bisher – nicht in Serie gebaut. Sachs schuf den Motor dieses Prototyps für die Münch Motorradfabrik GmbH in Altenstadt/Hessen.

49. Mit Zweitaktern groß geworden, setzte 1972 die Marke MZ werksseitig diese 248-ccm-Zweizylinder-Rennmaschinen mit wassergekühlten Drehschiebermotoren ein.

50. Daß Rennmotorräder leicht sein müssen, wußte man – wie dieses Bild zeigt – bereits 1906 bei NSU in Neckarsulm. Die Konstruktion beweist, daß diese 746-ccm-Spezialmaschine für Bahnrennen entworfen wurde.

51. Diese 4½ PS Orion V-Zweizylindermaschine hatte mit der Laurin & Klement wie auch der Linser gemeinsam, daß alle auf dem Gebiete der Tschechoslowakei gebaut wurden. Die Orion, 1906 von Vilém Michl in Slány, der erst 1933 den Bau der Orion-Motorräder aufgab.

52. Orionette gehörte in den zwanziger Jahren zu den führenden Zweitakt-Motorradherstellern Berlins. Knapp vor Torschluß, 1925, schuf Chefkonstrukteur Engelbert Zaschka diese sehr glattflächige 346-ccm-Einzylindermaschine mit einem Blockmotor, bei dem das Getriebe einen Rückwärtsgang besaß.

53. Zaschka schuf 1925 aber auch noch eine viel aufwendigere und technisch interessantere Motorradkonstruktion für Orionette. Hier handelte es sich – wie das Bild zeigt – um eine 247-ccm-Einzylinder-Zweitaktmaschine mit Einlaßsteuerung mittels Ventil. Sie wurde nicht mehr voll entwickelt und ging aus kommerziellen Gründen auch nie in Serie.

54. Die Pan, von einer kleinen Berliner Firma 1924–1925 gebaut, hatte unter anderen BMW und D-Rad als Vorbild und sah in Wirklichkeit etwas besser als auf diesem Bild aus. Der 348-ccm-ohv-Motor stammte von Kühne.

55. Wie Motorräder 1926 gebaut wurden, bewies diese 490 ccm Pimph, deren Erzeugungsort die Grafenberger Allee 186 in Düsseldorf war. Fast alles an ihr wurde aus England bezogen. Der Rahmen von Chater-Lea, der Motor von JAP, das Getriebe von Sturmey-Archer, der Vergaser von Amac, die Ölpumpe von Pilgrim.

56. Puch, die große österreichische Motorradmarke, war einst durch Doppelkolben-Zweitakter weltberühmt geworden. Seit mehreren Jahren gibt es jedoch nur Einkolbenmotoren mit

Schlitzsteuerung. Und unter den zahlreichen Modellen der Grazer Werke nunmehr auch dieses 1974er Modell als 173-ccm-Moto-Cross-Version.

57. Johannes Rössig, jahrelang Rennleiter bei der Shell, fuhr Rennen auf Douglas, Indian und Victoria, bevor er 1924 mit dem Bau seiner 248 ccm und 348 ccm Roconova in Berlin-Charlottenburg begann. Sie waren die ersten serienmäßig in Deutschland gebauten ohc-Maschinen, und 248 ccm Roconova-Einbaumotoren gab es auch bei Patria, Dobro, T.X. und anderen Marken. Bekannte Fahrer: Zadek, Rössig, Pohle, Carp, Hammerstädt, Krins, Hinze.
58. Zu den zahlreichen Motorrad-Konfektionären der fünfziger Jahre gehörten auch Schürhoff & Co. in Gevelsberg. Die dort 1953 gebauten 123-ccm-Zweitaktmaschinen hatten Ilo-Motoren und Hinterradfederung.
59. Bei der Firma Jüngst in Dahlbruch bei Siegen verwendete man zwischen 1922 und 1930 zahlreiche Marken von Einbaumotoren. Diese 498 ccm V-Zweizylinder-Sieg hatte den ohv-Motor von Motosacoche (MAG). Gebaut wurde sie 1928.
60. Diese 173-ccm-Sitta mit dem Ilo-Zweitaktmotor wurde vom Hummel-Werk der Firma Ordemann & Hauser in Sittensen bei Bremen 1954 hergestellt. Sie war typisch für die guten Konfektionsmaschinen der damaligen Periode.
61. Dies ist nicht das erste in Spandau gebaute D-Rad, sondern die Vorgängerkonstruktion aus dem Jahre 1921, die von Ing. H. F. Günther entworfene Star. Aus ihr wurde das D-Rad mit dem 392-ccm-Boxer-Zweizylindermotor.
62. An anderer Stelle finden sich Bilder der Aristos und Menos. Die gleichaussehende Sterna mit dem gleichen wassergekühlten 614-ccm-Boxer-Zweizylindermotor hatte eine andere Vordergabel und ist hier mit Ing. Johannes Pässler, dem Konstrukteur aller drei Marken, zu sehen.
63. Bei Tornax in Wuppertal wurden erstklassige Motorräder gebaut. Und die abgebildete 244-ccm-Zweizylinderversion von 1953 mit dem Ilo-Motor bildete keine Ausnahme. Bedauerlich, daß Wewer schon 1954 den Motorradbau aufgeben mußte.
64. Die letzte bei Tornax gebaute Werksrennmaschine. Sie entstand 1951 und hatte einen von Richard Küchen konstruierten 123-ccm-ohc-Motor. Der Fahrer: Ried.
65. Walter in Jinonice bei Praha, von Josef Walter 1900 in Praha-Smichov als Motorradfabrik gegründet, ist noch heute als Flugmotorenfabrik bekannt. Vergessen dagegen schon die 1903 gebaute 2¾ PS Einzylindermaschine.
66. Soweit mir bekannt ist, baute der berühmte Kühlerfabrikant und Motorradhersteller Hans Windhoff 1924 auch mehrere 492 ccm und 517 ccm Einzylinder-Rennmaschinen mit wassergekühlten Zweitakt-Pumpenkolbenmotoren System Bekamo (Ruppe). Das leider nicht sehr gute Bild zeigt diese ungewöhnliche Konstruktion mit einem für die Berliner Avus bestimmten Riesentank. Dies war notwendig, da der große Zweitakter auch große Kraftstoffquantitäten bei Rennen benötigte. Er war schnell, aber auch sehr unzuverlässig.

1. 142 ccm Albertus (Zweitakt-Rohölmotor) 1922

2. 346 ccm Agon (Bradshaw ohv-Motor) 1925

3. 496 ccm A.W.D. (Columbus Motor) 1936

4. 148 ccm Bauer (Sachs-Motor) 1951

5. 746 ccm Bayern (MAG V-Zweizylindermotor) 1926

6. 846 ccm Bismarck (Zedel V-Zweizylindermotor) 1905

7. 248 ccm BMW (ohv-Sportmodell) 1925

8. 745 ccm BMW (Weltrekordmaschine) 1935

9. 898 ccm BMW (Mod. R 90 S) 1974

10. 244 ccm Bücker (Zweizyl. Ilo-Motor) 1952

11. 246 ccm Busse (Eigener Motor) 1925

12. 110 ccm Cockerell (Hilfsmotor) 1925

13. 122 ccm DKW (Hilfsmotor) 1921

14. 246 ccm DKW (Mod. RT/250) 1953

15. 7 PS Dürkopp (Eig. V-Zweizyl.) 1903

16. 149 ccm Dürkopp (Eig. Zweitaktmotor) 1951

17. 246 ccm E.B.S. (Eig. ohv-Motor) 1925

18. 196 ccm Elster (sv-Motor) 1925

19. *492 ccm Fadag (Eig. ohv-Motor) 1926*

20. *169 ccm Flottweg (Eig. ohv-Motor) 1924*

21. *2,75 PS Göricke (Einzylindermodell) 1905*

22. *4,5 PS Göricke (V-Zweizylindermodell) 1905*

23. *346 ccm Göricke (MAG ohv-Motor) 1928*

24. *248 ccm Hansa (Eig. ohv-Blockmotor) 1926*

25. *158 ccm Hapamee (Eig. Zweitaktmotor) 1924*

26. *678 ccm Haweka (V-Zweizyl. sv-Jap-Motor) 1926*

27. *198 ccm Hecker (ohv-JAP-Motor) 1931*

28. *246 ccm Hecker (K-250 Ilo-Motor) 1952*

29. *746 ccm Heller (M.J. ohv-Boxermotor) 1924*

30. *294 ccm Hercules (Wankel-Motor) 1973*

31. *293 ccm Hoco (sv-JAP-Motor) 1925*

32. *498 ccm Horex (2 × ohc-Werksrennmaschine) 1953*

33. *348 ccm Imperia (4-Ventil Python-Motor) 1934*

34. *3 PS Komet (eig. Zweitaktmotor) 1905*

35. 124 ccm KTM (Penton-Moto-Cross) 1971

36. 492 ccm Lanco (Eig. ohv-Motor) 1924

37. 5 PS Laurin & Klement (V-Zweizyl.) 1905

38. 5 PS Laurin & Klement (Vierzylinder) 1907

39. 3,5 PS Linser (Eig. sv-Einzyl.) 1905

40. 4,5 PS Linser (Eig. V-Zweizyl.) 1905

41. 4,5 PS Magnet (Eig. V-Zweizyl.) 1906

42. 386 ccm Maico (Eig. Moto-Cross-Motor) 1973

43. 956 ccm Mars (Werksrennmaschine) 1921

44. 956 ccm Mars (Maybach Boxer-Motor) 1921

45. 497 ccm M.A. (MAG-ohv-Motor) 1930

46. 197 ccm M.D. (Eig. sv-Motor) 1924

47. 640 ccm Megola (5 Zyl. sv-Sternmotor) 1923

48. 700 ccm Münch (Dreizylinder-Prototyp) 1973

49. 248 ccm M.Z. (Wassergek. Werksrennm.) 1972

50. 7,5 PS NSU (V-Zweizyl. Werksrennm.) 1906

51. 4,5 PS Orion (V-Zweizyl.) 1906

52. 346 ccm Orionette (Zweitakt-Blockm.) 1925

53. 247 Orionette (Ventil-Zweitakter) 1925

54. 346 ccm Pan (ohv-Motor) 1925

55. 490 ccm Pimph (sv-JAP-Motor) 1926

56. 174 ccm Puch (Moto-Cross-Modell) 1974

57. 248 ccm Roconova (Eig. ohc-Motor) 1925

58. 123 ccm Schürhoff (Ilo-Zweitaktmotor) 1953

59. 498 ccm Sieg (V-Zweiz. MAG-ohv-Motor) 1928

60. 173 ccm Sitta (Ilo-Zweitaktmotor) 1954

61. 393 ccm Star (Eig. Boxer-Zweizyl.) 1921

62. 614 ccm Sterna (Wassergek. Boxer-Zweizyl.) 1923

63. 244 ccm Tornax (Ilo-Zweizyl.-Motor) 1953

64. 124 ccm Tornax (ohc-Küchenmotor) 1952

65. 3,5 PS Walter (Eig. Motor) 1904

66. 492 ccm Windhoff (Wassergek. Zweitakt-Einzyl.) 1926

ABAKO

Apparatebau AG Kracker & Co., Nürnberg, Siegfriedstraße 9–17

In Nürnberg, einst einem Zentrum der deutschen Motorradindustrie, befand sich außer großen Firmen, wie Zündapp, Victoria, Triumph, Ardie, Hercules u. a., auch eine Reihe kleinerer Produzenten, die vor allem Mitte der zwanziger Jahre entstanden, aber infolge wirtschaftlicher und oft auch technischer Schwierigkeiten den Motorradbau nach einer verhältnismäßig kurzen Periode wieder einstellten.
Die von 1923 bis 1925 hergestellte Abako gehörte auch in diese Kategorie. Es handelte sich hier um ein in beschränkten Stückzahlen hergestelltes Einheitsmodell, dessen im eigenen Betrieb entwickelter 129 ccm Zweitaktmotor nach dem Dreikanalprinzip arbeitete und mit einem Nasenkolben ausgerüstet war. Ausgerüstet war die Abako mit einem Sturmey-Archer Dreiganggetriebe und Kettenantrieb zum Hinterrad.

A.B.C.

A.B.C.Werk G.m.b.H., Berlin S.O. 33, Cuvrystraße 46

Es gab in den zwanziger Jahren vier Firmen, die unter dem Markenzeichen A.B.C. Motorräder herstellten. In England errang die obengesteuerte 398 ccm A.B.C. mit dem von Granville Bradshaw konstruierten Zweizylinder-Boxermotor, die von der Sopwith Aviation & Engineering Co., Ltd., gebaut wurde, große Popularität. In Frankreich wurde diese Konstruktion von der Société Française des Moteurs A.B.C. – einer Abteilung von Gnome & Rhone – gebaut. Es gab außerdem noch englische Zweitakter mit 248 ccm und 269 ccm Villiersmotoren, die von der A.B.C. Cycle Company in Birmingham stammten und keinerlei Verbindung zu anderen A.B.C.-Erzeugnissen hatten.
Berlin war in den zwanziger Jahren der Herstellungsort zahlreicher Zweitaktmaschinen, und während es dort einige Firmen, wie Eichler, Stock, Bekamo, Windhoff, Orionette, Baier, Schliha, T. X., Böhme und andere zu größeren Stückzahlen brachten, waren die dort ebenfalls hergestellten 149 ccm A.B.C. Leichtkrafträder, die 1922–1924 den Markt bereicherten, ohne besondere Bedeutung.

ABENDSONNE

Abendsonne Motorfahrzeugbau, Darmstadt, Alheilgerstraße 92

Die Geschichte dieser von Georg Weißbinder konstruierten Maschine ähnelte der Sonne am Abend. Sie entstand 1933, wurde 1934 für RM 790.– zum Verkauf offeriert und verschwand, noch bevor größere Stückzahlen gebaut werden konnten. Der 196 ccm Parallel-Zweizylindermotor bestand in Wirklichkeit aus zwei gekuppelten 98 ccm Villiers Zweitaktmotoren, deren Kurbelkröpfungen um 180 Grad gegeneinander versetzt waren. Dieses Aggregat saß in einem kurzen, gedrungenen Rohrrahmen. Das Dreiganggetriebe stammte von Pfeiffer und die Vordergabel von Tiger. Als Höchstgeschwindigkeit wurden 79 km/h angegeben.

ACHILLES

1. Achilles-Werke, Weikert & Co. KG, Wihelmshaven-Langewerth
2. Achilles-Werke West G.m.b.H., Wilhelmshaven-Langewerth

Motorräder, die diesen Namen trugen, wurden schon vor dem ersten Weltkrieg in der jetzigen Tschechoslowakei von der Firma Schneider & Co. in Ober-Politz an der Nordbahn hergestellt.
Nach dem Krieg erschien der Name Achilles im Jahre 1953 wieder, als die aus dem Sudetengebiet gekommene Nachfolgerfirma Weikert & Co., K. G. sich in Deutschland neu etablierte und den Bau der »Achilles-Sport«, die auf der Originalkonstruktion der Schweizer Ami basierte, aufnahm. Es handelte sich um ein rollerähnliches Motorrad mit 147er und 174er Fichtel & Sachs Zweitaktmotoren, die 6,5 PS und 9,5 PS abgaben. Diese ganz verkleideten, unorthodoxen Maschinen besaßen Telegabeln und 3.50 × 10″-Bereifung. Gebaut wurde außerdem ein modernes Moped mit dem 48 ccm Sachsmotor.
Obwohl die Achilles-Sport-Modelle sich gut bewährten, mußte Mitte der fünfziger Jahre eine kommerzielle Reorganisation der Herstellerfirma vorgenommen werden. 1957 kam es dann zum endgültigen Zusammenbruch, wobei ein Großteil der modernen Fabrikseinrichtung an die Firma Norman in Ashford (in der englischen Grafschaft Kent) überging. Später wurde Norman von der großen englischen »Tube Investment«-Gruppe übernommen und die Produktion eingestellt.

ADLER

1. Adler Fahrradwerke AG H. Kleyer, Frankfurt/Main, Höchster Straße 17
2. Adlerwerke vorm. H. Kleyer AG, Frankfurt/Main, Kleyerstraße 17

Heinrich Kleyer gründete 1886 die Adler-Fahrradwerke, und schon 1899 erschien seine Firma mit Dreiradwagen und Automobilen, die mit De Dion-Motoren ausgerüstet waren. Ab 1901 kam auch der Motorradbau hinzu, wobei ebenfalls Motoren dieser französischen Firma, ab 1903 aber auch schon eigene Motoren erstklassiger Konstruktion und Ausführung zum Einbau gelangten. Der gute Ruf der Adler-Automobile und der dadurch bedingte große Absatz brachten es mit sich, daß 1907 der Motorradbau vorübergehend eingestellt wurde und erst nach dem zweiten Weltkrieg, als Adler keine Automobile mehr baute, wieder entstand.
Man schrieb das Jahr 1949, als die berühmte Frankfurter Fabrik mit modernen Zweitaktmotorrädern wieder auftauchte. Den ersten 98 ccm Einzylindermaschinen folgten Versionen mit 5,6 PS/123 ccm, 6,8 PS/147 ccm und dann auch Zweizylindermotoren 195 ccm und 247 ccm mit 9,3 PS und 12 PS. Alle Adler-Zweitakter hatten Flachkolben

3½ PS Adler 1903

98 ccm Adler 1951

246 ccm Adler (Zweizylinder) 1956

und Umkehrspülung, und dank der systematischen Entwicklung wurden später die Leistungen des 195 ccm Modells auf 11,4 PS und der 250 ccm Maschine auf 16 PS gebracht. Eine Sportversion der letzteren hatte 18 PS bei 6200 U/min. Daneben gab es Moto-Cross-Modelle mit 20–22 PS und auch in geringer Stückzahl hergestellte Straßenrennmaschinen mit luft- und wassergekühlten 250 ccm Zweizylinder-Zweitaktmotoren, die bis zu 26 PS entwickelten. Die Firma baute auch Roller, doch lag das Hauptgewicht bei den sportlichen Motorrädern, die sich sehr gut bewährten und zahlreiche Erfolge bei Rennen, Moto Cross- und Wertungsfahrten errangen. Bekannte Straßenrennfahrer auf der 250 ccm Adler waren Lohmann, Beer, Vogel, Luttenberger u. a. Als dann 1957 die

Firma von Grundig übernommen wurde, bedeutete das einen großen Verlust für die deutsche Motorradindustrie. Dies vor allem deshalb, weil sich die Zweitakter von Adler von jeher durch hervorragende Leistung und Konstruktion auszeichneten.

ADRIA

Adria Fabrik für Motoren & Fahrräder, Paul Mühlbach, Kamenz/Sachsen

Kamenz, eine kleine Stadt in Sachsen, hatte einst zwei Motorradproduzenten. Die Motorenfabrik von Horst Steudel baute dort nicht nur Saturn-Motorräder, sondern auch Einbaumotoren für zahlreiche kleinere Automobilhersteller, während Paul Mühlbachs Motorradfabrik sich auf die Herstellung der »Adria« spezialisierte.

276 ccm Adria 1921

282 ccm Adria (sv) 1923

Alle Adria-Modelle hatten eigene Viertaktmotoren, auch das schon 1920 gebaute Motorfahrrad besaß einen solchen – in liegender Anordnung – mit 68 mm Bohrung und 76 mm Hub. Der Antrieb zum Hinterrad erfolgte durch Riemen. Im Gegensatz hierzu besaßen die Motorräder der Firma im unteren Rahmenteil stehend angeordnete Motoren, die in zwei Ausführungen erhältlich waren: mit 66 mm Bohrung und 82 mm Hub (280 ccm), sowie mit 67 mm Bohrung und 80 mm Hub (282 ccm). Der Motorradbau wurde 1923 eingestellt.

AEROPLAN

Gustav Lederer, Fahrradhaus, Kohlfurt

Die Aeroplan-Leichtkrafträder waren von Lederer konfektionierte, primitive Fahrzeuge. Die von DKW gekauften 125 ccm und 175 ccm Zweitaktmotoren saßen hier in einfachen Rohrrahmen, die mit dem runden, granatenförmigen Kraftstofftank keine besonders schöne Einheit ergaben. Lederer lieferte die Fahrgestelle auch ohne Motor, aber 1925 fand die 1922 begonnene Produktion der Aeroplan ihr Ende, ohne je eine besondere Bedeutung erlangt zu haben.

A.F.W.

Allgemeine-Fahrzeug-Werke GmbH, Brake in Westfalen

Eine kleine Firma, die 1923 in Gleina bei Zeitz in Sachsen entstand und bald darauf in eine größere Fabrikationsstätte nach Brake verlegt wurde. Gebaut wurde eine 246-ccm ohv-Maschine mit einem einzylindrigen Hansa-Motor.

ALBA

1. Stettiner Präzisions- & Kettenwerk, Stettin-Möhringen 21, Pasewalker Kunststr.
2. Alba-Werke G.m.b.H., Stettin-Möhringen 21, Pasewalker Kunststr.
3. Möhringer Präzisionswerk G.m.b.H., Stettin-Möhringen 21, Pasewalker Kunststr.

Bereits 1919 wurden im von Alfred Baruch gegründeten Alba-Werk seitengesteuerte 198er Einzylindermotorräder gebaut. Später wurden die Motoren auch an andere Hersteller, z. B. Huy/Dresden, geliefert.

197 ccm Alba
1923

Alba versah damit auch eigene Lieferdreiräder. Zwei neue ohv Modelle kamen 1923 hinzu. Diese 197 und 249 ccm Maschinen hatten die Zylinder senkrecht angeordnet und besaßen angeblockte Zweiganggetriebe; die Abmessungen waren 60 mm x 69 mm und 66 mm x 73 mm für Bohrung und Hub. Der einfache Stahlrohrrahmen besaß eine Kurzschwinge für das geschobene Vorderrad; der Hinterradantrieb erfolgte mittels Riemen. Der Alba-Konstrukteur Ing. Pasewalker schuf 1925 auch eine 249 ccm sv-Maschine und eine obengesteuerte 348 ccm Version, deren Motor von Kühne stammte. Aus wirtschaft-

249 ccm Alba (ohv) 1925

lichen Gründen wurden nur geringe Stückzahlen dieser zwei Typen hergestellt, und obwohl Ersatzteile noch bis Anfang der dreißiger Jahre erhältlich waren, wurde der Bau kompletter Motorräder doch schon Ende 1925 ganz aufgegeben. Berkhan, Gebhard und Braun errangen auf Alba-Maschinen beachtliche Erfolge.

ALBERT

Albert Motorradwerke G.m.b.H., Schneeberg/Sachsen

Während die Alba eine weite Verbreitung in Deutschland hatte, war die sächsische Albert nur in ihrer engeren Heimat während ihrer Produktionsperiode von 1922 bis 1924 bekannt. Ihr 183 ccm Motor war ein eigener Dreikanal-Zweitakter mit 55 mm Bohrung und 77 mm Hub, der in einen offenen Rohrrahmen eingebaut war. Es wurden von der Albert nur kleine Stückzahlen gebaut.

ALBERTUS

1. Albertus Motoren-Werk, Richard Schulz, Königsberg/Pr., Weidendamm 9
2. Albertus Fahrzeugfabrik AG, Achern/Baden

Schon vor vielen Jahren versuchte man, die Betriebskosten durch Verwendung von Rohöl für Motorfahrzeugmotoren herabzusetzen, und auch Julius Löwy, der Konstrukteur des Albertus-Motors, den man auch in Almora- und Bafag-Motorrädern fand, versuchte, derartige unorthodoxe Wege mit seiner Spezial-Maschine, bei der die Verbrennung des Rohöls mittels Glühkopfs erfolgte, zu beschreiten.
Ansonsten wurde hierzu ein fast normaler Dreikanal-Zweitakter mit abgeflachtem Kolben benützt, doch erwies sich die Konstruktion nicht als sehr leistungsfähig und zuverlässig, und die 1922 begonnene Produktion der 113, 142 und 176 ccm Albertus-Rohöl-Motorradmotoren wurde bereits 1924 durch den Konkurs der Firma beendet.

ALGE

Alfred Geissler, Motoren- & Maschinenfabrik, Knauthain bei Leipzig

Die von Geissler von 1923 bis 1931 gebauten Alge-Maschinen konnte man als richtige Bauernmotorräder bezeichnen: robuste Fahrzeuge mit eigenen seiten- und teilweise auch obengesteuerten 175, 198, 248, 347 und 498 ccm Einzylindermotoren, zu denen sich ab 1928 auch Zweitakter mit 175 und 346 ccm Villiersmotoren sowie eine seitengesteuerte 500 ccm Einzylindermaschine mit Blackburne-Einbaumotor gesellten. Die Fabrik lieferte auch Lieferdreiräder mit Motorradmotoren, doch war die Gesamtproduktion nie sehr groß.

ALLRIGHT

Köln-Lindenthaler Metallwerke AG, Köln-Lindenthal, Neuenhöfer Allee 90

Diese Fabrik gehörte zu den Pionieren der deutschen Motorradindustrie. Die ersten Motorräder entstanden dort schon 1901 und wurden in Deutschland unter den Namen Tiger und Allright und in England unter den Namen Vindec-Special und V.S. angeboten. Nachdem ursprünglich belgische F.N.-, Kelecom- und Minerva-Motoren verwendet wurden, ging man ab 1903 auf die damals neuen deutschen Fafnir-Einbau-

148 ccm Allright (Zweitakt) 1924

246 ccm Allright (JAP) 1924

motoren über. 1906 kam die Firma mit neuen Modellen heraus, die Truffault-Schwinggabeln besaßen, welche den in den fünziger Jahren hergestellten Earles-Schwinggabeln ähnlich waren.

Fafnir lieferte nach dem ersten Weltkrieg keine Einbaumotoren mehr, und so besaßen die Erzeugnisse von Allright später den damals populären 145 ccm Zweitakt-Einbaumotor von DKW. 1923 kam dann ein eigener 148 ccm Zweitakter, der über dem Tretlager angebracht war, hinzu, und es gab mit diesem Motor auch ein nettes Leichtkraftrad ohne Tretlager. Die anderen Modelle besaßen 250, 350 und 500 ccm Einbaumotoren von JAP, später auch von MAG und Blackburne. Diese seiten- und auch obengesteuerten Maschinen waren nach englischen Vorbildern konstruiert, wie sich bei Allright überhaupt ein Einfluß der englischen Industrie fand, obwohl die Firma 1923 beim Erwerb der damals zusammengebrochenen Cito-Werke A.G. in Köln-Klettenberg auch deren Zweigfabrik in Suhl in Thüringen erwarb, wo eine typisch deutsche Motorradkonstruktion – die K.G. (Krieger-Gnädig) – hergestellt wurde.

344 ccm Allright (JAP) 1924

Diese K.G., die nunmehr als Allright-K.G. in den Handel kam, wird unter K.G. besonders erwähnt werden. Sie war nach dem ersten Weltkrieg entstanden und erwies sich als ein technischer Erfolg; sie hatte einen obengesteuerten 500 ccm Einzylinder-Blockmotor und Kardanantrieb zum Hinterrad. Infolge ihrer hohen Produktionskosten war sie jedoch nie ein kommerzieller Erfolg, und schon Anfang 1927, als man bei Allright den Motorradbau ganz aufgab, verkaufte man ihre – nunmehr verbesserte – Konstruktion an Paul Henkel, einen Fahrradfabrikanten in Mäbendorf bei Suhl, der jahrelang bei Cito in der Produktion tätig gewesen war. Verantwortlich für die bei Allright umkonstruierte und modernisierte K.G. war Ing. Rudy Albert, der später über Phänomen und Mars zu Fichtel & Sachs nach Schweinfurt kam.

497 ccm Allright-K.G. 1924

Bei Allright baute um 1924 herum auch der berühmte Konstrukteur Ernst Neumann-Neander seine damals mit 148 ccm und 173 ccm Villiers-Zweitaktmotoren ausgerüsteten, unorthodoxen Fahrgestelle, während berühmte Rennfahrer, wie Zündorf, Soenius, Karsch, Kniebecke, Roggenbuck, Faust, Ehrlenbruch u. a. große Sporterfolge für Allright errangen. Erwähnt sei hier auch der technische Direktor von Allright, Conrad Brüsselbach, der noch nach dem zweiten Weltkrieg einen Teil der Produktion unter eigenem Namen aufrechterhielt, wobei es sich vor allem um die ab 1927 bei Allright erzeugten Tiger-Federgabeln und Bremsnaben handelte, die von zahlreichen anderen deutschen Motorradproduzenten verwendet wurden. Soweit es sich um die Erzeugung kompletter Motorräder handelte, verschwand damals der Name Allright für immer, und nur die K.G. wurde, unter ihrem Originalnamen, bis 1932 in kleinen Stückzahlen von Henkel hergestellt.

ALMORA

1. Almora Motoren & Fahrzeug AG, Duisburg, Mercedeshaus
2. Almora Motoren & Fahrzeug AG, Kassel

Bei Almora gab es drei Modelle, die sämtlich mit dem Albertus-Rohölmotor von Julius Löwy hergestellt wurden. Diese einzylindrigen Zweitakter hatten 113, 138 und 176 ccm Hubraum, Stahlrohrrahmen und Druid-Vordergabeln. Die Motoren selbst hatten gußeiserne Kolben, Kühlrippen aus Aluminium und nichtabnehmbare Zylinderköpfe Nur die 176er Version besaß ein Zweiganggetriebe, die Leistung für dieses Modell wurde mit 3 PS angegeben. Die Albertus-Rohölmotoren wurden mit Benzin angewärmt, und bei warmem Motor wurde dann auf Rohöl umgeschaltet. Die 1923 gegründete Firma ging schon ein Jahr später in Konkurs, ein Beweis dafür, daß es sich hier keinesfalls um einen Wundermotor gehandelt hatte.

AMAG

Allgemeine Motorfahrzeug AG, Berlin W 9, Bellevuestraße 6 a

Die Amag gehörte zu den weniger bekannten der in Berlin gebauten Zweitaktmaschinen. Sie hatte nur eine kurze Produktionsperiode (1924–1925) und war mit 150 ccm

Zweitaktmotoren von Bekamo ausgerüstet, die einen Hilfskolben im Kurbelgehäuse besaßen und vom einst berühmten Konstrukteur Hugo Ruppe stammten.

AMI

Auto-Motoren-Industrie G.m.b.H., Berlin-Schöneberg, Kaiser-Friedrich-Straße 16

Der zwischen 1921 und 1925 hergestellte Ami-Einbaumotor war ein obengesteuerter 50 ccm Viertakter mit ca. 40 mm Bohrung und 40 mm Hub, der zum Einbau in Fahrräder gedacht war. Daneben gab es auch ein komplettes Leichtmotorrad mit diesem nur 0,4 PS leistenden Motor sowie eine Luxusausführung, bei welcher ein verstärkter Rahmen und ein Zweiganggetriebe zur Verwendung gelangten.

50 ccm Ami 1923

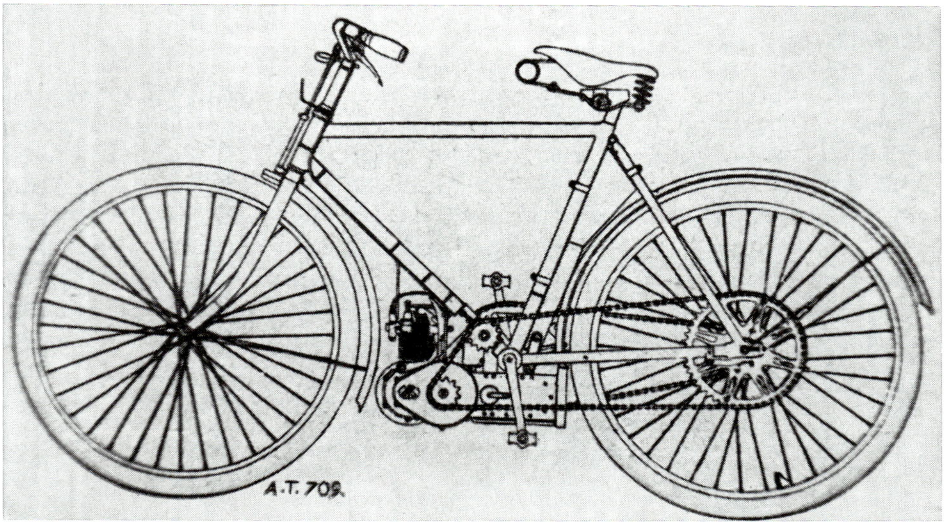

AMMON

Ammon & Co., Motorradbau, Berlin S 59, Gräfestraße 55–56

Der schöne, aus Preßblechen hergestellte und geschweißte Rahmen der großen 956 ccm Mars diente der kleineren Ammon als Vorbild. Sie wurde von 1923 bis 1925 in kleinen Stückzahlen hergestellt und hatte außer Zweitakt-Einbaumotoren von DKW, Bekamo und Baumi auch den obengesteuerten 125 ccm Einzylinder-Einbaumotor von August Paqué & Co. in Augsburg. Auch diese Firma konnte die Inflation nicht überstehen.

125 ccm Ammon (Paqué-Motor) 1925

AMO

Aktiengesellschaft für Motorenbau, München, Hindenburgstraße 61

In den zwanziger Jahren wurden Zweitaktmotoren vor allem wegen ihrer Einfachheit und ihrer niedrigen Herstellungskosten von vielen Firmen gebaut. Auch die Münchner Amo der Jahre 1921 bis 1924 gehörte in diese Klasse der Leichtkrafträder. Der 0,88 PS

146 ccm Amo 1923

bei 2400 U/min leistende Dreikanaler hatte bei 54 mm Bohrung und 64 mm Hub einen Hubraum von 146 ccm, einen einfachen offenen Rahmen und ein Zweiganggetriebe mit Riemenantrieb. Die Maschine war recht primitiv konstruiert, der schwache Motor nicht geeignet, eine große kommerzielle Rolle zu spielen.

AMO

Amo Motorengesellschaft, Berlin-Schöneberg, Eisenacher Straße 61

Diese Konstruktion entstand nach dem zweiten Weltkrieg, am Anfang der fünfziger Jahre. Es handelte sich um ein Moped mit einem eigenen 48 ccm 1 PS-Zweitaktmotor, dem kein kommerzieller Erfolg beschieden war und das deshalb 1955 wieder vom Markt verschwand.

ANDREES

H. W. Andrees, Automobil- & Motoren-Industrie, Düsseldorf 64

Diese 1923 gegründete Firma gehörte zu den besseren Motorradkonfektionären in Deutschland, wobei ein Großteil der verwendeten Aggregate von ausländischen Spezialfirmen bezogen wurde. So stammten die Einbaumotoren von Motosacoche in der Schweiz sowie von Blackburne und Bradshaw in England. Bei den letzteren handelte es sich um ölgekühlte Viertakter als obengesteuerte 350 ccm Einzylinder und 500 ccm Boxer-Zweizylinder. Andrees-Rennmaschinen, von Heinz Kürten und Hobelmann gesteuert, waren auch bei Rennen erfolgreich, und gute Verkaufserfolge veranlaßten die Firma 1928, eine neue Fabrik zu bauen.
Dieses neue Werk mit 3000 Quadratmetern Arbeitsfläche und vier Stockwerke hoch entstand damals in Arnsberg in Westfalen. Die Absicht von Andrees war es, dort Groß-

serien einer modernen – damals steuerfreien – 198 ccm Zweitaktmaschine mit Dreiganggetriebe und Standmagnet, zunächst 10 000 Exemplare, herzustellen. Bald darauf kam aber die wirtschaftliche Depression, die das Ende der ganzen Firma brachte.

ANKER

1. Anker-Werke AG, Bielefeld, Borchener Straße
2. Pamag Paderborner Maschinenfabrik AG, Paderborn

Bereits 1893 entstanden in Bielefeld die Anker-Werke, doch wurden jahrelang dort nur Fahrräder und in den dreißiger Jahren Mofas mit Fichtel & Sachs Zweitaktmotoren hergestellt (Bielefeld ist ja als Zentrum der Fahrradindustrie weltbekannt). Der Motorradbau wurde dort erst 1949 aufgenommen und begann mit 98 ccm Mopeds, die Sachs-Zweitaktmotoren, und mit 123 ccm Motorrädern, die Ilo-Zweitaktmotoren besaßen. 1952 kam ein neues Modell mit dem 147 ccm Sachsmotor dazu. Bald darauf erfolgte die Übergabe der Motorradproduktion an die Paderborner Maschinenfabrik AG (Pamag), die dann 1953 den Motorradbau einstellte.

APEX

Apex Motoren G.m.b.H., Köln am Rhein, Deichmannhaus

Dort, wo 1925–1926 Apex-Motorräder in kleinem Umfang hergestellt wurden, befand sich 40 Jahre später ein Schuhgeschäft. Als Vorbild für die Konstruktion der Apex diente die damals in Schottland gebaute New Gerrard, und auch das Kölner Fabrikat verwendete, wie die New Gerrard, obengesteuerte 250 ccm und 350 ccm Einbaumotoren von Blackburne, obwohl Einzelexemplare auch mit anderen Motoren ausgerüstet wurden.

ARCO

1. Arco Motorradwerke Augst & Co., Speyer am Rhein, Wittelsbacherstraße 6
2. Arco Motorenfabrik AG, Speyer am Rhein, Wittelsbacherstraße 6

Bei Arco waren wassergekühlte Viertaktmotoren Tradition, und schon 1922 wurde eine derartige obengesteuerte 250 ccm Einzylindermaschine gebaut. Drei Jahre später kam eine ähnliche 346 ccm Version dazu, die sich einiger Beliebtheit erfreute. Ihr Motor hatte 74 mm Bohrung und 81 mm Hub. Der große Kühler und auch der Vergaser lagen vor dem Zylinder, während das Auspuffrohr nach hinten vom Zylinderkopf abführte. Die Leistung des ohv-Einzylindermotors betrug 12 PS, und es wurden auch besonders frisierte Sport- und Rennmaschinen mit 14 und 16 PS hergestellt.
Zusammen mit zahlreichen anderen deutschen Motorradproduzenten kam auch Arco 1926 in finanzielle Schwierigkeiten und wurde am 25. April 1927 durch die N.V. Arco-Motorenfabrik in Amsterdam saniert und übernommen. Dabei wurde der Firmentitel geändert und die Produktion in Speyer auf eine bessere kommerzielle Grundlage gestellt. Das ermöglichte dann auch eine erweiterte Produktion; wobei bemerkt sei, daß schon damals wassergekühlte Viertaktmotoren zu den Seltenheiten im Motorradbau gehörten. Trotzdem wurde dieses System beibehalten, als 1928 ein neues Modell von Arco, eine 499 ccm Königswellenmaschine mit 84 mm Bohrung, 90 mm Hub und 16 PS als Touren-

348 ccm Arco (wassergekühlt ohv, 1927

modell und 18 PS als Sportmodell offeriert wurde. Es handelte sich hier um eine teuere Konstruktion, bei der die seitliche Vertikalwelle viermal in Kugellagern gelagert war. Gerade als diese schöne und unorthodoxe Konstruktion in Produktion ging, kam die Weltwirtschaftskrise und damit ein schwerer Schlag gegen die internationale Wirtschaft, wobei natürlich auch viele Hersteller von Motorrädern, besonders von teureren und größeren Maschinen, nicht verschont blieben. So kam es, daß diese große 499 ccm Arco nur noch in ganz kleinen Stückzahlen herauskam, und obwohl man auch Automobil- und Bootsmotoren herstellte, konnte selbst die holländische Finanzgruppe die Einstellung des Motorradbaues bei Arco 1931 nicht verhindern. Erwähnt sei, daß auch die große Arco Kühler und Vergaser vor dem Zylinder und das nach hinten führende Auspuffrohr besaß, während das Fahrgestell durch einen geschlossenen Doppelrohrrahmen gebildet wurde.

499 ccm Arco (wassergekühlt ohc) 1929

ARDIE

1. Ardie Motoren Werk AG, Nürnberg, Fürther Straße 83
2. Ardie Werk G.m.b.H., Nürnberg, Fürther Straße 83
3. Ardie Werk AG, Nürnberg, Preisslerstraße 15

In einer kleinen, primitiven Landmaschinen-Werkstatt schuf Arno Dietrich, ein Werkmeister, Ende 1919 das erste Ardie-Motorrad. Es war ein Zweitakter mit 72 mm Bohrung und 75 mm Hub, der aus 305 ccm 3 PS bei 2000 U/min entwickelte. Bis 1926 wurde dieses Modell weiterentwickelt und ab 1923 auch mit einem ähnlichen 349 ccm Motor, der 75 mm Bohrung und 79 mm Hub besaß und 5 PS abgab, geliefert. Diese

305 ccm Ardie 1924

Maschinen hatten einen guten Ruf und zeichneten sich auch bei sportlichen Veranstaltungen aus. Dietrich selbst verunglückte 1922 bei einer Probefahrt tödlich, und die später in eine G.m.b.H. umgewandelte Firma begann Mitte der zwanziger Jahre mit der Konfektion von Viertaktmaschinen, wobei hauptsächlich englische Teile, wie JAP-Motoren von 200 ccm bis 1000 ccm, Burman-Getriebe, Renold-Ketten, Best & Lloyd-Ölpumpen etc. verwendet wurden. Es gab außer sv-Modellen mit Ein- und V-Zweizylindermotoren auch obengesteuerte 250, 350, 500 und 1000 ccm-Versionen, die auch offiziell durch die Fabrik mit erstklassigen Fahrern, wie Hans und Georg Thumshirn, Eugen Bussinger, Karl Dobberkau, Ernst Islinger, Josef Klein, Gerd in der Elst, Josef Schörg, dem Engländer C. T. Ashby und anderen, erfolgreich bei sportlichen Veranstaltungen eingesetzt wurden.

746 ccm Ardie (JAP) 1928

498 ccm Ardie (JAP) 1929

Ende der zwanziger Jahre baute man auch für RM 950.– die billigste 500 ccm Maschine in Deutschland, es handelte sich um ein Modell mit dem seitengesteuerten JAP-Einzylindermotor. Anfang der dreißiger Jahre wurden Fahrgestelle aus Duralumin eingeführt und die Modelle mit Motoren über 500 ccm aufgegeben. Bald darauf kehrte man

490 ccm Ardie (JAP) mit Duraluminiumrahmen 1931

aber zu modernen Rohrrahmen zurück und wandte sich mehr robusten Touren- und Sportmaschinen zu, wobei nunmehr Zweitakt-Einbaumotoren von Sachs sowie Viertakter (nicht nur von Bark und Küchen, sondern auch aus eigener Produktion) bis zum Kriegsbeginn 1939 verwendet wurden. Die Modellreihe umfaßte Maschinen von 98 ccm

499 ccm Ardie (Bark) 1934 (Bild oben)

497 ccm Ardie (Bergfreund) 1938 (Bild Mitte)
246 ccm Ardie (RBZ) 1939 (Bild unten)

bis 492 ccm. Knapp vor dem Krieg experimentierte man auch mit einem quergestellten 350 ccm V-Zweizylinder-Blockmotor von Küchen, doch kam diese Konstruktion nicht mehr in Serienproduktion.
Alle Nachkriegsmodelle von Ardie besaßen eigene Zweitaktmotoren mit Flachkolben und Kreuzstromspülung, die von Dr. Noack entwickelt wurden. Es gab Versionen mit 124, 172, 194, 244 und 344 ccm, wobei es sich bei letzterer um einen Parallel-Zweizylinder handelte. Obwohl man die Ardiemodelle dieser Nachkriegsperiode als robuste Bauernmotorräder bezeichnen konnte, waren sie doch motorisch sehr leistungsfähig, und die letzte 172er Einzylindermaschine, das Modell BD 176, leistete 10,5 PS bei 5600 U/min. Ardie, zum Barthel-Konzern gehörend, war durch diesen auch mit Dürkopp verbunden, und als gegen Ende der fünfziger Jahre die Krise über die deutsche Motorradindustrie hereinbrach, wurde – es war 1958 – die Motorradproduktion eingestellt und die Pro-

198 ccm Ardie 1956

duktionskapazität der Nürnberger Fabrik für andere Erzeugnisse von Dürkopp verwendet. Damit verschwand ein weiterer, einst großer und sehr bekannter Hersteller aus der deutschen Motorradindustrie; eine Marke, die auf T.T.-Siege in Österreich und Ungarn und auf zahlreiche andere große Rennerfolge zurückblicken konnte. Erwähnt sei, daß ab 1929 Ardie-Maschinen im Ausland auch unter dem Namen Atlas verkauft wurden.

ARGEO

Argeo Fahrzeugwerk Georg Kulitzky, Berlin S 14

Die zwischen 1924 und 1927 hergestellten Argeo-Motorräder besaßen eigene 193 ccm und 248 ccm Dreikanal-Zweitaktmotoren mit 61 mm Bohrung und 68 mm Hub sowie 68 mm Bohrung und 68 mm Hub. Sie wurden mit Zweiganggetriebe und Kettenantrieb

246 ccm Argeo 1927

zum Hinterrad, jedoch ohne Vorderradbremse geliefert. Der Rohrrahmen war einfach und offen und folgte konventionellen Linien der damaligen Periode. Eine größere Verbreitung errangen diese Leichtkrafträder nicht.

ARGUL

Arwed Gulentz Argul Motorradbau, Köln/Rhein, Weyerstraße

Ein kleiner Motorradkonfektionär, der zwischen 1923 und 1926 Leichtkrafträder mit verschiedenen Einbaumotoren von DKW, Kurier, Bubi, Alba usw., hauptsächlich Modelle mit 146 und 198 ccm, herstellte. Diese außerhalb des Kölner Gebietes fast unbekannte Firma lieferte auf Bestellung auch Fahrgestelle für größere Einbaumotoren.

ARI

Ari Motorfahrzeugbau G.m.b.H., Plauen im Vogtland

Hinter großartigen Firmentiteln verbargen sich in den zwanziger Jahren oft nur kleine Werkstätten. Auch die Ari war eine solche kleine Marke, deren Bedeutung fast ausschließlich lokaler Natur war. Ihre zwischen 1924 und 1925 hergestellten Leichtkrafträder besaßen den damals beliebten 146 ccm Zweitakt-Einbaumotor von DKW.

ARISTOS

»Aristos« Motorfahrzeug-Werke G.m.b.H., Berlin W 57, Großgörschen Straße 38

Die Aristos, auch unter den Namen Sterna und Menos bekannt, war eine technisch fort-

614 ccm Aristos (wie Menos und Sterna) 1923

schrittliche und in der Produktion sehr teure Konstruktion mit einem zweizylindrigen, wassergekühlten 614 ccm Boxermotor mit 70 mm Bohrung und 80 mm Hub, der 9 PS abgab. Sie hatte einen der großen Mars ähnlichen geschweißten Blechrahmen, in den außer dem Motor auch das Getriebe, der Kraftstofftank, Werkzeug- und Gepäckkasten usw. harmonisch eingeordnet waren. Bemerkenswert auch die im Ölbad arbeitenden Ventile, das Fehlen außenliegender Ölleitungen sowie der Motorblock aus Aluminium, die doppelte Blattfederung der Vordergabel und die nur 65 cm hohe Sattelposition, die zwei Kühler zu beiden Seiten des Hinterradschutzbleches, der an der rechten Seite angebrachte Handstarter u. a.

Die zebraartig in Elfenbein und Schwarz emaillierte Aristos verkörperte zahlreiche interessante und gute Konstruktionsgedanken. Daß sie, zusammen mit der Sterna und Menos, nur von 1922 bis 1924 gebaut wurde, lag an ihrem hohen Preis, der auch durch die primitiven Produktionsmethoden verursacht wurde, aber auch dadurch, daß die finanziell nicht genügend starken Hersteller ihr nicht die notwendige Entwicklungsperiode angedeihen lassen konnten. Das führte zu Schwierigkeiten, und obwohl die Konstruktion dreimal nach Zusammenbrüchen wieder auflebte, konnte sie sich auf die Dauer doch nicht halten. Konstrukteur der Aristos war übrigens Ing. Joh. Pässler.

ASTORIA

Astoria Motorenwerk G.m.b.H., Nürnberg, Äußere Rollnerstraße 55

Bei Astoria baute man am Anfang der zwanziger Jahre – seit 1923 – wie bei anderen Nürnberger Motorradproduzenten einzylindrige Zweitakter mit 289 ccm Hubraum, die nach dem Dreikanalprinzip arbeiteten und Nasenkolben besaßen. Zu diesen gehörte auch die in der Solgergasse befindliche Firma Nestoria, und als 1925 Astoria in finanzielle Schwierigkeiten geriet, wurde die Firma von Nestoria übernommen. Damit verschwand der Name Astoria aus der deutschen Motorradindustrie, und erst nach dem Kriege gab es in Italien wieder eine Motorradfabrik, die diesen Namen verwendete.

ASTRA

1. Astra Motoren G.m.b.H., München, Luisenstraße 58
2. Astra Motoren G.m.b.H., München, Forstenriederstraße 1

Obwohl »Motoren-G.m.b.H.« auf dem Firmenschild stand, verwendete Astra in Motorrädern nie eigene Motoren. Die mit runden Kraftstofftanks ausgestatteten Maschinen hatten zunächst – 1923 – die bei S.M.W. in Bosch-Lizenz gebauten 300 ccm Zweizylinder-Boxermotoren mit seitengesteuerten Ventilen und ab 1924 englische 350 ccm sv- und ohv- sowie 500 ccm sv-Einbaumotoren von Blackburne und auch den 550 ccm sv-Einbaumotor von JAP. Die kleine Firma errang internationale Berühmtheit, als der spätere BMW-Rennfahrer und Motorrad-Weltrekordinhaber Ernst Henne nicht nur Rennen in Deutschland gewann, sondern 1925 auf einer 350 ccm Astra ein großartiges Rennen beim Großen Preis von Italien in Monza fuhr. Bald darauf schloß die Münchner Firma, deren Maschinen einen netten und sportlichen Eindruck machten, ihre Tore.

349 ccm Astra (Blackburne ohv) 1924

ATLANTIC

Fahrzeugfabrik Atlantic, Meyer zu Stapelage & Söhne, Brackwede/Westf.

Es gab in den zwanziger Jahren in Deutschland drei voneinander unabhängige Marken mit ähnlichen Namen: Atlantic, Atlantik und Atlantis. Die Atlantic war ein Leichtmotorrad mit 198 ccm-Viertaktmotoren, die hauptsächlich von Hansa kamen. Das einfache Fahrgestell hatte moderne Linien, doch keine Vorderradbremse und lediglich eine Klotzbremse aufs Hinterrad. Die beschränkte, 1924 begonnene Produktion fand bereits 1925 ihr frühes Ende.

ATLANTIK

Atlantik-Werke G.m.b.H., Bamberg

Die Atlantik wurde in der gleichen Periode (1924–1925) wie die Atlantic hergestellt, und daß es damals nicht zu markenschutzrechtlichen Prozessen kam, beweist, daß keine dieser Marken eine Bedeutung außerhalb ihrer engeren Heimat hatte. Gebaut wurden bei Atlantik hauptsächlich Leichtkrafträder mit 173 ccm DKW-Zweitaktmotoren, doch war ihre Zahl sehr gering.

ATLANTIS

Motoren- & Fahrzeugwerk Paul Arthur Kreutzer, Kiel

Auch Kreutzers Fabrik war nicht groß, doch waren seine ab 1926 hergestellten 350 und 398 ccm Zweitaktmaschinen mit eigenen Einzylinder-Dreikanalmotoren und Dreiecksrahmen immerhin bekannter als die Atlantic- und Atlantik-Maschinen. In seine starken Doppelrahmen baute er dann auch 500, 750 und 1000 ccm V-Zweizylindermotoren von MAG mit wechselgesteuerten Ventilen, den 500 ccm Küchen-Königswellen-Einzylindermotor sowie seitengesteuerte 500 ccm JAP- und 600 ccm Blackburne-Motoren ein. Diese Maschinen wurden handwerksmäßig gebaut, auf Bestellung wurden auch andere Einbaumotoren verwendet. Kreutzer gab eine fünfjährige Garantie auf die Fahrgestelle, doch verschwand auch seine Firma in der Wirtschaftsdepression des Jahres 1932.

ATLAS

Maschinen- & Fahrzeugfabrik Weißbach & Schleif, Leipzig-Lindenau

Schleif war ein tüchtiger Mechaniker, der sich mit Dr. Weißbach zusammentat und 1924 mit der Herstellung der Atlas-Motorräder begann. Diese hatten eigene 248 und 346 ccm Zweitakt-Einzylindermotoren mit Nasenkolben und einfache Rohrrahmen. Schleif bestritt auf diesen auch kleinere Rennen in Thüringen, Schlesien, Sachsen und Nordböhmen, doch wurde die Atlas außerhalb ihres Produktionsgebietes nicht sehr bekannt. Die kleine Firma stellte den Motorradbau 1929 ein.

AUTINAG

Auto-Industrie AG, Düsseldorf-Mörsenbroich

Das waren kleine, einfache und primitiv gebaute Zweitaktmaschinen, deren mit nach vorn geneigtem Zylinder ausgestatteter Zweitaktmotor mit 52 mm Bohrung und 60 mm Hub von Ing. Frankowsky konstruiert worden war. Neben diesem 127 ccm Modell gab

198 ccm Autinag 1925

es später auch eine 198er Version und – angeblich – auch einige Modelle mit dem 500 ccm MAG-Motor. Eine sportliche Ausgabe der kleinen Autinag wurde unter dem Namen Dümo in den Handel gebracht. Autinag- und Dümo-Motorräder wurden nur 1924–1925 in kleinen Stückzahlen gebaut und errangen keine größere Bedeutung.

AUTO-ELL

Max Ell, Motorradbau, Stuttgart, Herzogstraße 7

Zu den deutschen Motorradproduzenten der Jahre 1924–1926 gehörte auch die heute bekannte Stuttgarter Autofirma, deren Gründer damals nicht nur Motorräder reparierte und verkaufte, sondern sie auch selbst herstellte und erfolgreich bei sportlichen Veranstaltungen fuhr. Max Ells damalige Leichtkrafträder besaßen den guten und damals sehr bekannten 142 ccm Zweitaktmotor der Firma Grade, ein Zweiganggetriebe und Riemenantrieb zum Hinterrad.

AUTOFLUG

Autoflug OHG, Berlin-Johannisthal, Sternplatz

Die ersten, zwischen 1921 und 1923 hergestellten Autoflug-Fahrzeuge waren rollerähnliche Leichtkrafträder, die man damals als »Motorläufer« bezeichnete. Es gab zwei Modelle: eines mit einem 117 ccm und das andere mit einem 122 ccm Zweitaktmotor. Die kleinere Maschine besaß eine einfache Vordergabel und ein zwischengeschaltetes Vorgelege sowie Kettenantrieb zum Hinterrad. Das größere Modell war mit einem Zweiganggetriebe und Riemenantrieb ausgerüstet und erreichte eine Höchstgeschwindigkeit von 60 km/h. Da diesen etwas unorthodoxen Fahrzeugen kein größerer Verkaufserfolg beschieden war, entschloß sich die Firma 1923 zum Bau einer mehr orthodoxen Leichtgewichtsmaschine mit einem netten Doppelschleifenrahmen und kleinen 24 × 2″ Rädern. Nach vorn geneigt, fast liegend war hier der 129 ccm Bekamo-Zweitaktmotor mit Hilfskolben eingebaut. Dazu kam ein weiteres 146 ccm Modell mit einem offenen

122 ccm Autoflug 1922

129 ccm Autoflug (Bekamo-Motor) 1924 (Bild unten)

Rahmen und mit Blattfedergabel. Trotz dieser konstruktiven Bemühungen verschwand die von Egon Weitzel konstruierte Autoflug 1924 von der Bildfläche.

AVIS-CELER

1. A. & W. Lambrecht & Co., Hannover-Linden, Dickbornstraße 11
2. Otto Hammer & W. Lambrecht, Hannover-Haienholz, Schulenburger Landstraße 94

Man konnte die zwischen 1925 und 1931 produzierte Avis-Celer als die hannoveranische Hausmarke bezeichnen. Von einer kleinen, aber fortschrittlichen Firma gebaut, gehörten die Avis-Celer zu den ersten deutschen Erzeugnissen, die Ende der zwanziger Jahre Satteltanks besaßen. Die Modellreihe selbst bestand aus Versionen mit 173, 198, 246 und

173 ccm Avis-Celer (Villiers) 1929

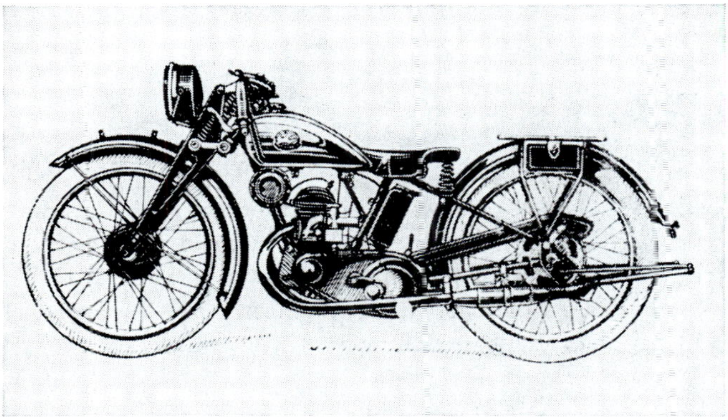

498 ccm Avis-Celer (MAG-Motor) 1929

348 ccm Villiers-Zweitaktmotoren. Dazu kamen ab 1928 350 und 500 ccm Modelle mit obengesteuerten MAG-Einzylindermotoren, während Versionen mit JAP-Motoren nur auf Bestellung geliefert wurden. Die Modelle dieser Firma waren typisch englischer Bauart und gut ausgeführt. Hermann Weidemann, einst ein bekannter Hannoveraner Rennfahrer, errang zahlreiche Erfolge auf mit JAP-Motoren ausgerüsteten Avis-Celer-Maschinen.

AVOLA

Industrie & Handelsgesellschaft m.b.H., Leipzig, Albertstraße 8

Ein kleiner Leichtmotorradkonfektionär, der 1924–25 das Abziehbild mit dem Namen »Avola« nur auf eine beschränkte Zahl von Maschinen kleben konnte. Die Fahrgestelle stammten von Defa (Deutsche Fahrradbau G.m.b.H.), und die Motoren wurden von DKW in Zschopau bezogen; es handelte sich dabei um die 145 und 173 ccm Zweitakter.

A.W.D.

August Wurring, Motorradbau, Breitscheid/Post Lintfort Bez. Düsseldorf

Bereits 1921 stellte August Wurring Motorräder in Einzelanfertigung, später in Kleinserien her. Daneben baute er auch zahlreiche Fahrgestelle für Rennmaschinen. Bis zu Kriegsbeginn 1939 verwendete er Motoren von DKW, Villiers, Kühne, Bark, Küchen, Columbus, Sachs und Ilo. Außerdem bestritt er selbst auch Rennen.
1952 nahm er die Herstellung von Motorrädern mit 173 und 247 ccm Zweitaktern

244 ccm AWD (Wurring) 1959

von Ilo wieder auf, denen bald 98 ccm und 123 ccm Sachs-Zweitakter folgten. Mitte der fünfziger Jahre lieferte Sachs an AWD auch 147er und 174er Motoren, während der Ilo auch in der 244 ccm Zweizylinderausführung geliefert wurde. Obwohl Wurring nur kleine Stückzahlen handwerksmäßig herstellte, besaßen seine Maschinen infolge ihrer robusten Konstruktion einen guten Ruf, besonders im Rheinland. Noch in den letzten fünfziger Jahren, als viele andere Fabriken in Deutschland die Tore schließen mußten, konnte die ambitionierte Breitscheider Firma ihre Produktion loswerden, und selbst heute kann man dort auf Bestellung noch Motorräder in Einzelanfertigung erhalten.

A.W.O.

Volkseigener Betrieb »Awtovelo«, Suhl in Thüringen/DDR

Suhl in Thüringen war einst Herstellungsort nicht nur von Waffen, sondern auch der K.G. (Cito-K.G.), der Rennsteig- und Original-Krieger-Motorräder sowie der sportlichen Simson-Supra-Automobile. Keine dieser Firmen existierte seit Mitte der dreißiger Jahre mehr, doch kam es bald nach dem Krieg dort zum Bau der AWO-Motorräder, die später unter dem Namen Simson auch bei Sportveranstaltungen erschienen.
Die Grundkonstruktion der AWO (Simson) war eine schöne obengesteuerte 248 ccm Einzylinder-Blockmaschine mit Kardanantrieb zum Hinterrad, die man im Laufe der Jahre verbesserte und modernisierte. Sie hatte einen quadratischen Motor mit 68 mm Bohrung und 68 mm Hub und fand guten Absatz in ihrem Erzeugungsland. In den fünfziger Jahren entwickelte die Firma auch eine rege Sporttätigkeit und baute u. a. für Straßenrennen zahlreiche Spezialrennmaschinen mit kegelrad- und kettenangetriebe-

246 ccm AWO (Rennmaschine) 1953

nen ohc-Ein- und Zweizylindermotoren, die schöne Erfolge errangen. Daneben gab es Versionen mit verbesserten und frisierten Standard-ohv-Motoren, und nur die Aufgabe der Produktion von Viertaktern verhinderte die Weiterentwicklung dieser interessanten Konstruktionen. Das war am Anfang der sechziger Jahre; seitdem konzentriert sich in Suhl die Produktion auf verschiedene Modelle (Mopeds, Mokicks und Kleinkrafträder) mit eigenen 50 ccm-Zweitaktmotoren.

BAFAG

Badische Albertus-Fahrzeugwerk AG, Achern in Baden

Diese Maschine war nichts anderes als die Albertus mit dem 113 und 176 ccm Rohöl-Zweitaktmotor, der von Julius Löwy konstruiert und bei Albertus hergestellt wurde. Es handelte sich um eine unorthodoxe Motorenkonstruktion, bei welcher die Verbrennung des Rohöls mittels Glühkopfs erfolgte. Die Leistung dieser Maschinen war nicht sehr groß, die Zuverlässigkeit ließ viele Wünsche offen, und die 1922 begonnene Produktion wurde infolge technischer und kommerzieller Schwierigkeiten mehrmals unterbrochen. Daher auch die verschiedenen Namen für diese Maschinen und das endgültige Ende 1924.

BAIER

1. Motoren- & Apparatefabrik Wilhelm Baier, Berlin, Kaiserdamm 5
2. Motoren- & Apparatefabrik Wilhelm Baier, Berlin-Charlottenburg, Windscheidstraße 10
3. Motoren- & Apparatefabrik Wilhelm Baier, Berlin-Charlottenburg, Knobelsdorferstraße 14
4. Baier-Werk G.m.b.H., Berlin-Charlottenburg, Bismarckstraße 3
5. Baier Motorenbau G.m.b.H., Berlin-Charlottenburg, Rankstraße 30

Zusammen mit Hugo Ruppe, Kurt Pohle, Dr. Martin Böhme, Ernst Eichler, Dir. Ahrens und anderen gehörte Baier zu den führenden Berliner Zweitaktspezialisten der zwanziger Jahre. Schon 1924 baute seine Firma 198 ccm Dreikanal-Zweitakter, denen später ähnliche Modelle mit 249 ccm Hubraum – bei 68 mm Bohrung und 68 mm Hub – folgten. Sie besaßen das Zweiganggetriebe im Block und Riemenantrieb, später auch

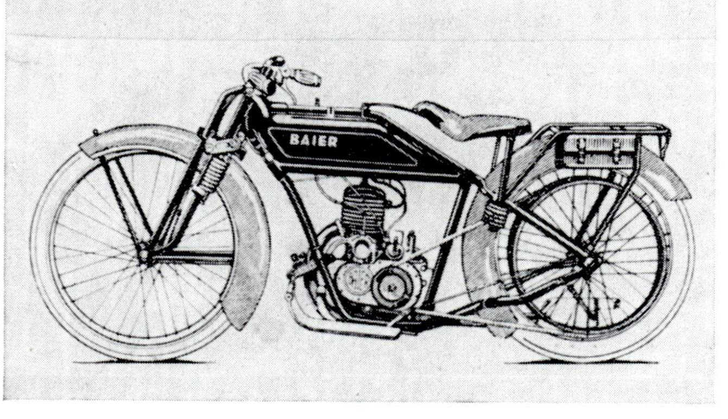

249 ccm Baier 1925

497 ccm Baier (Doppelkolben) 1928

Kettenantrieb zum Hinterrad. Das Fahrgestell war ein geschlossener Wiegenrahmen. Die Leistung der 249er Maschine betrug 7 PS.
Ab 1927 verlegte sich Baier auf ein Einheitsmodell, das insofern technisch interessant war, als es als einzige serienmäßige 500 ccm Einzylinder-Zweitaktmaschine einen Doppelkolbenmotor besaß. Dieser war den Konstruktionen von Garelli, Bacchi, Puch, Hirth u. a. nicht unähnlich. An der Hauptpleuelstange hing der Auslaßkolben, an der zweiten – angelenkten – Pleuelstange der Einlaßkolben. Als Fahrgestell wurde ein offener Dreiecks-Doppelrahmen verwendet. Wilhelm Baier und sein Bruder Karl fuhren diese Maschinen auch bei Rennen, doch blieben größere Erfolge aus. Das betraf auch die kommerzielle Seite des Unternehmens, und nach zahlreichen Reorganisationen der Firma mußte sie 1929 endgültig die Waffen strecken.

BALALUWA

Balaluwa Fahrzeug AG, München, Schommerstraße 1

Bei dieser Münchner Firma schuf man 1924 eine ganz neue und moderne obengesteuerte 348 ccm Einzylindermaschine mit Kettenantrieb, Innenbackenbremsen vorn und rückwärts, Dreiganggetriebe und anderen technischen Feinheiten, die in der damaligen Periode noch ganz selten waren. Die Konstruktion war aber scheinbar noch nicht ganz entwickelt, als sie auf den Markt kam, und verschwand 1925 wieder von der Bildfläche, ohne einen nachhaltigen Eindruck hinterlassen zu haben.

B.A.M.

Berlin-Aachener Motorenwerke AG, Aachen

Praktisch gehört diese B.A.M. nicht in das Buch der deutschen Motorradindustrie, da sie in Wirklichkeit nichts anderes als eine in Aachen zusammengestellte belgische F.N. mit dem B.A.M.-Abziehbild am Tank war. Sie wurde 1933 aus wirtschaftlich-politischen Gründen zwangsläufig »geboren«, als sich der Einfuhr und dem Verkauf ausländischer Motorräder in Deutschland Schwierigkeiten entgegenstellten. Die Aachener Firma bestand schon vorher als Montagewerk von F.N. und befaßte sich nunmehr mit einer B.A.M. Modellreihe, die außer 198 ccm Zweitaktern auch seitengesteuerte 346 und 498 ccm Einzylinder-Blockmodelle und auch 498 ccm ohv-Blockmaschinen beinhaltete. 1937 wurde die »Produktion« der B.A.M. eingestellt.

BAMAR

Fahrzeugwerke Barth & Co., Marburg an der Lahn

Ein kleiner Konfektionär von Leichtgewichtsmaschinen, die in beschränkten Stückzahlen von 1923 bis 1925 hergestellt wurden und mit Einbaumotoren von 150 ccm und 198 ccm der Firmen DKW, Alba, Gruhn, Baumi etc. ausgerüstet waren. Die Bedeutung der Bamar war lokal begrenzt.

BAMO

Bautzener Motorradfabrik Stäubingen & Klingst, Bautzen

Auch die Bamo war nur eine kleine, fast unbekannte Marke, die 1923 entstand und 1925 wieder einging, ohne einen besonderen Eindruck hinterlassen zu haben. Das Beste an ihr waren wohl die Motoren, und zwar handelte es sich um die bewährten 148 und 173 ccm Zweitakter von DKW. Geliefert wurden diese Maschinen ohne und, auf Wunsch, mit Zweiganggetriebe sowie mit Riemenantrieb zum Hinterrad.

BASTERT

Bastert-Werke Gustav Bastert, Bielefeld-Heepen

Bastert, bekannt schon vor dem Kriege durch Fahrräder und Mofas mit 73 ccm und 98 ccm Sachsmotoren, begann 1949 mit dem Bau – besser gesagt der Konfektion – von Motorrädern, die mit 147 ccm Fichtel & Sachs- sowie 173 und 198 ccm Ilo-Zweitaktmotoren ausgerüstet waren. Dazu kam später ein schöner Roller, der unter dem Namen »Bastert Einspurauto« mit den gleichen Ilo-Zweitaktern ausgestattet wurde. Es handelte sich hier um gute und moderne Fahrzeuge, doch konnte die Motorfahrzeugproduktion infolge der Krise in der deutschen Motorradindustrie ab 1956 nicht aufrechterhalten werden.

BAUER

1. L. Bauer & Co., Klein-Auheim am Main
2. Bauer-Werke G.m.b.H., Klein-Auheim am Main

Ein bekannter Hersteller von Fahrrädern, besonders von Rennfahrrädern, der ebenso wie Bastert schon vor dem Krieg Mofas mit Sachsmotoren herstellte und der sich 1949 auf das gefährliche Gebiet der Motorraderzeugung wagte. Zunächst beschränkte man sich auf die Konfektion von Zweitaktmodellen, wobei die bewährten 98, 123, 147 und 174 ccm Sachs- und Ilo-Motoren zum Einbau gelangten. 1952 schritt man dann zu einer Eigenkonstruktion, wobei man sich auf eine obengesteuerte 248 ccm Einzylindermaschine festlegte, die als Besonderheit den Vergaser vor dem Zylinder und das Auslaßventil hinten im Zylinderkopf hatte. Das führte zu technischen (thermischen) Problemen, deren

Überwindung über die finanziellen Möglichkeiten der verhältnismäßig kleinen Firma ging. Und das bedeutete 1953 das Ende der Bauer-Motorräder

BAYERLAND

Ing. Anton Bayerlein, München, Hübnerstraße 4

Der Wert von Rennerfolgen wurde durch die »Bayerland« dokumentiert, und obwohl es sich auch hier um eine kleine Produktion zwischen 1924 und 1930 handelte, war diese Marke in ganz Deutschland infolge der Siege von Sepp Giggenbach und teilweise auch von Ing. Toni Bayerlein und Hartung ziemlich bekannt. Giggenbach selbst gewann u. a. 1927 die 1000 ccm Klasse beim Großen Preis von Europa auf dem Nürburgring, doch verstand es die Firma nie, derartige Erfolge kommerziell auszuwerten und blieb während der Zeit ihrer Existenz immer eine bescheidene bayerische Motorradfabrik.
Giggenbachs siegreiche 996 ccm ohv V-Zweizylinder Rennmaschine war, wie die meisten Bayerland-Motorräder, mit einem englischen JAP-Motor ausgerüstet. Hergestellt wurden aber auch 246, 348 und 498 ccm sv- und ohv-Einzylindermodelle.

BAYERN

Leichtfahrzeug G.m.b.H., München, Forstenriederstraße 14

In München gab es in den zwanziger Jahren außer der BMW auch noch die Marken Megola, S.M.W., Astra, Diana, Flottweg, Vis, Europa, Balaluwa, Flink, Halumo, K.R. Karü, Husar, Diana, S.B.D. und unter weiteren auch die »Bayern«. Sie entstand 1923 mit dem damals beliebten, von S.M.W. unter Lizenz hergestellten Bosch-Douglas 298 ccm Zweizylinder-Boxermotor und wurde in den folgenden Jahren auch mit den gegengesteuerten 498, 746 und 988 ccm V-Zweizylindermotoren von MAG (Motosacoche) in beschränkter Stückzahl gebaut. 1926 wurden die letzten Maschinen ausgeliefert.

B.B.

Motorenbau B. Bortius, Stettin, Lange Gasse 4

Bei der Angabe von Produktionsziffern muß man immer die betreffende Periode in Betracht ziehen. Große Motorradfabriken der zwanziger Jahre bauten 2000 bis 3000 Maschinen im Jahr – wenn man von wenigen Ausnahmen, wie z. B. der Firma DKW, absieht –, und kleine Produzenten waren froh, wenn sie 50 oder 100 herstellen und auch verkaufen konnten. Bortius gehörte zu den ganz kleinen Firmen und verwendete hauptsächlich 198 ccm Alba-Viertakter in eigenen, einfachen Rohrrahmen. Die Produktionsperiode reichte von 1923 bis 1925.

BE-BE

Berlin-Burger Eisenwerk Aktiengesellschaft, Berlin N. 113, Greifswalderstraße 42

Dies war auch eine der vielen kleinen Marken der zwanziger Jahre, denen niemand nachweinte. Es war ein kleiner, primitiver Zweitakter mit 117 ccm Hubraum, der von 1923 bis 1927 gebaut wurde und dessen Rohrrahmen den Erzeugnissen von Eichler nicht unähnlich war. Schon das Aussehen dieser Maschine erweckte den Eindruck, daß die Herstellerfirma keine großen Erfahrungen im Motorradbau besaß.

BECKER

Karl Becker, Motorfahrzeugbau, Dresden, Waisenhausstraße 8

Eine schon lange vergessene Firma, die zu den Pionieren der deutschen Motorradindustrie gehörte. Schon 1903 baute sie verschiedene Ein- und V-Zweizylindermodelle, teilweise mit eigenen Motoren. Es ist nicht bekannt, wann dieses Unternehmen die Produktion aufgab, doch dürfte es schon in den Jahren 1906 oder 1907 gewesen sein.

BEHAG

Bremer Eisenhandels AG, Bremen, Kaiserstraße 7–11

Eisenwerke, Eisenhandelsgesellschaften und andere Eisenfirmen, die kaum Vorbedingungen zur Herstellung guter Motorräder besaßen, warfen sich nach der Inflationszeit auf dieses heikle Gebiet, und auch die zwischen 1924 und 1926 gebaute Behag mit einem einfachen 218 ccm Einzylindermotor war deshalb kein Spitzenerzeugnis, das sich bewährte oder das in größeren Stückzahlen gebaut wurde.

BEKAMO

1. Berliner Kleinmotoren-Aktien-Gesellschaft, Berlin, Bremer Straße 48
2. Bekamo Kraftfahrzeug-Aktiengesellschaft, Berlin NW 21, Alt-Moabit 94

Die Bekamo war eine Konstruktion Hugo Ruppes, der schon vor dem ersten Weltkrieg mit den Automobilfabriken Piccolo, Apollo und MAF verbunden war und 1919 auch den ersten Zweitaktmotor für DKW schuf. 1922 gründete er eine eigene Motorrad- und Motorenfabrik in Berlin, wo er bis 1925 die damals sehr leistungsfähigen und erfolgreichen Bekamo-Motorräder, Zweitakter mit Kurbelkastenhilfspumpe und Luftvorlagerung, herstellte.

Die ersten Ausführungen besaßen einen unorthodoxen Kastenrahmen aus eisenarmierten Eschenholz-T-Trägern. Der luftgekühlte Zweitaktmotor mit 50 mm Bohrung und 66 mm Hub hatte 129 ccm Hubraum und den Pumpenzylinder vorerst unterm, später

129 ccm Bekamo (Holzrahmen) 1923

seitlich vom Kurbelgehäuse. Der Motor lag horizontal im Fahrgestell, über eine Korkkonuskupplung und ein Zweiganggetriebe führte ein Riemenantrieb zum 20 × 2″-Hinterrad. Da der Holzrahmen nicht überall Anklang fand, wurde 1924 ein modernerer Rohrrahmen entwickelt, in welchen der erstklassige 4,5 PS-Motor stehend gebaut wurde. Ruppe konstruierte und baute fast alles an dieser Maschine selbst, und das betraf auch den Schwungradmagneten. Er entfaltete eine eifrige Entwicklungstätigkeit und verbesserte ständig seine Konstruktionen; die nur 70 kg schwere Bekamo wurde später auch mit Dreiganggetriebe, Kettenantrieb und verbesserter Hilfs-Ladepumpe hergestellt. Daneben baute man bei Bekamo Lieferdreiräder mit zwei Vorderrädern für Nutzlast bis zu 250 kg und auch Rennmaschinen – in sehr beschränkter Stückzahl – mit wassergekühlten Motoren. Bekamo-Einbaumotoren wurden auch an andere Motorradhersteller geliefert und deren Produktion unter Lizenz an Motorenhersteller übergeben. So fanden sich von Hugo Ruppe hergestellte oder inspirierte Motoren bei Windhoff, Eichler, T.X., Brand, Autoflug, M.F.Z. u. a., und Fahrer wie Paul Lüdtke, Ing. Heller, Dir. Ahrens, Kurt Pohle, Hucke, Thevis, Scholz, Jurisch, Rannacker u. a. errangen auf diesen jahrelang große Rennerfolge. Die Bekamo gehörte damals zu den besten deutschen Zweitaktern, und es ist bedauerlich, daß Ruppes Unternehmen hart von der Inflationsperiode betroffen wurde und er sich gezwungen sah, es 1925 nach Rumburg in die Tschechoslowakei zu verlegen, wo die Firma Kaehlert & Ruppe bis 1929 123 und 173 ccm sowie zuletzt auch 246 ccm Bekamo-Motorräder – und Einbaumotoren – herstellte. Als Fahrgestell verwendete man hier den von Westendarp & Pieper in Berlin entwickelten TX-Tankrohrrahmen, und nur die 246 ccm Maschine besaß ein konventionelles Fahrgestell aus Rohren. Hugo Ruppe, einer der größten deutschen Konstrukteure, starb 1946 in Zschopau.

129 ccm Bekamo (mit Hilfskolben) 1924

BERESA

Beresa-Werke AG, Motoren- & Fahrzeugfabrik, Beckum, Bezirk Münster/Westfalen

In kleinen Stückzahlen zwischen 1923 und 1925 fabriziert, besaß die Beresa ausschließlich lokale Bedeutung. Es war ein einfacher 198 ccm-Viertakter mit untengesteuerten Ventilen, einem Zweiganggetriebe und Riemenantrieb zum Hinterrad. Auch in ihrer Produktionsperiode war die Beresa eine fast unbekannte Marke.

BERGFEX

Bergfex Motorfahrzeug-Fabrik, Berlin

Motorräder, die von dieser schon lange vergessenen Firma hergestellt wurden, besaßen zunächst Fafnir-Einbaumotoren und später Motoren eigener Erzeugung mit ein und zwei Zylindern in V-Form. Die sehr robusten und schweren Rohrrahmen waren durch ihre Länge auffallend und den damaligen Straßenverhältnissen angepaßt. Das war zwischen 1904 und 1909.

BERGO

Fahrzeugfabrik H. Ahlers & Berg G.m.b.H., Kiel

Ein kleiner Motorradkonfektionär der mittleren zwanziger Jahre. Die Fahrgestelle stammten höchstwahrscheinlich von der Firma Defa – die sie an viele kleine Motorradproduzenten lieferte –, und als Antriebsquelle wurde der damals (1924) populäre 145 ccm DKW-Zweitakter verwendet. Die Bergo zeigte keinerlei besondere Leistung, die sie aus der Reihe zahlreicher anderer »Eintagsfliegen« herausgestellt hätte.

BERLIN

VEB Industriewerke, Berlin-Ludwigsfelde

Ab 1958 wurde von diesem in Mitteldeutschland liegenden Betrieb ein netter Roller mit 148 ccm MZ-Motor unter dem Namen »Berlin« gebaut, der später durch das Roller-Modell »Troll« abgelöst wurde.

BERO

Fahrradwerk Schaumburg, Bückeburg

Bückeburg hatte mit dem Leichtkraftrad Bero eines gemeinsam: beide waren in Deutschland schwer zu finden! Als die Bero 1924–1925 hergestellt wurde, gab es im Lande rund 500 Motorraderzeuger, von denen 90 Prozent nicht mehr als lokale Bedeutung besaßen. Die einfache Bero mit dem 145 ccm Zweitakt-Einbaumotor von DKW gehörte auch zu ihnen.

BEUKER

1. Alois Beuker G.m.b.H., Bocholt in Westfalen
2. Alois Beuker G.m.b.H., Inhaber W. Seibel, Bocholt in Westfalen

Von 1921 bis 1929 wurden bei Beuker gute und solide Motorräder gebaut. Es war eine mittelgroße Firma, die zwar nie Rekorde brach oder sich sonst besonders auszeichnete, die aber innerhalb ihrer Möglichkeiten und im Verhältnis zu anderen Produzenten vom Motorradbau genug verstand. Das erste Modell besaß einen eigenen 231 ccm Zweitaktmotor mit dem Zweiganggetriebe im Block. Dieses und auch die folgenden 145, 173, 198 und 246 ccm Versionen hatten Dreikanalmotoren mit Nasenkolben, spätere Ausführungen auch Doppelrohrrahmen. Leider blieb die Firma in den letzten Jahren ihrer Existenz technisch rückständig, und die 1928–1929 hergestellten Beuker-Maschinen ließen bezüglich Modernität viele Wünsche offen.

231 ccm Beuker 1922

BIMOFA

1. Bielefelder Motorradfabrik Gustav Kunstmann, Bielefeld, Brunnenstraße 15
2. Bielefelder Motorradfabrik G.m.b.H., Bielefeld, Brunnenstraße 15

In Bielefeld war es nicht schwer, Motorräder zu konfektionieren, da die zahlreichen dort befindlichen Fahrradfabriken jedes gewünschte Fahrgestell für Leichtkrafträder lieferten. Bimofa verwendete hierzu hauptsächlich Teco-Viertaktmotoren, auch solche von Hansa, und stellte zwei Typen her. Modell »A« hatte einen 1,8 PS Motor mit schrägstehendem Zylinder, Modell »B« einen 2¼ PS Horizontalmotor. Beide besaßen untengesteuerte Ventile und wurden 1923 bis 1925 mit Leerlauf und Zweiganggetriebe offeriert.

198 ccm Bimofa 1924

BISMARCK

Fahrradwerke Bismarck AG, Bergehof, Radevormwald/Rheinland

Ab 1931 erzeugte man bei Bismarck Motorfahrräder, die 75 ccm und 98 ccm Motoren von Fichtel & Sachs besaßen Die Nachkriegsproduktion begann 1948 mit ähnlichen

123 ccm Bismarck 1952

Fahrzeugen, denen bald richtige Motorräder mit 98, 147 und 173 ccm Zweitaktmotoren der Schweinfurter Firma folgten. Diese netten Maschinen waren eine Konstruktion von Ing. Emil Fischer, der vorher bei den Deutschen Industriewerken in Spandau – wo man das D-Rad herstellte – und bei Fichtel & Sachs tätig war. Leider verschwand auch Bismarck, zusammen mit anderen Produzenten, im Motorrad-Krisenjahr 1956 als Motorradhersteller von der Bildfläche.

BLEHA

Motor- & Fahrradwerke Bleha G.m.b.H., Neheim-Ruhr

Als die Bleha von 1923 bis 1926 gebaut wurde, lag Neheim im unbesetzten Gebiet Deutschlands. Ausgerüstet mit teleskopartigen Vordergabeln und kräftigen Fahrgestellen,

174 ccm Bleha 1924

gehörte die Bleha zu den besser konstruierten Maschinen. Sie besaß zunächst 142 ccm DKW-Motoren und ab 1924 eigene 2 1/2 PS Zweitakter.

BMW

1. Bayerische Motoren-Werke AG, München, Schleissheimerstraße 288
2. Bayerische Motoren-Werke AG, München, Lerchenauerstraße 76

Die 1917 gegründete Bayerische Motoren-Werke AG, in deren Aufsichtsrat der spätere Finanzminister Dr. Hjalmar Schacht saß, begann 1920 mit dem Bau von Einbaumotoren, 1922 der Flink-Zweitakt-Leichtkrafträder und der Helios-Motorräder und dann, 1923, mit den ersten kompletten Motorrädern, die den Namen BMW am Tank trugen.
Die zuerst hergestellten Einbaumotoren waren liegende 496 ccm Zweizylinder (Boxermotoren), die vor allem von Victoria, aber auch anderen Firmen, wie S.M.W., Bison, S.B.D., Scheid-Henninger und auch verschiedenen kleineren Produzenten, verwendet wurden. Die Flink war ein getriebeloses Leichtkraftrad mit 147 ccm Hubraum und nach vorn geneigtem Zylinder. Ihr Zweitaktmotor arbeitete nach dem Dreikanalprinzip. In die Helios wurde der eigene 496 ccm Boxermotor eingebaut, doch erwies sie sich nicht als Erfolg. So schuf der damalige technische Direktor der Firma, Dr.-Ing. Max Friz, eine Eigenkonstruktion, die BMW R 32. Sie erschien 1923 auf dem Markt und wies bereits alle hervorstechenden technischen Merkmale der späteren BMW-Motorräder auf: den quergestellten, zweizylindrigen Blockmotor und den Kardanantrieb zum Hinterrad. Die Ventile waren untengesteuert, und bei 493 ccm Hubraum betrugen Bohrung und Hub 68 mm. Das Getriebe besaß drei Gänge und der Kardanantrieb ein Hardyscheibengelenk.
1924 folgte ein von Dipl.-Ing. Rudolf Schleicher konstruiertes ähnliches Modell mit obengesteuerten Ventilen, und 1925 kam eine obengesteuerte 248 ccm Einzylindermaschine dazu, ebenfalls mit Blockmotor und Kardanantrieb. Ende der zwanziger Jahre wurde die Modellreihe durch 734 ccm Zweizylindermodelle mit Rohr- und Preßstahlfahrgestellen bereichert, doch wurden die letzteren am Anfang der dreißiger Jahre wieder aus der Produktion genommen. Seit dieser Periode besitzen alle BMW-Motorräder Rohrrahmen, die, ebenso wie die Motoren, ständig weiterentwickelt und verbessert wurden. Ende der dreißiger Jahre wurden Hinterradfederungen und Telegabeln eingeführt.

496 ccm BMW (R 32) 1923

Produziert wurden im Laufe der Jahre 198, 246, 346 und 398 ccm Einzylindermodelle sowie 493, 494, 590 und 734 ccm Zweizylinder. Alle Einzylinder hatten die Ventile von oben gesteuert, die Zweizylinder wurden in sv- und ohv- und, soweit es Spezialrennmaschinen betraf, auch ohc-Ausführung gebaut. Es gab auch Ausnahmen, wie Preßstahlrahmen bei einigen Einzylindermodellen, Spezialmodelle für die Wehrmacht mit angetriebenem Seitenwagenrad und Rennmodelle mit Kompressormotoren für die Werksrennfahrer.

496 ccm BMW-Rennmaschinen mit Ernst Henne und Paul Köppen bei der Targa Florio 1928

Trotz ihrer unorthodoxen Konstruktion errangen BMW-Motorräder bald einen ausgezeichneten Ruf. Vom Beginn an waren sie gut konstruiert, leistungsfähig, formschön. schnell und bei erstklassiger Ausführung sehr zuverlässig. Und schon 1923–1924 bewiesen sie bei sportlichen Wettbewerben mit Fahrern wie dem Konstrukteur Schleicher selbst, Franz Bieber und Ing. Rudolf Reich ihre Überlegenheit. Bald wurde der Name BMW zum Begriff, der weit über das Herstellerland hinaus bekannt wurde.
Für Rennen wurden zunächst frisierte 500 ccm ohv- und 1925–26 auch 250 ccm ohv-Modelle verwendet. 1929 kamen 750 ccm ohv-Versionen und – nur für Werksfahrer – 500 und 750 ccm ohv-Kompressormodelle hinzu, wobei die Kompressoren zunächst von Arnold Zoller, später jedoch aus eigener Fabrikation stammten. Ernst Henne, der 1926 von Astra zu BMW kam, brach mit diesen Kompressormaschinen im Laufe der Jahre zahlreiche Weltrekorde und war jahrelang der schnellste Mann der Welt auf zwei Rädern. Privatfahrer konnten vor dem Krieg kompressorlose 500 ccm Rennmaschinen

erwerben, auch die schnelle SS und RS (500 ccm) hatte 1938–39 einen ohv-Motor ohne Kompressor, und nur das Werksteam fuhr ohc-Motoren mit Kompressor. Erst ab 1954 baute man auch für Privatfahrer Rennmaschinen in kleinen Serien mit ohc-Motoren, doch wurde deren Produktion zwei Jahre später wieder eingestellt. Insbesondere bei Gespannrennen erwiesen sich jedoch diese Motoren noch Jahre später als fast unschlagbar. Groß war die Zahl der erfolgreichen BMW-Fabriks- und -Privatrennfahrer während all der Jahre. Außer Ernst Henne seien noch Karl Gall, Toni Bauhofer, Hans Soe-

494 ccm BMW (R 47) 1928

nius, Ernst Zündorf, Karl Stegmann, Josef Stelzer, Franz Ecker, Paul Köppen, Fritz Wiese, Karl Prelle, Ralph Roese, Otto Ley, Georg Meier, Ludwig Kraus, Günther Burggaller, Otto Steinfellner, Eugen Bussinger, Sepp Müller, Graf Bismark, Jock West, Karl Rührschneck, Walter Lohmann, Fritz Kellner, Leo Burkhardt, Fritz Hillebrand, Wilhelm Noll, Ernst Stärkle, Adolf Brudes, Werner Huth, Walter Zeller, Ernst Klinger, Theo Schoth, Fritz Bouvain, Hellmut Fath, Wilhelm Faust, Fergus Anderson, Geoff Duke, Max Klankermeier, Fumio Ito, Edmund Kratz, Peter Knees, Hans Baltisberger, Gerhard Mette, Edgar Barth, Fritz Scheidegger, Max Deubel, Florian Camathias, Siegfried Schauzu, Georg Auerbacher, Peter Harris und Kurt Mansfeld erwähnt.
Mit Georg Meier gewann BMW auch als erste – und bisher einzige – deutsche Motorradfabrik die englische Senior-T.T., als dieser 1939 auf der Insel Man vor seinem englischen Markenkollegen Jock West siegte. Auch bei Zuverlässigkeits-(Gelände-)Wettbewerben standen BMW-Maschinen immer in der vordersten Reihe, wobei sich zu zahlreichen bereits erwähnten Fahrern wie Henne, Meier, Kraus, Müller u. a. auch noch Männer wie Orlindo Baylon, Xaver Gmelch, Fritz Roth, Sebastian Nachtmann und andere gesellten.

198 ccm BMW 1930 *734 ccm BMW (R 16) 1929*

Die großen Verkaufserfolge der BMW-Autos führten in den sechziger Jahren zu einer Beschränkung auf dem Motorradsektor. Doch wurde dieser Situation vor zwei Jahren abgeholfen, als man in München eine neue, stark verbesserte Modellreihe – die R 50/5 mit

498 ccm BMW (Kompressor-Rennmaschine) 1939, jedoch in der Nachkriegsausführung 1947/48

494 ccm BMW (R 51/3) 1952

498 ccm BMW
(ohc-Rennmaschine)
1955

498 ccm und 32 PS bei 6400 U/Min., die R 60/5 mit 599 ccm und 40 PS bei 6400 U/Min. und die starke R 75/5 mit 745 ccm und 50 PS bei 6200 U/Min. – auf den Markt brachte. Damit kam man vielen Wünschen, auch besonders in den USA, nach. Eine interne Reor-

247 ccm BMW (R 27) 1966

494 ccm BMW (R 50) 1966

594 ccm BMW (R 69 S) 1966

ganisation führte 1969 zur Verlegung des BMW-Motorradbaues nach Berlin (Spandau), doch ist und bleibt die gute alte Tradition der Münchener Marke auch hier erhalten. Das Stammhaus blieb natürlich weiter in Bayerns Hauptstadt (und ebenso die Entwicklungsabteilung).

Von Anfang an galt BMW als eine Spitzenmarke der deutschen Motorradindustrie, ähnlich im Ansehen wie Mercedes bei den Automobilen. Beteiligt an dem großen Aufschwung waren Techniker wie die bereits erwähnten Dr.-Ing. Max Friz und Dipl.-Ing. Rudolf Schleicher sowie Männer wie Martin Stolle, Furtenberger, Wolf, Rücker, Müller, Troltsch, Hopf, H. W. Bönsch und andere, doch muß besonders betont werden, daß die

498 ccm und 599 ccm BMW (R 50/5 – R 60/5) 1971

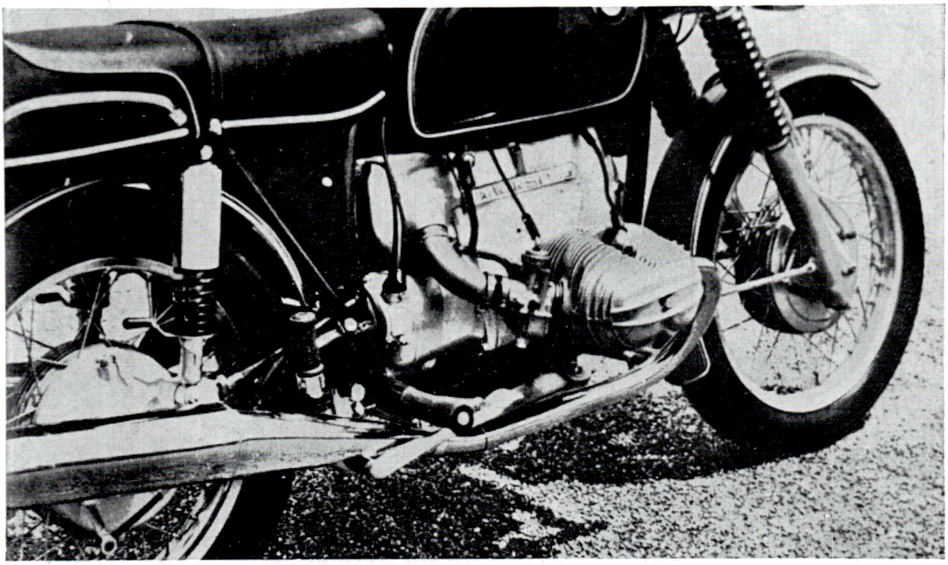

745 ccm BMW (R 75/5) 1971

Grundkonzeption der BMW – wie sonst kaum bei einer Motorradkonstruktion – immer wieder als Ausgangspunkt für verbesserte Modelle diente. Ende 1973 brachte BMW neue 898 ccm Zweizylinder OHV-Modelle mit 60 und 67 PS heraus, wobei die serienmäßige R 90 S eine Spitze von über 200 km/h hatte.

BODO

Fritz Kindermann, Motorradbau, Thale im Harz

Der Name Bodo in bezug auf Motorräder hatte selbst in der Erzeugungsperiode dieser mit 145 ccm DKW-Zweitakt-Einbaumotoren ausgerüsteten Leichtkrafträder keinerlei weitreichende Bedeutung, und die Stückzahl dieser 1924–25 hergestellten Fahrzeuge war sicherlich sehr gering.

BOGE

Otto Boge, Kommandit-Gesellschaft, Motorenwerk, Bielefeld

Boge, bekannt als Hersteller von Kompressoren aller Art, baute zwischen 1923 und 1927

246 ccm Boge 1926

auch Motorräder, die zunächst untengesteuerte 246 ccm Einzylindermotoren eigener Erzeugung und später solche mit 298 und 346 ccm besaßen. Nur für Rennzwecke wurden Boge-Motorräder mit englischen ohv-Blackburne-Motoren ausgerüstet, und auch Kurt Wemhöner, einst ein sehr bekannter Bielefelder Rennfahrer, errang 1926 und auch noch 1927 sehr schöne Erfolge auf solch einer 248 ccm Maschine. Nach der Einstellung der Motorradproduktion wandte sich die Firma wieder ganz dem Kompressorenbau zu.

BÖHME

Dr. Martin Böhme, Berlin W. 50, Neue Ansbacher Straße 7

Berlin, das Zentrum der Zweitaktspezialisten in den zwanziger Jahren, war auch der Erzeugungsort der technisch interessanten Böhme-Zweitakter, die zwischen 1925 und 1930 dort entstanden. Es handelte sich hierbei um fortschrittliche Konstruktionen mit 123, 129, 173 und 246 ccm Hubraum, die nach dem System Michel gebaut wurden und horizontale Zylinder – es waren Einzylinderausführungen – besaßen. Nur bei einigen Spezialrennmaschinen gab es stehende Zylinder, doch waren alle Böhme-Zweitakter mit Wasserkühlung versehen, wobei der Kühler mit dem Zylinderkopf ein organisches Ganzes bildete. Böhme-Motorräder hatten dazu auch noch Stufenkolben aus Aluminium; eine Konstruktion, die nur von wenigen Firmen, wie z. B. in England bei Dunelt,

129 ccm Böhme (wassergekühlt) 1925

angewandt wurde. Das Ansaugen wurde durch ein gesteuertes Ventil bewirkt, und schon 1925 wurde ein im Block befindliches Zweiganggetriebe mit Fußschaltung verwendet. Überhaupt gab es bei dieser Marke zahlreiche sehr fortschrittliche und auch ungewöhnliche Konstruktionsmerkmale.

Diese Motorenkonstruktion wurde zunächst in ein Fahrgestell mit Tankrohrrahmen und ab 1927 in einen modernen Rohrrahmen eingebaut. Sie war leider in der Produktion nicht billig und auch die Fabrik nicht so gut eingerichtet, daß durch rationellere Erzeugung der Preis hätte niedrig gehalten werden können. Die Böhme war daher nur für einen beschränkten Kundenkreis erreichbar, und als Ende der 20er Jahre die internatio-

129 ccm Böhme (wassergekühlt) 1927

129 ccm Böhme (wassergekühlt) 1926

nale Wirtschaftskrise auch Deutschland erfaßte, bedeutete diese auch das Ende dieser kleinen Motorradfabrik, wo man so sehr viel Gehirnschmalz für Zweitakter geopfert hatte.

BRAAK

Johann Braak, Motorraderzeugung, Gronau in Westfalen

Der Versuch von Braak, in die Motorradindustrie einzusteigen, war kein glückliches Vorhaben. Nach bewährter Methode betätigte er sich als Konfektionär, der fast alle Teile seiner Maschinen von Spezialfirmen beziehen mußte. So kamen die Fahrgestelle höchstwahrscheinlich von Gruhn, während die 129 und 198 ccm Motoren in kleinen Stückzahlen von Heilo und Namapo bezogen wurden. Das war in den Jahren zwischen 1923 und 1925.

BRAND

Brand & Sohn G.m.b.H., Berlin W. 35, Kurfürstenstraße 149

Die Qualität und Beliebtheit der Bekamo-Zweitaktmotorenkonstruktion von Hugo Ruppe wird durch die Tatsache bewiesen, daß sie von einigen anderen Firmen auch noch bis 1930 verwendet wurde, obwohl Bekamo selbst bereits 1925 die Erzeugung in Deutschland einstellte. Brand verwendete von 1925 bis 1930 Bekamo-Lizenzmotoren mit 123, 147 und 173 ccm, luftgekühlte horizontale Einzylinderversionen. Es waren schöne Maschinen mit einem niedrigen Dreiecksfahrgestell, doch nahm die Produktion der Firma nie größeren Umfang an.

BRENNABOR

Brennabor-Werke Gebr. Reichstein, Brandenburg an der Havel

Schon 1901 nahm diese Fahrrad- und Kinderwagenfabrik die Produktion von Motorrädern auf, wobei zunächst Zedel-, bald darauf aber die damals neuen deutschen Einbaumotoren von Fafnir – Einzylinder- und V-Zweizylinderversionen – in eigene starke Rohrrahmen eingebaut wurden. Die Modellreihe umfaßte u. a. Modelle mit 3 ½ PS, 4 PS und 6 PS Viertaktmotoren. Bei den ersten Modellen saß der Tank hinter dem Motor, andere Versionen hatten den Magnet unter dem Kurbelgehäuse. Brennabor gehörte auch zu den Firmen, die gefederte Vordergabeln einbauten, ehe noch die meisten anderen Produzenten daran dachten. 1908 begann dann die Fabrik mit der Produktion von Dreiradwagen und Automobilen, und auch der Dreiradwagen, Brennaborette genannt, besaß einen 5 PS Einbaumotor von Fafnir. Brennabor-Motorräder wurden schon 1904 nach England exportiert, doch wurde deren Produktion noch vor dem ersten Weltkrieg eingestellt, als die ganze Fabrik auf den Automobilbau konzentriert wurde (wenn man von Kinderwagen und Fahrrädern absieht). Während der dreißiger Jahre wurden dann noch Motor-Fahrräder mit den 73 ccm und 98 ccm Hilfsmotoren von Fichtel & Sachs gebaut. Durch die Demontage der Firma nach Kriegsende verschwand der einst sehr bekannte Name Brennabor aus der deutschen Kraftfahrzeugindustrie.

BÜCKER

Franz Bücker Fahrzeugbau, Oberursel/Taunus, Hohenmarktstraße 19

Diese kleine Firma gehörte jahrelang zu den besten Motorradkonfektionären in Deutschland. Sie existierte seit 1922 und stellte den Motorradbau erst Ende der fünfziger Jahre ein, als der zu geringe Absatz eine rentable Produktion verhinderte. Im Gegensatz zu anderen Firmen baute man nie billige Massenware, sondern solide und teilweise auch sportliche Motorräder mit Einbaumotoren von 98 bis 1000 ccm.

Verwendet wurden im Laufe der Jahre fast alle bekannteren Einbaumotoren. So hatten die ersten Modelle den damals sehr bekannten und beliebten 110 ccm Zweitaktmotor von

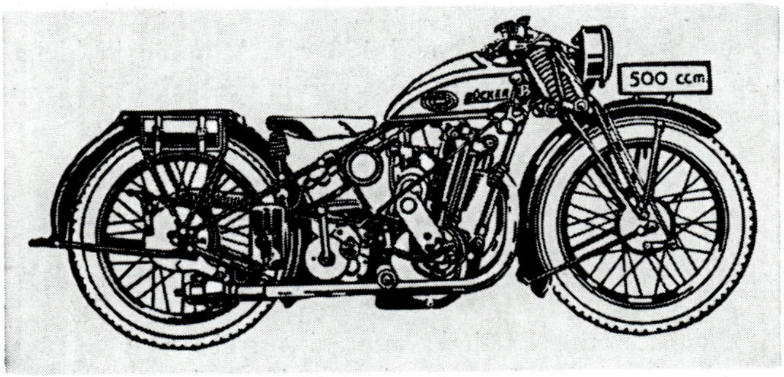

498 ccm Bücker MAG 1930

Fritz Cockerell, zu welchem noch der 148 ccm Rinne-Zweitakter kam. Spätere Modelle besaßen Viertakter in sv- und ohv-Ausführung von Columbus, MAG, Blackburne, JAP und Bark sowie Ilo- und Sachs-Zweitakter. Das Nachkriegsprogramm konzentrierte sich vollständig auf diese Zweitakter, wobei das größte Modell den 244 ccm Parallel-Zweizylinder von Ilo besaß.

Wie umfangreich das Produktionsprogramm von Bücker war, geht daraus hervor, daß man z. B. 1934 eine 98 ccm Zweitaktmaschine für RM 375.– herstellte und von dieser aufwärts für fast jede Klasse einige Modelle lieferte, und das bis zur 1000 ccm ohv-V-Zweizylinder Rennmaschine mit dem 55 PS JAP-Motor, deren Preis damals RM 2400.– betrug.
Da diese Maschinen handwerksmäßig hergestellt wurden, konnte man bei ihnen natürlich von einer rationellen Produktion nicht sprechen.
Bücker erzeugte robuste und gute Fahrgestelle, die auch hinsichtlich Ausführung und Modernität keine Wünsche offenließen. Da man in Oberursel keine großen Maschinenparks für neue Modelle umbauen mußte, konnte man auch schnell die existierenden Konstruktionen verbessern oder modernisieren. Eine eigene Rennabteilung gab es nie, doch waren Bücker-Motorräder in Händen von Privatfahrern erfolgreich, und 1948 gewann Friedl Schön auf einer Bücker mit umgebautem JAP-ohv-Motor sogar die deutsche Straßenmeisterschaft der 250 ccm Klasse.

996 ccm Bücker (JAP) 1933

496 ccm Bücker (MAG) 1935

BULLO

Bullo-Fahrzeugwerke A.G., Bremen, Am Dom 6

Die zwischen 1924 und 1926 gebaute Bullo war ein unorthodoxes elektrisches Kraftrad, dessen Motor sich im Drehpunkt der Lenkung über dem Vorderrad befand. Verwendet wurde ein 0,7 PS Hauptstrommotor, der durch eine Batterie von 120 Ah gespeist wurde. Eine Ladung von 3½ kW genügte für eine Strecke von 60 Kilometer. Die Maschine wurde aus dem Stand durch einfaches Einschalten angefahren, sie besaß Kettenantrieb. Die Spitzengeschwindigkeit betrug 25 km/h, dürfte aber damit selbst zu ihrer Zeit nicht vielen Ansprüchen genügt haben.

BÜLOW

Ernst Bülow, Kraftfahrzeugwerk, Magdeburg-Neustadt, Inslebener Straße 1

In Magdeburg, in Kraftfahrzeugkreisen durch Grade-Motorräder, -Automobile und -Flugzeugmotoren bekannt, war zwischen 1923 und 1925 auch die Motorradfabrik von Bülow daheim, wo Leichtkrafträder mit eigenen 2 PS, 2½ PS und 3 PS-Zweitaktmotoren hergestellt wurden. Es handelte sich um Konstruktionen, die das Dreikanalsystem mit Nasenkolben verwendeten. Eine größere Verbreitung errangen sie nicht.

BURKHARDTIA

Burkhardtia Motorradbau A.G., Magdeburg

Eine schon lange vergessene Marke, die auch in der Periode ihrer Produktion, das heißt von 1903 bis 1908, nur lokale Bedeutung besaß. Von Interesse ist, daß sie mit den ersten Grade-Zweitaktmotoren ausgerüstet war, die der bekannte Konstrukteur, Pionierflieger und Rennfahrer Hans Grade schuf. Später begann dieser mit der Produktion eigener Motorräder, die er bis Ende der zwanziger Jahre baute.

B. & S.

Brand & Sohn G.m.b.H., Berlin W. 35, Kurfürstenstraße 149

Es handelte sich hier, wie aus der Adresse zu ersehen ist, um die von dieser Firma von 1925 bis 1930 hergestellten Brand-Leichtkrafträder mit den 123, 147 und 173 ccm Bekamo-Motoren mit Hilfskolben, die auch unter dem Namen B. & S. in den Handel gelangten, doch waren sie unter dem Namen Brand mehr verbreitet und besser bekannt.

BUSSE

Busse Werke A.G., Abt. Motorradbau, Magdeburg-Buckau

Die Busse war zwischen 1923 und 1928 eine der bekannteren und mehr verbreiteten Leichtgewichtsmaschinen auf dem deutschen Markt. Die Produktion beschränkte sich auf Zweitaktmaschinen, wobei fast alle damaligen Motorenvariationen von DKW, wie die 118, 143, 161 und auch 206 und 246 ccm-Versionen, verwendet wurden. Nach 1925 wurde aus kommerziellen Gründen die Produktion nur in bescheidenem Umfang aufrechterhalten.

CAMBRA

Dr. Carl M. Brandt, Motoren G.m.b.H., Berlin S. 14, Dresdener Straße 76

Dr. Brandt war, im Gegensatz zu vielen anderen Berliner Motorradproduzenten, ein treuer Verfechter von Viertaktmotoren. Er lieferte diese auch an andere Motorradhersteller und baute zwischen 1921 und 1926 selbst in seine eigenen Cambra-Maschinen seine seitengesteuerten Motoren mit 180 und 198 ccm ein. Das größere Modell mit 59,5 mm Bohrung und 70 mm Hub war in drei Typen erhältlich: ohne Getriebe, mit Zweiganggetriebe ohne Kickstarter und mit Kickstarter-Zweiganggetriebe.

198 ccm Cambra 1925

CENTAUR

Neu – Co Motorradbau, Forchheim, Oberfranken

Motorräder mit diesem Namen wurden lange vor dem ersten Weltkrieg in England hergestellt, doch hatte die 1924 aufgekommene deutsche Marke mit den englischen Maschinen gleichen Namens keinerlei Verbindung. Die deutsche Centaur war ein Leichtkraftrad mit einem $1^1/_2$ PS Viertakt-Einbaumotor, der höchstwahrscheinlich von der Firma Richard Gruhn in Berlin geliefert wurde. Bereits 1925 schlossen sich bei Centaur wieder die Tore.

CHARLETT

Charlett Motorenbau G.m.b.H., Berlin S. 42, Ritterstraße 33

Die kleine Charlett erschien 1921 auf dem Markt und wurde bis 1924 gebaut. Auch dieses nette Leichtkraftrad mit dem eigenen 195 ccm Viertaktmotor gehörte zu den Opfern der Inflationsperiode, doch sei hier erwähnt, daß die damaligen PS-Leistungen der kleinen Motoren nur in seltenen Fällen den Ansprüchen genügten. So kam es, daß die Kunden sich immer mehr größeren Modellen, von 250 ccm aufwärts, zuwandten.

CHARLKRON

Charlkron Motorradbau, Ohligs/Rheinland, Hochstraße 43

Man hat den Eindruck, daß diese kleine Firma mehr guten Willen als finanzielle Möglichkeiten besaß, um eine rentable Motorraderzeugung aufzuziehen. 1925 gehörte sie zu den ersten Beziehern der damals neuen, von Richard Küchen konstruierten »K«-Einbaumotoren mit Königswelle, und man offerierte sowohl ein 348 ccm als auch ein 498 ccm Modell. Doch schon 1926 verschwand diese Marke – mit dem ungewöhnlichen deutschen Namen – wieder vom Motorradmarkt.

CITO

1. Cito-Werke A.G., Suhl in Thüringen
2. Cito-Fahrradwerke A.G., Köln-Klettenberg, Luxemburger Straße 280
3. Cito-Werke A.G., Köln-Klettenberg, Luxemburger Straße 280

Bereits 1905 gab es Ein- und V-Zweizylinder-Motorräder, die von Cito gebaut und mit in Aachen erzeugten Fafnir-Motoren ausgerüstet waren. 1922 übernahm die Suhler Fabrik den Bau der damals sehr berühmten Krieger-Gnädig-(K.G.-)Maschinen mit dem einzylindrigen 498 ccm ohv-Motor/Getriebe-Block und Kardanantrieb zum Hinterrad. 1923 kam die Firma infolge einer schlechten kaufmännischen Leitung in finanzielle Schwierigkeiten und wurde von Allright übernommen. Die eigene 346 ccm Einzylinder-Zweitakt-Cito-Konstruktion wurde dabei aufgegeben.

346 ccm Cito (Zweitakt) 1922

Die bei Cito hergestellte K.G. wurde auch bei Rennen erfolgreich eingesetzt, und zwar nicht nur von Oskar und Max Krieger, sondern auch von Cotting, Hemming und dem später sehr bekannten und dann tragisch verunglückten Paul Greifzu aus Suhl. Als Cito von Allright übernommen wurde, schieden sowohl die drei Brüder Krieger als auch der Konstrukteur Franz Gnädig aus dem Unternehmen aus. Einer der Brüder Krieger ging zu Victoria, während die anderen sich in Suhl mit der Marke »Krieger-Original« selbständig machten und nochmals versuchten, den Motorradbau aufzunehmen. Auch Gnädig machte sich zunächst selbständig, ging aber dann 1926 zu Kühne bzw. Diamant. Die K.G.-Konstruktion wurde 1927, als Allright den Motorradbau aufgab, an Paul Henkel nach Mäbendorf bei Suhl verkauft, der die K.G. in beschränktem Umfang bis zu seinem freiwilligen Ableben (1932) produzierte.

CITYFIX

Gottfried Delius, Fahrzeugfabrik, Osnabrück

Wie schon nach dem ersten Weltkrieg, herrschte auch nach dem zweiten Weltkrieg ein Mangel an einfachen und billigen Transportmitteln. Das Resultat waren zahlreiche, oft nicht gerade orthodoxe Motorfahrzeuge, und auch die Cityfix gehörte in diese Kategorie. Sie war zunächst ein Kleinroller mit dem 58 ccm Lutz-Zweitaktmotor, als sie 1949 auf den Markt kam, und erhielt später den 98 ccm Sachs-Rollermotor als Antriebsquelle. Delius erzeugte zuletzt auch noch das Modell VM 100, wobei VM für Volksmotorrad stand. Auch hier wurde ein 98 ccm Sachs-Leichtkraftradmotor verwendet, doch erwies sich das Modell nicht, wie erhofft, als Verkaufsschlager, und 1953 schloß auch diese Firma ihre Tore.

C. L.

Compagnia Levante G.m.b.H., Hamburg 11

Diese auf dem Gebiet des Motorradwesens unbekannte Firma offerierte 1951 unter diesem Namen einen Kleinroller mit einem 34 ccm Zweitaktmotor über dem Vorderrad, das durch einen Riemen angetrieben wurde. Man verlangte damals DM 425.– für dieses Fahrzeug, doch verschwand die Firma von der Szene, noch bevor die C.L. größere Verbreitung erlangen konnte.

CLAES

Claes & Flentje, Mühlhausen in Thüringen

Der Name verrät belgischen Einfluß, doch läßt sich dies nicht mehr genau feststellen, da die Firma schon 1904 die Erzeugung von Motorrädern aufnahm und sie noch lange vor dem ersten Weltkrieg wieder aufgab. Hergestellt wurden $3^1/_2$ PS- und 5 PS-Modelle mit Ein- und V-Zweizylindermotoren von Fafnir. Claes-Motorräder waren auch unter dem Namen »Pfeil« im Handel.

C. M.

Carl Metzger, Motorradbau, München, Seidenstraße 30

Der Verfasser ist der Ansicht, daß der 110 ccm Zweitaktmotor, der sich in den C.M.-Leichtkrafträdern befand, von Cockerell hergestellt wurde. Sie wurden von 1921 bis 1923 gebaut und besaßen ein Fahrgestell, das einem verstärkten offenen Damenfahrrad sehr ähnlich war. Nur eine verhältnismäßig geringe Stückzahl dieser C.M.-Maschinen wurde gebaut, und die Marke errang keine nennenswerte Verbreitung.

COCKERELL

1. Friedrich Cockerell, Fahrzeugmotorenbau, München, Gunzenrainerstraße 6
2. Cockerell Fahrzeug- & Motorenwerke G.m.b.H., München, Schwanthalerstraße 5
3. Cockerell Fahrzeug- & Motorenwerke G.m.b.H., Nürnberg, Siegfriedstraße 17

Der 1965 verstorbene Friedrich Cockerell war ein einfallsreicher, tüchtiger Konstrukteur, der, gemeinsam mit anderen Meistern seines Fachs, wie Hugo Ruppe, Ernst Neumann-Neander, Paul Paffrath usw., vor allem an technischen Neuheiten interessiert war und oft seine diesbezüglichen Ziele ohne Rücksicht auf die kommerzielle Seite verfolgte. Cockerells 110 und 145 ccm Zweitakter gehörten während ihrer Produktionsperiode (von 1921 bis 1924) zu den besten und erfolgreichsten Zweitaktkonstruktionen in Deutschland, und jahrelang konnte die Firma, mit dem Sitz in München und der Zweigfabrik in Nürnberg, den Bedarf nicht decken. Es ist bezeichnend für Cockerell, daß er zur gleichen Zeit die Megola-Fünfzylindermaschine konstruierte, entwickelte und rund 2000 Stück davon baute, aber auch noch andere Kraftfahrzeugkonstruktionen im Arbeitsbereich hatte, unter anderen unorthodoxe Zweitakt-Vorderradantriebs-Sportwagen in verschiedenen Variationen. Dazu kamen Arbeiten an stationären Dieselmotoren und Motoren für Boote.
Die kleinen Cockerell-Zweitaktmaschinen wurden sowohl mit Luftkühlung als auch mit Wasserkühlung gebaut. Sowohl das 110 ccm Modell als auch die 145 ccm Version besaßen horizontalen Zylinder und quadratische Abmessungen in bezug auf Bohrung und Hub: 52 mm × 52 mm und 57 mm × 57 mm. Zuletzt gab es auch ähnliche 169,5 ccm Cockerell-Maschinen mit 60 mm Bohrung und Hub, die allerdings nicht mehr in sehr

110 ccm Cockerell 1922

145 ccm Cockerell (wassergekühlt) 1924

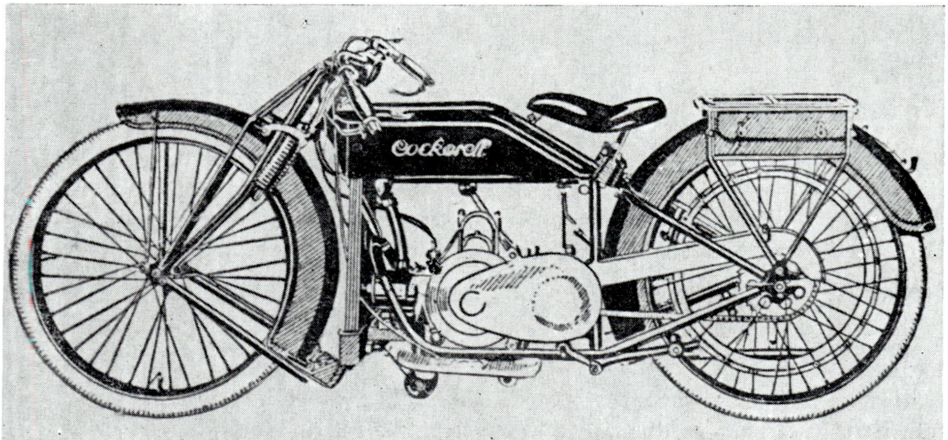

500 ccm Cockerell-Vierzylinder (Versuchsmodell)

großen Stückzahlen gebaut wurden. Cockerell bereitete damals auch die Großserienherstellung des 38 ccm »Piccolo«-Fahrrad-Hilfsmotors vor, und gerade als große Mengen von Kurbelgehäusen vor der Fertigstellung standen, kam es zum kommerziellen Zusammenbruch der Firma. Vom technischen Standpunkt aus gesehen waren Cockerell-Motorräder von guter Qualität, sparsam im Verbrauch, verhältnismäßig hoch in der Leistung und schnell. Die Fabrik siegte damit bei Verbrauchskonkurrenzen, und die Werksfahrer Karl Adam und Hans Letnar gewannen auf ihnen nicht nur zahlreiche sportliche Wettbewerbe, sondern 1924 auch die deutsche Straßenmeisterschaft in ihrer Klasse. Inhaber der Firma Cockerell wurde 1923 G. F. Weikersheimer.

CORONA

Corona Fahrradwerke & Metallindustrie A.G., Brandenburg-Havel

Ab 1902 baute diese Firma Motorräder mit Ein- und V-Zweizylindermotoren von Fafnir. Es gab zahlreiche Ausführungen der Fahrgestelle, wobei die Basis von verstärkten Fahrradrahmen gebildet wurde. Unorthodox und auffallend war u. a. ein sehr langer Rahmen, in welchem der 3½ PS Motor hinter dem Sattelrohr, das heißt zwischen den Pedalen und dem Hinterrad stehend, eingebaut war, und über dem Hinterrad gab es eine zweite Lenk-Haltestange und einen Sattel für den Passagier. Ab 1904 wurden auch

Corona-Zweisitzer
Baujahr 1902/3

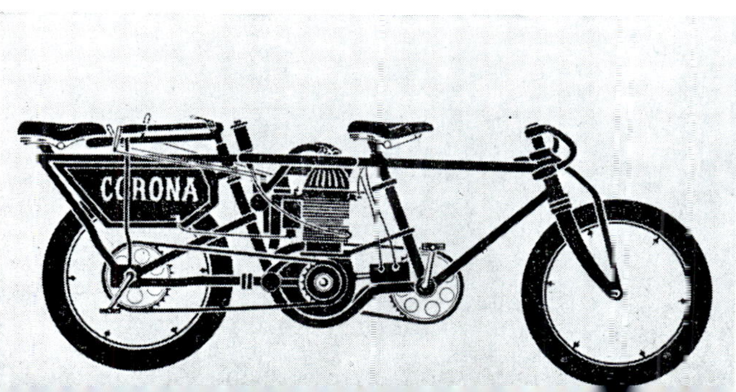

Dreiräder (und Automobile) gebaut, wobei das Vorderteil der Dreiräder wie ein Motorrad aussah. Die Produktion der Corona-Motorräder wurde noch vor 1914 aufgegeben, doch versuchte die Brandenburger Fabrik 1923 ein Comeback mit neuen Modellen, die den zweizylindrigen 498 ccm Boxermotor von BMW, der als Einbaumotor auch von Victoria verwendet wurde, besaßen. Zu einer Serienproduktion kam es jedoch nicht.

CUDELL

Max Cudell & Co., Motoren & Fahrzeugwerke, Aachen

Bereits 1898 entstanden in dieser Firma, ursprünglich eine Maschinenfabrik, nach dem System von De Dion gebaute Dreiräder. Obwohl die Aachener Fabrik bald einen Ruf für die erstklassigen, dort hergestellten Automobile errang, baute sie um die Jahrhundertwende auch Motorräder, deren De Dion-Lizenzmotoren 402 ccm und 510 ccm aufwiesen. Zu einer größeren Produktion kam es infolge der Konzentration auf den Automobilbau nicht.

CURWY (CURSY)

Curt Szymansky, Motorradfabrik, Sommerfeld bei Frankfurt/O.

Die 1911 gegründete Fabrik baute zwischen 1921 und 1930 Motorräder, die in verschiedenen Modellen mit eigenen 348 ccm und 496 ccm sv- und ohv-Einzylindermotoren ausgerüstet wurden. Darunter gab es Modelle mit Blockmotoren, die Zwei- und Dreiganggetriebe besaßen, und 1924 wurde sogar eine 348 ccm ohc-Maschine angeboten, von der jedoch keine Daten mehr existieren. Damals hatte die Fabrik einen so großen Absatz,

348 ccm Curwy (später Cursy) 1924

daß man ein neues dreistöckiges Fabrikgebäude bauen mußte, doch konnte in den späteren Jahren der Absatz nur noch in geringerer Höhe erhalten werden. Ein Teil der Schuld hierfür lag in veralteten Konstruktionen, die man damals, um 1927/1928 herum, zum Verkauf anbot. Auch eine neue Halblitermaschine mit 16 PS, die in dieser Periode entstand, konnte die Situation nicht mehr retten. Interessant übrigens, daß der Originalname Curwy 1927 auf Cursy geändert wurde. Die Firma hatte, obwohl man seinerzeit auch ein ohc-Modell anbot, nie sportliche Ambitionen.

CYCLON

Paul Schauer, Berlin-Charlottenburg, Mainzer Straße 22–23

Schauer gehörte ebenfalls zu den Pionieren der deutschen Kraftfahrzeugindustrie und baute bereits 1901 Cyclon-Motorräder mit Werner- und Zedel-Motoren, die über dem Vorderrad angebracht waren. 1905 wurde der Motorradbau aufgegeben, nachdem die inzwischen herausgebrachte Cyclonette – ein Dreirad – große Absatzerfolge errang. Bis Ende der zwanziger Jahre baute Cyclon auch Automobile.

CYCLOP

Cyclop Fahrrad A.G., Elsdorf/Rheinland

Einst eine bekannte Fahrradfabrik, die zwischen 1922 und 1925 den Motorradmarkt mit Leichtkrafträdern bereicherte. Verwendet wurden zum Großteil Einbaumotoren, Zwei- und Viertakter mit 127, 145, 173 und 198 ccm Hubraum der Firmen Teco, Kurier, Bubi, D.F.B., Namapo u. a. Es handelte sich um einfache Konfektionsmaschinen, die in Kleinserien gebaut wurden. Eine größere Bedeutung errang auch diese Firma nicht.

D. A. K.

Deutscher-Automobil-Konzern, G.m.b.H., Leipzig, Tröndlinring 4

Es ist kaum mehr bekannt, daß der frühere deutsche Automobil-Konzern, dem seit 1920 die Automobilfabriken Magirus, Dux, Presto und Vomag angehörten, von 1923 bis 1925 auch Motorräder mit 117 ccm und 147 ccm Ilo Zweitaktmotoren – in verhältnismäßig beschränkten Stückzahlen – herstellte. Die Motoren waren nach vorn geneigt in einfache Dreiecksrahmen eingebaut. Das Zweiganggetriebe besaß Friktionskupplung und Riemenantrieb zum Hinterrad. Beide Bremsen, als Klotzbremsen ausgebildet, wirkten auf die Riemenfelge. Der D.A.K. gehörte damals zu den ersten Firmen, die den neu eingeführten Ilo-Zweitakt-Einbaumotor verwendeten.

DANUBIUS

Ganz & Co., Danubius A.G., Abt. Motorradbau, Ratibor

Eine bekannte Maschinenfabrik, die in den Jahren 1923–1924 dem Reiz der Motorradproduktion auch nicht entgehen konnte und die unter dem Namen »Danubius« Leichtkrafträder mit eigenen 198 ccm Viertaktmotoren in kleinen Stückzahlen herstellte, aber scheinbar bald herausfand, daß es andere Produktionszweige gibt, die kommerziell ertragreicher sind und weniger Sorgen bereiten.

405 ccm DAW (Konstr. Köhler) 1924

D. A. W. (Diana)

Diana-Werke G.m.b.H., München, Kaulbachstraße 9

Die auch unter dem Namen »Diana« bekannte D.A.W. war eine von Köhler konstruierte 405 ccm Zweitaktmaschine. Sie wurde 1924 und 1925 hergestellt und war eine unorthodoxe Konstruktion mit einer kompletten Verschalung, die vom Scheinwerfer über den Gabelkopf in den Kraftstofftank überging und in harmonischer Weise auch das halbverdeckte Hinterrad einbezog. Tiefgezogene Motorhauben-Bleche schlossen sowohl Motor als auch Getriebe ein, und es muß angenommen werden, daß der großvolumige Zweitaktmotor über diese Lösung aus thermischen Gründen nicht sehr begeistert war.
Es handelte sich um einen Einzylinder mit 78 mm Bohrung und 85 mm Hub, der nach dem Dreikanalprinzip arbeitete und einen Nasenkolben besaß. Das Getriebe hatte drei Gänge und Riemenantrieb zum Hinterrad. Bemerkenswert war auch die teleskopartige Vordergabel, die das Vorderrad an einer kurzen Schwinge zog. Die Konstruktion war wohl noch nicht ganz fertig entwickelt, als man aus kommerziellen Gründen die Maschine dem Verkauf übergab, und das brachte Schwierigkeiten, die 1925 zum Torschluß führten.

DEFA

Deutsche Fahrradbau G.m.b.H., Berlin S.O. 26, Dresdner Straße 15

Dieses verhältnismäßig große Unternehmen lieferte vor allem in den Jahren 1921 bis 1924 Fahrgestelle an kleine Motorradkonfektionäre. Außer diesen baute man auch kom-

198 ccm Defa 1923

plette Leichtkrafträder, wobei jeder gewünschte Einbaumotor, wie z. B. von Teco, Bekamo, DKW, Alba, Kurier, Gruhn, Struco, Heros, E.B.S., Rapid, Charlett, Namapo, Cockerell, Hansa u. a., eingebaut werden konnte. Welcher immer es war, am Tank der Maschine stand »Defa«.

DELOMA

Deloma-Kraftfahrzeugwerke, Magdeburg

Die Deloma konnte man mit einem verunglückten Raketengeschoß vergleichen. Sie ging 1924 in Produktion, doch bevor sie richtig Fuß fassen konnte, verschwand sie wieder vom Erdboden. Der Grund hierfür lag in der Tatsache, daß sie mit dem 142 ccm Albertus-Rohölmotor von Julius Löwy ausgestattet war und daß die Produktion dieses Universalzweitakters kurze Zeit nach dem Erscheinen der Deloma eingestellt wurde. Der Albertus-Motor konnte mit Rohöl, Petroleum, Gasöl, Paraffin und Spiritus gefahren werden.

DELTA

Delta-Werke A.G., Solingen

Eine interessante und unorthodoxe Konstruktion mit einem 499 ccm Einzylinder-Motor aus dem Jahre 1924. Wurde nicht serienmäßig oder in mehreren Exemplaren gebaut. Hatte 75 mm Bohrung und 113 mm Hub. Nicht unähnlich der 1927 in England hergestellten »F.E.W.-Paramount«.

499 ccm Delta 1924

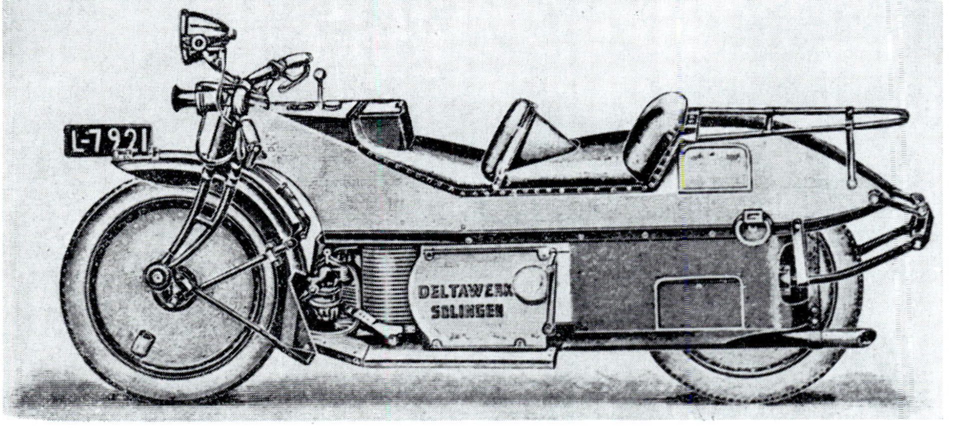

DGW

Zschopauer Motoren Werke, J. S. Rasmussen, Zschopau in Sachsen

Die DGW wurde unter diesem Namen in Deutschland kaum bekannt, obwohl sie 1927 von der größten deutschen Motorradfabrik hergestellt wurde. In Wirklichkeit handelte es sich um normale DKW-Modelle, die aus markenschutzrechtlichen Gründen damals kurzzeitig unter dem Namen DGW angeboten wurden.

DIAG

1. Diag G.m.b.H., Motorrad- & Apparatebau, Leipzig, Landsberger Straße 32
2. Diag G.m.b.H., Motorrad- & Apparatebau, Leipzig, Asterstraße 13
3. Diag G.m.b.H., Motorrad- & Apparatebau, Leipzig-Gohlis, Lindenthaler Straße 38

Der Name Diag stand für »Deutsche Industrie-Aktien-Gesellschaft«, doch als man dort 1921 den Bau von Fahrrad-Hilfsmotoren und Motorrädern aufnahm, war die Firma bereits eine Gesellschaft mit beschränkter Haftung. Die Hilfsmotoren hatten bei 45 mm Bohrung und 52 mm Hub nur 82,7 ccm und wurden bald durch etwas größere Versionen mit 101 ccm abgelöst. In beiden Fällen handelte es sich um seitengesteuerte Viertakter mit Reibungskupplung, die mit Ketten- oder Riemenantrieb erhältlich waren.

Neben diesen Hilfsmotoren baute Diag bis 1928 auch Motorräder mit eigenen seitengesteuerten 173, 198, 246 und 346 ccm Einzylinder-Motoren sowie eine 346 ccm ohv-Version, wobei alle diese Motoren, die teilweise mit Zwei- und Dreiganggetrieben im Block

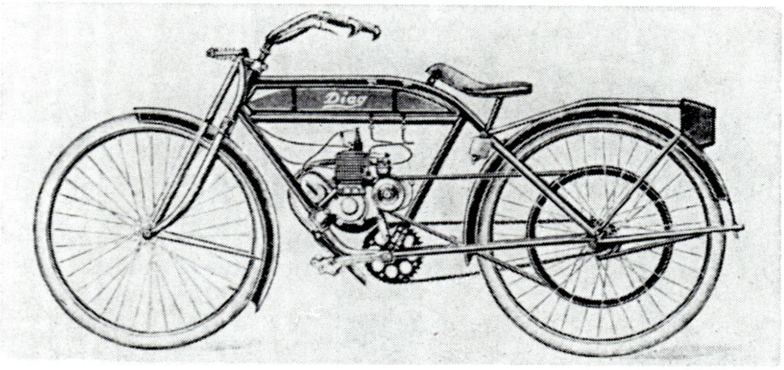

173 ccm Diag (sv) 1923

ausgerüstet waren, hängend unter den unteren Rohren des geschlossenen Doppelrohrrahmens eingebaut wurden. Man konnte diese Diag-Modelle mehr als Bauernmotorräder denn als sportliche Fahrzeuge bezeichnen. Die Entwicklung eigener Motoren wurde, höchstwahrscheinlich wegen des geringen Bedarfs, 1928 ganz aufgegeben, und in den folgenden zwei Jahren, bis zum Ende der Diag-Motorradproduktion 1930, wurden diese Maschinen mit seitengesteuerten und obengesteuerten 173 und 198 ccm JAP-Einbaumotoren ausgerüstet und in kleinen Stückzahlen gebaut.

DIAMANT

1. Diamant Fahrradwerke Gebr. Nevoigt, Reichenbrand/Sachsen
2. Elite-Diamant Werke A.G., Siegmar-Schönau (Brand-Erbisdorf)/Sachsen

Die etwas komplizierte Motorradgeschichte von Diamant begann 1903, als dort die ersten Motorräder, besser gesagt verstärkte Fahrradrahmen mit eigenen Ein- und V-Zweizylindermotoren, und auch motorisierte Dreiräder entstanden. Diese Dreiräder hatten Vorsteckwagen, das heißt vorn zwei Räder, die mittels der Lenkstange gelenkt wurden, während hinter dem Steuerkopf alles wie ein normales Motorrad aussah. 1908 wurde der Motorradbau eingestellt und erst 1926 wieder aufgenommen.

Diese zweite Epoche stand im Zeichen von Franz Gnädig, der bald nach dem ersten

4 PS Diamant (mit Vorsteckwagen) 1905

Weltkrieg mit den Gebrüdern Krieger die sagenhafte obengesteuerte 500 ccm K.G. mit einzylindrigem Blockmotor und Kardanantrieb geschaffen hatte. 1923 gingen die Suhler Cito-Werke, wo die K.G. gebaut wurde, an Allright nach Köln über, und sowohl Gnädig als auch die Brüder Krieger verließen das Unternehmen, um sich neu, aber allein im Motorradbau zu etablieren. Gnädig schuf in Berlin 1925 die obengesteuerte 350 ccm Gnädig und baute diese in verbesserter Form später in Siegmar-Schönau bei Diamant, wo er 1927 Betriebsleiter wurde. Der Motor selbst wurde bei der 1925 gegründeten Kühne-Motorenfabrik in Dresden gebaut, die auch andere Motorradhersteller damit belieferte, und außer dieser 350 ccm ohv-Version gab es auch 500 ccm ohv- und sv-Kühne-Motoren. Auf Bestellung rüstete Diamant sowohl die 350 ccm als auch 500 ccm Maschinen auch mit englischen JAP-Motoren aus.

1928 übernahm Opel die Elite-Diamant-Werke AG in Siegmar-Schönau, und nun begann in der Schwesterfabrik in Brand-Erbisdorf die Produktion der 500-ccm-sv- und ohv-Opel-Motoclub-Modelle mit dem von Ernst Neumann-Neander konstruierten unorthodoxen Preßstahlfahrgestell, während der Bau der Diamant auslief. Nach kurzer Zeit modifizierte man jedoch das Produktionsprogramm bei Opel und verlegte die Erzeugung in die Rüsselsheimer Stammfabrik. In Brand-Erbisdorf versuchte man 1931 den

498 ccm Diamant (Kühne-Motor) 1929

Bau neuer Modelle – die E.O. (Elite-Opel) – mit dem Neumann-Neanderschen Fahrgestell in verbesserter Form und mit einzylindrigen 350 cm und 500 ccm Küchen-Einbaumotoren. Nachdem einige Versuchsmodelle entstanden waren, verhinderten interne wirtschaftliche Gründe den Serienbau dieser bemerkenswerten Konstruktion. Übrig blieb die Fabrik in Siegmar-Schönau, wo bis zum Krieg motorisierte Fahrräder mit 75 und 98 ccm Fichtel & Sachs-Fahrradhilfsmotoren hergestellt wurden.

DIETERLE-DESSAU

Motorenwerk W. Dieterle, Dessau, Fischergasse

Dieterle war ein Verfechter von Viertaktmotoren, und schon sein 1921 herausgebrachter Fahrrad-Hilfsmotor mit 60 mm Bohrung und 70 mm Hub besaß seitengesteuerte Ventile. 1922 kam dann ein neuer seitengesteuerter 198 ccm Einzylinder in einem richtigen Motorrad-Fahrgestell dazu, wobei der Konstrukteur besonders auf seinen patentierten Auspuff-Injektor hinwies, der – laut seinen Angaben – die Vollkommenheit des Aus-

198 ccm Dieterle-Dessau (Dreipunkt) 1923

stoßes der verbrannten Gase und die Geschwindigkeit steigerte. Knapp vor Torschluß bei der Dessauer Fabrik wurde 1925 eine ähnliche 248 ccm Maschine dazugenommen, doch war die Zahl der produzierten Exemplare gering. Erwähnenswert ist, daß bei einigen Modellen das Wort »Dreipunkt« an Stelle von »Dieterle-Dessau« am Kraftstoffbehälter stand.

DIFRA

Difra Fahrzeugwerke, Frankfurt/Oder, Breite Straße 21

So groß war die Zahl der Motorraderzeuger in den zwanziger Jahren, daß man kleinere Firmen, wie z. B. die Difra, nur in ihrem Produktionsbereich kannte und, nachdem die Produktion eingestellt wurde, überhaupt vergaß. Die meisten dieser Firmen waren Konfektionäre, die weder die finanziellen noch technischen Mittel besaßen, um irgendeine dauernde Rolle auf dem Gebiete der Motorraderzeugung zu spielen. Gebaut zwischen 1923 und 1925, wurden Difra Motorräder vorwiegend mit seitengesteuerten 198 ccm Namapo-Einbaumotoren ausgerüstet.

DIHL

1. Dihl Motoren A.G., Berlin O. 17, Bödikerstr. 9
2. Dihl Motoren A.G., Berlin O. 17, Marktgrafendamm 4

Hier handelte es sich um eine kleine Firma, die 1923–1924 sehr nette Zweitaktmaschinen herstellte, wobei sowohl der 269 ccm Dreikanalmotor mit 70 mm Bohrung und 70 mm Hub als auch das Fahrgestell im eigenen Betrieb erzeugt wurden. Der Motor und auch der Rahmen wiesen sehr glatte Linien auf, und die ganze Motoranlage mit Zweiganggetriebe, Kickstarter, Kupplung und Getriebebremse war in einen leicht aus dem Rahmen herausnehmbaren Stahlkörper eingebaut und staubfrei eingeschlossen. Die Dihl hatte Kettenantrieb zum Hinterrad, sehr breite, heruntergezogene Kotflügel und konnte als eine der besseren Konstruktionen ihrer Periode angesehen werden.

DJOUNN

F. Fischer & Co., A.G., Berlin-Hohenschönhausen

Konstrukteur dieser nach englischen Vorbildern hergestellten Maschine war Alexander von Djounkowsky, ein damals in Berlin lebender russischer Flieger des ersten Weltkriegs. Es handelte sich um eine 348 ccm Einzylindermaschine, die, 1925–1926 in kleinen Stückzahlen gebaut, mit ohv-Motoren von JAP ausgerüstet war.

D. K. F.

Deutsche Kleinmotoren & Fahrzeugwerke A.G., Berlin-Potsdam

Der Wunsch, aus einer kleinen Motorraderzeugung ein großes Unternehmen zu machen, führte oft zu weitschweifenden Firmennamen. Auch in diesem Fall konnte man annehmen, daß es sich um einen Großbetrieb handele, der in der Woche tausende von Einheiten herstellt. In Wirklichkeit war die D.K.F. aber nur ein kleines, handwerksmäßig hergestelltes Leichtkraftrad, wobei das Fahrgestell höchstwahrscheinlich von der Firma Hugo Gruhn und die 198 ccm-Motoren von Richard Gruhn, Kurier oder Rapid bezogen wurden. Das war 1923–1924.

DKW

1. Zschopauer Motorenwerke, J. S. Rasmussen A.G., Zschopau, Sachsen
2. Auto-Union A.G., Zschopau/Sachsen
3. Auto-Union G.m.b.H., Ingolstadt/Donau
4. Zweirad-Union A.G., Nürnberg, Nopitschstraße 70

Jörgen Skafte Rasmussen, ein in Deutschland lebender Däne, entwickelte während des ersten Weltkriegs einen Dampfwagen. 1919 beauftragte er den Konstrukteur Hugo Ruppe mit dem Entwurf eines 1 PS Hilfsmotors, dem bald eine 1 1/2 PS Version folgte. Diese einzylindrigen Zweitakter wurden über dem Hinterrad normaler Fahrräder montiert, und die Kraftübertragung erfolgte mittels Riemen. Dank ihrer guten Konstruktion, Zuverlässigkeit und Geschwindigkeit errangen diese ersten Erzeugnisse von DKW auf dem Gebiete des Motorradwesens bald einen ausgezeichneten Ruf.

Es folgten richtige Motorräder, wobei besonders das erfolgreiche, 1921 entwickelte »Reichsfahrtmodell« mit 145 und 173 ccm Zweitaktmotor erwähnt sei. Überhaupt besaßen alle DKW-Motorräder im Lauf der Jahre ausschließlich Zweitaktmotoren, und die Zschopauer Fabrik galt als führende deutsche Firma auf diesem Gebiet. Bis 1933 arbeiteten DKW-Motoren nach dem Dreikanalprinzip mit Nasenkolben, nachher besaßen sie die von Dr. Schnürle entwickelte Umkehrspülung mit Flachkolben. Von 1920 bis 1922

122 ccm DKW (erster DKW-Motor) 1921

baute man in Rasmussens Fabrik auch rollerähnliche Fahrzeuge, die man damals als Motorläufer bezeichnete, die hier aber als »Golem« und »Lomos«-Sesselmotorräder entstanden. Der Golem hatte einen liegenden 122 ccm Einzylindermotor und der später herausgekommene und luxuriösere Lomos einen unter dem Sitz nach rückwärts geneigten 142 ccm Einzylindermotor. Beide Konstruktionen waren für ihre Periode fortschrittlich, doch war die Zeit für derartige Roller noch nicht reif, und so übergab die Firma deren Bau an Eichler & Co. in Berlin, wo sie in beschränkter Zahl noch bis 1923 hergestellt wurden.

DKW lieferte damals auch schon Einbau-Zweitakter an andere Motorradhersteller, von denen hier nur Eichler, Busse, E.M.A., Hulla, Elfa und Eisenhammer erwähnt seien. Bereits 1922 hatte man selbst auch schon 10 000 Leichtkrafträder in Zschopau hergestellt, 1926 waren es schon 25 000, und 1927 erblickte dort der 100 000ste Motor das Licht der Welt. Knapp vor Kriegsausbruch wurde 1939 die Zahl von einer Million DKW-Zweitaktmotoren erreicht.

Das Jahr 1924 sah zwei neue 173 ccm Modelle mit stehenden Motoren im Gegensatz zu den »Reichsfahrt«-Varianten, wo diese nach vorn geneigt eingebaut waren. Eine der neuen Maschinen, die SM, besaß einen geschweißten Preßstahlrahmen. Sehr beliebt war die 1925 herausgekommene 206 ccm LM-E, deren Motor 1928 aus steuergesetzlichen

*142 ccm Lomos — 142 ccm Reichsfahrtmodell —
173 ccm SM (DKW-Modelle von 1921 bis 1924)*

Gründen auf 198 ccm reduziert wurde. Dazu kam eine neue 248 ccm Einzylinderversion, nachdem schon 1927 die erste 498 ccm Zweizylinder-Zweitakt-DKW mit Luftkühlung entstand, der, ebenfalls 1928, eine wassergekühlte Ausführung mit demselben Zweizylindermotor folgte.

Die ganze Modellreihe wurde ständig weiterentwickelt und modernisiert. Der Riemenantrieb wurde bei den kleinen Einzylindermodellen durch Kettenantrieb ersetzt, und nur

*122 ccm DKW (Golem-Roller) 1921 (oben links)
142 ccm DKW (Reichsfahrtmodell) 1922 (oben rechts)
142 ccm DKW (Lomos-Roller) 1922 (unten links)
173 ccm DKW (Modell SM) 1925 (unten rechts)*

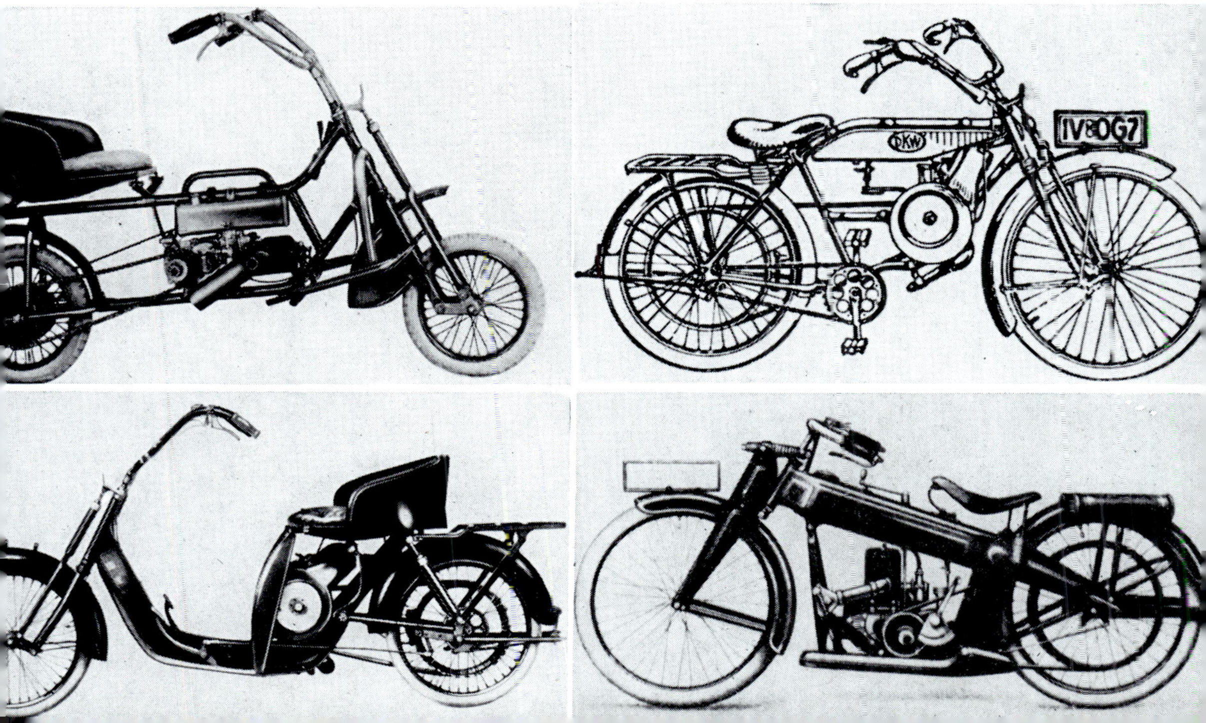

206 ccm DKW 1926 (Bild oben)
173 ccm DKW (Rennmaschine) 1926 (Bild Mitte)
498 ccm DKW 1928, wassergekühlter Zweizylinder (Bild unten)

das ganz billige Modell »Zis« mit einem getriebelosen 198 ccm Motor, das 1929 für RM 485.– verkauft wurde, besaß noch einen Keilriemen zum Hinterrad. Schon damals gab es Satteltanks und teilweise Fahrgestelle aus Preßstahl. Bis zum Beginn des Krieges gab es im Laufe der dreißiger Jahre DKWs mit 97, 173, 198, 245, 298, 346, 490 und 596 ccm, wobei, soweit es Serienmodelle betraf, nur die großen Zweizylindermodelle – teilweise – mit Wasserkühlung ausgerüstet wurden, doch hatte auch die letzte 498 ccm Zweizylindermaschine einen luftgekühlten Zweitaktmotor.
1932 wurde DKW in die damals neugegründete Auto Union AG, zu der auch die Autofabriken von Horch, Wanderer und Audi sowie DKWs Autofabrik gehörten, einbezogen. Dank der großen Erfolge mit Zweitaktmotorrädern war DKW damals die bestfundierte Firma der Gruppe, die großen kommerziellen Erfolge waren freilich auch auf die Rennerfolge der DKW-Motorräder zurückzuführen. Das vor allem deshalb, weil DKW durch diese Erfolge bewies, daß Zweitakter gut, zuverlässig und auch sehr schnell sein können. Bis 1924 wurden für Rennzwecke ausschließlich frisierte Produktionsmodelle verwendet. Diese wurden später durch Spezialrennmaschinen mit wassergekühlten 173 und 248 ccm Dreikanalmotoren und einem Hilfskolben im Kurbelgehäuse ersetzt, wobei es sich um eine der Bekamo ähnliche Konstruktion handelte. Beide Versionen waren auch

498 ccm DKW 1928
(luftgekühlter Zweizylinder)

498 ccm DKW 1929
(Zweizylinder wassergekühlt)

für Privatfahrer erhältlich. Fabriksfahrer hatten ab 1927 auch 500 ccm und ab 1929 sogar 350 ccm DKW-Ladepumpen-Rennmodelle zur Verfügung, die ebenfalls wassergekühlt waren. Ab 1932 wurden alle Rennvarianten durch Doppelkolbenmotoren, hauptsächlich mit 248 ccm und 498 ccm, ersetzt. Es gab auch einige neue 173 ccm-Maschinen, und ab 1938 auch wieder eine 350 ccm-Zweizylinder-Renn-DKW, aber während gute Privatfahrer der 30er Jahre verschiedene schnelle 248 ccm-Rennmodelle und zuletzt auch 348 ccm-Rennmaschinen käuflich erwerben konnten, waren die anderen Maschinen – mit wenigen Ausnahmen – ausschließlich für Fabriksfahrer bestimmt. Dazu gehörten auch 598 ccm- und 698 ccm-Zweizylindervarianten, die man bei Beiwagenrennen benützte.

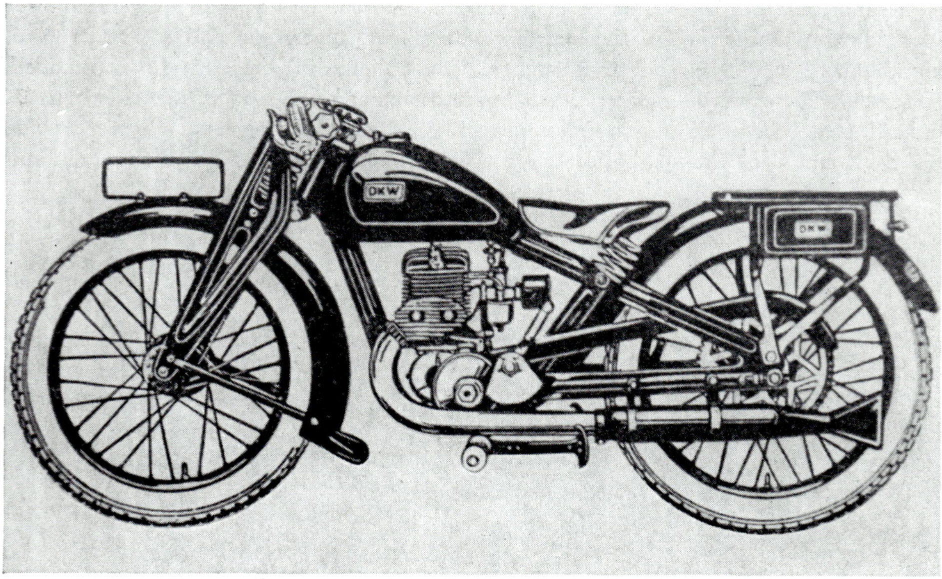

198 ccm DKW (Luxus-Sport) 1931

Der Name DKW war in der Zschopauer Periode, das heißt von 1919 bis 1939, mit den Namen zahlreicher bekannter Techniker wie Hermann Weber, August Prüssing, Arnold Zoller, Richard Küchen, Franz Ischinger, Wolf Dörnhöffer, Richard Blau, Hugo Ruppe, mit Direktoren wie Dr. Hahn, Dr. Bruhn, Dr. Werner u. a. eng verbunden. Rasmussen war selbst – bis zur Gründung der Auto-Union – immer das treibende Element in seiner großen Firma, die in ganz Sachsen und Thüringen verstreut zahlreiche Zweigbetriebe, wie z. B. Framo in Hainichen, besaß.

Sehr groß war auch die Zahl der erfolgreichen Fabriks- und Privatrennfahrer; hier seien nur Bernd Rosemeyer, Toni Bauhofer, Walfried Winkler, Ewald Kluge, Arthur Geiss, Karl Stegmann, Ernst Zündorf, Josef Klein, Otto Ley, Kurt Mansfeld, Xaver Gmelch, Hans Winkler, Siegfried Wünsche, Wilhelm Herz, Hans Sprung, Hermann Weber, Kurt Friedrich, Arthur Müller, Kurt Hamelehle, H. P. Müller, Oskar Steinbach, Herbert Kirchberg, Kurt Henkelmann, Günther Bartels, Richard Blau, Bernhard Petruschke, Karl

98 ccm DKW (RT)
1937 (Bild oben links)

248 ccm DKW
(Fabriksrennmaschine)
1937 (Bild oben rechts)

498 ccm DKW (SB 500)
1937 (Bild rechts)

Bodmer, Heiner Fleischmann, Toni Babl, Hans Kahrmann, Karl Braun, Hans Schuhmann, Albert Becker, Stanley Woods, Ernie Thomas, Hermann Gablenz, Karl Lottes, Otto Daiker, Kurt Nitschky, Rudi Knees, Richard Schindel, Fritz Niemeck und Otto Kohfink erwähnt. Hingewiesen sei besonders auf Ewald Kluge, der nicht nur auf DKW Europameister und Sieger in zahlreichen großen Rennen wurde, sondern 1938 auch als erster deutscher Fahrer auf einer deutschen Maschine ein T.T.-Rennen auf der Insel Man, die 250 ccm Lightweight-T.T., gewann und bei diesem Rennen 1939 den zweiten Platz belegte.

348 ccm DKW 1939 (Privatfahrer-Rennmaschine)

Die Zschopauer Fabrik wurde nach 1945 das Heim der Ifa (MZ), und die Auto Union begann erst 1949 in dem in Westdeutschland liegenden Ingolstadt an der Donau wieder mit dem Motorradbau, wobei man zunächst auf die 1939 in Zschopau konstruierte 123 ccm RT-Einzylindermaschine zurückgriff, die zu den besten Konstruktionen ihrer Klasse gehörte. Ihr folgte eine 198 ccm Maschine und ein 244 ccm Modell. 1953 gab es dann wieder DKWs mit 123, 173, 192, 244 und 346-ccm-Zweitaktmotoren, die, wie vorher, Umkehrspülung mit Flachkolben besaßen, wobei es sich bei der 346 ccm Maschine um einen Zweizylindermotor handelte. Alle Nachkriegs-DKW-Modelle waren luftgekühlt. Ende der fünfziger Jahre wurde die Produktion auf Modelle mit 174 ccm und 197 ccm Einzylindermotoren konzentriert. Dann, 1958, kam es zu einer Reorganisation, die zur Gründung der Nürnberger Zweirad-Union AG führte, zu welcher auch noch die Firmen Victoria und Express gehörten. Odilo Burkart, ein Vertreter des Großindustriellen Friedrich Flick, stand Pate bei der Gründung.

248 ccm DKW 1937 (Fabriksrennmaschine) mit Membransteuerung

Erwähnt sei, daß 1954 der »Hobby«, ein Kleinroller mit automatischem Getriebe und 74 ccm Zweitaktmotor, bei DKW herauskam, doch wurde 1957 die Produktion desselben an die französische Firma Manurhin übergeben. Der Tradition entsprechend baute man bei der Auto Union auch nach dem Krieg wieder Rennzweitakter für die Werksfahrer, wobei es sich um luftgekühlte 118 ccm und 123 ccm Einzylinder, 246 ccm Zweizylinder und 346 ccm Dreizylindermodelle – die letzteren von Erich Wolf konstruiert und von Helmut Görg weiterentwickelt – handelte. 1956 wurde dann die erfolgreiche Rennabteilung, der u. a. Fahrer wie H. P. Müller, Siegfried Wünsche, Ewald Kluge, August Hobl, Karl Hoffmann, Hans Bartl, Cecil Sandford etc. angehört hatten, aufgelöst.

348 ccm DKW (Dreizylinder-Fabriksrennmaschine) 1954

Nach der Gründung der Zweirad Union AG wurde die Produktion von DKW in die Fabrik von Victoria nach Nürnberg verlegt und hier die Modellreihe auf zahlreiche Varianten mit 49 ccm Zweitaktmotoren konzentriert. Jörgen Skafte Rasmussen, der

348 ccm DKW (RT 350) 1954

49 ccm DKW (RT 159) 1971

Gründer der DKW-Fabrik in Zschopau, verstarb 1964 in Kopenhagen, wohin er sich nach dem Krieg und dem Verlust seiner deutschen Fabriken zurückgezogen hatte, während seine langjährige »rechte Hand«, Dr. Carl Hahn, 1961 verstarb. Bei der Gründung der Zweirad Union blieb die Autoabteilung der Auto Union unberührt, d. h. in Ingolstadt bestehen, wo sie zuerst dem Einfluß von Daimler-Benz und dann des Volkswagenwerkes unterstellt wurde.
DKW war Ende der zwanziger und in den dreißiger Jahren die größte Motorradfabrik nicht nur Deutschlands, sondern der Welt. Die Erzeugnisse der Firma hatten infolge ihrer hervorragenden Konstruktion und Qualität einen sehr guten internationalen Ruf. Der

123 ccm DKW (RT 125) 1971

Bau von Automobilen mit Zweitaktmotoren wurde 1929 begonnen und endete 1958, als die Motorraderzeugung an die Zweirad-Union überging, während die Automobile unter dem Namen »Auto Union« als Markenzeichen weitergebaut wurden. Erst 1965 erschien die Ingolstadter Fabrik mit dem neuen Audi, dessen Motor ein bei Mercedes konstruierter Viertakter ist.
Im gleichen Jahr gab es aber auch Veränderungen bei der Zweirad Union in Nürnberg, die unter die Kontrolle der Firma Fichtel & Sachs (Schweinfurt) kam; derselben Firma, die dort bereits die Hercules-Werke besaß. Von dieser Reorganisation wurden natürlich auch die zwei anderen Zweirad Union-Marken – Victoria und Express – betroffen. Einst die großen Gegner der DKW-Zweitakter, besitzen nunmehr alle DKW-Maschinen die in Schweinfurt gebauten Motoren, wie wir sie auch bei Hercules vorfinden. Die Marken Express und Victoria sind inzwischen verschwunden. Die derzeitige DKW-Modellreihe setzt sich aus mehreren Varianten mit 49 ccm Sachs-Motoren und aus der schönen 123 ccm-Maschine, die 15 PS bei 7400 U/Min. leistet, zusammen. Die kombinierten Erfahrungen und Möglichkeiten der Nürnberger Zweirad-Union und der Sachs-Werke finden in den neuen DKW-Modellen ihren Niederschlag.

D. M. G.

Deutsche Motoren Gesellschaft m.b.H., Berlin N.W. 21, Waldenserstraße 2

Eine kleine Firma, die 1921 mit dem Bau von 147 ccm Viertakt-Fahrrad-Hilfsmotoren mit seitengesteuerten Ventilen begann und dann ihr Produktionsprogramm auf Leichtkrafträder mit ähnlichen 198 ccm Einzylindermotoren eigener Konstruktion und Erzeugung ausdehnte. Auf Grund der Einwirkungen der Inflationsperiode mußte auch sie 1924 den Motorradbau aufgeben.

DOBRO-MOTORIST

Dobro-Motorist G.m.b.H., Berlin-Charlottenburg, Berliner Straße 87

Die Dobro wurde in einer Zweigfabrik vom Merkur Flugzeugbau GmbH hergestellt und von der Ego-Automobil-Vertriebsgesellschaft mbH in den Handel gebracht. Das Fahrgestell war ein steifer Doppelrahmen im Dreiecksverband, der Motor eine 145 ccm

145 ccm Dobro-Motorist (DKW-Motor) 1925

Variante von DKW mit Turbo-Ventilator. Sie besaß die sog. Lomoskupplung und Riemenantrieb zum Hinterrad. Es war eine schöne Konstruktion, die – interessanterweise – mit Meco-, Adria-, Scala- oder Variat-Vergasern, je nach Wunsch, geliefert wurde. Hergestellt wurde sie und eine 346 ccm JAP OHV-Variante von 1923 bis 1925.

DOLF

Maschinenfabrik Stein Aktiengesellschaft, Frankfurt/Main, Zeilstraße 23

Obwohl in bezug auf die Motorenkonstruktion unorthodox, gehörte die Dolf in den Jahren von 1922 bis 1925 doch zu den leistungsfähigsten und besten Zweitaktkonstruktionen Deutschlands. Bei 62 mm Bohrung und 66 mm Hub besaß sie 199 ccm Hubraum, ein Zweiganggetriebe im Block und eine ungewöhnliche Gaszufuhr, indem hinter dem Vergaser ein konischer Drehschieber im Gehäuse angebracht war, durch welchen der Einlaß des Gasgemischs in den Vorkompressionsraum zwangsläufig gesteuert wurde. Von dort gelangte das Gasgemisch durch nicht weniger als 8 Überstromkanäle in den Zylinder. Ebenso erfolgte der Auspuff durch 8 Löcher in einen gemeinsamen Aufnehmer, aus welchem die verbrannten Gase durch zwei Rohre in den Auspufftopf gelangten. Diese (mit Standmagnet und Kettenantrieb zum Hinterrad versehenen) Dolf-Motorräder leisteten damals schon 3 PS und wurden bei Rennen und Wertungsfahrten von Fahrern wie Kapel, Grassmann, Ebstein, Weismann usw. erfolgreich gefahren. Im Gegensatz zu zahlreichen anderen Zweitaktmotoren der mittleren zwanziger Jahre hätte der Motor der Dolf eine intensive Weiterentwicklung verdient, und es ist schade, daß diese durch die 1925 erfolgte Einstellung des Motorradbaus nicht mehr stattfinden konnte. Erwähnenswert ist, daß die Spezial-Rennmotoren von Dolf mit völlig glattem Kolbenboden ausgeführt waren.

198 ccm Dolf (8-Kanal-Zweitakter) 1925

D-RAD

Deutsche Industriewerke A.G., Berlin-Spandau, Berliner Chaussee

Das D-Rad war der Nachfolger der von 1921 bis 1923 in den großen Spandauer Industrie-Werken (Waffen- und Munitionswerken) gebauten 393 ccm »Star« mit dem von Ing. Günther konstruierten seitengesteuerten Boxer-Zweizylindermotor (Flat Twin). Dieser wurde später von Ing. Christiansen umkonstruiert und in verbesserter Form im ersten D-Rad auf den Markt gebracht. Da dieser Konstruktion kein großer Erfolg beschieden war, schuf man 1926 das später so typische D-Rad in Form einer schweren und robusten 498 ccm Einzylinder-Blockmaschine mit Doppelschleifenrahmen, Blattfedergabel und seitengesteuerten Ventilen.

393 ccm D-Rad (Zweizylinder) 1923

Bald darauf trat Obering. Martin Stolle, der bei BMW und der Firma Sedlbauer in München sowie bei Victoria in Nürnberg gewesen war und zuletzt den Stolle-Sportwagen gebaut hatte, in die Dienste der Spandauer Fabrik, wo er dieses Einzylinder-D-Rad-Modell weiterentwickelte und verbesserte und es bald zur verkaufsmäßig erfolgreichsten deutschen Viertakt-Einzylindermaschine machte. Gleichzeitig machte er das 498 ccm D-Rad auch zum erfolgreichsten deutschen Halblitermotorrad bei internationalen Wertungsfahrten, und das aus den Fahrern Erich Tennigkeit, Franz Heck, Hans Prybylski, Franz Ischinger, Max Polster, Curt Weichelt, Franz Seelos, Paul Bütow u. a. bestehendes Fabriksteam errang zahlreiche Erfolge im In- und Ausland.
Typisch für alle D-Räder war der Einzylindermotor mit 82 mm Bohrung und 94 mm Hub, den auch das ohv-Modell hatte, das 1929 eingeführt wurde und das als erstes D-Rad bereits einen Satteltank besaß. Dieser R 10 folgte bald die R 11, eine ähnliche Konstruktion mit einem seitengesteuerten Motor, wobei erwähnt sei, daß beide Typen nach vorn geneigte Zylinder, separates Dreiganggetriebe und Parallelogramm-

gabel besaßen. Frühere Typen, wie die R 4 oder R 6, waren noch mit Blockgetriebe und senkrechtem sv-Zylinder ausgerüstet. Es waren typische Bauernmotorräder,

498 ccm D-Rad (R 9) 1929

498 ccm D-Rad (R 10) 1930

198 ccm D-Rad (Bark) 1932

denen es an Gewicht und Zuverlässigkeit nicht mangelte. 1927–1928 erzielten sie, mit grünverziertem schwarzem Tank ausgerüstet, große Umsätze, doch als dann die neuen

Versionen herauskamen, begann man schon die Wirtschaftskrise zu spüren, und das machte es unmöglich, die große Produktion aufrechtzuerhalten. Das Resultat war ein Zusammenschluß mit der Konkurrenz in der 500 ccm-Klasse, mit NSU in Neckarsulm. Noch 1930 brachte man in Spandau eine kleine 198 ccm Zweitaktmaschine mit einem bei Bark (Nachfolger von Kühne) hergestellten Einzylindermotor heraus, doch wurde sie nur noch in beschränktem Umfang gefertigt. Nach der Zusammenlegung mit NSU verschwand der Name D-Rad immer mehr von der Bildfläche, da nur noch Maschinen aus existierenden Teilen gefertigt wurden, und 1933 war es dann ganz aus.

D.S.

Bilde & Lindvalt, Hamburg-Stellingen

Diese D.S. darf nicht mit der französischen D.S.-Malterre verwechselt werden. Außerdem war sie in ihrem einzigen Produktionsjahr – 1925 – auch nicht das Berühmteste in Stellingen, wo aller Sonnenglanz auf Hagenbecks Tiere fiel. Gebaut wurde die deutsche D.S. in kleinen Stückzahlen, und ausgerüstet war sie mit dem damals populären gegengesteuerten 498 ccm V-Zweizylindermotor von MAG.

D.S.W.

Deutsche Motorenbau A.G., Berlin-Charlottenburg

Eine der zahlreichen kleinen Firmen mit großen Titeln als Firmenbezeichnung, die handwerksmäßig Leichtkrafträder mit eigenen 145 ccm Zweitaktmotoren herstellten, welche eine außenliegende Schwungscheibe und Riemenantrieb zum Hinterrad besaßen. Die Bedeutung dieser D.S.W.-Maschinen war ausschließlich lokaler Natur.

DÜMO

Düsseldorfer Auto-Industrie A.G., Düsseldorf-Mörsenbroich

Die 198 ccm Dümo-Zweitaktmaschine, eine Konstruktion von Ing. Frankowsky, war eine 1924–1925 hergestellte sportliche Version der von derselben Fabrik gebauten Autinag-Leichtgewichtsmaschine. Auch die Dümo erlangte keine Verbreitung.

DÜRKOPP

1. Nikolaus Dürkopp, Fahrrad & Maschinenfabrik, Bielefeld
2. Dürkopp-Werke A.G., Bielefeld, Nikolaus-Dürkopp-Straße

Dürkopp, bekannt für erstklassige Fahrräder – die es auch mit Kardanantrieb gab –, für Nähmaschinen, Kugellager etc., baute seit 1898 auch Automobile und ab 1901 Motorräder mit einzylindrigen Motoren, denen bald nicht nur V-Zylindermodelle, sondern 1903 sogar das erste deutsche Vierzylindermotorrad mit einem luftgekühlten Reihenmotor folgten. Zusammen mit Adler, Wanderer, NSU, Progress, Fafnir, Opel, Brennabor, Diamant, Walter, Allright, Joos etc. gehörte daher die bekannte Firma zu den Pionieren des deutschen Motorradbaues.

Nach dem ersten Weltkrieg konzentrierte man den motorisierten Fahrzeugbau auf

Automobile, doch gab man 1927 den Personenwagenbau und 1929 auch den Lastkraftwagenbau auf. Anfang der dreißiger Jahre entstanden Dürkopp-Motorfahrräder mit 75 und 98 ccm Sachsmotoren und mit der 60 ccm Saxonette, die im Hinterrad angeordnet war. 1949 gab es dann wieder motorisierte Zweiräder bei dieser Firma, zu-

2³/₄ PS Dürkopp 1905

nächst 98 ccm Modelle mit Ilo- und 123 ccm Modelle mit Sachs-Motoren. 1951 entstand die erste Dürkopp mit einem eigenen 147 ccm 7,5 PS Zweitaktmotor, der von Dr. Gosslau entworfen wurde. 1953 folgte ein 198 ccm Modell mit 8,2 PS und 1954 die »Diana«, bei der es sich um einen schönen Roller mit einem ähnlichen, 198 ccm-Zweitakter und 10 Zoll-Rädern handelte. 1958 bestand das Programm aus zwei 147 und je einer 174 und 194 ccm-Maschine mit eigenen Motoren. 1959 wurde nur noch die 172 ccm-Version mit 10,5 PS gebaut, und bald darauf wurde bei Dürkopp, wie bei der ebenfalls zum Barthel-Konzern gehörenden Schwesterfirma Ardie in Nürnberg, der Motorradbau ganz eingestellt.

D.W.B.

Dorko Werke, Abteilung Motorradbau, Bamberg

Diese Bamberger Firma kaufte 1924 die Reste der damals in Konkurs gegangenen Fürther Motorradfabrik Juhö – Julius Höflich – auf und baute die von Ing. Leo Falk konstruierten 195 ccm Modelle mit seitengesteuertem Viertaktmotor und die 269 ccm Zweitaktmaschinen unter dem Namen D.W.B. in beschränkter Stückzahl noch bis 1926 weiter.

EBER

Eber Motorradbau, Eibau (Ebersbach), Kreis Zittau/Sachsen

Die Stadt Ebersbach erwies dieser kleinen Motorraderzeugung die Ehre, das Stadtwappen zusammen mit dem Namen Eber am Tank führen zu dürfen. Die ersten Eber-Motorräder wurden auch – 1924 – in Ebersbach gebaut, doch als die Produktion vergrößert werden mußte, zog die Firma an die Stadtgrenze in ein neues Gebäude, das sich bereits auf dem Gebiet des benachbarten Ortes Eibau befand. Dabei handelte es sich um ein kleines Unternehmen, das handwerksmäßig Motorräder typisch englischer Bauweise mit seitengesteuerten 348 ccm und 497 ccm Blackburne-Einbaumotoren herstellt. Auf Wunsch wurde für Sportzwecke auch eine ohv-Variante geliefert, auf welcher Gerhart Semmt, ein einst in Sachsen und Schlesien bekannter Rennfahrer, schöne Sporterfolge errang. Ab 1926 konnten Eber-Motorräder auch mit 348 ccm und 498 ccm ohv-Motoren von Kühne und ohc-Motoren von Küchen (»K«-Motoren) geliefert werden, doch mußte 1928 der Motorradbau infolge Absatzschwierigkeiten ganz eingestellt werden.

E. B. S.

Ernst Bauermeister & Söhne, Berlin-Baumschulenweg, Behringerstraße 50–56

Bei E.B.S. erzeugte man robuste Bauernmotorräder, und die Firma gehörte zu den größeren und bekannteren Berliner Motorradproduzenten. Besonders das 1927 herausgebrachte seitengesteuerte 398 ccm »Einheitsmodell« gehörte zu den beliebteren Maschinen der damaligen Periode. Dieser Motor wurde in wassergekühlter Ausführung auch für stationäre Zwecke gebaut. Die Produktion von Motorrädern begann 1925, und im Lauf der Jahre bestand sie vorwiegend aus seitengesteuerten Maschinen mit 198, 246,

398 ccm EBS 1928

348, 398, 496 und 796 ccm Hubraum. Die letztere, die ab 1928 das Programm bereicherte, war ein V-Zweizylinder. Bis dahin wurden alle Motoren im eigenen Betrieb konstruiert und erzeugt und nur eine ebenfalls 1928 herausgekommene 198 ccm-Zweitaktmaschine besaß einen englischen Villiers-Einbaumotor. 1930 mußte der Motorradbau aus wirtschaftlichen Gründen aufgegeben werden.

ECA

Ing. E. Carstens, Eca-Motorenbau, Hamburg, Kirchenweg 4/10

Ein primitives Leichtmotorrad, das noch 1923–1924 Tretkurbeln aufwies und das verkaufsmäßig nur lokale Bedeutung besaß. Der Motor, ein nach vorn geneigter Zweitakter

143 ccm Eca 1924

von 142 ccm, besaß 55 mm Bohrung und 60 mm Hub. Er stammte aus eigener Produktion und arbeitete nach dem Dreikanalprinzip. Die Maschine wurde mit Mischungsschmierung oder mit Pumpe geliefert, der Magnet war von Mea und der Vergaser von Variat oder Adria. Die Kraftübertragung erfolgte mittels Riemen oder Kette, und auf Bestellung konnte auch ein Zweiganggetriebe geliefert werden. Eca-Motoren wurden auch als Einbaumotoren für den nachträglichen Einbau in Fahrräder angeboten.

ECEKA

Emil C. Kretzschmer, Berlin W. 8, Taubenstraße 8–9

Über diese kleine Firma war nicht viel zu erfahren, doch dürfte es sich um eine Konfektion von Leichtkrafträdern mit Einbaumotoren von Gruhn, Baumi, Teco, Charlett, Kurier etc. gehandelt haben, während die Rahmen eine große Ähnlichkeit mit den Erzeugnissen der Berliner Rahmenfabrik Hugo Gruhn besaßen. Eceka-Maschinen hatten hauptsächlich 145 ccm- und 173 ccm-Motoren. Das war 1924 und 1925.

ECKL

Ing. Hugo Eckl, Motorfahrzeugbau, Augsburg

Diese Augsburger Firma begann 1923 mit der Herstellung von Fahrrad-Hilfsmotoren und stellte ab 1924 auch eine obengesteuerte 195 ccm Einzylindermaschine her, die in ihrem Heimatbezirk recht beliebt war und in Bayern bei sportlichen Wettbewerben gut abschnitt. Eckl war neben Paqué die größte Augsburger Firma, doch mußte auch hier 1926 der Motorradbau aus wirtschaftlichen Gründen eingestellt werden.

EGA

Eisenwerke Aktiengesellschaft, Gaggenau

Zwischen 1923 und 1926 stellte diese Fabrik nette und gut konstruierte 246 und 346 ccm Zweitakt-Einzylindermaschinen, teilweise mit Blockmotoren eigener Produktion, her. Verwendet wurden Zweiganggetriebe, sehr stark verrippte Zylinder und Auspuffrohre sowie Leichtmetallköpfe. Bemerkenswert auch die Anbringung der Einlaßschlitze und Vergaser vor dem Zylinder, links vom Auspuffrohr. Die EGA gehörte zu den besten Zweitaktmaschinen in ihrer Periode, doch waren sie aus unbekannten Gründen nicht sehr verbreitet.

346 ccm EGA 1925

EICHELSDÖRFER

Motorradbau Willy und Josef Eichelsdörfer, Nürnberg

1929, als zahlreiche alte Motorradfirmen vor dem Zusammenbruch standen, erschien die »Eichelsdörfer« auf dem deutschen Motorradmarkt. Sie war weder schön konstruiert noch in irgendeiner Weise besonders wertvoll. Als Antriebsquelle diente ihr der obengesteuerte 198 ccm JAP-Einzylinder-Einbaumotor. Nicht viele Eichelsdörfer-Motorräder waren verkauft, als 1931 diese Marke wieder von der Bildfläche verschwand.

EICHLER

1. Eichler & Co., Berlin S.W. 11, Bernburger Straße 22–23
2. Eichler & Bachmann, Berlin S.W. 11, Bernburger Straße 22–23
3. Ernst Eichler, Berlin S.W. 11, Bernburger Straße 22–23
4. Eichler & Co., Berlin S.W. 68, Kochstraße 32

Eichler gehörte zu den größten Herstellern von Leichtkrafträdern in Berlin. Ab 1920 baute er seine sportlichen knallroten Maschinen, die hauptsächlich mit DKW-Zweitaktmotoren von 119, 145 und 173 ccm und teilweise auch mit 129 und 147 ccm Bekamo-Zweitaktern mit dem Hilfskolben im Kurbelgehäuse ausgerüstet waren. Das Programm

149 ccm Eichler 1922

umfaßte auch – in Zusammenarbeit mit DKW in Zschopau – die 122 ccm Golem- und 142 ccm Lomos-Sesselräder, Fahrzeuge, die man heute als Roller bezeichnen würde.
Die Stärke der Eichler-Motorräder lag nicht nur in der schönen und guten Konstruktion und Werkmannsarbeit, sondern auch in der Tatsache, daß man es bei dieser Firma gut verstand, richtige Propaganda mit sportlichen Wettbewerben zu treiben. So brach schon 1922 ein Team von Eichler-Fahrern Weltrekorde auf der damals neuen Avus in Berlin, wobei man als Teilnehmer den berühmten »Flieger von Tsingtau«, Günther Plüschow, den später so berühmten Motorrad- und Autorennfahrer Günther Burggaller, den bekannten Berliner Rennfahrer Josef Thevis sowie die Rennfahrer Fritz Rahn und Max Hucke sowie Ernst Eichler selbst im Sattel der erfolgreichen Maschinen sah.
In der Struktur der Firma gab es im Laufe der Jahre Veränderungen, und Ernst Eichler, der Ende 1922 das Unternehmen verließ und sich selbständig etablierte, kehrte 1924 in das Stammhaus zurück. Damals schuf er gleich neue, tiefe Fahrgestelle für die Eichler-Motorräder, die einen sehr guten Eindruck machten. Leider konnte er damit die Fabrik nicht vor dem endgültigen Zusammenbruch retten; 1925 verließen die letzten roten Eichler-Zweitaktmaschinen das Herstellerwerk.

EISENHAMMER

Aktiengesellschaft Eisenhammer, Thalheim im Erzgebirge

206 ccm Eisenhammer 1925

Bei Eisenhammer verfügte man sicherlich über mehr guten Willen als Können, ein gutes Motorrad herzustellen. Jedenfalls baute man hier aber nicht billig, sondern solide, und das war ein großer Vorteil in den Jahren 1923 bis 1926, als man oft alles daransetzte, um für wenig Geld Motorräder herzustellen. Es gab zwei Grundmodelle mit Dreikanal-Zweitaktmotoren: eine 206 ccm Maschine mit 64 mm Bohrung und Hub und eine 225 ccm Version mit 64 mm Bohrung und 70 mm Hub, die zur Unterstützung der Kühlung einen seitlich angebrachten Ventilator besaß. Die 206 ccm Maschine besaß ein Zweiganggetriebe, die größere Eisenhammer ein Dreiganggetriebe, und beide hatten Keilriemen zum Antrieb des Hinterrads, während Zahnräder vom Motor zum Getriebe führten. Auch dieser Firma war kein großer Verkaufserfolg beschieden. Der 206 ccm Motor wurde bei DKW, der 225 ccm Zweitakter im eigenen Betrieb hergestellt.

ELFA

Elstwerdaer Fahrzeugwerke, E. W. Reichenbach A.G., Elstwerda/Sachsen

Elfa gehörte zu den besseren und solideren Motorradkonfektionären. Dies geht schon daraus hervor, daß diese 1926 gegründete Firma noch zehn Jahre später ihren Namen

498 ccm Elfa (Küchen-Motor) 1930

496 ccm Elfa (Bark-Motor) 1932

497 ccm Elfa (»K« ohc-Motor) 1932

auf neuen Modellen hatte, obwohl die Produktion nie einen sehr großen Umfang annahm und auf werksmäßiger Einzelanfertigung beruhte. Gebaut wurden in dieser Periode Einzylindermodelle mit 73, 98, 123, 198, 298, 346 und 497 ccm Hubraum, wobei zunächst DKW und Kühne und später Küchen, Fichtel & Sachs, Windhoff und Bark die Einbaumotoren lieferten. Erwähnenswert die starken Rohrrahmen, die frühzeitige Verwendung des 73 ccm Sachs-Fahrradhilfsmotors (schon 1930), der Einbau des unter Villiers-Lizenz gebauten luftgekühlten 198 ccm Windhoff-Zweitakters und des noch selteneren 298 ccm Kühne-Zweitaktmotors. In Elstwerda baute man gute Gebrauchsmodelle; mit sportlichen Wettbewerben hatte man nicht viel Verbindung. Mitte der dreißiger Jahre wurde die Herstellung von Motorrädern, aber nicht von Fahrrädern mit Hilfsmotoren, aufgegeben, und erst später verschwand der Name Elfa ganz aus der Motorfahrzeugindustrie.

ELFE

1. Ing. Alex Sachse, Elfe Motorradbau, Leipzig-Stötteritz, Wasserturmstraße 22a
2. Motor-Fahrzeug-Bau G.m.b.H., Dresden-Blasewitz, Deutsche-Kaiser-Allee 23

Die von Ing. Sachse konstruierte Elfe besaß einen sehr unorthodoxen Rahmen und einen eigenen 196 ccm Dreikanal-Zweitaktmotor. Die 1923 begonnenen Experimente mit Fahrgestellen standen offenbar nicht in Übereinstimmung mit den finanziellen Möglichkeiten der kleinen Firma und auch nicht mit den Verkaufsziffern. Das Unternehmen wurde später nach Dresden-Blasewitz verlegt und hörte 1925 auf zu existieren.

ELITE (E. O.)

Elite Werke Aktiengesellschaft, Brand-Erbisdorf, Sachsen

1924, als man bei Elite noch Automobile herstellte, entstand dort ein 1 PS Fahrrad-Hilfsmotor, der jedoch nie in größeren Stückzahlen gebaut wurde. Bald darauf kam es zu einer Vereinigung mit den Diamant-Werken in Siegmar-Schönau und dann zum Ankauf der Firma durch Opel. Die Rüsselsheimer Automobilfabrik begann 1928 dort

498 ccm EO (Küchen-Motor) 1930 Prototype

ihre Opel-»Motoclub«-Motorräder mit eigenen 498 ccm sv- und ohv-Motoren sowie Neumann-Neander-Fahrgestellen zu produzieren, doch wurde nach kurzer Zeit die Fertigung nach Rüsselsheim in die Stammfabrik verlegt.

Zwei Jahre später versuchte man in Brand-Erbisdorf eine neue Motorradproduktion mit ähnlichen Fahrgestellen, das heißt mit dem Neanderschen Duralumin-Doppelrahmen, der in Fahrtrichtung schwingenden Neandergabel mit gekapselten Blattfedern und einem Vierganggetriebe mit Fußschaltung aufzuziehen, wobei man dieser Neukonstruktion den Namen »E. O.« (Elite-Opel) gab. Im Gegensatz zur Opel besaß sie jedoch keinen eigenen Motor, sondern den von Richard Küchen konstruierten 498 ccm ohc-Einzylinder mit zwei Einlaßventilen und einem Auslaßventil, der für Elite-Diamant entwickelt wurde. Diese moderne und schöne Konstruktion erreichte jedoch nie den Markt. Nachdem mehrere Versuchsmodelle fertig waren, verhinderten innere – vor allem kommerzielle – Gründe die Serienfertigung, und das bedeutete das Ende der Motorradherstellung in Brand-Erbisdorf, da die späteren Diamant-Fahrräder mit Sachs-Hilfsmotor im Schwesterwerk in Siegmar-Schönau gebaut wurden. Bemerkt sei, daß es unter den Versuchsmodellen der E. O. auch eine 348 ccm Version gab.

ELRING

Elring-Motorfahrzeuge, Dresden-Blasewitz

Die Ähnlichkeit der Elring mit der unorthodoxen Elfe läßt die Möglichkeit offen, daß auch diese aus der gleichen Produktionsstätte, nur unter einem anderen Namen, kam. Auch ihr Motor war ein 196 ccm Zweitakter, und gebaut wurde sie ebenfalls in den Jahren 1924 und 1925 in sehr kleinen Stückzahlen. Ihre Bedeutung war nur lokal.

ELSTER

1. Elster Motorradwerke, Elsterberg/Vogtland
2. Elster Motorradwerke, Mylau/Vogtland

Bereits im Jahr 1928 konnte die damals führende deutsche Motorradzeitschrift keine Auskunft über Elster Motorräder geben, und dies ist bezeichnend für die Probleme, Maschinen, die vor 40 und mehr Jahren gebaut wurden, richtig zu beschreiben. Die Elster besaß einen im einfachen Fahrgestell nach vorn geneigt eingebauten 198 ccm Einzylindermotor mit seitengesteuerten Ventilen. Hergestellt wurde sie von 1924 bis 1926; zunächst in Elsterberg, von wo sie auch ihren Namen bekam. Mit den Fahrern Greiner, Funfak, Jakob und Fritsche beteiligte sich die Firma auch an Zuverlässigkeitsfahrten. Es muß bezweifelt werden, ob sich viele Elster-Motorräder aus dem Vogtland »verirrten«.

E. M. A.

Eduard Molitor, Motorfahrzeugbau, Aalen/Württemberg, Verl. Schusterstr. 8

Molitors E.M.A.-Leichtkrafträder gehörten zu den besseren Konfektionsmaschinen der Jahre 1922 bis 1925. Sie wurden vorwiegend mit Zweitakt-Einbaumotoren von DKW ausgerüstet, wobei die 148 ccm-Version mit 56 mm Bohrung und 60 mm Hub die prominenteste Rolle spielte. Sie hatte einen horizontalen, luftgekühlten Zylinder, dem ein Ventilator zu besserer Kühlung verhalf. Die Maschinen waren handwerksmäßig hergestellt und gut ausgeführt.

E. M. H.

Motorradbau Ernst Meier, Hamburg, Kibitzstraße 46

Eine kleine Firma, die den Motorradbau 1927 aufnahm, als zahlreiche andere Firmen die Tore schließen mußten. Es handelte sich um Maschinen typisch englischer Bauweise mit 348 und 498 ohc-Einzylindermotoren von Küchen. Nachdem nur wenige Exemplare dem Verkauf übergeben waren, wurde der Name 1929 aus den Reihen der Motorradhersteller gestrichen.

EMW

VEB Eisenacher Motoren-Werke, Eisenach/Thüringen

Die Bayrischen Motoren-Werke München kauften 1929 die Dixi-Automobilfabrik in Eisenach und bauten dort außer Kraftwagen auch ihre Motorradmodelle. Nach dem

346 ccm EMW (Kardan-Block) 1953

Krieg wurde dieser in der Ostzone liegende Betrieb verstaatlicht und 1948 dort die Produktion einer 346 ccm ohc-Einzylindermaschine mit Blockmotor, Kardanantrieb und Preßstahlrahmen aufgenommen. Diese neue »EMW« basierte auf einer BMW-Konstruktion aus der Mitte der dreißiger Jahre, und obwohl sie zu einem billigen Preis in den Handel kam, konnte sie sich infolge der veralteten Konstruktion außerhalb ihres Produktionsbereichs nicht durchsetzen. So wurde sie z. B. 1953 in Österreich für 15 000 Schilling angeboten, während die neue und bedeutend modernere 248 BMW R 25/2 19 200 Schilling kostete. Nach Westdeutschland wurde die BMW nicht eingeführt. Die Produktion wurde 1957 aufgegeben.

EMWE

Emwe Motoren-Gesellschaft, Stettin, Barnimstraße 17

Stettin, heute auf polnischem Gebiet liegend, war auch Heimat der 3 PS Emwe. Sie war ein bescheidener, primitiver Dreikanal-Zweitakter in einem Preß-Kastenrahmen und hatte ein Zweiganggetriebe mit Riemenantrieb zum Hinterrad. Der große Erfolg der großen Mars A-20 war höchstwahrscheinlich der Grund, daß auch andere Motorradhersteller, wie Sterna, Aristos, Menos, Ge-Ma-Hi, Ammon usw., und so auch die Emwe Kastenfahrgestelle aus geschweißtem Stahlblech verwendeten. Es ist allerdings zweifelhaft, ob dieses Detail ihr sehr nützlich war, denn die 1924 begonnene Produktion wurde bereits 1925 wieder eingestellt.

ENAG

Erle & Nestler A.G., Maschinenfabrik, Nürnberg

Als Folge ungenügender Materialkenntnisse ihrer Hersteller litten zahlreiche Zweitakter der zwanziger Jahre unter thermischen Schwierigkeiten, und um die Möglichkeit einer Überhitzung auszuschließen, bediente man sich – besonders bei Hochleistungszweitaktern – der Wasserkühlung. Die von Theo Steininger konstruierte Enag besaß eine etwas unorthodoxe Thermosiphonkühlung für den liegenden Zylinder, während der Zylinderkopf luftgekühlt war. Es gab 248 und 348 ccm-Modelle, die erst Zweiganggetriebe und Riemenantrieb, später Dreiganggetriebe und Kettenantrieb zum Hinterrad besaßen. Produziert wurden diese Maschinen in beschränkter Zahl in den Jahren 1924 und 1925.

248 ccm Enag 1924

ENGEL

Gustav Engel Söhne, Motorfahrzeugbau, Merseburg

Es ist kaum anzunehmen, daß sich die Engel im Himmel freuten, als dieser Engel der Landstraße dort nach kurzem Erdendasein ankam. Man schrieb 1925, als diese Firma den Motorradmarkt mit einer 348 ccm ohv-Einzylindermaschine mit dem damals neuen Kühne-Einbaumotor bereicherte. Es ist nicht bekannt, warum die Produktion noch im gleichen Jahre wieder aufgegeben wurde, doch dürften finanzielle Gründe hierfür maßgebend gewesen sein.

EPA

Peter Pazicky, Motorradbau, Nürnberg

Bei dieser Motorradfabrik machte man sich die Konfektionsarbeit ziemlich einfach, indem man einem 298 ccm JAP-Einbaumotor mit seitengesteuerten Ventilen in einen einfachen typisch englischen Rohrrahmen hängte und auch die anderen Teile, wie etwa das Dreiganggetriebe von Sturmey-Archer, die Ölpumpe von Best & Lloyd, den Vergaser von Amac, den Sattel von Brooks, den Magneten von Lucas usw., in kleinen Stückzahlen bezog. Auch Epa hatte in den Jahren 1924 und 1925 nur eine beschränkte Produktion.

ERGO

Hilmar Linker, Motorfahrzeuge, Leipzig-Gohlis, Jägerstraße 15

In den Jahren 1924 und 1925 gab es zahlreiche schlechte Motorradkonstruktionen

346 ccm Ergo 1925

in Deutschland, und diese Ergo gehörte zu ihnen. Der Konstrukteur Linker hatte möglicherweise gute Absichten, indem er einen geschlossenen Wiegenrahmen für den eigenen 346 ccm ohv-Einzylindermotor verwendete, doch war das Endresultat nicht gut. So war z. B. das Fahrgestell viel zu hoch, die Vordergabel in einem viel zu steilen Winkel eingebaut, und weder die Kette vom Motor zum Getriebe noch die zum Hinterrad waren in irgendeiner Weise abgedeckt oder geschützt. Wenn man die schlechte Qualität der damaligen Ketten bedenkt, war das allein schon ein Zeichen von Unfähigkeit. Die ganze Konstruktion machte einen uneinheitlichen Eindruck, und es war kein Wunder, daß die Ergo sich in keiner Weise hervortat und schon nach kurzer Zeit wieder vom Markt verschwand.

ERKA

Schwarzwälder Maschinen- & Fahrzeuggesellschaft, Schwabach bei Nürnberg

Diese Firma erzeugte höchstwahrscheinlich Kuckucksuhren im Schwarzwald, bevor sie 1924 in Schwabach ihr Glück mit dem Bau von Leichtkrafträdern versuchte. Wie andere Produzenten machte man sich das einfach, indem man einen unkomplizierten 269 ccm Zweitaktmotor in ein einfaches Fahrgestell setzte und das Resultat unter dem Namen Erka zum Verkauf anbot. Der Umsatz dürfte jedoch nur gering gewesen sein, denn 1925 wurde der Motorradbau wieder eingestellt.

ERMAG

Erlanger Motoren-Aktiengesellschaft, Erlangen-Buckenhof

Deutschland hatte im Laufe der Jahre zahlreiche hervorragende Motorradkonstrukteure wie Max Friz, Rudolf Schleicher, Fritz Cockerell, Hermann Weber, Franz Gnädig, Otto Reitz, Hermann Reeb, Hugo Ruppe, Martin Stolle u. a., und einer dieser großen Konstrukteure, Albert Roder, schuf auch die Ermag-Motorräder, nachdem er schon vorher die interessante Ziro konstruiert hatte. Später war er in führenden Positionen bei Zündapp, Victoria und NSU tätig. Er starb 1970.

Die erste, 1923 geschaffene Ermag hatte einen 246 ccm Zweitaktmotor mit Stufenkolben und zwei Plattendrehschiebern im Überströmkanal. Eine unorthodoxe, aber gute Konstruktion, die allerdings damals unter dem schlechten Ruf anderer Zweitakter zu leiden hatte und daher kein kommerzieller Erfolg war. 1925 wurde sie durch eine schöne 246 ccm ohv-Maschine ersetzt, bei welcher unter anderem das Kurbelgehäuse – nach gewissen Veränderungen natürlich – der älteren Zweitaktkonstruktion verwendet wurde. Das ohv-Modell besaß 65 mm Bohrung und 75 mm Hub, automatische Schmierung sowie ein Dreiganggetriebe und lief in Serienausführung 110 km/h. Gefahren von Hieronymus, Bittorf, Pfanmüller, Viertel, Perl u. a. gewann diese Ermag zahlreiche Rennen.

Neben diesen 246 ccm Maschinen baute die Fabrik auch eine seitengesteuerte 500 ccm Einzylinderversion mit 78 mm Bohrung und 104 mm Hub, die 1927 wie die obengesteuerte 246er für RM 1150.– verkauft wurde. Ermag-Motorräder erfreuten sich eines guten Rufs, und die mittelgroße Firma hatte genügend Aufträge, als infolge der internationalen Wirtschaftslage Ende der zwanziger Jahre die Banken Kredite verwei-

246 ccm Ermag (Konstr. Roder) 1926

gerten und damit nicht nur Ermag, sondern auch zahlreiche andere Produzenten zur Aufgabe der Produktion zwangen.

ERNST-MAG

1. Ernst-Werke Motorenbau A.G., Breslau V, Gartenstraße 53
2. Ernst-Werke Motorenbau A.G., Breslau VI, Steinauer Straße 12a
3. Schlesische Motorenbau A.G., vormals Ernst-Werke A.G., Breslau VI, Steinauer Straße 12a

Diese 1926 gegründete schlesische Motorradfabrik stellte zunächst Motorräder unter dem Namen »Ernst« mit 498 ccm Küchen-Königswellen-Einbaumotoren her. Ab 1927 konzentrierte man die Produktion auf Modelle mit Schweizer Motosacoche-Einbaumotoren, und da diese auch mit MAG bezeichnet wurden, erhielten die Breslauer

348 ccm Ernst-MAG 1927

Motorräder nunmehr den Namen »Ernst-MAG«. Hergestellt wurden 350 ccm ohv-Einzylindermodelle und 496 ccm Einzylinderversionen mit gegengesteuerten Motoren. Daneben gab es 498 ccm V-Zweizylinder ohv-Sportmodelle und vier gegengesteuerte V-Zweizylindermaschinen mit 498, 598, 746 und 998 ccm Hubraum.

996 ccm Ernst-MAG 1928

Ernst-MAG Motorräder errangen in verhältnismäßig kurzer Zeit infolge ihrer guten Qualität und Ausführung sowie auf Grund ihrer zahlreichen Rennerfolge eine weite Verbreitung im In- und Ausland. In diesem Zusammenhang seien besonders die Rennfahrer Edgar Kittner, Orlindo Geissler und Gerhard Rhode erwähnt. Zwecks Vergrößerung der Produktion mußte 1928 eine neue Erzeugungsstätte, das frühere Stahlwerk »Mark«, übernommen werden, doch kam bald darauf die Wirtschaftskrise, und die von den Direktoren Ermrich und Cohrs geleitete Fabrik sah sich 1929 gezwungen, die Tore zu schließen. Damit verschwand eine Firma, die sehr nette und sportliche Motorräder gebaut hatte und ein besseres Schicksal verdient gehabt hätte.

498 ccm V-Zweizylinder Ernst-MAG 1926

ESCHAG

Eschag Motoren Gesellschaft m.b.H., Nürnberg, Julienstraße 14

Zündapp, Ardie, Victoria und Triumph gehörten zu den größeren Nürnberger Motorradfabriken; Hercules, Mars, Fortuna, Hecker, Nestoria zu den mittelgroßen Firmen der zwanziger Jahre. Daneben gab es noch zahlreiche ganz kleine Produzenten, wie z. B. Eschag, wo man von 1923 bis 1925 einfache 298 ccm-Zweitaktmodelle mit Zweiganggetriebe und Riemenantrieb zum Hinterrad herstellte.

ESCH-REKORD

1. Adolf Esch, Mech. Werkstätte, Köln, Weichserhof 31
2. Adolf Esch, Mech. Werkstätte, Köln, Venloer Straße 59

Zahlreiche einst bekannte Kölner Rennfahrer, wie Ernst Zündorf, Hans Soenius, Erich Pätzold, Karl Hobelmann und Paul Roggenbuck, begannen ihre Laufbahn einstens auf Maschinen, die in Köln gebaut wurden. Auch Adolf Esch fuhr erst für K.M.B., ehe er 1927–1928 seine eigenen Esch-Rekord-Maschinen – hauptsächlich Rennmodelle – mit 246, 348 und 498 ccm ohv-Einzylindermotoren von JAP in kleinen Stückzahlen herstellte.

EUROPA

1. Europa Motorradbau, Max Vorbauer, München 2, Sendlinger Straße 76
2. Europa Motorradbau, Max Vorbauer, München 2, Rückertstraße 6

Vorbauer baute zwischen 1931 und 1933 schöne Leichtkrafträder mit Dreiecksrahmen, die trotz ihrer robusten Konstruktion sehr handlich und leicht waren. Gebaut wurden zwei Modelle, die 98 und 146 ccm Villiers-Zweitaktmotoren besaßen. Anfang 1933 kam eine neue Version hinzu, für welche man bei Schliha einen neuen 146 ccm Zweitakter entwarf, doch wurde bald darauf der Motorradbau bei Vorbauer eingestellt. Die

148 ccm Europa (Villiers) 1932

nach Patenten von Heinrich Schlüpmann gebauten »Schliha«-Motoren wurden auch als »obengesteuerte« Zweitakter bezeichnet.

EVANS-PONDORF

Aktiengesellschaft für Motorenbau, Berlin, N.W. 5

Die Original »Evans« war eine amerikanische Maschine mit einem 119 ccm Zweitaktmotor, aus der Mitte der zwanziger Jahre die 119 ccm Stock entstand, nachdem die amerikanische Fabrik in Konkurs gegangen war. Der gut renommierte Name der Evans wurde ab 1925 von obiger Firma für die von ihr geschaffene 496 ccm Einzylindermaschine ausgenützt, indem man diese Evans-Pondorf nannte. Es war eine moderne Konstruktion mit Fußschaltung und Stahlkonuskupplung, doch verhinderte die wirtschaftliche Situation den Serienbau dieser Maschine.

EVEREST

Konstruktor G.m.b.H., Motorfahrzeugfabrik, Berlin W, Potsdamer Straße 78

Der Verfasser ist der Ansicht, daß der obengesteuerte 499 ccm Einzylindermotor dieser Maschine nicht von Everest, sondern von G. Adolf Rempp in Münster a. N. – dem Hersteller der G.A.R. Motorräder – gebaut wurde. Der Rahmen der Everest war etwas unförmig und hoch, die Vordergabelfederung erfolgte mittels Blattfeder. Der Motor selbst hatte 80 mm Bohrung und 99 mm Hub. Baujahre: 1925 und 1926.

EVO

Evo-Motorradbau, Eduard A. Voigt, Hannover, Wolgersweg 2

Ältere Leser deutscher Motorradzeitschriften werden sich noch an den im Krieg gefallenen Journalisten Eduard A. Voigt erinnern, der in den Jahren 1923 bis 1925 nette Leichtkrafträder mit niedrigen Dreiecksfahrgestellen herstellte. Verwendet wurden erst eigene Dreikanal-Zweitakter und später auch der damals neu aufgekommene 146 ccm Ilo-Zweitaktmotor. Auch hier mußte die Produktion als Folge der wirtschaftlichen Verhältnisse nach der Inflationsperiode eingestellt werden.

EWABRA

Ewald Brackelsberg, Motorradbau, Milspe/Westfalen

Der Hersteller der zwischen 1922 und 1925 gebauten Ewabra-Motorräder, Ewald Brackelsberg, nahm mit diesen an kleineren Veranstaltungen teil, darf aber nicht mit seinem Vetter, dem einst bekannten deutschen Bugatti-Fahrer Karl Brackelsberg, ebenfalls aus Milspe, verwechselt werden. Die Ewabra-Motorräder waren eine eigene Konstruktion, und auch der einzylindrige 548 ccm Motor wurde von Ewald Brackelsberg im eigenen Unternehmen hergestellt. Bemerkenswert, daß man hier noch 1925 Riemenantrieb zum Hinterrad verwendete.

EXCELSIOR

Gesellschaft für Kleinkraftmaschinen, München, Arnulfstraße 16

Als diese Maschinen 1923 und 1924 hergestellt wurden, gab es noch mehrere Motorradfabriken in der Welt, die denselben Namen am Tank führten. So wurde von der viel älteren Firma Conrad & Patz in Brandenburg/Havel auch der Name Excelsior benützt, und in Birmingham in England gab es eine Excelsior-Motorradfabrik. Dazu kam noch die Schwinn Company in Chikago, USA, deren »Krafträder« auch unter dem Namen Excelsior in den Handel kamen. In München wurden kleine 2 PS Zweizylindermaschinen in beschränkter Stückzahl hergestellt.

EXCELSIOR

1. Excelsior Fahrradwerke, Gebr. Konrad & Patz A.G., Brandenburg/Havel, Wilhelmsdorfer Straße 66
2. Brandenburger Fahrrad- und Motorrad-Werke Excelsior G.m.b.H., Brandenburg/Havel, Wilhelmsdorfer Straße 66

Motorräder wurden von dieser alten Fahrradfabrik mit Unterbrechungen hergestellt. Schon ab 1901 erzeugte man Ein- und V-Zweizylindermaschinen, die erst Zedel- und Minervamotoren und ab 1903 solche von Fafnir in Aachen besaßen. Zu einer größeren Produktion kam es jedoch erst ab 1928, als Modelle typisch englischer Bauweise mit seitengesteuerten 198, 298 und 346 ccm JAP-Motoren sowie eine 346 ccm ohv-Maschine mit dem gleichen Motor hergestellt wurden. Aus markenschutzrechtlichen Gründen

346 ccm Excelsior (JAP) 1932

wurden zu jener Zeit englische Excelsior-Motorräder in Deutschland unter dem Namen »Bayliss-Thomas« verkauft. Interessant hierbei, daß sich damals die deutschen und englischen Excelsior-Maschinen sehr ähnlich sahen und auch die gleichen Einbaumotoren besaßen, obwohl zwischen beiden Fabriken keinerlei Verbindung bestand.
Der am Anfang der dreißiger Jahre zurückgestellte Motorradbau wurde nach einer inneren Reorganisation der deutschen Firma 1934 mit einer 198 ccm Zweitaktmaschine mit Bark-Einbaumotor größer aufgezogen. Es folgten seitengesteuerte Einzylinder-Modelle mit 196, 346 und 496 ccm Bark-Motoren, die angeblockte Dreiganggetriebe besaßen. Die Firma gehörte immer zu den Außenseitern der deutschen Motorradindustrie,

198 ccm Excelsior (Bark) 1936

obwohl die auf bewährten Konstruktionen basierenden Modelle gute Qualität und Ausführung aufwiesen. Der letzte, 1934 begonnene Versuch, wieder in stärkerem Maße in den Markt einzudringen, war ohne nennenswerten Erfolg, und 1937 wurde der Motorradbau bis auf die Herstellung von Fahrrädern mit dem 98 ccm Sachsmotor eingestellt. Seit dem Krieg gibt es keine deutschen Excelsior-Motorräder mehr.

EXPRESS

1. Express-Werke A.G., Neumarkt bei Nürnberg (Oberpfalz)
2. Zweirad Union A.G., Nürnberg, Nopitschstraße 70

Deutschlands älteste, 1882 gegründete Fahrradfabrik gehörte auch zu den Pionieren der deutschen Motorradindustrie, und schon 1903 wurden hauptsächlich mit Fafnir-Motoren

244 ccm Express (Ilo-Radex 255) 1955

ausgerüstete Ein- und V-Zweizylindermodelle hergestellt. 1904 gab es sogar ein Rennmodell, dessen V-Zweizylindermotor 8 PS leistete. Mitte der dreißiger Jahre entstanden dann bei Express Fahrräder mit Hilfsmotoren von Ilo und Sachs und 1949 größere Zweitaktmaschinen, die auch unter dem Namen »Radex« bekannt wurden.
Es handelte sich hier um schöne und gut ausgeführte Varianten mit 123 und später 174 Ilo- und 98 sowie 147 ccm Sachs-Zweitaktmotoren. Sieben Modelle gab es 1953: 98 und 147 ccm mit Sachsmotoren; 122, 197 und zwei 248 ccm Einzylinder mit Ilo-Antriebsquellen, und dazu kam noch eine 244 ccm Express, deren Parallel-Zweitakt-Zweizylinder ebenfalls von Ilo stammte. Dazu kamen auch noch Mopeds mit 49 ccm Zweitaktmotoren. Diese Modelle wurden ständig weiterentwickelt und verbessert. Express gehörte auch zu den ersten Firmen, die Schwinggabeln nach Stolle-Patenten in Deutschland benützten und die von Richard Küchen entwickelten 250 ccm Opti-Doppelkolben-Zweitakt- und auch ohc-Zweizylindermotoren derselben Firma versuchsweise einbaute. Express gehörte überhaupt zu den besten Konfektionären der fünfziger Jahre und war wegen seiner soliden Werkmannsarbeit beliebt.
Nur drei Modelle – 98 und 173 ccm mit Sachsmotoren und 244 ccm mit dem Ilo-Zweizylinder – wurden 1958 noch gebaut, als Odilo Burkart diese alte Fabrik, bei der es große kommerzielle Probleme gab, zusammen mit DKW und Victoria seiner neugegründeten Zweirad Union AG eingliederte. So kam Express unter den Einfluß der starken Gruppe von Flick, und die Produktion wurde in der Folgezeit auf Moped-Varianten und Leichtkrafträder konzentriert, später ganz aufgegeben.

FABULA

Fabula Fahrzeugfabrik G.m.b.H., Bielefeld

In Deutschland gab es im Laufe der Jahre zahlreiche Maschinen außer der BMW, die Kardanantrieb zum Hinterrad besaßen. Darunter waren die Windhoff, die Stock, die Gruhn, die K.G., die Zündapp, und auch die 1922 und 1924 hergestellte Fabula besaß außer einem eigenen 246 ccm Zweitakt-Einzylindermotor und einem starken Doppelrahmen Wellenantrieb zum Hinterrad. Trotz dieser Vorzüge konnte sich diese Konstruktion nicht durchsetzen und verschwand nach kurzer Zeit vom Markt. Konstrukteur der Fabula war Nikolaus Henzel.

246 ccm Fabula (Kardanantrieb) 1923

FADAG

Fahrzeugfabrik Düsseldorf A.G., Düsseldorf, Kavalierstraße 22

Es gab zwischen 1921 und 1925 nicht nur Fadag-Automobile, sondern auch Leichtkrafträder, die diesen Namen trugen. Sie hatten einen über dem Hinterrad liegenden 118 ccm Zweitaktmotor und einen verstärkten Fahrradrahmen. Infolge ihrer geringen Kraftreserven (der Motor leistete nur 1 PS) verloren diese Hilfsmotor-Modelle gegen Mitte der zwanziger Jahre immer mehr an Boden, und die Kunden bevorzugten danach Maschinen von 198 bis 1000 ccm. So kam es, daß Fadag zuletzt auch 496 ccm Einzylindermodelle mit SV- und OHV-Motoren baute, aber schon 1926 in Konkurs ging.

FAFNIR

1. Aachener Stahlwarenfabrik A.G., Aachen, Jülicherstraße
2. Fafnir-Werke A.G., Aachen, Jülicherstraße

In Belgien, Frankreich, Italien und auch der österreichisch-ungarischen Monarchie gab es schon zahlreiche Einbaumotorenhersteller, wie Kelecom, F.N., Sarolea, Minerva, De Dion, Werner, Buchet, Prinetti & Stucchi, Anzani, Laurin & Klement, Puch usw., die sozusagen ein Monopol auf die Lieferung von Motoren hatten, als man bald nach 1900 bei Fafnir in größerem Maßstabe begann, Einbaumotoren nach Werner-Patenten herzustellen und damit die deutsche Industrie zu beliefern. Fast zur gleichen Zeit begann man auch mit der Herstellung kompletter Motorräder, deren Motoren ab 1903 automatische Saugventile bekamen. Es gab zahlreiche Ein- und V-Zweizylinderversionen, doch wurde das Hauptgewicht immer mehr dem Bau von Einbaumotoren für andere Motorrad- und Automobilhersteller gewidmet, und als man auch größere Erfolge mit den eigenen Fafnir-Automobilen hatte, wurde die Herstellung kompletter Motorräder noch vor dem ersten Weltkrieg ganz aufgegeben. Schon vor dem Motorenbau stellte man in Aachen Fahrradteile u. a. her. Fafnir-Motorräder besaßen verstärkte Fahrradrahmen, Spritzvergaser, elektrische Zündung und Riemenantrieb zum Hinterrad. Fafnir gehörte zu den ersten Fabriken, die den Motor in der jetzt allgemein üblichen Position, beim Tretlager senkrecht stehend, einbauten.

3½ PS Fafnir 1903

FAGAD

Fahrzeugwerke Gardelegen G.m.b.H., Gardelegen

Ein kleiner Leichtmotorradkonfektionär, der zwischen 1923 und 1925 Fahrzeuge mit verschiedenen Einbaumotoren von Kurier, Teco und auch dem 145 ccm DKW-Zweitakter mit liegendem Zylinder in kleinen Stückzahlen herstellte. Die Bedeutung dieser Maschinen reichte nicht über den Produktionsbezirk hinaus.

FAKA

Fahrzeugfabrik Kannenberg, Salzgitter-Bad

Der Faka war ein zwischen 1952 und 1957 gebauter, völlig verkleideter Roller. Es gab im Laufe der Jahre drei Ausführungen des Faka »Tourist« und »Comodore«, in denen 147, 174 und 197 ccm Ilo-Zweitaktmotoren eingebaut wurden. Die ursprünglichen 8 Zoll-Räder wurden später durch solche mit 10 Zoll Durchmesser ersetzt. Diese Faka-Roller gewährten einen guten Wetterschutz, waren jedoch etwas zu schwer, und in all den Jahren ermöglichten die Verkaufsziffern keine nennenswerten Produktionszahlen.

FALKE

Erich Schmidt, Motorradbau, Tarthun bei Magdeburg

Die einst bekannten »Falke«-Fahrräder hatten keinerlei Verbindung mit diesen »Falke«-Motorrädern, die zwischen 1923 und 1925 den ohnehin schon übervollen deutschen Motorradmarkt bereicherten. Es handelte sich hier um einfache Konfektionsarbeit, wobei unter anderen 142 ccm Grade- und 145 ccm DKW-Zweitakt-Einbaumotoren, offene Fahrgestelle und Riemenantrieb zum Hinterrad verwendet wurden.

FALTER

Falter Fahrradwerke M. & L. Tallardt, Bielefeld, Eckendorferstraße 5

Eine der zahlreichen Bielefelder Fahrradfabriken, die ab 1952 motorisierte Fahrräder und Mopeds mit 49 ccm Zweitaktmotoren von Ilo, Fichtel & Sachs und Zündapp herstellten. Richtige, größere Motorräder wurden bei Falter nie gebaut.

FAMA

Fahrzeug & Motoren A.G., »Fama«, Kiel-Friedrichsort

Leichtkrafträder, die diesen Namen trugen, hatten mit Berühmtheit nicht viel gemeinsam, denn es handelte sich um eine kleine Marke der Periode von 1923 bis 1925, die außerhalb ihres Produktionsbereiches kaum bekannt gewesen sein dürfte. Genaue Angaben über diese Konstruktion fehlen, doch dürfte es sich um Zweitaktmaschinen mit ca. 180 ccm-Dreikanalmotoren gehandelt haben.

FAMAG

Famag m.b.H., Abt. Motorradbau, Schweinfurt

Daß man auch in kleinem Umfang schöne Motorräder herstellen kann, wurde durch die 1924–1925 gebaute $3^1/_2$ PS Famag bewiesen, die mit einem schönen Fahrgestell, Zweiganggetriebe und Kettenantrieb zum Hinterrad ausgerüstet war. In dieser Periode hatte ein Motorradkunde die Auswahl unter rund 500 deutschen und zahlreichen ausländischen Marken, ohne daß es dem Durchschnittskäufer möglich war, die Vor- und Nachteile der einzelnen Konstruktionen richtig abzuwägen. So kam es, daß mancher Käufer keine gute Maschine erwarb, weil er über bessere Marken – wie die Famag – nicht orientiert war. Deshalb hatte auch diese Marke nur ein kurzes Leben auf dem Motorradmarkt.

FAMO

Ernst Burkhardt G.m.b.H., Mannheim, Bleistraße 30/32

Auch die 127 ccm Famo mit ihrem doppelten Dreiecksfahrgestell gehörte zu den besser konstruierten Motorrädern der Periode von 1923 bis 1926. Ihr leicht nach vorn geneigter eigener Zweitaktmotor besaß als Besonderheit einen kegelförmigen Zylinder-

127 ccm Famo (Zweitakt) 1925

kopf mit horizontalen Kühlrippen. Er hatte 52 mm Bohrung und 60 mm Hub und gab bei 4000 U/min 2,5 PS ab. Es wurde eine aufs Getriebe wirkende Handbremse und eine Gestängefußbremse, die auf die Riemenfelge wirkte, verwendet.

FAVORIT

Favorit Seitenwagen & Fahrzeugbau G.m.b.H., Berlin-Baumschulenweg, Bodelschwingstraße 22–24

Bei Favorit gab es zahlreiche ungewöhnliche Sachen. Bevor man den Motorradbau begann, produzierte man dort Seitenwagen. Und man fing damit an, als gerade zahlreiche deutsche Motorraderzeuger die Tore schlossen. Das war 1933. Man baute auch nicht erst kleine Maschinen, sondern 1000 ccm-Modelle mit sv- und ohv-Motoren von JAP, und nachdem die anfallende Stückzahl zur Weiterführung der Fabrik nicht genügte, ging man ins Extrem, indem man den Bau der großen Zweizylinder in V-Form 1934 aufgab und sich der Herstellung von 98 und 123 ccm Leichtkrafträdern mit Fichtel & Sachs-Motoren zuwandte. Das ging bis 1938 in beschränkten Ausmaßen.

F.B.

Friedrich Benz G.m.b.H., Breslau, Kupferschmiedstraße 11

Die ersten, 1923 und 1924 hergestellten F.B. Motorräder besaßen eigene 269 ccm Zweitakt-Dreikanalmotoren. 1924 kamen dann auch 348 und 498 ccm Einzylinderversionen mit seitengesteuerten JAP- und Blackburne-Motoren und typisch englischen Fahrgestellen hinzu, doch mußte bald darauf die kleine Firma infolge Absatzschwierigkeiten den Motorradbau aufgeben.

FECHTEL

Motorradfabrik Heinrich Fechtel, Gütersloh/Westfalen

Von 1924 bis 1926 baute auch diese Firma Leichtkrafträder in Konfektionsarbeit, wobei die seitengesteuerten 198 ccm Einzylindermotoren von Hansa und anderen Motorenfabriken kamen. Die Fechtel-Fahrgestelle machten einen unharmonischen Eindruck und zeigten, daß dem Konstrukteur nicht viele praktische Erfahrungen zur Verfügung gestanden hatten.

FERBEDO

Ferdinand Betthäuser, Nürnberg-Doos, Fürther Straße 306–312

Auf Grund dieser Adresse könnte man annehmen, daß die Ferbedo in sieben Gebäuden hergestellt wurde, doch war sie ein kleines, sehr primitives Fahrzeug des Jahres 1954, das sich nicht durchsetzen konnte und nach wenigen Monaten vom Markt verschwand. Es handelte sich um einen Kleinroller mit einem offenen, kombinierten Rohr-Blechrahmen, unter dessen Fahrradsattel, in einer Art Käfig eingeschlossen, ein 49 ccm Zweitakt-Fahrradmotor von Zündapp eingebaut war. Mit 16,5 Watt Lichtanlage ausgerüstet kostete der primitive Ferbedo DM 548.–.

FEX

Fex-Kraftwerk G.m.b.H., Berlin-Neukölln, Hobrechtstraße 57

Bei Fex konfektionierte man, im Gegensatz zu anderen Berliner Leichtkraftraderzeugern, Maschinen mit verschiedenen Einbaumotoren, die u. a. von Bekamo, DKW, Kurier und Gruhn bezogen wurden. Das war 1923–1924. Der Versuch, 1925 eigene 170 ccm-Zweitaktmotoren einzubauen, war kein großer Erfolg, und zusammen mit zahlreichen anderen Modellen verschwand bald darauf auch die Fex.

F. H. G.

Fahrzeug-Handels-Gesellschaft, Pleus & Co., Krefeld

Jahrelang importierte diese bekannte Firma die englischen A.J.S.-Motorräder. Andere Importeure verkauften in Deutschland englische und französische Maschinen unter eigenem Namen, und es kann angenommen werden, daß Mitte der zwanziger Jahre auch diese Firma unter dem Namen F.H.G. eine ausländische – höchstwahrscheinlich französische – Marke anbot, nachdem zu jener Zeit die französische Motorradindustrie mit einer Vielzahl von Modellen aufwarten konnte.

FIFI

Eichler & Bachmann, Berlin S.W. 11, Bernburgerstraße 23

Unter diesem Namen verbargen sich bekannte, in Berlin hergestellte Leichtgewichtsmotorräder ... die Eichler, die man 1923–1924 auch unter diesem Namen mit 145 und 173 ccm DKW-Motoren erhalten konnte. Im Gegensatz zur »richtigen« Eichler errang die Fifi keinerlei Verbreitung.

FIX

1. Lloyd Maschinenfabrik G.m.b.H., Bremen, Rembrandtstraße
2. Lloyd Maschinenfabrik G.m.b.H., Bremen, Große Johannisstraße 225

Die Herstellung einfacher Zweitaktmotoren war im Verhältnis zum Bau von Viertaktern weniger kompliziert und auch billiger. Das war einer der Gründe, daß neben anderen Produzenten von Motorrädern der Jahre 1922 bis 1926 auch Fix derartige 3 PS Einzylindermaschinen mit nach vorn geneigtem Zylinder als Dreikanalmotoren schuf. Im Gegensatz zu anderen ähnlichen Konstruktionen konnte man die Fix zu den besseren Leichtgewichtsmotorrädern der damaligen Periode rechnen.

F. K. S.

Franz Krause, Fahrzeugbau, Berlin S. 14., Sebastianstraße 72

Krause baute seine ersten Maschinen 1921 und setzte damals seinen 149 ccm Zweitaktmotor mit 56 mm Bohrung und 60 mm Hub über das Vorderrad eines verstärkten Fahrrades. Ab 1923 kam dann dieser Dreikanaler in ein richtiges Leichtkraftradfahrgestell, wo er sich in der gewohnten Position vor dem Zweiganggetriebe und dem Riemenantrieb zum Hinterrad befand. Gleichzeitig schuf Krause eine 298 ccm Zweizylinder-Zweitaktmaschine mit in Längsrichtung angeordnetem Boxermotor, der höchstwahrscheinlich von K.C. stammte.

298 ccm F.K.S. (Zweizylinder-Zweitakt) 1923

FLINK

Bayerische Flugzeug-Werke A.G., München, Neulerchenfelderstraße 76

Anfang der zwanziger Jahre, das heißt, 1920/1921/1922, als die Flink gebaut wurde, hieß die heute durch BMW so berühmtgewordene Adresse noch Neulerchenfelderstraße, und es ist kaum noch bekannt, daß die berühmte Motorrad-, Automobil- und Flugzeug-

143 ccm Flink (BMW-Fabrikat) 1922

motorenfabrik damals Leichtkrafträder unter dem Namen Flink in bescheidenen Stückzahlen herstellte, die mit 148 ccm Kurier-Dreikanal-Zweitaktmotoren ausgerüstet waren und weder Leerlauf noch Getriebe besaßen. Sie hatten 55 mm Bohrung, 60 mm Hub und den etwas hoch liegenden Motor nach vorn geneigt eingebaut. Die einzige zur Verfügung stehende Bremse war eine Klotzbremse, die auf das riemengetriebene Hinterrad wirkte. Die oszillierende Pendelgabel gewährte eine horizontale, aber keine vertikale Abfederung des Vorderrades. Äußerlich sah die kleine Flink ganz gut aus, doch wurde die Produktion aufgegeben, als man 1923 mit dem Bau der ersten BMW-Motorräder begann.

FLOTTWEG

1. Otto-Werke G.m.b.H., München, Schleißheimerstraße 135
2. Flottweg Motoren-Werk Dr. G. Bruckmayer, München 13, Schleißheimerstraße 135

Die Erzeugnisse von Flottweg hatten einst einen guten Ruf, und der bereits 1921 gebaute Fahrrad-Hilfsmotor, ein 1 PS-Viertakter, war weit verbreitet. Er wurde über dem Vorderrad eingebaut und trieb dieses mit Kette an. 1924 kam ein 246 ccm Modell und 1925 eine 183 ccm ohv-Einzylinderversion hinzu. Diese netten, mit automatischer

Schmierung, Dreiganggetriebe und Kettenantrieb ausgerüsteten Maschinen wurden damals zum Preis von RM 980.– gut verkauft.
Die bis dahin benützten eigenen Motoren wurden 1928 durch 198 ccm sv- und 348 ccm sv- und ohv-Einbaumotoren von JAP ersetzt, und 1930 kamen auch 246 und 498 ccm Modelle mit JAP-Motoren hinzu. Die größte Produktion gab es jedoch in der Periode, als eigene Motoren Flottweg-Motorräder antrieben, und nur verhältnismäßig wenige

98 ccm Flottweg 1922

198 ccm Flottweg 1936

183 ccm Flottweg-Motor 1927

Flottweg-JAP-Maschinen erreichten den Markt. Anfang der dreißiger Jahre kam die Produktion zum Stillstand und lebte 1935 nochmals für kurze Zeit mit einer 198 ccm ohv-Einzylindermaschine auf; 1937 wurde der Motorradbau eingestellt. Erwähnt sei, daß die Fabrik in den zwanziger Jahren mit Fahrern wie Kampmüller, Paster und Fischer gute Erfolge bei sportlichen Wettbewerben errang. Das später in Vilsbiburg (Ndb.) befindliche Flottweg-Motoren-Werk nahm nach dem Kriege die Motorraderzeugung nicht mehr auf. Das Werk in der Schleißheimerstraße ging an BMW über.

FLUX

Flux Kraftrad G.m.b.H., Berlin, W. 6

Ein sehr primitives Leichtkraftrad, das kaum richtig konstruiert, sondern nur einfach zusammengestellt war. Es besaß einen 198 ccm Zweitaktmotor, der angeblich 3 PS abgab. 1923–1924 in kleinen Mengen gebaut, errang die Flux keine Verbreitung.

FORELLE

Schminke-Werke G.m.b.H., Bad Wildungen

Zu den zahlreichen Mopederzeugern der fünfziger Jahre gehörten auch die Schminke-Werke, deren »Forelle« mit 48 ccm Ilo- oder Fichtel & Sachs-Zweitaktmotoren und mit Geradweg-Hinterradfederung ausgestattet war. Sie entstand 1955 und verschwand drei Jahre später wieder.

FORTONIA

Fortonia Motorenwerk G.m.b.H., Schloß Holte/Westfalen

Die Fortonia hatte das Glück, in einem Schloß geboren zu werden. Weniger glücklich waren die Kunden dieser seitengesteuerten 2,5 PS und 3,8 PS Einzylindermaschinen, da die 1924 gegründete Firma bereits 1925 wieder die Tore schloß, ohne natürlich für einen Ersatzteildienst gesorgt zu haben. Auch hier handelte es sich um ein reines Inflationsunternehmen, das keinerlei Rolle auf dem Markt spielte.

FORTUNA

Fortuna Kleinmotorenfahrzeugwerk, Nürnberg, Fürtherstraße 384

Nicht weit von den Mars-Werken in Nürnberg-Doos befand sich die Fortuna G.m.b.H., wo man von 1921 bis 1928 gute 247 ccm Zweitakter mit 62 mm Bohrung und 82 mm

247 ccm Fortuna 1924

247 ccm Fortuna 1927

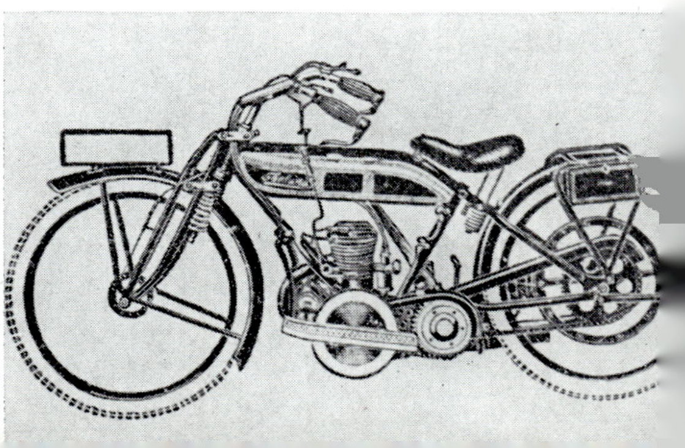

Hub und später auch 297 ccm Modelle mit eigenen Dreikanalmotoren und außenliegender Schwungscheibe herstellte. Die starken Stahlrohrrahmen waren typisch englischer Bauweise, der Antrieb zum Hinterrad erfolgte mittels Riemen und später auch Kette, und die Ausführung der Fortuna-Maschinen war gut. Es gab verschiedene Ausführungen mit Zwei- und Dreiganggetriebe, die, im Gegensatz zu anderen Maschinen der damaligen Periode, nicht zu einem besonders niedrigen Preis, sondern mit einem beachtlich hohen Qualitätsstandard hergestellt wurden.

FRANKONIA

Frankonia-Maschinenbau-Gesellschaft Brändlein, Gelder und Hümpfner
Schweinfurt am Main

Rudolf Gelder, einer der Firmeninhaber, fuhr zusammen mit Adolf Kraft und Hans Roth diese von 1923 bis 1925 gebauten Zweitaktmaschinen bei sportlichen Veranstaltungen; es handelte sich bei ihren Motoren nicht um in Schweinfurt hergestellte, sondern um 145 ccm Modelle von DKW, die einen liegenden Zylinder besaßen.

FRANZANI

1. Franzani Motorenwerk G.m.b.H., Nürnberg, Schwabenstraße 51
2. Franzani Motorradbau, Gottlieb Düll, Nürnberg, Schoppershofstraße 8

Als man bei Franzani 1923 mit der Herstellung von Motorrädern begann, baute man dort – wie bei anderen Nürnberger Motorradherstellern inklusive Nestoria, Ardie, Triumph, Astoria – einzylindrige Zweitaktmaschinen mit 289 ccm Einzylinder-Dreikanalmotoren. Bis 1926 blieben diese netten Modelle mit Zweiganggetriebe und Riemenantrieb zum Hinterrad in Produktion.
Ab 1927 wurden englische JAP-Einbaumotoren mit 198, 246, 298, 347 und 498 ccm verwendet, und es handelte sich hier um die handwerksmäßige Fabrikation einfacher Maschinen, die auf sportliche Erfolge keinen besonderen Anspruch erheben wollten. Zuletzt beschränkte sich die bereits unter der damaligen Wirtschaftskrise leidende Firma von Gottlieb Düll auf den Bau einer modernen 500 ccm Einzylindermaschine, deren ohc-Motor von Richard Küchens »K«-Fabrik bezogen wurde. 1932 mußte die Produktion ganz eingestellt werden.

FRECO

Freco Motorradbau, Kurt Freiberg & Co., Hannover, Kirchenwenderstraße 4

Die Freco gehörte zu den zahlreichen bedeutungslosen Leichtkrafträdern der Jahre 1923–1925. Soweit zu erfahren, besaß sie 145 und 173 ccm Zweitaktmotoren, die höchstwahrscheinlich von DKW kamen.

FREITAL

Zschopauer Motorenwerke J. S. Rasmussen A.G., Zschopau/Sachsen

Hier handelte es sich um normale DKW-Serienmodelle mit 173 ccm Motoren, die

1925–1926 verschiedentlich – aus kommerziellen Gründen – unter dem Namen Freital verkauft wurden, doch wurden hierbei keine größeren Stückzahlen erreicht.

FRIMO

Vis A.G. für Fahrzeug- & Motorenbau, München, Perlacherstraße 8

Die Münchener Vis A.G. wurde durch die Herstellung der unorthodoxen 248 ccm und 496 ccm Vis-Simplex und Vis-Duplex Zweitaktmotorräder in den Jahren von 1923 bis 1925 bekannt. Man baute dort aber auch orthodoxe 246 ccm Dreikanal-Zweitakter, mit denen diese »Frimo«-Motorräder 1923 ausgerüstet waren. Ihre Zahl war gering, da man sich vor allem auf die Vis-Simplex konzentrierte.

FRISCHAUF

Fahrradhaus Frischauf, Frankfurt am Main

Frischauf, ein Fahrradhändler und Mechaniker, begann 1928 mit der Herstellung von Motorrädern, die erst etwas eckig aussahen, später jedoch eine schöne und moderne Konstruktion darstellten. Die konfektionsmäßig hergestellten Maschinen hatten 198 ccm-Zweitaktmotoren von Villiers und Windhoff, 198 ccm-Viertakter von JAP und Blackburne mit seitengesteuerten Ventilen und auch den 498 ccm-Küchen-Einbaumotor mit obenliegender Nockenwelle. Frischauf legte keinen Wert auf Serienherstellung seiner gut ausgeführten Maschinen und baute sie nur in begrenzten Stückzahlen bis 1933.

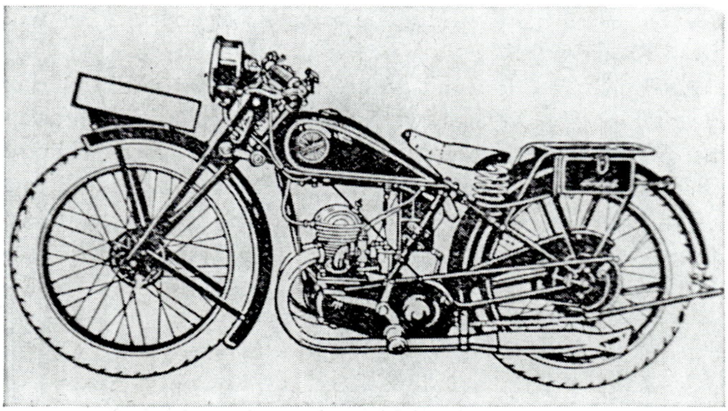

198 ccm Frischauf 1932

FUBO

Fuchs & Börner, Motorradbau, Stuttgart, Falkertstraße 71

Ein kleiner Produzent, der schon 1923 Leichtkrafträder mit 170 und 269 ccm Zweitaktmotoren herstellte und später auch 247 ccm und 348 ccm sv- und ohv-Einbaumotoren von Blackburne – auf Bestellung – in eigene Fahrgestelle einbaute. Schon das beweist, daß nicht viele Fubo-Motorräder auf den Markt kamen, und 1925 wurde die Produktion aus kommerziellen Gründen ganz eingestellt.

GAGGENAU

Eichler & Co., München, Neuturmstraße 8a

Infolge der Ähnlichkeit dieser 348 ccm Zweitakt-Einzylindermaschinen mit den E.G.A Zweitaktern der Eisenwerke Gaggenau muß angenommen werden, daß die Münchner Firma die Restbestände von E.G.A. erwarb und diese 1925–1926 unter dem Namen Gaggenau zusammenstellte und zum Verkauf anbot.

G. A. R.

G. Adolf Rempp, Münster am Neckar

In Frankreich gab es in den zwanziger Jahren Automobile, die den Namen G.A.R. trugen, doch hatten diese keinerlei Verbindung mit Rempps 499 ccm Einzylindermaschine, deren eigener obengesteuerter Motor 80 mm Bohrung und 99 mm Hub besaß und die sich auch besonders in Württemberg bei sportlichen Wettbewerben auszeichnete. Auch der bekannte frühere Stuttgarter Rennfahrer, Motorradfabrikant und heutige Autohändler Max Ell fuhr Mitte der zwanziger Jahre die zwischen 1924 und 1926 produzierte G.A.R. erfolgreich bei Rennen.

GEHA

Gebrüder Haggenmüller, Werk Kempten/Allgäu

Zwischen 1920 und 1923 baute diese Firma Leichtkrafträder mit eigenen 1,5 PS Zweitaktmotoren, die ein durch Kette angetriebenes Wechselgetriebe mit zwei Gängen

148 ccm Geha 1922

und Leerlauf sowie einen Kernlederriemen zum Antrieb des Hinterrades besaßen. Das Fahrgestell bestand aus einem verstärkten Fahrradrahmen. Die Fabrik lieferte auch einzelne Motoren ohne Fahrgestell.

GEIER

Geier Fahrradwerk, Ernst Upmeier & Söhne, Lengerich in Westfalen

Geier gehörte nicht zu den ganz großen Produzenten, doch baute man in Lengerich schon vor dem Krieg in aller Stille größere Stückzahlen motorisierter Fahrräder mit formschönen Rohrrahmen aus nahtlos gezogenen Stahlrohren und 98 sowie 118 ccm Ilo-Zweitaktmotoren. Die Firma hatte auch damals schon ein gutes Exportgeschäft, das ab 1948 noch vergrößert wurde, als man mit der Herstellung größerer Zweitaktmodelle in den Markt einstieg. Es handelte sich hierbei um 98 ccm-Versionen mit

148 ccm Geier (Sachs) 1954

Fichtel & Sachs-Motoren und 123 und 174 ccm-Modelle mit Ilo-Motoren. Daneben baute man auch die motorisierten Fahrräder mit 48 und 98 ccm-Motoren weiter, doch wurde der Motorradbau Mitte der fünfziger Jahre aufgegeben. Bemerkt sei, daß Upmeier sich vor allem auf gute Gebrauchsmaschinen und nicht auf sportliche Varianten verlegte.

GEKA

Gustav Kracke, Motorradbau, Rehburg-Stadt 100

Diese Marke hat wohl niemand mehr in Erinnerung. Sie wurde in ganz kleinem Umfang 1925 hergestellt, und die Maschine bestand aus einem einfachen Rohrgestell, in welches ein nach vorn geneigter 173 ccm DKW-Zweitaktmotor eingebaut war. Die Maschine war getriebelos und besaß Riemenantrieb zum Hinterrad.

GE - MA - HI

Marquardt & Hillmann, Ge-Ma-Hi A.G., Magdeburg-B.,
Insliebenstraße 18

Das aus Blechpreßteilen hergestellte Fahrgestell der einst sehr erfolgreichen 956 ccm

Mars veranlaßte auch andere deutsche Motorradproduzenten, ähnliche Stahlblechfahrgestelle zu verwenden. Bei Ge-Ma-Hi schuf man eine derartige Leichtgewichtskonstruktion, für welche man hauptsächlich 131 ccm »Esbe« Zweitaktmotoren und teilweise auch 145 und 173 ccm DKW- sowie 149 ccm Bekamo-Einbaumotoren verwendete. Ein weiteres Modell besaß einen einfachen und gut konstruierten Stahlrohrrahmen mit dem 131 ccm Esbe-Motor. Gebaut wurden Ge-Ma-Hi Motorräder von 1924 bis 1927.

131 ccm
Ge-Ma-Hi
1924

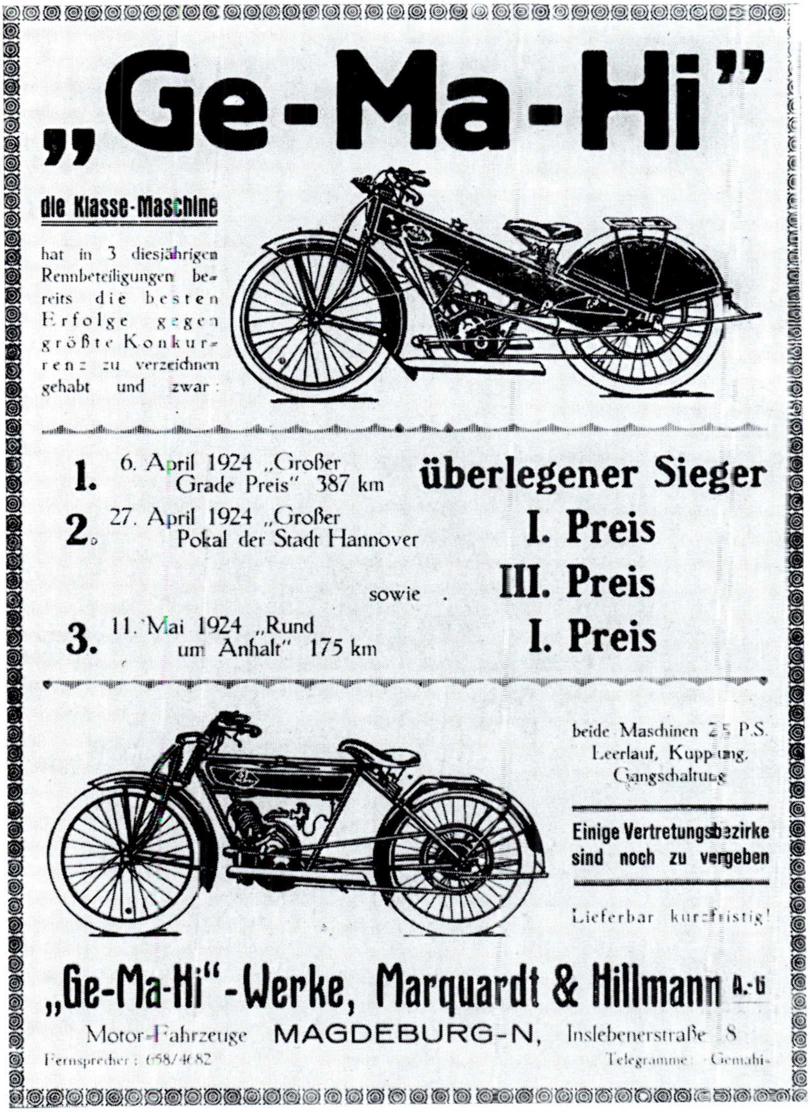

GERMANIA

Aktiengesellschaft vorm. Seidel & Naumann, Dresden, Hamburger Straße 19

Diese Firma, einst durch die »Erika«-Schreibmaschinen bekannt, begann 1901 mit dem Lizenzbau der damals sehr berühmten und erfolgreichen Laurin & Klement-Motorräder, die in Jungbunzlau in der damaligen österreichisch-ungarischen Monarchie (jetzt Skoda-Werke, Mlada Boleslav, Tschechoslowakei) hergestellt wurden. Es handelte sich hierbei um für damalige Verhältnisse moderne Ein- und V-Zweizylinder mit 2,5 PS, 3 PS, 4,5 PS und 6 PS Motoren eigener Konstruktion und Herstellung von L. & K. Sie besaßen bereits richtige Motorradrahmen, Abreißzündung und Riemenantrieb zum Hinterrad. Die Germania war damals sehr beliebt, doch als Laurin & Klement 1908 den Motorradbau zugunsten der Automobilerzeugung aufgab, verschwand auch die Germania vom deutschen Motorradmarkt.

GERVO

Gerber & Vogt G.m.b.H., Schildsche bei Bielefeld

Ein konfektioniertes Leichtgewichtsmotorrad, dessen Fahrgestell höchstwahrscheinlich von einer der zahlreichen Bielefelder Fahrradfabriken kam und dessen Motoren nicht nur 173 ccm Zweitakter von DKW, sondern auch seitengesteuerte 198 ccm Viertakter von Hansa waren. Beide Varianten besaßen Zweiganggetriebe und einfache offene Fahrgestelle. Gebaut wurden Gervo-Motorräder 1924 und 1925.

GNÄDIG

Franz Gnädig, Motorradbau, Berlin-Oberschöneweide, Wilhelminenhofstraße 90

Als die in Suhl in Thüringen befindlichen Cito-Werke, wo man die K.G. (Krieger-Gnädig)-Motorräder baute, 1923 von Allright in Köln übernommen wurden, schieden sowohl die Gebrüder Krieger als auch Franz Gnädig aus dem Unternehmen aus und machten, voneinander getrennt, neue Motorradfabrikationen auf. Gnädig ging nach Berlin, wo er 1925 eine neue 348 ccm ohv-Einzylindermaschine schuf, doch konnte er mangels Kapitals keine größere Produktion einrichten und ging dann 1926 nach Dresden, wo er den ersten 348 ccm Kühne ohv-Einbaumotor baute, der auf seiner Berliner Konstruktion basierte. 1927 wechselte er, seine Zusammenarbeit mit Kühne beibehaltend, als Betriebsleiter zu Diamant. Nur wenige der »Original-Gnädig«-Motorräder wurden 1925 hergestellt.

GNOM

Motorenfabrik Oberursel A.G., Oberursel bei Frankfurt am Main

Mit dem kleinen Gnom-Hilfsmotor gab es bald nach seiner »Geburt« (1921) Schwierigkeiten juristischer Natur. Der Grund lag in seiner Anordnung vor dem Tretlager normaler Fahrräder; eine Bauweise, für die die Firma Ami ältere Ansprüche geltend machte. Der Rechtsstreit ging jedoch zugunsten von Gnom aus, und von da an erwarb sich der 63 ccm Viertakter zahlreiche Anhänger. Die Firma ging bald darauf unter dem Namen »Columbus« auch zum Bau größerer – 250 ccm ohv-Einzylinder – Einbaumotoren über. Hauptaktionär war dann Fritz Kleemann, der 1923 die Horex-Werke in Bad Homburg v. d. Höhe gründete und bald darauf die Columbus-Werke seinem Betrieb angliederte. Eine Verbindung zwischen Gnom in Oberursel und der damaligen Neutitscheiner Autofabrik Gnom von Fritz Hückel (dem bekannten Hutfabrikanten!) bestand nicht.

63 ccm Gnom (Horex-Columbus) 1922

GÖBEL

Karl Göbel, Fahrzeugfabrik, Bielefeld, Finkenstraße 52

Als Göbel in den fünfziger Jahren die Herstellung von Mopeds aufnahm, war das in einer Periode, in der zahlreiche andere Firmen sich schon mit kommerziellen Problemen herumschlagen mußten. Und während manche von ihnen die Tore schlossen, baute man bei Göbel, wenn auch nicht in sehr großen Stückzahlen, Maschinen mit dem 47 ccm Sachs-Mopedmotor in verschiedenen Ausführungen weiter.

GOGGO

Isaria Maschinenfabrik, Hans Glas, Dingolfing, Bayern

Bei Glas in Dingolfing baute man schon lange mit Erfolg landwirtschaftliche Maschinen, als man 1951 zur Produktion des Goggo-Rollers und nachher auf Goggo- und Glas-Automobile überging. Der mit 8 Zoll-Rädern ausgestattete Roller gehörte zu den besten und beliebtesten in Deutschland und wurde wahlweise mit 123, 147 und 197 Ilo-Zweitaktmotoren ausgerüstet. 1954 wurde der Rollerbau wegen der veränderten Marktsituation zugunsten der Goggomobile aufgegeben.

GOLD-RAD

Fahrradfabrik B. Goldberg, Köln am Rhein, Hansaring 102–104

Die Beliebtheit moderner Mopeds ist auf die verhältnismäßig große Leistung der kleinen 49 ccm-Motoren zurückzuführen, die nicht nur eine bessere Leistung als 250 oder 350 ccm-Motoren vor 40 und mehr Jahren besitzen, sondern auch in bezug auf Zuverlässigkeit diese bei weitem übertreffen. Die seit Anfang der fünfziger Jahre hergestellten Gold-Räder sind mit 49 ccm Ilo- und Sachs-Motoren in verschiedenen Varianten – auch als kleine Sportmotorräder – auf den Markt gekommen.

GOLEM

1. Zschopauer Motorenwerke J. S. Rasmussen A.G., Zschopau/Sachsen
2. Eichler & Co., Berlin S.W. 11., Bernburgerstraße 23

Roller, wie sie nach 1945 bekannt wurden, nannte man nach dem ersten Weltkrieg in Deutschland »Sesselmotorräder«. Schon 1921 kam bei DKW eine derartige Konstruktion heraus, nachdem Krupp – ohne großen Erfolg – schon vorher versuchte, in dieses Produktionsgebiet einzudringen. Der bei DKW in Zschopau gebaute »Golem« besaß einen horizontalen 122 ccm Zweitaktmotor, der zwischen den zwei kleinen Rädern angebracht war, und an Stelle eines Sattels hatte er eine Art Sessel, der die Fahrbequemlichkeit erhöhen sollte. Es zeigte sich jedoch, daß die damalige Zeit derartigen Fahrzeugen nicht gut gesinnt war, und nachdem DKW auch noch mit dem modernen und etwas stärkeren 145 ccm »Lomos«-Roller keinen großen kommerziellen Erfolg errang, wurde die Produktion an die befreundete Berliner Firma Eichler & Co. abgegeben, wo dann 1923 der Bau des »Golem« eingestellt wurde.

GÖRICKE

Göricke-Werke Nippel & Co., Bielefeld, Paulusstraße 29

Göricke gehört zu den führenden Fahrradfabriken Bielefelds, und schon 1903 wurden dort Motorräder mit Fafnir-Ein- und V-Zweizylindermotoren von 2,5, 3 und 5 PS hergestellt. Noch vor dem ersten Weltkrieg wurde der Motorradbau aufgegeben und

98 ccm Göricke (Sachs) 1959

lebte erst Ende der zwanziger Jahre wieder auf. Hergestellt wurden damals Modelle mit 169, 194, 343 und 493 ccm-Zwei- und Viertaktmotoren, von denen die größere Zahl von den Firmen Villiers, MAG und Blackburne kam. Jedoch konnte die Firma mit Motorrädern nie die führende Position erringen wie im Fahrradbau. Im Gegensatz zum Fahrradsport beteiligte sich Göricke auch nur in beschränktem Umfang im Motorradsport mit Fahrern wie Lismonde, Zöllner und Kirchner, wobei es sich hauptsächlich um Wertungsfahrten handelte. Anfang der dreißiger Jahre wurde die Motorradfabrikation ganz aufgegeben, und nur Motor-Fahrräder mit Sachsmotoren wurden bis zum zweiten Weltkrieg weitergebaut.
1949 wurde dann der Motorradbau bei Göricke wiederaufgenommen, wozu natürlich auch Mopeds kamen. Verwendet wurden bei allen Moped- und Motorradmodellen Sachs- und Ilo-Zweitaktmotoren mit 48 bzw. 49, 98, 123, 147, 173, 197 und 247 ccm Hubraum. Göricke konzentrierte die Erzeugung mehr auf gute und solide Gebrauchsmaschinen als auf Sportmodelle. Mit Rücksicht auf die Situation in der Motorradwirtschaft beschränkte man sich ab Ende der fünfziger Jahre auf den Mopedsektor.

GOETZ

Johann Goetz, Motorradbau, Villingen/Schwarzwald

Es ist schwer, eine genaue Grenze zwischen kleinen Motorraderzeugern und Enthusiasten, die in ihrem Leben einige Motorräder selbst bauen, zu ziehen, und ich habe das immer

498 ccm Goetz (JAP-Motor) 1933

wieder betont. Trotzdem, oder besser ausgedrückt daher, muß man Kompromisse schließen, und wenn – wie ich jetzt durch die Hubert Mend KG in Karlsruhe erfuhr – Johann Goetz in Villingen zwischen 1925 und 1935 doch seine 79 Motorräder in Einzelanfertigung baute, so ist er schon wert, hier aufgenommen zu werden. Besonders schon deshalb,

weil er als erfahrener Techniker oft eigene Konstruktionsideen, wie z. B. eine Gangvorwahl-Einrichtung und kombinierte Bremsen, an einigen Modellen verwirklichte.
Goetz baute Motorräder »nach Maß«, und so kam es, daß wir außer englischen 346 ccm, 498 ccm und 676 ccm JAP-Motoren auch 498 ccm ohc-Küchen und sogar den zweizylindrigen 796 ccm Columbus-Parallel-Motor, wie man ihn vor allem bei Horex und Tornax auch verwendete, vorfanden. Ein für einen Liliputaner gebautes Goetz-Motorrad hatte einen 246 ccm Villiers-Zweitaktmotor und eine Sattelhöhe von nur 45 cm. Auf Grund der damaligen Regierungsverordnung mußte Goetz 1935 den Motorradbau einstellen und wandte sich der Entwicklung eines Kreiskolbenmotors für Motorräder zu. Die erwähnte Regierungsverordnung besagte, daß Betriebe, die nicht wenigstens 200 Maschinen jährlich herstellten, geschlossen werden mußten.

GOUVERNEUR

Gouverneur Fahrradwerke, Paul Erbrecht, Schöppenstadt 24a

Der Ort Schöppenstadt und auch der Motorradname Gouverneur sind schon längst vergessen. Das deshalb, weil diese kleine Firma bereits um 1903 herum Motorräder herstellte und weil diese Produktion so um 1907 schon wieder eingestellt wurde. Soweit bekannt, handelte es sich um 3 PS-Einzylindermaschinen mit G.N.-Einbaumotoren und sehr robusten und schweren Fahrgestellen. Als Typenname tauchte »Gouverneur« später bei der Firma Hoffmann in Lintorf nochmals auf.

GRADE

Grade Motorenwerke A.G., Inh. Hans Grade, Magdeburg

Der Name Grade war mit Zweitaktmotoren eng verknüpft. Hans Grade war nicht nur ein Flugpionier, sondern auch ein treuer Verfechter des Zweitaktmotorenprinzips und schuf von 1903 bis 1927 nicht nur Flugzeugmotoren und Kleinautomobile, sondern

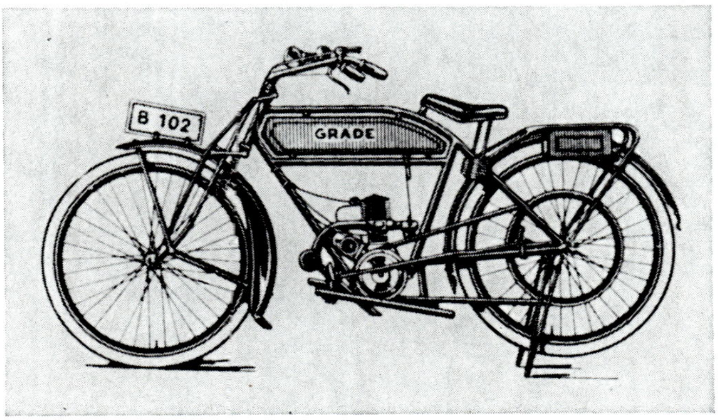

118 ccm Grade 1923

auch Motorräder. Aus seinen Werkstätten kamen aber auch Einbaumotoren für Motorräder, die bereis 1905 bei Burkhardtia in deren Leichtgewichtsmaschinen Verwendung fanden. Als dann nach dem ersten Weltkrieg mit dem Automobil-, Motorrad- und auch

Bootsmotorenbau in größerem Umfang begonnen wurde, kam eine Zweigfabrik in Bork bei Magdeburg dazu.
Auf dem Motorradsektor gab es zwei Grundmodelle, eine 118 ccm-Maschine mit 50 mm Bohrung und 60 mm Hub und eine 132 ccm-Version, die 53 mm Bohrung und 60 mm Hub aufwies. Von beiden Modellen gab es zahlreiche Varianten in Touren- und Sportausführung mit mehreren Fahrgestellen, die aus Stahlrohren hergestellt wurden. Es gab

132 ccm Grade 1924

z. B. Grade-Zweitakter mit Kickstarter, Leerlauf und Kupplung, mit Zweiganggetriebe ohne Kickstarter und auch mit Zweiganggetriebe und Kickstarter. Eine Sportversion war mit Tankrohrrahmen ausgerüstet, und Werksfahrer bestritten oft Sportveranstaltungen mit wassergekühlten Grade-Rennmaschinen, wobei sie große Erfolge errangen. Schirmer und Reiter gehörten zu den führenden Grade-Rennfahrern. Ab 1924 konnte auch die 132 ccm-Serienmaschine mit Wasserkühlung und hintenliegendem Auspuffrohr geliefert werden, und schon damals waren auch fast alle Modelle mit Kettenantrieb, an Stelle des üblichen Riemenantriebs, erhältlich. 1925 wurde der Motorradbau bei Grade eingestellt. Hans Grade, einer der führenden deutschen Kraftfahrzeugkonstrukteure, beschäftigte einen anderen bekannten Konstrukteur in der Motorradabteilung, und zwar Hans Plog. Grade selbst starb 1946 im Alter von 67 Jahren.

GRITZNER

Gritzner-Kaiser A.G., Karlsruhe-Durlach

Bereits 1903 baute die bekannte Nähmaschinenfabrik Einzylindermotorräder mit Fafnir-Motoren in beschränkten Stückzahlen. Vierzig Jahre später erschien sie wieder auf dem Gebiet der Motorradfabrikation mit netten 147 ccm Zweitaktmaschinen, deren Motoren,

47 ccm Gritzner (Mars-Monza) 1962, eines der ersten deutschen »Kleinkrafträder«

wie die späteren 98 und 173 ccm Versionen, von Fichtel & Sachs stammten. Ab 1953 wurde auch die »Brummi«, ein Moped mit einem eigenen Zweitaktmotor, der 31 mm Bohrung und 40 mm Hub besaß, sowie eine 48 ccm Moped-Version mit Sachsmotor hergestellt. 1962 wurde der Motorradbau aufgegeben.

GROTE

Grote Motoren-Gesellschaft m.b.H., Berlin-Adlershof, Rudower Chaussee 8a

In den zwanziger Jahren wurden in Berlin viele unorthodoxe Zweitakter entwickelt und gebaut; der Motor der Grote war wohl der unorthodoxeste von allen! Offiziell wurde er als »überkomprimierter Hochleistungs-Zweitakt-Petroleum-Zweizylinder-Motor mit Vorkompressor für das Gasgemisch« bezeichnet; es handelte sich um einen Zwei-

614 ccm Grote (Zweitakt-Zweizylinder) 1925

takter mit Kurbelgehäusevorverdichtung mit 70 mm Bohrung und 80 mm Hub. Dies ergab 614 ccm für den Zweizylinder – durch Wegnahme eines Zylinders konnte man jedoch einen 307 ccm-Grote-Einzylinder-, durch Zugabe eines dritten Zylinders einen 921 ccm-Grote-Dreizylindermotor erhalten. Das angeblockte Getriebe besaß drei Gänge und Kettenantrieb zum Hinterrad, das Fahrgestell war ein Doppel-Wiegenrahmen und die Gabel nannte sich »Grote-Weisesche Lenksteuerung«. Laut Katalog konnten Grote-Maschinen mit Grätzin-, Pallas-, Zefan- oder Variat-Vergaser und auch mit Parallelogramm-Hinterradfederung geliefert werden. Leider enthielt der Katalog keine Information über die thermischen Probleme bei der Verwendung von drei so großen, hintereinanderliegenden Zylindereinheiten und auch nichts über den Kraftstoffverbrauch einer 921 ccm Zweitakt-Grote. Die Konstruktion war technisch interessant, doch war sie mehr ein technischer Traum als eine praktische Proposition in den Jahren 1924–1925, und heute ist diese geheimnisvolle Grote, die es sicherlich nur in wenigen Exemplaren gab, ganz vergessen. Einen in Fahrzeuglängsrichtung eingebauten luftgekühlten Mehrzylindermotor, noch dazu einen Zweitakter mit so großem Hubvolumen pro Zylinder, würde man auch heute ohne Gebläse nicht bauen können.

GRÜCO

Grüco-Motorradwerke Grüning & Co. G.m.b.H., Hamburg

Hamburg besaß nie größere Motorradfabriken, und auch die Grüco wurde 1924–1925 nur in kleinen Stückzahlen hergestellt. Sie war eine obengesteuerte 348 ccm Einzylindermaschine, die mit 72 mm Bohrung und 84 mm Hub 11 PS abgab. Eine spätere Version hatte 70 mm Bohrung und 90 mm Hub und kam auf eine Leistung von 12 PS. Irgendeine besondere Bedeutung kam dieser Konstruktion nicht zu.

GRUHN

Hugo Gruhn, Berlin, S. 42., Brandenburgerstraße 54

Hugo Gruhn stellte, im Gegensatz zur Fabrik seines Bruders Richard Gruhn, hauptsächlich Fahrgestelle für Leichtkrafträder her, die von zahlreichen kleinen Produzenten und auch von Privatpersonen verwendet wurden. Auf Bestellung konnten sie auch komplett mit Motoren fast aller Einbaufabrikate, wie Charlett, Alba, R. Gruhn, Snob, Diag, Teco, Baumi, Heros, Kurier, Sut, Cambra etc., geliefert werden. Das war zwischen 1920 und 1926.

GRUHN

Richard Gruhn, Motoren- und Fahrzeugbau, Berlin-Steglitz, Siemensstraße 25, später Louisenstraße 3, zuletzt Berlin, S. 42, Ritterstraße 16

Schon vor 1914 befaßte sich Richard Gruhn mit der Motorenkonstruktion, doch erst 1921 kam es zu einer größeren Serienproduktion, die mit einem 148 ccm Modell begann, bei dem der seitengesteuerte Motor nach vorn geneigt eingebaut war. Bald folgte eine 196 ccm-Version mit stehendem sv-Motor, der 60 mm Bohrung und 70 mm

198 ccm Gruhn 1922

Hub hatte und halbautomatische Schmierung besaß. Ab 1924 kam auch ein ähnliches 246 ccm Modell mit 65 mm Bohrung und 75 mm Hub hinzu, und schon 1922 verwendete Gruhn gute Kurzschwingengabeln für das Vorderrad.

Die Glanzzeit der Firma endete 1926, als zahlreiche andere Produzenten die Waffen völlig strecken mußten, während es Gruhn gelang, sein Unternehmen in reduzierter Form noch bis 1932 zu erhalten. Unter den Modellen, die von 1926 an hergestellt wurden, befand sich auch eine 173 ccm-Maschine, und ab 1929 auch eine neue 198 ccm-Variante. Gruhn baute 1929 den billigsten 198 ccm-Zweitakter in Deutschland, der mit RM 470.– sogar um RM 15.– billiger war als die billigste und in großen Serien hergestellte 198er DKW. Trotzdem konnte die verhältnismäßig kleine Berliner Firma der großen Zschopauer Fabrik nicht gefährlich werden, und auch eine 198 ccm ohv-

198 ccm Gruhn 1925
(Bild links)

Maschine mit 62 mm Bohrung und 65 mm Hub, die im Block ein Zweiganggetriebe und Kardanantrieb zum Hinterrad besaß und für nur RM 780.– angeboten wurde, war kein ernstlicher Gegner für die damals größte Motorradfabrik der Welt. Gruhns letzte Motorradkonstruktion war eine Leichtgewichtsmaschine mit einem eigenen 129 ccm-Zweitaktmotor mit Zweiganggetriebe im Doppelrohrrahmen. Nur wenige dieser Maschinen waren gebaut, als die Firma trotz guter Konstruktionen und guter Werkmannsarbeit die Tore schließen mußte. Richard Gruhn war, ähnlich anderen deutschen Konstrukteuren wie Fritz Cockerell, Ernst Neumann-Neander, Hugo Ruppe, Kurt Passow,

198 ccm Gruhn (Kardan ohv) 1928

Fritz Dauben, Paul Paffrath u. a., ein ambitionierter und tüchtiger Techniker, dem oft die Verwirklichung seiner Ideen von größerem Wert war als die kommerzielle Ausnützung seines Könnens. Und so kam es, daß man auch bei Gruhn oft schon ein neues Modell hatte, bevor das alte fertig entwickelt war. Am erfolgreichsten in kommerzieller Beziehung waren eine vor 1926 gebaute 148 und eine 196 ccm sv-Maschine.

GRUTZENA

Grutzena Werk G.m.b.H., Belzig/Mark

Die von Willi Grutzek konstruierte 348 ccm ohv-Maschine besaß einen schönen Stahlrohrrahmen mit einer blattgefederten Vorderradschwinge, bei der das Rad gezogen wurde. Als Antriebsquelle wurde der 1925 neukonstruierte Kühne-Einbaumotor mit 72 mm Bohrung und 85,9 mm Hub verwendet. In den zwei Jahren, während derer sie gebaut wurde, das heißt 1925 und 1926, wurde die Grutzena bei sportlichen Veranstaltungen von Grutzek selbst und Paul Meissner mit bescheidenen Erfolgen gefahren.

348 ccm Grutzena 1925

G. S.

Gustav Schulze Motorenbau, Burg bei Magdeburg

Es gab zwischen 1920 und 1925 zahlreiche Hilfsmotoren für Fahrräder in Deutschland, aber nur ganz wenige konnten sich über diese ganze Zeitspanne behaupten. Der Zweitakter von Schulze wurde bis 1924 hergestellt. Bei 46 mm Bohrung und 78 mm Hub

129 ccm GS (Schulze) 1923

hatte er 129 ccm Hubraum und leistete 0,67 PS bei 2000 U/Min. Mittels dreier Schellen konnte er – mit dem Zylinder nach vorn geneigt – unter dem Steuerkopf angebracht werden, doch lieferte Schulze schon ab 1922 komplette Maschinen mit starken Spezialrahmen, die trotzdem nur 39 kg wogen. Sie besaßen vorne eine Teleskopgabel mit zentraler Druckfeder und Keilriemenantrieb zum Hinterrad.

G.S.

Georg Schroff Motorradbau, Berlin N.W. 6, Louisenstraße 25

Die lokale Bedeutung einiger deutscher Motorradmarken in den Jahren 1923 bis 1925 wurde auch durch diese von Schroff hergestellte G. S. bewiesen, denn sie wurde in derselben Periode hergestellt wie Schulzes G. S.-Konstruktion. Und soweit dem Verfasser bekannt, gab es keine markenschutzrechtlichen Prozesse zwischen Schulze und Schroff. Dieser machte es sich überhaupt bequem, indem er in (höchstwahrscheinlich bei Hugo Gruhn) gekaufte Fahrgestelle 198 ccm sv-Motoren von Richard Gruhn einbaute, nachdem Schroffs Motorradbau nur wenige Häuser von Richard Gruhns Fabrik entfernt war.

G.S.M.

G. Schütze Motorradbau, Moholz-Niesky in der Lausitz

Schütze stieg in den gefährlichen Motorradbau ein, als es fast überall bei der Konkurrenz schon abwärts ging. Das war 1926. Er begann in bescheidenem Maßstab mit Leichtkrafträdern, die eigene Rohrrahmen einfacher Ausführung und 206 ccm DKW-Einbaumotoren besaßen. Und damit endete noch im gleichen Jahr sein Traum von einer großen Motorradfabrikation.

GÜLDNER

Güldner Motoren-Gesellschaft, Motorenfabrik und Eisengießerei, Aschaffenburg

Ursprünglich als eine Art Hobby vom Firmenchef Dr. Güldner konstruiert, wurde die obengesteuerte 498 ccm Güldner-Einzylindermaschine nachher in kleinen Stückzahlen während des Jahres 1925 gebaut. Sie war eine rassige und schnelle Maschine, die ihr Vorbild in der Form, die 498er ohv-Norton, nicht verleugnen konnte, und wenn in späteren Jahren Ersatzteile für Güldner-Motorräder benötigt wurden, so paßten die der Norton in den meisten Fällen. Die Güldner war auch zuverlässig, und Josef Klein, der Rennfahrer aus Frankfurt, der später große Erfolge auf DKW, Horex und Norton errang, war auch auf der Güldner sehr erfolgreich. Es ist bedauerlich, daß man aber schon 1926 in Aschaffenburg die Lust am Motorradbau verlor (vielleicht auch durch eine Intervention von Norton/England) und damit der Güldner ein vorzeitiges Ende bereitete.

497 ccm Güldner 1925

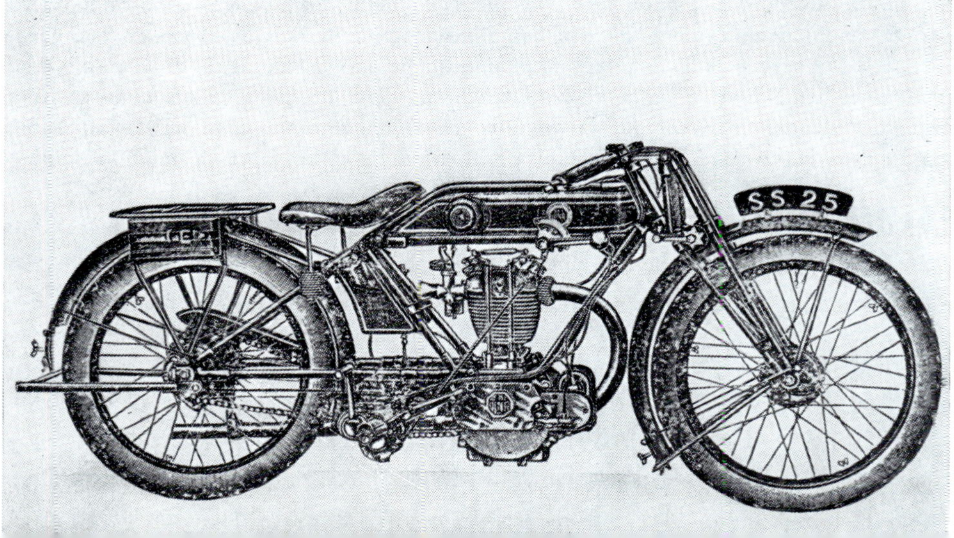

GUSTLOFF

Gustloff-Werke, Waffenfabrik, Suhl in Thüringen

Die kleine Stadt Suhl in Thüringen spielte einst eine bedeutende Rolle in der deutschen Kraftfahrzeugindustrie. Dort wurden nicht nur die Simson-Supra-Automobile, sondern auch die K. G.- (Krieger-Gnädig), Rennsteig- und Original-Krieger-Motorräder gebaut, und ab 1934 kamen auch die motorisierten Fahrräder von Gustloff dazu. Jetzt kommen von dort die Simson-Mopeds, nachdem man nach 1945 dort schon AWO- und Simson-Motorräder baute. Die Gustloff war eine schöne Konstruktion, deren Schöpfer der berühmte Martin Stolle war; derselbe, der nicht nur die prächtigen Stolle-Automobile, sondern auch Motorräder bei BMW, Victoria und den Deutschen Werken konstruierte.

HAGEL

Hagel Kraftradbau A.G., Nürnberg

Die Hagel Kraftradbau AG war so klein und bedeutungslos, daß kaum je etwas über diese nur 1925 gebauten Maschinen veröffentlicht wurde. Dabei handelte es sich um ganz nette 247 ccm Zweitakter, deren Dreikanalmotoren im eigenen Betrieb gebaut wurden. Als Fahrgestelle wurden der Mars ähnliche Kastenrahmen aus geschweißtem Blech in leichter Ausführung verwendet. Es scheint, daß diese Firma aus finanziellen Gründen keine größere Produktion aufnehmen konnte.

HAJA

Haja Motorradbau G.m.b.H., Sendenhorst/Westfalen

Ein kleiner, ebenfalls bedeutungsloser Motorradkonfektionär der Jahre 1924–1925. Die meisten dieser Firmen in Westfalen bezogen komplette Fahrgestelle von Bielefelder Fahrradfabriken und bauten, wie Haja, in diese Einbaumotoren. Hier wurde hauptsächlich der seitengesteuerte 198 ccm-Einzylindermotor von Lloyd verwendet.

HAKO

Hans Korn, Motorradbau, Rothenburg ob der Tauber

Schon die ersten, 1924 gebauten Hako-Motorräder lehnten sich mit ihren seiten- und obengesteuerten 348 ccm und 498 ccm JAP-Motoren an englische Vorbilder an. Im folgenden Jahr wurde die Firma nach einem Zusammenbruch reorganisiert und der Name von Hako auf H.K.R. umgeändert. Die neuen Modelle mit denselben Motoren waren bis auf das Abziehbild am Tank den damaligen englischen H.R.D.-Modellen, die ebenfalls JAP-Motoren besaßen, vollkommen ähnlich. Es scheint, daß die Firma auch weiter mit finanziellen Schwierigkeiten zu kämpfen hatte, denn bereits 1926 schied sie aus der Reihe der deutschen Motorradfabriken aus. Die in begrenzter Zahl handwerksmäßig hergestellten Hako- und besonders die H.K.R.-Modelle sahen sportlich und solid aus.

HALUMO

Hasselmayer & Lubor G.m.b.H., München, Mozartstraße 13

Man begann bei Halumo 1923 den Motorradbau mit einer eigenen kleinen 146 ccm

Zweitaktmaschine. Von 1924 bis zum Torschluß (1926) kamen obengesteuerte Viertakter mit 146 und 198 ccm dazu. Als Besonderheit hatten sie das Auslaßventil hinten und das Einlaßventil vorn im Zylinderkopf. Eine Anordnung, die sicher zu thermischen Schwierigkeiten führte. Eine größere Verbreitung errangen Halumo-Maschinen nicht.

HANFLAND

Curt Hanfland G.m.b.H., Motorenwerk, Berlin-Weißensee, Lehderstraße 88

Hanfland, bekannt auch als Verfasser des Buches »Das Motorrad und seine Konstruktion«, war zunächst für die seit 1920 gebauten Kurier-Einbaumotoren und Leichtkrafträder verantwortlich. Zwischen 1923 und 1925 baute er dann die Hanfland-Zweitaktmaschinen, deren 147 ccm Motoren 54 mm Bohrung und 65 mm Hub besaßen. Die mit

147 ccm Hanfland 1925

zwei Auspuffrohren versehenen Zylinder waren nach vorn geneigt eingebaut. Der Antrieb des Hinterrades erfolgte mittels Keilriemen. Es ist schade, daß diese gutkonstruierten und sehr gut ausgeführten kirschroten Maschinen infolge kommerzieller Probleme nie in größeren Stückzahlen gebaut werden konnten, aber das war das Schicksal zahlreicher in Berlin und anderswo produzierter Motorräder der mittleren zwanziger Jahre. Bemerkt sei, daß Hanfland sich auf die Entwicklung orthodoxer Zweitaktmaschinen konzentrierte und nicht, wie andere Konstrukteure, zuviel für unorthodoxe Spezialkonstruktionen opferte.

HANSA

Hansa Präzisionswerke A.G., Bielefeld, Weidenstraße 12

Ramesohl & Schmidt, Hersteller der Westfalia Motorräder und Automobile, verkauften 1913 ihre Bielefelder Fabrik an die Hansa-Automobilwerke. Diese nahmen 1922 dort den Motorradbau mit kleinen Zweitaktmaschinen auf. Später kamen seitengesteuerte 148, 178, 198 und 246 ccm Einzylindermodelle mit Dreiecksrahmen hinzu. Die im eigenen Betrieb hergestellten Motoren wurden auch an andere Motorradproduzenten geliefert. Unorthodox war die letzte Konstruktion, bei der die hängenden Ventile schräg in einer Ebene quer zur Fahrtrichtung im Zylinderkopf angeordnet waren. Diese Neukonstruktion war noch nicht voll entwickelt, als 1926 die Motorradherstellung aus wirtschaftlichen Gründen aufgegeben wurde.

HAPAMEE

Hapamee Fahrzeugbau P. Meinke, Salzwedel/Altm.

Dieser nicht rein deutsch klingende Name stand nur auf wenigen 1925 produzierten Maschinen, die nicht nur mit eigenen 158 und 246 ccm-Dreikanal-Zweitaktern, sondern auch mit eigenen Zweiganggetrieben ausgerüstet waren. Die Ambition auch dieser Firma scheint die finanziellen Möglichkeiten überstiegen zu haben.

HARRAS

1. Harras Motoren AG, Berlin N 20, Hochstraße 33
2. Paradowski GmbH, Berlin N 20, Hochstraße 33

Hugo Ruppes Bekamo-Zweitaktmotoren wurden nicht nur in seiner eigenen Berliner Fabrik gebaut, sondern auch unter Lizenz bei anderen Motorenproduzenten, wie M.F.G., Windhoff, Brand usw. Auch die Harras-Leichtkrafträder wurden mit solchen Lizenzmotoren ausgerüstet, wobei es sich um die 139- und 145-ccm-Version mit einem Hilfskolben handelte, der damals auch als Kompressor bezeichnet wurde. Die Erzeugungsperiode der Harras lag zwischen 1922 und 1925.
Sportversionen wurden von den Fahrern Hartmann und Manthey mit Erfolg bei Veranstaltungen gefahren.

HASCHO

Halbritter & Schollmeyer, Motorfahrzeugbau, Mühlhausen/Thüringen

In Zschopau bei DKW gebaute 142 und 173 ccm-Zweitaktmotoren wurden auch in den von 1923 bis 1925 gebauten Hascho-Maschinen verwendet. Später gab es auch Versionen mit englischen 147 und 173 ccm Villiers-Zweitaktmotoren, und es ist interessant, daß auch die ebenfalls in Mühlhausen befindliche Walter-Motorradfabrik diese Motoren in ihren Fahrgestellen anbot. Hascho stellte die Produktion 1926 ein.

HASCHÜT

Motorradbau Hans Schütze, Dresden A-16, Hammerstraße 6

Schütze, ein Motorradvertreter und Mechaniker, baute von 1929 bis 1931 eine beschränkte Anzahl von Leichtkrafträdern mit eigenen offenen Fahrgestellen, in welche er den 172 ccm-Villiers-Zweitaktmotor hängte und mit Zwei- und Dreiganggetrieben versah.

HAWEKA

Hamburger Motorradbau H. & W. Kruse AG, Hamburg 5, Langereihe 29

Von 1923 bis 1926 konfektionierte diese Hamburger Firma Motorräder mit englischen JAP-Motoren von 248 ccm bis 676 ccm in seiten- und obengesteuerter Ausführung. Ein weiteres Modell besaß den wechselgesteuerten 497 ccm-V-Zweizylindermotor von MAG (Motosacoche). Die meisten Komponenten dieser sportlichen Maschinen wurden von englischen Spezialfirmen bezogen; darunter die Sturmey-Archer-Getriebe, Amac-Vergaser, Best & Lloyd-Ölpumpen etc. Robert Bremer und Richard Schulz, zwei einst bekannte Hamburger Rennfahrer, führten Haweka-Maschinen zu zahlreichen Rennerfolgen.

HECKER

1. Hans Hecker, Motorradfabrik, Nürnberg, Imhoffstraße 24
2. Hecker Fahrzeugfabrik, Nürnberg, Lenaustraße 7

Bei Hecker konfektionierte man seit 1921 Motorräder, wobei man zuerst in Nürnberg hergestellte Zweitaktmotoren und dann ab 1926 vor allem seitengesteuerte englische JAP-Motoren mit 198, 246, 298, 347, 498 und 546 ccm verwendete. Daneben gab es einige Versionen mit 246 und 498 ccm-Einzylinder-ohv-JAP-Motoren und eine V-Zweizylindermaschine, deren wechselgesteuerter 746 ccm-Motor von MAG aus der Schweiz stammte. Es gab Perioden, besonders um 1927–1928 herum, als man bei Hecker vor allem auf einen niedrigen Verkaufspreis Wert legte und in dieser Zeit ganz einfache Tourenmaschinen mit billigen Motoren und in sehr einfacher Ausführung lieferte. Damals wurden diese nicht direkt durch die Fabrik, sondern durch die Verkaufsgesellschaft von Hirschmann & Neu in Nürnberg vertrieben. Anfang der dreißiger Jahre gab es eine Reorganisation, und 1931 kam man mit Leichtkrafträdern auf den Markt, die von 73 und 98 ccm Sachs-Motoren angetrieben wurden. Auch machte man damals Experimente mit Fahrgestellen aus gepreßtem Stahlblech, doch spielte die Motorradproduktion in den Jahren bis zum Krieg, das heißt bis 1939, fast gar keine Rolle.

Erst 1949 wurde der Motorradbau wieder richtig aufgenommen, wobei es sich um Zweitakter mit Sachs- und besonders Ilo-Motoren von 98, 122, 147, 173, 197 und 247 ccm handelte. Dazu kam auch eine Parallel-Zweizylinderversion mit dem 244 ccm-Ilo-

746 ccm Hecker (MAG) 1930

Zweitakter. Hecker baute in dieser Nachkriegsperiode besser ausgeführte Maschinen als in den zwanziger Jahren, doch konnten auch diese die Krise in der deutschen Motorradindustrie nicht überstehen, und 1956 kam es zum Zusammenbruch auch bei dieser alten Nürnberger Motorradfabrik.

HEIDEMANN

Heidemann Werke Karl Heidemann, Einbeck-Hannover

Die Motorradproduktion bei Heidemann begann 1949 mit einer 123 ccm-Zweitaktmaschine und wurde 1951 durch Mofas – Motorfahrräder, aus denen später die Mopeds wurden – mit 98 ccm-Sachs-Motoren erweitert. Es handelte sich um mittelmäßige Konfektionsarbeit, die gegen die besseren Konstruktionen und die starke damalige Konkurrenz nicht richtig aufkommen konnte, und 1952 verschwand die Heidemann vom deutschen Motorradmarkt.

HEILO

Motorradfabrik Heilbrunn & Co., Nürnberg, Bauerngasse 21

Eine sehr wenig bekannte Nürnberger Zweitaktmaschine, die in kleinen Stückzahlen 1924 und 1925 den damals ohnehin schon überhäuften Motorradmarkt bereicherte. Gebaut wurde ein 348 ccm-Einzylindermodell, das auch mit Kompressor angeboten wurde. Nähere Einzelheiten über dieses Kompressormodell waren nicht zu erfahren, und es dürfte sich wohl nur um eine Versuchskonstruktion gehandelt haben.

HEINKEL

Ernst Heinkel AG, Stuttgart-Zuffenhausen, Hellmut-Hirth-Straße 41

Die einst durch ihre Flugzeuge berühmte Firma Ernst Heinkel begann ihre Friedensproduktion 1952 mit einem 49 ccm-Moped, das einen eigenen Zweitaktmotor besaß, und dem Heinkel-Tourist-Roller, der von einem ebenfalls bei Heinkel konstruierten 149 ccm-ohv-Einzylindermotor angetrieben wurde. In den folgenden Jahren folgte ein verbessertes Moped in Form der »Perle«, während der Roller mit einem neuen 174 ccm-ohv-Motor ausgerüstet wurde. Das Bauprogramm wurde 1955 durch einen 123 ccm-Zweitakt-Roller erweitert, und dazu kam auch der (Isetta-ähnliche) dreirädrige Heinkel-Kabinenroller. 1957 war nur noch der »Tourist« in Produktion, und dieser wurde auch noch bis Anfang der sechziger Jahre hergestellt. Heinkel-Roller gehörten zu den beliebtesten Motor-Rollern der Nachkriegszeit.

HELI

Herbert Lindner, Motorfahrzeugbau, Berlin O 17

Lindners »Heli« war eine luxuriöse 246 ccm Zweitaktmaschine mit wassergekühltem einzylindrigem Blockmotor, Doppelschleifenrahmen und einer Pendel-Federgabel, die auch eine zusätzliche Blattfeder besaß. Der hohe Herstellungspreis war ein Handikap, und 1925 verschwand die 1923 entstandene Heli vom deutschen Motorradmarkt.

246 ccm Heli (wassergekühlt) 1923

HELIOS

Bayerische Motoren-Werke AG, München, Lerchenfelderstraße 76

Schon 1920 baute man bei BMW liegende 498 ccm-Zweizylindermotoren, die unter anderem von Victoria in Nürnberg verwendet wurden. 1922 wurde die Helios unter Lizenz von BMW hergestellt, wobei dieser Boxermotor, der seitengesteuerte Ventile hatte, ebenfalls zur Anwendung gelangte. Obwohl gut ausgeführt, errang sie keine große Popularität, und als dann 1923 BMW erstmalig mit eigenen Motorradkonstruktionen auf den Markt kam, wurde der Bau der Helios eingestellt. Bemerkt sei, daß die Helios den »Flat-Twin« in Längsrichtung eingebaut hatte und Kettenantrieb zum Hinterrad besaß.

HELLA

Aktiengesellschaft für Motorenbau, München, Hindenburgstraße 61

Eine kleine Firma, die von 1922 bis 1924 Leichtkrafträder mit eigenen, primitiven Zwei-

147 ccm Hella 1922

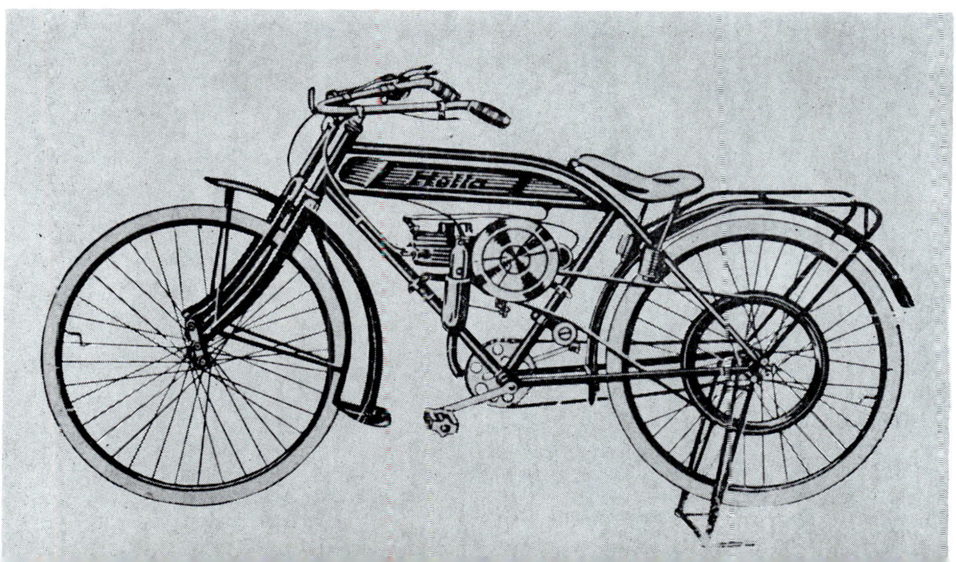

taktmotoren herstellte und nie über die Grenzen Bayerns hinaus bekannt wurde. Es gab Modelle mit 147 und 183 ccm-Nasenkolbenmotoren, die außenliegende Schwungscheibe, teilweise Zweiganggetriebe und Riemenantrieb zum Hinterrad besaßen.

HELLER

Heller Motorrad-Fabrik, Nürnberg

Bei Heller wurden Motorräder in Einzelanfertigung gebaut und dabei verschiedene Einbaumotoren verwendet. Die meisten Maschinen besaßen jedoch den 498 ccm-Zweizylindermotor von BMW, dessen Produktion zwar schon 1923 auslief, von dem es aber in Lagern noch zahlreiche Exemplare gab, die billig zu haben waren. Die Heller-Motorräder wurden von 1923 bis 1926 hergestellt. Sie besaßen infolge der Einzelanfertigung verschiedene Fahrgestelle, doch war der englische Einfluß bei allen unverkennbar.

HELO

Kraftfahrzeugbau Lommatzsch, Berlin S.O. 33, Köpenickerstraße 5

Es wäre interessant, einmal die Produktionswerkstätten, in denen man in den zwanziger Jahren in Berlin Motorräder fabrizierte, in einer Bildserie zu sehen, doch dürfte davon kaum mehr etwas existieren. Man baute Motorräder in Schuppen, Gartenhäusern, Kellern, Böden und auch Wohnzimmern, in Ställen und Garagen, in Schlosserwerkstätten und bei Schmieden. Die Helo der Jahre 1923–1925 wurde auch in solch einer Umgebung gebaut; es handelte sich um eine 147 ccm-Zweitaktmaschine.

HENKEL

Paul Henkel, Fahrradbau, Mäbendorf bei Suhl/Thüringen

Als 1927 Allright in Köln-Lindenthal (Köln-Lindenthaler Metallwarenfabrik AG) den Motorradbau aufgab, wurde die Herstellung der dort produzierten 498 ccm-Einzylinder K.G.(Krieger-Gnädig)-Maschine mit dem ohv-Blockmotor und Kardanantrieb

198 ccm Henkel (Blackburne) 1929

von Henkel übernommen und nach Suhl gebracht, wo sie in ihrer Originalform knapp nach dem ersten Weltkrieg entstand. Bei Allright wurde sie durch den Konstrukteur Rudy Albert verbessert, doch war sie schon ziemlich unmodern, als Henkel den Weiterbau auf einer schmalen Basis übernahm. Trotzdem gab es noch Kunden, die diese robuste Maschine gern hatten, doch genügte das eben nicht zu einer rentablen Produktion dieser ziemlich teueren Konstruktion, und um die Situation zu verbessern, nahm die Firma 1929 den Bau einer orthodoxen 198 ccm-sv-Einzylindermaschine mit dem englischen Blackburne-Motor auf. Bei Henkel wurden auch ältere K.G.-Modelle repariert. Die Produktion wurde 1932 endgültig eingestellt, als der Firmenchef starb.

HERBI

Herbi-Werk, Gebrüder Herbig, Bad Liebwerda

Nur vier Jahre lang, von 1928 bis 1932, baute man bei Herbig Motorräder. Man besaß dort weder Erfahrungen noch ausreichende Bankkonten und moderne Produktionseinrichtungen. Trotzdem leistete man gute und solide Konfektionsarbeit, wobei man seitengesteuerte 198 ccm-Blackburne-Motoren und den 496 ccm-Küchen-Königswellenmotor in nette und robuste Doppelschleifenrahmen einbaute.

HERCULES

Nürnberger Hercules-Werke GmbH, Nürnberg, Fürtherstraße 191–193, jetzt Nopitschstraße 70

Schon 1886 wurden bei Hercules Fahrräder hergestellt, und 1904 gab es dort auch schon Motorräder, die Ein- und V-Zweizylindermotoren von Fafnir besaßen. Das Prinzip, Motoren von Spezialfirmen zu beziehen, wurde hier während all der Jahre beibehalten, und so fanden sich in Herculesfahrgestellen Motoren von englischen Produzenten wie JAP, Villiers und Sturmey-Archer, von Moser aus der Schweiz und von Fichtel & Sachs, Ilo, Bark, Columbus und Küchen aus Deutschland. Es handelte sich hierbei um Motoren von 73 bis 498 ccm. Allezeit leistete Hercules gute Konfektionsarbeit, und obwohl man billig verkaufte, mußte darunter die Qualität nicht leiden. So

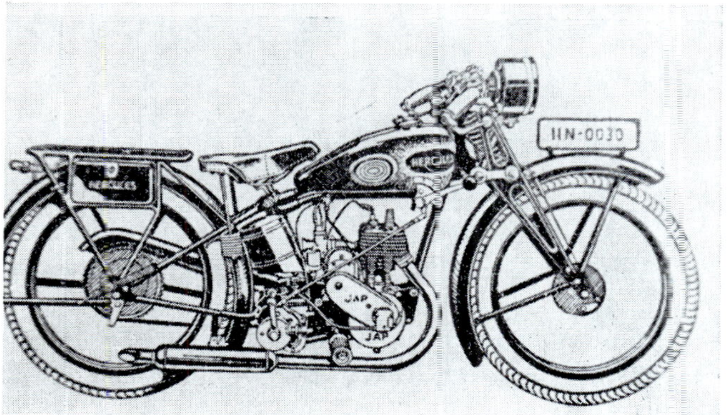

198 ccm Hercules (JAP) 1930

kostete z. B. 1934 eine 98 ccm-Hercules mit Sachsmotor nur RM 345.–, und eine 198 ccm-ohv-Maschine mit Dynastart war für RM 760.– erhältlich.
Eine Konzentration am Anfang der dreißiger Jahre auf steuerfreie 198 ccm-Modelle führte zu vier derartigen Varianten, die sv- und ohv-Viertakter von JAP und Zweitakter von Villiers und Bark besaßen. Dazu kamen dann obengesteuerte 248 und 498 ccm-Modelle mit JAP Sport- und Rennmotoren und eine 496 ccm-sv-Einzylindermaschine mit dem Küchen-Halbblockmotor. Man baute auch eine 173 ccm-ohv-Hercules

198 ccm Hercules (Moser-Motor) 1932

348 ccm Hercules (Geländemodell) 1935

mit einem Halbblockmotor und eine 198 ccm-ohv-Version, deren Motor von Moser stammte. Um 1930 herum war man auch am Straßenrennsport interessiert, und der Fuldaer Hans Kahrmann gewann 1931 die deutsche Straßenmeisterschaft auf einer 248 ccm Hercules mit dem Rennmotor von JAP.
Schon in den dreißiger Jahren wurden bei Hercules auch Motorfahrräder mit 73 und 98 ccm-Sachs-Motoren gebaut, während andererseits besonders die 198 ccm-Modelle ständig weiterentwickelt wurden. Dabei bekam 1936 eine derartige Variante den damals

149 ccm Hercules (Sachs-Motor) 1951

neuen 198 ccm-Horex-Columbus-Motor. Daneben gab es 347 und 497 ccm-Versionen mit ohv-Bark-Motoren und Vierganggetrieben von Hurth. Erwähnt sei hier auch ein netter Dreiradwagen, der 1932 bei Hercules gebaut wurde und mit dem 198 ccm-Ilo-

198 ccm Hercules (Ilo-Motor) 1951

Zweitaktmotor ausgerüstet war. Zu einer Großserienproduktion derselben kam es jedoch nie.

Immer mehr verlegte man sich auf Leichtkrafträder, und als 1939 der Krieg ausbrach, war als Hauptmodell ein 123 ccm-Zweitakter im Bauprogramm der Nürnberger Fa-

49 ccm Hercules (K 103) 1962

97 ccm Hercules (K 103 S) 1966

brik. Damals bestritt man nicht mehr reine Geschwindigkeitswettbewerbe, doch gehörte die Hercules schon zu den erfolgreichsten Maschinen bei Geländefahrten und Langstreckenwettbewerben. Fahrer wie Carlchen Geffers und Rudi Grenz gehörten zu den führenden Hercules-Fahrern der damaligen Periode.

97 ccm Hercules (K 103) 1966

Die Nachkriegsproduktion wurde 1948 aufgenommen. Zuerst bestand sie aus Modellen mit 98 und 147 ccm-Sachs- sowie 123 und 174 ccm-Ilo-Zweitaktmotoren. Ab 1952 lieferten Ilo auch 197 und 244 ccm-Parallel-Zweizylindermotoren an Hercules. Dazu kam ein 191 ccm-Roller mit Sachs-Motor. Bemerkenswert war auch das 174 ccm-Sachsmodell von 1956 mit elektrischem Anlasser. Weiterhin zahlreiche Mopedversionen und dann auch die K 100, ein nettes und modernes Leichtkraftrad mit dem 98-ccm-Sachs-Motor. Damals stand Hercules schon an fünfter Stelle in der deutschen Motorradproduktion hinter der Auto-Union (DKW), NSU, Zündapp und BMW.

47 ccm Hercules (Mofa 25) 1966

47 ccm Hercules (Roller) 1966 (von KTM in Österreich gebaut!)

Bald darauf kam Hercules unter den Einfluß von Fichtel & Sachs, und das führte zu einer neuen Modellreihe, die aus 49 ccm-Mopeds und Motorrädern mit 49, 98 und 175 ccm-Sachs-Motoren bestand und die bezüglich fortschrittlicher Konstruktion und Ausführung kaum Wünsche offen ließ. Das bezog sich auf die Motoren. So kam die K 50 mit dem neuesten 47 ccm-Motor und Fünfganggetriebe auf 5,2 PS bei 7400 U/min., die 97 ccm K 103 S auf 8,2 PS bei 600 U/min. und die 174 ccm K 175 GS auf 15 PS bei 600 U/Min. Die letztere ist eine Geländesportmaschine, und

49 ccm Hercules (K 50 RX) 1971

49 ccm Hercules (K 50 GS) 1971

Fahrer wie Lenz Müller, Fritz Witzel, Alfred Lehner, Karl Augustin, Hans Lippl, Willy Brösamle, Karl Wessel, Trinkner, Brinkmann, Aukthun, Gabler, Seitz u. a. konnten auf Hercules-Geländemaschinen in der 50, 100 und 175 ccm-Klasse im Laufe der Jahre oft die Überlegenheit der Konstruktionen von Hercules und Sachs beweisen.

97 ccm Hercules (K 100 GS) 1971

97 ccm Hercules (K 105 X) 1971

Wie bei DKW, erzielte man auch bei Hercules großen Erfolg durch die Zusammenarbeit der erfahrenen Zweirad-Union-Männer mit dem Schweinfurter Motoren-Stammhaus Sachs. Die reifen und erfolgreichen 49-, 74-, 97- und 123-ccm-Zweitakt-Konstruktionen sind der beste Beweis hierfür. Die Geländesportmaschinen von Hercules genießen nach wie vor Weltruf! 1973 kam Hercules mit dem ersten serienmäßig hergestellten Wankel-Motorrad, dem Typ W 2000 mit einem Kammervolumen von 294 ccm, auf den Markt. Der von Sachs gebaute Motor hat 25 PS bei 6500 U/min.

97 ccm Hercules (K 100 GS) 1972

123 ccm Hercules (K 125 X) 1971

HERKO

1. Herkstroeter & Cie., Bielefeld
2. Herko-Motorenbau-Gesellschaft m.b.H., Bielefeld

Eine Bielefelder Fabrik, die keine Fahrradfabrik war! Herko verwendete zwar von 1922 bis 1925 Fahrgestelle, die mehr oder weniger zweckmäßig geänderte Fahrradrahmenkonstruktionen waren, doch hatten sie gut gefederte Vordergabeln; die Zweitaktmotoren, (Dreikanal-Nasenkolbenkonstruktionen mit 127 und 158 ccm) wurden selbst gebaut.

159 ccm Herko 1925

HERKRA

Heinz Blume, Köln/Rh., Ehrenstraße 24–26

Auch Blume baute eigene Zweitaktmotoren, die schräg nach vorn geneigt in einfachen Fahrgestellen eingebaut waren. Es gab nur ein Modell, dessen 141 ccm-Einzylindermotor 55 mm Bohrung und 60 mm Hub hatte. Die Produktion dieses Leichtkraftrades erfolgte auf einer beschränkten Basis, und die 1922 gegründete Firma schloß schon 1923 wieder die Tore, ohne irgendeinen besonderen Eindruck hinterlassen zu haben.

HERMA

Herma Motorenbau, Augsburg, Schießgraben 16

Diese Firma verlegte sich auf Fahrrad-Hilfsmotoren mit 148 ccm Hubraum, die sowohl über dem Vorder- als auch dem Hinterrad an normalen Fahrrädern montiert werden konnten.
Von 1921 bis 1923 wurden diese Motoren geliefert. Eine 1924 herausgekommene 197-ccm-Version hatte nur ein kurzes Dasein, da die Firma noch im selben Jahr aus der Reihe der deutschen Motorradhersteller ausschied.

HERMES

Hermes Motorfahrzeug-GmbH, Berlin C 25, Alexanderstraße 24

Zwischen dieser Motorradmarke, den Hermes-Schreibmaschinen und einem Enthusiasten, der 40 Jahre später in Berlin ein Motorrad mit dem Namen Hermes baute, besteht keinerlei Zusammenhang. Die Hermes Motorfahrzeug-GmbH war ein kleiner Konfektionär, der 1924 und 1925 Motorräder mit seitengesteuerten 348, 498 und 678 ccm-JAP-Einbaumotoren herstellte, das größte Modell war ein V-Zweizylinder. Die Maschinen waren nach damaligen englischen Konstruktionsprinzipien mit unten offenen Rohrrahmen gebaut und besaßen blaue, mit Goldlinien abgesetzte Tanks und schwarz emaillierte Fahrgestelle. Aus wirtschaftlichen Gründen wurde 1926 der Motorradbau eingestellt.

HEROS

1. Motorenwerk Zittau, Hartmann & Richter, Niederoderwitz in Sachsen
2. Heros-Motorrad-Motoren- & Getriebebau, R. Zimmermann, Oberoderwitz in Sachsen
3. Heros-Motorrad-Motoren- & Getriebebau, Ing. A. Herrmann, Oberoderwitz in Sachsen

Die Orte Niederoderwitz und Oberoderwitz liegen bei Zittau, wo schon 1921 die ersten

198 ccm H. & R. (Heros) 1925

198 ccm Heros 1927

1,5 PS-Heros-Motoren und -Motorräder mit wechselgesteuerten Ventilen entstanden. Erst ab 1924 verwendete man bei dieser Firma seitengesteuerte Varianten. Diese wurden in den Größen 155, 185 und 247 ccm auch an andere Motorradhersteller geliefert und ebenso die Heros-Zwei- und Dreiganggetriebe. Schon 1922 wurden Kugellager, Aluminiumkolben und gekapselte Ventile verwendet, aber während die Konstruktion der Heros-Motoren fortschrittlich war, war bei den Fahrgestellen gerade das Gegenteil der Fall, und noch 1928 gab es da keine Vorderradbremsen, keine Satteltanks und keinen Kettenantrieb. Damals gab es schon viel modernere Motorradkonstruktionen, und obwohl die Modelle von Heros – auch unter dem Namen H. & R. bekannt – qualitativ ganz gut waren, verlor die Firma infolge der unmodernen Fahrgestelle immer mehr an Boden, und 1929 gab sie das aussichtslose Rennen um die Kunden auf, ohne einen Versuch unternommen zu haben, modernere Fahrgestelle zu liefern.

HEROS

Heros Motorfahrzeug-GmbH, Berlin W 35, Potsdamerstraße 28

Im Unterschied zur anderen, in Sachsen gebauten Heros besaß die 1923–1924 in Berlin gebaute Heros einen Zweitaktmotor, der hauptsächlich von DKW in der Größe von 142 ccm geliefert wurde. Unverständlich bleibt, wie zur gleichen Zeit zwei Firmen in einem Land den gleichen Markennamen am Tank führen konnten. Wohl war die sächsische Heros in Berlin fast unbekannt und die kleinere Berliner Firma kaum eine Gefahr für die Heros in Südostdeutschland. Trotzdem liegt hier ein ähnlicher Fall wie bei Excelsior vor, der zeigt, wie begrenzt die Bedeutung einzelner Motorradhersteller damals war.

HERTHA

Hagemann & Vogler, Leichtmotorfahrzeugfabrik, Berlin S 42

Die Überlieferung weiß über diese 1925 gebauten Maschinen nicht viel, doch soll es sich um der Eichler ähnliche 147 ccm-Zweitaktmaschinen gehandelt haben, die in kleinen Stückzahlen mit bescheidenen Mitteln hergestellt wurden. In diesen und auch anderen Fällen mußte sich der Verfasser auf Informationen von älteren Fachleuten verlassen, und es besteht natürlich immer die Möglichkeit, daß diese Namen, Daten, Zahlen usw. vergaßen oder verwechselten. Besonders in Fällen, wo kleine Hersteller nur kurze Zeit bestanden und wo die Produktion schon 40 oder mehr Jahre zurückliegt.

HESS

Maschinenfabrik Valentin Hess, Eberstadt/Darmstadt

Schon 1903 gab es luftgekühlte Reihenvierzylindermotoren in Motorrädern. Dürkopp in Deutschland, Laurin & Klement in Österreich-Ungarn (jetzt Tschechoslowakei) und Binks in England bauten solche. Und F.N. in Belgien wurde damit weltberühmt. Später kam dann die dänische Nimbus hinzu, und die Amerikaner hatten eine ganze Reihe derartiger Konstruktionen, wie die Henderson, A.C.E., Indian, Cleveland, Pierce-Arrow, Militaire, Champion, Molitor usw.
Deutschland hatte nie viel vierzylindrige Motorräder, wenn man von der 800 ccm-Zündapp mit dem liegenden Boxermotor, der ölgekühlten 748 ccm-Windhoff und der 498 ccm-NSU-Rennmaschine des Jahres 1951 mit ihrem quergestellten Königswellen-Reihenmotor absieht. Auch die Hess war nur eine wenig gefahrene Konstruktion, die 1925 mit einem 779 ccm-Vierzylinder-Reihenmotor mit Luftkühlung gebaut wurde. Dieser Motor hatte 55 mm Bohrung und 82 mm Hub und gab 12 PS an der Bremse ab.

HEXE

Hamakraft Aktiengesellschaft, Bamberg

Nicht viele Hexen bevölkerten in den Jahren 1923 bis 1925 die deutschen Straßen, aber es ist möglich, daß die unglücklichen Besitzer dieser 142 und 269 ccm-Zweitakter diese ganz gern in die Hölle geschickt hätten. 1924 kam eine seitengesteuerte 346 ccm-Einzylinder-Hexe hinzu, die auch nur Riemenantrieb zum Hinterrad besaß. Einige Monate später waren alle Hexen aus der Produktion verschwunden, und wie zweifüßigen wurde auch diesen zweirädrigen Hexen wohl keine Träne nachgeweint.

HIEKEL

Maschinenfabrik Curt Hiekel, Leipzig-Thekla

Hiekels Absicht bestand darin, eine gute und solide Gebrauchsmaschine herzustellen. Aus diesem Grund verlegte er sich auf ein Einheitsmodell mit einem einzylindrigen 348 ccm-Zweitakt-Dreikanalmotor, der in ein nettes Fahrgestell aus geschweißten Stahlblechen eingesetzt wurde. Das war 1925, und im Lauf der folgenden acht Jahre wurde diese Konstruktion nur weiterentwickelt und der Bau durch Rationalisierung verbilligt. Im letzten Jahr ihrer Produktion, 1933, kostete sie komplett mit allem Zubehör nur RM 850.–, doch war damals die Grundkonstruktion doch schon etwas veraltet, obschon eine Leistung von 11,8 PS bei 3400 Umdrehungen in der Minute erreicht wurde. Bei Hiekel gab es nie große Produktionsziffern, und die Fabrik gehörte nie zu den führenden Motorradherstellern Deutschlands, doch waren diese Zweitakter besonders bei der Landbevölkerung in Thüringen recht beliebt. Es muß auch in Betracht gezogen werden, daß sich Hiekel der thermischen Schwierigkeiten bei solchen großen Zweitaktern voll bewußt war und deshalb auch nie versuchte, aus diesem soliden Bauernmotor ein sportliches Fahrzeug mit vielen PS zu machen.

HILDEBRAND & WOLFMÜLLER

H. Hildebrand & A. Wolfmüller, München, Colosseumstraße 1/1

München kann für sich die Ehre beanspruchen, die erste Motorradfabrik der Welt besessen zu haben. H. Hildebrand und A. Wolfmüller richteten zusammen mit dem Mechaniker Geisenhof dort bereits 1894 die Fabrikation eines von ihnen schon 1892 konstruierten Zweirads auf kommerzieller Grundlage ein, und gleichzeitig ließen sie sich hierfür den Namen »Motorrad« patentrechtlich schützen.
Versuche mit ähnlichen Fahrzeugen hatte es natürlich schon früher gegeben. 1865 fuhr der Amerikaner Sylvester H. Roper mit einem Zweirad, das durch eine Dampfmaschine angetrieben wurde. Drei Jahre später trieb auch der Franzose Perreaux ein Michaux-Fahrrad mit einem ähnlichen Dampfmotor an. 1885 gab es dann das Dampfmotorrad von L. D. Copeland in Philadelphia, und zur gleichen Zeit baute Gottlieb Daimler seinen »schnellaufenden« Benzinmotor in ein hölzernes Zweirad ein. Ermöglicht wurde dies durch die 1876 entstandene Viertakt-Motorenkonstruktion von Nikolaus Otto.

Das erste serienmäßig hergestellte Motorrad: Hildebrand & Wolfmüller 1894

1884 patentierte man dem Engländer Eduard Butler ein motorisiertes Dreirad und 1887 eine verbesserte Form desselben, das er »Petrol-Cycle« (Benzin-Fahrrad) nannte und 1888 auch wirklich in einem Exemplar fertigstellte. Inzwischen, und zwar 1885, hatte auch Karl Benz in Mannheim sein Dreirad vorgeführt.
Ein anderer Engländer, J. D. Roots, schuf 1882 ein Dreirad mit einem wassergekühlten Zweitaktmotor und 1884 J. H. Knight ein ähnliches Fahrzeug mit Viertaktmotor. Ab 1889 befaßte sich auch der Franzose F. T. Millet mit Versuchen und baute 1892 ein Zweirad mit einem fünfzylindrigen Umlaufmotor im Antriebsrad, von dem er 1894 einige Exemplare unter dem Namen »La Rue Soleil« sogar verkaufte. Von einer geregelten Produktion konnte man aber auch hier nicht sprechen. Dasselbe betraf die

Hildebrand & Wolfmüller 1894

1893 entstandene Konstruktion des Italieners E. Bernardi, der ein Fahrrad durch ein separates Scheibenrad mit Benzinmotor antrieb.

Man schrieb das Jahr 1889, als die Brüder Heinrich und Wilhelm Hildebrand einen kleinen Dampfmotor konstruierten, den sie in ein Fahrrad einbauen wollten. Ein Erfolg war ihnen nicht beschieden. 1892 kamen dann Alois Wolfmüller und Hans Geisenhof dazu, und zusammen bauten sie einen kleinen Zweitaktmotor, der 1893 durch einen Viertakter ersetzt wurde.

Dieser wassergekühlte Zweizylinder-Viertaktmotor wurde weiterentwickelt und bis 1894 zur Serienerzeugung vorbereitet; gleichzeitig entstand auch die Firma H. Hildebrand und A. Wolfmüller, und noch im selben Jahr gelangten die ersten serienmäßig herge-

1488 ccm Hildebrand & Wolfmüller 1894

stellten Motorräder zur Ablieferung. Die Firma existierte nur bis 1897, und es ist nicht genau bekannt, wieviel dieser Hildebrand & Wolfmüller-Motorräder gebaut wurden. Es hieß, daß rund 2000 solcher Fahrzeuge die Kunden erreichten, doch dürfte die Zahl von 800 der Wahrheit näherkommen.
Die Hildebrand & Wolfmüller besaß einen niedrigen und doppelten Stahlrohrrahmen und einen liegenden Viertakt-Zweizylindermotor, der 2,5 PS bei 240 U/Min. abgab. Die Bohrung betrug 90 mm, der Hub 117 mm und der Hubraum 1488 ccm. Die Pleuelstangen der beiden parallelliegenden Zylinder arbeiteten unmittelbar auf Kurbeln an der Hinterradachse, wobei das Hinterrad als Schwungrad diente. Die Rückholung der beiden langen Pleuel erfolgte mittels verstellbarer Gummibänder, und der Kühler für den Motor war im Hinterradschutzblech untergebracht. Die Maschine hatte Frischölschmierung, Glührohrzündung und einen Oberflächenvergaser.
Ein Kunde der Münchner Fabrik war ein Herr Moritz Schulte, der die Maschine sofort nach England mitnahm, dort damit 1895 großes Aufsehen erregte und gleichzeitig Begeisterung für derartige Motorräder im Inselbereich erweckte. Später wurde er ein Direktor bei Triumph in Coventry, doch wurde dort die Münchner Konstruktion nicht gebaut, da inzwischen die Franzosen einen technischen Vorsprung gewonnen hatten und die in Paris lebenden russischen Brüder Werner mit ihren Motorradkonstruktionen als Vorbild für die ganze Industrie der Welt dienten. Niemand kann den Wert der Konstruktion von Hildebrand und Wolfmüller bestreiten, doch begingen sie den Fehler, bei ihr zu lange zu verharren, statt sie weiterzuentwickeln und zu modernisieren. Das war auch der Grund, daß 1897 das Unternehmen, das damals schon fünf Zweigunternehmen in München besaß, die Tore schließen mußte.

HIRSCH

Hirsch Motorradbau GmbH, Berlin N, Ackerstraße 55

Nach dem zweiten Weltkrieg kamen Reh-Motorräder aus Hamburg, während Hirsche aus Berlin schon 1923–1924 ein bescheidenes Dasein fristeten. Es handelte sich um kleine Leichtkrafträder mit 128 ccm-Zweitaktmotoren eigener Erzeugung, die in verstärkte Fahrradrahmen eingebaut waren. Daneben gab es auch eine 142-ccm-Version mit dem liegenden DKW-Einbaumotor in einem einfachen Motorradrahmen.

HIRTH

1. Hellmut Hirth, Stuttgart-Cannstatt, Pragstraße 34
2. Versuchsbau Hirth GmbH, Stuttgart-Feuerbach, Friedrichswahl

Hirth, berühmt als Flieger, Rennfahrer und Konstrukteur, baute zwischen 1924 und 1926 eine kleine Anzahl von Rennzweitaktern, um mit diesen Doppelkolben-Einzylindermaschinen nicht nur seine Konstruktionsideen zu verwirklichen, sondern auch um diese zwecks Erprobung von neuen Leichtmetallen bei Rennen einzusetzen. Alle seine Maschinen hatten wassergekühlte Motoren mit 144 ccm und 244 ccm Hubraum, doch gab es Versionen mit vertikalen und horizontalen Zylindern.
Wolf Hirth, der nicht weniger berühmte Bruder des Konstrukteurs, fuhr zusammen mit Erwin Gehrung, Karl Fischer und anderen Rennfahrern diese Hirth-Doppelkolben-

244 ccm Hirth (Rennzweitakter) 1924

Zweitakter mit großen Erfolgen bei Rennen, und es war schade, daß diese interessanten und schnellen Maschinen ab 1926 nicht weiterentwickelt und in größerer Zahl hergestellt wurden. Bemerkenswert ist, daß die Motoren sehr hohe Drehzahlen erreichten und große Mengen der damals noch nicht sehr guten Rennkerzen »verschlangen«. Als dann die Maschinen vom Rennsport zurückgezogen wurden, benützte man deshalb Hirth-Rennmotoren bei den Bosch-Werken für Kerzenversuche und Kerzenentwicklung. Nur ganz wenige Exemplare blieben in Händen von Privatfahrern.

H. K. R.

Hans Korn, Motorradbau, Rothenburg ob der Tauber

Diese kleine Firma baute 1924 die Hako-Motorräder, deren Name ab 1925 nach einer Reorganisation des Unternehmens auf H.K.R. umgeändert wurde. Die nunmehr gebauten Maschinen waren fast naturgetreue Kopien der damaligen englischen H.R.D.-Motorräder, vor allem hinsichtlich der verwendeten 348 und 498 ccm-sv- und ohv-Einbaumotoren von JAP. Obwohl es sich um eine schöne und rassige Konstruktion handelte, konnten sich auch diese Erzeugnisse nicht lange halten, und 1926 wurde die letzte der sowieso wenigen H.K.R.-Sportmaschinen hergestellt.

H. M. W.

Hasper Motorrad-Werk, Hedfeld, Ostrowsky & Cie, Haspe/Westfalen

Der Name H.M.W. wurde nach dem zweiten Weltkrieg durch die österreichischen Leichtkrafträder und Einbau-Zweitakter bekannt. Hier aber handelte es sich um deutsche

H.M.W.-Motorräder, die – nur 1924 gebaut – schwere und robuste 3 PS-Einzylindermaschinen waren und getriebelos oder mit Zweiganggetriebe und Riemenantrieb geliefert werden konnten. Die kurze Produktionsperiode beweist, daß es sich um ein bedeutungsloses Unternehmen handelte.

HOCHLAND

Gebr. Emslander, Motorenfabrik, Landshut/Bayern

Motorräder mit Boxermotoren, das heißt zwei gegenüberliegenden Zylindern, waren in den frühen zwanziger Jahren sehr beliebt. Viele deutsche Firmen verwendeten derartige BMW-Einbaumotoren, andere den Bosch-Douglasmotor. Bei Emslander baute man

498 ccm Hochland (Eigener Motor) 1926

den Motor im eigenen Betrieb. Er hatte 496 ccm Hubraum, 68 mm Bohrung und 68 mm Hub und seitengesteuerte Ventile. Nur sechs dieser schönen Hochland-Motorräder wurden 1926 gebaut.

HOCO

Hoco-Werke, Hohmeyer & Co, AG. Minden/Westfalen

Es gab nur wenige Fälle, in denen Motorradfahrgestelle aus Holz gefertigt wurden. Die ersten Bekamo-Maschinen von Hugo Ruppe besaßen einen Holzrahmen, und als 1924 die Mindener Möbelfabrik Hohmeyer & Co die Motorradproduktion von der Motorfahrzeugbau GmbH in Hamburg übernahm, da ging man auch hier zur Verwendung von Kastenrahmen über, bei denen Eschenholz in vernickelte Stahltaschen gepreßt war. Auch die durch eine senkrechte Blattfeder abgefederte Gabel war aus

146 ccm Hoco (Nabob-Motor) 1925

Eschenholz gefertigt, und nur die Schutzbleche auf beiden Seiten des Motors waren wirklich aus Blech. Die ersten Hoco-Maschinen besaßen den 146 ccm-Nabob-Zweitakt-Einbaumotor. Später kam eine 246 ccm-Zweitaktmaschine, und zuletzt stattete man diese Holzfahrgestelle auch mit 298 ccm und 346 ccm-JAP-Einbaumotoren in seitengesteuerter Ausführung aus. 1928 wurde auch bei Hoco der Motorradbau eingestellt, da die meisten Kunden wohl doch Fahrgestellen aus Stahlrohren oder wenigstens Preßblech den Vorzug gaben.

HOFFMANN

Hoffmann-Werke, Lintorf, Bezirk Düsseldorf

Hoffmann, damals neu in der Motorradindustrie, kam erstmalig 1949 mit 98 ccm und 123 ccm Zweitaktmaschinen, die Fichtel & Sachs-Motore besaßen, auf den deutschen Markt. Bald darauf übernahm die Firma den Lizenzbau der italienischen Vespa-Roller für Deutschland und stattete neue Motorradmodelle mit 123, 174 und 248 ccm Zweitaktmotoren von Ilo aus.

Damals, am Anfang der fünfziger Jahre, konnte man ohne Schwierigkeiten große Stückzahlen von Motorrädern und Rollern verkaufen, und auch Hoffmann hatte mit seinen formschönen Maschinen keine Absatzprobleme. Diese kamen erst, als er noch einen Schritt weiterging und eine sensationelle 246 ccm Zweizylindermaschine mit einem ohv-Blockmotor, als Boxer in Querstellung, auf den Markt brachte. Diese schöne Kardanmaschine sah einer Zweizylinder-BMW ähnlich und wurde auch mit einem 298 ccm Motor geliefert. Die erste 246 ccm Version hatte 58 mm Bohrung und 47 mm Hub und leistete 12,5 PS bei 5600 U/Min.; 1953 wurde die Leistung auf 14,8 PS bei 6000 U/Min. gebracht. Das größere Modell, das 61 mm Bohrung und 51 mm Hub besaß, leistete 17 PS bei 6000 U/Min.

Die Konstruktion, Entwicklung und Produktion dieser Neukonstruktion war sehr teuer; um so mehr, als Hoffmann sich erst von Grund auf dafür einrichten und auch erst die nötigen Erfahrungen sammeln mußte. Dazu kam, daß beide Modelle dem Verkauf übergeben wurden, bevor sie fertig entwickelt waren, und das brachte Probleme technischer und kommerzieller Natur. Hoffmanns 248 ccm-Einzylindermaschine mit dem Ilo-Motor kostete DM 1850.–, die neue 246 ccm-Zweizylinder-Boxermaschine mit Kardanantrieb,

246 ccm Hoffmann (Kardan-Block) 1953

die den Namen »Gouverneur« trug, wurde für DM 2350.– angeboten – zu einer Zeit, als die bewährte 250 ccm ohv-Einzylindermaschine von BMW nur DM 2060.– kostete. Das aber bedeutete: wer soviel Geld ausgeben konnte, kaufte gleich eine größere Maschine, oder er kaufte eben für weniger Geld eine erprobte, gleichstarke Konstruktion. Die Herstellungskosten und damit auch die Verkaufspreise für die Gouverneurmodelle waren zu hoch für eine rentable Serienherstellung, und obwohl man diesen Maschinen Schönheit nicht absprechen konnte, war Zuverlässigkeit keinesfalls ihre Stärke. In kommerzieller Beziehung war der Vespa-Roller Hoffmanns Stärke, aber auch er konnte nicht ewig die großen mit der Gouverneur verbundenen Verluste einbringen, und 1954 verschwand deshalb auch die Lintorfer Fabrik aus den Reihen der deutschen Motorradproduzenten.

HOREX

1. Horex Fahrzeugbau A.G., Bad Homburg v. d. Höhe
2. Horex-Columbus-Werk K.G., Fritz Kleemann, Bad Homburg v. d. Höhe
3. Horex-Werke K.G., Fritz Kleemann, Bad Homburg v. d. Höhe

246 ccm Horex 1924

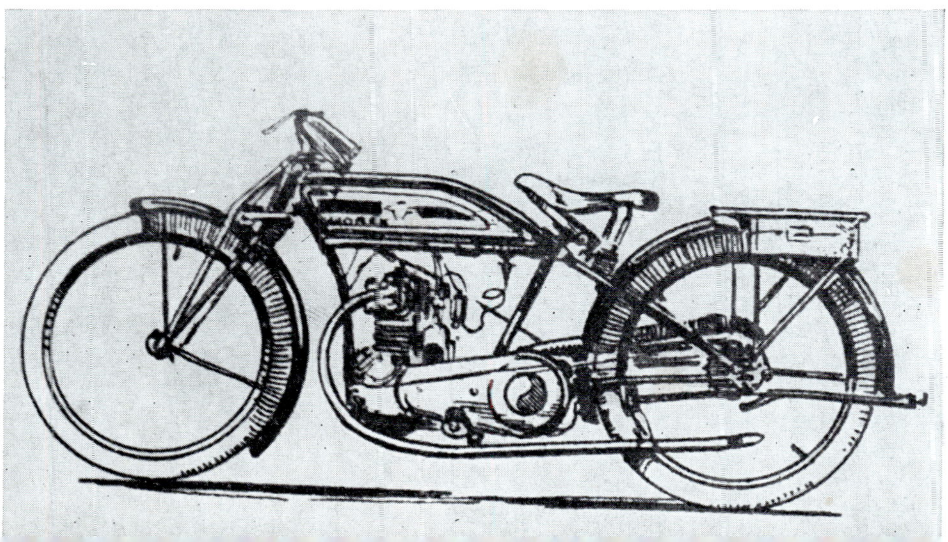

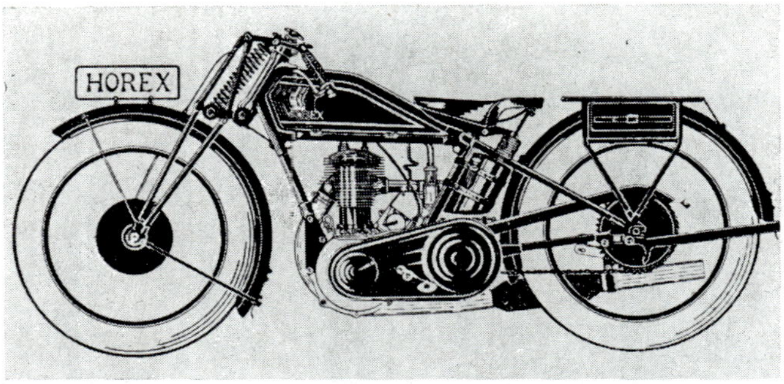

496 ccm Horex (Columbus) 1928

Der Besitzer der Rex-Konservenglas-Fabrik, Kommerzienrat Friedrich Kleemann, war 1923 Hauptaktionär der Columbus-Motorenwerke in Oberursel (Taunus), wo man auch den kleinen »Gnom« Fahrrad-Hilfsmotor produzierte. Sein Sohn war begeisterter Motorrad- und Automobilsportler. Vater und Sohn taten sich zusammen, benützten das »Ho« von Homburg und das »Rex« von den Konservengläsern und schufen so – mit dem dazugehörigen Geld und Können – die Horex Fahrzeugbau A.G. in Bad Homburg.

1924 erschien das erste Horex-Motorrad mit einem bei Columbus entwickelten 246 ccm ohv-Motor. Eine nette, gute und schnelle Maschine, mit der Juniorchef Fritz Kleemann, Phillip Karrer und andere Fahrer Rennen gewannen. 1926 folgten seiten- und obengesteuerte 498 ccm und 598 ccm Einzylindermaschinen, und als bald darauf die Kleemanns

796 ccm Horex (Zweizylinder ohv) 1933

noch mehr Columbus-Aktien erwarben, verlegte man die Motorenproduktion von Oberursel nach Bad Homburg vor der Höhe.
Systematische Weiterentwicklung brachte den Horexwerken einen guten Ruf, und schon 1928 gab es Modelle mit modernen Fahrgestellen und Satteltanks. Überhaupt machten alle Horexmodelle in dieser Periode einen sportlichen Eindruck. Die erfolgreiche 246 ccm Maschine war damals allerdings nicht mehr in Produktion. Neue 198, 298 und 346 ccm Einzylindermaschinen entstanden 1931, wobei bemerkt sei, daß die Firma damals auch die Baulizenz für die englischen ohv-Sturmey-Archer-Motoren erwarb und eine besondere 348 ccm Version für Victoria in Nürnberg baute. Die Weiterentwicklung derselben ging über viele Jahre und führte zuletzt zum kommerziell erfolgreichsten Motorrad, das man je in Bad Homburg baute, der »Regina«.

342 ccm Horex (Regina) 1950

Zwei neue, sensationelle und fortschrittliche Modelle schuf Chefkonstrukteur Hermann Reeb 1932. Es waren Parallel-Zweizylinder mit 598 und 796 ccm mit durch Kette angetriebener Königswelle. Drei Jahre lang wurden sie gebaut und auch von anderen Firmen, wie z. B. Tornax, verwendet. Von der größeren Version stellte man auch einige Rennmaschinen, teilweise mit vergrößertem Hubraum, her, und der einst berühmte Rennfahrer Karl Braun gewann damit bei vielen Straßen- und Bergrennen in der Seitenwagenklasse bis 1000 ccm. Unter den zahlreichen Einzylindermodellen der dreißiger Jahre stach eine obengesteuerte 598 ccm Maschine hervor, die 1935 herauskam und vier Ventile besaß. Bis zum Krieg baute man dann hauptsächlich 342, 498 und 598 ccm sv- und ohv-Einzylindermaschinen, deren Motoren natürlich von Columbus, das heißt aus der eigenen Fabrik, kamen.
Die Bad Homburger Fabrik blieb durch den Krieg ziemlich verschont, und mit 50 Mann

452 ccm Horex (Imperator) 1958

Belegschaft baute man schon 1945 wieder Teile für die Eisenbahn. Drei Jahre später bekam die Firma, als einzige Motorradfabrik Deutschlands, eine Bewilligung, Motorräder mit einem Hubraum über 250 ccm herzustellen, und so kam die beliebte 342 ccm Regina mit dem obengesteuerten Einzylindermotor wieder in Serienproduktion. Bereits 1950 wurden 700 Reginas im Monat gebaut, und 1951 waren es – mit 400 Mann Belegschaft – schon 1200 im Monat. 1952 waren es 1700, an denen 550 Mann arbeiteten. Trotz der kommerziellen Erfolge blieb man nicht untätig, und seit 1950 entwickelte man eine 498 ccm Parallel-Zweizylindermaschine, die man in verschiedenen Formen – auch mit 398 ccm-Motor – unter dem Namen »Imperator« nach langen Entwicklungsarbeiten dem Verkauf übergab. Daneben zeigte die Bad Homburger Fabrik verstärktes Interesse für den Rennsport und bestritt nicht nur offiziell Wertungsfahrten und Geländewettbewerbe, sondern auch Straßenrennen. Zuerst mit einer frisierten 342 ccm ohv-Regina mit Friedl Schön im Sattel, und dann mit den großen 498 ccm Zweizylinder-Rennmodellen, die einen Doppelnockenwellenantrieb für die Ventile bekamen. Fahrer dieser Maschinen waren außer Schön auch Kurt Mansfeld, Hugo Schmitz, Bill Petch, Werner Graber und andere erstklassige Fahrer.

Ab 1952 unterstützte man außerdem den Rennfahrer-Konstrukteur Roland Schnell, der neue Einzylinder-Königswellen-Rennmaschinen entwarf und sie mit dem Rennfahrer Hermann Gablenz unter dem Namen »Schnell-Horex« in einer eigenen Firma, der Schnell-Motoren K.G. in Karlsruhe, in nur kleinen Stückzahlen baute. Es handelte sich hierbei um 248, 348 und 498 ccm Versionen, die mit Fahrern wie Schnell und Gablenz sowie H. P. Müller, Erwin Aldinger, Fritz Kläger, Robert Zeller, Georg Braun, Bruno Böhrer u. a. sehr erfolgreich waren. Ein Teil dieser Maschinen wurde in der Fabrik von Horex hergestellt. Dann, 1955, wurde die Rennabteilung aufgelöst; gerade als der öster-

347 ccm Horex (Resident) 1958

reichische Konstrukteur Ing. Apfelbeck dort eine neue 346 ccm Parallel-Zweizylindermaschine mit doppelter Königswelle in einigen Versuchsexemplaren fertiggestellt hatte. Diese noch nicht voll entwickelte Rennmaschine wurde später von Hans Bartl und Fritz Kläger umgebaut und bei Rennen gefahren. Gleichzeitig mit der Horex-Fabrik stellte auch die Schnell-Motoren K.G. den Bau von Rennmaschinen ein.
Die populäre Regina mit dem 346 ccm ohv-Motor hatte 69 mm Bohrung und 91,5 mm Hub. Sie leistete 18 PS bei 5000 U/Min. Eine 1951 hergestellte Sportversion gab 20 PS bei 6000 U/Min. ab, und die 1953 herausgekommene 398 ccm Regina brachte es auf 22 PS. Dazu kam 1951 die erste 498 ccm Parallel-Zweizylinderversion mit 30 PS bei 6800 U/Min., der 1953 die »Imperator«-Version mit 35 PS folgte, während die 1955 herausgebrachte 398 ccm Zweizylinder »Imperator« 24 PS abgab. Die letzte Form der Imperator aus dem Jahre 1957 besaß einen 452 ccm Zweizylindermotor mit 66 mm Bohrung und Hub, doch wurden nur verhältnismäßig wenige dieser Maschinen gebaut. 1956 wurde auch die alte Regina durch eine neue, modernere Konstruktion in Form der schönen 248 und 348 ccm »Resident«-ohv-Einzylindermodelle ersetzt, die 18,5 PS bzw. 24 PS abgaben. Bemerkt sei hier, daß man die Regina auch in 246 ccm Form hergestellt hatte, doch hauptsächlich für einige Exportmärkte. Die Resident kam auf den Markt, als die Krise der deutschen Motorradindustrie schon sehr spürbar war, und deshalb gelang es nicht, ihr die Popularität der Regina zu verschaffen. Der Wirtschaftskrise in der Motorradindustrie fiel auch der Rebell, ein moderner Roller, frühzeitig zum Opfer, und zuletzt, 1958, kam eine kleine 97 ccm Zweitakt-Horex mit Sachs-Motor auf den Markt. Bald darauf wurde der Motorradbau eingestellt; die folgenden Produktions- und Verkaufsziffern zeigen den Grund hierfür: 1953 = 17 500, 1954 = 12 500, 1955 = 7000 und 1956 = 2500.

HUC

Maschinenfabrik M. Hecker & Co., Berlin-Friedrichshagen, Seestraße 126

Bei Hecker in Berlin – nicht mit Hecker in Nürnberg zu verwechseln – baute man nur Zweitaktmaschinen mit 145 und 173 ccm-Motoren, die damals, 1924–1925, von DKW in Zschopau geliefert wurden. Viele waren es nicht, denn diese kleine Firma hatte nur lokale Bedeutung und verschwand nach kurzer Produktionsperiode vom Markt.

HÜFFER

Hüfferwerke, Abt. Kraftfahrzeugbau, Münster/Westfalen

Von 1923 bis 1925 konfektionierten die Hüfferwerke Leichtkrafträder mit einer Reihe von 150 und 198 ccm-Einbaumotoren, die von DKW, Rapid, Struco, Namapo, Baumi und anderen Spezialfirmen geliefert wurden, doch erreichte die Gesamterzeugung keine nennenswerte Höhe, und selbst der Name war in den meisten Teilen Deutschlands unbekannt.

HULLA

1. Fahrzeugwerke für Kleinmotoren, Hagen bei Bremen
2. Hulla-Werke, Ing. Heinrich Helms, Hagen bei Bremen

Hulla gehörte zu den solideren und besseren Motorradkonfektionären in Deutschland. Die 1925 begonnene Erzeugung endete auch nicht schon nach wenigen Monaten, sondern reichte, bis die allgemeine Wirtschaftskrise 1932 ihren Höhepunkt hatte. Dazu kam, daß

206 ccm Hulla (DKW-Motor) 1927

man ausschließlich gute Einbaumotoren, das heißt 173, 198, 206 und 298 ccm-Versionen von DKW und den seitengesteuerten 296 ccm-Viertakter von JAP, verwendete. Auch die Fahrgestelle aus nahtlos gezogenen Stahlrohren waren gut konstruiert und hergestellt und die Gesamtkonstruktion modern. Die Firma baute keine Sportmodelle, sondern verlegte sich auf solide Gebrauchsmaschinen.

HUMMEL

Ordemann & Hauser, Sittensen (Bezirk Bremen)

Hummel-Motorräder, auch unter dem Namen Sitta bekannt, erschienen erstmalig 1951 auf dem Markt. Zunächst waren es kleine Roller mit 8 Zoll-Rädern und 120 sowie 123 ccm Ilo-Zweitaktmotoren, denen 1952 eine ähnliche 147 ccm Version folgte. Die Konstruktion dieser Roller war nicht ganz perfekt. Schöner war schon ein 173 ccm Zweitakt-motorrad mit Ilo-Motor. 1953 änderte man den Namen ganz auf Sitta, und in diesen Hochkonjunkturjahren gab es bei Ordemann & Hauser kleine 48 ccm Mopeds, Motorräder von 123 ccm bis 248 ccm, Roller von 123 ccm bis 198 ccm und auch Dreiradwagen mit 147 und 198 ccm-Zweitaktmotoren, die ausschließlich von Ilo in Pinneberg kamen. Es gab außerdem auch eine Parallel-Zweizylinder-Zweitakt-Motorradversion mit dem 244 ccm-Motor derselben Fabrik. 1954 verschwand die Firma vom deutschen Motorradmarkt, und nur die 48 ccm-Mopedversion wurde noch ein Jahr lang unter dem Namen »Sitta-Credette« von der Firma Gebrüder Credé & Co., Fahrzeugbau, Kassel, weitergebaut.

H. & R.

Motorenwerk Zittau, Hartmann & Richter, Niederoderwitz bei Zittau/Sachsen

Hier handelte es sich um die Heros, die ursprünglich auch unter den Namen H. & R. auf den Markt kam. Das war von 1921 bis 1925; später wurde ausschließlich der andere Name verwendet, als die Firma in den Besitz von R. Zimmermann und nachher Ing. A. Herrmann überging. Gebaut wurden ausschließlich seitengesteuerte 155, 185 und 249 ccm-Einzylindermodelle.

HUSAR

1. Leichtmotorrad G. m. b. H., München, Parkstraße 20
2. Husar-Motorfahrzeug A. G., München, Parkstraße 20

Bei Husar bemühte man sich, moderne und bequeme Leichtkrafträder herzustellen, und die hauptsächlich mit 296 ccm sv-Motoren ausgestatteten Modelle besaßen sowohl vorn als auch hinten eine Blattfederung der Räder. Die Firma existierte von 1923 bis 1925 und konnte trotz aller Anstrengungen keine größeren Verkaufserfolge erzielen. Ihre Bedeutung reichte über Bayern kaum hinaus.

HUY

1. Fahrzeug-Motoren A.G., Dresden-Mickten, Kötzchenbroderstraße 76
2. Huy Motorenwerk, Dresden-Mickten, Kötzchenbroderstraße 76
3. Huy Motorenwerk Arthur Thiele, Dresden-Mickten, Moritzburgerstraße 19

Die kleine Huy war eine für die Periode zwischen 1923 und 1926 ganz gute Maschine; wenn man das etwas zu hohe Fahrgestell übersah. Wieso die sächsische Fabrik sich als Motoren A. G. und Motorenwerk ausgab, ist allerdings nicht ganz klar, denn der im Rahmen nach vorn geneigte, seitengesteuerte 198 ccm Einzylindermotor wurde nicht von ihr, sondern von Alba in Stettin hergestellt. Als dann Alba 1925 in kommerzielle

198 ccm Huy (Alba-Motor) 1925

Schwierigkeiten geriet, bedeutete das auch das Ende der nur 56 kg schweren Huy. Thiele, der Besitzer der Fabrik, reorganisierte noch schnell die Produktion und begann eine 347 ccm Maschine mit dem Schweizer MAG-Einbaumotor herzustellen, doch war diesem Versuch kein Erfolg beschieden, und nur wenige der neuen Modelle konnten verkauft werden.

IDEAL

Eduard Alfred Pachtmann, Dresden, Nürnberger Straße 34

Pachtmann hatte sicherlich ein Ideal vor sich, als er seiner netten 173 ccm-Zweitaktmaschine diesen Namen gab. Das war 1924. Er baute auch noch 1925, doch es wurde damals immer schwerer, gegen die anderen 500 deutschen Motorraderzeuger aufzukommen; besonders dann, wenn man nur begrenzte technische und vor allem finanzielle Möglichkeiten hatte. Die Ideal verschwand zusammen mit zahlreichen anderen Marken.

IFA

VEB Motorradwerk, Zschopau/Sachsen

Zschopau, eine kleine und prachtvoll gelegene Stadt bei Karl-Marx-Stadt (früher Chemnitz), war von 1919 bis 1945 der Produktionsort der DKW-Motorräder. 1945 wurde infolge der neuen politischen Verhältnisse das bis dahin zur Auto-Union A. G. gehörende Unternehmen verstaatlicht und damit die IFA (Industrievereinigung Fahrzeugbau), die später zur MZ wurde, geboren.
Bei DKW hatte man ausschließlich Zweitakt-Motorräder gebaut, und auch die IFA blieb diesem Prinzip treu. Man begann mit dem Bau der vor dem Krieg dort entwickelten RT 125, einer leistungsfähigen und schnellen 123 ccm Maschine mit 52 mm Bohrung und 58 mm Hub, die damals 5,5 PS abgab, und mit einer unorthodoxen 348 ccm Version, der BK 350, die als einzige Konstruktion dieser Periode mit einem zweizylindrigen Boxermotor ausgestattet war, der auch im Zweitakt arbeitete. Der quergestellte Motor mit 58 mm Bohrung und 65 mm Hub leistete 15 PS bei 5000 U/Min. Es war keinesfalls ein Hochleistungsmotorrad, doch war die BK billig, und damals um 1950 herum war man froh, überhaupt ein Motorrad für sein Geld zu bekommen.
Natürlich ruhte man auf dieser Konstruktion nicht aus, und in den folgenden Jahren

246 ccm IFA (Zweizylinder-Rennmaschine) 1953

entstanden zahlreiche andere – einzylindrige – Zweitakter mit 147, 173, 246 und 298 ccm Hubraum, nun schon unter der Marke MZ (Motorradwerk Zschopau). Im Lauf der Jahre wurde auch die Leistung der einzelnen Motoren erhöht sowie Konstruktion und Ausführung verbessert, und das führte nicht nur zu großen Exportaufträgen, sondern auch zu beachtlichen Erfolgen bei Wertungsfahrten im In- und Ausland.
Die Fabrik hatte ja eine Tradition im Sport, und bald wurden von Privatfahrern, teilweise mit Unterstützung der Fabrik, Rennmaschinen, auf dem 123 ccm Serienmodell basierend, hergestellt. An der Spitze dieses neuen »Rennkollektivs« stand der frühere DKW Werksfahrer Bernard Petruschke. Später ging der Bau und die Entwicklung dieser Maschinen ganz an MZ über und führte auch zu 246 ccm Zweizylinder-Rennmaschinen und zu großen Rennerfolgen. Ab 1954 hatten die 125er Rennmodelle den von Zimmermann entwickelten Plattendrehschieber. 1949 hatten die 123 ccm Rennmodelle 6,5 PS bei 6000

343 ccm IFA (Zweitakt-Boxer) 1954

U/min., 1950 gaben sie schon 9 PS bei 7000 U/min. ab, und 1953 waren es 11 PS bei 8000 U/min. Die neuen Plattendrehschiebermodelle von 1954 hatten 13 PS bei 8000 U/min., 1956 waren es 16 bei 9000, 1957 volle 18 bei 9000, 1958 bereits 20 PS bei 10 000, 1959 22 PS bei 10 000 bis über 30 PS im Jahr 1965.
Auch die 246 ccm-Zweizylinder-Rennmaschinen bekamen 1954 Drehschiebermotoren und hatten damals 25 PS. Zwei Jahre später hatten sie 30 PS, 1958 schon 36 PS bei 9000 U/min., 1959 fast 42 PS bei 10 000 U/min., und eine vergrößerte 298 ccm-Version 52 PS bei 10 200 U/min. 1965 war die Leistung schon auf weit über 50 PS gestiegen. Bis Anfang der sechziger Jahre hatten alle diese Rennzweitakter Luftkühlung, doch ging man seit dieser Periode teilweise auf wassergekühlte Rennzweitakter über. Diese Rennmaschinen wurden von zahlreichen berühmten Rennfahrern, wie Gary Hocking, Mike Hailwood, Horst Fügner, Ernst Degner, Alan Shephard, Krumpholz, Rosner, Musiol, Brehme, Woodmann, Petruschke etc. gefahren, wobei allerdings bemerkt sei, daß diese Fahrer die IFA bereits unter dem neuen, seit Ende der fünfziger Jahre benützten Namen MZ fuhren. (Siehe auch unter »MZ«.)

ILO

Norddeutsche Maschinenfabrik G. m. b. H., Pinneberg/Holstein

Es ist nicht allgemein bekannt, daß die berühmte Ilo Zweitakt-Einbaumotorenfabrik zunächst komplette Motorräder herstellte, bevor sie sich auf den Bau von Einbaumotoren für andere Produzenten konzentrierte. Diese von 1923 bis 1925 gebauten Ilo-Motorräder hatten einzylindrige 117 und 147 ccm-Zweitaktmotoren, geschlossenen Stahlrohrrahmen, Boschmagnet, Variatvergaser, eine fußbetätigte Konus-Kupplung, eigenes

147 ccm Ilo 1923

angeblocktes Zweiganggetriebe und Keilriemen zum Hinterrad sowie Fußschaltung der Gänge! Zwei neue Versionen kamen 1924 heraus; das Modell E. G. 53 mit 132 und das Modell D. B. 60 mit einem 170 ccm Motor, der 60 mm Bohrung und 60 mm Hub besaß. Der geschraubte Doppelrahmen dieses Modells war dem der englischen Wooler-Konstruktion nicht unähnlich, und interessant war auch eine Ilo patentierte Vorderradschwinge.

IMME

Norbert Riedel Motoren A.G., Immenstadt/Allgäu

Riedel, der am Anfang der sechziger Jahre, erst 48jährig, bei einem Skiausflug tödlich verunglückte, galt als technischer Revolutionär, wie es vor ihm Männer wie Hugo Ruppe, Fritz Cockerell, Paul Paffrath und Ernst Neumann-Neander waren. Er war ein fähiger Techniker, dem die Verwirklichung seiner Ideen – die nicht immer orthodox waren – freilich oft große Probleme bereiteten.

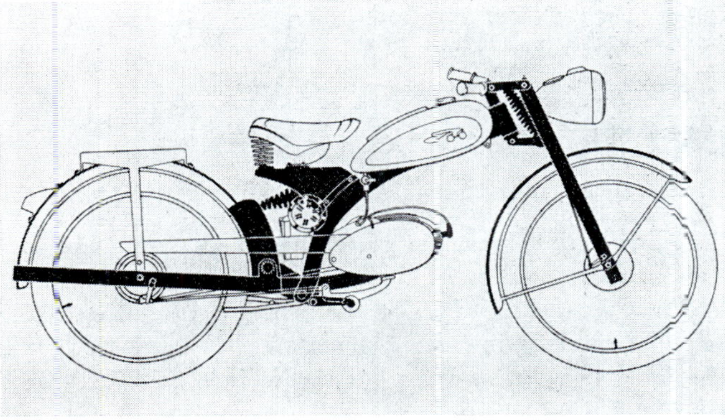

98 ccm Imme
1950

Bereits 1948 entstand in seinem Unternehmen die kleine Imme. Sie hatte einen liegenden 99 ccm Zweitakt-Einzylindermotor mit 52 mm Bohrung, 47 mm Hub und 4,5 PS bei 5800 U/min. Das Fahrgestell bestand aus einem einzigen starken Stahlrohr, das vom Steuerkopf bis zur Hinterradschwinge reichte, wobei diese Schwinge durch das Auspuffrohr gebildet wurde, an dessen vorderer Seite der ganze Motorblock montiert war und

98 ccm Imme (Konstr. Riedel) 1950

an deren Ende das Hinterrad hing. Die Abfederung der Schwinge bestand aus einer im Zentrum zwischen dem hinteren Kotflügel und dem Rahmenrohr liegenden Schraubenfeder. Ungewöhnlich auch die Vordergabel; grob ausgedrückt eine Parallelogrammgabel, bei der die linke Seite fortgelassen wurde.
Die Imme war bezüglich des Fahrgestells etwas zu unorthodox im Aussehen und nicht nach den Wünschen zahlreicher Kunden. Auch die einseitige Aufhängung des Vorderrades war nicht sehr vertrauenserweckend. Trotzdem konnte man damals alles verkaufen, was zwei Räder besaß, und so ging die Imme zuerst gut. Das heißt, bis immer mehr Motorradfirmen die Produktion aufnahmen und den Markt mit orthodoxeren Modellen beliefern konnten. Und schon 1950 verzeichnete Riedel einen Verlust von DM 1,25 Millionen. Dann fand er noch einmal neues Kapital, baute eine ähnliche 148 ccm Zweitakt-Zweizylindermaschine mit 48 mm Bohrung und 41 mm Hub und versuchte, diese Motoren auch an andere Produzenten, wie z. B. Patria, zu liefern. Viel wurde nicht daraus, denn schon 1951 gab es neue finanzielle Schwierigkeiten und zuletzt den Zusammenbruch der Firma. Norbert Riedel selbst konstruierte später für Victoria die »Swing«, eine interessante, aber nicht erfolgreiche Konstruktion.

IMPERIA

Imperia Motorfahrzeugbau Georg Ibl, Hersbruck bei Nürnberg

Es ließ sich nicht herausfinden, ob zwischen dieser Nürnberger Imperia und dem Köln-Kalker und später Bad Godesberger Erzeugnis irgendein Zusammenhang bestand. Der Verfasser ist der Ansicht, daß die zwischen 1923 und 1925 hergestellte Imperia von Ibl keine Verbindung mit der anderen Imperia hatte. Es handelte sich bei ihr um einfache 298 und 346 ccm sv-Einzylindermaschinen mit JAP-Motoren, die in kleinen Stückzahlen auf den Markt gelangten.

IMPERIA

1. Köln-Kalker Maschinenfabrik A. G., Köln-Kalk am Rhein
2. Imperia Fahrzeugwerk G. m. b. H., Bad Godesberg am Rhein
3. Imperia Werk Aktiengesellschaft, Bad Godesberg am Rhein

In Köln-Kalk wurden Imperia-Motorräder ab 1924 hergestellt. Sie besaßen vorwiegend wechsel- und obengesteuerte 498, 598, 746 und 989 ccm-V-Zweizylinder-Einbaumotoren von MAG, und die Dr. Becker gehörende Firma baute auf Wunsch auch JAP-Motoren ein. Erich Pätzold, Hans Soenius, Harry Herzogenrath, Willy Ehrlenbruch und andere rheinische Rennfahrer gewannen zahlreiche Veranstaltungen auf diesen gut konstruierten und schnellen Zweizylindermaschinen.
1926 wurde die Produktion von der Familie Schrödter übernommen und in deren Fabrik nach Bad Godesberg verlegt. Die bisherige Modellreihe wurde zunächst durch eine sportliche 498 ccm ohv-Einzylindermaschine mit dem MAG (Motosacoche)-Doppelauspuffmotor, die Imperia-Sport, ersetzt. 1929 kamen zwei weitere Modelle, eine gegengesteuerte 598 ccm Einzylindermaschine mit MAG-Motor und eine 676 ccm V-Zweizylindermaschine mit dem ohv-Motor von JAP, hinzu. Es handelte sich um die Modelle »Berggeist« und »Rheingold«, und mit dieser neuen Modellreihe wurde die Imperia bald

676 ccm Imperia (JAP-Motor) 1929

eine beliebte Maschine in Deutschland. Besonders auch deshalb, weil sie sehr gut ausgeführt und von guter Qualität war.
Neue Modelle gab es dann 1930. Zu diesen gehörte eine Zweitaktmaschine mit 196 ccm-Villiersmotor, eine seitengesteuerte 346 ccm-Version mit Sturmey-Archermotor und eine 497 ccm-Einzylindermaschine, deren gegengesteuerter Motor von MAG geliefert wurde. Dazu kam eine Modellreihe mit 346 und 496 ccm ohv-Python (Rudge)-Vier-

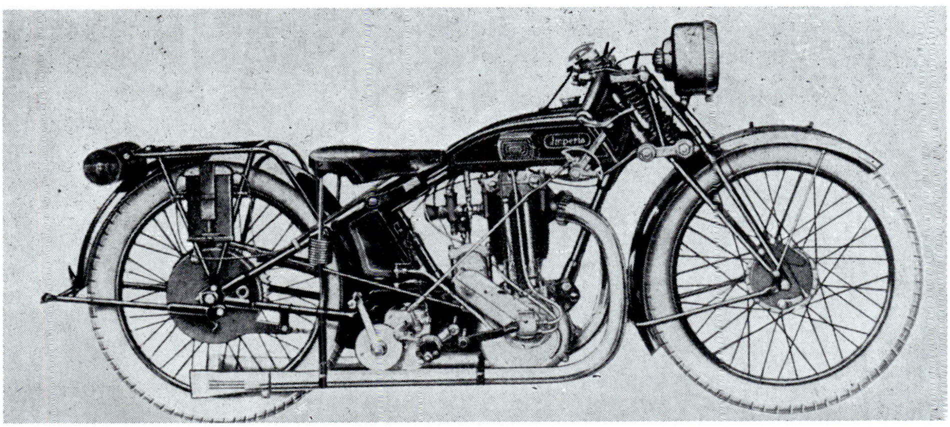

498 ccm Imperia (MAG-Motor) 1929

ventilmotoren, wobei es sich um Sport- und Supersportvarianten handelte. Auf Wunsch lieferte Imperia auch 246, 346 und 496 ccm-Rennmodelle mit diesen berühmten englischen Einbaumotoren. 1932 gab es sieben Modelle: einen 147 ccm-Zweitakter mit Villiersmotor, Modelle mit gegengesteuerten 347, 497 und 597 ccm-MAG-Motoren und drei Versionen mit Python-Motoren. Mehrere 198 ccm Zweitaktmodelle mit Bark-Ein-

848 ccm Imperia (MAG-Motor) 1934

baumotoren gab es in den folgenden Jahren, und die »Rheingold« wurde 1934 mit seitengesteuerten 848 ccm V-Zweizylinder MAG-Motoren – einer Konstruktion des Engländers Bert Le Vack – geliefert.

Zwischen Imperia und der Dresdener Einbaumotorenfabrik von Bark (Nachfolgerfirma von Kühne) kam es nunmehr zu einer engen Zusammenarbeit, die u. a. auf dem Wunsch beruhte, an Stelle ausländischer Python-, MAG- und Villiersmotoren deutsche Erzeugnisse zu verwenden. Bark baute allerdings keine Rennmotoren, und da man bei Imperia sehr mit dem Sport verbunden war, konstruierte der Firmenchef, Dr.-Ing. Rolf Schrödter, mehrere unorthodoxe Rennmotoren in Gestalt von Zweitaktern, die er auch in kleinen Sport- und Rennwagen verwenden wollte.

348 ccm Imperia Doppelkolben-Zweitakt-Kompressor-Rennmotor 1935

An der Spitze seiner Neukonstruktionen stand ein 348 ccm Gegenkolben-Rennzweitakter, der zwischen zwei gegenüberliegenden Kolben einen zentralen Verbrennungsraum mit einer Zündkerze – nach dem System von Junkers – besaß. Er hatte zwei gegenüberliegende Kurbelgehäuse – unter und über dem Zylinder –, die mittels Kette gekoppelt waren, und die über dem luftgekühlten Zylinder liegende Kurbelwelle war auch noch mit einem Kompressor verbunden. Dieser komplizierte Motor hatte 57 mm Bohrung und 2 × 68 mm Hub. Er gab bei Alkoholbetrieb 40 PS ab, doch bevor er 1935 zum Renneinsatz kam, wurde Alkohol als Betriebsstoff bei Straßenrennen verboten. Mit Benzin-Benzol gefahren litt nicht nur die Leistung, sondern vor allem die Kühlung, und um diesen Motor wieder auf eine höhere Leistung und Zuverlässigkeit zu bringen, mußte viel Geld für Entwicklungsarbeiten geopfert werden.
Außer dieser 348 ccm Rennmaschine schuf Schrödter zur gleichen Zeit auch eine neue Sportmaschine mit einem 498 ccm Zweizylinder-Zweitakt-Blockmotor, dessen Zylinder horizontal und quergestellt waren. Er besaß Luftvorspülung, Ladegebläse, Trilox-Strömungs-(Flüssigkeits-)Getriebe und Kardanantrieb zum Hinterrad. Die Bohrung betrug 65 mm, der Hub 75 mm, und die Kurbelwelle war nur einmal gekröpft, während die Kolben muldenförmig ausgebildete Böden besaßen. Die Maschine hatte Öldruckbremsen und die seit 1933 bei Imperia eingeführte Gummibandfederung nach Neimann-Patenten. Zu diesen zwei sensationellen Motorradkonstruktionen gesellten sich auch die Sport- und Rennwagen, die ebenfalls mit neuen, von Dr.-Ing. Schrödter konstruierten Dreizylinder-Radial-Zweitaktmotoren von 748 ccm Hubraum ausgerüstet waren. Die Konstruktion, Produktion und Entwicklung so vieler unorthodoxer Konstruktionen war vom technischen Standpunkt höchst interessant, vom kommerziellen allerdings ein Unternehmen, das weit über die Kräfte dieser mittelgroßen Motorradfabrik ging. Besonders schwer lastete

498 ccm Imperia (Versuchsmodell) 1935

auf den finanziellen Möglichkeiten die Umstellung des 348 ccm Rennmotors von Alkohol auf Benzin-Benzol und die Entwicklung der stromlinienförmigen Karosserien für die Sport- und Rennwagen. Man muß dabei auch bedenken, daß die Fabrik gleichzeitig noch die laufende Motorradproduktion und die Rennaktivität finanzieren mußte.
Ideen und tüchtige Techniker und Rennfahrer gab es immer in der Bad Godesberger Fabrik. So baute man flexible Beiwagengespanne für Rennzwecke, und in der Firma arbeitete ab 1930 auch der frühere Rennfahrer und Konstrukteur von Standard, Dipl.-Ing. A. F. Dom, der mit dem Techniker Ernst Loof und mit Otto Kohfink, Wilhelm Schminke, Otto Schanz, Sebastian Roth, Walter Buttler, Gerd in der Elst, Willy Steiner, Berhausen, Colle, Scharrenbroich, Ehrlenbruch u. a. in den folgenden Jahren große Rennerfolge für Imperia errang. 1933 kam dann der Engländer Fergus Anderson zu Imperia, und auch Hein Thorn-Prikker begann seine große Laufbahn auf diesen Maschinen. Zahlreiche Straßen- und Bergmeisterschaften sowie Bahnrennen wurden damals auf Imperia-Maschinen gewonnen, wobei meistens Python-Motoren zum Einbau gelangten.
Diese Imperia-Python-Modelle sahen sehr sportlich aus und gehörten zu den schnellsten Maschinen in ihren Klassen. Auch die Fahrgestelle von Imperia galten als erstklassig, und es war ein großer Verlust für die deutsche Motorradindustrie und den Sport, als man in Bad Godesberg Ende 1935 aus finanziellen Gründen den Motorradbau vollkommen einstellen mußte. Das war auch der Grund, daß Dr.-Ing. Rolf Schrödters sensationelle Neukonstruktionen ein unerfüllter technischer Traum blieben, da niemand die Weiterentwicklung derselben übernahm.

INDUS

Industria Gesellschaft für technischen Bedarf mbH, Berlin W 35,
Potsdamer Straße 118

Die Indus war eine interessante, 1924 entstandene Konstruktion, bei welcher sowohl Vorder- als auch Hinterrad bei einigen Versionen durch halbelliptische Blattfedern abgefedert waren. Diese Maschinen besaßen auch bereits Innenbackenbremsen, Steckachsen und moderne Stahlrohrrahmen. Als Antriebsquelle wurde zunächst der 348 ccm ohv-Kühne-Einbaumotor verwendet, später wurde dieser durch obengesteuerte 348 und 498 ccm JAP-Motoren und den 496 ccm ohc-Motor von Küchen ersetzt. Mit bekannten Ber-

348 ccm Indus (Sportmodell) 1924

liner Rennfahrern, wie Erich Tennigkeit, Jule von Krohn und Fritz Engler, war die Indus auch bei Rennen ein gefürchteter Gegner.

J. A. K.

Kraftfahrzeuge J. A. Kraut, Gochsheim bei Schweinfurt/Unterfranken

Von 1922 bis 1925 baute Kraut Leichtkrafträder, wobei seine Firma die Fahrgestelle lieferte und Spezialfabriken die Motoren. Hauptsächlich verwendet wurden Einbaumotoren von DKW mit 119, 142 und 173 ccm sowie der 129 ccm Bekamo-Zweitakter mit dem Hilfskolben im Kurbelgehäuse.
Die handwerksmäßige Produktionsweise ermöglichte den Einbau fast aller erhältlichen Kleinmotoren, doch konnte auch diese J.A.K. auf keinen allzu großen Kundenkreis hinweisen.

JALE

Motorradbau Jale, Inhaber Jakob Lehner, München

Lehner gehörte zu den harten Zweitaktliebhabern, und seine zwischen 1923 und 1925 hergestellten 170 ccm Leichtkrafträder erschienen in verschiedenen Versionen auf dem Markt, wobei nicht zwei seiner Maschinen ganz identisch waren. Auch er baute jede Maschine in seiner kleinen Werkstatt, und es war ihm daher möglich, Änderungen ohne Schwierigkeiten vorzunehmen.
Zuletzt gab es sogar eine wassergekühlte Jale, bei der sich der Kühler im Tank befand (besser gesagt, knapp vor dem Tank). Eine große Popularität errang jedoch auch diese Marke nicht.

JAVON

J. A. Vogler, Motorfahrzeugbau, Nürnberg-Zabo, Rohrmattengasse 16

Die internationale Wirtschaftslage brachte Ende der zwanziger Jahre zahlreiche Motorradhersteller zur Schließung des Unternehmens, und gerade in dieser Periode, 1929, begann die kleine Nürnberger Fabrik mit der Konfektion der Javon, die mit 198 ccm Zweitaktmotoren und mit 198 und 498 ccm sv-Motoren von JAP ausgerüstet wurde. Auf Wunsch konnten auch andere Einbaumotoren in Voglers einfache Stahlrohrrahmen gesetzt werden. 1932 schloß die Firma ihren Betrieb.

JOOS

Joos Söhne & Co., Maschinenfabrik, München, Schöttlstraße

Diese Maschinenfabrik gehörte zusammen mit Firmen wie Hildebrand & Wolfmüller, Adler, Dürkopp, NSU, Wanderer, Progress, Brennabor etc. zu den Pionieren des Motorradbaues in Deutschland. Schon 1900 baute man dort Motoren und komplette Motorräder mit Zwillingszylindermotoren. Später kamen modernere Ein- und V-Zweizylindermaschinen mit eigenen Motoren hinzu, und erst um 1907 herum verschwanden diese Maschinen vom Motorradmarkt.

J. S. L.

J. Schätzle, Fahrzeugfabrik, Liegnitz, Jauernstraße 67

Bei Schätzle wurden zunächst von 1923 bis 1925 Leichtkrafträder mit eigenen, ziemlich primitiv hergestellten 132 und 180 ccm Zweitaktmotoren gebaut. 1926 kam ein neues Modell mit dem 206 ccm DKW-Motor hinzu, doch bald darauf wurde die Produktion der J.S.L. aufgegeben. Diese Maschinen waren von konventioneller Bauart und besaßen einfache, offene Fahrgestelle und Zweiganggetriebe mit Riemenantrieb zum Hinterrad.

JUHÖ

Julius Höflich, Kraftfahrzeugwerk AG, Fürth, Rednitzstraße 26

Höflich war Kaufmann und kein Techniker, als er 1922 die Produktion der Juhö-Motorräder mit 195 ccm Zweitaktmotoren und 148 ccm Viertaktern mit seitengesteuerten Ven-

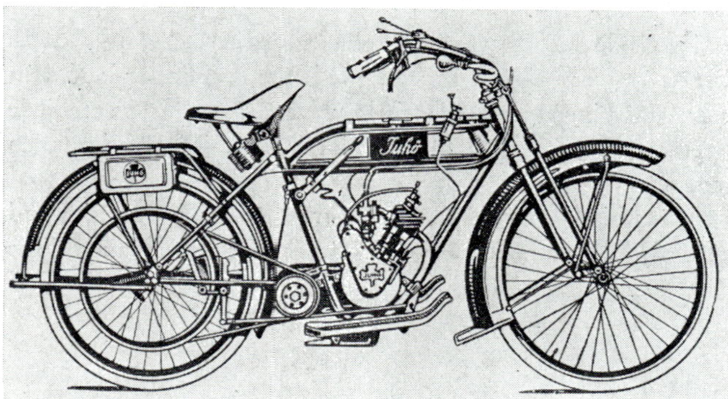

148 ccm Juhö 1923

tilen aufnahm. Die schlechte Qualität zwang ihn später, den Konstrukteur Dipl.-Ing. Leo Falk zu engagieren, doch konnte dieser die Situation auch nicht mehr retten, und als 1924 das Unternehmen nicht mehr weiterkonnte, wurden die Restbestände von den Dorko (D.W.B.)-Werken in Bamberg übernommen.

JURISCH

Karl Jurisch, Leipzig

Dieses Buch ist der deutschen Motorradindustrie und nicht Einzelpersonen gewidmet, die im Laufe der Jahre eine oder zwei Spezialmaschinen bauten. Die Jurisch-Rennmaschine des Jahres 1926 bildet eine Ausnahme, da sie nicht nur von großem technischen Interesse war, sondern weil Karl Jurisch selbst jahrzehntelang eine führende Rolle als Techniker, Industrieller und Sportsmann in Verbindung mit der deutschen Motorradindustrie spielte.

Jurischs Interesse galt vor allem Zweitaktmotoren, und noch bevor er diese Rennmaschine konstruierte, bestritt er zahlreiche Rennen und Wertungsfahrten mit Bekamo- und ande-

248 ccm Jurisch (Versuchs-Rennmaschine) 1926

ren Motorrädern. Sein Rennmotor war ein 248 ccm Doppelkolben-Zweizylinder mit 36 mm Bohrung und 60 mm Hub. Er besaß Wasserkühlung, einen Rotationskompressor, abnehmbare Leichtmetallköpfe und drehte bis zu 10 000 Umdrehungen pro Minute; eine unerhörte Leistung für die damalige Zeit. Leider gab es noch nicht die bestgeeigneten Werkstoffe für eine derartige fortschrittliche Konstruktion, und Jurisch war gerade bei der Überwindung der großen Probleme, das heißt bei der Weiterentwicklung dieser Rennmaschine, als wirtschaftliche Gründe ihn zwangen, den schweren technischen Kampf aufzugeben. Die Hauptprobleme bestanden in Materialbrüchen des Kompressors, thermischen Schwierigkeiten und mit der Zündung dieses hochtourigen Vierkolben-Zweitakters.

KARÜ

Stockdorfer Motorenwerk AG, Stockdorf bei München

Direktor und Miteigentümer dieser Firma, die auch S.M.W.-Motorräder baute, war Dr.-Ing. Karl Rühmer. Von den ersten zwei Buchstaben seines Vor- und Zunamens kam auch

398 ccm Karü (Bosch-Douglas-Motor) 1923

der Name Karü, wobei es sich um zwischen 1922 und 1924 hergestellte Maschinen mit dem 498 ccm Bosch-Douglas s.v. Zweizylinder-Boxermotor handelte, der damals von S.M.W. unter Lizenz gebaut und auch an andere Motorradproduzenten geliefert wurde. Rühmer schied 1924 aus dem Unternehmen aus, und das war auch das Ende der Karü, während die S.M.W. bis in die dreißiger Jahre hergestellt wurde. Dr.-Ing. Rühmer gründete 1925 eine neue Fabrik, wo er K.R.-Motorräder fabrizierte.

KATHO

Katho Motorradfabrik, Hamburg, Bramfelderstraße 111

Auch die Katho war nur ein Produkt der Inflationsperiode zwischen 1923 und 1925. Sie war ein Konfektionsmotorrad, das in kleinen Stückzahlen mit 198 ccm sv-Einbaumotoren von Spezialfirmen wie Gruhn, Alba, Struco usw. ausgerüstet wurde. Die Marke errang keinerlei Verbreitung.

K.C.

1. Kirchheim & Co., Magdeburg-Neustadt, Nachtweide 89
2. Kirchheim & Co., Magdeburg-Sudenburg, Walmbergsweg 21

Die K.C. von Kirchheim gehörte zu den interessantesten Zweitaktkonstruktionen der zwanziger Jahre. Im Gegensatz zu zahlreichen anderen Firmen baute man hier nicht nur Motoren und Motorräder, sondern konstruierte sie zunächst gut und entwickelte sie dann zu hoher Vollkommenheit. Das betraf vor allem den ab 1921 hergestellten Fahrrad-Hilfsmotor mit 105 ccm Hubraum, der 48 mm Bohrung und 58 mm Hub besaß und 1,4 PS abgab. Dieser Zweitakter benutzte schon damals einen Einlaßdrehschieber, der patentamtlich geschützt war.
1922 kam ein unorthodoxes 257 ccm K.C.-Motorrad auf den Markt. Es war ein 3 PS Zweitakt-Zweizylinder mit 51,5 mm Bohrung und 62 mm Hub und horizontalen, in Boxeranordnung liegenden Zylindern, Zweiganggetriebe und Riemenantrieb.
Motorräder mit in Längsrichtung eingebauten horizontalen Zweizylindermotoren – besonders Zweitaktern – litten unter thermischen Schwierigkeiten. Ob das der Grund war, daß diese K.C. keine weitere Verbreitung errang, ist unbekannt; der 105 ccm

257 ccm K.C. (Zweizylinder-Zweitakt) 1923

Hilfsmotor war dagegen eine sehr fortschrittliche Konstruktion. 1924 stellte auch K.C. die Produktion aus kommerziellen Gründen ein, nachdem kurz vorher auch noch ein Fahrrad-Einbaumotor, als Boxer-Zweitakter in Längsrichtung eingebaut, entwickelt und bereits propagiert worden war.

KENI

Keni Motorenbau Gesellschaft mbH, Berlin SW 68, Zimmerstraße 79–80

Keni Leichtkrafträder und Einbaumotoren konnte man an den eckigen Zylinder-Kühlrippen leicht erkennen. Ein weiteres Merkmal bestand darin, daß die Firma auf Wunsch ihre Maschinen mit Scheibenrädern lieferte. Es gab zwei Modelle mit eigenen Dreikanal-

145 ccm Keni 1923

Zweitaktmotoren von 145 und 158 ccm Hubraum. Beide Versionen wurden ohne und mit Zweiganggetriebe geliefert. Die Motoren waren nach vorn geneigt eingebaut und die Rahmen unten geschlossen. Die Produktionsperiode begann 1921 und endete 1925.

K.G.

1. Motorfahrzeugbau Gebrüder Krieger, Suhl/Thüringen
2. Cito-Werke Aktiengesellschaft, Suhl/Thüringen
3. Köln-Lindenthaler Metallwerke AG., Köln-Lindenthal, Neuenhöfer Allee 90
4. Paul Henkel, Fahrradbau, Mäbendorf bei Suhl/Thüringen

Die K.G. war eine der führenden deutschen Maschinen der zwanziger Jahre. Bereits 1919 taten sich die drei Brüder Peter, Oskar und Max Krieger – von Beruf Mechaniker und Flieger im ersten Weltkrieg – mit dem Modelltischler Franz Gnädig zusammen und konstruierten eine für damalige Verhältnisse sehr gute und moderne Einzylindermaschine. Sie hatte einen obengesteuerten 499 ccm Blockmotor mit 80 mm Bohrung und 100 mm Hub, ein Dreiganggetriebe und Kardanantrieb zum Hinterrad und hatte das Auslaßventil auf der Rückseite des Zylinderkopfs, den Kolben und das Kurbelgehäuse aus Aluminium, Umlauf-Druckschmierung und eine Innenkonus-Kupplung. Das steife und robuste Fahrgestell bestand aus einem im Dreieck-Verband konstruierten Doppelrahmen. Beide Bremsen wirkten auf das Hinterrad.

498 ccm K.G. (Krieger-Gnädig) 1922

Das Erscheinen dieser Maschine war eine Sensation auf dem Motorradmarkt, und die Gebrüder Krieger, für eine größere Produktion nicht eingerichtet, übergaben 1921 die Herstellung der K.G. (K für Krieger und G für Gnädig) den ebenfalls in Suhl befindlichen Cito-Werken, die zu Cito in Köln-Klettenberg gehörten. Es fehlte damals keinesfalls an Aufträgen, da es sich hier um gute und robuste Maschinen handelte, die sich auch bei sportlichen Wettbewerben auszeichneten.
Trotzdem kamen 1923 die Cito-Werke in finanzielle Schwierigkeiten und wurden von Allright, das heißt von der Köln-Lindenthaler Metallwarenfabrik, übernommen und die K.G. Motorradproduktion zum Teil nach Köln verlegt, wo man bereits die Allright-Motorräder mit eigenen Zweitaktmotoren und englischen JAP-Viertaktmotoren herstellte. So kam es, daß aus der Cito-K.G. nunmehr die Allright-K.G. wurde. Die Gebrüder Krieger und Gnädig gingen nicht mit an den Rhein. Dafür wurde die K.G. von einem tüchtigen Ingenieur, Rudy Albert, umkonstruiert und modernisiert. So besaß die Original-K.G. einen Kardanantrieb, der unter zwei Winkeln – von unten nach oben und von innen

498 ccm K.G. (Krieger-Gnädig) 1923

nach außen – lief. Albert entwickelte einen geraden und besseren Kardanantrieb – und die bereits mit Satteltank ausgerüstete Konstruktion bekam auch eine gute Parallelogramm-Tiger-Federgabel, die von ihm geschaffen wurde. (Vorher hatten die Modelle eine Blattfedergabel.) Verlegt wurde am Motor auch der Auspuff, der nunmehr zwecks besserer Kühlung des Auslaßventils nach vorn kam, während der Vergaser auf die gegenüberliegende Seite am Zylinder wanderte.
1927 entschied sich die Kölner Fabrik, den Motorradbau ganz aufzugeben, und die K.G. wanderte zurück in ihre thüringische Heimat, zur Fahrradfirma von Paul Henkel in Mäbendorf bei Suhl. Damals wurde sie fast nur noch wegen ihres guten Rufs besonders von der Landbevölkerung erworben; technisch und leistungsmäßig war sie schon etwas veraltet. Henkel baute sie auch nur noch in kleinen Stückzahlen, und um den Umsatz zu vergrößern, schuf er 1929 ein neues »Brot und Butter«-Modell in Form einer modernen seitengesteuerten 198 ccm Maschine mit dem englischen Blackburne-Einzylindermotor. An dieser handwerksmäßig hergestellten Maschine war alles nach orthodoxen Linien gebaut. 1932 war es dann aber wirklich mit der K.G. aus, und Henkel selbst ging mit seiner Marke einen Weg, von dem es kein Zurück mehr gab. Ein tragisches Ende einer einst sehr beliebten Marke.

499 ccm K.G. (Henkel-K.G.) 1929

Obwohl vor allem als Bauernmotorrad gedacht, bewährte sich in den Jahren bis 1926 die K.G. auch bei Rennen und Wertungsfahrten. Max und Oskar Krieger fuhren sie selbst bei Rennen wie z. B. 1922 auf der Avus, und später gab es nicht nur ein Suhler K.G.-Team mit Walter Hemming, Paul Greifzu und Cotting, sondern auch ein Allright-K.G.-Team aus Köln mit Wilhelm Kniebecke, Paul Roggenbuck, Faust, Ehrlenbruch und anderen Fahrern. Franz Gnädig, der sich 1924 selbständig machte, baute 1925 in Berlin die obengesteuerten 348 ccm Gnädig-Maschinen und ging dann zu Kühne bzw. Diamant; einer der Brüder Krieger – ich glaube Max – ging zu Victoria nach Nürnberg und fuhr für diese Fabrik auch Rennen, während seine Brüder in Suhl eine eigene Neuproduktion unter der Marke »Original-Krieger« begannen, wobei man seitengesteuerte englische 348 ccm Blackburne-Motoren in – der K.G. ähnliche – Fahrgestelle hängte. Doch kam es zu keiner größeren Produktion dieser Maschinen, die für Krieger in der damaligen Suhler Waffenschmiede von Schilling – wo man die Rennsteig-Motorräder baute – hergestellt wurden.

KILLINGER & FREUND

Killinger & Freund, München

Mit der Jurisch aus dem Jahre 1926 hatte die von den Hochschulstudenten Killinger und Freund 1938 gebaute Zweitaktmaschine gemeinsam, daß beide nur in einem Exemplar gebaut wurden. Daß die K. & F. doch hier erscheint, hängt nur mit ihrer unorthodoxen Konstruktion zusammen.

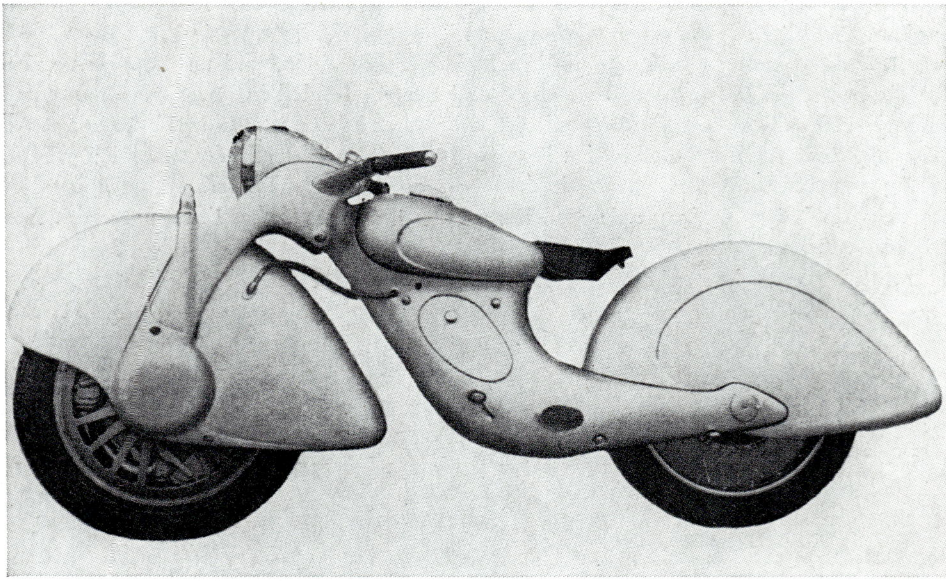

Killinger & Freund Versuchsmodell 1938

Sie war technisch interessant, weil sie eine moderne Version der seligen Megola von Fritz Cockerell darstellte. Sie besaß eine stromlinienförmige »Karosserie« mit glatten Linien und einem sternförmigen, dreizylindrigen Tangential-Zweitaktmotor, der ins Vorderrad – wie 15 Jahre vorher bei der fünfzylindrigen Megola – eingebaut war. Es handelte sich um eine interessante Bastelei, die leider infolge fehlender finanzieller Mittel und infolge des Schell-Plans nie weiterentwickelt und gebaut werden konnte.

KING-JAP

Motorradfabrik Fritz Baumann, Augsburg

Der gute Ruf englischer Motorräder veranlaßte zahlreiche kontinentale Motorradfirmen, englische Namen zu verwenden. Und englischer als ein King und ein JAP-Motor war nichts auf der Welt!
Diese King-JAPs gab es mit seiten- und obengesteuerten 198, 298 und 346 sowie 498 ccm Einzylindermotoren und typisch englischen, offenen Fahrgestellen, doch wurden in der Produktionsperiode von 1928 bis 1930 nur verhältnismäßig wenige dieser Maschinen hergestellt.

KLOTZ

Maschinenfabrik Eugen Klotz, Stuttgart, Bahnhofstraße 129

Bei Klotz konzentrierte man die Produktion auf eine schöne und auch gut ausgeführte 249 ccm Zweitaktmaschine mit 63 mm Bohrung und 80 mm Hub. Sie besaß einen Dreikanal-Nasenkolbenmotor mit außenliegender Schwungscheibe, der 5,5 PS bei 2000 U/Min. abgab. Als Fahrgestell wurde ein tiefer, geschlossener Stahlrohrrahmen verwendet, während je nach Wunsch Zwei- oder Dreiganggetriebe von Sturmey-Archer geliefert

249 ccm Klotz 1925

werden konnten. Der Hinterradantrieb erfolgte durch Keilriemen. Die erste, 1924 hergestellte Version der Klotz hatte nur 3,5 PS, doch wurde dieser Motor weiter entwickelt und auch das Fahrgestell modernisiert, und 1925 gab es schon Innenbackenbremsen in beiden Rädern. Die Erfahrung der Herstellungsfirma im Maschinenbau konnte man an dieser netten Konstruktion fast bei allen Teilen erkennen, doch wurde auch diese Maschine nach 1926 nicht mehr hergestellt. Württembergische Rennfahrer, wie Erich Blind und Fritz Gebhardt, fuhren Klotz-Motorräder auch bei sportlichen Veranstaltungen mit Erfolg.

K. M. B.

Kölner Motorrad- und Maschinenfabrik Fr. Becker, Köln/Rhein, Lindenstr 14

Becker war nicht nur Chef von K.M.B., sondern auch mit der Köln-Kalker Maschinenfabrik – bis 1926 Hersteller der Imperia-Motorräder – eng verbunden. Die K.M.B.-Modelle waren robuste Einzylindermaschinen mit eigenen 4,2 PS Zweiventil- und 5,5 PS Vierventilmotoren. Adolf Esch, später Hersteller der Esch-Rekord Motorräder, errang zahlreiche Erfolge auf K.M.B.-Maschinen, die von 1924 bis 1926 hergestellt wurden.

K. M. S.

Kunz & Müller, Motorradwerk, Stuttgart, Militärstraße 88 b

Hans Grade schien mit seinen Grade-Zweitaktmotoren in der Stuttgarter Gegend gut Fuß gefaßt zu haben, denn außer Auto-Ell verwendete auch K.M.S. diese 142 ccm Dreikanalmotoren in Leichtkrafträdern. Die 1922 begonnene Produktion wurde 1924 durch ein neues Modell mit einem eigenen 194 ccm ohv-Motor, dessen Ventile schräg hängend angeordnet waren, bereichert, doch verschwand auch diese Marke bereits 1926 vom überfüllten deutschen Motorradmarkt.

KÖBO

Köhler & Bovenkamp, Maschinenfabrik, Barmen-Hatzfeld

Bei dieser Firma handelte es sich nicht, wie oft der Fall, um eine kleine Werkstatt, die plötzlich mit dem Bau von Motorrädern begann, sondern um ein größeres Unternehmen, das später als Hersteller aller Arten von Ketten eine große Kundschaft gewann. Köbo-Motorräder jedoch waren zwischen 1923 und 1926 hergestellte 276 ccm Zweitakter mit 70 mm Bohrung und 72 mm Hub, die keinerlei größere Verbreitung errangen. Die Fabrik wurde später nach Wuppertal verlegt.

KOFA

Motor- & Fahrradbau Kofa A.G., Nürnberg, Neutorstraße 10

In Nürnberg war es in den zwanziger Jahren nicht schwer – falls man Kapital besaß –, Motorräder zu fabrizieren. Es gab dort zahlreiche Spezialfirmen, wo man fast alle Teile billig erwerben und dann in einer Werkstatt konfektionieren konnte. Auch die Kofa der Jahre 1923–1925 gehörte zu diesen Konfektionsmaschinen, wobei ein 289 ccm Dreikanal-Zweitakter mit einem Zweiganggetriebe zum Einbau in einen einfachen Stahlrohrrahmen kam.

KOLIBRI

Weka G.m.b.H., München, Isarthalerstraße 44a

Der Kolibri war ein 110 ccm Fahrrad-Einbaumotor mit Kettenantrieb, Kupplung und Übersetzung, der über dem Vorderrad normaler Fahrräder angebracht wurde. Es war eine nette und beliebte Konstruktion, die – im In- und Ausland ziemlich verbreitet – von 1923 bis 1930 in größeren Stückzahlen gebaut wurde.

KONDOR

Kondor A.G. für Kraftfahrzeuge, Berlin N.W. 6., Schiffbauerdamm 15

Auch diese Firma konnte nicht zurückstehen und baute von 1924 bis 1925 zwei Motorradmodelle, wobei 3,5 PS Simplex-Zweitaktmotoren und 3 PS Ideal-Viertakter mit seitengesteuerten Ventilen verwendet wurden. Es gab auch Kondor-Lastendreiräder, die eine viel größere Verbreitung fanden als Kondor-Motorräder und die bis 1928 hergestellt wurden.

KOSTER (K. S.)

Koster Motorfahrzeugbau A.G., Schwerin

Eine interessante und unorthodoxe Leichtgewichtsmaschine, die in den Jahren ihrer beschränkten Produktion, das heißt zwischen 1923 und 1925, nicht die Beachtung fand, die ihr – in rein technischer Beziehung – gebührte. Sie besaß einen Rohrrahmen, doch kein oberes Rahmenrohr, das durch einen am Steuerkopf ansetzenden viereckigen Tank ersetzt wurde. Gleich unter dem bequemen Sattel lag das Zweiganggetriebe, von dem eine völlig eingekapselte Kette zum Hinterrad ging. Der äußere Kettendeckel bildete hier eine harmonische Verlängerung des Kraftstoffbehälters. Dazu kamen breite, weit heruntergezogene Schutzbleche und Vollscheibenräder. Eine Schwinge mit Blattfeder diente zur Abfederung des Vorderrads.

144 ccm Koster (K. S.) 1925

Als Motoren wurden der 123 ccm Bekamo mit Hilfskolben und der 144 ccm Cockerell, beides Zweitakter mit liegenden Zylindern in luftgekühlter Ausführung, verwendet. Die Gesamtkonstruktion der Koster war nett und sah etwas der großen Mars mit dem Kastenrahmen ähnlich. Ein Handikap für die Firma war sicherlich die entlegene Produktionsstätte in Schwerin, die es einer kleinen Firma damals fast unmöglich machte, ganz Deutschland und nicht nur den eigenen Bezirk verkaufstaktisch zu erfassen.

K. R.

Maschinenfabrik Dr. Ing. Karl Rühmer & Co., München

Rühmers bei S.M.W. hergestellte Karü verschwand 1924, und 1925 gründete er diese neue Fabrik, wo er – ähnlich wie vorher – Motorräder konfektionierte. Als Einbaumotoren verwendete er die alten, schon 1923 aus der Produktion gegangenen 498 ccm Zweizylinder-Boxermotoren mit seitengesteuerten Ventilen von BMW und neben diesen Horizontalmotoren auch den großen 998 ccm V-Zweizylinder von MAG mit gegengesteuerten Ventilen. Beide Motoren waren sogenannte Ausverkaufstypen, und auch bei Rühmer gab es 1926 den letzten Ausverkauf, nachdem eine größere Nachfrage für seine K.R.-Motorräder nicht vorlag.

K.R.

1. Karl Ritzinger, Motorradbau, München, Schießstättstraße 12
2. Weinbeer & Ritzinger, Motorradbau, München, Schießstättstraße 12

Ob zwischen Rühmers K.R. und der K.R. von Ritzinger eine Verbindung bestand, ist unbekannt, doch hatten beide Marken nichts – bis auf den Namen und den Herstellungsort – gemeinsam. Ritzingers K.R. wurde von 1930 bis 1933 in drei Versionen hergestellt; mit 198 ccm sv- und ohv- und mit 298 ccm sv-Einbaumotoren von JAP in London. Infolge der Wirtschaftskrise am Beginn der dreißiger Jahre kam es nie zu einer größeren Produktion.

KREIDLER

Kreidler Fahrzeugbau, 7014 Kornwestheim bei Stuttgart

Die Konzentration auf Kleinkrafträder – ursprünglich Mopeds – mit eigenen 49 ccm Zweitaktmotoren erwies sich bei Kreidler sowohl in technischer als auch kommerzieller Beziehung als ein Erfolg. 1951 wurde das erste Modell gebaut. Es hatte 38 mm Bohrung

49 ccm Kreidler Florett (Mokick) 1965

und 44 mm Hub, leistete 2,2 PS bei 5000 U/Min., besaß eine eigene Telegabel und 26x2 Bereifung. Dazu kamen eine kupplungslose Zweigangschaltung und ein Normverbrauch von 1,5 Litern auf 100 km. Der Verkaufspreis dieser ersten Kreidler betrug DM 565.–, und sie fand infolge ihrer schönen Konstruktion und gediegenen Ausführung sowie ihres leistungsfähigen Motors bald eine große Beliebtheit.

Vier 49 ccm Kreidler-Modelle gab es 1954. Ein billiges Moped für DM 455.–, ein verbessertes und leistungsfähigeres Motorfahrrad für DM 588.– (Luxusausführung DM

49 ccm Kreidler Florett (Motorrad) 1966

620.–), ein Kleinmotorrad mit Kickstarter und Fußrasten für DM 668.– und einen Kleinroller, dessen Preis DM 865.– betrug. Ein großer Erfolg war später das Modell »Florett« mit 40 mm Bohrung und 39 mm Hub, das 3 PS bei 5500 U/Min. abgab. Diese schöne und moderne Konstruktion fand große Verbreitung, die durch den leistungsfähigen und dabei sparsamen Motor noch vergrößert wurde. Diese mit Gebläsekühlung ausgerüstete Florett besaß ein Dreiganggetriebe, kräftige Bremsen und eine erstklassige Abfederung, die auf Schwingen und ölgedämpften langhubigen Federbeinen vorn und hinten beruhte.
Im Jahre 1959 war jedes dritte im Bundesgebiet gebaute Motorrad ein Kreidler-Florett, und der Marktanteil von Kreidler in der 50 ccm Klasse betrug schon 63 %, die später noch erhöht wurden. Ständige Entwicklungsarbeit brachte die Leistung auf 4,2 PS, und mit einem fußgeschalteten Vierganggetriebe und Preßrahmen ausgerüstet, kostete sie 1962 den Betrag von DM 986.– und DM 1095.– als Super-Florett. Aus dem einfachen Motorfahrrad von 1951 wurde ein richtiges, modernes Leichtkraftrad.
Kreidler begnügte sich aber nicht nur mit technischen und kommerziellen Erfolgen. Chef-

50 ccm Kreidler (Florett RS) 1971

ingenieur Hilber schuf auch erstklassige 49 ccm Rennzweitakter, die, von Fahrern wie Hans-Georg Anscheidt, Rudolf Kunz usw. gesteuert, große Erfolge für die ambitionierte Fabrik errangen. Besonders sei hier auf die 1965 aufgestellten Weltrekorde hingewiesen, wobei ein wassergekühlter 49 ccm Zweitakt-Rennmotor, der bei Alkoholbetrieb 15 PS bei 15 000 U/min. abgab, verwendet wurde. Man entwickelte auch aus Produktionsmodellen Geländesportmodelle, und die 1965 herausgekommene Kreidler-Mustang war eine moderne Version mit 5,2 PS bei 7600 U/min. für diesen Zweck. Es ist kennzeichnend für Kreidler, daß diese Fabrik immer mehr vorankam, als zahlreiche andere Produzenten vom Markt verschwanden.

KRIEGER (ORIGINAL-KRIEGER)

Gebrüder Krieger, Suhl in Thüringen, Rimbachstraße 37

Die Krieger-Gnädig-Geschichte ist eine lange und komplizierte Story. Sie begann 1919, als die erste K.G. geschaffen wurde, sie ging weiter, als man bei Cito die K.G. baute, und führte dann zu Allright's K.G., die ab 1927 die Henkelsche K.G. wurde. Das Ende der Cito-K.G. (1923) brachte aber auch das Ende der Zusammenarbeit der Gebrüder Krieger mit Franz Gnädig, die sich nunmehr getrennt als Motorradhersteller etablierten. Gnädig ging nach Berlin und schuf dort 1925 die 348 ccm ohv-Gnädig, während die Gebrüder Krieger in Suhl blieben und dort die neue Krieger, die auch Original-Krieger und K-2 genannt wurde, bauten.
Diese neue Kriegerkonstruktion sah der alten K.G. sehr ähnlich – bis auf den Motor. Sie hatte den alten Dreiecksrahmen mit Satteltank, das Dreiganggetriebe mit dem Kulissenschalthebel in der Mitte des Brennstoffbehälters, die Blattfedergabel. Der erfolgreiche 500 ccm ohv-Blockmotor mit Kardanantrieb wurde jedoch nun durch den seitengesteuerten 348 ccm Blackburne-Einzylindermotor ersetzt, wobei nunmehr eine Kette zum Hinterrad führte. Nachdem alle Zeichnungen, Rechte, Patente, Modelle usw. der K.G. von Allright erworben wurden, mußten die Gebrüder Krieger hier wieder ganz von vorn anfangen und benützten dabei als Produktionsstätte die alte Waffenschmiede von Hermann Schilling in Suhl, wo man die Rennsteig-Motorräder herstellte; und als dann 1926 nach einjähriger Bauzeit auch die 348 ccm Krieger (Original-Krieger-K-2) zu existieren aufhörte, da nahmen Schillings Rennsteig-Fahrgestelle eine große Ähnlichkeit mit Kriegers Konstruktionen an, da die Brüder Krieger, soweit bekannt, an Schilling alles, was mit der »Original-Krieger«-Produktion zusammenhing, übergeben hatten. Eine etwas komplizierte Geschichte.

KROBOTH

Fahrzeug & Maschinenbau Gustav Kroboth, Seestall/Lech

Der Konstrukteur und Hersteller dieser deutschen Nachkriegsroller war Gustav Kroboth, der schon in den zwanziger Jahren in der Tschechoslowakei erfolgreich an Rennen auf Roconova- und Gillet/Herstal-Maschinen teilnahm und später, in den dreißiger Jahren, in Sternberg in Mähren Favorit- und Kroboth-Kleinautomobile herstellte. Ende der vierziger Jahre begann er in seiner neuen Heimat in Deutschland mit dem Bau von unorthodoxen Rollern, die etwas eckige Vollkarosserien und 98 ccm Sachs-Zweitaktmotoren besaßen. Später kamen auch Versionen mit dem 147 und 173 ccm-Sachs-Zweitaktmotoren hinzu. Bemerkenswert der Stahlrohrrahmen, die Telegabel und die rückwärtige Blattfederung sowie eine spezielle Nabenkonstruktion. Diese handwerksmäßig hergestellten Roller waren ziemlich teuer in der Herstellung, und als große Firmen solche Fahrzeuge in Großserien auf den Markt brachten, war kein Bedarf mehr für den Kroboth (1954).

KRUPP

Friedrich Krupp A.G., Abt. Motorbau, Essen/Ruhr

Krupps Motorroller (oder »Motorläufer«, wie man solche Fahrzeuge damals nannte) entstand 1919 knapp vor dem ersten Weltkrieg. Es war ein Kleinroller mit nur 130 cm Länge und einem 185 ccm-Viertakt-Einzylindermotor, der auf der linken Seite über dem

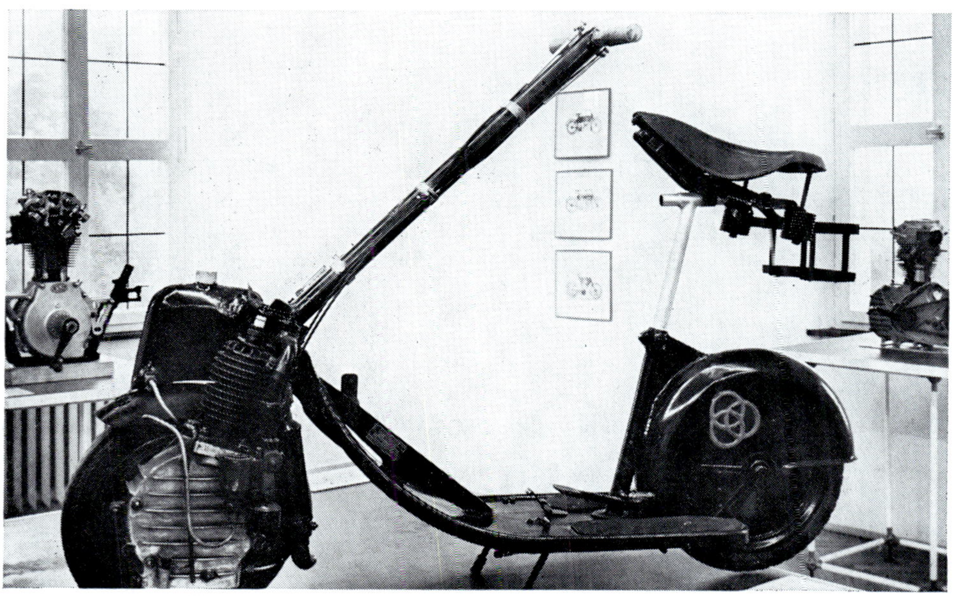

185 ccm Krupp (Roller) 1919

kleinen Vorderrad angebracht war. Ein verbessertes 198 ccm Modell mit 60 mm Bohrung und 70 mm Hub ging 1921 in Produktion, doch war die große Rollerzeit noch nicht gekommen, und selbst Krupps technische und kommerzielle Möglichkeiten konnten eine größere Verbreitung dieser Fahrzeuge nicht erzwingen. Zusammen mit anderen Motorläuferkonstruktionen, wie den Postler-, Tautz- und auch den Lomos- und Golem-Sesselmotorrädern, verschwand der Krupp 1922 vom Markt.

K. S. B.

K.S.B. Fahrradbau Kurt Schiebach, Bautzen, Sedanstraße 15–17

Von 1924 bis 1929 konfektionierte Schiebach Motorräder. Zunächst mit 142 und 173 ccm-DKW-Zweitaktmotoren, später auch mit 348 ccm-Kühne- und 248 ccm-Blackburne-

Motoren, wobei der Kühne obengesteuert und der Blackburne seitengesteuert war. Seine letzten K.S.B.-Varianten besaßen 246, 346 und 498 ccm sv- und ohv-Motoren von JAP. Es handelte sich um gut ausgeführte Maschinen, die, in kleinen Stückzahlen – hauptsächlich auf Bestellung – hergestellt, kaum mehr als lokale Bedeutung errangen.

K. & K.

Kuhlmann & Könecke, Blech- und Eisenwerk, Lehrte/Hannover

Bei dieser Firma verstand man sicherlich etwas von Blech und Eisen, aber obwohl man derartiges Material auch für den Motorradbau benötigt, genügten doch die Kenntnisse und Erfahrungen dieses Unternehmens nicht, gute Motorräder herzustellen. Man baute dort in den Jahren 1924 und 1925 kleine 170 ccm- und auch 289 ccm-Zweitaktmaschinen, die weder eine größere Verbreitung noch irgendwelche Beliebtheit errangen.

KULI

Georg Kulitzky, Fahrzeugwerke, Berlin S 14, Stallschreiberstraße 57

Kulis sind Lastenträger, und deshalb, wegen ihrer angeblichen Kraft, bekamen die in Berlin hergestellten 145 und 198 ccm-Zweitakter diesen Namen. Ob sie ihn ehrlich verdienten, ist dem Verfasser unbekannt, doch zeigt die kurze Produktionsperiode (von 1922 bis 1924), daß es sich um keine außergewöhnliche Konstruktion gehandelt haben kann.

KURIER

Curt Hanfland G.m.b.H., Berlin W 62, Bayreutherstraße 7

Hanfland, der auch der Autor eines bekannten Motorradbuchs und Hersteller der nach ihm benannten Hanfland-Motorräder war, gehörte zu den erfahrenen Motorradkonstrukteuren Deutschlands. Er verlegte sich nicht auf unorthodoxe Konstruktionen, sondern auf die Entwicklung erprobter Motoren, wobei es sich beim Kurier um Drei-

147 ccm Kurier 1923

kanal-Nasenkolben-Zweitakter mit 55 mm Bohrung, 65 mm Hub und 147 ccm Hubraum handelte. Diese Motoren wurden in verstärkte Fahrradgestelle nach vorn geneigt eingebaut, doch besaßen die letzten Versionen schon richtige Leichtmotorradfahrgestelle, die allerdings noch mit Tretlagern ausgerüstet waren. Die Herstellungsperiode der Kurier reichte von 1921 bis 1924. Die Firma lieferte auch Einbau-Zweitakter an andere Produzenten. Nach Torschluß entwickelte der Konstrukteur seine Hanfland-Zweitakter.

K.V.

Kraftfahrzeugvertrieb G.m.b.H., Selb/Oberfranken (Bayern)

Die 1924 in 197 ccm ohv-Form entstandene K.V. gehörte zu den primitivsten Konstruktionen einer Periode, in welcher es zahlreiche schlechte Maschinen auf dem deutschen Motorradmarkt gab. Der selbsthergestellte Blockmotor besaß 58 mm Bohrung und 74 mm Hub, eine außenliegende Schwungscheibe und ein Zweiganggetriebe und gab 2,75 PS bei 2500 U/min. ab. Diese Maschine wurde 1925 durch ein etwas verbessertes 246 ccm Modell mit 68 mm Bohrung und Hub ersetzt, doch konnte sich auch diese Konstruktion nicht durchsetzen, und bald darauf verschwand die K.V. ganz von der Bildfläche.

K.Z.

K.Z. Fahrzeugwerk, Fürth-Burgfarrnbach

Auch diese K.Z. gehörte zu den Eintagsfliegen der mittleren zwanziger Jahre in Deutschland. Sie entstand 1924, als sie mit 198 ccm Alba-Einzylindermotoren mit seitengesteuerten Ventilen gebaut wurde. 1925 kam eine 348 ccm ohv-Version hinzu, deren Motor bei Kühne in Dresden entstand. Bald darauf wurde der Weiterbau der K.Z. eingestellt.

L.D.R.

Lindenmeier Motorradfabrik Gebr. Herz, Augsburg, Stefanienstraße 26

Die L.D.R. war möglicherweise kein hochklassiges Motorrad, doch besaß sie für ihre Produktionsperiode (von 1922 bis 1925) einen niedrigen und robusten Rohrrahmen, in welchen ein eigener obengesteuerter 548 ccm Einzylindermotor mit 85 mm Bohrung und 97 mm Hub eingebaut war. Es handelte sich um einen Zweigang-Blockmotor mit Riemenantrieb zum Hinterrad. Soweit bekannt, baute die Fabrik nur dieses eine Modell.

LEBELT

Lebelt Fahrradwerk, Paul Lebelt, Wilthen/Sachsen

In Deutschland gab es in den zwanziger Jahren größere Motorradhersteller, wie D-Rad, DKW, NSU, BMW, Zündapp, Triumph, K.G., Victoria – mittelgroße Firmen, wie Hercules, U.T., Ardie, Standard, Imperia, Schüttoff, Megola, Windhoff, Mabeco – kleinere Produzenten, wie Klotz, S.M.W., Hecker, Avis-Celer, Cursy, Lutrau und ganz kleine, wie Lebelt, wo man 1925 Zweitakter mit 3,8 PS und seitengesteuerte Viertakter mit 4,6 PS in geringen Stückzahlen baute.

LEIFA

»Fama« Fahrzeug & Motoren A.G., Kiel-Friedrichsort

Fama hat hier nichts mit Famos zu tun, und beim besten Willen kann niemand behaupten, daß diese 1924–1925 hergestellten Zweitakt-Leichtkrafträder einen Anspruch auf irgendwelche Berühmtheit erheben konnten. Soweit zu erfahren, handelte es sich um kleine Viertakter mit 148 ccm sv-Einbaumotoren, die von verschiedenen Spezialfirmen bezogen wurden.

LEOPARD

Dietlein & Co., Magdeburg-Neustadt 3, Münchenhofstraße

Von 1922 bis Anfang 1926 fabrizierte man bei Dietlein Motorräder. Zunächst waren es 248 und 346 ccm-Zweitakter und später auch Modelle mit dem 247 ccm ohv-Sportmotor von MAG, der nur von wenigen Firmen eingebaut wurde. Die ambitionierte Fabrik verblutete offenbar an den zahlreichen neuen Motorenkonstruktionen, die man 1925 schuf, wobei es sich nicht nur um eigene 248 und 348 ccm ohv-Versionen, sondern auch um Motoren mit Schiebersteuerung handelte. Diese wurden von Dietlein selbst und seinem Chefkonstrukteur Lutz geschaffen, doch sind keine näheren Daten über diese Konstruktionen vorhanden. Anfang der fünfziger Jahre wurden in England deutsche Leopard-Leichtkrafträder angeboten, die mit Dietleins Fabrik der zwanziger Jahre keinerlei Verbindung hatten; es handelte sich um Panther-Erzeugnisse aus Braunschweig, die aus markenschutzrechtlichen Gründen für den englischen Markt den Namen Leopard bekamen.

L. F. G.

1. Luftfahrzeug G.m.b.H., Berlin, W 62
2. Luftfahrzeug G.m.b.H., Seddin bei Stolp/Pommern

Diese Firma wurde durch die Reparatur von Luftschiffen, besonders von General Nobiles »Italia« vor ihrer Zerstörung am Nordpol, bekannt. Da sich jedoch Luftschiffe nicht genügend oft nach Stolp begaben, um dort repariert zu werden, begann man 1925 mit der Herstellung von luftschiffähnlichen, ganz verkleideten Zweitaktmaschinen, nachdem man schon 1921 ein motorisiertes Treibrad, das, an einem normalen Fahrrad angebracht, ein motorisiertes Fahrzeug schuf, konstruierte und bis 1924 in nicht sehr großen Stückzahlen baute. Dieses Treibrad besaß einen schräg stehenden 163,5 ccm Viertaktmotor mit 56 mm Bohrung und 66 mm Hub. Es hatte nur einen direkten Gang, Kettenantrieb und keine Kupplung. Das Ganze war nicht sehr gelungen.

LINSNER

Linsner Motoren A.G., München

Trotz großer Bemühungen gelang es dem Verfasser nicht, nähere Einzelheiten über die von dieser Firma hergestellten Fahrzeuge zu erfahren. Es ist auch unbekannt, in welcher Periode hier Motorräder gebaut wurden, doch dürfte dies in den Jahren zwischen 1922 und 1924 gewesen sein. Der Name ist nicht mit den von der Firma Linser in Reichenberg vor 1914 hergestellten Zeus-Motorrädern zu verwechseln.

LOMOS

1. Zschopauer Motorenfabrik J.S. Rasmussen A.G., Zschopau, Marienberger Str.
2. Eichler & Co., Berlin S.W. 11, Bernburgerstraße 23

Das 1921 bei DKW (Zschopauer Motorenwerke) entwickelte Golem-Sesselrad erwies sich als etwas zu primitiv und zu schwach, und so konstruierte man 1922 eine stärkere und verbesserte Ausführung, der man den Namen Lomos gab. Heute würde man derartige Sesselräder Roller nennen.
Der Lomos war seiner Zeit weit voraus, und noch 40 Jahre später wurden dieselben Grundprinzipien angewandt. Er hatte einen ganz offenen, aus Stahlblech hergestellten Rahmen und einen 142 ccm Zweitakt-Dreikanalmotor, der unter dem bequemen Klubsesselsitz nach hinten geneigt angebracht war. Ein Blech schirmte ihn gegen die Beine des Fahrers ab. Er hatte eine Friktions-Lederkupplung und Riemenantrieb zum Hinterrad. Die Räder hatten 14 Zoll Durchmesser, und das Gewicht des Lomos betrug 55 kg.
Jede Fahrzeugkategorie hat eine erfolgreiche Periode. Für Roller und ähnliche Fahrzeuge kam diese erst nach 1945, und auch der nette Lomos war kein großer Verkaufserfolg. Seine Erzeugung wurde zwecks Konzentration auf Leichtkrafträder und Einbaumotoren an Eichler & Co. nach Berlin übergeben, aber schon 1924 wurde dieses Fahrzeug nicht mehr hergestellt. Wie der Golem, besaß auch der Lomos eine Kurzschwinge zur Abfederung des Vorderrades. Illustrationen bei DKW, Seite 79.

LORD

Lord Motorradbau G.m.b.H., München, Hoffmannstraße 50

Der gute Ruf englischer Motorräder auf dem Kontinent führte oft zur Verwendung englischer Namen. So gab es in Belgien Lady- und Ready-Motorräder, in Österreich York- und Smart-Maschinen und in Deutschland außer der Gouverneur, Lloyd, Snob, Royal und King-JAP auch die von 1929 bis 1931 hergestellte kleine Lord, deren seitengesteuerter englischer 198 ccm JAP-Motor damals in Deutschland steuerfrei war. Die Wirtschaftskrise bereitete auch dieser Maschine ein Ende.

LORENZ

Ing. Arthur Lorenz, Stettin-Braunsfelde, Dunkerstraße 5

Auch Lorenz versuchte 1921 mit einem Sesselrad (Roller) ins Geschäft zu kommen, doch ging es ihm nicht besser als den Produzenten der Golem-, Krupp-, Postler-, Tautz- und Autoflug-Rollerkonstruktionen. Seine Maschine besaß einen 211 ccm Zweitaktmotor mit 62 mm Bohrung und 70 mm Hub, eine Konuskupplung und Schmierung mittels Handpumpe. Bereits 1922 schloß die Firma wieder die Tore.

LORENZ

1. Gebrüder Lorenz, Berlin-Neukölln, Kaiser-Friedrich-Straße 219
2. W. Lorenz, Berlin-Neukölln, Kaiser-Friedrich-Straße 219
3. W. Lorenz & W. Rettig Loretto Fahrzeugbau, Bln.-Chlbg., Kaiserdamm 90

Der Lorenz-Motor für Fahrräder gehörte zu den interessantesten und unorthodoxesten

126 ccm Lorenz (Zweizylinder-Hilfsmotor) 1923

Konstruktionen der zwanziger Jahre. Unorthodox, weil er ein liegender Zweizylinder-Boxermotor war, obengesteuerte Ventile besaß und nur 9 kg wog. Interessant, weil er mit 40 mm Bohrung und 50 mm Hub nur 126 ccm Hubraum hatte und innerhalb des Rahmendreiecks bei jedem Fahrrad mittels weniger Schellen angebracht werden konnte. Der Antrieb zum Hinterrad erfolgt mittels Keilriemen. Diese von 1921 bis 1924 gebaute Konstruktion von Gustav Wittig stellte wohl den einzigen in größeren Stückzahlen hergestellten Boxer-Zweizylinder-Fahrrad-Hilfsmotor dar.

LLOYD

1. Lloyd Maschinenfabrik G.m.b.H., Bremen, Rembrandtstraße
2. Lloyd Maschinenfabrik G.m.b.H., Bremen, Große Johannisstraße 225

Die Namen Lloyd und Bremen erinnern natürlich gleich an Hansa-Lloyd- und Borgward-Automobile, während die zwischen 1922 und 1926 hergestellten Lloyd-Leichtkrafträder identisch mit den Fix-Maschinen waren. Es handelte sich um solid gebaute 144 ccm Zweitakter mit 53,5 mm Bohrung und 66 mm Hub, die nach dem Dreikanalsystem arbeiteten. Als Fahrgestelle wurden geschlossene Rohrrahmen verwendet, während vom Zweiganggetriebe ein Keilriemen zum Hinterrad führte. Bemerkenswert, daß diese Maschinen serienmäßig mit elektrischer Beleuchtung ausgerüstet wurden, was in der damaligen Zeit nur selten der Fall war.

LLOYD

Ottmar Cramer Lloyd-Motoren-Werk und Kleinkraftradfabrik, Nürnberg, Untere Turmstraße 16 (später Poppenreutherstr. 56)

Eine kleine Firma mit einem langen Firmennamen, die 1923 mit 137 ccm Hilfsmotoren für Fahrräder den ohnehin schon übersättigten Markt bereicherte. 1924 kamen seitengesteuerte 298 ccm Viertakter und obengesteuerte 346 ccm Viertakter mit Einbaumotoren von JAP hinzu. Die Fahrgestelle dieser Modelle waren typisch englischer Bauart, und auch die meisten Zubehörteile wurden von englischen Firmen hergestellt. Cramers Motorräder, die in kleinen Stückzahlen handwerksmäßig gebaut wurden, waren auch unter dem Namen Ocra im Handel.

LUCAS

Otto Lucas & Co., G.m.b.H., Motorfahrzeugfabrik, Gotha

Das Beste an den 1924 erzeugten Lucas-Motorrädern war wohl der verwendete 129 ccm Bekamo-Motor mit dem Hilfskolben im Kurbelgehäuse. Die Firma stellte auch Maschinen mit eigenen 148 ccm ohv-Motoren her, doch konnten sich diese Konstruktionen nicht durchsetzen. Schuld daran waren zum Teil sicherlich die wenig formschönen Fahrgestelle, denen jedwede Harmonie fehlte und die einen sehr primitiven Eindruck machten.

LUPUS

1. Rudolf Wolf & Co., Berlin-Tempelhof, Ordensmeisterstraße 12/16
2. Lupus Motorenbau, Stuttgart, Landhausstraße 43
3. Lupus Motorradbau, Stuttgart, Böblingerstraße 91

Soweit zu erfahren, wurde die Lupus immer in Stuttgart gebaut, doch besaß die Berliner Firma Wolf & Co. zunächst das alleinige Verkaufsrecht. In dieser Periode blieb der Stuttgarter Produzent im Hintergrund, und erst als die Verbindung mit der Berliner Firma aufhörte, konnte die 148 ccm Lupus mit ihrem Dreikanal-Zweitaktmotor,

148 ccm Lupus 1925

der 56 mm Bohrung und 60 mm Hub hatte, direkt vom Erzeuger bezogen werden. Ausgerüstet mit Schubvorgelege- und Douglas-Zweiganggetriebe, besaß die Lupus eine außenliegende Schwungscheibe und ein konventionelles Stahlrohrfahrgestell. Der Antrieb zum Hinterrad erfolgte mittels Riemen. Die Produktion wurde 1926 eingestellt, nachdem die Maschinen drei Jahre lang auf dem Markt waren.

LUTRAU

Ludwig Traunspurger G.m.b.H., Walldorf/Baden

Schon 1922 erzeugte diese Firma elektrische Auto-Beleuchtungen, Anlasser, Scheinwerfer und anderes Zubehör. 1924 ging man dann zum Motorradbau über und stellte in den folgenden Jahren gut konstruierte 246 ccm und 346 ccm Dreikanal-Zweitakt-Einzylindermaschinen her, die als Resultat einer guten Weiterentwicklung 1927 eigene

348 ccm Lutrau 1928

Blockmotoren bekamen. Bemerkt sei, daß man 1925 bei Lutrau einen netten Kastenrahmen aus geschweißtem Stahlblech versuchte, bald jedoch wieder konventionelle Stahlrohrfahrgestelle verwendete. 1928 baute man ein seitengesteuertes 497 ccm-Einzylindermodell und bald darauf auch steuer- und führerscheinfreie 198 ccm-Zweitaktmaschinen, die wie alle bisherigen Lutrau-Motorräder eigene Motoren besaßen. Auch die verwendeten Zwei- und Dreiganggetriebe wurden im eigenen Betrieb konstruiert und gebaut. Die kleine Firma baute solide Bauernmotorräder und hatte mehr technische als sportliche Ambitionen, wobei auf eine gesunde Entwicklungsarbeit mehr Wert gelegt wurde als auf sensationelle und unorthodoxe Konstruktionen. Mit in Großserien gebauten Maschinen konnte die Firma allerdings nur schwer mithalten, und als dann die Wirtschaftskrise ihren Einfluß geltend machte, mußte Traunspurger 1933 den Motorradbau aufgeben.

LUTZ

1. Lutz G.m.b.H., Braunschweig-Querum
2. Lutz G.m.b.H., Braunschweig-Kralenriede

Bei Lutz baute man nicht nur kleine 58 ccm Einbaumotoren, sondern auch schon ab 1949

Kleinroller, die weder sehr schön noch sehr gut waren. Auf ihrer Seite stand die beginnende Rollermode und der große Bedarf an motorisierten und in jeder Beziehung ökonomischen Verkehrsmitteln. Die ersten Lutz-Roller wurden mit einem 58 ccm Zweitaktmotor ausgerüstet, doch kam später eine 173 ccm Version hinzu. Gebaut wurden ab 1951 auch 49 ccm Zweitaktmotoren mit 40 mm Bohrung und 39,5 mm Hub, mit denen auch eigene Mopeds ausgerüstet wurden; die älteren 59 ccm Versionen hatten 42 mm Bohrung und 42 mm Hub. Als Anfang der fünfziger Jahre die Konkurrenz stärker wurde, konnten die gebläsegekühlten Lutz-Motoren nicht mehr mithalten, und 1954 schied die Firma aus den Reihen der Roller- und Motorenhersteller aus.

LUWE

Ludwig Weber Motorfahrzeugbau, Freiburg/Breisgau, Schloßbergstraße 16

Weber gehörte zu den kleinen, aber guten Motorradkonfektionären der zwanziger Jahre. Seine ersten, 1924 gebauten Maschinen waren mit obengesteuerten 197 ccm Paqué-Einzylindermotoren ausgerüstet. 1925 folgte ein 348 ccm Modell mit dem ohv-Kühne-Motor, und dazu kamen bald 348, 498 und 746 ccm Versionen, deren gegengesteuerte Ein- und V-Zweizylindermotoren in Acacias bei Genf (von MAG Motosacoche) hergestellt wurden. Weber, der selbst seine Erzeugnisse bei sportlichen Wettbewerben steuerte, fabrizierte danach auch noch 348 und 498 ccm Einzylinder sv- und ohv-Maschinen mit englischen JAP- und Blackburne-Einbaumotoren, wobei er Fahrgestelle typisch englischer Bauart verwendete. Die letzten Luwe-Maschinen wurden 1928 hergestellt.

L. W. D.

Lippsche Werke A.G., Abt. Motorradbau, Detmold

Von 1923 bis 1926 bildete der Motorradbau bei den Lippschen Werken eine Seitenlinie, die man aufgab, als es bald mehr deutsche Motorradhersteller als Reichsmark gab! Diese vom Konstrukteur Paul Tsiris entwickelten Maschinen wurden in zwei Varianten mit 197 und 245 ccm-Motoren eigener Produktion hergestellt. Obwohl sie sich bei lokalen Veranstaltungen mit Tsiris und Franz Voigt auszeichneten, errangen sie doch keine sehr große Verbreitung.

MABECO

1. Max Bernhardt & Co., Berlin N.O. 55, Prenzlauer Allee 36
2. Mabeco G.m.b.H., Berlin N.O. 55, Prenzlauer Allee 36

Die Mabeco war ein schönes und gutes Motorrad. Als sie 1922 auf den Markt kam, war sie – bis auf die grüne Farbe und den Namen Mabeco am Tank – eine sehr gute Kopie der amerikanischen 598 ccm Indian »Scout«. Der zuverlässige und starke V-Zweizylinder Motor mit seitengesteuerten Ventilen saß in einem robusten Doppelschleifenrahmen, der seine Indian-Abstammung ebensowenig verleugnen konnte wie die blattgefederte Vordergabel und der große Pfannensattel.
1924 wurde auch noch die Farbe der Mabeco auf Indianrot geändert, und das brachte

748 ccm Mabeco (Rennmodell) 1926

Max Bernhardt & Co. in gerichtlichen Konflikt mit der Indian-Motorradfabrik in Springfield, Mass., U.S.A., die damals der größte Motorradproduzent der Welt war. Um den Folgen des Gerichtsverfahrens auszuweichen, wurde die Berliner Motorradfabrik reorganisiert, das heißt die Mabeco G.m.b.H. gegründet, deren Geschäftsführer Professor Max Bernhardt war. Hauptaktionär der Firma war allerdings die Firma Siemens & Halske, die schon vom Beginn der Mabeco-Produktion, das heißt von 1922 an, die Motoren und auch andere Teile baute und an Bernhardt lieferte. 1927 wurde dann Bernhardt von Siemens & Halske als Geschäftsführer entlassen – und bald darauf schloß man in der Prenzlauer Allee 36 die Tore für immer.

1925 hatte man allerdings neue Modelle geschaffen, die seitengesteuerte 746 ccm V-Zweizylindermotore besaßen und, obwohl der Indian-Konstruktion noch immer sehr ähnlich, doch teilweise eigene Wege gingen. Dazu kam 1926 auch noch eine in kleinen Stückzahlen hergestellte obengesteuerte 748 ccm V-Zylinder-Rennmaschine, die mit ihren vier Auspuffrohren nicht nur schnell aussah, sondern sich bei Rennen auch als sehr schnell erwies. Von 1923 bis 1927 fuhren zahlreiche berühmte Rennfahrer, wie Erich Tennigkeit, Hans Friedrich, Konrad Leimer, Heinrich und Herrmann Roßner, Peter Birnholz, Alfred

748 ccm Mabeco 1927

Pätzold, Gustav Gubela, Ralph Klein, Franz Heck, Karl Kozal, Ernst Reisdorf, Gustav Dierks u. a., Mabeco-Maschinen mit großen Erfolgen.
Um der Nachfrage nach kleineren Maschinen nachzukommen, beabsichtigte man 1925 bis 1926 auch den Bau einer 350 ccm Maschine. Bei Rennen sehr erfolgreich und berühmt war damals die 348 ccm Garelli, eine italienische Doppelkolben-Zweitakt-Einzylindermaschine. Man kopierte sie – auf Grund der Erfahrungen mit Indian – nicht, sondern versuchte, diese Motoren unter Lizenz herzustellen, und zu diesem Zweck kam der Techniker und Garelli-Rennfahrer Antonio Sbaiz auf einige Zeit nach Deutschland, wo er auch an sportlichen Veranstaltungen auf der neuen Mabeco-Garelli teilnahm. Nur wenige dieser Maschinen wurden in Berlin gebaut, doch wurden sie von Dierks, den Roßners etc. auch gefahren. Bei Mabeco war einige Zeit lang auch der bekannte Konstrukteur und Rennfahrer Curt Weichelt, der an der Entwicklung der verschiedenen 598 ccm und 746 ccm V-Zweizylinderversionen tätig war. Als dann 1927 das Ende der Mabeco kam, bedeutete dies einen großen Verlust für die deutsche Motorradindustrie, da diese robusten und guten Maschinen nicht nur in Sportkreisen beliebt waren, sondern auch mit Seitenwagen als Berliner Motorrad-Taxis große Verbreitung gefunden hatten und außerdem auch gern von wohlhabenderen Kunden auf dem Lande gekauft wurden.

MABRET

Max Brettschneider, Motorradbau, Hamburg, Lindenallee 18

Die Mabret gehörte zu den »Eintagsfliegen« der deutschen Motorradindustrie. 1927 wurde sie erstmalig gebaut, und 1928 verschwand sie schon wieder von der Bildfläche. Sie war ein in kleinen Stückzahlen hergestelltes – konfektioniertes – Motorrad mit typisch englischem Fahrgestell und 348 ccm sv und ohv sowie 498 ccm sv-Einbaumotoren von Kühne in Dresden.

MACO

Otto Maschke, Motorfahrzeugbau, Eisenach, Karlsplatz 13

Das kleine, in Thüringen liegende Eisenach hatte schon eine alte Tradition im Kraftfahrzeugbau, als 1921 Maschke mit seinen Maco-Leichtkrafträdern den Markt bereicherte. Er baute diese Maschinen handwerksmäßig in kleinen Stückzahlen bis 1926 und stattete sie mit 119, 142 und 173 ccm-Zweitakt-Einbaumotoren von DKW in Zschopau aus. Außerhalb ihres Herstellungsgebiets war die Maco nur wenig bekannt.

MAFA

Marienberger Fahrzeugfabrik Gebr. Sättler, Marienberg/Sachsen

Bei Sättler war so ziemlich alles sächsisch. Aus Sachsen kamen, als man 1923 den Motorradbau aufnahm, die ersten Motoren, und zwar DKW-Zweitakter mit 119, 142 und 173 ccm, und in Sachsen blieben auch die meisten Mafas, da deren Verbreitung nicht übers ganze Deutsche Reich reichte. Ab 1925 kamen aber auch in Sachsen hergestellte 348 ccm ohv und 500 ccm sv Kühne-Einzylindermotoren hinzu, und später wurden noch Varianten mit 206 und 246 ccm DKW-Zweitaktmotoren angeboten. 1926 schuf man einen eigenen 346 ccm Einzylinder-Schiebermotor, doch sind keine näheren Angaben über diesen bekannt. Fest steht, daß er aus dem Versuchsstadium nicht herauskam, und 1927 hörte man auch bei Sättler mit dem Motorradbau auf.

MAGNET

Magnet-Motoren A.G., Berlin-Weißensee, Lehderstraße 16–19

Magnet gehörte zusammen mit NSU, Progreß, Adler, Dürkopp, Brennabor, Wanderer, Allright, Fafnir etc. zu den Pionieren der deutschen Motorradindustrie, und die mit Friktionsscheiben-Leerlauf ausgerüsteten 3¹/₄ PS und 3¹/₂ PS Einzylinder- und 5 PS V-Zweizylinder Magnet-Modelle errangen bald eine große Popularität sowie Erfolge bei sportlichen Veranstaltungen. Die Produktion begann bereits 1901 und währte bis knapp nach dem ersten Weltkrieg, während welcher Periode die Firma nach Berlin-Halensee übersiedelte und im Laufe der Jahre zahlreiche andere Motorradkonstruktionen – in-

580 ccm Magnet 1906

klusive Parallel-Zweizylinder Viertaktmotoren im Jahre 1910 – sowie Kleinautomobile, die man damals Cyclecars nannte, baute. Die große Zeit von Magnet war jedoch vor 1914, während die Nachkriegsproduktion keine besondere Bedeutung erlangte und 1924 ganz zum Stillstand kam.

MAICO

1. Maico Motorrad- & Fahrradfabrik, Poltringen bei Tübingen/Württ.
2. Maico Werk W. & O. Maisch, Pfäffingen, Hauptstraße 29
3. Maico Fahrzeugfabrik G.m.b.H., Pfäffingen, Hauptstraße 29

Die Brüder Maisch begannen mit dem Motorradbau, als 90 Prozent der damaligen

Motorradproduzenten die Tore schließen mußten. Das war 1926. Klugerweise ließ man sich in keine technischen oder kommerziellen Abenteuer ein, sondern schuf im Rahmen der eigenen Möglichkeiten und der allgemeinen wirtschaftlichen Verhältnisse nur Leichtkrafträder mit 98 und 123 ccm Ilo-Einbaumotoren bis zum Krieg 1939. Es handelte sich hierbei um einfache und gut ausgeführte Maschinen.
Die große Zeit von Maico begann 1950, als man langsam zum Bau eigener Zweitakter überging und eine erfolgreiche Modellreihe mit 123, 148 und 173 ccm Einzylindermodellen schuf. Es waren dies sehr gut konstruierte und leistungsfähige Maschinen, die in verschiedenen Formen den Markt erreichten und ständig verbessert wurden. Bewiesen wurde die Qualität der Maico-Erzeugnisse durch große Erfolge bei den schwersten Wertungsfahrten und Moto Cross-Veranstaltungen, wobei Techniker und Fahrer wie Ulrich Pohl, Volker von Zitzewitz, Willi Österle, Otto Walz, Wellnhofer, Klaus Kämper, Fritz Betzelbacher, Ernst Hoske, Rolf Müller, Walter Aukthun, Herbert Schek, Witzel, Nödinger usw. immer wieder die Farben von Maico hochhielten.

348 ccm Maico (Taifun-Twin) 1954

Bereits 1952 brachte man bei Maico auch das Maicomobil heraus, einen modernen und bequemen 148 ccm-Roller. Ein Jahr später wurden zwei 174 ccm-Modelle, eine 197 ccm-Maschine und eine Neukonstruktion in Form der 348 ccm-Parallel-Zweizylinder Taifun, sowie ein verbessertes 174 ccm Maicomobil gebaut. Alle Motoren von Maico waren und sind Zweitakter. 1955 gab es sogar eine 398 ccm Version der Taifun, die 22,5 PS bei 5250 U/min. leistete. Hinzu kamen ferner die Blizzard, eine einzylindrige 247 ccm-Maschine, und drei neue Roller mit 174, 197 und 247 ccm-Motoren. Die Taifun wurde später aufgegeben, und nach 1956 die Produktion auf 173 und 247 ccm Einzylinder-Zweitakter konzentriert

Maico Blizzard M 200

In diesen Jahren gab es auch interne Veränderungen in der Fabrik, die inzwischen nach Pfäffingen verlegt worden war und sich immer mehr auf die Herstellung von Sportmodellen für den Geländesport und für Moto Cross verlegte. So gab es schon 1959 für beide Sportarten 174, 247 und 277 ccm-Einzylindermodelle. Anfang der sechziger Jahre gab es auch ein Modell mit dem 49 ccm Sachs-Zweitaktmotor, und ab 1964 eine 360 ccm-Maschine für sportliche Wettbewerbe. Christoph Specht wurde auf dieser nur 105 kg schweren 29 PS-Maschine deutscher Moto Cross-Meister. Neu war auch eine 49 ccm-Version mit Drehschiebermotor, 5-Ganggetriebe und 5,5 PS bei 8000 U/min. Außer dieser gab es in der letzten – 1965 – Modellreihe drei 174, fünf 247 und drei 352 ccm-Einzylinderversionen für die Straße, für das Gelände, für Moto Cross und auch für Motoball. Die Marke Maico erlebte nach dem Krieg einen großen Aufschwung, und die vorher noch unbedeutende Firma stieg zu den Spitzenfirmen der deutschen Motorradindustrie auf, obwohl große Schwierigkeiten und Probleme überbrückt werden mußten. Ende 1966 kam auch eine neue 125 ccm Maico heraus.

125 ccm Maico (MD 125 SS) 1968

Maico 360
Geländesport, 1968

Maico 125
Geländesport, 1972

Maico 250
Moto Cross, 1972

Man hat in der Maico Fahrzeugfabrik GmbH in 7403 Pfäffingen/Tübingen immer wieder weiterentwickelt und Zweitakter geschaffen, die zu den besten auf der Welt gehören. Die großen Erfolge der 123 ccm-Rennmaschinen und der 247 ccm- und 420 ccm-Moto Cross-Maschinen haben dies im In- und Ausland zur Genüge bewiesen. Mit ihren Maico-Moto Cross-Maschinen gehören Adolf Weil, Ake Jonsson, Willy Bauer, Herbert Schmitz u. a. zur internationalen Spitzenklasse, während Fahrer wie Dieter Braun, Börje Jansson, Toni Gruber und noch andere gute Fahrer bei Straßenrennen glänzende Erfolge für Maico errangen. Und die Geländemeister 1971 der Klassen bis 250, 350 und 500 ccm, Leo Zeller, Wilfrid Behrens und Lorenz Müller, fuhren alle auf den Geländemodellen von Maico. Beachtlich, wenn man bedenkt, daß das sportlich eingestellte Werk in so vielen Motorsportvarianten eine führende Rolle spielt! Bemerkt sei, daß auch die serienmäßigen Sportmodelle mit ihren 49- und 123-ccm-Maico-Motoren glänzend konstruiert und ausgeführt sind und ihren sportlichen Charakter nicht verleugnen können.

125 ccm Maico (Produktionsrennmaschine) 1969

MAMMUT

1. Maschinenfabrik Berner & Co., Nürnberg, Ludwig Feuerbachstraße 75
2. Maschinenfabrik Berner & Co., Nürnberg, Innere Lauftorgasse 20

Mammut gehörte zu den mittelgroßen Motorradherstellern in der früheren Motorradstadt Nürnberg. 1925 baute Berner das erste Leichtkraftrad, dessen 198 ccm Zweitaktmotor von Baumi geliefert wurde. Später baute man eigene 197 und 246 ccm-Zweitakter, die 1928 durch 198er Villiers-Zweitakter und 247, 296, 346 sowie 497 ccm Blackburne sv-Einzylinder abgelöst wurden. Auch eine 598 ccm V-Zweizylindermaschine mit

246 ccm Mammut 1927

dem gegengesteuerten MAG-Motor wurde damals auf Bestellung geliefert, während die Blackburne-Einbaumotoren durch solche von JAP ersetzt werden konnten, falls der Kunde es verlangte. Ab 1930 wurden bei allen Mammut-Modellen bei Coventry-Eagle in England gebaute Preßstahlrahmen und Gabeln verwendet, und das in Verbindung mit 198 ccm Villiers-Zweitaktern, 198 ccm sv oder ohv-Viertaktern von Blackburne oder JAP und dem 298 ccm sv von JAP. Dann, 1933, stellte man den Motorradbau infolge der

198 ccm Mammut (Villiers) 1932

Wirtschaftsverhältnisse ein. Erwähnt sei, daß die Nürnberger Mammut als solides Konfektionsmotorrad bekannt war und sich auch bei sportlichen Wettbewerben in ihrer Heimat gut gehalten hat, wobei besonders ihr Fahrer Degen genannt werden muß.

MAMMUT

Mammut Vertriebsgesellschaft m.b.H., Bielefeld, An der Pottenau 4

Das Jahr 1953 konnte mit dem Jahr 1923 in Deutschland verglichen werden. Neue Produzenten sprangen aus dem Nichts heraus, jeder Fahrradschuster wurde Motorradfabrikant, und alte, längst vergessene Motorradmarken – besser gesagt Motorradnamen –

erlebten eine Wiederauferstehung. So gab es wieder eine Phänomen und eine Mammut – und beide Marken waren ohne Verbindung zu Firmen, die diese Namen früher verwendeten. Dazu wurden beide Marken nunmehr von derselben Vertriebsgesellschaft gehandelt, ohne daß man erfuhr, wer der wirkliche Hersteller war – wenn man übersieht, daß es sich um eine Bielefelder Motorradkonfektionsfirma gehandelt haben dürfte. Gebaut wurden 98, 147 und später auch 47 ccm (Moped)-Versionen mit Fichtel & Sachs-Zweitaktmotoren sowie 123, 173 und 197 ccm Ilo Einbau-Zweitaktermodelle. 1956 schied auch die Mammut Nummer 2 aus der Reihe der Motorradmarken auf dem deutschen Markt.

MAMMUT (jetzt: MÜNCH-4)

1. Friedel Münch, 6361 Niederflorstadt bei Friedberg, Hessen
2. Münch Motorradfabrik, 6361 Ossenheim, Hauptstraße 12
3. Friedel Münch, Motorradfabrik, 6472 Altenstadt/Hessen, Waldsiedlung, Hegwaldstraße 2

Münchs 1966 erstmalig gebaute »dritte« Mammut war mit ihrem vierzylindrigen 996 ccm-NSU-Automotor die erste nach dem zweiten Weltkrieg in Deutschland gebaute Maschine der 1000 ccm-Klasse. Sie war ein Luxusmotorrad, das mit Blick auf den USA-Markt hergestellt wurde. Der Originalpreis lag um DM 6500.–. Auf Wunsch konnten auch andere Versionen des vierzylindrigen NSU-Motors eingebaut werden, und schon 1970 gab es die Münch-4 mit dem 1197 ccm 88 PS-Motor, der ihr eine Spitze von 220 km/h verlieh. Für diese 1200 TT-S mußte man allerdings schon DM 9273.– bezahlen. Man sieht auch in Deutschland diese große Maschine auf den Straßen. Eine Zeitlang hatte auch der ameri-

1197 ccm Münch-4 mit 88 PS NSU-Motor 1971

kanische, inzwischen verstorbene Ex-Rennfahrer und Verleger Floyd Clymer einen Einfluß im Werk, das nach wie vor einen Großteil der Produktion in die USA liefert.

MARS

1. Mars Fahrradwerke & Ofenfabrik A.G., Nürnberg-Doos, Siegmundstraße 40
2. Mars Werke-A.G., Nürnberg-Doos, Siegmundstraße 40
3. Mars Werke-A.G., Nürnberg-Doos, Siegmundstraße 17

Bereits 1903 baute man bei Mars nicht nur Öfen, sondern auch Ein- und V-Zweizylinder-Motorräder mit Schweizer Zedel- und deutschen Fafnir-Einbaumotoren. Bald kamen auch Kleinautomobile hinzu, doch wurde die Herstellung dieser Fahrzeuge noch vor dem ersten Weltkrieg wieder eingestellt. 1920 konstruierte dann Ing. Franzenberg für Mars ein neues Motorrad, das damals großes Aufsehen und bald auch große Beliebtheit errang und als »M.A. 20« als »Rassepferd« angesehen wurde, obwohl es sich um eine robuste Tourenmaschine mit einem von Maybach gebauten 956 ccm horizontalen Zweizylindermotor mit seitengesteuerten Ventilen handelte. Dieser in Fahrtrichtung eingebaute Boxermotor hatte 80 mm Bohrung und 95 mm Hub, ein Zweiganggetriebe mit Handkurbel zum Anlassen des Motors und 7,3 PS Leistung. Das Interessanteste an dieser Konstruktion war jedoch der weiß oder grün emaillierte Kastenrahmen aus geschweißtem Stahlblech, der nicht nur eine tiefe Sattelposition ermöglichte und eine schöne Linienführung aufwies, sondern außer dem Motor mit dem Getriebe auch den Werkzeugbehälter aufnahm und als Kofferraum diente. Zahlreichen anderen Motorradproduzenten der damaligen Periode diente er als Vorbild, doch bei der beliebten Mars fand er seine größte Verbreitung.
Die Fabrik hatte in der Inflationsperiode große Verluste, und 1925 ging sie in Kon-

956 ccm Mars (Maybach Motor) 1925

kurs, ohne daß dies jedoch das Ende der Mars bedeutete. Johann und Karl Müller, die bis dahin schon in führender Stellung bei der Firma tätig waren, erwarben alle Produktionseinrichtungen etc., begannen 1927 erneut mit der Fertigung dieser großen Zweizylindermaschinen und führten gleichzeitig Modelle mit Drei- und Vierganggetrieben sowie verbesserten Motoren ein. Trotz dieser Entwicklungsarbeiten konnte ein größerer Umsatz mit dieser doch schon etwas veralteten Konstruktion nicht gehalten werden, und so schuf man 1929 neue gegengesteuerte und obengesteuerte 347, 497 und 598 ccm Einzylindermodelle mit modernen Rohrrahmen, die MAG-Motoren besaßen und unter dem Namen M.A. auf den Markt kamen. Es waren robuste, gut ausgeführte Maschinen, die man als »Bauernmotorräder« bezeichnen konnte.
1930 gab es zwei neue Mars-Modelle; eine steuer- und führerscheinfreie 196 ccm Zweitaktmaschine mit Villiers-Motor und eine 497 ccm ohv-Version mit dem MAG-Supersportmotor. Neue Doppelrohrrahmen gab es 1932, als 198 ccm sv-Motoren von JAP und Sturmey-Archer, gleichvolumige ohv-Motoren von JAP, seitengesteuerte 298 ccm JAP und seitengesteuerte 347 ccm Motoren von Sturmey-Archer sowie 498 ccm ohv und 598 ccm sv Einzylindermotoren von JAP eingebaut wurden. Trotz dieser langen Modellreihe war der Absatz gering. Bereits 1930 hatte man die Herstellung der großen 956 ccm Zweizylindermaschinen ganz aufgegeben, und kommerzielle Gründe führten dann 1933 auch zur Einstellung des Baus von allen anderen M.A. (Mars)-Modellen mit Ausnahme von motorisierten Fahrrädern, deren Zweitaktmotoren mit 73 und später 98 ccm von Sachs bezogen wurden.
Die Schwäche von Mars lag hauptsächlich im mangelnden Kapital und den dadurch bedingten veralteten Produktionsanlagen – die Stärke in hervorragenden Technikern, wie Ing. Franzenberg, Karl Müller und vor allem Rudy Albert, die trotz aller Schwierigkeiten den Mars-Motorrädern eine führende Position in der deutschen Motorrad-

173 ccm Mars (Stella-Sachs) 1954

industrie ermöglichten. Albert war bei Allright-K.G. und Phänomen, ehe er 1951 den Wiederaufbau der Nachkriegs-Motorradproduktion bei Mars übernahm und mit der kleinen und sehr guten »Stella« eine nette und erfolgreiche Leichtgewichtsmaschine mit dem 147 ccm Sachs-Zweitaktmotor, Telegabel, Hinterradschwinge und 16 Zoll Rädern schuf. 1953 bekam sie einen 174 und 1955 einen 198 ccm Sachsmotor. Außer der Stella baute man auch nette Mopeds mit 98 ccm Sachsmotoren, und zuletzt erschien die prachtvolle und sehr sportliche 49 ccm Mars »Monza« auf dem Markt, deren Fahrgestell aus gepreßtem Stahlblech hergestellt war.
Leider kam sie schon zu spät, um die Firma vor dem Zusammenbruch zu retten. Mitte der zwanziger Jahre war es die Inflation, Anfang der dreißiger Jahre war es die internationale Wirtschaftskrise, und 1958 war es die Krise in der gesamten Motorradindustrie Deutschlands, die die Gründe für den Zusammenbruch bei dieser Firma waren. Zuletzt versuchte noch der Chef von Mars, Freiherr von Seydlitz-Kurzbach, durch die Herstellung anderer Erzeugnisse (wie eines Schädlings-Bekämpfungsapparates und von Lafetten für ein Maschinengewehr der Bundeswehr) die Situation zu retten, doch schlug das fehl, und so verschwand der einst so angesehene Name Mars aus der deutschen Motorradindustrie. Nur die schöne Konstruktion der kleinen Monza wurde von Gritzner-Kayser übernommen und noch einige Jahre lang mit 49 ccm Sachs- und Ilomotoren weitergebaut.

MAS

Mas Motorradbau, München, Linienstraße 13

Diese deutsche Mas darf nicht mit der berühmteren italienischen, von Ing. Albergo Seilig konstruierten gleichnamigen Maschine verwechselt werden. Die deutsche Mas war ein primitiver, in kleinen Stückzahlen hergestellter 185 ccm Zweitakter mit außenliegender Schwungscheibe, Zweiganggetriebe und Riemenantrieb zum Hinterrad. Gebaut wurde dieses Leichtkraftrad 1923 und 1924.

MATADOR

Motorenfabrik C. Close, Staßfurt, Bahnhofstraße 9

Auch diese Matador könnte verwechselt werden, denn 1925–1926, als sie gebaut wurde, gab es auch eine englische Matador mit dem damals berühmten ölgekühlten 348 ccm Bradshaw-Motor.
Soweit zu erfahren, besaß die deutsche Matador einen eigenen 269 ccm Zweitaktmotor mit 70 mm Bohrung und 70 mm Hub und einen konventionellen Rohrrahmen. Nähere Angaben fehlen.

MAURER

1. Automobilfabrik Ludwig Maurer, Nürnberg, Dürrenhofstraße 8
2. Automobilfabrik Ludwig Maurer, Nürnberg, Bahnhofstraße 93

Schon 1901 baute Maurer Kleinautomobile, doch erst die Reorganisation der Firma nach dem ersten Weltkrieg führte zur Herstellung von Einbaumotoren für Fahrräder

1½ PS Maurer 1923

und dann auch von Motorrädern, wobei ausschließlich Zweitaktmotoren zum Einbau gelangten. Die Leichtkrafträder hatten den 1½ PS Motor hoch oben unter dem Steuerkopf nach vorn geneigt eingebaut, und dieser war insofern interessant, als die Einlaßsteuerung mittels Drehschieber erfolgte. 1924 entstand eine wassergekühlte 247 ccm

247 ccm Maurer (wassergekühlt) 1924

494 ccm Maurer (wassergekühlter Zweizylinder) 1925

Zweitaktversion mit liegendem Zylinder, und 1925 wurde dieses Modell »verdoppelt«, indem man einen liegenden wassergekühlten Boxer-Zweizylinder-Zweitakter mit 494 ccm schuf, der zwei solcher Zweitakt-Zylinder in Längsrichtung besaß. Dies dürfte wohl das einzige Zweitaktmotorrad dieser Bauart gewesen sein; wohl gab es luftgekühlte flat-twins, doch keine in wassergekühlter Ausführung (als Zweitakter).
Zu einer größeren Motorradproduktion kam es jedoch bei Maurer nie, und es ist nur bedauerlich, daß kein Exemplar dieser unorthodoxen Konstruktion mehr existiert. 1926 wurde die Produktion von Motorrädern aufgegeben.

MAUSER

1. Mauser Werke A.G., Abt. Fahrzeugbau, Oberndorf am Neckar
2. Gustav Winkler, Fahrzeugbau, Oberndorf am Neckar

Das Mauser-Einspurauto war, grob ausgedrückt, ein karossiertes Motorrad. Es hatte neben den zwei normalen 26 × 3″ Rädern auch zwei seitwärts angebrachte 15 × 2¹/₂″ Stützräder, welche so einstellbar waren, daß das Fahrzeug nach Belieben auf vier Rädern oder wie ein Motorrad auf zwei hintereinander angeordneten Rädern fahren konnte.
Als Antriebsquelle wurden seitengesteuerte, wassergekühlte 496 und 576 ccm Einzylindermotoren verwendet. Das Getriebe besaß drei Gänge, und sowohl Hand- als auch Fußbremse wirkten auf das Hinterrad. Der Radstand betrug 190 cm und das Gewicht des Fahrgestells 150 kg. Die Höchstgeschwindigkeit dieses unorthodoxen Fahrzeugs

496 ccm Mauser (Einspurauto) 1926

betrug 65 km/h, und es sei hier erwähnt, daß das Mauser-Einspurauto auch in Frankreich unter Lizenz von Monotrace hergestellt wurde. Man kann nicht behaupten, daß es sich um ein sehr stabiles und sicheres Fahrzeug handelte. Dazu kamen hohe Produktionskosten, und die 1924 begonnene Produktion wurde 1927, zusammen mit dem

Automobilbau, bei Mauser aufgegeben. Wohl übernahm die kleine Firma Winkler die Einrichtungen und Restbestände des Einspurautos, doch gab auch sie 1929, zwei Jahre später, die bereits sehr beschränkte Produktion auf.

MAWI

Norddeutsche Motorradwerke, Markwardt & Winter, Swinemünde

Swinemünde, einst ein berühmtes deutsches Ostseebad, hatte 1923 nicht nur das erste deutsche T.T. Motorradrennen, sondern auch die Gründung dieser Firma zu verzeichnen. Es war ein mittelgroßer Konfektionär, der zunächst 142 und 173 ccm DKW-Zweitakter in offene Fahrgestelle einbaute und nachher größere Maschinen mit 198, 298 und 546 ccm sv sowie 246 ccm ohv Einzylindermotoren von JAP herstellte. Fast alle Zubehörteile, wie Gabeln, Getriebe, Ketten, Vergaser, Ölpumpen etc., waren englischer Herkunft, und auch die Stahlrohrrahmen konnten ihre Ähnlichkeit mit bekannten englischen Konstruktionen nicht verleugnen. Die Firma existierte bis 1930, ihre Produktion überschritt ca. 200 Maschinen im Jahr nicht.

MAX

Auto-Motor-Industrie G.m.b.H., Berlin-Schöneberg, Kaiser-Friedrich-Str. 16

Der Kaiser Friedrich stellte sich sicherlich unter einer Industrie auch etwas mehr vor, als diese kleine und selbst in ihrer Periode fast unbekannte Firma bot. Sie kam um 1924 herum mit 180 ccm Zweitaktmaschinen und dann auch mit einer 446 ccm sv Einzylindermaschine auf den Markt, doch kam es nie zu einer größeren Produktion und 1925 war von der Max auch nichts mehr zu hören.

M.D.

München-Danzig, Technische & Handelsgesellschaft m.b.H., München,
Weinstraße 4/IV

Alles spricht dafür, daß diese geheimnisvolle M.D. im vierten Stock in Münchens Weinstraße 4 nicht in großen Stückzahlen gebaut wurde, und der Verfasser ist der Ansicht, daß es sich um Maschinen handelte, die irgendein Mechaniker für diese Gesellschaft im Auftrag baute. Das Jahr war 1922, und die Maschine selbst besaß einen 158 ccm Zweitaktmotor, der 1,2 PS bei 2800 U/Min. abgab. Eine Möglichkeit liegt darin, daß die M.D. in Danzig gebaut und in München verkauft wurde – sofern man sie überhaupt loswerden konnte.

MEGOLA

1. Deutsche Megola Werke G.m.b.H., München 9, Grünwalderstraße 154
2. Megola Motoren A.G., München 9, Grünwalderstraße 154

Fast jedes Land hat historische Rassepferde im Motorradbau. In England heißen sie Brough-Superior, Sunbeam, A.B.C., Scott, McEvoy, Bradbury etc., und in Deutschland gehört zu ihnen die sagenhafte Megola mit ihrem fünfzylindrigen Sternmotor im

Vorderrad. Ihr Name setzte sich aus den ersten zwei Buchstaben der Hersteller Meixner, Gockerell und Landgraf zusammen, wobei sich der berühmte Konstrukteur Fritz Cockerell, der auch damals die nach ihm benannten Zweitakt-Leichtkrafträder baute, hier mit einen »G« an Stelle des »C« schrieb. Er und Otto Landgraf waren die führenden Techniker in der Firma; Meixner zusammen mit Schweizer Banken der Geldgeber. Cockerell schuf 1919 das erste Versuchsmodell – mit einem dreizylindrigen Sternmotor im Hinterrad. Zwei Jahre später begann die Serienproduktion der Fünfzylinder-Megola, deren unorthodoxer seitengesteuerter Rotationsmotor weder Kupplung noch Getriebe besaß. Die Grundkonstruktion dieses 640 ccm Viertakters mit 5 x 52 mm Bohrung und 60 mm Hub blieb bis zum Torschluß bei Megola 1925 unberührt, und auch der geschweißte Kastenrahmen aus Stahlblech erfuhr verhältnismäßig wenig Änderungen während der vier Produktionsjahre, in welchen fast 2000 dieser unortho-

640 ccm Megola (Fünfzylinder-Versuchsmaschine) 1920

640 ccm Megola (Fünfzylinder-Versuchsmaschine) 1921

doxen Maschinen die Fabrik verließen. Der harte Techniker Cockerell verbesserte natürlich ständig verschiedene Teile, insbesondere auch die stark belastete und beanspruchte Vordergabel, die im Lauf der Jahre mit hydraulischen Systemen, Spiralfedern und zuletzt Blattfedern abgefedert wurde. Es gab auch Megola-Modelle, die das Hinterrad mittels beiderseitigen Blattfedern abgefedert hatten. Daneben gab es zahlreiche Versuchsmodelle mit dem Motor im Hinterrad, Dreiradwagen mit dem Motor im Vorderrad und zwei hinteren Rädern sowie Spezialrennmaschinen, deren frisierte Serienmotoren schnell und auch zuverlässig waren und die je nach Rennen mit verschiedenen Vorderraddurchmessern (zwecks Änderung der Übersetzung) versehen wurden. Den Rennfahrern Toni Bauhofer, Josef Stelzer und A. Tommasi gelang es in den Jahren von 1923 bis 1925, große Rennerfolge und auch hervorragende Resultate bei Zuverlässigkeitsfahrten auf Megola-Maschinen zu erzielen.

640 ccm Megola (Fünfzylinder-Tourenmaschine) 1922

Technisch war die Megola in fast jeder Beziehung unorthodox. Nicht nur die Position des Fünfzylinder-Rotationsmotors im Vorderrad, sondern auch die einfache Ringsteuerung der seitengesteuerten Ventile, die leichte Auswechselbarkeit der kleinen Zylinder zwischen den Vorderradspeichen, die Verwendung von Steckschläuchen, die man ohne Raddemontage auswechseln konnte, die Anordnung von Magnet und Vergaser auf beiden äußeren Seiten der Vorderradachse, der Hilfstank und Öltank am oberen Ende der Vorderradgabel – alles war einmalig. Dazu kam das robuste und doch leichte Fahrgestell, das den Hauptkraftstofftank, Werkzeugbehälter und tiefliegenden Sattel beherbergte. Es gab aber auch Megola-Versionen, die an Stelle eines Sattels eine Art Klubsessel hatten.
Infolge der tiefen Schwerpunktlage besaß die Megola eine erstklassige Straßenlage. Der

640 ccm Megola (Fünfzylinder-Rennmaschine) 1924

Motor mit seinen 14 PS war ungemein elastisch. Gestartet wurde er mittels eines Tritts in die Speichen des aufgebockten Vorderrades oder durch Anschieben. Trotz allem ist es kaum vorstellbar, wie sich so eine getriebelose Maschine im modernen Straßenverkehr trotz des elastischen Motors fahren würde. Auch gab es Schwierigkeiten mit der tiefen

640 ccm Megola (Fünfzylinder-Rennmaschine) 1924

Vergaser- und Magnetposition und dem hohen Gewicht, das auf der Vorderradfederung lag. Dennoch war die Megola, vom technischen Standpunkt gesehen, ein ideales und vor allem einmaliges Motorrad, das nach wie vor der Traum aller Sammler alter Motorräder ist; auf der Welt dürfte es noch rund 10 fahrbare Megolas geben. Die Fabrik schloß allerdings schon 1925 für immer die Tore. Fritz Cockerell, der Schöpfer der Megola, starb 1965 im Alter von 76 Jahren.

MEISTER

1. Meister Fahrradwerke, Erhard Doppelt, Bielefeld, An der Pottenau 4
2. Meister Fahrradwerke G.m.b.H., Bielefeld

1949 begann die Konfektion der Meister-Motorräder mit Zweitaktmotoren, die von Fichtel & Sachs und Ilo im Laufe von fast 10 Jahren in den Größen von 98, 123, 147, 173 und 197 ccm als Einzylinder geliefert wurden. Gegen Ende der fünfziger Jahre wurde das Typenprogramm stark reduziert und das Hauptgewicht auf Mopeds mit 49 ccm Zündapp-Zweitaktmotoren verlegt. Die Firma hatte nie sportliche Ambitionen, baute aber ganz gute Gebrauchsmaschinen, und wahrscheinlich wurden die geheimnisvollen Nachkriegs-Mammut- und Phänomen-Motorräder bei Meister, das heißt in der Fahrradfabrik von Ernst Doppelt, hergestellt.

MENOS

Menos-Werke A.G., Motorfahrzeugbau, Berlin W. 57, Großgörschenstraße 38

Die Menos war mit der Aristos und der Sterna fast identisch. Sie gehörte zu den technisch interessanten, unorthodoxesten Konstruktionen in der Periode 1922–1923, doch war sie teuer in der Herstellung und wurde dem Verkauf übergeben, bevor sie voll entwickelt war. Das führte zu Problemen, die auch kommerzieller Natur waren und zu den sukzessiven drei Namen für fast ein und dieselbe Maschine führten.
Der wassergekühlte 614 ccm Boxermotor – ein liegender Zweizylinder mit seitengesteuerten Ventilen – besaß ein Dreiganggetriebe mit Lamellenkupplung. Er saß in einem stromlinienförmigen, niedrigen Kastenrahmen aus geschweißtem Stahlblech, wobei Tank, Getriebekasten, Werkzeug- und Gepäckkasten innerhalb des Fahrgestelles untergebracht

616 ccm Menos (wassergekühlt) 1923

waren. Harmonisch mit der ganzen Konstruktion waren auch die Kühler unterhalb des Sattels auf beiden Seiten der Maschine innerhalb der Schutzbleche eingeordnet. Die Gesamtkonstruktion der Menos war sehr fortschrittlich und die Ausführung gut, doch konnte es sich die kleine Fabrik nicht leisten, die Maschine in entsprechender Weise auf den Markt zu bringen, und nachdem nur eine kleine Anzahl Menos-Motorräder gebaut waren, schloß die Firma die Tore.

MERCO

Mercur Motoren-Gesellschaft m.b.H., Berlin, W. 10, Neue Wilhelmstraße 6

Die Merco brachte den Berliner »Zweitaktenthusiasten« kaum viel Ehre ein. Sie hatte einen eigenen 148 ccm Dreikanal-Zweitaktmotor mit außenliegender Schwungscheibe, der 2 PS abgab, und ein einfaches Fahrgestell, bei dessen Konstruktion kaum ein Gefühl

148 ccm Merco (Mercur) 1923

für Harmonie vorhanden war. Es ist fast unglaublich, daß diese Firma so eine primitive Leichtmotorradkonstruktion sogar in der Periode von 1922 bis 1924 bauen und vor allem auch verkaufen konnte.

METEOR

Motorenwerk »Meteor« Hugo & Paul Nimtz, Stettin, Mittwochstraße 18–20

Stettin, jetzt zu Polen gehörend, ist durch seinen Hafen berühmt geworden und keinesfalls durch die 1925 und 1926 hergestellte Meteor, die mit ihrem 185 ccm Viertaktmotor, Zweiganggetriebe und Riemenantrieb zum Hinterrad außerhalb ihres Erzeugungsgebietes völlig unbekannt war.

METEOR

Meteor Elektrotechnische & Fahrzeugfabrik G.m.b.H., Hannover

Wie unbekannt die Stettiner Meteor im übrigen Reichsgebiet war, geht aus der Tatsache hervor, daß diese – zweite – Meteor fast zur gleichen Zeit gebaut wurde, und zwar von 1924 bis 1926. Allerdings kam sie unter dem Namen »Thumann« auf den Markt, und der Verfasser ist der Ansicht, daß die 172 ccm Zweitaktmotoren dieser Maschinen in Frankreich hergestellt wurden.

MEYBEIN

Willibald Mayer, Motorradfabrik, Hittfeld 77, Bezirk Hamburg

Die zwischen 1922 und 1926 hergestellte Meybein war ein einfaches Leichtkraftrad mit einer ziemlich tiefen Sitzposition, die durch die Verwendung des 119 und vor allem des horizontalen 142 ccm DKW-Zweitaktmotors ermöglicht wurde. Sie besaß einen kurzen Schwingarm mit Stoß- und Rückschlagfeder zur Abfederung des Vorderrades, ein Zweiganggetriebe und wog nur 45 kg.

MEYBRA

Meybra-Motorenwerk, Georg Meyer, Bayreuth, Austraße 5

Meyer hätte bei seinem berühmten Landsmann Richard Wagner etwas über Harmonie lernen sollen, denn seine mit eigenen 168 ccm Dreikanal-Zweitaktmotoren versehenen Leichtkrafträder hatten weder viel Schwung noch Rasse und machten einen ziemlich primitiven Eindruck. Gebaut wurden sie von 1923 bis 1925.

M. F. B.

Motorfahrzeugbau G.m.b.H., Hamburg

Hamburg besaß immer nur ganz kleine Motorradhersteller, und auch die Produktion dieser Firma erreichte keine größere Stückzahlen. Hergestellt wurden hier zunächst Leichtkrafträder mit Nabob-Zweitaktmotoren und dann auch noch eine etwas unorthodoxe Maschine, die mit einem seitengesteuerten 298 ccm JAP-Einzylindermotor ausgerüstet war. Obzwar erst 1923 gegründet, geriet die Firma schon 1924 in finanzielle Schwierigkeiten, was zur Übernahme der Produktion durch die Firma Hoco in Minden, Westfalen, führte.

M. F. Z.

1. Motorfahrzeug G.m.b.H., Berlin W. 9., Linkestraße 38
2. Motorfahrzeug G.m.b.H., Berlin-Köpenick, Mahlsdorfer Straße 2

Man konnte M.F.Z. zu den bedeutenderen und größeren Berliner Motorradherstellern

*348 ccm M. F. Z.
1926*

rechnen. Es gab dort keine sportlichen Ambitionen, dafür aber in den Jahren von 1921 bis 1928 zahlreiche von den Konstrukteuren Reuter und Fischer geschaffene obengesteuerte Viertakter, die in technischer Beziehung zu den besten Konstruktionen ihrer Epoche in Deutschland gehörten. Die ersten Versionen hatten 198 ccm und später 249 ccm Motoren eigener Erzeugung sowie Zweiganggetriebe. 1925 kam eine 348 ccm ohv-Einzylinder-Blockmaschine mit Dreiganggetriebe und einem sehr netten und guten Fahrgestell hinzu. Sie hatte ein außenliegendes Schwungrad sowie Hand- und Fußkupplung. Man konnte diese Maschine als sportliches Bauernmotorrad bezeichnen, obwohl es sich keinesfalls um eine temperamentvolle Sportmaschine handelte. Die Firma hing mehrere Jahre an dieser Konstruktion und konnte die Produktion in beschränktem Maßstab bis 1928 aufrechterhalten.

M. G. F.

1. Gesellschaft für Verbrennungsmotoren, Mühlbauer & Co. Berlin-Friedenau, Wielandstraße 19
2. Gesellschaft für Verbrennungsmotoren, Mühlbauer & Co., Berlin-Steglitz, Holsteinische Straße 31

Im Gegensatz zu M.F.Z. wurden bei M.G.F. ausschließlich Zweitakter – teilweise nach dem Bekamo-Hilfskolbenprinzip arbeitend – gebaut. Die seit 1923 bestehende Firma verlegte sich hierbei mehr auf den Bau von größeren Stückzahlen als auf die Entwicklung von Hochleistungsmotoren. Als Einbaumotoren wurden die Erzeugnisse von M.G.F. auch an andere kleine Motorradhersteller geliefert, und bis zum Torschluß 1931 stellte man zahlreiche Modelle mit 122, 140, 173 und 198 ccm Hubraum her. Die eigenen, kompletten M.G.F.-Leichtkrafträder besaßen einfache Stahlrohrrahmen, und es gab Versionen mit angeblocktem Zweiganggetriebe und auch eine 122 ccm Doppelkolben Zweitakt-Einzylindervariante. Die mit Hilfskolben ausgerüsteten Modelle wurden als Kompressormaschinen bezeichnet. 1926 bot die Firma eine komplette 140 ccm Maschine für nur RM 650.– an; es handelte sich um einen 4½ PS leistenden Motor, der mittels Riemen das Hinterrad antrieb. Als der Bedarf an Motorrädern und Einbaumotoren zurückging, stellte man bei M.G.F. auch Schalldämpfer für andere Erzeugnisse sowie Kraftfahrzeugzubehör her.

MICHELSOHN

Baugesellschaft Michelsohn, Minden in Westfalen

Diese Firma wurde mehr durch die von ihr hergestellten Baumi-Einbaumotoren, als durch komplette Motorräder bekannt. Sie existierte von 1923 bis 1925 und stellte im letzten Jahr ihrer Existenz eine sehr nette 148 ccm Zweitaktmaschine her, bei welcher der Dreikanalmotor ein angeblocktes Vierganggetriebe besaß. Michelsohn war damit wohl der erste deutsche Motorradproduzent, der Vierganggetriebe bei Leichtkrafträdern verwendete, doch wurde bald darauf der Betrieb eingestellt, und nur ganz wenige dieser interessanten Maschinen erreichten die Kundschaft.

MIELE

1. Miele-Werke, Miele & Co., Maschinenfabrik, Bielefeld
2. Miele-Werke A.G., Gütersloh/Westfalen

Bereits in den zwanziger Jahren befaßte sich diese Maschinenfabrik mit der Herstellung von Motorrädern, doch kam es damals zu keiner bedeutenderen Produktion. Erst in den dreißiger Jahren baute man Fahrräder mit 75 und 98 ccm Hilfsmotoren von Sachs. 1949 wurde erneut der Motorfahrzeugbau aufgenommen, wobei es sich nunmehr um 49 ccm Mofas sowie Motorräder mit 98 und später 147 ccm Sachs-Zweitaktmotoren handelte. Im Lauf der Jahre kamen auch moderne Mopeds dazu, die man auch noch herstellte, als man 1954 den Bau von Motorrädern aufgab.
Auffallend und bemerkenswert ist, daß keine der westfälischen Motorradfabriken besondere sportlichen Ambitionen zeigte und fast alle nur einfache Gebrauchsmaschinen herstellten – und dabei sich besonders in den fünfziger Jahren im Preis gegenseitig unterboten.

MIMOA

Mittelbadische Motorradfabrik Bruno Felber & Sohn, Achern/Baden

Die Mimoa gehörte in die Kategorie der Marken, die sich um den unkonventionellen Albertus-Rohölmotor – ohne Erfolg – gruppierten. Dieser von Julius Löwy konstruierte 142 ccm Zweitakter war theoretisch zwar ideal, da er mit jedem billigen Betriebsstoff lief, doch erwies er sich in der Praxis als zu schwach und auch unzuverlässig. So kam es, daß diese 1924 entstandene Marke noch im gleichen Jahr wieder verschwand.

M. J.

Fürst Hohenzollernsche Maschinenfabrik, Immendingen

Im Jahre 1925 wurden bei dieser Firma einige Versuchsmodelle mit 249 ccm Zweitaktmotoren und Kastenrahmen hergestellt, doch gibt es keinen Anhaltspunkt dafür, daß es damals dort zu einer richtigen Produktion kam.

M.J. S.

Schönfeld & Schwarz, Motorradbau, Nürnberg

Auch hier handelte es sich um eine nie sehr bekannt gewordene Motorradmarke. Die Firma existierte nur 1925 und baute eine 245 ccm Zweitaktmaschine, die wahlweise mit zwei oder drei Gängen und Riemenantrieb zum Hinterrad geliefert wurde. Als Fahrgestell wurde ein einfacher, offener Stahlrohrrahmen verwendet.

M. M. M.

Motorenwerk München-Mannheim A.G., München

Das Motorrad mit den drei M am Tank war ein Leichtkraftrad, das nur 1925 von dieser Firma hergestellt wurde. Der Motor war ein kleiner 148 ccm Zweitakter mit 56 mm Bohrung und 60 mm Hub, das Fahrgestell ein einfacher Rohrrahmen und das auf Wunsch gelieferte Getriebe besaß zwei Gänge. Hinterradantrieb erfolgte mittels Keilriemen.

MOTA-WIESEL

Mota-Maschinenbau G.m.b.H., Nagold/Württemberg

Als dieses Fahrzeug – halb Motorfahrrad und halb Roller – 1948 entstand, hieß es Motra-Wiesel. Später wurde aus ihm das Mota-Wiesel. Gedacht als billiges Transportfahrzeug nach dem zweiten Weltkrieg, erfüllte es vorerst seinen Zweck; doch als sich die wirtschaftliche Situation des Landes besserte und zahlreiche andere und erfahrenere Firmen richtige Motorräder und Roller liefern konnten, da hatten diese mit 75 und 98 ccm Zweitaktmotoren ausgerüsteten Maschinen ihren ursprünglichen Zweck verloren. 1952 wurde die Produktion eingestellt.

MOTO-SPORT

Metzger & Schlegel K.G., Stuttgart-Fellbach, Eppinger Straße 5a

Anfang der fünfziger Jahre kam diese Firma mit einem netten 49 ccm Mofa auf den Markt, das in verschiedenen Ausführungen hergestellt wurde. 1956 kam die Moto-Sport hinzu, die mit ihrem 98 ccm Zweitaktmotor und sehr rassigem Fahrgestell aus Preßstahl sowie einem Dreiganggetriebe bald große Beliebtheit bei jüngeren Sportlern errang und die im Laufe der folgenden Jahre in verschiedenen Varianten zusammen mit dem Mofa gebaut wurde.

MÖWE

Eckhard Walter & Co., G.m.b.H., Mühlhausen/Thüringen

Es ist nicht allgemein bekannt, daß die Firma Walter, die durch ihre netten Zweitakter mit Villiers-Motoren in den zwanziger Jahren gut bekannt war, schon ab 1903 Motorräder unter dem Namen Möwe baute. Verwendet wurden damals einzylindrige 3¼ und 3½ PS und zweizylindrige 5 PS-Einbaumotoren von Fafnir in Aachen. Soweit bekannt, wurde die Produktion dieser Maschinen noch einige Jahre vor dem ersten Weltkrieg aufgegeben.

MÜCO

Motorenfabrik Paul Müller & Co., Augsburg III

Zuerst als Hilfsmotor für Fahrräder und nachher als komplettes Hilfsmotorenfahrrad geliefert, war der ab 1921 hergestellte Müllersche Zweitakter insofern unorthodox, weil er außerhalb des Hinterrades angebaut wurde. Ähnliche Konstruktionen gab es damals auch bei Opel und Oruk. Die Erzeugungsperiode des Müco endete 1924.

M.U.F.I. (IMPERATOR)

Maschinen & Fahrzeugindustrie, Hannover

Die 1925 und 1926 gebaute »Imperator« von M.U.F.I. war eine schöne Zweitakt-Einzylindermaschine mit einem eigenen 346 ccm Motor und einem kräftigen Stahlrohrfahrgestell. Sie hatte zunächst zwei Gänge und Riemenantrieb, die letzte Ausführung jedoch ein Dreiganggetriebe mit Kette zum Hinterrad. Zu einer größeren Serienproduktion kam es nie.

M.W.

Paul Paffrath, Motorenwerke, Altenberg-Noblitz, Industriegelände

Paffrath wurde vor allem durch seinen 1924 herausgekommenen 146 ccm Zweitakter – einen Parallel-Zweizylinder – bekannt, doch baute er schon ab 1923 in seine unorthodoxen Fahrgestelle einen eigenen 249 ccm ohv-Einzylindermotor mit 63 mm Bohrung und 80 mm Hub, der 4,75 PS bei 2500 U/min. abgab, ein. Verwendet wurde eine außenliegende Schwungscheibe, ein Dreiganggetriebe und Kettenantrieb zum Hinterrad. Die schönen Fahrgestelle der M.W. bestanden aus einer Kombination von Elektronguß und gepreßtem Stahlblech und besaßen Blattfedern für die Abfederung beider Räder. Der Steuerkopf war mit dem breiten Tankrohr direkt verbunden. Die Maschinen wurden serienmäßig mit einem Doppelsattel und – für den Mitfahrer bestimmten – langen Elektron-Fußbrettern geliefert. Im Gegensatz zu anderen damaligen Konstruktionen

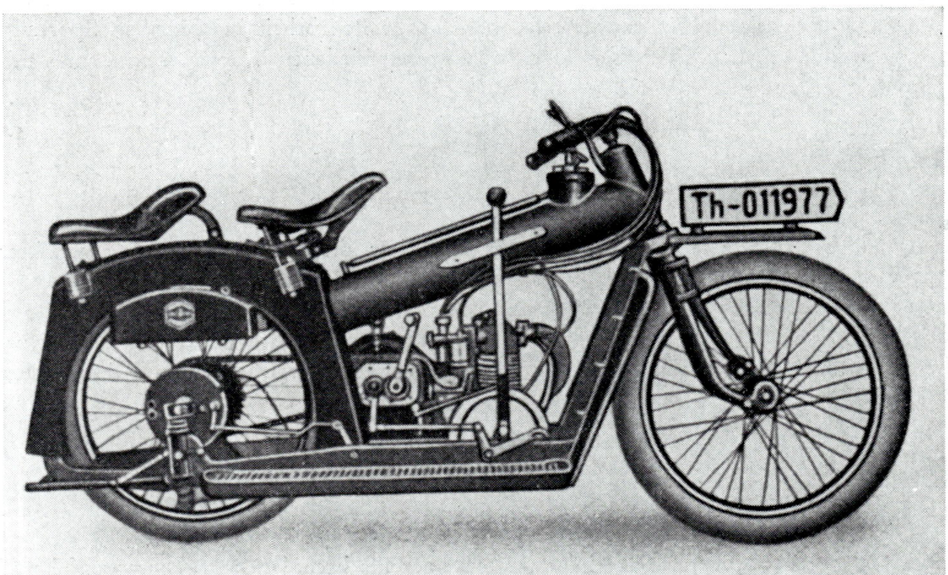

249 ccm MW (Paffrath) 1923

wurde bei der M.W. mit nichts gespart, und es war sicherlich auch der hohe Herstellungspreis, der später Paffrath zur Aufgabe der Motorradherstellung zwang. So wurden z. B. die Preßteile einzeln mit primitiven Mitteln hergestellt, da der Firma große Pressen nicht zur Verfügung standen.

Als das Viertaktmodell durch den 144 ccm Zweitakter ersetzt wurde, besaß dieser Blockmotor zwei hintereinanderstehende, luftgekühlte Zylinder mit 43 mm Bohrung und 50 mm Hub, eine 180grädige Kurbelzapfenversetzung und ein Zweiganggetriebe. Sowohl Motor als auch Hinterradaufhängung benützten eine gemeinsame Fundamentplatte, auf

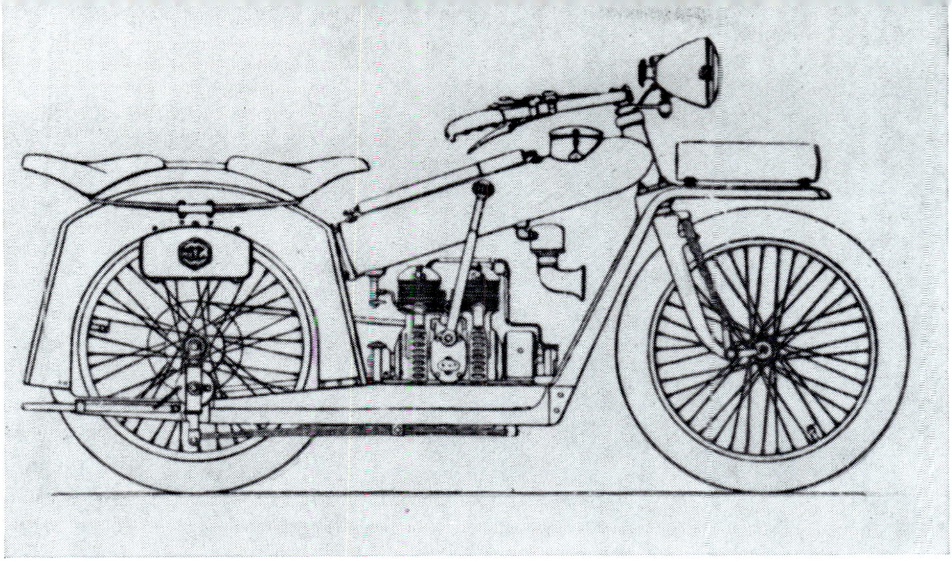

144 ccm MW (Konstr. Paffrath) 1924

welcher auch die mit dem Fuß betätigte Doppel-Konus-Kupplung saß. Beide Kotflügel bildeten einen Teil des oben erwähnten ungewöhnlichen Fahrgestells. Bereits damals wurden alle M.W.-Maschinen mit elektrischer Beleuchtung geliefert. Für die Zweitaktversion wurde eine Spitzengeschwindigkeit von 75 km/h und ein Gewicht von 80 kg, für den Viertakter – der auch nach 1924 auf Bestellung gebaut wurde – 98 km/h und 90 kg Gewicht angegeben.
Die M.W. war ohne Zweifel eine technisch sehr interessante Konstruktion und im Gesamtaufbau auch sehr fortschrittlich. Leider ermöglichten es die gegebene finanzielle Situation der Firma und die allgemeine wirtschaftliche Lage im damaligen Deutschland nicht, daß diese Maschine eine größere Verbreitung fand, und 1926 wurde die Motorradproduktion bei Paffrath – dessen Unternehmen bis zum Kriege existierte – eingestellt. Paul Paffrath verlegte nach 1945 sein Unternehmen nach Linz am Rhein, wo er in den ersten fünfziger Jahren die »Eilenriede«-Fahrrad-Hilfsmotoren produzierte.

MZ

Volkeigener-Betrieb (V.E.B.) Motorradwerk, Zschopau/Sachsen

Die Vorkriegsperiode der Zschopauer Fabrik ist unter DKW beschrieben, die erste Nachkriegsperiode bis gegen Ende der fünfziger Jahre unter IFA. In Wirklichkeit be-

248 ccm MZ (Fabriksrennmaschine) 1959

148 ccm MZ 1964

stand die Differenz zwischen der IFA und der MZ nur im Namen am Kraftstoffbehälter dieser erstklassigen 123, 173, 246 und 293 ccm Zweitakter. Da MZ ein verstaatlichter Betrieb ist, hatte diese Namensänderung keinerlei besitzmäßige Hintergründe. Bereits

246 ccm MZ 1964

250 ccm MZ-Rennmaschine 1965/66

unter »IFA« wurde auch auf die großen Erfolge bei Rennen und Wertungsfahrten im In- und Ausland hingewiesen und auch auf erfolgreiche Rennfahrer, wie Mike Hailwood, Alan Shepherd, Derek Woodmann, Heinz Rosner, Klaus Enderlein, Dieter

143 ccm MZ (ES 150/1 Trophy) 1971

243 ccm MZ (ES 250/2 Trophy) 1971

Krumpholz, Werner Musiol u. a., die verschiedene 125 ccm und 250 ccm MZ-Rennzweitakter – Ein- und Zweizylinder – mit der Zimmermannschen Drehschieber-Einlaßsteuerung in luft- und wassergekühlter Ausführung im Laufe der Jahre zu zahlreichen großen Siegen brachten. Erwähnt seien auch Männer wie Werner Salevsky, Peter Uhlig, Bernd Uhlmann, Fred Williamowski, Paul Friedrichs etc., die bei Wertungs- und Geländefahrten sowie Moto-Cross-Wettbewerben die Farben von MZ hochgehalten haben.
MZ, zu den größten Motorradproduzenten der Welt gehörend, folgt der Zschopauer Tradition und konzentriert sich auf die Produktion und Entwicklung von Zweitaktern, die hier dank der systematischen Entwicklungsarbeit einen hohen Grad von Vollkommenheit erreichten und auch nach zahlreichen Ländern der Erde exportiert werden.
In der derzeitigen großen Modellreihe von MZ befinden sich 123 ccm, 143 ccm, 173 ccm, 243 ccm und 249 ccm Zweitakt-Einzylindermodelle mit modernen Fahrwerken. Darunter die so erfolgreichen Geländemaschinen und sogar eine fix und fertig vom Werk gelieferte

243 ccm MZ (ETS 250 Trophy Sport) 1971

243 ccm MZ (ETS 250/1 G) 1971

243 ccm Seitenwagenmaschine. Im vom Walter Kaaden geleiteten Werksrennstall gibt es auch weiterentwickelte 248 ccm und 304 ccm Rennmaschinen, die 1971 mit Silvio Grasetti und Peter Williams ihre Klasse bei den Großen Preisen von Belgien und Ulster gewinnen konnten. MZ verlor 1971 durch Unfälle die bekannten Fahrer Bartusch und Uhlig, doch gehören die jetzt in Zschopau gebauten Zweitakter zu den zuverlässigsten Konstruktionen dieser Werke. Als Beweis für die Leistungen der serienmäßigen MZ-Motoren seien die 143er mit 11,5 PS bei 6300 U/Min. und die 250er mit 19 PS bei 5500 U/Min. erwähnt.

NAMAPO

Bernhard Nagl, Maschinen & Motorenfabrik, Stettin, Giesebrechtstraße 6

Bei Nagl baute man ab 1921 Fahrrad-Einbaumotoren und ab 1922 komplette Leichtkrafträder mit seitengesteuerten Viertaktern, die bei 60 mm Bohrung und 70 mm Hub

197 ccm Namapo 1922

einen Hubraum von 197 ccm besaßen. Eingebaut waren diese Motoren mit nach vorn geneigten Zylindern in verstärkte Fahrradgestelle. Als Spitzengeschwindigkeit wurden 55 km/h angegeben, aber als Leistung nur 1/2 PS. Kein Wunder, daß diese Maschinen 1924 aus der Produktion genommen wurden.

NASSOVIA

Wiesbadener Fahrrad G.m.b.H., Wiesbaden

Die Nassovia gehörte zu den geheimnisvollen Maschinen des Jahres 1925, und es ist wahrscheinlich, daß sie nur in ganz geringen Stückzahlen gebaut wurde. Sie wurde damals mit einem schiebergesteuerten 2,75 PS Anzani-Motor und Kettengetriebe für RM 900.– angeboten, doch konnte nach 40 Jahren niemand gefunden werden, der diese Maschine sah oder fuhr.

NEANDER

1. Neander Motorfahrzeuge G.m.b.H., Euskirchen
2. Neander Motorfahrzeuge G.m.b.H., Köln, Lindenburger Allee
3. Neander Mfg., Düren-Rölsdorf/Rheinland

Ernst Neumann-Neander gehörte zu den einfallsreichsten und tüchtigsten Konstrukteuren Deutschlands, und genau wie Fritz Cockerell verfolgte er ständig seine eigenen und oft unorthodoxen Ideen, deren Verwirklichung ihm nicht viel Zeit für die damit verbundenen kommerziellen Probleme ließ. Er gehörte zu den Pionieren im Lande, und als er

173 ccm Neander (Stahlrahmen) 1925

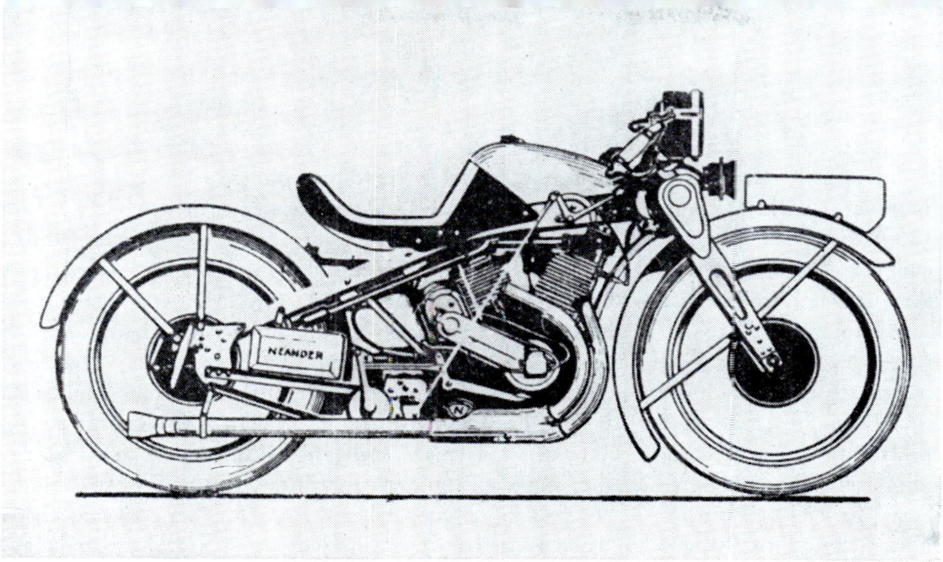

996 ccm Neander (MAG) 1929

1923 erstmalig als Motorradproduzent auftrat, da standen ihm bereits langjährige Erfahrungen mit Kraftfahrzeugen zur Verfügung. Bis 1929 baute er damals in eigenen Betrieben seine unorthodoxen Fahrgestelle aus U-förmig gepreßtem Stahlblech und Duraluminium, mit teilweise kuppelförmigen Kraftstoffbehältern und Vordergabeln, die kurze vertikale Blattfedern besaßen. Nie verwendete er orthodoxe Motorradsättel, sondern zuerst gepolsterte Sitzkissen und später schalenförmige Sitze in Form hochgezogener Blechplatten, die mit ledernen Luftkissen überzogen waren. Seine Maschinen waren auch nicht emailliert, sondern besaßen einen Cadmiumüberzug, der sich leicht reinigen ließ.
Wenn man von seinen ersten Leichtkrafträdern mit 122 und 173 ccm Villiers-Zweitaktmotoren absieht, baute er ab 1927 einen Einheitsrahmen, in dem alle Motoren von 350 bis 1000 ccm verwendet werden konnten. Diese Einheitsfahrgestelle wurden ab 1928 auch von Opel unter Lizenz gebaut und mit eigenen 500 sv- und ohv-Blockmotoren versehen und dienten auch 1930–1931 für die Versuchsmodelle von E.O. (Elite-Opel), die ohc-Küchen-Einbaumotoren besaßen.
Die ersten Maschinen wurden in einer kleinen Werkstatt in Euskirchen handwerksmäßig hergestellt. Später baute er seine Maschinen in Verbindung mit Allright in Köln, um

498 ccm Neander (MAG-Motor) 1929

sich zuletzt in Düren-Rölsdorf in größerem Maßstab selbst zu etablieren. In dieser Periode wurden seine Einheitsfahrgestelle mit sv, ohv und ohc sowie gegengesteuerten Einbaumotoren der Firmen MAG, Küchen und JAP versehen und in den Größen von 348, 498 und 1000 ccm gebaut. Es handelte sich hierbei um Ein- und V-Zweizylinderversionen. Nach 1929 verlegte er sich hauptsächlich auf die Entwicklung neuer Kraftfahrzeuge und teilweise auch Konstruktionen für andere Produzenten, wobei seine Kleinautomobile – die er Fahrmaschinen nannte – infolge ihrer Schalenkarosserien, schwenkbaren Räder und anderen Besonderheiten großes – technisches – Aufsehen erregten. Ausgerüstet mit obengesteuerten V-Zweizylindermotoren von JAP mit 1000 ccm Hubraum, erwiesen sie sich auch bei Rennen bis zum 2. Weltkrieg als sehr erfolgreich. Anfang der dreißiger Jahre schuf er auch noch zahlreiche andere unorthodoxe Fahrgestelle, doch waren dies nur Einzelexemplare, soweit es Motorradkonstruktionen betraf. Sein einfallsreicher Geist trieb ihn immer wieder zum Bau der verschiedensten Fahrzeuge und zur Anwendung von Konstruktionsprinzipien, die oft praktisch sehr gut, kommerziell jedoch kaum anwendbar waren. Bis zu seinem Ableben am Anfang der fünfziger Jahre war er mit seinen Versuchen beschäftigt, und obwohl ihm materielle Erfolge versagt blieben und er sogar um Urheberrechte prozessieren mußte, bleibt sein Name für ewig in Erinnerung bei Fachleuten und denen, die diesen tüchtigen Konstrukteur persönlich kannten.

NERA

Raiser & Söhne, Rollerbau, Kirchentellinsfurt/Württemberg

Der Nera gehörte zu den ersten Rollern, die nach dem zweiten Weltkrieg in Deutschland hergestellt wurden. Es war ein völlig karossiertes, stromlinienförmiges Fahrzeug mit dem alten 120 ccm Ilo-Zweitaktmotor, das 1950 für DM 1165.– angeboten wurde. Eine große Verbreitung fand diese handwerksmäßig hergestellte Maschine nicht, und 1952 verschwand sie vom Markt.

NESTORIA

1. Nestoria Motorenwerk G.m.b.H., Nürnberg, Solgerstraße 6a
2. Nestoria Motorenwerk G.m.b.H., Nürnberg, Äußere Rollnerstraße 55
3. Bischoff & Pedall, Motorradfabrik, Nürnberg 23

Nestoria gehörte zu den mittelgroßen Motorradfabriken in der ehemaligen Motorradmetropole Nürnberg. 1923 fing man dort mit eigenen 289 ccm Zweitaktern an, die 1924 auf 346 ccm – mit 70 mm Bohrung und 90 mm Hub – gebracht wurden. Diese luftgekühlten Dreikanalmotoren leisteten $6^1/_2$ PS bei 3000 U/Min. 1925 wurde Astoria samt dem Fabriksgebäude von Nestoria übernommen. Interessanterweise verschwanden damit auch die Zweitaktmotoren, und ab 1926 finden wir von Nestoria hergestellte Konfektionsmaschinen mit 348 und 498 ccm ohc-Motoren von Küchen sowie gegengesteuerten 496 ccm und 596 cm sowie obengesteuerten 496 ccm Einzylindermotoren von MAG (Motosacoche). 1929 kamen dann seitengesteuerte Versionen mit 196 und 497 ccm Sturmey-Archer-Motoren hinzu, aber 1931 wurde die Produktion von Motorrädern bei Bischoff & Pedall aufgegeben. Im Vergleich zu den Viertaktern muß gesagt

346 ccm Nestoria 1925

497 ccm Nestoria (Blackburne-Motor) 1929

werden, daß die bis 1925 hergestellten 346 ccm Zweitakter sehr schöne und gut ausgeführte Maschinen waren, während die späteren Konfektionsmotorräder in keiner Weise besonders hervorstachen.

NEVE

Neve Fahrradwerke, Heinrich Neve G.m.b.H., Neumünster, Altonaerstraße

Diese in Süd-Holstein befindliche Fabrik gehörte zu den ersten Motorradherstellern, die Ilo-Zweitakt-Einbaumotoren benützten. Das war 1924. Es handelte sich hierbei um zwei Modelle mit 132 und 170 ccm Hubraum. Hergestellt wurden diese Maschinen in beschränkten Stückzahlen bis 1926.

N.I.S.

Fahrzeugfabrik Schönfeld & Schwarz, Nürnberg

Die N.I.S. war die Nachfolgerin der 1924 von derselben Firma gebauten 246 ccm M.J.S.-Zweitaktmaschine. Sie entstand ein Jahr später (1925) und war mit einem 293 ccm JAP-Einbaumotor mit seitengesteuerten Ventilen versehen.

Die Firma baute Motorräder in Einzelanfertigung, war aber sogar in ihrer Produktionsperiode fast unbekannt.

N. K. F.

Norddeutsche Kühlerfabrik A.G., Berlin-Tempelhof

Es ist nicht genau bekannt, wer die Zweitaktmotoren für diese Leichtkrafträder baute, doch dürfte es sich um den 132 ccm M.G.F.-Hilfskolbenmotor gehandelt haben, der hier zusammen mit einem Zweiganggetriebe in einen einfachen Rohrrahmen gesetzt wurde. Auch bei dieser Firma handelte es sich um eine beschränkte Produktion der Jahre 1924 und 1925.

NORDSTERN

Nordstern Fahrzeugwerke G.m.b.H., Wasseralfingen/Württemberg

Von 1922 bis 1924 wurden diese Leichtkrafträder mit nach vorn geneigten $2^1/_2$ PS Zweitaktmotoren und einfachen Rohrrahmen gebaut. Dann ging die Firma in Konkurs, wurde von den Schwäbischen Fahrzeugwerken G.m.b.H. übernommen und unter dem Namen S.F.W. noch kurze Zeit die Produktion dieser Maschinen beibehalten. Weder die Nordstern noch die S.F.W. errangen eine größere Verbreitung.

NORWED

Norddeutsches Fahrzeugwerk G.m.b.H., Hannover, Vahrenwaldstraße 50a

Hannover hatte im Laufe der Jahre mehrere Motorradproduzenten, doch keinen größeren Hersteller, dessen Produkte – bis auf Avis-Celer – im ganzen Reich bekannt waren. Auch die Norwed hatte nur lokale Bedeutung. Sie war ein zwischen 1924 und 1926 hergestelltes Konfektionsmotorrad typisch englischer Bauweise mit 348 und 498 ccm ohv und 498 ccm sv-Kühne-Einbaumotoren. Daneben gab es auch Modelle mit 347 ccm sv und ohv sowie 548 ccm sv-Blackburne-Einzylinderversionen.

N. S. H.

A. Nöding & Söhne, Motorradfabrik, Hersfeld

Bei Nöding baute man keine große Mengen, dafür aber gute, solide Maschinen, die auch modern und formschön waren und schon 1928 Satteltanks besaßen. Der Motorradbau begann 1923 mit einer obengesteuerten 185 ccm Maschine, deren Einzylindermotor von Paqué in Augsburg hergestellt wurde. 1924 folgte eine ähnliche 198 ccm Version, und als 1925 Paqué als Lieferant ausfiel, ging man bei N.S.H. auf seitengesteuerte 348 und 498 ccm JAP-Motoren und auf 122, 147, 173, 242 und 346 ccm Villiers-Zweitakter über. 1928 wurde auch der 348 ccm Parallel-Zweitakter von Villiers verwendet. Die Fahrgestelle waren Stahlrohrrahmen typisch englischer Bauweise. Leider schied auch N.S.H. 1929 aus den Reihen der Motorradhersteller.

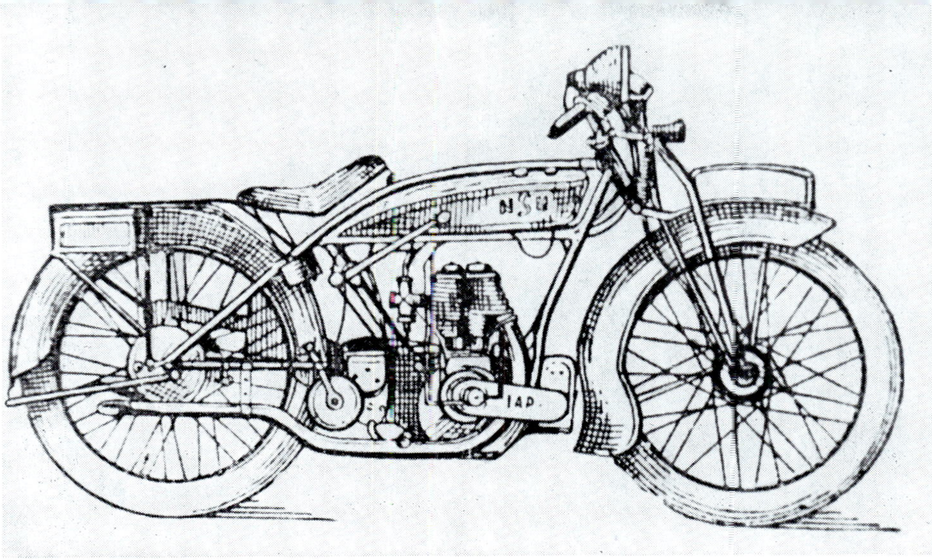

346 ccm NSH (JAP-Motor) 1927

NSU

1. Neckarsulmer Fahrradwerke A.G., Neckarsulm/Württemberg
2. Neckarsulmer Fahrzeugwerke A.G., Neckarsulm/Württemberg
3. NSU Vereinigte Fahrzeugwerke A.G., Neckarsulm/Württemberg
4. NSU Werke Aktiengesellschaft, Neckarsulm/Württemberg
5. NSU Motorenwerke A.G., Neckarsulm/Württemberg

NSU wurde 1880 als Strickmaschinenfabrik gegründet, 1887 für Fahrradproduktion ein-

1¾ PS »Neckarsulmer« (NSU) 1903

456 ccm Neckarsulmer (NSU) 1903

gerichtet, und 1901 entstand das erste Motorrad, das den Namen »Neckarsulmer« trug und mit einem 1,25 PS Zedel-Motor, Oberflächenvergaser und Batteriezündung ausgerüstet war. Dieser Motor wurde in gewöhnliche Fahrräder am unteren Rahmenrohr schräg eingehängt. Bereits 1902 wurde ein zweites Modell mit senkrecht stehendem 1,75 PS Motor und NSU-Spritzvergaser geliefert, 1000 derartige Fahrzeuge wurden gebaut. Die Firma lieferte auch Umbausätze, die es ermöglichten, Fahrräder in Motorfahrzeuge zu verwandeln.

In diesen Pionierjahren der Neckarsulmer Fabrik gab es auch schon große Sporterfolge, die von Fahrern wie Wilhelm Glöckler, dem späteren NSU-Direktor Carl Schwarz und anderen Fahrern errungen wurden. Verwendet wurde damals ein 2 PS-Modell. Im Laufe der folgenden Jahre wurden die Maschinen weiterentwickelt und modernisiert und auch Maschinen mit 2,25 PS, 3,5 PS, 4 PS, 5 PS etc. gebaut, wobei bereits eigene Viertaktmotoren, inklusive wassergekühlte und V-Zweizylinder-Versionen, hergestellt wurden und zum Einbau gelangten. Bald baute man sogar Vergaser, Magnetapparate und Zündkerzen in Neckarsulm selbst, und die NSU-Naben und -Ge-

$1^3/_4$ PS Neckarsulmer (NSU) 1903

1³/4 PS Neckarsulmer (NSU) 1903

4 PS Neckarsulm (NSU) wassergekühlt 1905

5 PS Neckarsulm (NSU) 1906

$1^1/_4$ PS Neckarsulm (NSU) 1907

7,5 PS NSU (Rennmaschine) 1909

3 PS NSU-Vorsteckwagen 1911

3 PS NSU 1913

triebe errangen bald dieselbe Weltberühmtheit wie komplette »Neckarsulmer« Motorräder.
Bereits 1907 bestritten NSU-Maschinen die englischen T.T. Motorradrennen auf der Insel Man und kamen jedes Jahr bis zum ersten Weltkrieg wieder dorthin. Eine NSU, von Lingenfelder gesteuert, brach 1909 verschiedene Weltrekorde in Los Angeles in Kalifornien und erreichte 124 km/h über eine englische Meile, wobei ein $7^1/_2$ PS V-Zweizylindermodell mit Flachriemen verwendet wurde. Allein 1913 errangen NSU-Motorräder 375 erste Preise, und die damals neu herausgebrachte Tourenmaschine mit einem $3^1/_2$ PS V-Zweizylindermotor mit gegengesteuerten Ventilen, Dreiganggetriebe und Kettenantrieb wurde die meistgefahrene deutsche Armeemaschine während des Krieges 1914–1918.
Die erste Nachkriegs-NSU, ein V-Zweizylinder mit Riemenantrieb, kam 1919 heraus und wurde in den folgenden Jahren durch verbesserte Modelle mit Kettenantrieb ergänzt. Geliefert wurden damals hauptsächlich Zweizylinderversionen mit 496, 596, 746 und 996 ccm Hubraum und gegengesteuerten Motoren, die nicht nur robust gebaut,

326 ccm NSU 1914

4 PS NSU 1924

498 ccm NSU 1927

497 ccm NSU 1927

198 ccm NSU 1928 und 249 ccm NSU 1928

sondern auch leistungsfähig und zuverlässig waren. 1925 baute man für Werksrennfahrer obengesteuerte V-Zweizylindermaschinen, die auch 996 ccm Motoren besaßen und besonders von Ernst Islinger, Karl Scherer, Josef Rosenbaum, den Brüdern Greiner, Franz Mazzuvana, Walter Glöckler, Franz Wenzel, Josef Müller und anderen mit großen Erfolgen gefahren wurden. Bemerkenswert, daß diese Rennmaschinen Kickstarter und flexible Auspuffrohre besaßen.
Das NSU-Programm für 1927 bestand aus neuen 249 ccm Blockmaschinen mit wechsel- und obengesteuerten Einzylindermotoren und Doppelschleifenrahmen, aus einer seitengesteuerten, schweren 497 ccm Einzylindermaschine und aus vier Zweizylindermodellen, die alle auch in Sportausführung erhältlich waren. Das große 996 ccm Modell mit 80 mm Bohrung und 99 mm Hub leistete damals 16 PS bei 2000 U/Min. und kostete RM 1500.–. Alle Versionen hatten Kettenantrieb, und nur eine 249 ccm Version konnte noch mit Riemenantrieb geliefert werden. Infolge neuer Steuer- und Führerschein-Gesetze kamen 1928 neue 198 ccm-Varianten heraus, und unter diesen befand sich auch eine seitengesteuerte Maschine, die man auch mit 299 ccm Motoren baute.

63 ccm NSU (Motosulm) 1931

498 ccm NSU (ohc-Rennmodell) 1931

Aufgegeben und durch eine einzylindrige 498 ccm ohv-Version mit Blockmotor und Dreiganggetriebe ersetzt wurden damals alle V-Zweizylindermodelle.

1930 wurde Wanderer mit NSU – soweit es Motorräder betraf – vereinigt, wurden neue 348 ccm Einzylinder eingeführt und von Wanderer nicht nur die 746 ccm achtventilige V-Zweizylinder-ohv-Maschine, sondern (wenigstens theoretisch!) auch die 498 ccm Einzylinder-ohv-Blockmaschine mit Stahlchassis und Kardanantrieb dazugenommen. Später lief die größere Wanderer aus, und die 498 ccm Maschine existierte nicht mehr, da ihre Produktionseinrichtung zusammen mit Zeichnungen, Modellen und einem Großteil der in Produktion befindlichen Teile bereits vorher von der damals neuen Jawa-Fabrik in Prag übernommen worden waren. Neu waren damals die ersten 174 und 198 ccm NSU-Zweitakter und eine 592 ccm ohv-Einzylindermaschine für Seitenwagenbetrieb.

Auch bei NSU gab es damals eine Reorganisation. Der Automobilbau, seit 1905 existierend, wurde an Fiat abgegeben und das Hauptgewicht auf den Motorradbau verlegt. Man engagierte den englischen Konstrukteur Walter William Moore, der sofort neue

198 ccm NSU 1933

198 ccm NSU 1934

346 ccm und 494 ccm NSU 1935

494 ccm und 592 ccm NSU 1935

97 ccm NSU (Quick) 1936

562 ccm NSU (Wehrmachtsmodell) 1938

246 ccm NSU 1947

98 ccm NSU (Fox) 1948

498 ccm ohc-Einzylinder-Rennmodelle für die Werksfahrer schuf und diese ein Jahr später – 1931 – auch einer beschränkten Serienproduktion zuführte, wobei dieses Modell »SS« – später auch Bullus-NSU genannt – 20 PS leistete. Der Name »Bullus«

496 ccm NSU (Kompr. Zweizylinder) 1950

125 ccm NSU (Zweitakt-Fox) 1951

stammte von dem berühmten englischen Rennfahrer Tom Bullus, der mit Moore nach Neckarsulm kam und diese Konstruktion großen Rennerfolgen zuführte. Ab 1933 gab es auch eine ähnliche 346 ccm-Version. Außer Bullus befanden sich unter den erfolgreichen Werksfahrern auch Toni Ulmen, Paul Rüttchen, Sepp Giggenbach, Rudolf Runtsch, Max Reheis, Hans Soenius, Oskar Steinbach, Bernd Rosemeyer, Werner Mellmann, Toni und Heiner Fleischmann, Alex Baker, Guglielmo Sandri, Ted Mellors, Ron Parkinson, Fergus Anderson, Hans Kaufmann, Jock West, Hans Schuhmann, Albert Schneider, Hans Stärkle und andere. Für die Klasse bis 1000 ccm und Seitenwagenklassen gab es im Werksteam auch einige 596 und 692 ccm-Versionen.
NSU begann Anfang der dreißiger Jahre auch mit der Großherstellung von motorisierten Fahrrädern, bei denen die kleinen Zweitakter über dem Vorderrad angebracht waren und die bald eine weite Verbreitung errangen. Daneben kamen 248 ccm Zweitaktmotorräder und später neue 248 ccm ohv-Modelle sowie 198 ccm-Varianten hinzu. Bis zum Krieg gab es dann auch noch ständig verbesserte 298, 346, 494 und 592 ccm ohv-Einzylindermodelle. 1933 übernahm NSU auch noch die Produktion der Spandauer

494 ccm NSU (Konsul) 1952

49 ccm NSU (Quickly) 1953

D-Räder, d. h. deren 198 ccm Zweitakter und 496 ccm sv- und ohv-Modelle, die allerdings bald aus der Produktion verschwanden. Das letzte Vorkriegsprogramm 1939 setzte sich aus der 98 ccm Zweitakt-Quick, die für RM 290.– verkauft wurde, der 98 ccm Pony, der 123 ccm ZDB und 198 ccm ZDB – beides Zweitaktmaschinen –, den obengesteuerten 198 und 246 ccm OSL-Modellen, der ähnlichen 346 ccm OSL und der 592 ccm TS und OSL zusammen. Die TS war seitengesteuert und die große OSL obengesteuert. Sie kostete RM 1250.– und gab 24 PS bei 3800 U/Min. ab.
In Neckarsulm gab es schon immer hervorragende Techniker. Schon vor dem ersten Weltkrieg arbeitete dort der englische Konstrukteur/Rennfahrer D. R. O'Donovan, und in den dreißiger Jahren fand man außer Moore auch Otto Reitz und später Albert Roder in Neckarsulm, der knapp vor dem Krieg an neuen 348 und 498 ccm Rennmaschinen mit zweizylindrigen Doppelnockenwellenmotoren mit Kompressor arbeitete, die von Wilhelm Herz, Karl Bodmer, Otto Rührschneck, Heiner Fleischmann, »Crasher« White und Hermann Böhm gefahren wurden und nach dem Krieg nicht nur große Rennerfolge errangen, sondern mit Wilhelm Herz im Sattel auch die schnellsten Motorräder der Welt wurden. Herz war selbst an der Nachkriegsentwicklung dieser Fahrzeuge stark beteiligt. Der Engländer Moore hatte die Firma knapp vor dem Krieg 1939 verlassen, und Albert Roder blieb bis zu seinem Rücktritt in den Ruhestand am Anfang der sechziger Jahre der führende Mann im Neckarsulmer Konstruktionsbüro.
An dieser Stelle sei auch des leider so früh verstorbenen Generaldirektors Nigtsch gedacht, der trotz aller Nachkriegsprobleme NSU schnell wieder aufbaute, und an seinen Nachfolger, Generaldirektor Dr.-Ing. Gerd Stieler von Heydekampf, der NSU wieder zu großen kommerziellen, technischen und sportlichen Erfolgen verhalf. Neben ihm seien der technische Direktor Dipl.-Ing. Viktor Frankenberger, der Leiter der Entwicklungsabteilung Direktor Dipl.-Ing. Ewald Praxl und Direktor Dr.-Ing. Walter Froede ganz besonders erwähnt.
Die Nachkriegsproduktion wurde mit der 98 ccm ohv-Fox, der 123 ccm Zweitakt-ZDB und der 241 ccm ohv-Version OSL begonnen. Dazu kam 1951 die 98 ccm Zweitakt-Quick und die Lizenzerzeugung des italienischen 123 ccm Lambretta-Rollers. Hinzu kamen auch

248 ccm NSU (Zweizylinder-Rennmax) 1954

die 198 ccm Lux und die 346 und 498 ccm Konsul I und Konsul II ohv-Einzylindermodelle.
Wilhelm Herz erzielte damals auf der 498 ccm Parallel-Zweizylinder-Kompressormaschine, die 110 PS abgab, 290 km/h, doch konnte sie infolge des Kompressorverbotes ab 1951 bei Straßenrennen nicht mehr eingesetzt werden. NSU baute daraufhin

247 ccm NSU (Sportmax) 1957

247 ccm NSU (Supermax) 1959

kompressorlose 498 ccm Doppel-ohc-Vierzylinder-Rennmodelle mit quergestellten, luftgekühlten Reihenmotoren und bald darauf auch die fabelhaften 123 und 246 ccm Ein- und Zweizylinder-Rennföxe und Rennmäxe, die ebenfalls luftgekühlte Doppel-

49 ccm NSU (Quickly S 2/23) 1966

49 ccm NSU (Quickly TTK) 1966

nockenwellenmotoren besaßen. Diese wurden von Bill Lomas, Reg. Armstrong, Roberto Colombo, Otto Daiker, Werner Haas, Rupert Hollaus, H. P. Müller, Hans Baltisberger etc. als Werksfahrer mit sehr großen Erfolgen bei internationalen Straßenrennen gefahren. Mit ihnen wurden nicht nur T.T.-Rennen auf der Insel Man mit Haas und Hollaus, sondern auch die Weltmeisterschaft gewonnen. 1954 zog sich die Firma von der offiziellen Teilnahme an Rennen zurück, nachdem sie jahrelang eine prominente Rolle im In- und Ausland gespielt hatte.
Ende 1952 erschien die populäre NSU-Max mit ihrem 248 ccm ohv-Motor als Nachfolgerin der OSL auf dem Markt. Später wurde sie auch in Sportausführung gebaut und erwies sich als sehr erfolgreiche Rennmaschine in der Hand von Privatfahrern wie H. P. Müller (als er – wie Hans Baltisberger – aus dem aufgelassenen Werksrennstall ausschied), Horst Kassner, Fritz Kläger, John Surtees, Mike Hailwood, Sammy Miller, Georg Braun, Baltisberger, Roland Heck, Fron Purslow etc. Mitte der fünfziger Jahre wurde das Typenprogramm bereinigt und auf folgende Modelle begrenzt: 98 ccm Vier-

49 ccm NSU (Quickly TT) 1966

takt (ohv) Fox, 123 ccm Zweitakt-Fox, 198 ccm Zweitakt-Superlux und 247 ccm Max, die nunmehr 17 PS bei 6500 U/Min. abgab. Dazu kamen zwei NSU Lambretta-Roller mit 123 und 147 ccm Zweitaktmotoren. Die Fabrik lieferte auch verschiedene Motorradmotoren an andere – ausländische – Produzenten, wie Caproni und Müller in Italien, Lube in Spanien u. a. Große Beliebtheit errangen damals auch die in verschiedenen Ausführungen hergestellten 49 ccm Zweitakt-Quickly Mopeds.
Die 1958er Modellreihe zeigte außer dieser Quickly auch noch die 123 ccm Superfox, die 174 ccm Maxi und die 247 ccm Max. Ein Jahr später gab es die Maxi und die auf 18 PS gebrachte Supermax; 1962 die 49 ccm Zweitakt Quick und diese beiden Viertakter. Bald darauf übergab NSU den Bau aller größeren Maschinen an die jugoslawische Fa-

175 ccm NSU (Prima V) 1966

brik Pretis in Sarajevo und konzentrierte die eigene Produktion nicht nur auf verschiedene 49 ccm Mopedmodelle, sondern auch auf die inzwischen großgewordene Automobilabteilung. Erwähnt sei hier noch, daß NSU-Maschinen nicht nur bei Rennen, sondern auch bei großen Wertungs- und Geländefahrten oft siegreich waren und hier jahrelang zu den führenden deutschen Fabrikaten zählten.

NUX

Nux-Motorfahrzeug G.m.b.H., Berlin-Lichterfelde

Über die 1924–1925 in kleinen Stückzahlen hergestellten Nux-Leichtkrafträder ist nicht viel bekannt, doch soll es sich um 170 ccm Zweitakter eigener Fertigung mit außenliegender Schwungscheibe und Riemenantrieb zum Hinterrad gehandelt haben. Als Fahrgestelle wurden einfache Rohrrahmen verwendet.

OBERLE

Eugen Oberle, Motorfahrzeugbau, Singen-Hohentwiel, Hegaustraße 9

Oberle, ein bekannter Motorradsportler, baute zwischen 1927 und 1929 nette Leichtkrafträder, die mit englischen 147 und 173 ccm Villiers-Zweitaktmotoren ausgerüstet waren. Anfang der dreißiger Jahre kam er bei einem tragischen Unfall ums Leben. Als Fahrlehrer begleitete er einen Schüler im Seitenwagen, und als dieser gegen einen Baum fuhr, wurde Oberle getötet.

OCRA

1. Ottomar Cramer, Kleinkraftradfabrik, Nürnberg, Untere Turmstraße 16
2. Ottomar Cramer, Kleinkraftradfabrik, Nürnberg, Poppenreutherstraße 56

Diese Firma, die 1923 mit 137 ccm Hilfsmotoren für Fahrräder auf den Markt kam, wurde schon unter Lloyd beschrieben. 1924 kamen Motorräder mit 298 ccm sv- und 346 ccm ohv-Einzylindermotoren von JAP hinzu, doch spielte die Marke nie eine größere Rolle auf dem deutschen Motorradmarkt und verschwand bald darauf aus den Reihen der Motorraderzeuger.

O.D.

1. Fahrzeugfabrik Willy Ostner, Dresden, Bürgerstraße 56
2. Fahrzeugfabrik Willy Ostner, Brand-Erbisdorf i. Sachsen

Die ab 1927 gebauten O.D. Motorräder gehörten zu den besten Konfektionserzeugnissen der deutschen Motorradindustrie. Konstruiert von Dipl.-Ing. Pobel, zeigten sie auch

996 ccm O.D. (MAG-Motor) 1931

formschöne Linien und errangen bald große Beliebtheit. Hergestellt wurden sie bis 1936, und während all dieser Jahre kamen im Serienbau Schweizer MAG-Motoren mit 347, 497, 597 und 996 ccm Hubraum zur Verwendung. Die Tourenmodelle besaßen wechselgesteuerte und die Sportversionen obengesteuerte Ventile. Die große 996 ccm V-Zweizylindermaschine wurde auch mit Rückwärtsgang für den Seitenwagenbetrieb – als einziges deutsches Motorrad – geliefert. Für Rennzwecke kam 1931 das Modell TT mit dem Motosacoche-Stößelstangenmotor heraus. Versehen mit gekapselter Ventilsteuerung, Haarnadelventilfedern, Trockensumpf-Umlaufschmierung u. a., leistete dieser 498 ccm Einzylindermotor 28 PS.
Kennzeichnend für alle O.D.-Typen waren die kräftigen und soliden Fahrgestelle, für deren Herstellung Carl Ostner, der vorher bei Renner & Poppe in Dresden tätig gewesene Bruder des Firmeninhabers, verantwortlich war. So besaß das erwähnte TT

498 ccm O.D. (MAG) 1931

499 ccm O.D. (MAG-Rennmaschine) 1932

Rennmodell einen vollkommen geschlossenen Doppelrohrrahmen mit 65 ccm Sattelhöhe und wog trotzdem nur 130 kg. Carl Ostner, vorher selbst Rennfahrer, schuf auch zahlreiche Spezialfahrgestelle für Straßen-, Berg-, Bahn- und Speedwayrennen, die, mit verschiedenen Einbau-Rennmotoren versehen, von bekannten Rennfahrern wie Arno Zaspel – der Werkmeister bei O.D. war –, Franz Heck, Emil Schweitzer, Zwolle, Bocktenk, Hans von Tümpling u. a. erfolgreich gesteuert wurden. Zum Einbau gelangten hier auch 250, 350, 500, 680 und 996 ccm ohv-Rennmotoren von JAP und – teilweise – Küchen.

Bereits 1929 verwendete man moderne Satteltanks und später bei einigen Modellen auch völlig gekapselte Ketten. 1932 gab es dann neue 198 ccm Zwei- und Viertakter mit Bark-Motoren und zum Teil geschraubten Profilstahlrahmen. 1934 kam noch ein sv Einzylindermodell mit Bark Motor hierzu, doch wurde bald darauf der Motorradbau aufgegeben. Der Hauptgrund für das Verschwinden dieser schönen, blau emaillierten Maschinen lag in der Konzentration auf die Herstellung von Lieferdreirädern, nachdem schon 1932 derartige Fahrzeuge auch für Personenbeförderung mit von einem 198 ccm Ilo-Zweitaktmotor getriebenen Vorderrad und zwei Hinterrädern gebaut wurden. Später konzentrierte Ostner den Bau auf Kombinationswagen und die erwähnten Lieferdreiräder – es gab sogar einen O.D. Sattelschlepper mit Ilo-Zweitaktmotor!

198 ccm O.D. (Bark) 1935

Die Beliebtheit dieser Klein-Nutzfahrzeuge führte 1935 zur Übernahme der früheren Elite-Diamantwerke in Brand-Erbisdorf und zur Aufgabe der Motorradherstellung. Nach dem zweiten Weltkrieg verlegte Ostner die Fabrikation nach Sulzbach/Rosenberg, doch war ihm dort kein Erfolg mit seinen praktischen Lieferdreirädern beschieden, und Motorräder wurden dort nicht mehr gebaut.

ODA

Oda-Werke Aktiengesellschaft, Hamburg

Soweit bekannt, war dies nur ein kleiner Produzent, der 1925–1926 beschränkte Stückzahlen von einfachen und primitiven Motorrädern mit dem seitengesteuerten 296 ccm Einzylindermotor von JAP konfektionierte und keinerlei größere Verbreitung mit seinen Produkten fand.

OFRAN

Ofran Motorrad A.G., Magdeburg-Sudenburg

Als in der Periode von 1923 bis 1925 Hunderte von Motorraderzeugern in Deutschland existierten oder, besser gesagt, teilweise vegetierten, bemühten sich einige unter ihnen, mit weniger orthodoxen Konstruktionen hervorzustechen. So baute man bei Ofran eine einzylindrige 425 ccm Zweitaktmaschine, deren Dreikanal-Nasenkolbenmotor 80 mm Bohrung und 84 mm Hub hatte. Es war eine schwere Maschine mit Kettenantrieb zum Hinterrad, deren Motor sicherlich nie einen Mangel an Hitze hatte. Die Konstruktion war zweifellos nicht sehr gut und verschwand, bevor noch eine größere Anzahl von Ofrans dem Verkehr übergeben wurde.
Zweitaktmotoren mit so großem Hubraum als luftgekühlte Einzylinder zu bauen, wurde auch später gelegentlich – aber immer mit negativem Resultat – versucht.

O. G. E.

Motorfahrzeug- & Maschinenbau-G.m.b.H., Leipzig-Gohlis

Diese Firma stellte von 1921 bis 1924 Fahrrad-Hilfsmotoren und Kleinkrafträder – jetzt würde man sie Mopeds nennen – her. Es handelte sich um 118 ccm Zweitakter mit 50 mm Bohrung und 60 mm Hub, die nach dem Dreikanalprinzip arbeiteten. Sie waren über dem Vorderrad angebracht und trieben dieses über eine Kupplung und Kette. Als stärkere Fahrzeuge angeboten wurden, verschwanden diese Kleinmotoren immer mehr vom Markt. Konstrukteur und Firmeninhaber war Oskar Giebel.

O. H. B.

Kraftfahrzeug- & Fahrradfabrik Otto Hoffmann, Berlin S. 42., Luckauerstraße 11

Hoffmanns O.H.B.-Motorräder wurden nur 1928 und in sehr beschränkten Stückzahlen hergestellt. Es waren konfektionierte Maschinen mit seitengesteuerten 498 ccm Einzylindermotoren von JAP, Getrieben von Burman und Fahrgestellen, die ihre englischen Vorbilder nicht verleugnen konnten.

O. M.

Ostdeutsche Motorradwerke, Breslau X., Michaelisstraße 20–22

Bei O. M. baute man die von Hans Koch konstruierten 2³/₄ PS Einzylindermaschinen mit robusten Fahrgestellen auch unter dem Namen »Neko« von 1924 bis 1926. Die Motoren hatten vier Ventile und das Dreiganggetriebe im Block. Es waren ganz schöne Maschinen, doch konnten sie sich unter den damaligen Verhältnissen auf die Dauer nicht durchsetzen.

OMNIA

Omnia Handelsgesellschaft m.b.H., Bad Godesberg am Rhein

Es gehörte viel Einbildung dazu, um nicht zu glauben, daß diese Omnia ein kommerzieller Ableger von Imperia in Bad Godesberg war. Die Gesellschaft war fast ausschließlich für den Handel mit Leichtkrafträdern bestimmt und lieferte zuerst 98 und 147 ccm Modelle mit Villiers-Zweitaktmotoren und dann auch 198 ccm Zweitakter, deren Motoren von Bark in Dresden kamen. Alle Modelle hatten englische Albion-Getriebe und die Imperia-Stahlpreßgabel. Offeriert wurden diese Omnia-Maschinen von 1931 bis 1933.

OPEL

1. Adam Opel Fahrräder-, Nähmaschinen- & Motorwagenfabrik, Rüsselsheim am Main
2. Adam Opel Motorfahrzeug & Fahrradwerke, Rüsselsheim am Main
3. Adam Opel Automobilwerke, Rüsselsheim am Main
4. Adam Opel A.G. Motorradabteilung, Rüsselsheim am Main

Nur wenige Leser dürften wissen, daß es bei Opel drei Perioden gab, in denen Motorräder hergestellt wurden. Die erste Periode begann 1901, in welcher man robuste $1^3/_4$ PS und $3^1/_2$ PS Einzylindermodelle herstellte, die schon damals einen guten Ruf genossen. Der Automobilbau wurde 1898 mit der Lutzmann'schen Konstruktion aufgenommen, und als man später auch die Automobil-Lizenz der französischen Firma Darraq erwarb, trat die Motorradproduktion in den Hintergrund. Nach mehrjähriger Unterbrechung wurde sie 1913 erneut aufgenommen, und am Anfang der zwanziger Jahre

$3^1/_2$ PS Opel 1903

Wassergekühlte 204 ccm-Opel-Rennmaschine 1922

gab es zunächst Einbaumotoren für Fahrräder sowie Kleinkrafträder, deren 140 ccm-Motor eine Bohrung von 57 mm und einen Hub von 55 mm hatte. Angebaut wurden diese Motoren neben dem Hinterrad. Rennversionen, 1922 und 1923 gebaut, hatten einen senkrecht im Fahrgestell eingesetzten chv-Motor mit vier Ventilen und Wasserkühlung.

148 ccm Opel 1924

Hauptsächlich für Bahnrennen bestimmt, besaßen diese ungemein leichten 204 ccm Maschinen neue Hubraumabmessungen, und zwar 60 mm Bohrung und 72 mm Hub. Sie hatten ein hintenliegendes Auspuffrohr, große außenliegende Schwungscheibe, starre Vordergabel, keinerlei Bremsen und Kotflügel, einen 2½ Liter fassenden Rundtank und quer darüberliegenden Ölbehälter sowie direkten Kettenantrieb zum Hinterrad. Fritz von Opel und Ernst Knappke errangen zahlreiche Siege auf diesen Rennmaschinen, die auf der früheren Opel-Rennbahn in Rüsselsheim Durchschnittsgeschwindigkeiten von über 70 km/h erzielten.

Eine seitengesteuerte 148 ccm Opel mit 56 mm Bohrung und 60 mm Hub kam 1923 heraus. Sie gab 2 PS bei 4000 U/Min. ab und hatte eine außenliegende Schwungscheibe, einen vor dem Zylinder liegenden Vergaser, ein Zweiganggetriebe mit Kettenantrieb zum Hinterrad und eine Vordergabel mit Kurzschwinge. Ihr Gewicht betrug 60 kg, und sie wurde nur in kleinen Stückzahlen hergestellt; das vor allem deshalb,

Opel-Raketenmotorrad 1928

weil Opel gerade damals mit einem sensationellen Kleinwagen, dem »Laubfrosch«, auf den Markt kam und die Produktion immer mehr auf diesen konzentrierte.
So kam es, daß man von 1925 bis 1928 bei Opel überhaupt keine Motorräder herstellte. Dann kam es zur dritten und letzten Motorradbau-Periode in Rüsselsheim, indem man die Lizenz des Preßstahlfahrgestells von Ernst Neumann-Neander erwarb und in die-

498 ccm Opel (Motoclub) 1929

498 ccm Opel (Neander-Fahrgestell) 1930

498 ccm Opel (Neander-Fahrgestell mit eigenem ohv-Motor) 1930

ses eigene 496 ccm Einzylindermotoren, mit seiten- und obengesteuerten Ventilen, einbaute. Gebaut wurden diese unter dem Namen »Opel-Motoclub« bekannten Maschinen zunächst in den zu Opel gehörenden Elite-Diamant-Werken in Brand-Erbisdorf in Sachsen. Die Vordergabeln dieser Neander-Konstruktion hatten kurze vertikale Blattfedern, Muldensättel gab es wie bei den Original Neander Motorrädern, während Opel – im Gegensatz zur Original Neander – kombinierte Zweiradbremsen verwendete.

Die sv-Opel kostete RM 1165.–, und die ohv-Version mußte mit RM 1265.– bezahlt werden. Fritz von Opel benützte 1928 ein derartiges Fahrgestell für seine Raketenantriebsversuche auf der Avus. Zwei Jahre später wurde der Motorradbau ganz eingestellt.

ORI

Otto Rierl & Co., Ori-Präzisionswerk, Brake/Westfalen

Von 1923 bis 1925 wurden bei dieser Firma Leichtkrafträder mit horizontalen 145 ccm Zweitaktmotoren – die höchstwahrscheinlich von DKW bezogen wurden – hergestellt. Die Kraftübertragung erfolgte mittels Zweiganggetriebe und Riemen. Eine größere Verbreitung errangen diese Maschinen nicht, und die Produktion war auch nicht groß.

ORIAL

Triumph Werke A.G., Nürnberg, Fürther Straße 212

Bis 1929 bestand zwischen Triumph in Nürnberg und Triumph in Coventry (England) eine enge technische und kommerzielle Zusammenarbeit. Unter anderem lieferte die englische Fabrik Motoren nach Nürnberg, die später durch Schweizer 346, 496 und 742 ccm MAG-Einbaumotoren mit gegengesteuerten und obengesteuerten Ventilen ersetzt wurden. Daneben baute man auch 198 und 298 ccm Zweitakter. Aus markenschutzrechtlichen Gründen konnte der Name Triumph bei den Nürnberger Maschinen nicht

348 ccm Orial (Triumph-MAG) 1929

im Ausland verwendet werden, und so änderte man ihn bei den Exportmaschinen auf Orial. 1931 kam es dann nochmals zu einer Änderung, indem aus Orial der Name T.W.N. (Triumph Werke Nürnberg) wurde.

ORIGINAL-KRIEGER

Motorfahrzeugbau Gebrüder Krieger G.m.b.H., Suhl/Thüringen, Rimbachstraße 37

Die Gebrüder Krieger gründeten nach dem ersten Weltkrieg die Firma K.G., wo sie zusammen mit Franz Gnädig die berühmten 498 ccm K.G.-Maschinen mit ohv-Motoren

und Kardanantrieb herstellten. Später wurde der Bau von Cito übernommen, und als diese Firma 1924 an Allright überging, schieden die Kriegers und auch Gnädig aus dem Unternehmen. Gnädig ging nach Berlin und schuf dort unter seinem Namen eine neue 348 ccm ohv-Maschine; die Kriegers dagegen blieben in Suhl, wo sie eine neue Firma gründeten; und da sie den Namen K.G. – der von Allright gekauft wurde – nicht verwenden durften, aber auch hervorheben wollten, daß die neue Konstruktion von der Originalherstellerfirma der K.G. (Krieger-Gnädig) stamme, nannten sie die neue Maschine »Original-Krieger«.
In Wirklichkeit hatte sie einen der alten K.G. ähnlichen Dreiecksrahmen, die alte – bei der Allright K.G. nicht mehr verwendete – Blattfedergabel, und im Fahrgestell saß kein so origineller Motor wie der Blockmotor mit Kardanantrieb der K.G., sondern ein einfacher seitengesteuerter 346 ccm Einzylindermotor von Blackburne in England, wie er damals von zahlreichen anderen Firmen auch verwendet wurde. Soweit der Verfasser herausfand, wurden diese – nur 1925 hergestellten – Original-Krieger-Maschinen bei »Rennsteig«, das heißt der Waffenschmiede von Hermann Schilling in Suhl, für die Kriegers gebaut. Beachtenswert war die Ähnlichkeit der Rennsteig-Motorräder mit diesen Kriegerschen Konstruktionen.

ORIONETTE

Orion Aktiengesellschaft für Motorfahrzeuge, Berlin S. O. 26, Oranienstraße 6

Seit 1921 baute diese Fabrik 129 ccm und 137 ccm Zweitaktmaschinen, die zu den besseren Berliner Leichtkraftfahrrädern gehörten und sich ziemlicher Beliebtheit erfreuten.

137 ccm
Orionette 1923

1923 kamen neue 148 ccm Versionen mit Zweiganggetrieben, die angeblockt waren, hinzu, und obwohl alle Orionette-Maschinen noch Riemenantrieb zum Hinterrad besaßen, gehörten diese Schöpfungen von Chefkonstrukteur Zaschka zu den leistungsfähigsten Zweitaktern der damaligen Periode. Mit Fahrern wie Pikard, Heidan u. a. gewannen sie auch zahlreiche Sportveranstaltungen. Der Ruf nach größeren Motorrädern führte 1924 zur Konstruktion einer 349 ccm Einzylinder-Zweitaktmaschine mit 75 mm Bohrung und 79 mm Hub, doch bevor diese in größeren Stückzahlen auf den Markt kommen konnten, ging die Firma (1925) in Konkurs. Das war dann das Ende dieser roten, schwarzen und grau-grünen Orionette-Motorräder.

ORTLOFF

Ortloff-Automobil A.G., Berlin-Charlottenburg 9, Kaiserdamm 33

Zwischen 1924 und 1926 gab es nicht genug Geld für den Ankauf von Automobilen, und so verlegte sich auch Ortloff auf die Konfektion von Leichtkrafträdern, wobei die Fahrgestelle höchstwahrscheinlich von Hugo Gruhn und die Motoren von anderen Spezialfirmen, wie Cambra, Sut, Alba etc. geliefert wurden. Es handelte sich um 185 und 198 ccm Viertakter mit seitengesteuerten Ventilen. Eine größere Verbreitung fanden diese Maschinen nicht.

ORUK

Oruk Motorradwerke A.G., Chemnitz-Altendorf, Burgstraße 5

Die sächsische Oruk war eine unorthodoxe Konstruktion, deren teilweise offenes Fahrgestell einem Damenfahrradrahmen ähnlich war. Dazu kam, daß der 189 ccm Viertaktmotor außerhalb des Fahrgestells, das heißt, neben dem linken Hinterrad, angebracht

189 ccm Oruk 1923

war. Zuerst hatte er gegengesteuerte Ventile, doch gab es später auch ohv-Modelle. Die Höchstgeschwindigkeit dieser 50 kg schweren Maschinen betrug 45 km/h, und die Periode der Produktion der Oruk-Maschinen (Oruk = »ohne Riemen und Kette«) reichte von 1922 bis 1924.

OSCHA

Otto Schaaf, Motorradbau, Bölitz-Ehrenberg bei Leipzig

Man konnte Schaaf schöpferischen Geist und technisches Können nicht absprechen, und seine 1924–1925 erzeugte »Flat-Twin« war eine sehr nette Zweizylindermaschine, deren horizontaler Motor mit Wasserkühlung ausgerüstet war, seitengesteuerte Ventile und 496 ccm Hubraum hatte. Interessant war auch der schwere und robuste Rohrrahmen mit Blattfederschwinge, und es war schade, daß die Oscha in ihrer kurzen Produktionsperiode keine größere Verbreitung errang.

OTTO

Otto-Werke, München, Schleißheimer Straße 135–143

Hier handelte es sich um die von den Otto-Werken hergestellten Flottweg-Maschinen, die am Ende der zwanziger Jahre auch mit dem Namen »Otto« am Tank geliefert wurden. Das betraf vor allem die seitengesteuerten 198 und 296 ccm Einzylindermodelle mit den englischen JAP-Motoren.

PAFFRATH

Paul Paffrath, Motorenwerke, Altenburg-Noblitz/Sachsen

Eine Beschreibung dieser unorthodoxen und interessanten Zweizylinderkonstruktion wurde unter M.W. gegeben, dem Namen, unter welchem die Paffrathsche Konstruktion 1924 auf den Markt kam. Die Maschine war ein 144 ccm Parallel-Zweitakter mit 43 mm Bohrung und 50 mm Hub, der später mit einer 249 ccm Version ein größeres Modell zur Seite gestellt wurde. Fast alles war an dieser Paffrath außerhalb der damals akzeptierten Linien gebaut; daß sie trotzdem kein kommerzieller Erfolg wurde, lag an der allzu unorthodoxen Bauweise, an der Tatsache, daß sie dem Verkauf übergeben wurde, bevor ihre Entwicklung beendet war, und nicht zuletzt an der damaligen Wirtschaftslage, die 1926 auch viel größere und finanzkräftigere Betriebe zur Aufgabe der Produktion zwang. Nach 1945 baute Paffrath »Eilenriede« Fahrrad-Hilfsmotoren in Linz am Rhein.

PAMAG

Paderborner Maschinenfabrik A.G., Paderborn

Diese Firma übernahm 1952 die Konfektion der bis dahin von den Bielefelder Anker-Werken hergestellten 123, 174 und 197 ccm Zweitaktmotorräder mit Ilo- und Fichtel & Sachs-Motoren. Diese Maschinen waren zahlreichen anderen Erzeugnissen der frühen fünfziger Jahre, wie Hercules, Bastert, Express, Panther, U.T., Hoffmann, Meister, Hecker, Bücker, nicht unähnlich, doch konnten sie sich nicht durchsetzen, und schon 1953 wurde die Produktion eingestellt.

PAN

Konstruktor G.m.b.H., Berlin W 57, Potsdamer Straße 78

Man konnte dieser 1924 und 1925 gebauten Maschine Modernheit und fortschrittliche Konstruktion nicht absprechen. Sie war mit dem damals neuen 348 ccm ohv-Kühne-Motor ausgerüstet, der 11 PS bei 3800 U/Min. abgab und 72 mm Bohrung sowie 86 mm

Hub hatte. In einem doppelten Dreiecks-Stahlrohrrahmen waren hier Motor und Getriebe hängend angeordnet, und bei den letzten Ausführungen waren diese Teile ganz verschalt. Die PAN-Blattfedergabel war der damaligen BMW-Konstruktion nicht unähnlich. Der Antrieb vom Dreiganggetriebe zum Hinterrad erfolgte mittels Kette, und es war schade, daß die zuletzt stark verbesserte Maschine – höchstwahrscheinlich aus finanziellen Gründen – sich nie richtig durchsetzen konnte und 1925 schon wieder verschwand.

PANTHER

Panther Fahrradwerke, Magdeburg

Schon 1903 baute diese Fahrradfabrik Motorräder mit 2½ PS und 3½ PS Fafnir-Einbau-Einzylindermotoren, die in Aachen hergestellt wurden. Ausgerüstet waren diese Maschinen mit Akkumulatoren- und elektromagnetischer Zündung. Es ist nicht genau bekannt, wann diese Firma die Produktion einstellte, doch dürfte das 1906 oder 1907 gewesen sein.

PANTHER

Panther Werke A.G., Braunschweig, Ludwigstraße 23–24

Bei Panther in Braunschweig fing man schon in den zwanziger Jahren an, Motorfahrzeuge herzustellen, und in den dreißiger Jahren wurden motorisierte Fahrräder mit 75 und 98 ccm Fichtel & Sachs-Motoren gebaut. Die Nachkriegsproduktion begann 1949 mit einer 123 ccm Zweitaktmaschine, der 1951 mehrere 98 und 147 ccm Versionen mit Sachsmotoren sowie ein Moped mit einem eigenen 32 ccm Zweitakter folgten. Genau gesagt war es kein Moped im heutigen Sinn, sondern ein Mofa, bei dem das kom-

173 ccm Panther (Sachs) 1959

plette Motörchen mit dem Tank vor der Gabel über dem Vorderrad, das durch eine Reibrolle angetrieben wurde, angebracht war. 1953 kam dann eine 173 ccm Einzylindermaschine auf den Markt, die man mehrere Jahre lang herstellte. Außer dieser gab es Mopeds mit 98 ccm Sachsmotoren, deren Produktion noch andauerte, als Ende der fünziger Jahre die Motorradproduktionsabteilung aufgelöst wurde. Aus markenschutzrechtlichen Gründen hießen diese Maschinen in England Leopard, da es in England selbst eine Fabrik gibt, die Panther-Motorräder baut.

PAQUE

1. August Paqué, Motoren & Motorradfabrik, Augsburg, Friedrich List Str. 6a
2. Paqué & Co., Motoren & Motorradfabrik, Augsburg, Friedrich List Str. 6a

Schon 1922 gab es 140 ccm Fahrrad-Hilfsmotoren bei Paqué, und ab 1923 obengesteuerte 198 ccm Einzylindermodelle mit eigenen Blockmotoren, außenliegenden Schwungmassen und abnehmbaren Zylinderköpfen, die mit Rohrrahmen und ab 1925 auch mit Preß-

198 ccm Paqué 1924

stahlfahrgestellen geliefert wurden. Die Firma baute auch 198 ccm ohc Versionen – neben der Roconova die ersten in Deutschland serienmäßig gebauten Königswellenkonstruktionen. Hans Winkler, einst ein sehr erfolgreicher Münchner Moto Guzzi-, DKW- und Rudgefahrer, fuhr diese Paqué-Maschinen zu großen Erfolgen. Die Fabrik lieferte Einbaumotoren auch an andere Motorradhersteller, und 1925 kam sie noch mit einer billigen seitengesteuerten 490er Einzylindermaschine auf den Markt, deren Motor 79 mm Bohrung und 100 mm Hub besaß. Zu einer größeren Produktion kam es jedoch nicht mehr, da die Augsburger Firma bald darauf in Konkurs ging.

PATRIA

1. Weyersberg, Kirschbaum & Cie., Solingen
2. Patria W.K.C., Fahrzeug Gesellschaft m.b.H., Solingen, Beethovenstraße 135–139

Die ersten Patria-Motorräder wurden 1925 und 1926 hergestellt. Es waren nette und gut konstruierte Sportmaschinen mit dem 248 ccm Königswellen-Roconova-Motor von

98 ccm Patria (Riedel-Imme-Motor) 1950 (oben) *123 ccm Patria 1952 (unten)*

Johannes Rössig, die mit Fahrern wie Josef Thevis, Karl Perl u. a. schöne Rennerfolge erzielten. Nur wenige Maschinen wurden damals gebaut, und erst in den dreißiger Jahren baute die nunmehr Hans A. May gehörende Fabrik Motorfahrräder mit 98 ccm Sachsmotoren. Die Nachkriegsproduktion begann 1949 mit 98 und 123 ccm Zweitaktern, die von Fichtel & Sachs und von Ilo geliefert wurden. 1950 beabsichtigte man auch den von Norbert Riedel konstruierten Imme-Motor zu verwenden, doch das wurde durch den kommerziellen Zusammenbruch der Firma und bald darauf auch durch das Ableben des Patria-Chefs Hans A. May zunichte gemacht. Die Nachkriegsmodelle von Patria gehörten zu den besser konstruierten und ausgeführten Konfektionsmotorrädern, doch hatte die Firma in dieser Periode keine sportlichen Ambitionen mehr.

PAWA

1. »Vis« Gesellschaft für Kleinfahrzeuge m.b.H., Berlin, N.W. 7., Dorotheenstraße 35
2. Pawa G.m.b.H., Berlin-Wilmersdorf, Kaiserallee 158

Der Konstrukteur Kurt Passow versuchte jahrelang, mit unorthodoxen und vor allem karossierten Motorrädern neue Wege im Motorradbau zu betreten. Er war ein Idealist, der seinen Ideen nacheilte, ohne dabei allzuviel Rücksicht auf die kommerziellen Möglichkeiten zu nehmen. Die Pawa aus dem Jahr 1922 war sein erster Streich, der zweite Streich – mit der Per – folgte drei Jahre später. Natürlich hatte Passow die besten Absichten, nur fehlten die Kunden, die seine Maschinen kauften, und auch die Firmen, die sie anständig herstellen konnten.
Bequemlichkeit und Wetterschutz wurden bei Passow groß geschrieben. So besaß die Pawa ein abnormal langes Fahrgestell mit einem tiefliegenden Klubsesselsitz. Sowohl Vorder- als auch Hinterrad waren weitgehend verschalt, doch lag außerhalb des letzteren die lange und vollkommen ungeschützte Antriebskette vom unorthodoxen Zweitakt-Einzylindermotor, der bei 226 ccm Hubraum 60 mm Bohrung und 80 mm Hub besaß. Auf Wunsch konnte Riemenantrieb geliefert werden. Alles, was sonst zwischen den Rädern lag, war auch völlig verschalt, und das betraf nicht nur den Motor, sondern auch den Kraftstoffbehälter, Vergaser etc. Der Einlaß des Gemischs in den Motor wurde durch ein Ventil gesteuert. Die Schmierung erfolgte selbsttätig aus dem Kurbelgehäuse, während im Motorblock sich Schwungrad, Lamellenkupplung, Untersetzung sowie der

226 cm Pawa (Konstr. Passow) 1923

Schwungradmagnet befanden. Trotz allem war die Konstruktion unharmonisch und selbst für das Jahr 1922 als sehr primitiv zu bezeichnen – schade, daß keine Pawa mehr existiert. Es wäre interessant zu zeigen, was man damals den Kunden zumutete.

PAWI

1. Pawi Automobilwerke A.G., Berlin O. 17., Langestraße 101
2. Pawi Automobilwerke A.G., Berlin W. 52., Kirchstraße 10a

Flat-Twins, das heißt liegende Zweizylindermotoren, waren ziemlich populär am Anfang der zwanziger Jahre. Die Bayerischen Motoren Werke A.G. in München (BMW) bauten den Einbaumotor M 2 B 15 für Victoria in Nürnberg und andere – kleinere – Motorradproduzenten, und auch Pawi verwendete diese 486 ccm Version mit 68 mm Bohrung und 68 mm Hub für Motorräder, die man dort in kleinen Stückzahlen von 1922 bis 1924 herstellte. Die Leistung betrug 6,5 PS, die Ventile waren seitengesteuert.

PE

Pergamenter & Co., Motorrad- & Fahrzeugbau, Hamburg 30 – M

Kurz war der Name dieses Leichtkraftrades, kurz auch die Produktionsperiode 1923 und 1924, und klein der Hubraum von 132 ccm. Es handelte sich um einen Dreikanal-Zweitakter mit nach vorn geneigtem Zylinder in einem sehr leichten Fahrgestell, das ein Gesamtgewicht von 45 kg hatte. Die Bedeutung der PE war ausschließlich lokaler Natur, außerhalb des norddeutschen Gebiets war die Maschine fast unbekannt.

PER

1. Per Kraftfahrzeugbau, Kurt Passow A.G., Braunschweig-Klein Stöckheim
2. Passow & Co., G.m.b.H., Zwickau, Reichenbacher Straße 70–72

Man kann es nicht abstreiten, daß Passows zweite Konstruktion, die Per, im Gegensatz zur Pawa viel schöner, moderner und auch besser konstruiert und ausgeführt war. Dazu war sie auch noch kürzer, soweit es den Radstand betraf, und auch leistungsfähiger, da ihr Einzylinder-Zweitakt-Dreikanalmotor 308 ccm und zuletzt sogar 344 ccm Hubraum hatte.

Trotz aller Verbesserungen und Verfeinerungen war sie jedoch noch zu unorthodox, um in ihren Produktionsjahren 1924 und 1925 kommerzielle Erfolge zu erringen, und als auch die Zwickauer Fabrik mehr herstellte, als sie verkaufen konnte, da bedeutete das das Ende der Träume von Kurt Passow.

In ihrer 308er Ausführung hatte die 96 kg schwere Per einen Radstand von 1455 mm, war 2200 mm lang und lief 80 km/h; mit dem 342 ccm Motor wog sie 115 kg, und es wurde eine Literleistung von 35 PS angegeben. Das kleinere Modell hatte Riemenantrieb und Zweiganggetriebe, die größere Version Zwei- oder Dreiganggetriebe mit Riemenantrieb, doch konnte hier auch Kettenantrieb geliefert werden. Das Fahrgestell war in beiden Fällen, wie bei der Pawa, aus geschweißtem Stahlblech, und der Zweitakter lief laut Angabe von Passow einwandfrei nicht nur mit Benzin, sondern auch mit Benzol, Petroleum, Spiritus und Gasöl. Auf Wunsch konnte die Maschine

308 ccm Per (Konstr. Passow) 1925

auch mit elektrischer Beleuchtung ausgerüstet werden. Auf dem Papier sah diese Konstruktion fast ideal aus, in Wirklichkeit jedoch war sie ein Versager, und das beruhte nicht nur auf kommerziellen, sondern vor allem auf technischen Mängeln, wobei thermische Probleme wohl eine besondere Rolle spielten.

344 ccm Per (Konstr. Passow) 1925

PERMO

Permo-Betriebe, Robert C. Groll, Holzhausen/Ammersee

Hier handelte es sich nicht um eine der vielen Maschinen der zwanziger Jahre, sondern um ein zwischen 1952 und 1954 gebautes Moped mit dem 39 ccm Victoria-Zweitaktmotor, der 1 PS bei 5000 Umdrehungen/Min. abgab. Eine große Verbreitung fanden diese kleinen Fahrzeuge nicht.

PETERS

Peters, Steingrüber & Co., Berlin, S. O. 36, Grätzstraße 7

Auch in England gab es am Anfang der zwanziger Jahre ein Motorrad mit diesem Namen, es handelte sich um eine Rohrrahmenmaschine mit einem 348 ccm Zweitaktmotor. Die in Berlin hergestellte Peters hatte dagegen einen 143 ccm Zweitaktmotor mit 55 mm Bohrung und 60 mm Hub. Sie wurde nur 1924 in kleinen Stückzahlen gebaut und verschwand schon bald wieder vom überfüllten Motorradmarkt der damaligen Zeit.

PFEIL

Pfeil Fahrradwerke, Claes & Flentje, Mühlhausen/Thüringen

Man kann diese Firma zu den frühesten deutschen Motorradkonfektionären rechnen. Schon 1903 baute man in der Mühlhausener Fabrik verstärkte Fahrradgestelle, die man mit Ein- und V-Zweizylindermotoren von Fafnir versah. Es handelte sich hauptsächlich um 3 PS und 3½ PS Einzylinder und 5 PS V-Zweizylinderversionen. Diese Maschinen wurden auch unter dem Namen Claes in den Handel gebracht, doch stellte man die Motorradproduktion um das Jahr 1907 herum ein.

PHÄNOMEN

Phänomen-Werke Gustav Hiller A.G., Zittau/Sachsen

Diese 1888 gegründete Maschinenfabrik begann 1903 mit dem Motorradbau, wobei auch hier zunächst Ein- und V-Zweizylindermotoren von Fafnir, bald darauf jedoch eigene, das heißt bei Hiller hergestellte Motoren verwendet wurden. Ab 1907 stellte man auch das Phänomobil, ein Dreiradauto mit dem Motor über dem Vorderrad, her, und der gute Absatz desselben führte bald zur Aufgabe der Motorradproduktion; um so mehr, als man ab 1910 auch noch den Automobilbau aufnahm. Erst in den dreißiger Jahren kam es dann in Zittau wieder zur Herstellung von motorisierten Zweirädern, indem man den 98 ccm Sachs in Fahrräder einbaute. Dieser »Bob« genannten Konstruktion gesellte sich 1938 die gut durchkonstruierte 123 ccm »Ahoj« zu, für deren Konstruktion Rudy Albert verantwortlich war und die ein sehr nettes Leichtkraftrad mit Allrad-Gummifederung darstellte. Leider verhinderte der Krieg eine größere Verbreitung dieser Maschine, und als der Krieg 1945 zu Ende war, da stellte die nunmehr verstaatlichte Firma, die besonders durch ihre luftgekühlten Last- und Lieferwagen einen sehr guten Ruf hatte, keine Motorräder mehr her. Albert schuf nach dem Krieg die »Stella«-Modelle bei Mars.

PHÄNOMEN

Phänomen Vertriebsgesellschaft m.b.H., Bielefeld, An der Pottenau 4

Theoretisch hätte es unter dieser Adresse drei Motorradfabriken geben müssen, und zwar Mammut, Phänomen und Meister, doch wurde klugerweise bez. der ersten zwei Firmen nur erwähnt, daß es sich um eine Vertriebsgesellschaft handelte, während Meister als einziger Hersteller dort fungierte. Auch hatten die ab 1950 dort gebauten Phänomen-Zweitaktmaschinen mit 98, 123, 147, 173 und 197 ccm Fichtel & Sachs- und Ilo-Motoren keinerlei Verbindung mit den Zittauer Phänomen-Motorrädern der Vorkriegsjahre. Es handelte sich in Wirklichkeit um Konfektionsmaschinen üblicher Bauart, die bis 1956 hergestellt wurden.

PHANTOM

1. Phantom-Werke, Tech. Werkstätten von Engen & Auders, Berlin-Neukölln, Bergstraße 34
2. Phantom-Motoren-Fabrik, Gebr. Henke & Bittner, Berlin-Neukölln, Bergstraße 34

Berlin war in den zwanziger Jahren als Zweitakterstadt bekannt, doch gab es natürlich auch Ausnahmen, und bei Phantom baute man von 1921 bis zum Torschluß 1928 ausschließlich Viertakter. Zuerst produzierte man, wie viele andere Firmen, Fahrrad-Hilfs-

198 ccm Phantom 1923

246 ccm Phantom 1923

motoren, die in diesem Falle 148 ccm und seitengesteuerte Ventile besaßen. Dann kamen Leichtkrafträder mit diesen eigenen Motoren und auch größere 198 und 246 ccm-Versionen ähnlicher Konstruktion hinzu. Mitte der zwanziger Jahre gab es eine Reorganisation bei der Firma, und die neuen Inhaber konzentrierten die Produktion auf eigene – typisch englische – Fahrgestelle, in welchen seitengesteuerte 173, 198, 346 und 496 ccm Einzylinder-Einbaumotoren von JAP in London verwendet wurden. In dieser 1925 beginnenden Periode fristete die Phantom bereits nur noch ein bescheidenes Dasein und verschwand immer mehr von den Straßen Deutschlands.

PHÖNIX

1. R.M.W.-Motorradwerke G.m.b.H., Neheim-Ruhr,
2. Phönix Fahrzeugbau G.m.b.H., Neheim-Ruhr

Die Phönix war ein 1933 entstandener Ableger der bekannten R.M.W., und es handelte sich im Grunde genommen um R.M.W.-Motorräder mit dem Namen Phönix am Kraftstoffbehälter. Zuerst gab es vier steuer- und führerscheinfreie 198 ccm Modelle mit im Gesenk geschmiedetem Stahlrahmen von doppel-T-förmigem Querschnitt und mit eigenem Zweitakt-, seitengesteuerten Sturmey Archer- und obengesteuerten Schweizer Moser-Motoren.

Dazu kamen noch seitengesteuerte Versionen mit 346 ccm Sturmey Archer-Motoren, obengesteuerte Modelle mit dem seltenen 348 ccm Moser-Motor und auch 496 ccm

198 ccm Phönix 1934

Einzylindertypen, deren gegengesteuerte und obengesteuerte Motoren bei MAG in Genf gebaut wurden. Das Hauptgewicht der Produktion lag jedoch bei den kleinen 198 ccm Modellen.

Mitte der dreißiger Jahre wandte man sich ganz deutschen Einbaumotoren zu, und so gab es 198 und dann 246 ccm Zweitakter von Bark und auch 348 und 498 ccm sv-, ohv- und ohc-Einzylinderversionen, deren Motoren auch von Bark sowie von Küchen bezogen wurden. Ab 1938 verlegte man sich ausschließlich auf Motorräder mit einem Hubraum bis zu 248 ccm. Damals war die R.M.W. schon ganz durch die Phönix ersetzt, es waren keinesfalls sehr sportliche, sondern solid konfektionierte Gebrauchsmaschinen in guter Ausführung.

Ein Versuch, den Motorradbau nach dem Kriege wieder in Gang zu bringen, war nicht von Erfolg gekrönt.

PILLI

Leichtmotorrad-Werk Pilli G.m.b.H., Hannover, Kornstraße 10

Von 1924 bis 1926 bereicherte diese kleine Firma den deutschen Motorradmarkt mit kleinen Zweitaktern, und höchstwahrscheinlich stammten die 132 ccm Dreikanalmotoren von Ilo. Als Fahrgestelle wurden einfache Rohrrahmen verwendet, und die Pilli war kaum besser oder schlechter als zahlreiche andere ähnliche Konstruktionen der mittleren zwanziger Jahre. Eine große Verbreitung fand sie nicht.

PIMPH

Pimph-Motorrad G.m.b.H., Düsseldorf

Ein etwas ungewöhnlicher und auch seltener Name auf den Tanks dieser 1925–1926 hergestellten Maschinen, die mit gegengesteuerten 496 ccm V-Zweizylindermotoren von MAG und 498 ccm sv- sowie ohv-Einzylindermotoren von JAP ausgerüstet waren. Der einst bekannte Düsseldorfer Rennfahrer J. Wenzel fuhr Pimph-Maschinen, an deren Produktion er beteiligt war, auch bei sportlichen Wettbewerben.

PIROL

Pirol Werke G.m.b.H., Dortmund, Juchostraße 100

Am Anfang des deutschen Nachkriegsrollerbaues entstand 1949 auch der Schweppe-Roller mit an einer langen Schwinge aufgehängtem Vorderrad. 1951 wurde diese Konstruktion von Pirol übernommen und in verbesserter Form bis 1954 hergestellt. Als Motoren verwendete man 173 ccm Zweitakter von Sachs und 198 ccm Zweitakter von Küchen, die – verdeckt – über dem Hinterrad eingebaut waren. Pirol-Roller waren auch unter dem Namen »Miranda« bekannt.

PONNY

Horstmann & Schwidde G.m.b.H., Bielefeld-Schildsche

Schon der Name besagt indirekt, daß es sich um kleine Motorräder handelte, und tatsächlich waren die von 1924 bis 1926 fabrizierten Ponny-Leichtkrafträder mit 142 und 173 ccm Zweitakt-Dreikanalmotoren von DKW ausgerüstet, wobei die kleinere Version einen horizontalen Zylinder besaß. Beide Maschinen hatten Zweiganggetriebe und Riemenantrieb zum Hinterrad.

PONY

Pony-Motoren & Fahrzeugbau Baus-Fritz & Co. G.m.b.H., Frankfurt/Main

Diese mit nur einem »n« angebotenen Ponys wurden zur gleichen Zeit hergestellt wie die mit doppeltem »n« verkauften Ponnys, das heißt von 1924 bis 1926. Soweit zu erfahren, hatten sie eigene seitengesteuerte 185 ccm Einzylindermotoren mit außenliegenden Schwungmassen und direktem Riemenantrieb zum Hinterrad. Eine größere Verbreitung war ihnen nicht beschieden.

POSTLER

Walter Postler, Motorläuferwerke, Niedersedlitz/Sachsen

Diese nach dem ersten Weltkrieg als Motorläufer bezeichneten Fahrzeuge nannte man nach dem zweiten Weltkrieg Roller. Der Postler-Motorläufer wurde von 1920 bis 1923 gebaut und konnte sich genausowenig in größerem Maßstabe durchsetzen wie die Motorläufer von DKW (Golem und Lomos), Krupp, Tautz, Autoflug etc. Die Konstruktion des Postler war robust und nett, und der mit gegengesteuerten Ventilen ausgestattete 252 ccm Einzylindermotor hatte ein Zweiganggetriebe, eine automatische Boschölung, Riemenantrieb zum 14″-Hinterrad und besaß auch ein gleich großes Vorderrad. Eingebaut war der – senkrecht stehende – Motor im vorderen Teil des offenen Fahrgestells. Der Mißerfolg des Motorläufers veranlaßte Postler – der auch ein bekannter Automobil-Rennfahrer auf Bugatti war – den Motorradbau mit obengesteuerten 248 ccm Einzylindermaschinen aufzunehmen. Diese waren typisch englischer Konstruktion, und während der Motor aus eigener Produktion stammte, wurde das Dreiganggetriebe von Burman bezogen. Zu einer größeren Verbreitung brachte es dieses Motorrad nicht, und 1925 wurde die Erzeugung aufgegeben.

POTTHOFF

Fritz Potthoff, Mechanische Werkstätten & Motorradbau, Breslau

Soweit bekannt, war Potthoff der einzige deutsche Motorradfabrikant, der die – sogar in England seltenen – britischen 185 ccm ohv-Einzylindermotoren von Norman in seinen konfektionierten, sportlichen Potthoff-Maschinen verwendete. Er baute diese in beschränkten Stückzahlen von 1924 bis 1926; da Norman schon 1925 die Produktion einstellte, gab es für ihn 1926 auch kaum viele derartige Motoren mehr. Potthoff selbst bestritt mit seinen Maschinen zahlreiche sportliche Wettbewerbe.

PREMIER

Premier-Werke A.G., Fahrrad- & Maschinenfabrik (J. C. Braun), Nürnberg

Im Jahre 1910 gründeten die englischen, in Coventry beheimateten Premierwerke eine Zweigfabrik in Nürnberg, in der u. a. auch Arno Dietrich – der Begründer der Ardie-Werke – als Werkmeister tätig war. Man baute dort 269 ccm Zweitakter mit Zweiganggetriebe und Riemenantrieb, die dem englischen Triumph-»Baby« sehr ähnlich waren, und auch 293 und 348 ccm Viertakter mit seitengesteuerten Einzylindermotoren, wobei ein Großteil der verwendeten Teile aus der englischen Fabrik bezogen wurde. 1913 gab es eine wirtschaftliche Depression in Deutschland, und bessere Geschäfte erwartend verlegte man den Motorradbau über die naheliegende Grenze auf das Gebiet der österreichisch-ungarischen Monarchie, d. h. in die jetzt Cheb genannte Stadt Eger. 1918, als die Tschechoslowakei gegründet wurde, fiel Eger diesem Staat zu, und Premier-Motorräder wurden dann dort bis 1933 hergestellt. Generaldirektor der deutschen und später österreichischen und tschechoslowakischen Zweigfabrik war der Engländer Geoffrey Rotherham, und es ist in diesem Zusammenhang interessant zu bemerken, daß das englische Stammhaus von Premier schon 1915 den Motorradbau aufgab und dann bis

348 ccm Premier 1913

1923 nur Dreiradwagen herstellte. Offizieller Besitzer von Premier in Nürnberg war Justus Christian Braun, der auch Autos baute und 1919 das Unternehmen liquidierte.

PRESTO

1. Günther & Co., Maschinen- & Fahrradfabrik, Chemnitz
2. N.A.G.-Presto-Werke, Chemnitz

Die 1898 gegründeten Presto-Werke bauten schon 1901 Motorräder mit Schweizer Zedel- und belgischen Minerva-Einbaumotoren, denen 1903 deutsche Fafnir $3^1/_2$ PS Einzylin-

98 ccm Presto (Sachs) 1939

der und 5 und 6 PS V-Zweizylinderversionen folgten. Zuletzt gab es auch Presto-Motorräder mit eigenen Viertaktmotoren, doch wurde noch lange vor dem ersten Weltkrieg die Produktion von Motorrädern zugunsten des Automobilbaues eingestellt. Erst in den dreißiger Jahren gab es wieder motorisierte Presto-Zweiräder, in denen 98 ccm Sachs-Einbaumotoren in Presto-Fahrgestellen verwendet wurden.

PROGAT

1. Erich Progatzky, Burg bei Magdeburg, Kolonienstraße 107
2. Progatzky & Schneider, Burg bei Magdeburg, Koloniestraße 107

Magdeburg war einst im wahrsten Sinne des Wortes eine kleine Hochburg der Zweitakter. Hans Grade baute dort seine in den zwanziger Jahren berühmten Zweitakt-Motorräder, Automobile, Bootsmotoren und Flugzeugmotoren, während Pogatzky – eine viel kleinere Firma als Grade – Leichtkrafträder mit Zweitaktmotoren konfektionierte. Verwendet wurden von ihm in den Jahren 1924 bis 1926 die 142 und 173 ccm Versionen von DKW in Zschopau.

PROGRESS

Progreß Motoren & Apparatebau GmbH, Berlin-Charlottenburg,
Wilmersdorferstraße 39

Bereits 1901 entstanden bei dieser einst sehr bekannten Fabrik Motorräder eigener Konstruktion. Anfangs verwendete man Schweizer Zedel-Motoren, doch diese wurden bald durch Einbaumotoren von Fafnir und eigene Erzeugnisse ersetzt. Besonders die 532 ccm Einzylinder- und 700 ccm V-Zweizylindermotoren von Progreß mit mechanisch gesteuerten Einlaßventilen hatten einen guten Ruf und waren auch bei sportlichen

532 ccm Progreß-Motor 1905

Veranstaltungen sehr erfolgreich. Trotzdem stellte die Firma noch vor dem ersten Weltkrieg den Motorradbau ein.

$2^{1}/_{2}$ PS Progreß
1903

PROGRESS

Progreß Werk AG, Stadelhofen/Baden

Als diese Firma am Anfang der fünfziger Jahre den Serienbau der von G. Gassmann in Stuttgart-Untertürkheim konstruierten »Strolch«-Roller aufnahm, erinnerte man sich kaum mehr an die alten, in Berlin gebauten Progreß-Motorräder. Der »Strolch« gehörte damals schon zu den modernsten und besten deutschen Rollern und wurde zuerst mit 98 und 147 ccm Sachs-Zweitaktmotoren, später dann mit solchen von 173 und 197 ccm gebaut. Auch im Ausland errang er ziemliche Popularität, und die Produktion wurde erst am Anfang der sechziger Jahre eingestellt.

198 ccm Progreß (Sachsmotor) 1959

RABENEICK

August Rabeneick GmbH, Brackwede (Westfalen), Friedrichsdorferstr. 80

Schon in den dreißiger Jahren wurden bei Rabeneick Fahrräder mit 98 ccm Ilo Hilfsmotoren gebaut. Die 1949 begonnene Nachkriegs-Motorradproduktion begann mit 98 und 123 ccm Zweitaktmaschinen, denen 147 und 173 ccm Versionen mit Fichtel & Sachs und Ilo-Motoren folgten. Man baute damals auch schon Mofas – Motorfahrräder – mit 98 ccm Motoren. 1953 entstanden auch 247 ccm Einzylinder und 244 ccm Parallel-

123 ccm Rabeneick (Ilo) 1951

98 ccm Rabeneick 1964

Zweizylinder-Zweitaktmaschinen mit Ilo-Motoren, während die Mopedreihe Modelle mit 32 ccm Rabeneick-, 48 ccm Sachs- und 49 ccm Ilo-Motoren enthielt.
Schon damals gehörte Rabeneick zu den besseren Konfektionären, und während zahlreiche andere Firmen den Motorrad- und Mopedbau aufgeben mußten, konnte Rabeneick dank guter Konstruktionen, erstklassiger Werkmannsarbeit und richtiger Preise seine Position behaupten. Interessant war auch der 1954 herausgekommene CM-Nabenmotor mit 33 ccm Hubraum und Drehschieber. Ende der fünfziger Jahre kam die Fabrik in die Interessensphäre von Fichtel & Sachs und baute seitdem verschiedene 49 ccm und 98 ccm Zweitaktmodelle mit Motoren aus Schweinfurt. Auf Grund einer vor kurzem stattgefundenen Veränderung innerhalb der zu Fichtel & Sachs gehörenden Firmen hat Rabeneick nunmehr den gesamten Motorradbau an die Schwesterfirma Hercules in Nürnberg abgetreten.

RADEX

Expreßwerke AG, Neumarkt bei Nürnberg/Oberpfalz

Seit Anfang der fünfziger Jahre bezeichneten die Expreßwerke ihre Motorräder mit den Namen Radex, Radexi usw., wobei es sich um von dieser Firma bzw. der Zweirad-Union hergestellte Modelle, zu der Expreß seit 1958 gehört, handelte. Wer von Radex-Motorrädern sprach, meinte damit Expreß-Erzeugnisse.

RATINGIA

Motorradfabrik Ratingia GmbH, Ratingen/Rheinland

Von 1923 bis 1925 wurden von dieser kleinen Fabrik Leichtkrafträder mit 170 und 195 ccm Viertaktmotoren, teilweise mit Zweiganggetrieben, mit Riemenantrieb und offenen Stahlrohrrahmen hergestellt. Ihre Bedeutung war nur lokal.

RECORD

Mercur-Motoren-Gesellschaft mbH, Berlin N. W. 7, Neue Wilhelmstraße 6

Die Modelle dieses Herstellers konnten Unerfahrenheit bei der Konstruktion und eine gewisse Primitivität nicht verleugnen. Selbst für ihre Produktionsperiode (1922 bis 1924) waren diese auch »Mercur« genannten 147 ccm Zweitakter mit außenliegender Schwungscheibe keine besonders guten Maschinen, und es ist kein Wunder, daß die Firma nie eine große Popularität errang.

REH

Richard Engelbrecht, Hamburg-Fuhlsbüttel, Maienweg 293

Engelbrecht bewies, daß auch kleine Produzenten erstklassige Maschinen konfektionieren können. Von 1948 bis 1953 baute er sehr gute Motorräder mit 173, 198, 244 (Zweizylinder) und 248 ccm Ilo-Zweitaktmotoren, die, u. a. mit Rolf Deppe im Sattel, auch gute Erfolge bei Geländefahrten errangen. Der Torschluß bei dieser Firma beruhte auf kommerziellen und keinesfalls technischen Gründen. Die Hauptursache lag auch hier bei den hohen Herstellungskosten handwerksmäßig gebauter Motorräder.

RENNER-ORIGINAL

Renner & Poppe GmbH, Dresden-A, Henzestraße 10

Die Renner-Original hatte ihre große Zeit von 1924 bis 1927, obwohl sie noch bis 1932 in beschränktem Umfang hergestellt wurde. Sie war zwar nicht im ganzen deutschen Reich, dafür aber in Sachsen gut eingeführt. Ihre erstklassigen Stahlrohrfahrgestelle waren typisch englischer Bauweise, und die verwendeten Motoren stammten von

348 ccm Renner-Original (JAP) 1927

990 ccm Renner-Original (JAP) 1927

JAP in London. Es handelte sich um 198, 246, 294, 346, 498, 746 und 990 ccm sv-Versionen, einige Modelle wurden auch mit ohv-Motoren ausgerüstet. Verantwortlich für den Fahrgestellbau bei Renner & Poppe GmbH war bis 1927 Carl Ostner, der auf diesen Maschinen zahlreiche Rennen gewann. Als dann sein Bruder Willy Ostner die O.D.-Motorradfabrik gründete, wechselte Carl Ostner zu ihm über.

RENNSTEIG

Hermann Schilling, Motorradwerk, Suhl/Thüringen

Suhl in Thüringen war einst durch seine zahlreichen Waffenschmieden bekannt. Diese bildeten hochklassige Fachleute aus, und als das Waffengeschäft zurückging, wurden diese Präzisionsarbeiter zur Herstellung von Kraftfahrzeugen herangezogen. So baute man bei Simson-Supra hochklassige Automobile und bei den Cito-Werken außer Fahrrädern auch die K.G.-Motorräder. Als dann Cito – 1923 – an Allright überging und die Gebrüder Krieger eine Produktionsstätte für ihre neuen »Original-Krieger«-Maschinen suchten, gingen sie zu Schilling, wo man diese Maschinen baute. Als dann, nach einjähriger Produktion, die »Original-Krieger« vom Markt verschwand, blieb Schilling

346 ccm Rennsteig (Blackburne) 1927

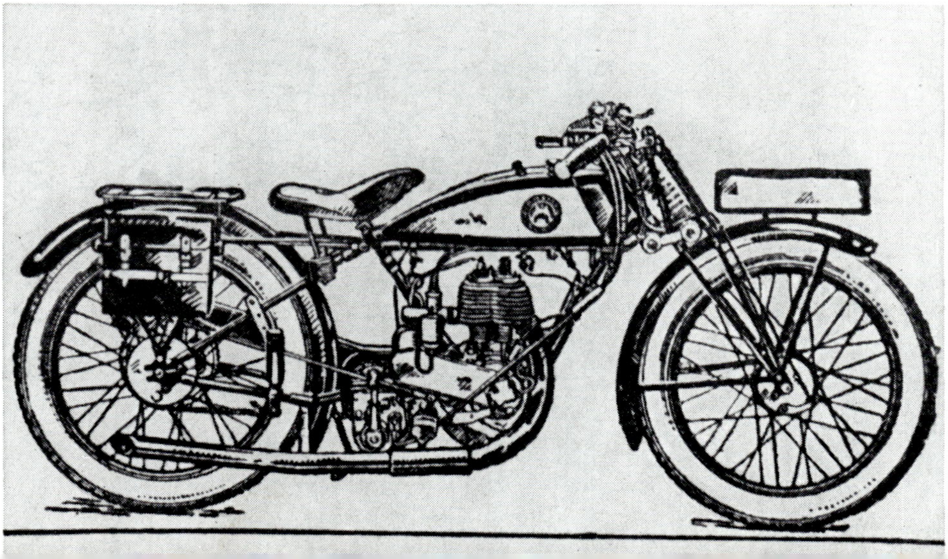

im Fach und baute die Maschinen – leicht verändert – unter seinem eigenen Firmenzeichen »Rennsteig« weiter. Ihre Ähnlichkeit mit den Kriegerschen Konstruktionen konnten sie nie verleugnen, und obwohl nur in kleinen Stückzahlen hergestellt, konnte man an allen Teilen die erstklassige Werkmannsarbeit erkennen. Es waren robuste Maschinen mit seitengesteuerten 198, 246, 346, 496 und 596 ccm Blackburne-Einzylindermotoren sowie der 346 ccm Blackburne ohv-Version. Auf Bestellung wurden sie mit dem Schaltlenker von Dehne ausgerüstet. 1930 wurde der Motorradbau bei Schilling eingestellt.

REX

Rex Kraftfahrzeug GmbH, Behringersdorf bei Nürnberg

Der Name Rex scheint großen Anklang bei Motorradfabrikanten gefunden zu haben. Schon in den Pionierjahren gab es in England eine Rex, den Namen finden wir aber auch auf schwedischen Motorrädern sowie in Italien, und auch die in Behringersdorf hergestellte Rex hatte später eine Münchner Nachfolgerin. Aus Behringersdorf kam zwischen 1923 und 1925 eine 289 ccm Zweitakt-Dreikanalmaschine, die damals auch von anderen Nürnberger Produzenten in ähnlicher Form geliefert wurde, so von Ardie, Fortuna, Triumph, Nestoria, Astoria u. a.

REX

1. Rex Motoren-Werk GmbH, München 25, Zielstattstraße 19
2. Rex Motoren-Werk, E. & K. Bagusat, München 25, Zielstattstraße 19
3. Rex Motoren-Werk GmbH, München 25, Forstenriederstraße 75

49 ccm Rex (Silberpfeil) 1960

Bald nach dem zweiten Weltkrieg (1948) entstand der erste Fahrrad-Hilfsmotor dieser Firma. Dieser Zweitakter mit 31 ccm Hubraum wurde über dem Vorderrad angebracht, und schon 1950 waren 10 000 davon in Betrieb. Damals wurde auch schon eine 34 ccm Version angeboten, und 1953 gab es einen 40 ccm Rex-Hilfsmotor. Daneben wurde ein 49 ccm Tretlager-Rex, teilweise schon in schönen Mopedfahrgestellen eingebaut, hergestellt. Durch ständige Verbesserungen und Verfeinerungen entstanden im Laufe der folgenden Jahre zahlreiche Moped-Versionen mit gebläsegekühlten 49 ccm Zweitaktmotoren, die auch an andere Produzenten geliefert wurden. Dazu kamen auch Kleinkrafträder mit den gleichen Motoren. 1964 wurde die Produktion eingestellt.

RIBI

1. Binneweis & Sprecher, Berlin N. O. 18, Weberstraße 40 b
2. Binneweis & Sprecher, Berlin O. 17, Fruchtstraße 36

Die Ribi kam 1923 auf den Markt, und 1925 verschwand sie, ohne einen besonderen Eindruck hinterlassen zu haben. Ihr 196 ccm Einzylindermotor besaß obengesteuerte Ventile und wurde im eigenen Unternehmen gebaut. Das Getriebe besaß zwei Gänge;

192 ccm Ribi (ohv) 1924

zuerst wurde Riemenantrieb, später Kettenantrieb zum Hinterrad verwendet. Dieses Modell hatte eine linksseitige, außenliegende Schwungscheibe, während eine 248 ccm ohv-Version diese rechtsseitig aufwies. Beide Modelle besaßen einfache Stahlrohrrahmen, ihre Leistung wurde mit 2,7 bzw. 4,3 PS angegeben.

149 ccm Rinne 1925

RINNE

Rinne-Motoren G.m.b.H., Berlin S.W. 61, Gitschinerstraße 107

Bei Rinne baute man vor allem 149, 198 und 247 ccm Einbau-Zweitakter – teilweise mit Verdampfungskühlung – für kleinere Motorrad- und Dreiradproduzenten. Wie bei den meisten Zweitaktfirmen experimentierte man auch hier und schuf u. a. liegende Zwillingszweitakter mit 246 und 346 ccm Hubraum. 1925 verkaufte man komplette 149 und 197 ccm Zweitaktmotorräder, diese kompletten Maschinen jedoch wurden bei Max Hucke für Rinne hergestellt. Hucke selbst war ein bekannter Berliner Rennfahrer. Zu einer größeren Motorradproduktion kam es jedoch nicht, während Rinne-Einbaumotoren – alles liegende Zweitakter – bis 1930 in Produktion blieben.

RIWINA

Riwina Motorradbau, Gebr. Ridder, Bielefeld

Ein kleiner Motorradkonfektionär der Jahre 1924–1925, der höchstwahrscheinlich von einer größeren Bielefelder Fahrradfabrik die Fahrgestelle bezog und in diese verschiedene Einbaumotoren, inklusive des 142er DKW mit horizontalem Zylinder, setzte. Eine Verbreitung über das Reichsgebiet errang diese Marke nicht.

RIXE

1. Rixe Fahrradwerke, Brake bei Bielefeld
2. Rixe & Co., G.m.b.H., Brake bei Bielefeld

Rixe, schon immer zu den besseren Bielefelder Motorradkonfektionären gehörend, baute bereits in den dreißiger Jahren Motorfahrräder mit dem 98 ccm Sachsmotor. Dieser wurde auch 1949 verwendet, als man die Nachkriegsproduktion aufbaute, und dazu kam bald der 123 ccm Ilo in einem netten Leichtmotorradfahrgestell. 1951 kamen

148 und 174 ccm Versionen, später auch 197 ccm Maschinen und zweizylindrige 244 ccm Modelle mit Ilo-Motoren hinzu. Es gab auch nette 48 ccm Mopeds, doch wurden Ende der fünfziger Jahre alle größeren Modelle aufgegeben.

98 ccm Rixe (Sachs) 1959

R.M.W.

1. R.M.W. Motorradwerke (Ravensberger) G.m.b.H., Neheim – Ruhr, Westfalen
2. Ruhrtal Motorradwerke G.m.b.H., Neheim – Ruhr, Westfalen

1925 erschien R.M.W. mit zwei netten Modellen, deren Fahrgestelle denen der damaligen englischen Humber nicht unähnlich waren. Die deutschen Maschinen waren allerdings nur Leichtkrafträder mit eigenen 132 und 148 ccm Zweitakt-Dreikanalmotoren, die vier PS und sechs PS abgaben. Bemerkenswert, daß diese solid gebauten Maschinen mit Dreiganggetrieben ausgerüstet waren. In den folgenden Jahren kamen gegen-

148 ccm R.M.W. 1926

gesteuerte und obengesteuerte 496 und 596 ccm Modelle mit MAG-Motoren sowie 1929 auch neue Fahrgestelle mit Satteltanks und eine eigene 198 ccm Zweitaktversion hinzu. Zwei Jahre später wurden bei R.M.W. im Gesenk geschmiedete Stahlrahmen sowie neue 198 ccm ohv-Maschinen mit JAP-Motoren und seitengesteuerte 347 ccm Modelle mit englischen Sturmey-Archer-Motoren eingeführt.

Das Programm für 1932 setzte sich aus vier 198 ccm Modellen zusammen. Zwei hatten eigene Zweitaktmotoren, eine dieser R.M.W. war mit dem sv-Motor von Sturmey-Archer ausgerüstet, und dazu kam eine ohv-Version mit dem Schweizer Moser-Motor. Mit ihm gab es auch eine 346er Maschine und mit dem sv-Sturmey-Archer eine 347 ccm Variante. Zwei 498 ccm Einzylindermodelle hatten gegengesteuerte bzw. obengesteuerte MAG-Einbaumotoren. Später, 1934, wurden alle ausländischen Motoren durch deutsche 198, 346 und 498 ccm Zwei- und Viertakter von Bark und Küchen ersetzt. Damals kam auch der Name Phönix auf Maschinen dieser Firma immer mehr in den Vordergrund, wobei gegen Ende der dreißiger Jahre das Hauptgewicht der Produktion auf 198 und 246 ccm Zweitakter verlegt wurde. Ein Versuch, nach dem Krieg den Motorradbau wieder aufzunehmen, war nicht von Erfolg gekrönt.

Bei R.M.W. baute man immer gute und solide Gebrauchsmaschinen, die man als richtige Bauernmotorräder bezeichnen konnte. Nur Ende der zwanziger Jahre und Anfang der dreißiger Jahre konnte man eine vom bekannten Bielefelder Rennfahrer Kurt Wem-

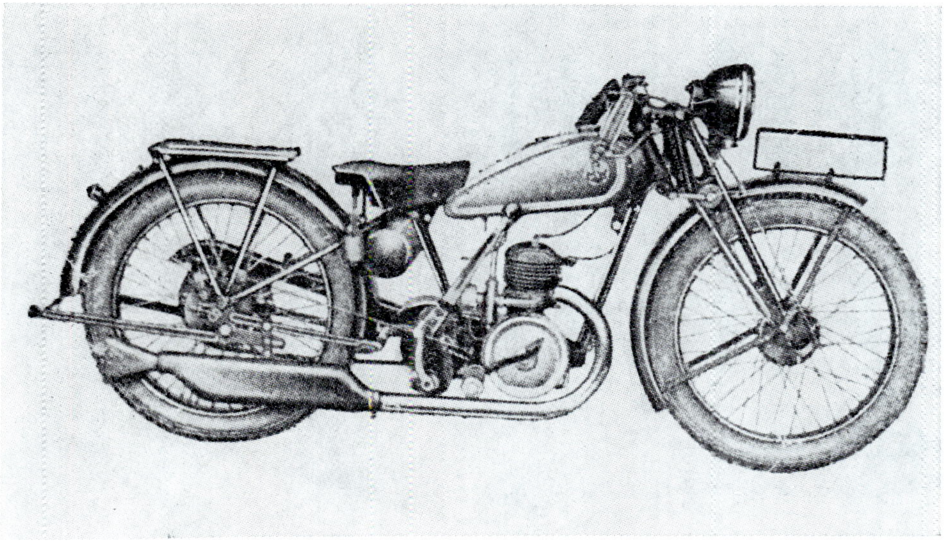

198 ccm R.M.W. 1932

498 ccm R.M.W. 1934

höhner gefahrene 346 ccm R.M.W.-Rennmaschine bei Rennen sehen, wobei es sich um ein Fahrzeug handelte, das mit einem Velocette-Königswellen-Rennmotor ausgerüstet war.

ROCO

Roco Motorfahrzeuge A.G., Berlin-Charlottenburg 1, Am Lützowufer 9

Die Roco gehörte zu den bestkonstruierten und schönsten Leichtkrafträdern der zwanziger Jahre. Sie hatte einen tiefen Doppelrahmen aus Stahlrohren und in diesem einen glattflächigen 110 ccm Zweitaktmotor, dessen Hubraum später auf 147 ccm vergrößert wurde. Der Zylinder lag horizontal, und während vom Motor zum Getriebe eine Kette

110 ccm Roco 1924

führte, erfolgte der Antrieb zum Hinterrad mittels Keilriemen. Die Roco, hergestellt von 1922 bis 1925, darf nicht mit Johannes Rössigs Roconova verwechselt werden. Aber auch sie wurde von bekannten Rennfahrern, den Brüdern Rossner, gebaut. Das »Roco« kam von »Rossner & Co.«.

ROCONOVA

J. Rössig, Motorenbau, Berlin-Charlottenburg, Salzufer 23

Rössig war schon ein bekannter Rennfahrer – besonders auf Douglas- und Victoria-Maschinen –, als er 1924 mit einer Eigenkonstruktion, der Roconova, auf den Markt kam. Er war der erste deutsche Motorradproduzent, der serienmäßig Königswellenmotoren einbaute; seine 248 ccm Version hatte 60 mm Bohrung und 88 mm Hub, die 348 ccm Maschine 74,5 mm Bohrung und 80 mm Hub. Es waren sehr sportliche und schnelle Maschinen, und besonders die Viertelliterausführung zeichnete sich durch zahlreiche Erfolge bei Rennen aus. Die Firma lieferte auch Einbaumotoren, und die 246 ccm Version wurde u. a. von Patria verwendet. In den Jahren 1924–1925 und 1926 fuhren zahlreiche bekannte Rennfahrer, wie Josef Thevis, Gerhard Zadek, Graf Bismark, Hans Müller, Peter Carp, Fritz Nakonzer, Hans Lehmann und Rössig selbst diese Maschinen bei Rennen im In- und Ausland. Es ist bedauerlich, daß die wirtschaftliche Situation 1926 dem Bau dieser guten Motorräder ein Ende bereitete und damit natürlich auch deren Weiterentwicklung verhinderte. Rössig wurde später Renndienstleiter bei der Deutschen Shell.

RÖHR

Maschinenfabrik Erich Röhr G.m.b.H., Landshut/Bayern

Der Name Röhr war einst in deutschen Automobilkreisen gut bekannt, doch bestand kein Zusammenhang zwischen den in Landshut hergestellten Rollern und den früheren Röhr-Automobilwerken in Ober-Ramstadt (Hessen). Der von Erich Röhr gebaute »Roletta«-Roller kam 1952 heraus und besaß einen 197 ccm Ilo-Zweitaktmotor, einen elektrischen Anlasser, Ganganzeiger, eine nette Verkleidung und 3.50 × 12″-Reifen. In den folgenden Jahren wurde er weiterentwickelt und bis Ende der 50er Jahre hergestellt.

ROLAND

Hugo Marschin, Motorradbau, Berlin S.W. 68, Lindenstraße 75

Soweit zu erfahren, baute man 1923–1924 bei dieser kleinen Firma Leichtkrafträder, wobei es sich vor allem um eine Konfektion derselben mit 132 ccm Bekamo- und 145 ccm DKW-Motoren gehandelt haben dürfte. Roland-Maschinen errangen keinerlei größere Popularität.

ROTER TEUFEL

Bismarck-Motoren G.m.b.H., Berlin-Charlottenburg, Bismarckstraße 102

Es hat den Anschein, daß der Teufel in dieser Konstruktion die Kunden davon abhielt, größere Mengen dieser primitiven, 1923/25 hergestellten 170 ccm Viertaktmaschinen zu erwerben, so daß »Rote Teufel« selbst während ihrer kurzen Herstellungsperiode fast unbekannt waren.

ROTTER

Motorfahrzeugfabrik Schönebeck, Schönebeck a. d. Elbe

Auch die 1924–1925 gebaute Rotter war nur ein kurzlebiges und wenig bekanntes Leichtkraftrad, dessen liegender 142 ccm Zweitakt-Dreikanalmotor von DKW in Zschopau geliefert wurde.

ROYAL

Willi Hausherr G.m.b.H., Berlin O. 27., Alexanderstraße

Hausherr, einer der Pioniere im deutschen Kraftfahrzeugbau und bis zum zweiten Weltkrieg ein führender Autozubehörhändler, baute schon 1902 seine Royal-Maschinen, wobei er Einbaumotoren von Zedel, F.N., Minerva und dann auch von Fafnir in Aachen verwendete. Es handelte sich hauptsächlich um dreieinhalb PS und vier PS Einzylinder- sowie fünf PS und sieben PS V-Zweizylinderversionen. Die Produktion wurde noch vor dem ersten Weltkrieg eingestellt.

R. S.

1. Zweitakt-Motorradfabrik Rogge & Stiller, Berlin S.W. 68, Friedrichstr. 42
2. Zweitakt-Motorradfabrik Rogge & Stiller, Berlin-Spandau, Weißenburger Straße 45

Berlin war in den zwanziger Jahren voll mit unorthodoxen Zweitaktern. Zu diesen gehörten die Konstruktionen von Bekamo, Rinne, Schliha, Grote, Böhme, Orionette, T.X., Windhoff, Baier und Pawa, und auch die R.S. bildete keine Ausnahme. Sie entstand 1924 und besaß zwei hintereinanderstehende Zylinder, einen Kurbelzapfendrehschieber und ein angeblocktes Getriebe mit Kugelschaltung. Fast alles war unorthodox und interessant, doch dürfte diese Konstruktion aus kommerziellen Gründen zu früh auf den Markt gekommen sein, bevor sie voll entwickelt war, und das dürfte ihr frühzeitiges Ende 1925 herbeigeführt haben.

R.S.

Scheid-Henninger, Motorfahrzeugbau, Karlsruhe i. B., Gerwigstraße 18

Es ist nicht ganz klar, welcher Zusammenhang zwischen der R.S. von Rogge & Stiller und dieser Konstruktion bestand, doch besteht die Möglichkeit, daß Scheid-Henninger 1925 die Berliner R.S. zum Weiterbau übernahmen und gleichzeitig den unzuverlässigen

496 ccm R. S. (Küchen-Motor) 1927

und unorthodoxen Zweitaktmotor durch den alten 496 ccm »Flat-Twin« Einbaumotor von BMW ersetzten. Das war ein seitengesteuerter Zweizylinder mit 68 mm Bohrung und 68 mm Hub. Bald darauf wurden diese Motoren durch ohc-Einzylinderversionen von Küchen mit 346 und 496 ccm Hubraum ersetzt. Dazu kamen auch Modelle mit 348,

498, 598, 746 und 996 ccm sv- und ohv-Motoren von JAP in London. Die netten Fahrgestelle dieser R.S.-Maschinen waren eine Kombination von Stahlblech- und Rohrrahmen. Der Kraftstofftank war aus geschweißtem Stahlblech kastenförmig hergestellt und diente gleichzeitig als oberer Rahmenträger, während die Motoren im Doppelschleifen-Rohrrahmen hängend angebracht waren. Diese auch unter dem Namen S.H. (Scheid-Henninger) angebotenen Maschinen wurden bis 1927 gebaut.

R. U. D.

Richard Uhlmann, Motorradbau, Dresden

Ein kleiner Produzent, der von 1927 bis 1930 unter diesem Namen Motorräder konfektionierte, die typisch englischer Bauweise und nur im begrenzten Umkreis bekannt waren. Zuerst baute Uhlmann den 346 ccm Kühne-ohv-Einzylindermotor sowie wechselgesteuerte 496 und 746 ccm MAG-Motoren ein. Ab 1929 gab es Versionen mit seiten- und obengesteuerten 348, 498 und 748 ccm JAP-Motoren. Die letzteren hatten zwei Zylinder in V-Form.

R. & F.

Kraftfahrzeugwerk München A.G., München, Dreimühlenstraße 21

Die R. & F. war eine gut konstruierte und schöne 346 ccm Einzylindermaschine mit einem eigenen, obengesteuerten Blockmotor, dessen Kurbelgehäuse als Ölbehälter ausgebildet war. Hergestellt wurde sie in kleinen Stückzahlen zwischen 1924 und 1926. Der bekannte Dresdener Sportler Fritz Immelmann fuhr diese nette Maschine mit Erfolg bei sportlichen Veranstaltungen.

RUNGE

Fahrzeugfabrik Harold Runge, Hannover

Runge gehörte zu den zahlreichen Motorrad-Konfektionären der ersten zwanziger Jahre und baute als Hauptmodell eine 197 ccm Maschine mit einem seitengesteuerten Viertaktmotor, der höchstwahrscheinlich von Gruhn stammte. Die Produktion war beschränkt.

RUPPE

1. Ruppe Motor G.m.b.H., Berlin W. 50., Nürnberger Straße 4
2. Ruppe Motor G.m.b.H., Berlin W. 50., Mühlenstraße 35

Hugo Ruppe gehörte zu den führenden Kraftfahrzeugkonstrukteuren Deutschlands. Zuerst im väterlichen Unternehmen, den Apollo- und Piccolo-Werken in Apolda, tätig, schuf er 1919 den ersten DKW-Zweitaktmotor und am Anfang der zwanziger Jahre die erfolgreichen und leistungsfähigen Bekamo-Zweitakter mit Hilfskolben im Kurbelgehäuse. Seine große Liebe gehörte den Fahrrad-Hilfsmotoren, und 1927 schuf er einen derartigen 98 ccm Zweitaktmotor, der komplett mit dem Kraftstoffbehälter hinter dem

98 ccm Ruppe (Einbaumotor) 1928

Sattel, über dem Hinterrad und auch über dem Tretlager an jedem Fahrrad angebracht werden konnte. Ein guter Zweitakter, dessen Produktion jedoch 1930 eingestellt wurde.

RUPP

Rupp-Motorfahrzeugbau, Swinemünde, Grüne Fläche

Ein kleiner Produzent, der die Motorradherstellung aufnahm, als zahlreiche ältere und größere Firmen schon in kommerzielle Schwierigkeiten gerieten. Das war 1929. Bis 1931 wurden 496 ccm Einzylindermaschinen konfektioniert, bei denen der von Richard Küchen konstruierte »K« Motor mit Königswelle zum Einbau kam.

RUT

August Gernet, Motorfahrzeugbau, Nürnberg

Der Schatten der Inflation hing über dieser kleinen 132 ccm Zweitaktmaschine, die 1923 auf den Markt kam und bereits 1924 wieder sang- und klanglos verschwand, ohne einen besonderen Eindruck gemacht zu haben.
Auch hier handelte es sich um eine sehr wenig bekannte und nur in kleinsten Stückzahlen gebaute Maschine.

RUWISCH

Karl Ruwisch, Fahrzeug- & Maschinenfabrik, Köln-Ehrenfeld

Nach beiden Weltkriegen lag ein großer Bedarf an motorisierten Verkehrsmitteln vor, und so entstanden zahlreiche Konstruktionen, die ohne die notwendigen Voraussetzungen auf den Markt kamen. Ruwisch baute zwischen 1948 und 1950 Kleinroller, bei denen der 38 ccm Victoria-Zweitaktmotor in einer Haube unter dem Sattel untergebracht war.

S.A.R.

1. S.A.R.-Automobilgesellschaft, Motorradwerk, Berlin-Charlottenburg 4, Dahlmannstraße 13
2. Maschinenfabrik Raetsch, Berlin-Charlottenburg 4, Dahlmannstraße 13

Bei dieser Firma konzentrierte man sich auf die Erzeugung von guten und preiswerten

Zweitakmotoren und Motorrädern für den Alltagsgebrauch und nahm nicht, wie andere Berliner Zweitaktmotorenhersteller, z. B. Bekamo, Windhoff, T.X., Baier u. a., Rücksicht auf sportliche Hochleistungsmotoren. Das war allerdings auch einer der Gründe, daß die S.A.R., obwohl von 1923 bis 1930 gebaut, nie die große Popularität errang wie andere Zweitakter. Es handelte sich um Dreikanalmotoren mit 122, 147 und 198 ccm Hubraum, die man auch an andere Leichtkraftradproduzenten lieferte.

SARTORIUS

Fahrzeugwerk Paul Schubert, Bunzlau/Schlesien

Motorräder, die 1924 mit diesem Namen auf den Markt kamen, hatten 195 ccm Zweitaktmotoren. 1925 folgte eine sehr moderne und gut konstruierte 348 ccm ohv-Maschine, deren Motor 11 PS abgab. Sowohl dieser Motor als auch die unorthodoxe Telegabel wurden von Schubert selbst hergestellt. Ungenügendes Betriebskapital verhinderte eine größere Verbreitung der Konstruktion, und 1926 wurde der Motorradbau eingestellt.

SATURN

Horst Steudel, Motorenfabrik, Kamenz in Sachsen

Von Steudel hergestellte Automobilmotoren erfreuten sich großer Verbreitung, besonders bei den kleineren Automobilproduzenten der zwanziger Jahre. Ab 1921 baute man dort aber auch Fahrrad-Hilfsmotoren; seitengesteuerte 149 ccm-Versionen mit 52 mm Bohrung und 70 mm Hub. Der Antrieb des Hinterrades erfolgte mittels Riemen. Interessant war eine 1924 konstruierte 497 ccm V-Zweizylindermaschine mit gegengesteuerten Ventilen, Castle-Type Gabel, Hinterradfederung und Kardanantrieb zum Hinterrad, doch ging sie nicht in Serienproduktion. 1925 entstand dann eine 348 ccm ohv-Maschine mit 70 mm Bohrung und 90 mm Hub, die aber infolge verstärkter Konzentration auf die Herstellung von Automobilmotoren auch nur in kleinen Stückzahlen auf den Markt kam.

S. B. D.

Münchner Motorfahrzeuge K.G., München, Damenstiftstraße 5

Die Stockdorfer Motoren-Werke (S.M.K.) bauten den 298 ccm Bosch-Douglas »Flat-Twin« (liegenden Zweizylindermotor) unter Lizenz, und zu den Firmen, die ihn in

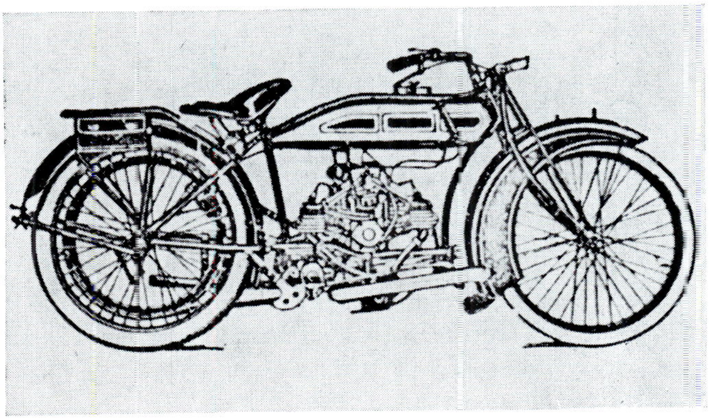

298 ccm S.B.D. (Bosch-Douglas) 1923

eigene Fahrgestelle einbauten, gehörte in den Jahren 1923 und 1924 auch S.B.D. Der Einbaumotor hatte seitengesteuerte Ventile und war zu seiner Zeit recht beliebt. Der Antrieb zum Hinterrad erfolgte mittels Keilriemen über ein Zweiganggetriebe.

SCHLIHA

1. Schlüpmannsche Industrie- & Handelsgesellschaft m.b.H., Berlin-Niederschönweide, Fließstraße 15
2. Schliha G.m.b.H., Berlin-Niederschönweide, Fließstraße 15

Heinrich Schlüpmann gehörte zu den typischen Berliner Zweitaktspezialisten. Schon 1924 erhielt er ein Patent auf einen Stufenkolbenmotor, 1926 auf seinen »obengesteuerten« Zweitakter, der ein Steuerrohr auf dem Kolben besaß und mit dem er alle seine Motorräder von 1926 bis zum Produktionsende 1933 ausrüstete. Schliha-Zweitaktmotorräder wurden im Lauf der Jahre mit Hubräumen von 129, 173, 198, 296, 346, 496 und 596 ccm hergestellt, die letztere Maschine (aus dem Jahr 1932) war wohl der größte je gebaute Zweitakt-Einzylindermotor in einem Motorrad. Wie die 496 ccm Version besaß auch diese 596 ccm Schliha in ihrer letzten Ausführung zwei Zündkerzen und zwei Auslaßkanäle. Verwendet wurde ein netter und moderner Doppelschleifenrahmen mit Tiger-Parallelogrammgabel. Einige Schliha-Modelle litten unter Schmierungs- und den da-

198 ccm Schliha 1928

mit verbundenen Kerzenproblemen, doch waren sie besonders in den Jahren 1927 bis 1929 nicht unbeliebt. Nachdem der Bau dieser schönen, himmelblau emaillierten Motorräder eingestellt wurde, befaßte sich Schlüpmann noch jahrelang mit der Konstruktion von Zweitaktmotoren für Flugzeuge.

596 ccm Schliha (Einzylinder-Zweitaktmotor) 1932

SCHLIMME

Motorradbau Oskar Schlimme, Falkenberg

Ein kleiner Motorradkonfektionär, der 1924 und 1925 Leichtkrafträder in beschränkter Stückzahl herstellte. In eigene Fahrgestelle – offene Stahlrohrrahmen – wurden 142 und 173 ccm Zweitaktmotoren von DKW gesetzt, und über ein Zweiganggetriebe führte ein Riemenantrieb zum Hinterrad. Besondere Bedeutung kam diesen Maschinen nicht zu.

SCHNEIDER

B. Schneider, Motor- & Fahrradbau, Görlitz, Sprembergerstraße 8

Diese schlesische Firma gehörte zu den zahlreichen Motorradkonfektionären der Jahre 1924 bis 1926. Man baute dort in kleinen Stückzahlen Leichtkrafträder mit den bewährten 142 und 173 ccm DKW-Einbaumotoren, denen sich zuletzt auch noch die 206 ccm Version dieser Firma zugesellte. Alle Erzeugnisse von Schneider hatten offene Rohrfahrgestelle und Riemenantrieb zum Hinterrad.

SCHNELL-HOREX

Schnell-Motoren K.G., Karlsruhe, Gottesauerstraße 4–6

Roland Schnell, der schon vor 1939 und dann nach 1945 als Motorradrennfahrer erfolgreich war, baute von 1952 bis 1954 in Zusammenarbeit mit den Horex-Werken in Bad

Homburg Rennmaschinen mit von ihm konstruierten einzylindrigen 248, 348 und 498 ccm Königswellenmotoren. Am erfolgreichsten war das 348 ccm Modell, das von zahlreichen bekannten Rennfahrern der damaligen Periode wie H. P. Müller, Fritz Kläger und Erwin Aldinger gefahren wurde, während Roland Schnell selbst und sein Partner Hermann Gablenz sowie Georg Braun hauptsächlich auf 248 und teilweise 498 ccm Modellen starteten.

SCHROFF-RECORD

Georg Schroff, Motorradbau, Berlin N.W. 6

Die schwarz und rot emaillierten Schroff-Record-Maschinen hatten mit positiven Rekorden nicht viel gemeinsam. Sie hatten nach vorn geneigt eingebaute 148 ccm Zweitakt-

148 ccm
Schroff-Record 1925

motoren mit 56 mm Bohrung und 60 mm Hub, Vorgelege oder Zweiganggetriebe, eine Korkkonuskupplung, vorn eine Kurzschwinge und eine aufs Hinterrad wirkende Bowdenzugbremse. Gebaut wurden sie von 1923 bis 1925.

SCHÜRHOFF

1. Schürhoff & Co., G.m.b.H., Motor & Fahrzeugwerke, Bielefeld, Herforder Straße 146–166
2. Schürhoff & Co., Gevelsberg in Westfalen

Schon in den zwanziger Jahren versuchte man bei Schürhoff, den damals bereits überfüllten Motorradmarkt mit Leichtkrafträdern zu bereichern, doch erst 1949 kam es zu einer regelrechten Motorradproduktion. Es handelte sich dabei um konfektionierte Maschinen mit 123 ccm Ilo-Zweitaktmotoren, denen 1951 eine ähnliche 173 ccm Variante folgte. Es gab auch Mofas – Motorfahrräder – mit 48 und 49 ccm Motoren von Sachs, Ilo und Zündapp, und während man derartige Fahrzeuge noch in der zweiten Hälfte der fünfziger Jahre anbot, wurde der Bau von größeren Maschinen bereits 1953 eingestellt.

SCHÜTT

Paul Schütt, Motorenbau, Flensburg

Schütt gehörte zu den Idealisten, die in konstruktiver Beziehung ihren eigenen Ideen folgten, ohne auf kommerzielle Möglichkeiten und Voraussetzungen viel Rücksicht zu nehmen. Technisch waren seine 196 ccm Zweitakter mit quergestellten V-Zweizylindermotoren, Silumin-Zylinderköpfen, Pfeiffer-Dreiganggetrieben und Duralumin-Fahrgestellen

Oben:
196 ccm Schütt (Zweizylinder-Motor) 1933

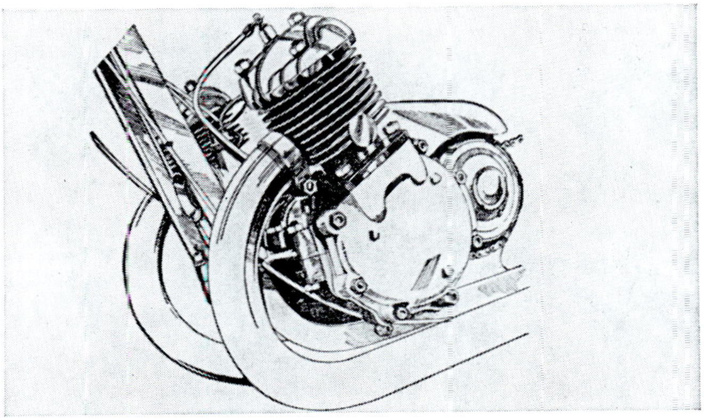

196 ccm Schütt Zweizylinder-Motor 1933

aus gepreßten V-Profilen interessante Konstruktionen, doch hatte er nie die Möglichkeit, diese Maschinen serienmäßig zu Preisen herzustellen, die eine Rentabilität gesichert hätten. In den Produktionsjahren 1933 und 1934 offerierte er seine Maschine für RM 585.–, wobei dieser Betrag kaum die Herstellungskosten gedeckt haben dürfte.

246 ccm Schüttoff (sv) 1924

SCHÜTTOFF

Schüttoff A.G., Abt. Motorradbau, Chemnitz, Rößlerstraße 30

Als man 1924 bei Schüttoff den Motorradbau aufnahm, da gab es zunächst nur eine obengesteuerte 246 ccm Maschine typisch englischer Bauart. 1926 folgten dann nette 348 ccm Modelle mit sv- und schnellen ohv-Motoren eigener Herstellung. Besonders in

348 ccm Schüttoff 1928

den sächsischen und schlesischen Gebieten erfreuten sich diese Erzeugnisse großer Beliebtheit, was auch auf ihre großen Erfolge bei sportlichen Veranstaltungen zurückzuführen war. Die Firma hatte damals eine verhältnismäßig große Rennabteilung mit erstklassigen Fahrern, unter denen sich die späteren DKW-Werksfahrer Arthur Müller und Herbert Kirchberg sowie Fritz Ihle, Arthur Lohse, Erich Hirth, der Münchner Emil Laßnack, die Chemnitzer Fahrerin Hanni Bormann und auch das bei Zuverlässigkeitsfahrten sehr erfolgreiche Leipziger Ehepaar Mittenzwei befanden. Auch Herbert Schüttoff nahm gelegentlich selbst an Sportveranstaltungen teil.
1929 kam ein modernes 498 ccm ohv-Einzylindermodell sowie eine ähnliche sv-Maschine

498 ccm Schüttoff 1930

hinzu, und um der verminderten Kaufkraft zu genügen, entstanden 1930 auch zwei neue Zweitaktmodelle mit 198 und 298 ccm DKW-Motoren. Trotz dieser kommerziellen Umstellung und der Aufgabe der Rennabteilung gelang es nicht, den Betrieb aufrechtzuerhalten, und 1932 wurde Schüttoff von DKW in Zschopau übernommen. 1927–1928 wurden auch einige Werksrennmaschinen mit 348 ccm ohc-Motoren gebaut.

SCHWALBE

Gebrüder Spiegler, Motorfahrzeugfabrik, Aalen/Württemberg

Diese Schwalbe wurde 1924 »geboren« und mit einem eigenen liegenden 248 ccm Zweizylindermotor mit 51,5 mm Bohrung und 60 mm Hub ausgerüstet. Er hatte seitengesteuerte Ventile und ein außenliegendes Schwungrad. Die ambitionierte Firma baute auch eine 248 ccm sv-Einzylindermaschine mit dem JAP-Einbaumotor, doch verschwand 1926 die »Schwalbe« vom deutschen Motorradmarkt und wurde durch die von der gleichen Firma hergestellten Spiegler-Motorräder ersetzt.

SCHWEPPE

Schweppe-Mechanik, Dillenburg

Mit seiner vorderen und hinteren Schwinghebelfederung gehörte der Schweppe zu den ersten und auch nettesten deutschen Rollern nach dem zweiten Weltkrieg. Er kam 1949 mit 143 und 184 ccm Ilo-Zweitaktmotoren, Vierganggetriebe und 4.00 × 8″-Bereifung auf den Markt und wurde 1950 von Pirol übernommen.

S. C. K.

S.C.K. Motorradwerk G.m.b.H., Köln/Rhein

Bei S.C.K. konfektionierte man 1924 und 1925 hauptsächlich Viertaktmaschinen mit den seiten- und obengesteuerten 348 und 498 ccm Einbaumotoren von JAP in London. Außer diesen gab es ähnliche Versionen mit gegen- und obengesteuerten MAG-Motoren. Die Fahrgestelle dieser Firma waren typisch englischer Bauweise. Von Christian Müller, Paul Flöck u. a. gefahren, konnte man diese Maschinen auch bei Sportveranstaltungen in der Kölner Umgebung sehen, doch errangen sie darüber hinaus keine Verbreitung.

SEEGARD

Fietz, Paul & Co., Inh. R. Seegard, Berlin W. 35, Potsdamerstraße 48

Sogar die einst so berühmte Potsdamerstraße in Berlin wies Motorradhersteller auf. Bei der »Seegard« handelte es sich um konfektionierte 146 und 197 ccm Viertakter, und die Motoren wurden höchstwahrscheinlich von Spezialfirmen wie Gruhn, Cambra, Rapid, Heros, Alba etc. bezogen. Es war eine kleine Firma, die 1924 und 1925 nur eine beschränkte Anzahl von diesen Leichtgewichtsmaschinen herstellte.

SEITH

Seith & Sohn, Fahrzeugbau, Hof/Saale-Krötenbruck

Es handelte sich hier nicht um richtige Motorräder, sondern um 1949–1950 hergestellte Miniaturfahrzeuge für Jugendliche, die 20 × 2″-Räder, Telegabeln und den von Victoria gebauten 38 ccm Zweitaktmotor besaßen. In dieser Periode benötigte man richtige Verkehrsmittel und hatte kaum viel überflüssiges Geld für Fahrzeuge, die nur für eine beschränkte Zahl von Kunden hergestellt werden konnten. Die Erzeugnisse von Seith verschwanden daher auch bald von der Bildfläche.

SEWÜT

1. Sewüt Motoren- & Fahrzeugbau, Schweinfurt
2. Sewüt Motoren- & Fahrzeugbau, Würzburg, Bauerstraße 1

Offiziell verließ diese 1924 gegründete Firma Schweinfurt, weil sie eine größere Fabrik als Produktionsstätte benötigte, um allen Aufträgen gerecht zu werden. Inoffiziell muß gesagt werden, daß es sich um eine nahezu unbedeutende Marke handelte, die nie eine größere Verbreitung errang. Ausgerüstet waren die konfektionierten Maschinen mit 173 und 206 ccm DKW-Zweitaktmotoren. 1926 wurde die Produktion eingestellt. Bemerkt sei, daß die ersten in Schweinfurt gebauten Modelle den 142 ccm DKW-Motor mit horizontalem Zylinder besaßen.

S. F. W.

Schwäbische Fahrzeug-Werke G.m.b.H., Wasseralfingen/Württemberg

Als die Nordstern-Fahrzeugwerke 1924 in Konkurs gingen, übernahm S.F.W. die Herstellung der von Nordstern bis dahin gebauten 2½ PS Zweitaktmaschinen. Die

Motoren derselben sowie die offenen Fahrgestelle entstammen eigener Fertigung. Die Produktion nahm nie größeren Umfang an, und 1926 wurde sie ganz eingestellt.

S. H.

Scheid-Henninger, Motorfahrzeuge, Karlsruhe/Baden, Gerwigstraße 18

Bereits unter R.S. wurden diese Motorräder erwähnt, da S.H.-Erzeugnisse auch unter dem Namen R.S. angeboten wurden. 1925 wurde zunächst der alte 496 ccm BMW-Zweizylinder-Einbaumotor verwendet, später 346 und 496 ccm ohc-Küchen-Einzylindermotoren und zuletzt 348, 498, 598, 746 und 996 ccm sv- und ohv-Versionen von JAP, wobei die zwei letzteren V-Zweizylinder waren. Die bis 1927 gebauten Fahrzeuge besaßen kombinierte Kastenrahmen, bei denen der aus geschweißtem Stahlblech hergestellte Tank als Träger des aus Rohren bestehenden Doppelschleifenrahmens diente, wobei bemerkt sei, daß die Schleifen über und nicht unter dem Kurbelgehäuse geführt waren. Man konnte die S.H. als nette Konfektionsmaschinen bezeichnen.

SIEG

H. Jüngst, G.m.b.H., Dahlbruch, Kreis Siegen/Westfalen

Man bezeichnet Motorradhersteller, die Motoren von Spezialfirmen beziehen, als Konfektionäre. Jüngst, der am Anfang sogar die kompletten Fahrgestelle bei Spezialfirmen wie Gruhn und Difra kaufte, gehörte daher noch in eine »vergrößerte« Kategorie der Konfektionäre. Er begann 1922 und verwendete zunächst Zwei- und Viertaktmotoren

497 ccm Sieg 1928

von DKW, Cockerell, Ilo, Bober, Alba und Hansa, wobei es sich um Versionen von 119 bis 198 ccm handelte. Von 1926 angefangen bis zum endgültigen Schluß 1930 wurden Motorräder nur auf Bestellung konfektioniert und hierbei Zweitakter von Villiers und Viertakter von JAP und MAG verwendet. Der Name »Sieg« traf nicht ganz zu, denn diese Maschinen waren weder in technischer noch in kommerzieller und sportlicher Beziehung besonders siegreich.

SIEGFRIED

Siegfried Werke, Kyritz–Priegnitz

Das Wort »Werke« kann zu Trugschlüssen Anlaß geben, denn erstens handelte es sich hier um eine ganz kleine Produktion aus dem Jahr 1924, und zweitens wurden diese Maschinen nie außerhalb ihres Herstellungsbereiches bekannt. Die Siegfried war eine kleine Leichtgewichtsmaschine mit dem 145 ccm DKW-Motor.

SIMSON

1. Volkeigener Betrieb »Awtovelo«, Suhl/Thüringen
2. V.E.B. Fahrzeug & Gerätewerk Simson, Suhl, Thüringen
3. V.E.F. Fahrzeug & Jagdwaffenwerk »Ernst Thälmann«, Suhl, Thüringen

Von 1911 bis 1933 baute man bei Simson die sehr netten und sehr sportlichen Simson-Supra-Kraftwagen. Nach dem zweiten Weltkrieg wurde das Unternehmen

Oben:
(AWO-Kardan) 1950
245 ccm Simson

75 ccm Simson
(Trial-Modell) 1965

verstaatlicht, und unter dem Namen AWO stellte man dort obengesteuerte 248 ccm Einzylindermaschinen mit Blockmotor und Kardanantrieb in verschiedenen Ausführungen her. Später wurde der Name auf Simson umgeändert. Es waren zuletzt sehr nette Maschinen, doch wurde Anfang der sechziger Jahre die Produktion von Viertaktern zugunsten von 48 ccm Zweitaktfahrzeugen, daß heißt Mopeds und Kleinkrafträdern, aufgegeben. Diese Kleinkrafträder werden in zahlreichen Ausführungen hergestellt, und Geländeversionen brachten der Firma schöne Erfolge bei Wettbewerben, nachdem schon vorher Spezial-Sport- und Rennmodelle mit 248 ccm und auch 348 ccm Ein- und Parallel-Zweizylinder ohv- und ohc-Motoren mit schaft- und kettengetriebenen, obenliegenden Nockenwellen sich bei Straßenrennen auszeichneten. Mehr unter AWO.

SITTA

Hummel-Werk, Ordemann & Hauser, Sittensen/Bezirk Bremen

Der kleine Roller von Sitta gehörte zu den ersten derartigen Nachkriegsfahrzeugen. Er besaß ein offenes, sehr robustes Fahrgestell und einen 120 ccm Ilo-Motor, der später durch die modernere 123 ccm Version ersetzt wurde. Formschön war dieses Fahrzeug

123 ccm Sitta (Roller) 1950

nicht, aber damals verkaufte man fast alles, was von einem Motor angetrieben und käuflich zu erwerben war. Netter waren schon die Hummel »Sitta« 49 ccm Mopeds und die Motorräder von 123 ccm bis 247 ccm, die man bis zum Torschluß 1955 baute.

S. M. W.

Stockdorfer Motoren-Werk A.G., Stockdorf bei München

Diese Firma gehörte einst zu den führenden Motorradproduzenten Bayerns. Unter der Leitung von Dr. Ing. Karl Rühmer baute man dort schon 1923 nicht nur die 296 ccm Bosch-Douglas »Flat-Twin« (liegende Zweizylinder)-Motoren unter Lizenz, die man in die eigenen S.M.W.-Maschinen einbaute, sondern dieselben auch für andere kleinere Motorradproduzenten. Bis 1926 wurden auch ähnliche seitengesteuerte 496 ccm Zweizylinder-Einbaumotoren von BMW verwendet – Motoren, die man seit dem Beginn des eigenen Motorradbaus bei BMW (1923) nicht mehr herstellte, doch gab es noch eine Anzahl dieser Motoren bei verschiedenen Händlern. Bekannt waren damals auch

die von S.M.W. hergestellten Schneekufen für Motorräder. Es ließ sich nicht verleugnen, daß man bei S.M.W. auch die Fahrgestelle von BMW, d. h. den Dreiecksrahmen, Dreieckstank und die blattgefederte Vordergabel der damaligen Modelle kopierte, doch konnte man in ihnen weder moderne BMW-Motoren mit quergestellten Zylindern noch Kardanantrieb verwenden, da diese nur für den Eigengebrauch der Bayerischen Motoren-Werke gebaut wurden. Und weder der Bosch-Douglas noch der veraltete seitengesteuerte BMW-Einbaumotor waren ein Ersatz, der Aussicht auf Erfolg hatte.
Dr. Ing. Rühmer schied später aus der Firma aus und gründete die Firma K.R., während man bei S.M.W. zur Verwendung von seiten- und obengesteuerten 496 ccm und seitengesteuerten 596 ccm Blackburne-Motoren überging. Später kamen 196 ccm Villiers-Zweitakter sowie Modelle mit 198 und 498 ccm Sturmey-Archer-Motoren hinzu. Besonders schön und gut konstruiert waren die 1931–1932er Versionen mit tief stahlblauen Kraftstoffbehältern, robusten Doppelschleifenrahmen und 498 und 598 ccm Blackburne-ohv-Doppelauspuffmotoren, mit denen 1933 der Motorradbau bei S.M.W. zum Stillstand kam. Zusammenfassend kann gesagt werden, daß man vor allem Gebrauchsmaschinen herstellte und in sportlicher Beziehung keine Ambitionen hatte.

SNOB

1. Rhein-Motorenwerk, Düsseldorf – Oberkassel
2. Snob Motorenwerk G.m.b.H., Düsseldorf – Oberkassel

Es gab immer wieder Perioden, in denen Zwei- und Viertakter im scharfen Kampf gegeneinander standen. Zwischen 1921 und dem Torschluß bei Snob 1925 stand diese Marke als stärkster Vertreter der Viertakter gegenüber den damals führenden Zweitaktern von DKW in Zschopau, und dieser Kampf im Sport und auch in der Presse und in den Verkaufslokalen wurde nicht immer mit weißen Handschuhen geführt. Die 154 ccm Snob-Motoren waren nach vorn geneigt in verstärkte Fahrradrahmen (mit Tretlagern) eingebaut und besaßen 55 mm Bohrung und 65 mm Hub. Sie waren schnell und zuverlässig und erfreuten sich großer Beliebtheit, was auch durch die Produktion von rund 20 000 solcher Maschinen trotz stärkster Konkurrenz zum Ausdruck kommt. Zunächst wurden die Snob-Viertakter überhaupt nur als Einbaumotoren für Fahrräder geliefert. Erinnert sei hier an die Snob-Fabrikfahrer Willy Pongs und Franz Mischke, die manch harte Kämpfe mit DKW-Fahrern wie Hermann Weber, Wilhelm Seifert, Bruno Arbe, Kurt Ebstein, Richard Blau, Hans Sprung usw. ausfochten und dabei auch zahlreiche Erfolge für die Düsseldorfer Maschinen errangen.

154 ccm Snob 1922

498 ccm Spiegler (JAP-Motor) 1928 (oben) *498 ccm Spiegler (MAG-Motor) 1929 (unten)*

SPIEGLER

Gebrüder Spiegler, Motorfahrzeugbau, Aalen/Württemberg

Spiegler-Motorräder können als Nachfolger der bis 1926 von derselben Fabrik hergestellten »Schwalbe«-Maschinen bezeichnet werden. Sie kamen 1927 auf den Markt und waren nicht nur gut konstruiert, sondern auch erstklassig ausgeführt. Hergestellt wurden sie bis 1932 in beschränkten Stückzahlen. Typisch für ihre Konstruktion war der kastenförmige Kraftstoffbehälter aus gepreßtem Stahlblech und der mit diesem verbundene Doppelrohrrahmen, der verschiedene Einbaumotoren beherbergte. Zu diesen gehörten 348, 498 und teilweise auch 598 ccm sv- und ohv-Versionen von Blackburne und MAG, wobei an Stelle von sv-MAGs gegengesteuerte Motoren dieser Schweizer Fabrik verwendet wurden. Später kamen der 347 und 497 ohc Motor von Küchen und eine steuer- und führerscheinfreie 198 ccm sv-Variante von Sturmey-Archer hinzu. Ab 1931 wurde nur noch ein Modell gebaut, und zwar eine 498 ccm ohv-Einzylindermaschine mit dem MAG-Doppelauspuffmotor. Die noch existierende Firma hat die Opel-Vertretung.

SPIESS

Otto Spieß, Motorfahrzeugbau, Berlin-Spandau, Schönwalderstraße 105

Eine schon lange vergessene Marke, denn Spieß baute seine Motorräder zwischen 1902 und ca. 1907. Dazu kam, daß seine Produktionskapazität sehr gering war und seine Maschinen nie eine größere Verbreitung errangen. In eigene, robuste Fahrgestelle baute er verschiedene drei PS, dreieinhalb PS, fünf PS, sechs PS und sieben PS Ein- und V-Zweizylindermotoren von Zedel, Minerva, Kelecom, Fafnir und anderen Herstellern ein.

SPINDLER

Spindler Motorfahrzeugbau A.G., Kassel

Ohne Zweifel war Hugo Ruppes Bekamo-Zweitaktmotor mit dem Hilfskolben ein erstklassiges Produkt und neben DKW wohl der beste und erfolgreichste Zweitakter in den Jahren von 1922 bis 1925. Er wurde von anderen Firmen nicht nur als Einbaumotor verwendet, sondern in einigen Fällen auch unter Lizenz gebaut. Spindler verwendete zwischen 1923 und 1925 den Original-Bekamo-Zweitakter in seiner luftgekühlten 149 ccm-Ausführung. Es war eine kleinere Firma, die nur lokale Bedeutung hatte.

STANDARD

Motorradwerk B. G. Feder, Hagen/Westfalen, Alleestraße 39

Als 1925 Wilhelm Gutbrod den Bau seiner Standard-Motorräder in Ludwigsburg begann, existierte diese erste Standard nicht mehr. Feders Maschinen waren kleine Leichtkrafträder mit 132 und 148 ccm Zweitaktmotoren, deren Zylinder nach vorn geneigt in leichten Fahrgestellen eingebaut waren. Es handelte sich um Dreikanalmotoren mit Nasenkolben, auf Wunsch Zweiganggetriebe und Riemenantrieb zum Hinterrad. Gebaut wurden diese Fahrzeuge zwischen 1922 und 1924.

STANDARD

1. Standard Fahrzeugfabrik G.m.b.H., Ludwigsburg, Hindenburgstraße 40
2. Standard Fahrzeugfabrik G.m.b.H., Stuttgart-Feuerbach
3. Standard Fahrzeugfabrik, Wilhelm Gutbrod, Plochingen/Neckar
4. Standard Fahrzeugfabrik G.m.b.H., Gränichen (Schweiz)
5. A.G. für Motorfahrzeuge, Schleitheim-Oberwiesen, Schaffhausen (Schweiz)

Wilhelm Gutbrod, der in der Maschinen- und Motorradfabrik von Klotz in Stuttgart seine ersten Sporen verdiente, gründete 1925 in einer früheren Ludwigsburger Kaserne seine Standard-Fahrzeugfabrik. Dort baute er robuste und solide, dabei aber auch sportliche Motorräder mit konventionellen Fahrgestellen und gegengesteuerten sowie obengesteuerten 348, 498 und 746 ccm MAG-Einbaumotoren. Die Formschönheit und gute Ausführung dieser damals schwarz emaillierten Maschinen sowie ihre großen Rennerfolge brachten bald den Namen Standard in den Vordergrund und zur Beliebtheit. Beteiligt an den Erfolgen waren der von Motosacoche in Genf übernommene Konstrukteur und Rennfahrer Ing. A. F. Dom, ferner Eugen Gerlach, der von Megola gekommene A. Tommasi, Baltes, Kast und später auch der damals noch junge Hermann Lang, der seine größten Siege auf Standard-Seitenwagenrennmaschinen mit 498 ccm ohc-MAG- und 996 ccm ohv-V-Zweizylinder JAP-Rennmotoren errang, bevor er zu Mercedes überging.

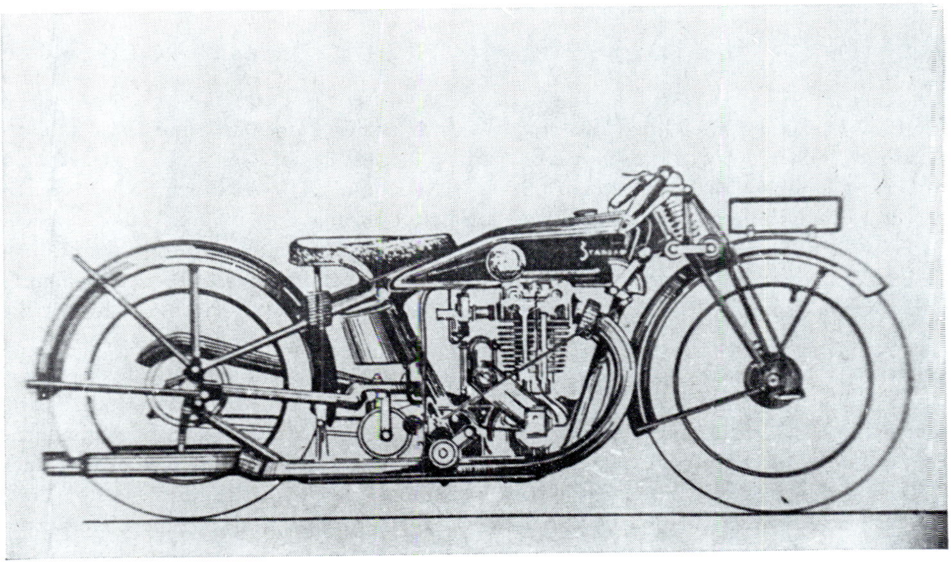

498 ccm Standard 1928

1929 wurden ganz neue Modelle auf den Markt gebracht, die nicht nur neue, verbesserte Fahrgestelle, sondern auch die berühmten »Castle«-Lizenz-Gabeln besaßen, wie sie nur von Harley-Davidson in Amerika und Brough-Superior in England verwendet wurden. Diese Modellreihe besaß auch teilweise verchromte und mit roten Linien verzierte Tanks, und es gab auch rot emaillierte Rohrrahmen. Verwendet wurden verschiedene Ausführungen der MAG-Motoren, und zu den bisherigen Hubraumgrößen gesellte sich noch eine gegengesteuerte 998 ccm V-Zylindermaschine. Für die Werksrennfahrer gab es damals auch neue 348 und 498 ccm ohc-Einzylinderrennmaschinen, die den von dem Engländer Dougal Marchant konstruierten und sehr erfolgreichen Spezial-MAG-Motor besaßen. Dem Rennteam gehörten 1929 außer Dom und Lang auch Karl Gall (von BMW), Paul Rüttchen, Rudi Ecker und gelegentlich auch die Schweizer Francesco Franconi und Luigi Martinelli an.

498 ccm Standard (MAG) 1930

Für 1931 wurde die Modellreihe bedeutend vergrößert. Es kamen 197 und 246 ccm ohv-Maschinen mit eigenen Motoren hinzu, und während damals die Fabrik selbst kein größeres Rennteam mehr unterhielt, baute sie serienmäßige ohv-Rennmodelle, deren 497 ccm Einzylindermotoren von MAG 82 mm Bohrung und 94 mm Hub besaßen. Ausgerüstet mit an der Seite des Zylinders geführten, gekapselten Stößelstangen, sahen diese bildhübschen Rennmaschinen wie Königswellenmaschinen aus. Neu waren damals auch Zweitakter mit 198 ccm Hubraum. Schon vorher, 1928, hatte die Firma die Zehnder-Werke in Gränichen (Schweiz) übernommen, dort die vorhandene Produktion weitergeführt und die von Motorteilen für Standard-Modelle aufgenommen.

Neue Königswellenmotoren eigener Konstruktion entstanden 1933. Es waren Sportmotoren in Blockausführung mit 347 ccm Hubraum. Dies war der Beginn der »Standard-Rex«-Modellserie, und eine 497 ccm Version gesellte sich bald hinzu. Neu waren auch 173 ccm Zwei- und Viertakter sowie ein von Dipl.-Ing. Josef Ganz konstruierter Vollschwingachs-Kleinwagen mit Einrohrrahmen und Heckmotor, der auch als Lieferwagen hergestellt wurde. Infolge der vergrößerten Produktion und des dadurch bedingten

198 ccm Standard 1931

346 ccm Standard (Rex ohc) 1936

Platzmangels wurde 1933 das Unternehmen von Ludwigsburg nach Stuttgart-Feuerbach verlegt, und in den folgenden Jahren gab es auch seitengesteuerte 346 und 496 ccm Standard-Motorräder mit eigenen Motoren. Dazu kam ein obengesteuertes 346 ccm Geländemodell und eine billige 496 ccm »Volksmaschine«, die für RM 995.– angeboten wurde. Und soweit es in Deutschland gebaute Standard-Modelle betraf, wurden MAG-Motoren nicht mehr verwendet, obwohl diese in den Schweizer (Gränichen) Standard-Maschinen eingebaut wurden. Der Grund hierfür war politischer Natur. In der Schweiz wurden die Zehnder-Zweitaktmodelle von Standard bis fast zu Kriegsbeginn weitergebaut.
1937 übersiedelte die Firma von Stuttgart-Feuerbach in eine frühere Konservenfabrik nach Plochingen. Ab 1938 konnten alle Modelle mit modernen Hinterradfederungen geliefert werden, und 1939 wurden dort sv- und ohv-Maschinen mit eigenen 246, 346 und 596 ccm Einzylindermotoren gebaut. Nach dem Krieg wurde der Motorradbau in Plochingen nicht mehr aufgenommen, und nur die Schweizer Zweigfabrik kam für kurze Zeit noch mit 246 ccm Zweitaktern, die Ilo-Motoren besaßen, auf den Markt, während

497 ccm Standard (Kurier) 1937

man in Plochingen bis 1955 den netten Gutbrod-Kleinwagen herstellte. Wilhelm Gutbrod, der Gründer der Firma, starb bald nach dem Krieg. Seine Motorräder gehörten jahrelang zu den schönsten und besten Maschinen, die in Deutschland hergestellt wurden.

STAR

1. D-Rad Aktiengesellschaft, Berlin S.W. 68, Charlottenstraße 6
2. Deutsche Werke A.G., Haselhorst bei Spandau

Im »Reichswerk« der Deutschen Werke hatte man nach dem ersten Weltkrieg Probleme, als man Waffen nicht mehr herstellen durfte. Und so begann man 1920 mit dem Motorradbau. Als Konstruktion wählte man die von Ing. H. F. Günther geschaffene »Star«, deren Zweizylinder-Boxermotor bei 61 mm Bohrung und 67 mm Hub einen Hubraum von 393 ccm hatte. Die Ventile waren stehend angeordnet, und eine Kette führte über das Dreiganggetriebe zum Hinterrad. Gebaut wurde diese Maschine bis 1924, doch trug sie damals bereits den Namen D-Rad, nachdem Chefkonstrukteur Obering. Christiansen die Konstruktion 1923 modernisiert und weiterentwickelt hatte. Ersetzt wurde sie später durch die erfolgreichen seitengesteuerten 497 ccm D-Räder mit den eigenen robusten Blockmotoren und schweren Doppelrahmen.

STEIDINGER

Motorfahrzeugbau Steidinger, St. Georgen/Schwarzwald

Bei dieser kleinen Schwarzwälder Firma gab man sich wirklich Mühe, ein nettes Leichtkraftrad herzustellen, doch hatte man dort wahrscheinlich mehr Erfahrung in der Produktion von Kuckucksuhren als in der Konstruktion von Motorradmotoren. Diese waren

199 ccm Steidinger 1925

eigene 199 ccm Zweitakter, die nach dem Dreikanal-System arbeiteten und 62 mm Bohrung sowie 66 mm Hub und als Besonderheit vertikale Kühlrippen besaßen. Der Vergaser stammte von Brown & Barlow aus England, das Dreiganggetriebe von Sturmey Archer in England. Beide Bremsen wirkten auf das Hinterrad, das mittels Keilriemen angetrieben wurde. Als Leistung wurde für die 1925–1927 gebaute Steidinger 5,1 PS bei 3300 U/min. angegeben.

STERNA

1. Sterna Motorfahrzeug G.m.b.H., Berlin W. 57, Großgörschenstraße 38
2. Sterna Motorfahrzeug G.m.b.H., Berlin 2. 42, Brandenburgstraße 58

Die Sterna, die Aristos und die Menos waren – fast – identisch. Sie wurden von 1922 bis 1924 hergestellt und besaßen zweizylindrige, wassergekühlte 614 ccm Boxermotoren mit 70 mm Bohrung und 80 mm Hub. Die seitengesteuerten Ventile waren gekapselt. Als Fahrgestell diente ein stromlinienförmiges Chassis aus geschweißtem Blech, in welchem sich, harmonisch eingebaut, auch der Kraftstoffbehälter, der Werkzeugkasten, das Getriebe und auch die zwei Kühler befanden. Die Konstruktion sah für ihre Periode sehr nett und fortschrittlich aus, doch war sie in der Produktion sicher sehr teuer, und die Hersteller hatten kaum die technischen und kommerziellen Mittel, um diese Maschine erfolgreich auf den Markt zu bringen. Die Zahl der hergestellten Fahrzeuge dürfte daher sehr gering gewesen sein. Schade, weil diese unorthodoxen Maschinen zusammen mit der Megola, Pawi, Wanderer, NSU, Per, M.W., Vis, Hirth, Bekamo, T.X., Windhoff, Grote, Köhler (Diana) u. a. zu den technisch interessanten Motorrädern im Deutschland der zwanziger Jahre gehörten.

STICHERLING

Kraftfahrzeugwerke W. Sticherling & Co., Egeln/Bez. Magdeburg,
Magdeburger Straße 20

Aufgrund der Bezeichnung »Kraftfahrzeugwerke« könnte man auf eine große Firma schließen, doch war Sticherlings Motorradproduktion sehr klein, und selbst im Zeitraum ihrer Produktion von 1923 bis 1926 waren diese konfektionierten Zweitakter nur innerhalb ihres Produktionsgebietes bekannt. Sie hatten primitive, unten offene Rohrrahmen und in diesen 145, 173 und 206 ccm Einbaumotoren von DKW, Zweiganggetriebe und Riemenantrieb zum Hinterrad.

STOCK

1. Stock-Motorrad A.G., Berlin N.O. 43, Neue Königinstraße 63–65
2. Stock-Motorrad A.G., Berlin S.W. 11, Prinz-Albrecht-Straße 8
3. Stock-Motorpflug A.G., Abt. Motorrad, Berlin-Niederschöneweide

119 ccm Stock 1926

198 ccm Stock (Kardan-Block) 1930

4. Stock-Motorpflug A.G., Abt. Motorrad, Berlin-Johannisthal, Berliner Straße 139
5. Stock-Motorradabteilung der Schnellpressen A.G., Heidelberg

Die einst in Deutschland gut eingeführte amerikanische Evans 119 ccm Zweitaktmaschine verschwand 1924 vom Markt, und Stock begann diese Konstruktion in etwas verbesserter Form weiterzubauen. In verschiedenen Ausführungen wurde die kleine Stock bis 1933 hergestellt. Sie war sehr beliebt, und wassergekühlte Rennversionen errangen zahlreiche Sporterfolge. Ab 1928 kamen dann ganz neue und moderne Zweitaktmaschinen, konstruiert von Ing. Heuss, hinzu. Diese 198, 246 und 298 ccm Zweitakter besaßen Blockmotoren, Kardanantrieb zum Hinterrad und sehr nette Doppelrohrrahmen. Die Sportausführungen der Dreikanalmotoren hatten doppelte Auspuffrohre. Der Anfang der dreißiger Jahre nach Heidelberg verlegte Betrieb – der zum Kahn-Konzern gehörte – stellte 1933 die Motorradproduktion ein.

STOLCO

Stollstein & Co., Stuttgart, Ostendstraße 83

Auch hier handelte es sich um Leichtkrafträder, die von 1922 bis 1924 den ohnehin schon vollen Markt bereicherten, aber mit ihren eigenen 148 ccm Zweitaktmotoren nie eine besondere Rolle, außer der eines Außenseiters, spielten. Der Zweitaktmotor arbeitete nach dem Dreikanalprinzip und besaß, wie damals allgemein üblich, Nasenkolben.

STROLCH

G. Gaßmann, Stuttgart-Untertürkheim, Hindelanger Straße 15

Bei Gaßmann wurde 1950 der »Strolch«, ein gut konstruierter und schöner Roller, geschaffen. Infolge Mangels an entsprechenden Produktionsmöglichkeiten und -mitteln wurde der Bau bald darauf an die Progreß-Werke in Stadelhofen-Baden übergeben, wo man bis Ende der fünfziger Jahre diese Fahrzeuge mit 98, 147, 173 und 198 ccm Sachs-Zweitaktmotoren herstellte.

STRUCO

Struchtmeier & Co., Motorradfabrik, Bielefeld, Schließfach 352

Es ist kaum anzunehmen, daß in dieses Schließfach zahlreiche Bestellungen für Struco-Leichtkrafträder kamen, da selbst in der Periode ihrer Produktion, d. h. von 1922 bis 1924, nur verhältnismäßig wenige dieser Maschinen hergestellt wurden. Es waren einfache 148 ccm Zweitakter mit schräg stehenden Zylindern und Riemenantrieb zum Hinterrad.

STURM

Sturm-Fahrzeugwerk Dierssen & Co., Lüneburg

Soweit zu erfahren konfektionierte diese kleine Firma Leichtkrafträder mit 148 ccm Einbaumotoren, die von Alba in Stettin geliefert worden sein dürften. Sturm-Motorräder wurden zwischen 1923 und 1925 gebaut und hatten keinerlei Verbindung mit den von Robert Sturm in Halle-Trotha hergestellten York-Maschinen.

S. & G.

Maschinenfabrik Scharrer & Groß, Nürnberg, Grenzstraße 13

Bei Scharrer & Groß wurden von 1926 bis 1932 sehr gute Motorräder hergestellt, und zwar handelte es sich mehr um solid gebaute »Bauernkrafträder« als um besonders sportliche Varianten. Mit Ausnahme von zwei Zweitaktmodellen, die 173 und 198 ccm Villiersmotoren besaßen, hatten alle Fahrzeuge dieser Fabrik eigene sv- und ohv-Einzylindermotoren mit 346, 496 und 596 ccm Hubraum. Es waren Maschinen mit Rohrrahmen typisch englischer Bauweise von sehr gutem Aussehen. Außer Motorrädern mit dem Namen S. & G. stellte man auch dreirädrige Lieferwagen mit Motorradmotoren unter dem Namen Velox her. Besitzerin der Firma war Elise Grötsch.

496 ccm S. & G. 1929

S. & N.

Seidel & Naumann A.G., Dresden, Hamburger Straße 19

Bekannt als Hersteller der Erika-Schreibmaschinen, baute diese große Fabrik auch die berühmten – damals aus Österreich-Ungarn stammenden – Laurin & Klement-Motorräder unter Lizenz. Sie wurden mit dem Namen »Germania« auf den deutschen Markt gebracht und sind auch unter diesem Namen näher beschrieben. Herstellung 1901 bis 1908.

SUPERIA

Superia-Fahrzeugbau Adolf Kornmann, Karlsruhe-Daxlanden

Kornmann war ein bekannter Rennfahrer, der zusammen mit Erich Stolz auf Superia-Maschinen auch Rekorde brach. Die von 1925 bis 1928 hergestellten Maschinen hatten sportliche Fahrgestelle konventioneller Bauweise und waren mit 348 und 498 ccm »K«

498 ccm Superia (K-Motor) mit Konstrukteur Adolf Kornmann 1926

Einbaumotoren von Richard Küchen ausgerüstet. Obwohl es sich um Königswellenmotoren handelte, waren es aber nur Sport- und keinesfalls empfindliche Rennmotoren. Trotzdem haben 1926 Kornmann und Stolz den 24-Stunden-Weltrekord mit einer 498 ccm Superia gehalten.

S. U. T.

Scholz & Tegener G.m.b.H., Maschinenfabrik, Berlin-Reinickendorf, Pankower Allee 60

Die S.U.T. war am Beginn der zwanziger Jahre ein weithin bekanntes Motorrad. Sie besaß nach vorn geneigte Viertaktmotoren mit seitengesteuerten Ventilen. Nur wenige Versionen hatten ohv-Motoren oder Blockmotoren. Von 1921 bis 1927 wurden S.U.T.-Maschinen mit 148, 172, 197, 247 und 347 ccm Hubraum hergestellt. Mitte der zwanziger Jahre hatten einige Modelle gegengesteuerte Ventile, vor allem eine 196 ccm Version mit 62 mm Bohrung und 65 mm Hub, bei der auch das Getriebe im Block saß. Alle Motoren waren eigene Konstruktionen.

S. & U.

Sept & Unger, Maschinenfabrik, Nürnberg

Eine unorthodoxe Maschine, deren liegender wassergekühlter 348 ccm Zweitaktmotor von Steininger konstruiert wurde. Infolge der schlechten wirtschaftlichen Verhältnisse auf dem Motorradsektor kam es nicht zu größeren Stückzahlen dieser interessanten Fahrzeuge. Hergestellt wurden nur wenige dieser Motorräder 1925 und 1926.

348 ccm Sept & Unger 1925

T. A. S.

Trumpf-Ass Fahrradwerk A. G., Saarbrücken

Zwischen dieser Firma und den berühmten französischen Gnome & Rhone-Werken bestand zunächst eine enge Zusammenarbeit, die sich so auswirkte, daß man in Saarbrücken von 1924 bis 1928 fast ausschließlich Motorräder herstellte, die französische Motoren und teilweise auch anderes Zubehör von dieser großen Firma besaßen. Es handelte sich um 172 und 246 ccm Zweitakter, 346 ccm sv- und 496 ccm sv- und ohv-Modelle. Ab 1929 wurden außer einer 198 ccm Zweitaktmaschine auch 347 und 497 ccm Maschinen mit gegengesteuerten MAG-Motoren hergestellt. Die Fahrgestelle zeigten konventionelle Bauweise, die Ausführung der T.A.S.-Maschinen war gut. 1931 wurde der Motorradbau eingestellt.

TAUTZ

Franz Tautz, Motorenfabrik, Leipzig-Gohlis, Planitzerstraße 31

Von 1921 bis 1923 baute Tautz Kleinfahrzeuge, die man damals als Motorläufer und nach dem zweiten Weltkrieg als Roller bezeichnete. Obwohl er sich als Motoren-

119 ccm Tautz (Motorläufer) 1922

fabrikant bezeichnete, besaßen seine Maschinen den 119 ccm DKW-Zweitaktmotor mit 50 mm Bohrung und 60 mm Hub. Ein Erfolg war dem Tautz nicht beschieden, und wie die Roller von Krupp, DKW, Postler u. a. verschwand er bald vom Markt.

TECO

1. Teco Motorenbau G.m.b.H., Stettin, Altdammer Straße 40 c
2. Teco-Werke G.m.b.H., Stettin, Altdammer Straße 40 c

Teco-Fahrrad-Hilfsmotoren und -Leichtkrafträder mit seiten-, gegen- und obengesteuerten 198 ccm Einzylindermotoren wurden bereits 1920 gebaut; die letztere Version kam 1924 hinzu. 1925 wurde auch die Produktion einer obengesteuerten 348 ccm Einzylindermaschine mit dem damals neuen Kühne-Motor aufgenommen, doch schloß die Firma bereits 1926 die Tore, ohne eine größere Anzahl dieser Modelle hergestellt zu haben.

198 ccm Teco 1922

TEKO

Pommern-Werke Aktiengesellschaft, Kolberg

Auch diese Teko mit »k« hatte 198 ccm Viertaktmotoren, die von Alba in Stettin geliefert worden sein dürften. Der Verfasser ist der Ansicht, daß diese 1923 gegründete Firma möglicherweise überhaupt – inoffiziell – zu Alba (als Konkurrenz zur Stettiner Teco) gehörte. Hergestellt wurden die Maschinen bis 1925 – als auch Alba zusammenbrach.

TERRA

Carl M. Schmitt, vorm. Eisenhüttenwerk G.m.b.H., Abt. Terra-Motorradwerk, Schweidnitz, Breslauer Straße 57/59

Die zwischen 1922 und 1924 in drei Modellen und nur in kleinen Stückzahlen hergestellte Terra sah wie eine Kreuzung zwischen einem Lomos-Roller und einem Zetge-Motorrad aus. Mit dem Lomos hatten auch die verwendeten Einbaumotoren etwas gemeinsam, denn sie stammten von DKW in Zschopau. Verwendet wurden 127 (52 mm

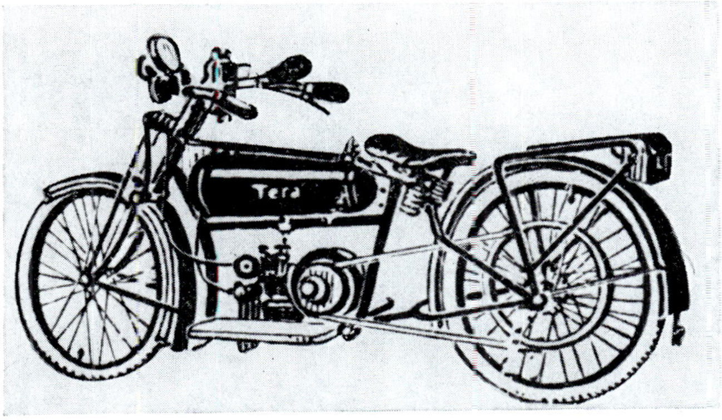

143 ccm Terra 1924

mal 60 mm), 143 (55 mm x 60 mm) und 172 ccm (59 mm x 64 mm) Versionen mit vertikalen und horizontalen Zylindern. Verwendet wurden auch Lomos-Kupplungen. Die Rohrrahmen waren sehr lang und machten keinen besonders schönen Eindruck.

TIGER

Köln-Lindenthaler Metallwerke A.G., Köln-Lindenthal

Der Name Tiger wurde vor dem ersten Weltkrieg von dieser einst berühmten Fabrik für die von ihr hergestellten Allright- und Vindec-Special-Motorräder benützt, vor allem in der Periode von 1901 bis ca. 1907. Damals waren diese Maschinen mit Ein- und V-Zylindermotoren von Minerva, F.N., Sarolea, Kelecom, Fafnir etc. ausgerüstet. Als die Herstellung der Allright-Motorräder 1927 eingestellt wurde, verwendete man den Namen Tiger für die von dieser Fabrik hergestellten Parallelogramm-Gabeln, Bremsnaben usw.

TIKA

Tietz & Lohmann, G.m.b.H., Bielefeld, Obernstraße 2

Ein Leichtkraftradkonfektionär, der zwischen 1921 und 1924 einfache Maschinen mit 145 und 197 ccm Einbaumotoren herstellte. Diese Motoren kamen von Richard Gruhn und besaßen seitengesteuerte Ventile. Produktionsstückzahlen und Verbreitung dieser Fahrzeuge waren beschränkt.

TORNAX

1. Tornax-Motorfahrzeugfabrik Wewer & Schmidtmann, Wuppertal-Langerfeld
2. Tornax-G.m.b.H., Wuppertal-Langerfeld 6
3. Tornax-Fahrzeug G.m.b.H., Wuppertal-Langerfeld 1
4. Tornax-Werk Ernst Wewer, Wuppertal-Langerfeld, Schwelmer Straße 100/08

Seit der Gründung 1926 baute man bei Tornax erstklassige Maschinen, die von Otto Karpe konstruiert waren. Man versuchte nie, billig, sondern wirklich gut zu bauen, und wenn dann dreißig Jahre später – 1955 – die Firma aus kommerziellen Gründen

598 ccm Tornax (ohv-JAP-Motor) 1927

den Motorradbau aufgeben mußte, so war das teilweise auf die Tatsache zurückzuführen, daß man dort nie bereit war, etwa gute Qualität für billige Quantität zu opfern.

Schon die ersten Modelle mit ihren seitengesteuerten 548 und 996 ccm sv- und 598 ccm ohv-Einbaumotoren von JAP zeichneten sich durch robuste Fahrgestelle und schöne Formen aus. Bereits 1928 besaßen sie große Satteltanks, Ballonreifen, achtzöllige Bremsnaben etc. Die Firma baute damals ausschließlich JAP-Motoren ein, und bis 1931 beteiligte sie sich auch mit großem Erfolg an Rennen, wofür die Rennfahrgestelle mit 348 und 996 ccm Spezialmotoren, die obengesteuerte Ventile besaßen, ausgerüstet

490 ccm Tornax 1930

wurden. Heinz Kürten, Anton Gosse und Emil Hobelmann waren die führenden Werksrennfahrer.
Im Laufe der Jahre gab es auch andere Serienmaschinen, und ab 1930 wurden 198, 348, 490 und 996 ccm-Modelle mit sv- und ohv-Motoren von JAP hergestellt. Mitte der dreißiger Jahre wurden die englischen Einbaumotoren durch deutsche Erzeugnisse von Columbus (Horex) ersetzt; das Programm für 1935 enthielt eine 596 ccm sv-Maschine, eine 596 ccm-Version mit vier Ventilen und eine 796 ccm Parallel-Zweizylinder ohc-Maschine, die unter dem Namen »Tornado« bekannt wurde und eine mittels Kette angetriebene obenliegende Nockenwelle besaß. Dieser interessante Columbus Motor wurde natürlich auch von Horex verwendet. Bald darauf gab es auch Tornax-Modelle mit 120 ccm Ilo-Zweitaktmotoren sowie moderne 123, 198 und 248 ccm Zweitaktversionen. Auch diese kleinen Modelle wurden bei Tornax immer schön konstruiert und erstklassig ausgeführt, und die Wuppertaler Firma gehörte zu den führenden Motorradkonfektionären Deutschlands. Zwischen 1934 und 1936 baute man auch nette Sportwagen mit Zweitaktmotoren von DKW.
Tornax gehörte zu den ersten deutschen Fabriken, die nach dem Krieg wieder den Motorradbau mit 123 und 173 ccm Ilo-Zweitaktern aufnahmen, und schon 1948 konnte

996 ccm Tornax (JAP-Motor) 1930

man diese guten Fahrzeuge erwerben. In späteren Jahren gab es im Programm 123, 174, 197 und 248 ccm Einzylinder- und 244 ccm Parallel-Zweizylinderversionen mit Ilo-Zweitaktmotoren; zuletzt 1954 noch die prachtvolle 244 ccm »Schwarze Josefine«, die, obwohl von konventioneller Bauart, doch zu den feinsten Maschinen ihrer Klasse gehörte. Es gab im Lauf der Jahre in Deutschland Hunderte von Motorradproduzenten,

174 ccm Tornax 1951

244 ccm Tornax (Ilo-Twin) 1954

die kamen und gingen; als jedoch Tornax 1955 die Tore schloß, da bedeutete das einen großen Verlust für die Industrie. Nicht sehr bekannt dürfte sein, daß man Anfang der fünfziger Jahre versuchte, wieder in den Rennsport einzugreifen und hierfür eine 123 ccm Königswellenmaschine baute, deren Motor von Richard Küchen stammte. Zu einem intensiven Einsatz und einer Entwicklung desselben kam es indes jedoch leider nicht mehr.

TORPEDO

E. Weichelt, Motorfahrzeugfabrik, Geestemünde

An diese Torpedo-Maschine aus den Pionierjahren dürfte sich wohl kaum noch jemand erinnern. Sie wurde ab 1901 mit Zedel-Motoren und später mit Ein- und V-Zweizylindermotoren von Fafnir ausgerüstet und besaß ein schweres und langes Fahrgestell. Es ist nicht bekannt, wann die Produktion eingestellt wurde, doch war das noch lange vor dem ersten Weltkrieg.

TORPEDO

1. Weil-Werke A.G., Frankfurt/Main, Rödelheim
2. Torpedo-Werke A.G., Frankfurt/Main, Rödelheim

Wie andere Fahrradwerke baute man auch bei Torpedo Leichtkrafträder, und vor dem zweiten Weltkrieg, das heißt von 1928 bis 1934, wurde nur ein Modell mit einem seitengesteuerten 198 ccm Einzylindermotor hergestellt. Zu einer größeren Popularität brachten es diese einfachen Rohrrahmenmaschinen nicht. Ab 1949 gab es wieder eine Motorradproduktion mit 123 ccm Zweitaktmotoren, die von Ilo stammten. Diese Fabrik lieferte an Torpedo auch die 174 ccm Version, während Fichtel & Sachs 98 und 147 ccm Zweitaktmotoren lieferte. 1953 wurde der Motorradbau eingestellt, der Mofabau jedoch weitergeführt.

TREMO

Herbert C. Treptau, Berlin O. 112, Frankfurter Allee 293

Von 1925 bis 1927 stellte Treptau in kleinem Umfang eine 308 ccm Einzylindermaschine mit 70 mm Bohrung und 80 mm Hub her, die zunächst seitengesteuerte und später von oben gesteuerte Ventile besaß. Besonders interessant an dieser insgesamt unorthodoxen Konstruktion war die unorthodoxe Vorderradaufhängung.

TREMONIA

W. Gräwe & Co., Fahrzeugbau, Dortmund

Mitte der fünfziger Jahre versuchte diese kleine Firma mit einer netten 49 ccm Maschine in den deutschen Mopedmarkt einzudringen, doch war diesen mit Ilo-Zweitaktmotoren ausgerüsteten Fahrzeugen kein längerer Erfolg beschieden.

TRIANON

Trianon Fahrrad & Motorradwerke, Heinrich Wittler jun., Herford in Westf.

Diese Fabrik darf nicht mit Wittler in Bielefeld verwechselt werden, es handelte sich vielmehr um die Erzeugnisse von Wittler jun., die zwischen 1922 und 1925 gebaut wurden. Als Antriebsquellen wurden eigene 232 ccm Zweitakter mit 65 mm Bohrung und 70 mm Hub verwendet. Sie besaßen Zweiganggetriebe und Riemenantrieb zum Hinterrad. Es waren einfache und billige Fahrzeuge, die keine große Popularität errangen.

$3^{1}/_{4}$-PS-Triumph 1904

TRIUMPH

1. Triumph Fahrrad-Werke, Nürnberg
2. Triumph-Werke A.G., Nürnberg, Fürther Straße 212

Zwei Deutsche, Siegfried Bettmann und Moritz Schulte, standen an der Wiege der englischen Triumph-Motorradfabrik in Coventry, mit welcher die Nürnberger Firma von 1903 bis 1929 in engster Verbindung stand. Von 1903 bis 1908 dauerte auch in Nürnberg die erste Periode der Motorradproduktion, wo man Einbaumotoren von Minerva, Fafnir und Triumph (England) verwendete.

276 ccm Triumph (Knirps) 1922

298 ccm Triumph 1925

Bereits 1920 wurde der Motorradbau in Nürnberg wieder aufgenommen. Erzeugt wurde das Modell »Knirps« mit einem 276 ccm Zweitakt-Dreikanalmotor, der 70 mm Bohrung und 72 mm Hub besaß. Das waren einfache Maschinen, die auf Wunsch mit Kupplung und Zweiganggetriebe geliefert wurden und Riemenantrieb zum Hinterrad besaßen. Mit ihren runden Kraftstoffbehältern und ihren Pendelgabeln waren sie leicht erkennbar, und dank ihrer guten Konstruktion fanden sie guten Absatz. Später kam auch eine besser ausgerüstete Version mit 298 ccm Motor, der 70 mm Bohrung und 77 mm Hub besaß, hinzu. Und während die kleine Maschine die Kerze hinten im Zylinderkopf und außenliegende Schwungscheibe besaß, hatte dieses Modell innen-

248 ccm Triumph 1928

liegende Schwungmassen und die Kerze seitlich angeordnet. Die Übertragung vom Motor zum Getriebe erfolgte mittels Zahnrädern, und zum Hinterrad konnte Kettenantrieb bestellt werden. Alle Rahmen waren aus Stahlrohren hart gelötet.

Die Weiterentwicklung des kleinen »Knirps« führte zu einer netten 248 ccm Maschine mit 66 mm Bohrung, 72 mm Hub, mit Dreiganggetriebe, Kettenantrieb zum Hinterrad, Innenbackenbremsen etc. Dazu kam Mitte der zwanziger Jahre eine seitengesteuerte 548 ccm Einzylindermaschine mit 85 mm Bohrung und 97 mm Hub, deren Motor von der englischen Triumphfabrik geliefert wurde. 1928 erschienen neue 198 und 298 ccm Zweitakter. 1929 wurde dann das Verhältnis zu Triumph in Coventry fast ganz gelöst.

741 ccm TWN (Triumph-MAG) 1931

Das führte sofort zu markenschutzrechtlichen Problemen, und deutsche Triumphmaschinen mußten nun in verschiedenen Ländern unter dem Namen »Orial« und später unter dem Namen T.W.N. (Triumph-Werke Nürnberg) auf den Markt gebracht werden. Auf Grund der Veränderung der Struktur bei der Nürnberger Firma wurden auch keine Motoren aus England mehr bezogen und diese durch gegengesteuerte und teilweise obengesteuerte 348, 498 und 746 ccm MAG-Motoren ersetzt, während die Zweitakter weiter in Produktion blieben. Später baute man in Nürnberg die Motosacoche-Motoren unter Lizenz, und zwar seitengesteuerte 348 und 498 ccm Einzylinderversionen, mit denen verschiedene Modelle – aber immer sehr nette und gutausgeführte Fahrzeuge – ausgerüstet wurden. Damals kam der bekannte Konstrukteur Otto Reitz zu Triumph, und zu seinen ersten Schöpfungen gehörte eine 170 ccm Zweitaktversion.

1934 kam eine 98 ccm Maschine mit Sachsmotor heraus, und zu den verbesserten 198 ccm Zweitaktern gesellte sich eine ebensolche Blockmaschine mit Kardanantrieb zum

198 ccm Triumph (Kardan) 1935

Hinterrad. Obwohl sehr schön, konnte sie sich doch nicht durchsetzen. Damals gab es auch die robuste und billige »Kongreß« mit einem unter MAG-Lizenz gebauten 346 ccm sv-Motor. Vier 198 ccm-Zweitakter, die zwischen RM 530.– und RM 790.– kosteten, standen 1936 im Katalog, und dazu kamen zwei 346 ccm Versionen mit Zweitakt- und sv-Motoren sowie 498 ccm sv- und ohv-Einzylindermaschinen. Einige Zweitakter hatten bereits die damals neue Vierstromspülung mit Flachkolben, wobei die 198 ccm Maschinen sieben PS und die 348 ccm Modelle elf PS abgaben.
Das letzte Vorkriegsprogramm sah eine Konzentration auf Zweitakter, die mit 122, 198, 247 und 348 ccm Hubraum hergestellt wurden. Eine Viertelliterversion, die BD 250, hatte einen Doppelkolbenmotor mit Drehschiebersteuerung, dessen Leistung zwölf PS betrug und die RM 825.– kostete. Von ähnlicher Konstruktion waren auch die ersten Nachkriegsmodelle mit 123 und 247 ccm Zweitaktmotoren. 1953 gab es bereits die 49 ccm Knirps-Mopeds, die damals neue und sehr moderne 198 ccm Cornet, verbesserte 123 und 247 ccm Modelle und die 348 ccm »Boss« mit ihrem großen Zweitaktmotor. Zu diesen Doppelkolben-Motorrädern kam 1955 die Contessa, ein schöner und moderner Roller mit 198 ccm Zweitaktmotor. 1956 wurde besonders die Cornet mit elektrischem Anlasser forciert, doch konnte auch sie die Jahresproduktion nur auf 2000 Maschinen bringen, nachdem Triumph 1953 zehnmal soviel produzierte

498 ccm Triumph (Tourensport) 1937

248 ccm Triumph (BDG 250 H) 1953

und verkaufte. 1954 ging die Zahl auf 15 000 und 1955 auf 8000 zurück. Und 1957 wurde dann diese einst so berühmte und stolze Firma von Grundig übernommen.
Nicht unerwähnt sei, daß man in Nürnberg jahrelang mit Fabriksmannschaften an Rennen und Geländefahrten teilnahm. Zwei Mitglieder dieser Mannschaften, Otto Ley und Toni Fleischmann, gehörten von 1928 bis 1932 zu den führenden Fahrern Deutschlands, wobei ihre Erfolge besonders auf 348 ccm ohc-Modellen mit dem von Dougal Marchant konstruierten MAG-Spezialrennmotor errungen wurden. Ley, der auch eine 1000 ccm Renn-Seitenwagenmaschine mit JAP-Motor fuhr, war später auf Norton und bis 1937 als Fabrikrennfahrer von BMW sehr erfolgreich, während Fleischmann, der auch Bahnrennen auf der 498 ccm Triumph bestritt, zu NSU überwechselte, als man in Nürnberg sich vom Rennsport zurückzog. Berühmt war auch Thea Hanzal, die in den zwanziger Jahren – besonders auf der 246 ccm Knirps – großartige Erfolge bei sportlichen Veranstaltungen errang.

TROLL

V.M.O. Kleinkraftfahrzeugbau G.m.b.H., Lamspringe

Der von Ing. Sambold konstruierte »Troll« gehörte zu den ersten deutschen Nachkriegsrollern. Zuerst – 1948 – mit einem eigenen, primitiven und getriebelosen 60 ccm Flachkolben-Zweitaktmotor ausgerüstet, wurde er später auch mit dem 98 ccm Ilomotor gebaut. Es war ein vollverkleideter Roller mit dem Motor über dem Vorderrad. Hergestellt wurden auch Dreiradversionen für Personen- und Lastenbeförderung, die den alten 120 ccm Ilo-Zweitakter besaßen. 1951 wurde die Produktion an Faka übergeben, wo die Roller mit größeren Motoren weitergebaut wurden.

TROPFEN

Luftreederei Max Schüler, Osnabrück-Netterheide

Wie bei dieser Firma nicht anders zu erwarten, war das Tropfen-Motorrad ein karossiertes Einspur-Fahrzeug, bei welchem die Verschalung einem Luftschiff nicht unähnlich war. Schüler offerierte diese unorthodoxen Fahrzeuge mit verschiedenen Zweitaktmotoren, unter welchen sich 248 und 308 ccm Versionen befanden. Es steht fest, daß nur eine sehr beschränkte Anzahl dieser Fahrzeuge 1924 und 1925 den Markt erreichte.

T. X.

Westendarp & Pieper G.m.b.H., Berlin W. 66., Mauerstraße 86–88

Bekannt als Hersteller der Bruhnschen Taxameteruhren, begann diese Firma 1924 auch mit dem Bau von unkonventionellen Motorrädern, bei denen der Kraftstoffbehälter durch ein dickes Rohr gebildet wurde, das gleichzeitig auch als Hauptrahmenträger diente. Als Antriebsquelle wurden hauptsächlich 132 und 173 ccm Bekamo-Motoren – luftgekühlte Versionen mit dem Hilfskolben im Kurbelgehäuse – verwendet, doch

173 ccm T.X. (Bekamo-Motor) 1925

gab es auch spezielle wassergekühlte Rennversionen für die Werksfahrer, zu denen der Fabrikdirektor Ahrens, der Chefkonstrukteur Kurt Pohle, Ernst Magnus, Karl Wittig, Ernst Wittig, Hans Veit, Paul Lüdtke u. a. gehörten, und 1925–1926 waren die T.X.-Maschinen bei sportlichen Veranstaltungen sehr erfolgreich. Es gab auch speziell gebaute

173 ccm T.X. (wassergekühlte Rennmaschine) 1925

Modelle mit dem 246 ccm Königswellenmotor von Roconova. 1927 wurde die Produktion eingestellt, doch besaßen die von 1925 bis 1930 in Rumburg (Tschechoslowakei) gebauten Bekamo-Motorräder noch den unorthodoxen Rahmen der T.X.

UDE

F. W. Ude, Fahrzeugbau, Bielefeld/Westfalen

Man konnte Ude den guten Willen, ein anständiges Motorrad zu bauen, nicht absprechen. Daß seine Firma nur kurze Zeit (von 1924 bis 1925) existierte, lag dennoch an der kommerziellen Situation, der starken Konkurrenz und an den begrenzten Mitteln, mit denen man hier Motorräder bauen wollte. Udes Zweitakter hatten 249 ccm Hubraum bei 67 mm Bohrung und 70 mm Hub und leisteten 3,75 PS bei 3000 U/min. Erwähnenswert ist die beiderseitige Verschalung von Motor und Dreiganggetriebe mittels Blechen. Als Antriebsmedium zum Hinterrad konnte sowohl Riemen als auch Kette geliefert werden. Der orthodoxe Rahmen war einfach und offen, die Vordergabel mit einer zentralen Blattfeder ausgestattet. Eine größere Verbreitung errangen diese Maschinen nicht.

249 ccm Ude 1924

UNIVERSAL

1. Maschinenfabrik J. C. Müller & Co., Dresden-A 24
2. Uni-Rad G.m.b.H., Dresden-A, Waisenhausstraße 3

Die Universal, auch als Universelle bekannt, wurde von Erich Landgrebe konstruiert und von einer Zigarettenmaschinenfabrik hergestellt. Diese, erfahren und an gute Arbeit gewöhnt, schuf eine nette Maschine, deren Einzylinder-Blockmotor erst 183, nachher 197 und zuletzt 247 ccm besaß. Die Schwungscheibe war außenliegend und die Schaltung automatisch. Der Motor hatte ein hängendes Saugventil und ein stehendes Auspuffventil und war sehr elastisch. Hergestellt wurden mit den gleichen Antriebsquellen auch Lastendreiräder, die sich großer Beliebtheit erfreuten. Die 1925 begonnene Produktion wurde 1929 eingestellt.

URANIA

Urania Fahrradwerke Paul Tanner O.H.G., Cottbus/N. L.

Eine alte, 1895 gegründete Fahrradfabrik, die seit 1934 Motorfahrräder und Leichtkrafträder mit 98 und 120 ccm Fichtel & Sachs- und Ilo-Zweitaktmotoren herstellte. Es waren einfache und dabei robuste Fahrzeuge, die keinerlei Anspruch auf Höchstleistungen oder sportliche Erfolge erhoben und ausschließlich als sparsame Verkehrsmittel konstruiert waren. Die mittelgroße Fabrik baute diese Maschinen bis zum Kriegsausbruch 1939.

U. T.

1. Bergmüller & Co., Maschinenfabrik, Vaihingen a. d. Filder, Stuttgart
2. Schwenk & Schnürle G.m.b.H., Möhringen a. d. Filder, Stuttgart

Bei U.T. konfektionierte man immer gute Maschinen. Schon die ab 1925 hergestellte 246 ccm Zweitaktmaschine mit dem liegenden Einzylindermotor, der seine Bekamo-Abstammung nicht verleugnen konnte, war für ihre Periode ein sehr schönes und modernes Motorrad. In den folgenden Jahren gab es zahlreiche Modelle mit konventionellen englischen Rohrrahmen, die 198, 298, 348, 498 und 598 ccm sv- und teilweise

246 ccm U.T. 1927

498 ccm U.T. (Blackburne) 1930

ohv- und ohc-Einbaumotoren von JAP, Blackburne und Küchen besaßen. Englisch war natürlich nur die Bauart der Fahrgestelle. In dieser Periode – bis 1930 – waren U.T.-Maschinen auch sehr erfolgreich bei Rennen, und Fahrer wie Max Kiemel, Karl

348 ccm U.T. 1936

Frentzen, Erich Blind, Otto Kohfink, Gehrung, Nonnemann, Dr. Nikodemus und andere errangen zahlreiche Siege. Der Verfasser ist der Ansicht, daß Bergmüller & Co. damals über die Grenzen ihrer finanziellen Möglichkeiten gingen, um die (wenn auch nicht sehr große) Rennabteilung aufrechtzuerhalten.
Verändert wurde die Modellreihe 1934, als 198 ccm Zweitakter mit Bark-Motoren und ohv-Blackburne-Motoren diese Klasse beherrschten. Dazu kamen 348 ccm JAP- und Bark-ohv-Versionen sowie seitengesteuerte 498 und 598 ccm Varianten mit den Blockmotoren von Küchen. In den folgenden Jahren bis 1938 kamen verschiedene neue 198 ccm-Modelle sowie 498 und 598 ccm ohv-Maschinen hinzu, doch wurde knapp vor dem Krieg 1939 das Produktionsprogramm auf 197 ccm Zweitakter, 247 ccm Zweitakter sowie 243 und 343 ccm ohv-Maschinen – alle mit Bark-Motoren – konzentriert.
1949 begann die Nachkriegsproduktion mit Zweitaktmotoren, wobei zuerst 123 und 174 ccm Modelle, dann auch 247 ccm Einzylinder- und 244 ccm Parallel-Zweizylinderversionen gebaut wurden. Dazu kamen auch 197 ccm Einzylindermodelle, die ebenso wie alle anderen Erzeugnisse von U.T. mit Ilo-Motoren ausgerüstet waren. In den fünfziger Jahren kamen auch Mopeds hinzu sowie neue moderne Modelle mit Schwinge vorn und hinten. Die letzte Modellreihe bestand 1959 aus 97 und 173 ccm Maschinen mit Sachs-Motoren und der 244 ccm Zweizylinderversion mit dem Ilo-Motor. Anfang der sechziger Jahre wurde der Motorradbau bei U.T. eingestellt, und damit verschwand ein alter Name, der einen guten Ruf besaß, wobei dieser nicht nur auf guter Werkmannsarbeit, sondern auch auf fortschrittlichen Konstruktionen beruhte.

VAREL

Motorenwerk Varel G.m.b.H., Varel/Oldenburg

Unter diesem Namen wurden 1952–1953 Mopeds und Kleinroller mit eigenen 43 ccm Zweitaktmotoren hergestellt. Daneben gab es auch einen größeren Miniaturroller mit dem 4,5 PS Mota-99 ccm Zweitaktmotor. Das Fahrzeug wurde für DM 1150.– angeboten, doch erreichten diese einfachen Maschinen keine Verbreitung, da man in diesen Jahren größeren Rollern den Vorzug gab.

VATERLAND

Friedrich Herfeld Söhne, Fahrradfabrik, Neuenrade in Westfalen

Diese bekannte Fahrradfabrik lieferte in den dreißiger Jahren Motorfahrräder mit 120 ccm-Sachsmotoren direkt an Kunden. Der Preis der einfachen Fahrzeuge betrug RM 295.–. Es gab verschiedene Varianten, u. a. auch mit dem 98 ccm Sachs-Einbaumotor.

VENUS

Venus G.m.b.H., Fahrzeugbau, Donauwörth, Dillinger Landstraße

Der Venus-Roller, ausgestattet mit 147 und 174 ccm Sachsmotoren, erschien 1953 auf dem Markt. 1954 kam auch eine billige 98 ccm Version hinzu. Der damalige Rollerboom brachte zunächst gewisse kommerzielle Erfolge, doch als sich infolge geringerer

Nachfrage der Konkurrenzkampf verstärkte, konnte die Firma nicht mithalten und stellte 1955 die Produktion ein.

VICTORIA

1. Victoria-Werke A.G., Nürnberg 17, Ludwig Feuerbachstraße 53
2. Victoria-Werke A.G., Nürnberg 2, Nopitschstraße 70
3. Zweirad Union A.G., 85 Nürnberg, Nopitschstraße 70

Die 1886 gegründete Fahrradfabrik begann 1904 mit dem Motorradbau. Damalige Besitzer waren Frankenberger und Ottenstein. Es handelte sich hauptsächlich um konfek-

$4^1/_2$ PS Victoria 1904

tionierte Maschinen mit eigenen robusten Stahlrohrfahrgestellen und Ein- und V-Zweizylinder-Einbaumotoren von Fafnir in Aachen. Die dann durch den ersten Weltkrieg bedingte Produktionsunterbrechung wurde 1920 mit neuen Modellen beendet. Diese

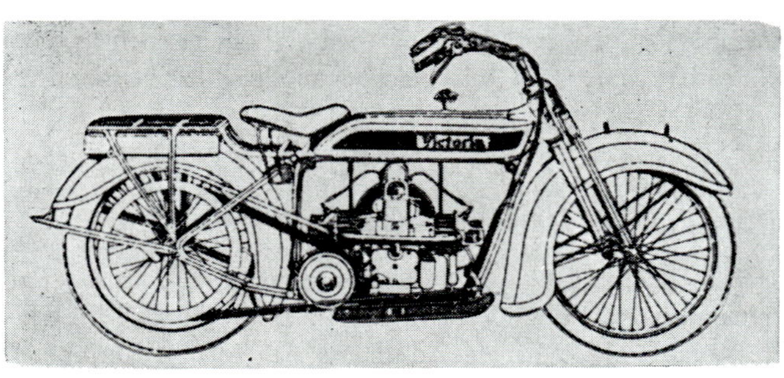

496 ccm Victoria (BMW-Motor) 1922

496 ccm Victoria KR 3 1925

Nachkriegs-Victoria-Maschinen hatten einen zweizylindrigen, seitengesteuerten 496 ccm Boxermotor mit 68 mm Bohrung und 68 mm Hub, außenliegender Schwungscheibe und Riemenantrieb zum Hinterrad. Hergestellt wurden diese Motoren als Einbaumotoren

596 ccm Victoria (Kompressor-Rennmaschine) 1926

598 ccm Victoria (KR 6) 1929

von BMW, und erst als 1923 BMW die Produktion kompletter Motorräder aufnahm, wechselte die Nürnberger Fabrik auf ähnliche obengesteuerte Motoren über. Diese waren eine Konstruktion des früheren BMW-Konstrukteurs Martin Stolle, doch wurden sie nicht von Victoria selbst, sondern bei der Münchner Firma W. Sedlbauer für Victoria hergestellt. Der Schöpfer der ersten BMW-Motoren war Dr. Ing. Max Friz, in dessen Konstruktions- und Versuchsabteilung Stolle tätig war. Mitte der zwanziger Jahre verließ Stolle die Nürnberger Firma und baute unter der Firma Vorster & Stolle in München die Stolle-Automobile, von wo er später als Chefkonstrukteur zu den Deutschen Werken (D-Rad) nach Spandau ging.

Unter der Bezeichnung KR 3 errang diese 498 ccm ohv-Victoria mit 70 mm Bohrung und 64 mm Hub – 12 PS bei 3600 U/min. – große Beliebtheit. Später wurde diese Maschine auch mit einem 598 ccm ohv-Motor unter der Bezeichnung KR 6 mit einfachem und mit Doppelrohrrahmen sowie in Sportausführung mit 25 PS Motor unter der Typenbezeichnung KR 7 gebaut. Diese Maschinen hatten bereits Kettenantrieb zum Hinterrad, Victoria-Vordergabeln mit Spiralfedern im Gabelrohr und Trockensumpfschmierung. Auch diese Motoren hatten in Längsrichtung angeordnete gegenüber-

598 ccm Victoria (KR 6) 1931

348 ccm Victoria (KR 35) 1935

liegende Zylinder, 77 mm Bohrung und 64 mm Hub. 1925 baute man für das Fabriksrennteam sogar eine Kompressor-Rennmaschine, und Adolf Brudes erreichte 1926 bei den Freiburger Rekordtagen 164 km/h. Andere bekannte und erfolgreiche Victoria-Rennfahrer in dieser Periode waren Josef Mayr, Max Krieger, Albert Richter, Karl Gerlach, Josef Alt, Hans Escoffier und später auch Eugen Grohmann, Josef Möritz, Xaver Gmelch, Herbert Adam, Otto Mühlbacher, Dotterweich, Rieß, Kurt Füglein, Möhringer, Paul Müller u. a.
1928 kam eine 348 ccm ohv-Einzylindermaschine mit 71 mm Bohrung und 88 mm Hub heraus. Der von Sturmey-Archer in England konstruierte Motor wurde damals von Horex für Victoria in Lizenz gebaut. 1929 folgte eine seitengesteuerte 198 ccm Maschine und eine seitengesteuerte 496 ccm Einzylindermaschine, deren Sturmey-Archer Motor 79 mm Bohrung und 101 mm Hub hatte. Dazu kam dann noch die 598 ccm KR 6. Alle Fahrgestelle wurden damals nach einem patentierten Drucklötverfahren hergestellt. Victoria gehörte auch zu den ersten deutschen Motorradproduzenten, die Aluminiumkolben verwendeten, und dazu kamen Ende der zwanziger Jahre die von Ing. Lackler konstruierten leistungssteigernden Zylinderköpfe.

596 ccm Victoria (KR 6) 1935

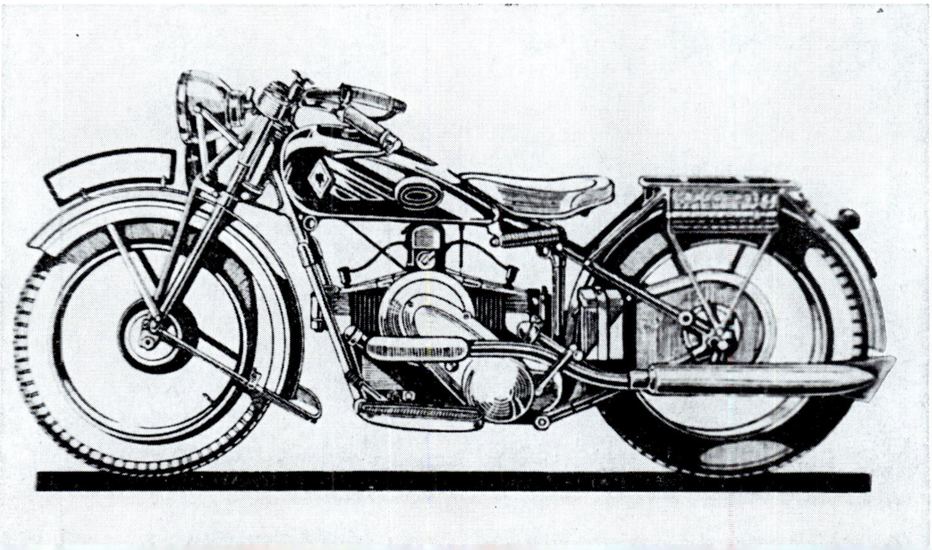

Bereits 1931 ging ein Kleinkraftrad mit dem damals neuen 74 ccm Zweitaktmotor von Sachs in Produktion. Dazu kamen auch 248 ccm sv- und 496 ccm ohv-Einzylindermodelle, gekapselte Ventile bei den zweizylindrigen 598 ccm ohv-Boxermotoren und Doppelvergaser bei den sportlichen KR 7-Versionen. 1932 wurde die erste 198 ccm Zweitaktmaschine gebaut, und für 1933 gab es eine Modellreihe mit 98, 123, 148 und 198 ccm Zweitaktmotoren sowie Viertaktern mit 198, 248, 348, 496 und 598 ccm Hubraum. Die ohv-Boxermotoren hatten nunmehr völlig eingekapselte Ventile sowie die Lacklerschen Zylinderköpfe, und die sportliche KR 7 erhielt zwei Vergaser. Bei der Tourenversion – KR 6 – war die Hinterradkette in einem Kasten eingeschlossen. Eine Typenbereinigung führte 1934 zu 148 und 198 ccm Zweitaktern, der KR 6 und zur damals neuen, von Martin Stolle konstruierten KR 8. Diese hatte einen nach vorn geneigten 497 ccm Parallel-Zweizylindermotor, der im Block ein Vierganggetriebe besaß, luftgekühlt und ganz durch seitliche Bleche verschalt war. Diese seitengesteuerte Version wurde 1936 durch eine verbesserte Konstruktion mit getrennten Zylindern und gegengesteuerten Ventilen ersetzt, doch errang sie keine größere Popularität und wurde 1937 wieder aufgegeben. Das Hauptgewicht lag damals bei den kleineren Zweitaktern, die

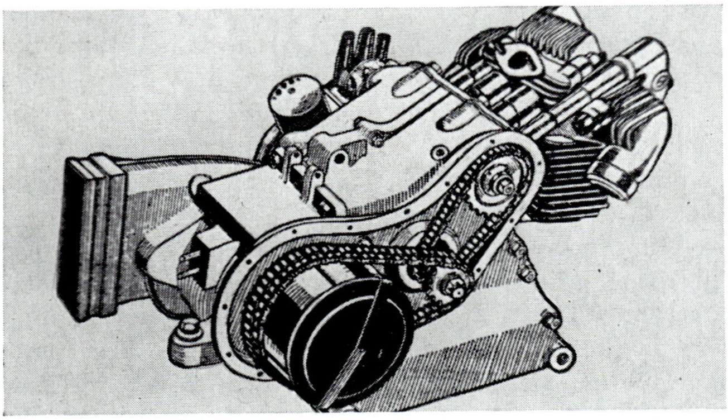

497 ccm Victoria KR 9-Motor 1937

ständig weiterentwickelt und verbessert wurden, doch kam auch eine seitengesteuerte 348 ccm Version hinzu. Die bisher von Küchen konstruierten Zweitaktmaschinen wurden 1938 teilweise durch neue Modelle ersetzt, die die von Albert Roder entworfene Muldenspülung besaßen. Gebaut wurden damals 98, 148, 198 und 246 ccm Zweitakter und zwei 348 ccm ohv-Modelle mit Blockmotoren sowie 18 und 20 PS Leistung. Alle Zweizylindermodelle wurden aus der Produktion genommen, und – bis zum Krieg 1939 – kam nur noch ein 123 ccm Zweitakter hinzu.
Das erste Nachkriegsmodell war eine moderne 247 ccm Zweitaktmaschine mit Telegabel, die 1950 für DM 1425.– angeboten wurde. Auch sie hatte Muldenspülung im Gegensatz zur Umkehrspülung der 1951 herausgekommenen 99 ccm »Fix«, die bald durch die 123 ccm »Bi-Fix« ersetzt wurde. Neue Modelle gab es dann 1953 mit der zweizylindrigen 346 ccm Bergmeister, deren obengesteuerter V-Zweizylinder Blockmotor quergestellt war, 64 mm Bohrung und 54 mm Hub besaß und das Hinterrad mittels Kardanwelle antrieb. Die Entwicklung dieser unorthodoxen und schönen Konstruktion hatte die Firma viel Mühe und Geld gekostet, und gerade als man sie als ziemlich ausgereift betrachten konnte, begann – Mitte der fünfziger Jahre – das Motorradgeschäft überall zurück-

496 ccm Victoria (KR 9) 1937

zugehen. Dazu war der Preis von DM 2475.– nicht geeignet, den immer mehr zunehmenden Kauf von Kleinwagen abzustoppen. Das Hauptabsatzgebiet lag nach wie vor bei den guten und bewährten Zweitaktmaschinen, zu denen die 38 ccm und 48 ccm Vicky-Mopeds und in der Mitte der fünfziger Jahre auch der 198 ccm Peggy- und 48 ccm

346 ccm Victoria (Bergmeister, Konzeption Küchen) 1953

Nicky-Roller kamen. Hergestellt wurde auch noch die 248 ccm Zweitaktmaschine Typ Aero, die dann 1956 durch die 198 ccm Swing mit ihrem 65 mm Bohrung- und 60 mm Hub-Motor und der Triebsatzschwinge mit völlig gekapselter Hinterradkette abgelöst wurde. Konstruiert von Norbert Riedel, dem Schöpfer der Imme, stellte dieses Modell

198 ccm Victoria (Swing KR 21) 1956

ein Meisterstück an Konstruktion und Fertigung dar, doch war sie in der Produktion trotzdem nicht billig und kam eben zur falschen Zeit auf den deutschen Markt. Dasselbe betraf außer der Bergmeister auch den Peggy-Roller.

Victoria besaß zu dieser Zeit bereits einen guten Ruf für Mopedmotoren, der schon mit der ersten Nachkriegskonstruktion, einem 38,5 ccm Fahrrad-Hilfsmotor mit 35 mm Bohrung und 40 mm Hub, der neben dem Hinterrad angebracht wurde und dieses durch eine kurze Kette antrieb, begründet wurde. Dieser Motor wurde bereits 1946 entwickelt und 1947 gebaut und in großen Stückzahlen auch verkauft. Aus ihm entwickelten sich im Lauf der Jahre zahlreiche verbesserte kleine Zweitakter. 1957 kam es zu einer Vereinbarung mit der italienischen Firma Parilla, wonach diese ihre sportlichen 173 ccm ohv-Blockmotoren an Victoria lieferte. Der Parilla-Motor hatte 59,8 mm Bohrung und 62 mm Hub und leistete 14 PS. Eingebaut wurde er bei Victoria in einen Rohrrahmen sportlicher Prägung, doch gelang es auch mit ihm nicht, die kommerzielle Situation zu verbessern. Das Resultat war dann 1958 die Gründung der zum Flick-Konzern gehörenden Zweirad Union mit DKW, Victoria und Expreß, wobei der Sitz des neuen Unternehmens in die modern eingerichtete Fabrik von Victoria in Nürnbergs Nopitschstraße gelegt wurde. Das führte zur Konzentration auf neue Leichtkrafträder und Mopeds mit 49 ccm Zweitaktmotoren.

Die große Zeit von Victoria war in den zwanziger Jahren mit den liegenden Zweizylindermaschinen und auch noch nach dem Krieg mit den sehr guten, robusten Zweitaktern, die als solide und zuverlässige Fahrzeuge galten. Ende der zwanziger Jahre, als man auch einzylindrige Viertakter forcierte, gehörten die 350 ccm Modelle mit den ohv-Sturmey-Archer-Motoren zu den erfolgreichsten deutschen Rennmaschinen ihrer Klasse, und Fahrer wie Herbert Adam, Otto Mühlbacher, Kurt Füglein etc. trugen mit ihren

49 ccm Victoria 1964

Erfolgen nicht wenig zur Popularisierung dieser Maschinen bei. Später verlegte man sich auf Geländefahrten, und auch hier gehörten die Victoria-Maschinen zur deutschen Spitzenklasse.

VINDEC-SPECIAL

Köln-Lindenthaler Metallwerk A.G., Köln-Lindenthal

Diese von 1903 bis 1914 – auch unter dem Namen V.S. – hergestellten Motorräder waren in Deutschland unter dieser Bezeichnung fast unbekannt. In Wirklichkeit handelte es sich um die Allright- und Tiger-Maschinen mit Ein- und V-Zweizylinder F.N.-, Minerva-, Fafnir- und auch JAP-Motoren, die aus markenschutzrechtlichen und kommerziellen Gründen für den Verkauf in England auf den Namen Vindec-Special umgetauft wurden. Der Name V.S. wurde erst ab 1909 verwendet, als der einst berühmte deutsche – und in England ansässige – NSU-Werksrennfahrer Max Geiger den Import dieser Maschinen übernahm. Bis dahin wurde die Vindec-Special von der »South British Trading Co., Ltd.« importiert und in England vertrieben. Diese Maschinen hatten keinerlei Verbindung mit den englischen, von der großen Firma Brown Bros. in London hergestellten, Vindec-(ohne »Spezial«!-)Motorrädern.
Ein interessantes Konstruktionsdetail der Vindec-Special war die ab 1904 verwendete, nach dem System Truffault konstruierte Vorderradschwinge, die eine primitive Ausfüh-

rung der in den fünfziger Jahren von Earles in England gebauten Schwinge darstellte. In Deutschland war es auch kaum bekannt, daß beim ersten T.T.-Rennen auf der Insel Man 1907 eine von W. H. Wells gesteuerte Vindec-Special den zweiten Platz in der Zweizylinderklasse errang.
Nach dem ersten Weltkrieg wurden diese Maschinen nur noch unter dem Namen Allright gebaut und nicht mehr nach England geliefert.

VIS

Vis-A.G., Fahrzeug- & Motorenbau, München, Perlacherstraße 8

Diese Firma existierte von 1923 bis 1925 und wurde mehr durch unorthodoxe Zweitakterkonstruktionen als durch eine große Anzahl verkaufter Motorräder bekannt. Über-

249 ccm Vis-Simplex 1924

496 ccm Vis-Duplex 1925

haupt wurde bei Vis sehr viel experimentiert, und außer Zweitaktern gab es dort auch $1^1/_2$ PS Viertakter sowie Versuchsausführungen mit Vierventil-ohv-Motoren und sogar ohc-Versionen, die jedoch nie in Produktion gingen.
Das bekannteste Vis-Modell war die »Vis-Simplex« mit einem schlitzgesteuerten 249 ccm Dreikanalmotor, der 63 mm Bohrung und 80 mm Hub besaß und nach vorn geneigt in einen etwas hohen Stahlrohrrahmen eingebaut war. Dieser $3^1/_2$ PS leistende Motor hatte eine große außenliegende Schwungscheibe, das Getriebe besaß drei Gänge, und die zwei Innenexpansionsbremsen wirkten auf das durch einen Riemen angetriebene Hinterrad. Die ersten Ausführungen wurden allerdings nur mit Zweiganggetrieben geliefert.
Weniger orthodox war die »Vis-Duplex«, deren luftgekühlter 496 ccm Ladepumpen-Zweitakt-Boxermotor die beiden liegenden Zylinder in Längsrichtung im Doppelwiegenrahmen aufwies und die nicht nur mit Dreiganggetriebe und Kettenantrieb zum Hinterrad ausgerüstet war, sondern auch eine Vorderradschwinge mit gezogenem Rad besaß. Eine schöne und fortschrittliche Konstruktion, doch dürfte der Motor unter thermischen Schwierigkeiten gelitten haben, und das war wohl einer der Gründe, daß nur wenige dieser Maschinen gebaut wurden. Der Verfasser ist der Ansicht, daß diese kleine Fabrik

496 ccm Vis-Duplex (Vergaserseite) 1925

sich etwas zu viel vorgenommen hatte und mehr in unorthodoxe Konstruktionen investierte, als kommerziell gesund war. So gab es u. a. eine interessante 249 ccm-Version, die ein Überströmventil mit hohlem Schaft im Zylinderkopf besaß, während der Kolben in seinem Zentrum eine Stahlstange aufwies, die kurz vor dem unteren Totpunkt das Ventil öffnete und damit die überströmenden Gase eintreten ließ, die nun ihrerseits die Abgase austrieben. Vis gab 1924–1925 für diesen Motor eine Leistung von 10 PS an, doch handelte es sich um eine ziemlich komplizierte Konstruktion, die eine genaue – und nicht sehr einfache – Einregulierung erforderte. Ein im Kurbelgehäuse eingebautes Kapselgebläse war mit dem tiefliegenden Vergaser in direkter Verbindung und ergab eine kompressorähnliche Wirkung. Daher auch die Bezeichnung »Vis-Kompressormotor«. Gesteuert von Franz Anders, den Brüdern Hans und Fritz Grauvogel und anderen Fahrern, war die Vis auch bei sportlichen Veranstaltungen – inklusive der Deutschlandfahrt – sehr erfolgreich, doch konnte das den Zusammenbruch des Unternehmens 1925 auch nicht verhindern.

VOLLBLUT

Klein, Schäberle & Co., Motorfahrzeugbau, Stuttgart, Böblinger Straße 92

Ein kleiner, nie sehr bekannter Motorradkonfektionär der Jahre 1925 bis 1927. Genaue Angaben über die Produktion dieser Firma waren nicht zu finden, doch erinnert sich der Verfasser, daß einer der Firmeninhaber – Schäberle – bei den ersten Nürburgringrennen 1927 eine 249 ccm »Vollblut« steuerte, die mit einem ohv-Blackburne-Motor ausgerüstet war. Es ist daher anzunehmen, daß man diese englischen Einbaumotoren auch serienmäßig einbaute.

VOMO

Eugen Seeger, Vomo-Motorräder, Nürnberg-München, Verkaufsbüro München, Trappentreu-Straße 32

Seegers »Vomo« bedeutete für ihn 1922 und 1923 dasselbe wie viele Jahre später der VW für Porsche. Der Unterschied lag nur darin, daß Seegers Volksmotorrad ohne Erfolg blieb, während Porsches Volkswagen die Welt eroberte. Ausgerüstet war das Vomo – ein verstärktes Fahrrad – mit 1 PS- und 1³/₄ PS-Viertaktmotoren. Es war ein primitives Fahrzeug, das überhaupt keine Verbreitung errang.

VORAN

Berliner Kleinmotoren-Aktiengesellschaft, Berlin N.W. 21. Alt-Moabit 94

Wie viele andere Leichtkrafträder der Zeit zwischen 1921 und 1924 war auch die Maschine von Voran nichts anderes als ein verstärktes und etwas umkonstruiertes Fahrradgestell mit Tretlagern und einem nach vorne geneigt eingebauten 143 ccm Zweitaktmotor, der bei 53 mm Bohrung und 65 mm Hub eine Leistung von 1,9 PS abgab. Bemerkenswert eine Art Schwinge als Abfederung des Vorderrads und getriebeloser direkter Riemenantrieb zum Hinterrad.

WACKWITZ

Paul Wackwitz, Krefeld, Ürdingerstraße 240

Die große Nachfrage nach billigen Verkehrsmitteln führte schon nach dem ersten Weltkrieg zur Herstellung von kleinen Hilfsmotoren für Fahrräder. Diese waren damals jedoch nicht stark und oft auch nicht zuverlässig genug und verschwanden bald vom Markt. Wackwitz baute derartige 108 ccm Viertakter mit 50 mm Bohrung und 55 mm Hub bereits 1920. Er lieferte sie auch komplett in einem etwas verstärkten Fahrradrahmen, ohne damit jedoch größere Erfolge zu erzielen, und 1922 wurde die Produktion eingestellt.

WALBA

Walba-Fahrzeugbau, Reutlingen/Württemberg, Tübinger Straße 51

Dieses Unternehmen stellte bereits 1949 die Walba-Roller mit steifem Gitterrohrrahmen, einer Vorderradfederung mittels Teleskopelementen und synchronisierten Öldruckbremsen her. Dazu kam eine schnittige, von L. Lepoix konstruierte Vollverkleidung, während die Gesamtkonstruktion des Walba von Dr. W. Baibaschewski stammte. Als Antriebsquellen wurden 98, 120, 123 und 175 ccm-Ilo-Zweitaktmotoren verwendet. Als Anfang der fünfziger Jahre Großserienhersteller den deutschen Markt mit Rollern überschwemmten, geriet der handgebaute Walba ins Hintertreffen, und das führte dann 1952 zum Ende dieser Marke.

WALMET

Waldecker Metallwarenfabrik Leopold Weste & Co., Bad Wildungen

Von 1924 bis 1926 stellte man bei dieser kleinen Firma 246 ccm Zweitaktmaschinen mit einfachem Stahlrohrrahmen, Zweiganggetriebe und Riemenantrieb zum Hinterrad her. 1925 kam eine obengesteuerte Version mit dem damals neuen 348 ccm Kühne-Einbaumotor hinzu. Die Marke hatte nur eine begrenzte Verbreitung und errang bis zum Torschluß 1926 weder besondere kommerzielle noch sportliche Erfolge.

WALTER

Maschinen- & Fahrradfabrik Walter & Co. G.m.b.H., Mühlhausen/Thüringen

Bereits 1903 wurden von dieser einst bekannten Firma Motorräder mit Ein- und Zweizylinder-Fafnir-Einbaumotoren hergestellt. Das war schon lange vergessen, als man Mitte der zwanziger Jahre erneut mit der Herstellung von Motorrädern begann, wobei es sich um eine erstklassige Konfektionsarbeit mit 173, 198, 246 und 342 ccm Villiers-Zweitaktmotoren handelte, einzelne Maschinen wurden auch mit dem schnellen 172 ccm »Brooklands-Rennmotor« ausgerüstet.

Allen Modellen dieses Unternehmens gemeinsam waren sportliche und gut ausgeführte Stahlrohrrahmen, die teilweise gelötet und teilweise geschraubt waren. Besonders nett war die Z.SP 129, die Anfang der dreißiger Jahre erschien und die mit einem 172 ccm Super-Sport-Zweitaktmotor von Villiers, der 100 km/h lief, ausgerüstet war. Lothar

Zencominierski, einst bekannt als Fahrer, Techniker und Journalist, war jahrelang mit der thüringischen Firma verbunden, und als diese 1935 den Motorradbau aufgab, bedeutete das einen herben Verlust für die deutsche Industrie. Obwohl nie in großen Stückzahlen gebaut, genoß die Walter doch im ganzen Reich einen guten Ruf, und es sei hier bemerkt, daß diese Walter mit der von den tschechoslowakischen Werken in Prag-Jinonitz hergestellten gleichnamigen Maschine nicht identisch war.

WANDERER

1. Winklhofer & Jaenicke, Chemnitz, Poststraße 38
2. Wanderer-Werke, vorm. Winklhofer & Jaenicke, A.G., Schönau b. Chemnitz
3. Wanderer-Werke A.G., Schönau b. Chemnitz

Als 1912 Wanderer in Schönau bei Chemnitz eine neue, große und moderne Fabrik bezog, da existierte dort der Motorradbau schon zehn Jahre lang. Und während dieser zehn Jahre erwarben sich die Maschinen einen ausgezeichneten Ruf in bezug auf Konstruktion, Ausführung und Geschwindigkeit, der bis zum allerletzten Modell im Jahre 1928 erhalten blieb. Besonders beliebt war in den ersten Jahren eine 2 PS Einzylindermaschine mit untersetzter Riemenscheibe und Federrahmen und die 4 PS V-Zweizylinderversion, die ebenfalls mit Federrahmen geliefert wurde. Mit Leerlauf,

4 PS Wanderer 1908

Doppelübersetzung und Riemenantrieb zum Hinterrad ausgerüstet, wurde dieses Modell während des ersten Weltkriegs in großen Stückzahlen für die deutsche Armee geliefert.
Zu den ersten Nachkriegsmodellen gehörte eine 327 ccm Einzylindermaschine mit 70 mm Bohrung und 85 mm Hub und eine 616 ccm V-Zweizylinderversion mit 70 mm Bohrung und 80 mm Hub. Mitte der zwanziger Jahre kam eine prachtvolle 184 ccm Einzylinder ohv-Maschine mit 60 mm Bohrung und 65 mm Hub und horizontalem Zylinder hinzu.
Bekannt als »Wanderer Zweieinhalb PS- und Viereinhalb PS«-Modelle, waren die 327 ccm und 616 ccm Versionen mit eigenen seitengesteuerten Blockmotoren und Dreigang-getrieben ausgerüstet, wobei besonders das Zweizylindermodell große Beliebtheit errang. Hier gab es bereits Kettenantrieb zum Hinterrad, doch konnte die Einzylindermaschine

408 ccm Wanderer 1913

auch mit Riemenantrieb geliefert werden. Mit Kurzschwingen-Gabeln ausgerüstet, gab es hier – im Gegensatz zu einigen Vorkriegsmodellen – keine Hinterradfederung. Erwähnenswert, daß die durchgehenden unteren Rahmenrohre über das Kurbelgehäuse geführt waren, der Motorblock war also hängend eingebaut.
Die erwähnte modernere 184 ccm Einzylindermaschine hatte vier obengesteuerte Ventile. Später wurde durch Vergrößerung der Bohrung von 60 mm auf 62 mm der Hubraum auf 196 ccm gebracht und der Zylinderkopf mit nur zwei Ventilen ausgestattet. Es war eine prachtvoll ausgeführte 5 PS Maschine, die damals – 1925 – für RM 1200.– angeboten wurde. Zu dieser Zeit gab es auch eine neue V-Zweizylinderversion, die zuerst 708 ccm bei 70 mm Bohrung und 92 mm Hub sowie 8 Ventile und später 749 ccm bei 76 mm Bohrung und 82,5 mm Hub und nur 4 Ventile besaß. Die größere Version wies

616 ccm Wanderer 1922

196 ccm Wanderer 1926

auch bereits einen modernen Doppelschleifenrahmen auf, der nunmehr unter dem Kurbelgehäuse durchgeführt war.
Wanderer war immer eine unabhängige Fabrik, die auch Automobile, Werkzeug- und Schreibmaschinen fabrizierte und auch in bezug auf den Motorradbau fast alle Teile im eigenen Betrieb bei höchster Präzision und Qualitätsarbeit herstellte. Man baute nie billig, sondern immer mit einem hohen Qualitätsgrad, und die Erzeugnisse der Schönauer Fabrik gehörten zu den besten je in Deutschland hergestellten Motorrädern. Eine Ausnahme bildete die allerletzte, 1928 entstandene Konstruktion, eine hochmoderne 499 ccm Einzylinder-ohv-Blockmaschine, deren Motor 84 mm Bohrung und 90 mm Hub hatte. Sie besaß ein Dreiganggetriebe mit Trockenkupplung, Kardanantrieb zum Hinterrad und einen Preßstahlrahmen. Als Konkurrenz zu BMW gedacht, wurde sie, ohne voll entwickelt zu sein, dem Verkauf übergeben, und obwohl spätere Ausführungen etwas verbessert wurden, machte sie dem Namen Wanderer keine Ehre.
Zum Glück für die Fabrik konnte man dann 1929 diese Konstruktion mit allen Einrichtungen, Zeichnungen, Modellen, halb und ganz fertigen Teilen etc. an eine damals

708 ccm Wanderer (8 Ventile) 1926

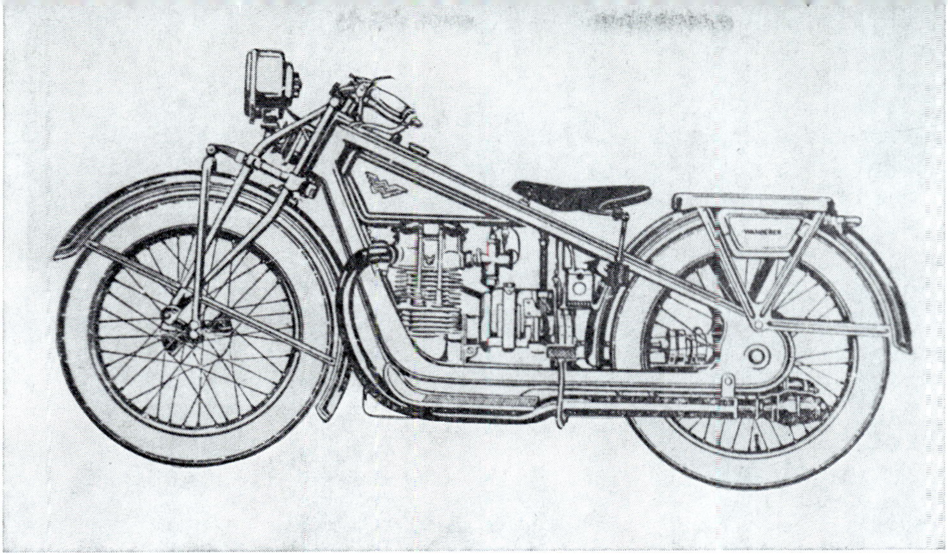

499 ccm Wanderer (Kardan-Block) 1928

neue Firma im Motorradbau, die Firma Janecek in Prag (Tschechoslowakei), verkaufen. Diese nahm die ersten zwei Buchstaben des Namens Wanderer und stellte diese hinter die ersten zwei Buchstaben des Namens Janecek, und das Resultat war das allererste Motorrad, das so den später berühmten Namen »Jawa« trug. Bei dieser Firma wurde die Wanderer-Konstruktion bis 1933 unter teilweise großen Schwierigkeiten verbessert und gebaut, nachdem man nicht nur das Fahrgestell und die Vordergabel, sondern auch das ganze Ventilsystem, das Schmiersystem und auch das Getriebe umkonstruiert hatte. Das Glück war, daß man ab 1932 dort billige und gute 173 ccm Zweitakter herstellte und damit die Motorradabteilung nicht nur aufrechterhalten, sondern bedeutend vergrößern konnte, da die Ex-Wanderer 499 ccm Jawa in der Herstellung so teuer war, daß man mit größeren Profiten nicht rechnen konnte.

Wanderer zog sich damals – 1929 – vom Motorradbau zurück, und später ging die Automobilabteilung in Schönau an die Auto Union A.G. über, während Zweiräder – Fahrräder mit Hilfsmotoren und Leichtkrafträder – bei Wanderer noch bis 1940 im Bauprogramm standen. Es handelte sich um Fahrzeuge mit 75, 98, 123 ccm und auch 60 ccm Zweitaktmotoren von Ilo und Fichtel & Sachs; bei letzteren auch um die

60 ccm Wanderer (Ilo) 1939

im Hinterrad untergebrachte »Saxonette«. In dieser Periode, das heißt während der dreißiger Jahre, hatte der Name Wanderer – der einst zu den führenden in der großen deutschen Motorradindustrie gehörte – schon keine Bedeutung mehr. Ein tragisches Ende für diese einst so hervorragenden, erfolgreichen und beliebten Erzeugnisse aus Schönau, die unter Fahrern wie Albert Schuster, Hans Urban, Albin Sachs, Karl Ertelt, Rolf Millauer, Ernst Schwarz, Wilhelm Dierks, Robert Kohlrausch, Albert Richter jahrelang von Erfolg zu Erfolg bei Rennen und anderen Wettbewerben gebracht worden waren.

WEBER-MAG

Leo Weber, Motorradbau, Mannheim

Diese kleine Firma ist nicht mit der Motorradfabrik von Ludwig Weber, Freiburg im Breisgau – Hersteller der Luwe-Motorräder – zu verwechseln. Leo Weber baute nur 1926–1927 eine kleine Anzahl von Motorrädern englischer Bauweise mit gegengesteuerten 346, 498 und 746 ccm Ein- und V-Zweizylindermotoren von MAG in Genf.

WECOOB

Westenburger & Co., Motorradwerk, Oberursel im Taunus

Das kleine Oberursel im Taunus besaß einst außer der Motorradfabrikation von Franz Bücker auch die von Westenburger & Co., wo man 1925 Leichtkrafträder mit dem 149 ccm Rinne-Zweitakt-Einbaumotor herstellte. Daneben gab es Modelle mit 172, 246 und 352 ccm Villiers-Zweitaktmotoren und in späteren Jahren auch Viertakter mit seiten- und obengesteuerten 348, 498 und 996 ccm JAP-Einbaumotoren. Wecoob Motorräder wurden handwerksmäßig in kleinen Stückzahlen konfektioniert und errangen keine größere Verbreitung. 1930 wurde die Herstellung ganz aufgegeben.

WEGRO

Vis Gesellschaft für Kleinfahrzeuge m.b.H., Berlin N.W. 7, Dorotheenstraße 35

»Bei der in großem Umfang durch eine der ersten deutschen Automobilfabriken aufgenommenen Serienherstellung . . .«, so begann der Prospekt der 1922 entstandenen Wegro. Wer diese Automobilfabrik war, blieb unbekannt. Nicht bekannt ist auch, wohin diese »in Serienherstellung« gebauten Wegro-Motorräder kamen, da die Marke selbst in ihrer kurzen Herstellungszeit – die bis 1923 reichte – in Deutschland fast unbekannt war.
Konstruiert von Passow, der auch die Per schuf, war die Wegro ein unorthodoxes und nicht sehr schönes Motorrad mit einem – wie die offiziellen Angaben besagten – »überkomprimierten Zweizylinder-Zweitaktmotor« (Parallel-Zweizylinder) mit 60 mm Bohrung und 80 mm Hub. Für die 452 ccm-Maschine wurde eine Geschwindigkeit von 120 km/h angegeben, und sie konnte mit Riemen- oder Kettenantrieb geliefert werden. Nicht im Prospekt stand, daß diese Kette ganz frei und ungeschützt lag und daß die zwei Zylinder separat hintereinander standen und nur Kühlrippen auf den

452 ccm Wegro (Konstr. Passow) 1923

Zylinderköpfen besaßen. Nicht vermerkt waren auch der ungewöhnlich lange Rohrrahmen und die Scheibenräder, während der Kraftstoffverbrauch mit neun Liter für 600 km angegeben wurde ... und das bei einem unmodernen, großen Zweitaktmotor des Jahres 1922! Die ganze Sache sah nicht sehr seriös aus, und trotz aller schönen Angaben verschwand die Wegro wieder, noch bevor sie zu viele Kunden um ihr schwerverdientes Geld bringen konnte.

WELA

Walter Liebau, Fahrzeugbau, Apolda/Thüringen

Die Wela gehörte zu den zahlreichen kleinen »Eintagsfliegen«, die 1925 für kurze Zeit den Markt bereicherten. Sie besaß einen einfachen Rohrrahmen, in welchem der damals neu herausgekommene 348 ccm ohv-Einbaumotor von Kühne in Dresden verwendet wurde. Ihre Konstruktion war ziemlich primitiv. So wirkten beide Bremsen nur auf das Hinterrad, während das Vorderrad überhaupt nicht abgebremst werden konnte. Bei Leichtkrafträdern war dies kein so großer Mangel, doch war der obengesteuerte Kühne nicht nur ein sehr lauter, sondern auch schon ziemlich starker Motor

WELS

Motorfahrzeuge Ing. G. Wels, Bautzen in Sachsen

Auch die Wels war das Erzeugnis einer kleinen Firma, doch konnte man hier den schöpferischen Geist des Konstrukteurs erkennen und nicht nur eine primitiv gebaute Maschine sehen. Dabei konnte sie in bezug auf das Fahrgestell (einen Dreiecks-Doppelrahmen) und die Blattfedergabel ihre BMW-Ähnlichkeit nicht verleugnen. Die verwendeten Einbaumotoren, der obengesteuerte 348 ccm Kühne und der ebenfalls obengesteuerte 498 ccm Einzylinder von JAP, waren hier – mit dem Sturmey-Archer Dreiganggetriebe – hängend eingebaut. Die Wels war eine schön und gut konstruierte Maschine, aber finanzielle Gründe verhinderten eine größere Produktion 1925–1926.

Ca. $3^{1}/_{2}$ PS Welt-Rad 1905

WELT-RAD

Metall-Industrie Schönebeck A.G., Schönebeck/Elbe

Eine Pionierfirma der deutschen Motorradindustrie, denn schon 1901 wurden von dieser Fahrradfabrik $3^{1}/_{2}$ PS Einzylindermaschinen mit geschlossenen Einrohrrahmen gebaut. Die Motoren waren eigene Erzeugung, die Zündung erfolgte mittels Magnet, die Schmierung war eine Schleuderschmierung und der Vergaser ein Spritzvergaser. Spätere Modelle besaßen Außenbandbremsen. Die Produktion dieser Maschinen, die auch bei sportlichen Veranstaltungen erfolgreich waren, wurde um 1907 herum eingestellt.

WERNO

W. Noel & Cie., Motorradfabrik Werno, Berlin N. 24., Linienstraße 139/140

Hergestellt zwischen 1921 und 1924, gehörte die Werno zu den zahlreichen Leichtkrafträdern dieser Periode. Sie besaß einen nach vorn geneigten 154 ccm ohv-Einzylindermotor, der später durch eine ähnliche 197 ccm Version ersetzt wurde. Beide hatten außenliegende Schwungscheibe, Zweiganggetriebe und Riemenantrieb zum Hinterrad. Das Bremssystem bestand aus einer aufs Hinterrad wirkenden Klotzbremse. Eine große Verbreitung errang die Werno nicht.

154 ccm Werno 1923

WIGA

Wilhelm Gaul, Wiga-Fahrzeugbau, Ludwigshafen am Rhein 5

Bei Gaul baute man vor allem die Pax-Federsättel und -Soziussitze, und der von 1928 bis 1930 währende Motorradbau war mehr als Hobby anzusehen, obwohl es sich um nette und moderne Maschinen mit seiten- und obengesteuerten 198, 298, 348 und 498 ccm JAP-Motoren handelte. Aus diesem Grund spielte die Motorraderzeugung auch nie eine Rolle, und nur verhältnismäßig wenige Maschinen erreichten den Motorradmarkt.

WIKRO

W. G. Krauss & Co., Maschinenfabrik, Köln-Höhenberg

Diese Firma muß Mitte der zwanziger Jahre noch irgendwo englische »Precision«-Einbaumotoren erworben haben, obwohl diese seit 1919 nicht mehr hergestellt wurden. Jedenfalls gab es 1924 derartige Modelle mit dem gegengesteuerten 346 ccm Precision-Motor. 1925 wurden 347 und 497 ccm Einzylinder-Blackburne-Motoren mit seitengesteuerten Ventilen verwendet. Bemerkenswert die Stahlrohrrahmen von Wikro, die eine naturgetreue Kopie der englischen Matador- und Toreador-Fahrgestelle darstellten. Zu einer größeren Produktion und Verbreitung kam es nie, und 1926 schloß die Motorradabteilung dieser Firma die Tore.

WIMMER

1. B. Wimmer & Sohn, Motorenfabrik, Sulzbach am Inn
2. Otto Wimmer, Motorenfabrik, Sulzbach am Inn

Bald nach der Jahrhundertwende stellte man bei Wimmer Automobile her. Der Motorradbau wurde 1921 mit einem obengesteuerten 134 ccm Hilfsmotor, der über dem Vorderrad eines Fahrrades angebracht wurde, aufgenommen. Als nächstes Modell kam bereits ein richtiges Motorrad mit einem stehenden, luftgekühlten 137 ccm ohv-Einzylindermotor und angeblocktem Zweiganggetriebe mit Riemenantrieb zum Hinterrad hinzu. Bei 3500 U/min leistete dieser Motor zwei PS. Die ganze Maschine wog

137 ccm Wimmer 1923

173 ccm Wimmer (wassergekühlt-ohv) 1925

nur 55 kg. Als nächstes Modell finden wir eine 173 ccm ohv-Maschine mit einem wassergekühlten Blockmotor, die von 1926 bis 1930 mit Fahrern wie Kolm, Kothbauer, Gmelch, Bieber, Nischner u. a. besonders in Bayern zahlreiche Berg- und Bahnrennen

173 ccm Wimmer (wassergekühlt-ohv) 1925

198 ccm Wimmer (luftgekühlt-ohv) 1928

siegreich beendete. Dies dürfte auch kommerziell die erfolgreichste Konstruktion der kleinen Fabrik gewesen sein. Bemerkenswert an dieser Maschine war die steile Vordergabel sowie der einfache, durchgehende Rohrrahmen, und auch hier wurde ein Zweiganggetriebe mit Riemenantrieb verwendet, das später durch ein Dreiganggetriebe mit Kettenantrieb ersetzt wurde.

Neue Modelle gab es 1928, wobei es sich um luftgekühlte 198 und 497 ccm Einzylindermaschinen mit eigenen ohv-Motoren und getrennten Dreiganggetrieben handelte. 1931 kam eine moderne 247 ccm ohv-Version, der eine ähnliche 299 ccm Maschine folgte. Dazu kam ein neuer 499 ccm Einzylinder, dessen sv-Motor von Bark gebaut wurde, und dasselbe Modell mit einem Bark-ohv-Motor. Wimmers eigene 198 ccm ohv-Motoren wurden ständig verbessert und in verschiedenen Ausführungen auf den

247 ccm Wimmer 1931

Markt gebracht. Das Jahr 1932 zeigte folgende Modelle der Sulzbacher Fabrik: 198 ccm sv, sechs PS, mit eigenem Zweigang-Blockmotor, 198 ccm ohv mit eigenem Doppelauspuff-neun-PS-Sportmotor und getrenntem Hurth Dreiganggetriebe, 247 ccm ohv mit eigenem zwölf PS Motor, der auch in Rennausführung geliefert werden konnte, 347 ccm ohv mit eigenem Motor sowie zwei 497 ccm sv- und ohv-Modelle mit Bark-Motoren.

Neu waren 1933 ein eigenes 299 ccm ohv-Modell und eine 198 ccm Zweitaktmaschine mit Bark-Motor. Diese wurde auch noch zwei Jahre später gebaut, als alle anderen Modelle außer 345 ccm und 496 ccm ohv-Versionen mit eigenen Motoren nicht mehr in Produktion waren. Diese neuen sportlichen Wimmer-Modelle, die besonders für Geländefahrten gebaut wurden, hatten starke Doppelschleifenrahmen und gekapselte

497 ccm Wimmer (Bark) 1936

Ventile. Später (1937), wurde das Zweitaktmodell aufgegeben, und nur die großen Viertakter blieben in Produktion. Nach dem Krieg versuchte man den Bau von Einbaumotoren für andere Motorradproduzenten, doch wurde dieses Vorhaben aufgegeben, und das bedeutete das Ende des Namens Wimmer in der deutschen Motorradwirtschaft.

WINDHOFF

1. Windhoff Motorenbau G.m.b.H., Berlin W. 57., Bülowstraße 106
2. Hans Windhoff Motorenbau, Berlin-Johannisthal, Friedrichstraße 27/29
3. Hans Windhoff Motorenbau, Berlin-Friedenau, Benningsenstraße 20–22

Bereits 1904 stellte die Firma Gebrüder Windhoff in Rheine in Westfalen Kraftwagenteile her und ab 1908 komplette Automobile. Später wurde das Unternehmen nach Berlin verlegt und die Produktion auf Autokühler konzentriert. 1925 wurde der Motor-

173 ccm Windhoff (wassergekühlt) 1926

radbau mit 122 und 173 ccm Zweitaktmaschinen, die wie alle Windhoff-Erzeugnisse sehr formschön und interessant waren, aufgenommen. Es handelte sich um nach dem Bekamo-System arbeitende Zweitakter: Einzylinder mit Vorkompression im Kurbelgehäuse, die durch den gegenläufig zum Arbeitskolben angeordneten Hilfs-(Kompressor-) Kolben verstärkt wurde. Diese netten Maschinen mit wassergekühltem horizontalem Zylinder und Doppelrohr-Dreiecksrahmen waren sehr schnell und gewannen mit Fahrern wie Schirmer, Thevis, Tennigkeit, Hucke, Epstein, Scholz etc. zahlreiche Rennen. 1928 stellten die 123 ccm Windhoff-Maschinen sogar zwei Weltrekorde über 1000 m und 24 Stunden mit Durchschnittsgeschwindigkeiten von 61,2 und 60,1 km/h auf. Erwähnenswert ist, daß der Kühler bei diesen Windhoff-Zweitaktmodellen auf den liegenden Zylinder direkt aufgeschoben war und mit diesem eine Einheit bildete.
1927 kam ein sensationelles, von Hans Windhoff konstruiertes und von Dauben entwickeltes neues Viertaktmodell auf den Markt. Es war eine prachtvolle ölgekühlte 748 ccm Vierzylindermaschine mit 63 mm Bohrung und 60 mm Hub mit obenliegender Nockenwelle, Druckumlaufschmierung, Dreiganggetriebe im Block, Mehrscheibenkupplung und Kardanantrieb zum Hinterrad. Einen richtigen Rahmen gab es nicht. Der Reihen-Vierzylinder-Block diente als Träger, indem der Steuerkopf direkt an diesen

748 ccm Windhoff (ölgekühlt) 1928

angeschraubt war, während die Verbindung zwischen Hinterrad und Motor durch vier verschraubte Stahlrohre bewerkstelligt wurde. Die Vordergabel war eine Kurzhebelschwinge mit zwei Blattfedern, und auch der moderne Satteltank lag direkt über dem Motor. Fast alles war an dieser Konstruktion unorthodox, doch handelte es sich um ein technisches Meisterstück und keinesfalls um den Traum eines unfähigen Konstruk-

996 ccm Windhoff (Zweizylinder-Kardan) 1930

teurs. Die 165 kg schwere Maschine wurde für RM 1950.– angeboten, und es ist bedauerlich, daß sie sich infolge der beginnenden Wirtschaftskrise und teilweise auch wegen ihrer ungewöhnlichen Konstruktion nicht durchsetzen konnte.

Nur Hans Windhoff ließ sich nicht entmutigen, und 1930 brachte die Firma eine noch größere Maschine mit einem 996 ccm Zweizylindermotor auf den Markt. Grob ausgedrückt sah diese seitengesteuerte, luftgekühlte Windhoff mit ihren quergestellten horizontalen Zylindern wie eine »große« BMW aus, und auch hier handelte es sich um einen Dreigang-Blockmotor mit Kardanantrieb, wobei der Motor ebenfalls einen Großteil des Fahrgestells ersetzte. Hatte die 748 ccm Vierzylindermaschine 22 PS bei 4000 U/min, so gab dieser Boxermotor 26 PS bei der gleichen Umdrehungszahl ab. Als auch dieses Modell nicht den erwarteten Erfolg brachte, verlegte sich das Unternehmen auf ganz normale, luftgekühlte Dreikanal-Zweitakter mit 174 und 198 ccm Hubraum, die man zuerst von Villiers bezog und in eigene orthodoxe Fahrgestelle einbaute. Bald wurden sie jedoch durch fast gleiche eigene Motoren ersetzt, die vom früheren Rennfahrer und Konstrukteur von T.X., Kurt Pohle, entwickelt wurden. Man versuchte, sie als Einbaumotoren auch an andere Fabriken zu liefern, doch mit wenigen Ausnahmen, wie z. B. Elfa, erwies sich das nicht als Erfolg, und 1933 verschwanden die Erzeugnisse von Windhoff vom deutschen Motorradmarkt und damit eine Marke, die durch ihre Konstruktionen in den zwanziger Jahren viel Aufsehen erregte.

Die Hans Windhoff Apparate- und Maschinenfabrik AG ist nach wie vor in der Benningsenstraße in Berlin ansässig und baut nunmehr Kühler, Kühlanlagen und Wärmetauscher. Dieselbe Firma, die früher Autos, Motorräder und auch schon in großem Rahmen Autokühler produzierte.

WITTEKIND

Wittekind-Fahrradfabrik G.m.b.H., Bielefeld, Turnerstraße 58

Von 1952 bis 1954 lieferte diese Firma einfache Mopeds, die mit 40 ccm Komet-Zweitaktmotoren ausgerüstet waren. Diese Dreikanalmotoren hatten 35 mm Bohrung und 42 mm Hub. Eine größere Verbreitung errangen sie nicht.

WITTLER

1. Heinrich Wittler & Co., Bielefeld
2. Gebr. Wittler G.m.b.H., Bielefeld, Bleichstraße 77 a

Schon 1924 baute diese Fahrradfabrik Leichtkrafträder mit 249 ccm Zweitaktmotoren, die 63 mm Bohrung und 80 mm Hub besaßen. Zu einer größeren Verbreitung kam es damals nicht. Nach dem Krieg gab es nochmals Fahrzeuge, die den Namen Wittler trugen, bei denen es sich um von der Firma Heitmann & Wittler in Steinhagen/Westfalen hergestellte 49 ccm Mopeds mit Sachs- und Zündapp-Zweitaktmotoren handelte. Hergestellt wurden diese in den Jahren 1952–1953. Wittler-Bielefeld baute dagegen schon 1950 wieder Kleinkrafträder mit 98 und später auch 123 ccm Sachsmotoren, doch lag das Hauptgewicht bei kleinen Mofas (Motorfahrrädern); auch hier wurde die Fertigung 1953 aufgegeben.

W. K.

Motoren-Maschinenfabrik John Wenskus, Berlin S. 42., Wassertorstraße 51

Hier handelte es sich um einen Motor, der komplett in ein Fahrrad-Vorderrad eingebaut geliefert wurde. Durch Austausch dieses Vorderrades gegen jedes existierende Fahrrad-Vorderrad erhielt man ein motorisiertes Fahrrad. Fast unglaublich ist, daß als Antriebsquelle ein verhältnismäßig großer Motor verwendet wurde, d. h. ein Viertakter mit 249 ccm Hubraum und seitengesteuerten Ventilen, der 65 mm Bohrung und 75 ccm Hub hatte. Hergestellt wurde das W.K.-Vorderrad 1920, 1921 und 1922.

W. M. R.

Württemberger Motorfahrzeugwerk Wilhelm Jeckel, Rottenburg/Neckar

Jeckel war ein kleiner Motorradkonfektionär, der von 1927 bis 1931 schöne und gut ausgeführte Motorräder baute. Er verwendete außer den 348 und 498 ccm ohc-Motoren

498 ccm W.M.R. (Küchen) 1929

von Küchen (»K« Motoren) auch 198, 248, 348, 498 und 598 ccm ohv-Einzylinderversionen von Blackburne. Die größeren Modelle hatten massive Doppelschleifenrahmen. Die Verbreitung der W.M.R. beschränkte sich auf den Produktionsbezirk.

WOTAN

1. Wotan Fahrzeug A.G., Dresden, Schulgutstraße 1
2. Wotan-Werke, Chemnitz, Augustusburger Straße 29/31

Es muß bezweifelt werden, daß sich die Götter freuten, als die von 1923 bis 1925 in kleinen Stückzahlen gebaute 170 ccm Wotan mit ihrem primitiven Dreikanal-Zweitaktmotor bei ihnen am Tor anklopfte. Angeblich wurden auch einige Maschinen mit 142 ccm DKW-Motoren ausgerüstet, auch sie errangen keine größere Verbreitung.

W. S. E.

Motorenwerk W. Elsel, Görlitz, Obermarkt 12

Motorräder, die diesen Namen trugen, erschienen 1924 auf dem Markt und verschwanden 1925. Es handelte sich um seitengesteuerte 249 ccm Einzylindermaschinen mit eigenen Motoren. Angeboten wurde die W.S.E. für RM 650.–, der Motor allein für RM 250.–. Bemerkenswert, daß die Firma diesen Motor sogar zum Einbau in normale Fahrräder offerierte, doch scheint sie damit nicht viel Glück gehabt zu haben, denn die Elselsche Konstruktion wurde nur selten gesehen.

WUCO

Gebr. Wurmstich & Co., Fahrzeugerzeugung, Halle a. d. Saale

Auch diese Wuco gehörte zu den kurzlebigen Motorrädern des Jahres 1925. Sie war ein einfaches Leichtkraftrad mit einem eigenen seitengesteuerten 174 ccm-Motor, der 57 mm Bohrung und 68 mm Hub besaß. Nur sehr wenige dieser Maschinen wurden damals hergestellt und verkauft.

WURRING

August Wurring, Motorradfabrik, Breitscheid bei Düsseldorf

Bereits unter A.W.D. beschrieben, waren Wurrings Motorräder mit Einbaumotoren von DKW, Villiers, Kühne, Columbus, Küchen, Bark, Sachs und Ilo ausgerüstet. Handwerksmäßig seit 1921 gebaut, wurden sie durch ihre gute Ausführung und den erstklassigen »Finish« bekannt. Wurring bestritt auf ihnen selbst zahlreiche Rennen mit Erfolg und baute auch Rennfahrgestelle für bekannte Fahrer.

WÜRTTEMBERGIA

1. Württembergia A.G., Berlin W. 35., Lützowstraße 84
2. Württembergia A.G., Velten bei Berlin
3. Württembergia A.G., Berlin-Borsigwalde, Spandauer Straße 116/117

Ab 1925 baute man Württembergia-Motorräder in – und um – Berlin, aber es steht

596 ccm Württembergia (Blackburne) 1929

kein Anhaltspunkt zur Verfügung, der Licht auf die Wahl des Namens geworfen hätte. Ansonsten war an diesen Maschinen alles orthodox. Die ersten Modelle hatten 197 und 246 ccm Einzylindermotoren mit seitengesteuerten Ventilen, Zweiganggetriebe und Riemenantrieb. 1927 ging man zur ausschließlichen Verwendung von Blackburne-Einbaumotoren über; eine Ausnahme bildete ein 198 ccm sv-Modell mit JAP-Motor. Bis zum Torschluß 1933 gab es sv- und ohv-Versionen mit 198, 246, 346, 496 und 596 ccm Blackburne-Einzylindermotoren, wobei die kleineren Modelle einfache offene Stahlrohrrahmen, die größeren Versionen jedoch Doppelschleifenrahmen besaßen. Die Bauweise der Württembergia-Motorräder war typisch englisch, die Ausführung gut.

YORK

Robert Sturm & Co., Motorradfabrik, Halle-Trotha

Sturm war bis 1927 Vertreter der englischen Omega-Motorräder in Wien. 1927 kamen seine eigenen York-Maschinen mit 348, 498 und 746 ccm JAP-Motoren auf den Markt, und es war kein Geheimnis, daß ein Großteil dieser »österreichischen« Maschinen fertig aus England bezogen wurde. 1929 verschwand die Firma aus Wien, um bald darauf in Halle wieder als »deutsches« Motorradunternehmen aufzutauchen. Sturm & Co. boten 498 ccm sv- und ohv- sowie 746 ccm sv-V-Zweizylinderversionen mit JAP

498 ccm York (JAP) 1929

Motoren in Deutschland an, doch scheint die Sache nicht sehr erfolgreich gewesen zu sein, denn 1930 verschwand auch die »deutsche« York vom Motorradmarkt.

ZEGEMO

Zimmer & Gehlich, Inh. Ing. H. Knipp, Dresden A., Moszinskystraße

Die Herren Zimmer & Gehlich waren ursprünglich die Gründer der Zetge-Motorradfabrik, wo man mit Erfolg Leichtkrafträder mit liegenden 142 ccm DKW-Zweitaktmotoren baute. 1924 trennten sie sich jedoch von dieser Firma und gründeten ein Konkurrenzunternehmen, das die Zegemo-Maschinen mit dem 248 ccm Baumi-Zweitaktmotor herstellte. 1925 einigten sie sich dann wieder mit Zetge, und Ing. Knipp übernahm den Weiterbau der Zegemo, die dann aber 1926 – wie die Zetge auch – vom Markt verschwand. Der Baumi-Einbaumotor hatte 65 mm Bohrung und 75 mm Hub.

ZEHNER

Emil Zehner, Motorradbau, Suhl in Thüringen

In Suhl, einer kleinen und prachtvoll gelegenen thüringischen Stadt, war außer der K.G., Cito-K.G., Original-Krieger, Rennsteig und später Henkel-K.G. auch die Motorraderzeugung von Zehner beheimatet, wo man zwischen 1924 und 1926 die seitengesteuerte 197 ccm Zehner-Einzylindermaschinen herstellte. Konstrukteur war der bekannte Otto Dehne, der u. a. auch den nach ihm benannten Schaltlenker konstruierte.

ZETGE

1. Zimmer & Gehlich, Zetge-Fahrzeugwerke, Moys – Görlitz
2. Zimmer & Gehlich, Zetge-Fahrzeugwerke, Görlitz, Dominianiplatz 33
3. Zimmer & Gehlich, Zetge-Fahrzeugwerke, Görlitz, Konsulstraße 18
4. Zimmer & Gehlich, Zetge-Fahrzeugwerke, Dresden A., Gerrichtsstraße 27

Unbestreitbar gehörte die von 1922 bis 1926 hergestellte Zetge mit ihrem tiefen Fahrgestell und ihrem auffallenden Rundtank zu den besseren deutschen Leichtkrafträdern der damaligen Periode. Sie war einfach und doch robuster als zahlreiche andere Konstruktionen. Dazu kam, daß sie mit dem bewährten 142 ccm DKW-Zweitaktmotor

142 ccm Zetge (DKW-Motor) 1922

ausgerüstet war, dessen liegender, durch einen Ventilator gekühlter Zylinder die niedrige Fahrgestellkonstruktion ermöglichte. Zuletzt gab es auch Modelle mit 173 ccm DKW-Motoren und Doppelrohrrahmen. Obwohl nicht weit verbreitet, war die Zetge doch in Sachsen, Schlesien, Thüringen und Nordböhmen ein beliebtes Fahrzeug.

ZEUGNER

Otto Zeugner, Motorradbau, Berlin W., Motzstraße

Zeugner gehörte zu den Pionieren der deutschen Motorradindustrie, und schon 1902 baute er Fahrzeuge mit verschiedenen Einbaumotoren, die von Spezialfirmen wie Zedel, Minerva, Peugeot und Fafnir geliefert wurden. Es handelte sich sowohl um Einzylinder als auch um V-Zweizylinder.

ZIEJANÜ

1. Ziegelgängsberger & Jakob, Nürnberg, Untere Kanalstraße 1
2. Ziegelgängsberger & Jakob, Nürnberg, Tafelfeldstraße 71

Man hätte die erste, 1924 entstandene Ziejanü – die auch unter dem Namen Z.J.N. in den Handel kam – als naturgetreue Kopie der 211 ccm Zündapp bezeichnen können. Der Unterschied lag vor allem in den Abmessungen des Motors, da die Ziejanü bei 66 mm Bohrung und 72 mm Hub einen Hubraum von 246 ccm besaß, doch baute auch Zündapp damals schon eine 249 ccm Version. Eine 1925 herausgekommene Ziejanü besaß einen 449 ccm Einzylinder-Zweitaktmotor mit separater Schmierung, doch dürfte sich diese Konstruktion nicht bewährt haben; sie wurde noch im gleichen Jahr durch orthodoxe Maschinen mit 348 und 498 ccm sv- und ohv-Motoren von JAP und Blackburne ersetzt. 1926 wurde die nie sehr beträchtliche Motorradfabrikation eingestellt.

ZIRO

1. Ziro Motorenwerke G.m.b.H., Forchheim/Oberfranken
2. Ziro Motorenwerke G.m.b.H., Fürth/Bayern

Albert Roder, der später so berühmte deutsche Motorradkonstrukteur von Zündapp,

346 ccm Ziro-Motor 1924

Victoria und NSU, schuf zusammen mit dem Mechanikermeister Zirkel bereits 1919 die erste Ziro. Das war ein Zweitakter mit 149 ccm Hubraum und durch einen scheibenförmigen Drehschieber gesteuertem Einlaß. Diese Konstruktion hatte bereits Kettenantrieb. 1921 kam dann eine 346 ccm Version mit 72 mm Bohrung und 85 mm Hub hinzu, die in kleinen Stückzahlen und mit geringen Veränderungen bis 1925 gebaut wurde, obwohl Roder damals nicht mehr für Ziro, sondern für Ermag

346 ccm Ziro (Konstr. Roder) 1924

tätig war. Die Ziro selbst war eine gut ausgeführte Maschine mit horizontalem Zylinder und Dreiecks-Doppelrahmen. Mit angeflanschtem Dreiganggetriebe ausgerüstet, wurde sie sowohl mit Riemen- als auch Kettenantrieb zum Hinterrad geliefert.

ZITTAVIA

Zittavia-Kraftfahrzeuge G.m.b.H., Zittau/Sachsen, Äußere Oybinerstraße 35

Bei dieser Firma war der Kunde das bestimmende Element. Man baute keine fixen Modellreihen und druckte keine Kataloge. 1924 und 1925 erzeugte man unter diesem Namen Motorräder, deren Konstruktion vom Käufer bestimmt werden konnte. Er konnte die Form und Ausführung des Fahrgestells, Kraftstoffbehälters etc. bestimmen und auf Wunsch jeden damals erhältlichen Einbaumotor von Spezialfirmen wie DKW, Rapid, Gruhn, JAP, Blackburne, MAG, British-Anzani, Alba, Bradshaw usw. eingebaut bekommen. Selbstverständlich handelte es sich um eine kleine handwerksmäßige Produktion, und es ist auch kaum anzunehmen, daß diese Maschinen richtig konstruiert, sondern daß sie vielmehr einfach zusammenkonfektioniert wurden. Trotz dieser großen Möglichkeiten für den Kunden gab es für die Firma mit diesem gut gemeinten Projekt nach kurzer Zeit keine andere Möglichkeit mehr, als die Tore für immer zu schließen.

211 ccm Zündapp 1922

ZÜNDAPP

1. Zündapp Gesellschaft für den Bau von Spezialmaschinen m.b.H., Nürnberg, Moltkestraße 16
2. Zündapp-Werke G.m.b.H., Nürnberg 20, Dieselstraße 10
3. Zündapp-Werke G.m.b.H., München, Anzingerstraße 1–3

Die 1917 gegründeten Zündapp-Werke begannen 1921 mit dem Motorradbau. Als Vorbild diente die damals erfolgreiche englische Levis-Zweitaktmaschine, und auch die ersten Zündapp-Modelle mit ihren Dreikanalmotoren hatten 211 ccm Hubraum bei 62 mm Bohrung und 70 mm Hub. Es waren getriebelose Maschinen mit außenliegender Schwungscheibe und direktem Riemenantrieb zum Hinterrad. Spätere Ausführungen besaßen Zweiganggetriebe. Die Leistung dieser Motoren betrug dreieinhalb PS bei 2000 U/min. Ab 1925 wurde eine größere 249 ccm-Maschine mit 62 mm Bohrung und 82,5 mm Hub gebaut, die fünf PS bei 3500 U/min. abgab und infolge ihrer Leistungsfähigkeit und guten Konstruktion große Verbreitung errang. Sie war mit

211 ccm Zündapp 1922

einem Dreiganggetriebe und Kettenantrieb zum Hinterrad ausgerüstet. Aus ihr wurde 1927 das gleichstarke »Einheitsmodell« entwickelt, das als richtiges »Bauernmotorrad« sich durch seine robuste Ausführung und gute Konstruktion auszeichnete und zu den meistgekauften Maschinen der deutschen Motorradindustrie gehörte. Die Maschine hatte bereits automatische Schmierung, Innenbackenbremsen, wog 85 kg und lief 75 km/h. Ihr Preis betrug RM 860.–. Bis 1927 hatte die Fabrik schon 25 000 Motorräder verkauft, und 1929 waren es bereits 75 000! Damals existierte auch ein zweites Modell, dessen 298 ccm Dreikanal-Zweitaktmotor 65 mm Bohrung und 82,50 mm Hub besaß. Zündapp-Motorräder hatten schon zu jener Zeit Satteltanks und wurden auf Wunsch mit Gazda-Federlenkern geliefert. Die Zylinder dieser Maschinen waren etwas nach vorn geneigt angeordnet. Auch die Fahrgestelle wurden modernisiert, und für den deutschen Markt gab es – infolge der Steuer- und Führerscheinfreiheit – ab 1928 auch 198 ccm-Modelle mit 60 mm Bohrung und 70 mm Hub. Die Fahrgestelle des Jahres 1930 waren im Gesenk geschmiedete Profilstahlrahmen.

249 ccm Zündapp 1928

Zu den eigenen Zweitaktmodellen kamen 1930 auch große 497 ccm Einzylindermaschinen, die obengesteuerte vierventilige »Python«-Einbaumotoren von Rudge in England besaßen. Bis zu dieser Periode beteiligte sich die Firma auch – halboffiziell – mit Fahrern wie Hans Hieronymus, Joe Will Brand, Glass usw. an Rennen, und Glass fuhr 1927–1928 sogar eine wassergekühlte Zündapp-Zweitaktmaschine. Die Stärke dieser robusten Motorräder lag jedoch in schweren Zuverlässigkeits- und Geländefahrten, wo Julius von Krohn, Hieronymus, Edgar Kittner, Rudolf Grenz, Franz Hecker usw. immer wieder die Qualität dieser Zweitakter bewiesen und dies später mit Viertaktern wiederholten. Zündapps Modellreihe für 1932 beinhaltete verschiedene

298 ccm Zündapp 1929

170, 198 und 348 ccm Zweitakter sowie zwei 499 ccm Viertakter mit den englischen ohv-Motoren.
Sensationell wirkte das Programm für 1933. Die beiden Konstrukteure Richard und Xaver Küchen entwickelten damals eine ganz neue Modellreihe mit – zum Großteil – Fahrgestellen aus gepreßtem Stahlblech, Blockmotoren, Vierganggetrieben und Kardanantrieb zum Hinterrad. Diese neue Kardan-Reihe umfaßte 198 ccm Zweitakter, seiten- und obengesteuerte Boxer-Zweizylindermotoren mit 398, 498 und 596 ccm Hubraum und auch eine 797 ccm Vierzylindermaschine, deren seitengesteuerter Blockmotor – wie die Zweizylinderversionen – liegende Zylinder besaß und quergestellt im Preßstahlrahmen lag. Erwähnenswert besonders die Kettengetriebe bei diesen schönen Modellen, die sofort großes Aufsehen erregten. Kommerzienrat Fritz Neumayer, der Zündapp-Chef, engagierte später Albert Roder, der besonders die Zweitaktmodelle weiterentwickelte.
1935 wurde von Zündapp eine 198 ccm Zweitaktmaschine mit Blockmotor und verbessertem Rohrrahmen, eine ähnliche Version mit Kardan und einem neuen leichten Preßstahlrahmen, eine 346 ccm Einzylinder-Zweitaktmaschine mit dem schwereren Preßstahlrahmen und Kardan sowie die 500 ccm ohv-Zweizylinder und 797 ccm

298 cm Zündapp 1929

198 ccm Zündapp 1929

Vierzylinder mit dem sv-Block-Kardanmotor gebaut. Die Zweitakter dieser Modellreihe besaßen bereits den von Albert Roder entwickelten Dreistrommotor. 1936 gab es die 499 ccm Zweizylinder Zündapp mit sv- und ohv-Motor, und 1937 kam eine 246 ccm Zweitaktmaschine mit Rohrrahmen und Kettenantrieb zum Hinterrad hinzu.
1938 wurden in der Nürnberger Fabrik folgende Modelle hergestellt: 196, 245 und 247 ccm Zweitakter; eine neue 348 ccm ohv-Einzylindermaschine mit seitlich vom Zylinder angeordneten Stoßstangen; 593 ccm sv- und ohv-Boxer-Zweizylinder; eine neue 597 ccm ohv-Zweizylinder-Boxer-Version und die große 797 ccm Vierzylinder. Die billigste Zündapp kostete RM 540.–, die teuerste RM 1495.–. Das letzte Vorkriegsprogramm erfuhr 1939 eine Reduktion auf fünf Modelle, die sich aus 198 und 247 ccm Zweitaktern, der 348 ccm ohv-Einzylindermaschine und zwei ohv-Boxer-Zweizylindermaschinen mit 498 und 597 ccm Hubraum zusammensetzten.

497 ccm Zündapp (Python-Motor) 1931

198 ccm Zündapp 1933

Während des Krieges baute Zündapp für das Militär schwere zweizylindrige Beiwagenmaschinen, bei denen auch das Seitenwagenrad angetrieben wurde. 1949 begann man mit zwei Modellen das Friedensgeschäft wieder. Es handelte sich dabei um eine 198 ccm-Zweitaktmaschine mit Rohrrahmen und Kardanantrieb und die obengesteuerte 598 ccm

797 ccm Zündapp (Vierzylinder) 1933

198 ccm Zündapp (Dreistrommotor) 1934

797 ccm Zündapp (Vierzylinder-Kardan) 1935

498 ccm Zündapp (KS 500) 1936

348 ccm Zündapp (ohv) 1938

750 ccm Zündapp (KS 750) 1940

598 ccm Zündapp (KS 601) 1950

245 ccm Zündapp (Trophy 250 S) 1962

Zweizylindermaschine mit Rohrrahmen und Kardanantrieb. Die Zweitakter arbeiteten nunmehr mit der von Schauer entworfenen Vierstromspülung, und die Firma begnügte sich in den folgenden Jahren mit der Weiterentwicklung dieser Zwei-

98 ccm Zündapp 1964

takter, deren Leistung von den ursprünglichen 7,5 PS auf das Doppelte gebracht wurde. 1952 ging man auch zum Bau von Mopeds mit eigenen 48 ccm Zweitaktmotoren über und errang auch mit diesen bald eine führende Stellung. Die nur 6,3 kg schweren Motoren wurden im In- und Ausland auch von anderen Mopedherstellern verwendet. Das Jahr 1954 sah eine neue 247 ccm Zweitakt-Motorradvariante und erstmalig auch den populären Bella-Roller mit 146 und 196 ccm Zweitaktmotoren auf dem Markt. Auf der Frankfurter Motorradausstellung zeigte die Firma damals auch ein neues ultramodernes 248 ccm Zweizylindermodell, dessen quergestellter, liegender ohv-Motor ein Vierganggetriebe im Block und Kardanantrieb zum Hinterrad besaß. Das unorthodoxe Fahrgestell besaß Schwingen vorn und hinten, und obwohl diese Maschine ein technischer Leckerbissen war, war man schließlich doch vernünftig genug, diese

100 ccm Zündapp 1966

in der Produktion sehr teuere Konstruktion nicht in Serie herzustellen. Dafür baute man eine Sportversion – mit Rohrrahmen – der 598 ccm Zweizylinder ohv-Maschine und verlegte sich immer mehr auf die Weiterentwicklung der kleinen Mopeds.
Die Krise in der Motorradindustrie machte natürlich auch vor Zündapp nicht halt. 1953 verkaufte man noch 29 500 Motorräder; 1954 waren es nur noch 16 000, 1955 nur 12 000 und 1956 ganze 10 000. Das Hauptgeschäft lag damals bei den Bella-Rollern, von denen man noch 23 500 absetzen konnte. 1956 wurden dann die großen Zweizylindermaschinen aus der Produktion genommen – die Preisdifferenz zu den immer mehr aufkommenden Kleinwagen wurde zu gering, wenn man den Preis für den Beiwagen zusätzlich in Betracht zog. 1958 gab es nur noch Zweitakter: die 48 ccm Falconette und die 174, 197 und 248 ccm Trophy-Modelle. Alles sehr gute und schöne Maschinen, die infolge ihrer robusten Konstruktion und ihrer Leistungsfähigkeit auch in unteren Drehzahlbereichen als typische Bauernmotorräder betrachtet wurden.

50 ccm Zündapp (Mofa 25) 1966

Damals verkaufte Zündapp die Nürnberger Fabrik an Bosch und zog in eine neue, große Fabrik nach München um.
In München wurden bald große Stückzahlen der 48 ccm Mopeds und Motoren her-

50 ccm Zündapp (KS 50 Sport) 1971

50 ccm Zündapp (KS 50 Super-Sport) 1971

98 ccm Zündapp (KS 100) 1971

123 ccm Zündapp (KS 125 Sport) 1971

gestellt, und dazu kamen auch 75 und 98 ccm Maschinen sowie Versionen mit 175 ccm und 245 ccm Zweitakt-Einzylindermotoren. Die Herstellung der Bella lief langsam aus, während das Motorradprogramm immer mehr auf leistungsfähige 49 ccm und 98 ccm Mopeds und Leichtkrafträder – teilweise in Gelände-Ausführung – konzentriert wurde. Auch nach dem Krieg verlor die Fabrik nicht ihr Interesse am Sport, und fast alle großen Wertungs- und Geländefahrten sahen Zündappfahrer siegreich, wobei sich besonders die Fahrer Werner Kritter, Georg Weiß, Lorenz Specht, Gustav Franke, Günther Sengfelder, Andreas Brandl, Volker und Dieter Kramer, Leo Holy, Albert Seitz, Richard Hessler und zahlreiche andere auszeichneten. Zusammen mit BMW, Hercules, NSU, Maico und DKW bildete Zündapp schon immer auch das Rückgrat der deutschen Nationalteams bei den internationalen Sechstagefahrten.

Auch 1971 gab es keine Ausnahme. In der deutschen Trophymannschaft wurden die 50 ccm Maschine mit Wolfgruber, die 75er mit Brandl, die 100er mit Specht und Beranek sowie die 175er mit Schmider nominiert. Andreas Brandl, Rolf Witthöft und Erwin Schmider gewannen mit Zündappmaschinen 1971 auch die Geländemeisterschaft in den Klassen bis 75, 125 und 175 ccm. Und Erwin Schmider, Fritz Schneider, Erich Baier gehören auch zu den führenden deutschen Moto-Cross-Fahrern der 175 ccm Klasse. Mit serienmäßigen 50 ccm, 98 ccm und 123 ccm Zweitaktern, die in mehreren Ausführungen geliefert werden, besitzt die Münchener Fabrik auch eine breite Typenreihe, die sich in der Konstruktion auf die Erfahrungen, die bei Wettbewerben gesammelt wurden, stützt. Darunter die serienmäßig seit 1972 gebaute 49 ccm KS 50 mit Wasserkühlung und die sportlichen 123 ccm Modelle GS 125 und MC 125 für Gelände- und Moto-Cross-Veranstaltungen.

ZÜRTZ-REKORD

1. Gebr. Zürtz, Motorradwerk, Darmstadt, Darmstraße 10
2. Hessische Motorfahrzeugindustrie »Hemofa«, Darmstadt, Darmstraße 10

Von 1923 bis 1925 stellten Karl und Franz Zürtz Motorräder mit Tankrohr-Kastenrahmen her. Zunächst verwendete man 142 und 173 ccm Zweitaktmotoren von DKW und den 198 ccm ohv-Einbaumotor von Paqué in Augsburg. Später kam auch der 249 ccm ohv-Columbus-Einbaumotor mit 63 mm Bohrung und 80 mm Hub hinzu. 1925 wurde die Firma reorganisiert, und die »Hemofa« baute noch eine zeitlang 348 und 498 ccm sv- und ohv-Einbaumotoren von JAP ein, bevor sie zusammenbrach. Es wurde nur eine beschränkte Anzahl von Zürtz-Rekord-Maschinen hergestellt.

ZWEIRAD UNION

Zweirad Union A.G., Nürnberg Nopitschstraße 70

Die Zweirad Union wurde 1958 durch Odilo Burkart, Repräsentant des Großindustriellen Friedrich Flick, gegründet. Sie umfaßte die Marken DKW, Victoria und Expreß und hat ihren Sitz in der ehemaligen modernen Fabrik von Victoria. DKW war vor dem Krieg in Zschopau in Sachsen und nachher in Ingolstadt an der Donau, während Expreß-Fahrräder und -Motorräder in Neumarkt bei Nürnberg hergestellt wurden.

49 ccm Zweirad-Union (Kavalier) 1962

Der Zusammenschluß der drei Marken bedeutete zunächst das Auslaufen der existierenden größeren Motorradmodelle. Expreß war immer ein Motorradkonfektionär, der Motoren von Spezialfirmen wie Fichtel & Sachs und Ilo bezog; bei Victoria dagegen baute man – mit Ausnahme der 173 ccm Parilla-Version – auch alle Zweitakter im eigenen Betrieb, während DKW immer von Motorenlieferanten unabhängig war und seit der Firmengründung 1919 alle Motoren (Zweitakter) selbst herstellte und sie auch an andere Firmen lieferte.
Seit der Gründung der Zweirad Union konzentrierte man die Produktion auf leistungsfähige und moderne Leichtkrafträder und Mopeds mit eigenen Zweitaktmotoren, die in verschiedenen Ausführungen insbesondere mit 49 ccm Motoren in großen Stückzahlen gebaut werden. Unter den Modellen für 1965 befand sich eine 49 ccm Maschine mit Fünfganggetriebe und 5,3 PS bei 7300 U/Min., eine 74 ccm Version mit Vierganggetriebe und 6,5 PS bei 6500 U/Min., eine 98 ccm Maschine ebenfalls mit Vierganggetriebe und 8 PS bei 6300 U/Min. sowie eine 123er, deren Motor 9,5 PS bei 6000 U/Min. leistete; diese Modelle wurden allerdings nur auf der IFMA 1964 gezeigt – in Serie gingen sie nicht. Ende 1965 kam es abermals zu einer weitreichenden Reorganisation, indem die Schweinfurter Zweitaktmotorenfabrik Fichtel & Sachs, der in Nürnberg bereits die Hercules-Werke gehörten, die Zweirad Union ihrer Industriegruppe einverleibte.
Jetzt konzentriert sich das Unternehmen auf die Marken DKW und Hercules, und in der Modellreihe für 1972 finden wir – ausschließlich mit Sachs-Motoren ausgerüstete – Zweitakter mit 49, 97 und 122 ccm Hubraum. Hergestellt werden alle Maschinen, das heißt auch DKW, in den Hercules-Werken. Die sportlichen Interessen der Zweirad-Union werden bei Geländefahrten und Moto-Cross nach wie vor von Hercules (sehr erfolgreich!) wahrgenommen, während die Marke DKW, bis Mitte der fünfziger Jahre führend im internationalen Straßenrennsport, keine reinen Wettbewerbsmaschinen mehr herstellt. Alle Hercules GS-Modelle haben Sachs Einzylinder-Zweitaktmotoren mit Leichtmetall-Breitwandzylindern und Fünfganggetrieben. Das sind die Leistungen dieser Motoren: 49 ccm = 6,75 PS bei 8500 U/Min., 97 ccm = 13 PS bei 7500 U/Min. und 122 ccm = 16 PS bei 7500 U/Min.
Innerhalb der Zweirad-Union übernahm in den letzten Jahren Hercules die Führung und auch die Repräsentation bei Sportveranstaltungen. Serienmäßig wurden 1974 Geländemaschinen mit 49, 98, 123 und 173 ccm und 123 ccm Moto-Cross-Modelle gebaut. Dazu kamen Sportmodelle und eine große Anzahl Mofas, Mopeds und ähnliche Leichtkrafträder. Darunter auch ein Elektro-Mofa.

ANHANG

Bei den nachstehend aufgeführten Herstellern, Marken, Typen usw. handelt es sich hauptsächlich um ganz kleine und teilweise schon lange nicht mehr existierende Erzeugnisse, von denen genauere Daten und Angaben nicht vorliegen.

AGON

Leichtkrafträder, die ca. 1925 von der Firma Benninger in Augsburg hergestellt wurden.

B.N.F.

Von 1903 bis ca. 1907 von der Bielefelder Nähmaschinen- und Fahrradfabrik A.G. in Bielefeld gebaute Ein- und V-Zweizylinder Motorräder mit Fafnir-Motoren.

BUBI

Fahrräder mit in eigener Fabrik hergestellten Einbaumotoren, die zwischen 1921 und 1924 von der Firma B. Pront, Cleve im Rheinland, Haagschestraße 40, geliefert wurden.

COMPACT

Die bekannte englische Singer-Automobilfabrik baute um die Jahrhundertwende Motorräder und Dreiräder, die einzylindrige 222 ccm Viertaktmotoren im Antriebsrad, ähnlich wie bei der späteren Megola, eingebaut hatten. In den Jahren 1901 und 1902 hatte die Firma »Compact« den Lizenzbau für Deutschland.

DELTA

Gebaut von der Büthe & Co. GmbH in Düsseldorf zwischen 1921 und 1924; es handelte sich hier um einen über dem Vorderrad angebrachten wechselgesteuerten Fahrrad-Hilfsmotor mit 170 ccm Hubraum, Kupplung und Riemenantrieb.

D.F.B.

Ähnlich dem Delta handelte es sich auch hier um einen in der gleichen Periode von der Firma Rhein-Bergische Motorenfabrik M. Heck, Bergisch-Gladbach bei Köln, hergestellten Hilfsmotor für Fahrräder.

DRINGOS

Leichtkrafträder mit 197 ccm Zweitaktmotoren, die 1924–1925 von der Firma Dr. Ing. Steinitz in Berlin hergestellt wurden.

FAVORIT

Ein weiterer in den zwanziger Jahren gebauter Hilfsmotor der Fahrrad-Einbaumotoren Gesellschaft, Berlin NW 6, Luisenstraße 25. Die Firma baute auch komplette Leichtkrafträder mit diesen 73 ccm Viertaktern stand aber in keiner Weise mit der späteren, in Berlin befindlichen »Favorit« Motorradfabrik in Beziehung.

F.S.W.

Auch hier handelte es sich um Hilfsmotoren eigener Herstellung, die von der Firma Fritz Schulz in Berlin von 1924 bis 1926 offeriert wurden.

GEPPERT

Soweit bekannt, baute Fritz Geppert in Frankfurt/Main 1925 Leichtkrafträder mit 142 ccm Zweitaktmotoren und bestritt mit diesen auch sportliche Wettbewerbe.

HELLA

Auffallend war bei diesem 62 ccm Zweitakt-Hilfsmotor die große außenliegende Schwungscheibe, deren Durchmesser größer war als die Länge des liegend angeordneten Zylinders. Im Rahmeninnern angebracht, übertrug der von der Firma Anton Neumayr in München gebaute Motor unter Zwischenschaltung eines Leerlaufs durch Kette die Kraft auf das Hinterrad. Bauperiode: 1920–1924.

HENS

Das Motorenwerk Schuferermeyer & Hens in Iserlohn baute 1923–1925 unter diesem Namen Leichtkrafträder mit 170 ccm Zweitaktmotoren.

HEROLD

Über diesen Fahrrad-Hilfsmotor ist nur bekannt, daß er in Berlin hergestellt wurde, 1923 das Licht des von der Inflation heimgesuchten Marktes erblickte und einen Hubraum von 120 ccm besaß.

HOOCK

Die Firma Hoock & Co., Köln, Probsteingasse 15, damals Importeur der englischen Villiers-Zweitakt-Einbaumotoren, baute 1927–1929 eine Anzahl von Maschinen mit dem 342 ccm Vertikal-Zweizylinder-Villiersmotor. Sie waren von normaler englischer Bauweise mit einfachem Rahmen und Satteltank.

KADI

Mannheim war der Herstellungsort der 1924–1925 gebauten Kadi-Leichtkrafträder, die – angeblich – mit eigenen seitengesteuerten 197 ccm Einzylindermotoren ausgerüstet waren.

KOBOLT

Die Firma A. Burkhardt, München, Trogerstraße 19, war nicht nur Hersteller der Kobolt-Fahrrad-Hilfsmotoren, die über dem Hinterrad angebracht wurden, sondern auch von 1924 bis 1925 fabrizierten Leichtkrafträdern, die mit 149 ccm Zweitaktmotoren ausgerüstet waren.

K.R.S.

Leichtkrafträder, die 1925–1926 von der Firma Karl Sanktjohanser in Regensburg hergestellt und mit verschiedenen Einbaumotoren, wie dem 300 ccm Bosch-Douglas Zweizylinder und dem 198 ccm ohv-Einzylinder von Paqué ausgerüstet wurden.

KURRAS

Ferdinand Kurras, ein ambitionierter Berliner Mechaniker, stellte in der zweiten Hälfte der zwanziger Jahre Leichtkrafträder mit verschiedenen Einbaumotoren wie z. B. dem 129 ccm Bekamo-Zweitakter her und baute – handwerksmäßig – sehr gute und schöne Fahrgestelle.

LILIPUT

Auch Alfred Raiser in Köln, Lüttícherstraße 2b, war ein Mechaniker, der sich 1923 bis 1926 mit der Einzelanfertigung von Leichtkrafträdern befaßte und Motoren von Gruhn, Baumi, Namapo u. a. verwendete.

LUDOLPH

In Bremerhaven wurden 1925 von der Firma Müller & Poesch diese Motorräder mit eigenen 247 ccm und 299 ccm Zweitaktmotoren in beschränktem Umfang zusammengestellt und auch gelegentlich bei sportlichen Veranstaltungen eingesetzt.

M.M.

Minden in Westfalen war die Heimat dieser Motorräder. Die Fabrik von Hoppe und Homann baute sie zwischen 1902 und 1906 mit ein- und V-zweizylindrigen Einbaumotoren von Fafnir in Aachen.

MOFA

Der Name sagt bereits, daß es sich um motorisierte Fahrräder handelte. Von der Mofa GmbH in Kemberg bei Halle an der Saale von 1920 bis 1925 gebaut, handelte es sich um nette Viertakter mit 70 und 148 ccm Hubraum, die über dem Vorderrad – wie beim damaligen Flottweg – angebracht waren und dieses über eine Zwischenwelle mittels Kette oder Riemen antrieben.

MOTAG

Als 1923 in Berlin die unorthodoxe Motag mit ihrem aus einem Elektron-Gußstück hergestellten Fahrgestell auftauchte, war die Inflation auf ihrem Höhepunkt, und die damals vom »Rhönvater« Oskar Ursinus herausgegebene ganz kleine und dünne Fachzeitschrift »Klein-Motor-Sport« kostete ... 50 Pfennig mal 1000 Millionen! Unter diesen Umständen war die Motag natürlich auch eine kommerzielle Fehlgeburt, obwohl sie technisch mit ihrem luftgekühlten 804 ccm (80 mm Bohrung und Hub) ohv-Parallel-Zweizylinder-Blockmotor sehr fortschrittlich wirkte. Angeboten wurde sie auch mit ähnlichen 514 und 652 ccm Motoreinheiten, doch ist es zweifelhaft, ob eine größere Anzahl dieser Motags gebaut wurden. Verkauft wurde die Motag von der »Motor-Handelsgesellschaft« Berlin W. 15., Kurfürstendamm 220.

ODA

Die in Möhringen bei Stettin gebauten 198 ccm Alba-Einbaumotoren dienten auch der Tenag A.G. in Hamburg I als Antriebsquellen für die 1924–1925 hergestellten Oda-Leichtkrafträder.

PERKEO

Man muß immer wieder die armen Kunden bedauern, die 1924–1926 ihr Geld für zahlreiche damals gebaute Leichtkrafträder, wie z. B. für diese von Henry Feilchenfeld in Berlin gebauten Perkeo-Zweitakter mit 170 ccm Einzylindermotoren opferten.

PERPLEX

Bei diesen von Ernst Burkhardt, Mannheim, Beilstraße 30/32, hergestellten Maschinen handelte es sich um ähnliche primitive Konstruktionen, doch stammten – soweit bekannt – die verwendeten 198 ccm Viertakter von Gruhn in Berlin.

PROPUL

Die Kölner Motorradproduktion von Salzburger konfektionierte 1925–1926 sportliche Maschinen mit 248, 348 und 498 ccm sv- und ohv-Einbaumotoren von JAP, Blackburne und – teilweise – Motosacoche (MAG).

RAPID

Eine Illustration und Beschreibung dieses unorthodoxen 126 ccm Zweitakt-Zweizylinder-Boxermotors befindet sich bereits im Textteil unter »Lorenz« (Berlin). Als die Firma 1924 nochmals reorganisiert werden mußte, änderte man nicht nur die Namen der Inhaber, sondern auch den Namen des Motors auf »Rapid«. Dazu kam, daß die neue Firma von Lorenz, Wittig & Co., Berlin-Neukölln, Kaiser-Friedrich-Straße 219, nunmehr auch Rapid-Leichtkrafträder mit diesen Motoren erzeugte.

ROBAKO

Kleine Krafträder mit Zweitaktmotoren wurden 1924–1926 auch von der Berliner Firma Robert Bartsch & Co. offeriert; es dürfte sich dabei um Konfektionserzeugnisse mit Motoren von M.G.F., Rinne und Bekamo gehandelt haben.

RÜDER

Franz Gaul in Hamm, höchstwahrscheinlich ein Mechaniker, baute Mitte der zwanziger Jahre Motorräder unter diesem Namen, doch sind Einzelheiten nicht bekannt.

SCHMIDT

Bereits 1921 baute Robert Schmidt in seiner in Fischendorf bei Leisnig in Sachsen gelegenen Maschinenfabrik Einbaumotoren für Fahrräder. Komplette Motorräder mit 196 ccm sv-Motoren, die 60 mm Bohrung und 69,4 mm Hub aufwiesen, wurden dort zwischen 1922 und 1924 hergestellt. Die Firmenzentrale von Schmidt befand sich in Berlin W 9, Bellevuestraße 5a.

STOEWER

Es ist kaum bekannt daß die Gebrüder Stoewer, einst Hersteller bekannter und erfolgreicher Automobile in Stettin, 1897–1899 Motordreiräder und 1904–1905 auch Motorräder mit 2³/₄ PS Fafnir Einbaumotoren, allerdings nur in beschränkten Stückzahlen, gebaut haben.

SUDBRACK

Ein Mofa- und Leichtkraftradkonfektionär der Periode von 1950 bis 1952. Verwendete hauptsächlich 98 und 123 ccm Ilo-Zweitakter in konventionellen, einfachen Fahrgestellen.

TARZAN

Johnny Weißmüller, der in Deutschland geborene berühmte Schwimmer und Hauptdarsteller in »Tarzan«-Filmen, stand in keiner Weise mit diesen in München 1925 gebauten 500 ccm ohv Einzylindermaschinen in Beziehung. Diese errangen auch nie seine Berühmtheit, und es dürfte heute überhaupt niemanden mehr geben, der diese Konstruktion kannte oder sogar fuhr.

TEUDELOFF

Wie die Tarzan ist auch diese Maschine mit ihren einzylindrigen Zedel- und Fafnir-Motoren schon lange vergessen; gebaut wurde sie ca. von 1901 bis 1904.

WESTFALIA

Ramesohl & Schmidt produzierten Milchseparatoren, als sie 1901 sich in ihrer in Oelde bei Bielefeld liegenden Fabrik dem Motorradbau zuwandten. Man verwendete Zedel-, De Dion- und bald auch deutsche Fafnir-Motoren und stellte vor allem Einzylindermodelle mit 1³/₄ und 2³/₄ PS her, die man auch im Ausland anbot. Fünf Jahre nachher wurde der Motorradbau zu Gunsten der Automobilherstellung eingestellt.

W.S.M.

Bei W.S.M. – Wilhelm Sedlbauer, München – entstanden nicht viele Motorräder unter diesem Namen, doch war diese Firma mit anderen – großen! – Namen der deutschen Motorradindustrie eng verbunden. So konstruierte Martin Stolle dort die ersten 500 ccm ohv Boxer-Zweizylindermotoren, die dann von Sedlbauer für die Victoria KR 3 hergestellt wurden, und mit ihm waren dort auch die bekannten Rennfahrer Franz Ischinger – der später Direktor der Zweirad-Union wurde – und Franz Seelos, die, wie Stolle selbst, sportliche Wettbewerbe auf 498 ccm Zweizylinder-W.S.M. Konstruktionen mit Erfolg bestritten. Das war zwischen 1922 und 1924.
Martin Stolle, der vorher unter Max Friz bei BMW tätig war, ging dann zu Vorster & Stolle und konstruierte den von Hugo Stinnes finanzierten prachtvollen 1½ Liter »Stolle« Sportwagen. Nach dem Ableben von Stinnes 1925 ging er, zusammen mit Ischinger und Seelos, zu den Deutschen Werken nach Haselhorst bei Spandau, wo er das später so erfolgreiche D-Rad weiterentwickelte.

ZWERG

Nach dem Hersteller, der Motoren- und Pumpenfabrik A. König, Nürnberg, Plärrer 4, nannte man diese Leichtkrafträder auch »Zwergkönig«. Sie hatten orthodoxe 147 ccm Nasenkolben-Zweitaktmotoren und zeichneten sich in keiner Weise aus. Gebaut 1924 bis 1925, waren sie ein typisches Erzeugnis der Nachinflationsperiode. Soweit bekannt, hatte die Herstellerfirma keine Verbindung zur berühmten Berliner Außenbordmotorenfabrik König, wo im Laufe der Jahre ebenfalls zahlreiche unorthodoxe Zweitaktmotoren entstanden.

WUSSTEN SIE, DASS ...

... die ersten BMW-Motorräder von Dr.-Ing. h. c. Max Friz konstruiert wurden, 1923 auf den Markt kamen, und daß dieser Konstrukteur 1966 starb?
... es in den zwanziger Jahren in Deutschland fast 500 Hersteller von Motorrädern gab und daß ein Großteil davon nur lokale Bedeutung — als Folge mit ihrer sehr geringen Produktion — hatte?
... NSU 1951 vierzylindrige 500 ccm Rennmaschinen baute und daß diese 1952 durch 125 ccm Einzylinder- und 250 ccm Zweizylinder-Typen für die Werksmannschaft ersetzt wurden?
... von Fritz Cockerell von 1921 bis 1925 hergestellte Megola-Motorräder einen 640 ccm Radialmotor mit 5 Zylindern im Vorderrad eingebaut hatten und daß bei dieser unorthodoxen Konstruktion weder eine Kupplung noch ein Getriebe vorhanden war?
... man bei DKW von 1925 bis 1939 alle Rennmaschinen — die 175, 250, 350, 500 und 600 ccm Hubraum besaßen — mit wassergekühlten Zweitaktmotoren ausrüstete?
... Hildebrand & Wolfmüller-Motorräder bereits 1894 in Münchens Colosseumstraße serienmäßig gebaut wurden und daß diese Firma die erste Motorradfabrik der Welt war?
... nach dem zweiten Weltkrieg Horex in Bad Homburg mit der »Regina« die größte Produktion von 350 ccm Maschinen in Deutschland hatte?
... von Paul Paffrath 1925 konstruierte M.W.-Zweitaktmaschinen einen 144 ccm Parallel-Zweizylindermotor und ein Fahrgestell aus Elektron besaßen?
... die ersten deutschen serienmäßigen Königswellenmaschinen 1925 von August Paqué & Co. in Augsburg und von Johannes Rössig & Co. in Berlin-Charlottenburg konstruiert wurden und daß Rössigs Roconova-Motorräder große Rennerfolge errangen?
... K.G.-Motorräder in den zwanziger Jahren in Deutschland sehr beliebt waren und daß diese 500 ccm Einzylinder-Blockmaschinen mit obengesteuerten Ventilen Kardanantrieb zum Hinterrad besaßen?
... der Konstrukteur der Neander- und Opel-Fahrgestelle, Ernst Neumann-Neander, sich auch mit unorthodoxen vierrädrigen Fahrmaschinen, die mit JAP-Motoren ausgerüstet waren, befaßte?
... von den Fahrern Brudes, Richter, Alt, Mayr, Krieger, Gerlach u. a. gefahrene 500 ccm ohv-Victoria-Rennmaschinen mit zweizylindrigen Boxermotoren bereits 1925 teilweise mit Kompressor ausgerüstet waren?
... man bei BMW in den frühen zwanziger Jahren auch ein 143 ccm Zweitaktmotorrad unter dem Namen »Flink« baute?
... die von den Direktoren Ermrich und Cohrs geleiteten Breslauer Ernst-MAG-Werke 1927 zwecks Produktionserweiterung das Gelände der früheren Stahlwerke »Mark« übernahmen, aber zwei Jahre später die Motorradproduktion einstellen mußten?
... sich im Werksrennstall von DKW viele berühmte Rennfahrer, wie Bernd Rosemeyer, Toni Bauhofer, Walfried Winkler, Arthur Geiss, Otto Ley, Ewald Kluge, Josef Klein, Arthur Müller, Hans Sprung, Oskar Steinbach, Kurt Mansfeld, Wilhelm Herz, Ernst Zündorf, Heiner Fleischmann, Xaver Gmelch, Karl Stegmann, H.P. Müller, Richard Blau, Hans Winkler, Bernard Petruschke, Siegfried Wünsche, Hans Kahrmann, Karl Braun, Toni Babl, Herbert Kirchberg, Karl Bodmer, Hans Schuhmann, Günther Bartels, Hermann Weber, Walter Hamelehle, Johannes Bungerz und auch die Engländer Stanley Woods und Ernie Thomas vor dem letzten Weltkrieg befanden?
... Djounn-Motorräder, die 350 ccm ohv-Motoren von JAP besaßen, 1925 vom früheren russischen Kampfflieger Alexander von Djounkowsky konstruiert wurden?
... Dr.-Ing. Rolf Schrödter, der Chef von Imperia in Bad Godesberg, 1935 sensationelle neue Zweitaktmaschinen entwickelte, unter denen sich nicht nur eine 350 ccm Einzylinder-Gegenkolben-Rennmaschine mit Kompressor befand, sondern auch ein Sportmodell, dessen 500 ccm Blockmotor zwei quergestellte, liegende Zylinder, ein Flüssigkeitsgetriebe, einen Kompressor und Kardanantrieb zum Hinterrad hatte?
... Dürkopp in Bielefeld, besonders bekannt durch Fahrräder, Nähmaschinen, Kugellager und bis 1927 auch durch Personenwagen, bereits 1904 Motorräder mit luftgekühlten vierzylindrigen Reihenmotoren herstellte?
... die bekannten Bruhnschen Taxameter-Uhren von Westendarp & Pieper in Berlin hergestellt

wurden; derselben Firma, die in den zwanziger Jahren die unorthodoxen T.X.-Motorräder mit Tankrohrrahmen und 175 ccm Bekamo-Zweitaktmotoren baute?
... Berlin eine Hochburg der Zweitaktfirmen in den zwanziger Jahren war und daß es dort u. a. die Fabriken von Eichler, Schliha, Bekamo, Stock, Böhme, Kurier, Hanfland, Baier, Windhoff, A.B.C., Voran, Sar, Argeo, Brand, Diel, F.K.S., Harras, Orionette, Pawa und Wegro gab?
... wassergekühlte Motorräder mit Zwei- und Viertaktmotoren von zahlreichen deutschen Produzenten in den zwanziger Jahren hergestellt wurden und es sich, wie bei Arco, Wimmer, Cockerell, Windhoff und auch bei DKW, nicht nur um Rennmaschinen, sondern um serienmäßige Touren- und Sportmodelle handelte, und wußten Sie auch, daß man von 1927 bis 1932 bei Windhoff eine ölgekühlte 750 ccm Vierzylindermaschine anbot?
... Kardanantrieb zum Hinterrad nicht nur von BMW, sondern auch von Zündapp, Stock, K.G., Fabula, Wanderer, Windhoff, Victoria, u. a. verwendet wurde?
... auch Hoffmann in Lintorf, Bezirk Düsseldorf, in den ersten fünfziger Jahren außer Vespa-Rollern eigene Motorräder baute und zwei Modelle mit 250 ccm und 300 ccm Hubraum hatte, deren ohv-Zweizylinder-Boxermotoren mittels Welle mit dem Hinterrad verbunden waren?
... man in Deutschland schon nach dem ersten Weltkrieg Roller, die man damals Sesselmotorräder nannte, herstellte, und daß sich unter deren damaligen Produzenten auch die Firmen DKW (Golem und Lomos), Postler, Autoflug, Tautz und Krupp befanden?
... Seitenwagen einst sehr gefragt waren und daß unter diesen sich die deutschen Erzeugnisse von Royal, Peka, Swan, Stoye, Efka, Dessauer, Steib, Imperia, Kali, Stolz, A.J.L., Favorit, Bircer, Champion, Ajax, Stoppa, Pako, Ero, Ay, Heos, Siegfried, Beri, Köhler, Arrow, S. & K., Primus, Mozet, F.L.H., Elastic, Harso, A.P.S., Sprinter, Expreß und andere befanden?
... deutsche Automobilfirmen wie Opel, Adler, Brennabor, Dürkopp, Windhoff, BMW, Fafnir, »D«, Wanderer, Presto, NSU, Allright, Cito, Phänomen, D.A.K., Maurer, Cyclon u. a. Motorräder herstellten und teilweise noch bauen?
... Triumph in Nürnberg bis 1929 in enger Verbindung mit Triumph in England stand und auch einen Teil der Motoren und des Zubehörs bis dahin von dort bezog und daß die Nürnberger Fabrik — deren Erzeugnisse auch unter dem Namen Orial und T.W.N. bekannt waren — ab 1929 Schweizer MAG-Viertaktmotoren zuerst aus Acacias-Genf bezog und dann teilweise auch selbst in Lizenz baute?
... die Zweirad Union, die aus den früheren Firmen DKW, Victoria und Expreß gebildet wurde, von Odilo Burkart, einem Vertreter des Großindustriellen Friedrich Flick, 1958 in Nürnberg gegründet wurde?
... zahlreiche berühmte deutsche Automobilrennfahrer, wie Rudolf Caracciola, Hermann Lang, Ernst Henne, Robert Kohlrausch, Günther Burggaller, H.P. Müller, Georg Meier, Walter Schneider, Jupp Müller, Ernst Islinger, Paul Köppen, Gerhard Mitter, Edgar Barth, Paul Greifzu, Egon Brütsch, Ralph Roese, Wilhelm Glöckler, Toni Ulmen u. a. ihre Rennfahrerlaufbahn auf Motorrädern begannen?
... Hermann Reeb, der damalige Chefkonstrukteur von Horex in Bad Homburg, bereits 1932 moderne 600 und 800 ccm Parallel-Zweizylindermaschinen mit ohc-Motoren schuf, und daß die später von Horex gebaute 350 ccm ohv-Einzylinder »Regina« jahrelang die populärste Maschine ihrer Klasse in Deutschland war?
... seit 1956 nur zwei deutsche Motorradfabriken offiziell internationale Rennen bestritten, und zwar Kreidler in Westdeutschland und MZ in Mitteldeutschland, wobei Kreidler sich auf die 50 ccm und MZ sich auf die 125 ccm und 250 ccm Klasse, mit sehr schnellen Drehschieber-Zweitaktern spezialisierten?
... daß zu den erfolgreichsten deutschen Maschinen bei schweren Wertungs- und Geländefahrten die Erzeugnisse von Zündapp, Maico, BMW und der Zweirad Union gehören, während in Mitteldeutschland zu MZ auch Simson hinzukommt?
... man Grote-Einzylindermaschinen, die Mitte der zwanziger Jahre offeriert wurden, durch Zuschaltung von weiteren identischen Motoren auf Zwei- und sogar Dreizylindermaschinen umbauen konnte, sich dieses Baukastensystem aber nicht bewährte?
... Fünfzylinder-Megola-Motorräder, die den Radialmotor im Vorderrad besaßen, durch einen Tritt in die Speichen oder durch Anschieben gestartet werden mußten und daß die einst berühmte Zweizylinder Mars mit ihrem Kastenrahmen aus geschweißtem Stahlblech und einem 956 ccm Maybach-Motor mittels einer Handkurbel gestartet wurde?

... Albert Roder, der berühmte Konstrukteur von NSU, vorher bei Victoria und Zündapp war und schon in den zwanziger Jahren die interessanten Ermag und Ziro-Motorräder schuf?
... die erste ohv-Maschine von BMW 1924 von Rudolf Schleicher, der sie auch mit Rudolf Reich und Franz Bieber bei Rennen fuhr, geschaffen wurde und daß die erste 250 ccm Einzylinder BMW mit Blockmotor und Kardanantrieb 1925 entstand?
... zahlreiche deutsche Motorradhersteller in den zwanziger Jahren und auch noch am Anfang der dreißiger Jahre Schweizer Einbaumotoren von MAG und teilweise Moser sowie vor allem englische Erzeugnisse von Villiers, JAP, Blackburne, Python (Rudge) und Bradshaw verwendeten?
... Fafnir in Aachen bereits 1902 die deutsche Motorradindustrie mit Ein- und V-Zweizylinder-Einbaumotoren belieferte; daß es Anfang der zwanziger Jahre außer DKW auch zahlreiche andere Hersteller derartiger Motoren, wie Gruhn, Alba, Heros, Baumi, Keni, Bekamo, Rapid, Namapo, Rinne, Bubi, Bosch-Douglas, Snob, Voran, Teco u. a. gab und daß erst ab 1925 drei Firmen — Columbus (Horex), Kühne (später unter dem Namen Bark bekannt) und Küchen (»K« Motor) — ernstlich die ausländische Konkurrenz verdrängten und ab Mitte der dreißiger Jahre die Oberhand errangen?
... nach 1945 ein Großteil der Motorrad-Konfektionäre ihre Maschinen mit Zweitaktmotoren ausrüstete und diese mit Hubräumen von 50 ccm bis 250 ccm hauptsächlich von Ilo und Fichtel & Sachs, später auch von anderen Firmen (soweit es Mopedfirmen betraf und betrifft) bezog?
... daß es schon Anfang der zwanziger Jahre Zweitaktmotoren mit Drehschieber-Einlaß gab und diese — unter anderen — von Ziro, K.C. und Ermag gebaut wurden?
... daß der berühmte Fachmann auf dem Gebiete von Stromlinienkarosserien, Freiherr v. König-Fachsenfeld, ein berühmter deutscher Rennfahrer war und daß Johannes Rössig, der Konstrukteur der Roconova-Königswellenmaschinen, später nicht nur an der Entwicklung der Kühne-Einbaumotoren arbeitete, sondern zuletzt jahrelang Renndienstleiter bei der Deutschen Shell war?
... daß Rudolf Caracciola, der einst berühmte deutsche Automobilrennfahrer, zuerst NSU und Garelli-Motorräder fuhr und daß sein Teamkollege bei Mercedes, Hermann Lang, als Werksfahrer bei Standard mehrere deutsche Seitenwagen-Meisterschaften errang?
... Franz Ischinger, 1958—1966 Direktor bei der Zweirad Union, einst dem berühmten Fabriksteam der Spandauer D-Rad Werke zusammen mit Max Polster, Hans Pribylski, Franz Seelos, Curt Weichelt, Paul Bütow und Max Paster angehörte?
... der frühere Motorrad-Weltrekordmann Ernst Henne erst Megola- und Astra-Maschinen fuhr, ehe er 1926 zu BMW ins Werksteam kam, und daß er später auch für Mercedes fuhr und auf BMW-Automobilen große Erfolge errang?
... Deutschlands führende Motorradzeitschrift DAS MOTORRAD bereits 1919 in Berlin gegründet wurde?
... 1930 die 119 ccm Stock nur Mk. 300.— kostete, eine 198 ccm DKW für Mk. 485.— zu haben war, eine 500 ccm sv-Horex Mk. 1240.— erforderte, man für eine 750 ccm BMW Mk. 1600.— bezahlen mußte und die damals teuerste deutsche Serienmaschine, die 1000 ccm Bücker mit dem obengesteuerte V-Zweizylinder-Rennmotor von JAP, für Mk. 2725.— ab Fabrik in Oberursel im Taunus angeboten wurde?
... Victoria in Nürnberg von 1930 bis 1933 sehr schnelle 350 ccm ohv-Rennmodelle baute, die englische Sturmey-Archer-Einzylindermotoren besaßen und von Herbert Adam, Otto Mühlbacher, H.P. Müller, Karl Bodmer u. a. mit großen Erfolgen gefahren wurden?
... eine 750 ccm BMW mit ohv-Motor und Kompressor bereits 1929 eine Geschwindigkeit von 216,75 km/h erreichte und damit — von Ernst Henne gefahren — das schnellste Motorrad der Welt war?
... mehrere deutsche Motorradproduzenten Ende der zwanziger Jahre, als im Speedway-Sport Hochbetrieb war, besondere Maschinen für diesen Zweck bauten und daß sich unter ihnen auch DKW, Victoria und D-Rad befanden?
... die von Heinrich Schlüpmann konstruierten 173, 198, 246, 298, 348, 498 und 598 ccm Einzylinder-Zweitaktmaschinen von der Firma als obengesteuerte Zweitakter bezeichnet wurden?
... es in der deutschen Motorradindustrie Marken mit ungewöhnlichen und interessanten Namen, wie Frischauf, Hexe, Djounn, Ziejanü, Abendsonne, Juhö, Nordstern, Schlimme, Hirsch, Reh, Schütt, Karü, Bayerland, Hochland, Charlkron, Eisenhammer, Nassovia, Everest, Zwerg, Vollblut, Saturn, Wotan, Hermes, Elster, Curwy, Avis-Celer und Meybein, gab?

... daß die erste 119 ccm Stock eine verbesserte Ausführung der amerikanischen Evans war und daß man ab 1930 bei Stock sehr nette Kardanmodelle mit 198, 248 und 298 ccm Zweitakt-Blockmotoren herstellte?

... Motorräder, die einst unter dem Namen H.D.G. in Deutschland verkauft wurden, nicht deutschen Ursprungs waren, sondern daß es sich um französische Le Grimpeur-Erzeugnisse handelte, die man in Deutschland auf H.D.G. umbenannte?

... die erste NSU-Königswellenmaschine einen 497 ccm Einzylindermotor hatte, 1930 gebaut wurde und vom Zeichenbrett des englischen Konstrukteurs Walter William Moore stammte?

... DKW in Zschopau die größte und teuerste Rennabteilung von allen deutschen Motorradproduzenten hatte und daß auch NSU und BMW jahrelang große Rennabteilungen unterhielten?

... man im Lauf von fünf Jahren bei Windhoff zahlreiche grundverschiedene Modelle baute, die sich aus 122 und 173 ccm Zweitaktern mit Hilfskolben und Wasserkühlung; einer ähnlichen 498 ccm Maschine, einer vierzylindrigen 746 ccm Maschine mit Blockmotor, Kardanantrieb und Ölkühlung und einer 996 ccm Zweizylindermaschine mit quergestellten, liegenden Zylindern, Blockmotor und Kardanantrieb sowie zuletzt einer luftgekühlten 198 ccm Dreikanal-Zweitaktmaschine zusammensetzten?

... in den dreißiger Jahren bereits mehrere deutsche Motorradhersteller ein Auge auf Kleinwagen warfen und daß — natürlich außer BMW und DKW — zu diesen auch Zündapp, NSU, Ardie, Tornax, Hercules, Imperia und Standard gehörten?

... Mammut in Nürnberg einst von Coventry Eagle in England bezogene Preßstahlrahmen verwendete und in diese Motoren von Villiers, Blackburne und JAP einbaute?

... daß man einst in England deutsche Zündapp-Motorräder unter dem Namen »Newmount« anbot, daß Hercules-Maschinen dort den Namen Prior erhielten und daß in Köln hergestellte Allright-Erzeugnisse unter dem Namen Vindec-Spezial (auch V.S.) von 1903 bis 1912 im Inselreich auf den Markt kamen?

... Julius von Krohn, der auf Ardie, BMW u. a. Rennen bestritt, einer der erfolgreichsten und besten deutschen Gelände- und Zuverlässigkeitsfahrer auf Zündapp war, wo sich im Werksteam mit ihm auch Hans Hieronymus und Edgar Kittner befanden?

... der einst berühmte Münchner Rennfahrer Toni Bauhofer in seiner Rennfahrerlaufbahn von 1922 bis 1935 ausschließlich deutsche Erzeugnisse fuhr und daß in all diesen Jahren nur drei Marken — Megola, BMW und DKW — von ihm gefahren wurden?

... die deutsche Motorradindustrie — in diesem Fall DKW — von 1925 bis 1932 eine richtige Spezialrennmaschine baute, mit der man auch bei großen internationalen Rennen Erfolgsmöglichkeiten hatte, und daß diese wassergekühlte 175 ccm Zweitakt-Nasenkolbenmaschine mit dem Hilfskolben im Kurbelgehäuse damals nur rund 1250 Reichsmark kostete?

... Hercules in Nürnberg zu den ersten deutschen Motorradfabriken gehörte, die — bereits 1931 — Kleinmotorräder mit dem 75 ccm Fichtel & Sachs Zweitaktmotor serienmäßig herstellten und daß man dieser Maschine die Bezeichnung »Hercules-Liliput« gab?

... verhältnismäßig wenige deutsche Firmen Doppelkolben-Zweitakter bauten und daß sich unter diesen auch Baier, Mabeco-Garelli und Triumph befanden?

... die von Norbert Riedel konstruierte 98 ccm Zweitakt »Imme« 1949 auf den Markt kam und mit ihrer einseitigen Vordergabel (Parallelogrammgabel), ihrem an der Hinterradschwinge sitzenden Zweitaktmotor und ihrer ungewöhnlichen und einfachen Hinterradfederung zu den unorthodoxesten deutschen Motorradkonstruktionen gehörte?

... Zündapp ab 1933 von Richard und Xaver Küchen konstruierte Zwei- und Viertakter mit 173, 198, 245, 500, 600 und 798 ccm Ein-, Zwei- und Vierzylinder-sv und ohv- sowie teilweise Zweitaktmotoren, Preßstahlrahmen und Kardanantrieb zum Hinterrad herstellte?

... bei Triumph nach 1945 ausschließlich Zweitakter gebaut wurden, daß es dort Modelle von 50 bis 350 ccm gab und auch die große 350 ccm »Boß« — ab 1952 gebaut — nur einen Einzylindermotor besaß?

... die Achilles-Sport-Modelle eine Kreuzung zwischen Roller und Motorrad waren, 150 und 175 ccm Sachs-Zweitaktmotoren besaßen und daß die Konstruktion als Basis die Schweizer Ami hatte?

... Firmen wie DKW und Maico ihre 350 ccm Zweitakter, die in den fünfziger Jahren gebaut wurden, mit zwei luftgekühlten Zylindern ausrüsteten?

... auch Zündapp 1954 eine luxuriöse, zweizylindrige 246 ccm ohv-Maschine mit einem Boxer-

Blockmotor und Kardanantrieb im Versuch hatte, diese Konstruktion aber nicht serienmäßig fabrizierte?
... einige Firmen, wie z. B. Adler, Dürkopp und Gritzner, vor dem ersten Weltkrieg Motorräder herstellten und dann erst wieder nach dem zweiten Weltkrieg die Produktion neu aufnahmen?
... sich unter den ab 1945 hergestellten deutschen Rollern auch die Marken NSU, Zündapp, Victoria, Heinkel, Goggo, Röhr, Faka, Schweppe, Strolch (Progreß), Bastert, Sitta, Maico (Maicoletta, Maicomobil), Venus, Pirol (Miranda), Kroboth, Lutz, Berlin, Kreidler, Triumph, Meister, Göricke, Hercules und Binz befanden?
... Adler ab 1953 auch 246 ccm Zweizylinder-Zweitakt-Rennmaschinen mit luftgekühlten und wassergekühlten Motoren baute und diese vor allem auch an Privatfahrer abgab?
... im Lauf der Jahre die zweizylindrige Horex »Imperator« 400, 450 und 500 ccm hatte und daß die beliebte Horex »Regina« eine zeitlang mit 241, 341 und 397 ccm Einzylindermotoren zu haben war?
... die »Schwarze Josefine« von Tornax eine sehr hübsche und gute 244 ccm Zweizylinder-Zweitaktmaschine mit Ilo-Motor und Vorderradschwinge war und das letzte von Tornax hergestellte Serienmodell darstellte?
... man bei Expreß in den fünfziger Jahren bei zahlreichen Modellen gezogene Vorderschwingen (Patent Stolle) anwandte und auch mit von Richard Küchen entwickelten Zweitaktmotoren experimentierte?
... die Umkehrspülung, die Mitte der dreißiger Jahre bei den DKW-Zweitaktern eingeführt wurde, von Adolf Schnürle stammte, der, bei Glöckner-Humboldt-Deutz in Köln tätig, 1951 im Alter von 53 Jahren starb?
... bei Ifa (M.Z.) gebaute 125 ccm und 250 ccm Zweitakt-Rennmaschinen bereits seit 1953 mit den von Daniel Zimmermann konstruierten Drehschiebern ausgerüstet werden?
... 1927 die PS-Leistungen im Durchschnitt bei 250 ccm Hubraum 6 PS, bei 350 ccm 9 PS, bei 500 ccm 11 PS, bei 750 ccm 14 PS und bei 1000 ccm 16 PS — soweit es Tourenmodelle betraf — lagen?
... mit Zweiganggetriebe ausgerüstete 956 ccm Mars Zweizylindermaschinen mit den seitengesteuerten Maybach-Boxermotoren zwei Ketten zum Hinterrad besaßen, die späteren Dreigangmodelle dagegen nur eine Kette hatten?
... es bei Ardie in Nürnberg einst ein Werksteam bei Wertungsfahrten gab, das sich aus drei Brüdern — Georg, Hans und Konrad Thumshirn — zusammensetzte und daß besonders Georg Thumshirn auch bei Straßen- und Bergrennen auf Solo- und Seitenwagenmaschinen zur deutschen Spitzenklasse gehörte?
... Norbert Riedel, der Konstrukteur der Imme, auch für die mit Triebsatzschwinge ausgerüstete Victoria »Swing« — die einen 198 ccm Zweitaktmotor besaß — verantwortlich war und daß Victoria 1956 auch eine 175 ccm ohv-Maschine baute, deren Motor von Parilla aus Italien bezogen wurde?
... man bei Triumph in Nürnberg 1952 hartverchromte Leichtmetall-Zylinderlaufbahnen einführte?
... das von Paul Paffrath 1924 konstruierte M.W. Motorrad mit dem 144 ccm Parallel-Zweizylinder-Zweitaktmotor und Hinterradfederung eine sehr fortschrittliche Konstruktion darstellte, die sich allerdings nicht durchsetzen konnte?
... der Konstrukteur Rudy Albert Mitte der zwanziger Jahre die einst berühmten obengesteuerte 500 ccm K.G. (Krieger-Gnädig) Einzylinder-Blockmaschinen mit Kardanantrieb umkonstruierte und modernisierte, daß er vor 1939 die kleine moderne 125 ccm Phänomen »Ahoj« mit Sachsmotor konstruierte und daß er nach dem Krieg für die gute Konstruktion der Mars »Stella« verantwortlich war?
... Arno Dietrich, der Gründer der Ardie-Werke in Nürnberg, im Jahre 1922 bei einer Versuchsfahrt mit einem neuen Modell tödlich verunglückte, und daß Hermann Weber, der bis 1939 für zahlreiche DKW-Zweitaktkonstruktionen — besonders Rennmaschinen — verantwortlich war und sich vorher auch als Rennfahrer auszeichnete, nach dem zweiten Weltkrieg in Rußland starb?
... früher zahlreiche deutsche Motorradhersteller und -techniker ihre eigenen Konstruktionen bei sportlichen Veranstaltungen fuhren und daß zu diesen auch Rudolf Schleicher (BMW), Martin Stolle (W.S.), Johannes Rössig (Roconova), Kurt Ahrens (T.X.), Max und Oskar Krieger (K.G.), Ernst Eichler (Eichler), Adolf Esch (Esch-Rekord), Franz Bücker (Bücker), Ernst Bauer-

meister (E.B.S.), Fritz Kleemann (Horex), A.F. Dom (Standard und Imperia), Ernst Neumann-Neander (Neander), Carl Ostner (Renner-Original), Fritz Heuss (Stock), Karl und Willy Baier (Baier) und Herbert Schüttoff (Schüttoff) gehörten?
... der Konstrukteur Georg Weißbinder zwei 98 ccm Villiers Zweitaktmotoren kuppelte, als er 1933 seine »Abendsonne« schuf, die allerdings zu keinem kommerziellen Erfolg führte und bald wieder unterging?
... die einst bekannte Imperia bis 1926 in Köln hergestellt wurde und dann, nach Übernahme durch die Familie Schrödter, nach Bad Godesberg wanderte und daß diese Firma in den dreißiger Jahren eine prominente Rolle im deutschen Rennsport spielte?
... Eduard Voigt, der im zweiten Weltkrieg gefallene Motorrad-Journalist, in den mittleren zwanziger Jahren Motorräder unter dem Namen Evo in Hannover baute?
... die H.K.R.-Motorräder mit JAP-Motoren eine gute Kopie der englischen H.R.D.-Maschinen waren und daß die ebenfalls 1925 gebaute Güldner ihre »Verwandtschaft« zur englischen 500 ccm ohv-Norton nie verleugnen konnte?
... es bei der Zweitakt-Einbaumotorenfabrik Rinne in Berlin auch Modelle mit Verdampfungskühlung gab und daß Wecoob in Oberursel im Taunus zu den Motorradfabriken gehörte, die Rinne-Motoren verwendeten?
... die größte deutsche Vierzylindermaschine mit einem luftgekühlten Reihenmotor 1925 von der Maschinenfabrik Valentin Hess in Eberstadt-Darmstadt in kleinen Stückzahlen gebaut wurde und 780 cm Hubraum hatte?
... daß mehrere bekannte Flieger des ersten Weltkrieges in den zwanziger Jahren an Motorradrennen teilnahmen und daß sich unter diesen auch der Verfasser des Buches »Der Flieger von Tsingtau«, Günther Plüschow, auf Eichler, Fritz Immelmann und auch der später berühmte — und im zweiten Weltkrieg als Flieger-Major tödlich verunglückte — Autorennfahrer Günther Burggaller, der u. a. auf BMW fuhr, befanden?
... Potthoff in Breslau Motorräder baute, die — einzig in Deutschland — englische 185 ccm Norman-Einbaumotoren mit obengesteuerten Ventilen besaßen?
... bereits 1904 von der Firma Eckardt Walter & Co. G.m.b.H. in Mühlhausen in Thüringen mit Fafnir-Motoren ausgerüstete Motorräder hergestellt wurden und daß Walter nach dem ersten Weltkrieg sehr schöne und gute Zweitaktmaschinen mit englischen 172, 198, 246 und 346 ccm Villiersmotoren baute?
... zahlreiche Firmen der zwanziger Jahre versuchten, den BMW-Rahmen und auch die damals verwendete Vordergabel zu kopieren und daß sich unter diesen auch S.M.W. in Stockdorf bei München und Wels in Bautzen — und auch Aeros in Kaaden (Tschechoslowakei) — befanden?
... Superia-Motorräder 498 ccm Küchen-Motoren mit einer obenliegenden Nockenwelle besaßen und daß diese — von Adolf Kornmann (dem Fabrikanten) und Erich Stolz gefahren — auch Rekorde über lange Strecken aufstellten?
... auch zwei Söhne von regierenden Ministerpräsidenten an deutschen Rennen auf deutschen Maschinen teilnahmen, und zwar der Sohn des früheren bayerischen Ministerpräsidenten Held und der Sohn des rumänischen Ministerpräsidenten Carp — der auf Rocconova fuhr?
... man bei Mabeco Mitte der zwanziger Jahre eine kleine Anzahl 347 ccm Zweitaktmaschinen baute, die italienische Garelli-Doppelkolben-Zweitaktmotoren besaßen und daß diese auch bei Rennen mit Antonio Sbaiz, Gustav Dierks und Heinrich Rossner eingesetzt wurden und gute Erfolge errangen?
... Wolf Hirth, der berühmte Flieger und Bruder des verstorbenen Konstrukteurs Hellmut Hirth, die von Hellmut konstruierten 144 und 244 ccm Doppelkolben-Zweitakt-Rennmaschinen fuhr, später auch auf DKW-Rennmaschinen startete und das auch noch erfolgreich tat, als er schon bei einem Unfall ein Bein verloren hatte?
... ab 1902 Fafnir in Aachen auch Einbaumotoren für Motorradfabriken lieferte und daß diese in den folgenden Jahren von Corona, Brennabor, Excelsior, Phänomen, Mars, Walter (Möwe), Victoria, Triumph, Hercules und anderen Produzenten verwendet wurden?
... bei der Vis A.G. in München bereits 1925 unorthodoxe Zweitakter gebaut wurden, die bei 246 ccm Hubraum 10 PS abgaben, und daß diese Fabrik infolge finanzieller Schwierigkeiten bald darauf die Tore schließen mußte?
... die Firma Joos Söhne & Co. bereits 1901 eine 1¼ PS Maschine baute, die zwei übereinander angeordnete, luftgekühlte Zylinder hatte und daß das Fahrgestell aus einem verstärkten Fahrradrahmen bestand?

... von NSU 1926 eingesetzte Fabriksrennmaschine 1000 ccm V-Zylindermotoren mit obengesteuerten Ventilen hatten, bei denen die Stößel zusammen in der Mitte des Zylinders liefen und daß man damals auch flexible Auspuffrohre verwendete?
... sich in Saarbrücken die Firma T.A.S. befand, wo man 1927—1928 eine 498 ccm ohv-Maschine »baute«, die bis auf den Namen am Tank von der französischen Firma Gnome & Rhone kam und daß man erst später bei T.A.S. eigene Modelle mit Schweizer MAG-Einbaumotoren herstellte?
... man bei BMW 1954 500 ccm Königswellen-Rennmaschinen kaufen konnte und daß diese mit Langschwinge hinten und Federbeinen ausgerüstet waren?
... die vom Fahrzeug- und Gerätewerk Suhl in Thüringen 1953 hergestellten 246 ccm Simson (AWO) Rennmodelle einen obengesteuerten Einzylinder-Blockmotor mit 68 mm Bohrung und 68 mm Hub sowie Kardanantrieb zum Hinterrad besaßen und 20 PS leisteten?
... Glas-Automobile von derselben Dingolfinger Fabrik gebaut wurden, die ab 1953 die Goggo-Roller baute und daß diese einen 198 ccm Ilo-Zweitaktmotor besaßen?
... bei der Schnell-Motoren K.G. in Karlsruhe Mitte der fünfziger Jahre nicht nur die 250, 350 und 500 ccm Schnell-Horex-Rennmaschinen, sondern auch Schwinggabeln für alle Horex Modelle hergestellt wurden?
... 1954 alle deutschen Rennmeisterschaftsklassen von deutschen Rennmaschinen gewonnen wurden; daß Werner Haas auf NSU dabei die 125 und 250 ccm Klasse, H.P. Müller auf NSU die 350 ccm Klasse und Walter Zeller auf BMW die 500 ccm Klasse gewann, während Wilhelm Noll mit Fritz Cron auf 500 ccm BMW Seitenwagen Meister wurden?
... Ernst Neumann-Neander, einer der einfallsreichsten deutschen Motorradkonstrukteure und Schöpfer der nach ihm benannten Neander Motorräder, 1954 im Alter von 83 Jahren starb?
... Ing. Erich Wolf für die Konstruktion der luftgekühlten 350 ccm Dreizylinder-Rennmaschinen von DKW (Auto Union GmbH., Ingolstadt) verantwortlich war und daß diese später vom ebenfalls schon verstorbenen Hellmut Görg weiterentwickelt wurden?
... der berühmte deutsche Konstrukteur Albert Roder von 1920 bis 1962 Ziro, Ermag, Zündapp-, Victoria- und NSU-Motorräder konstruierte und daß er auch für die von 1952 bis 1954 so erfolgreichen 125 und 250 ccm Rennföxe und Rennmäxe von NSU verantwortlich war?
... es auf der Augustusburg im Erzgebirge ein Zweitakt-Museum gibt, das von Ing. Rudolf Hiller mit Können und Begeisterung geleitet wird und daß sich dort zahlreiche sehr interessante Zweitaktkonstruktionen der deutschen Motorradindustrie befinden?
... Hans Grade, berühmt als Pionier der Fliegerei, Flugzeugkonstrukteur, Auto- und Motorradfabrikant und Rennfahrer und außerdem Liebhaber von Zweitaktmotoren, 1946 im Alter von 67 Jahren starb?
... es in Deutschland 1932 rund 819 000, 1936 rund 1 184 000 und 1938 rund 1 513 000 Motorräder gab?
... die Leitung der NSU-Werke 1946 von dem leider so früh verstorbenen Generaldirektor Walter E. Nigtsch, von Direktor Viktor Frankenberger, Walter Wertheim, Karl G. Lang und Chefkonstrukteur Albert Roder übernommen wurde?
... Kurt Nitschky der Begründer des deutschen Nachkriegssportes war und daß dieser einst sehr bekannte und erfolgreiche NSU- und DKW-Rennfahrer aus Karlsruhe leider bald nach dem Krieg einer tückischen Krankheit erlag?
... an Rennen in Deutschland bis 1950 Kompressormaschinen teilnehmen durften und daß damals derartige Modelle von BMW, NSU und DKW mit Spitzenfahrern wie Georg Meier, Ludwig Kraus, Max Klankermeier, Heiner Fleischmann, Wilhelm Herz, Hermann Böhm, H.P. Müller, Hermann Gablenz, Otto Daiker, Karl Lottes, Kurt Mansfeld u. a. kaum schlagbar waren?
... es 1938 allein in Berlin 61 411 Krafträder gab und daß die Zahl derselben nach dem Krieg (1947) nur noch 2041 betrug?
... NSU aus der 1873 gegründeten Strickmaschinenfabrik von Christian Schmidt und Heinrich Stoll hervorging, daß man dort 1902 bereits 474 und 1907 sogar schon 2228 Motorräder baute, daß die Zahl 1914 auf 3600 anstieg und daß 1939 sogar 56 000 Motorräder die Neckarsulmer Fabrik verließen?
... Wilhelm Gutbrod in der Motorradfabrik Klotz in Stuttgart tätig war, bevor er 1925 die Ludwigsburger Standard-Motorradfabrik gründete, diese 1932 nach Feuerbach verlegte und daß er dann 1938 in Plochingen eine frühere Konservenfabrik übernahm, wo er seine Motorräder herstellte?

... bereits 1948 am Grenzlandring bei Rheydt von der 350 ccm Kompressor NSU mit Wilhelm Herz im Sattel 184,9 km/h und von Georg Meier auf einer 500 ccm Kompressor-BMW-Rennmaschine 193,1 km/h Durchschnitt erzielt wurden?
... der Verkaufsschlager von Victoria in Nürnberg nach dem zweiten Weltkrieg ein 38,5 ccm Zweitaktmotor mit 1 PS war, den man neben dem Hinterrad an jedes Fahrrad anbauen konnte und daß mit so einem kleinen frisierten Motor, der fast 2,5 PS bei 12 000 Umdrehungen/Min leistete, Georg Dotterweich 1951 Weltrekorde in der 50 ccm Klasse aufstellte?
... man bei Ilo in Pinneberg von 1923 an komplette Zweitaktmotorräder baute, sich erst ab 1926 auf die Herstellung von Zweitakt-Einbaumotoren für andere Motorradproduzenten konzentrierte und daß diese Firma von Heinrich Christiansen Senior, der 1949 starb, gegründet wurde?
... Otto Reitz, von NSU kommend, 1931 in die Dienste von Triumph-Nürnberg als Chefkonstrukteur trat, dort 1945 die technische Leitung übernahm, 1946 Vorstandsmitglied wurde und bis zum Ende des Motorradbaues bei dieser Firma war und zahlreiche hervorragende Triumph Zweitakter — teilweise als Doppelkolbenmotoren — schuf?
... nach dem zweiten Weltkrieg Bismarck-Motorräder vom früheren Konstrukteur der »Deutschen Werke« in Spandau (D-Rad) und von Fichtel & Sachs, Emil Fischer, konstruiert wurden?
... im deutschen Zweiradmuseum in Neckarsulm außer zahlreichen anderen interessanten Konstruktionen der deutschen Motorradindustrie auch die berühmte Fünfzylinder-Megola mit dem Radialmotor im Vorderrad und die sagenhafte weiße Mars mit dem liegenden Zweizylindermotor — der bei Maybach gebaut wurde — stehen?
... nach 1945 in Deutschland Roller mit Namen wie Ruwisch, Walba, Schweppe, Lutz, Kroboth, Mota, Troll, Spatz, Ferbedo, Cityfix, Bastert usw. auf den Markt kamen?
... Martin Stolle, einst Konstrukteur bei BMW, Victoria, dem D-Rad, bei Gustloff etc., 1925 auch für die prachtvollen Stolle-Automobile verantwortlich war, deren Produktion infolge des Zusammenbruchs des damaligen Stinnes-Konzerns leider bald eingestellt werden mußte?
... am 3. März 1956 im Alter von nur 48 Jahren in einer Bonner Klinik der einst berühmte Rennfahrer der Imperia Werke in Bad Godesberg und mehrfache Deutsche Meisterfahrer Ernst Loof starb, der sich auch als hervorragender Motorenfachmann bewährte, später die Veritas-Sport- und Rennwagen gebaut hatte, und lange bei BMW in der Kraftwagen-Entwicklung tätig war?
... man 30 Jahre lang, von 1926 bis 1956, bei Tornax hochwertige Motorräder — hauptsächlich mit JAP-, Columbus- und Ilo-Einbaumotoren – von 98 bis 1000 ccm baute und daß für deren erstklassige Konstruktion und Ausführung der 1957 im 61. Lebensjahr verstorbene Konstrukteur Otto Karpe verantwortlich zeichnete?
... Mitte der fünfziger Jahre die in Suhl (Thüringen) gebaute 250 ccm Simson mit ihrem ohv-Einzylinder-Blockmotor und Kardanantrieb und mit Hinterradschwinge für nur DM 1690.— in Westdeutschland offeriert wurde?
... BMW 1929 die damals neuen 734 ccm sv- und ohv-Modelle mit Rohrrahmen und mit Preßstahlrahmen herstellte und daß die erste 248 ccm BMW-Einzylindermaschine mit einem obengesteuerten Blockmotor und Kardanantrieb bereits 1925 zum Verkauf gelangte?
... Wanderer bis zur Einstellung der Motorradproduktion 1929 zu den führenden Marken gehörte und daß man dort bezüglich Qualität und Ausführung nichts scheute, um das Beste herzustellen?
... von Elfa 1931 der 74 ccm Fichtel & Sachs-, der luftgekühlte 198 ccm Windhoff-, der 294 ccm Zweitakt-Kühne-, der 346 ccm ohv-Kühne-, der 494 ccm sv-Küchen- und der neue 346 ccm und 492 ccm ohv Küchen-Einbaumotor verwendet wurden?
... einige deutsche Firmen, wie Standard, Triumph und O.D., Anfang der dreißiger Jahre den 498 ccm MAG-»Wettbewerbsmotor« mit rohrförmiger Kapselung der Stoßstangen für die obengesteuerten Ventile einbauten und daß dieser oft mit einem ohc-Motor verwechselt wurde?
... der Bruttogewinn von DKW in Zschopau — 1925 die größte Motorradfabrik der Welt — damals 2 105 762 Goldmark, das heißt keine wertlosen Papiermark der Inflationsperiode, betrug?
... einst zahlreiche Motorradhersteller, wie Ernst, Triumph, O.D., Standard, Imperia, Mars, Andrees, Göricke, Hecker, Spiegler, Bücker, Avis-Celer, Neander, Atlantis, Nestoria, Bayern, R.M.W., Haweka, T.A.S. usw. Schweizer Motasacoche-(MAG-)Motoren einbauten?
... eine von der Fahrerin Hanni Köhler (später verheiratete Freifrau von Skal und Schloß

Ellguth) und von Peter Birnholz gesteuerte 119 ccm Stock 1927 einen Weltrekord brach, indem sie 1084 km in 24 Stunden zurücklegte?

... die kleine Firma U.T. bis 1929 eine eifrige Renntätigkeit entfaltete und daß deren mit JAP- und Blackburne-Motoren ausgerüstete Rennmaschinen von Karl Frentzen, Max Kiemel, Erwin Gehrung, Otto Kohfink, Erich Blind, Nonnenmann, Nicodemus u. a. erfolgreich gefahren wurden?

... auch Neander sich einst an Rennen beteiligte und daß Fahrer wie Geretzki, Gohr, Wittig u. a. hierfür leichte Neander-Preßstahlfahrgestelle mit 172 ccm Villiers-»Brooklands«-Zweitakt-Rennmotoren verwendeten?

... 1929 fast alle führenden deutschen Motorradfabriken Mannschaften bei der Sechstagefahrt hatten, so BMW, Zündapp, D-Rad, Standard, Göricke, Diamant, Ardie, Victoria, Schüttoff, NSU, Triumph und Schliha?

... es 1930 eine 144-Stundenfahrt am Nürburgring gab, an welcher nur neue, vom Veranstalter aus Fabriks- und Vertreterlagern entnommene Motorräder teilnahmen?

... es 1934 zwei serienmäßige NSU-Königswellen-Rennmaschinen mit 348 ccm und 498 ccm Einzylindermotoren gab, die 25 PS und 35 PS leisteten, und daß vor 1939 außer BMW auch DKW Serienrennmodelle für Privatfahrer herstellten?

... Dolf-Motorräder, die Anfang der zwanziger Jahre gebaut wurden, Hochleistungszweitakter mit 198 ccm Einzylindermotoren waren, bei denen ein Konus-Drehschieber den Einlaß des Frischgases steuerte und die nicht weniger als acht Überström- und acht Auslaßkanäle besaßen?

... die deutsche Motorradindustrie in Ulrich Pohl nicht nur einen hervorragenden Techniker und Konstrukteur, sondern auch Geländefahrer hatte, der besonders auf von ihm geschaffenen Maico-Maschinen große Erfolge errang und der auch 1960 zusammen mit dem Moto Cross-Fahrer Willi Österle den »Oepo«, einen 500 ccm Parallel-Zweizylinder-Zweitaktmotor für Moto Cross Wettbewerbe, baute?

... Carl Marschütz die Nürnberger Hercules-Werke bereits 1886 gründete und daß diese Firma, zusammen mit Triumph und Mars, zu den ersten Motorradherstellern in Nürnberg gehörte?

... Dr. Carl Hahn, der 1922 persönlicher Assistent von Jörgen Skafte Rasmussen, dem Begründer der DKW-Werke in Zschopau, wurde, es bis zum Vorstandsmitglied der Auto Union brachte und daß dieser 1961 verstorbene DKW-Mann zu den erfolgreichsten Verfechtern des Zweitakters gehörte?

... bei Windhoff 1926 auch einige 500 ccm Rennmaschinen gebaut wurden, die wassergekühlte einzylindrige Zweitaktmotoren mit einem Hilfskolben im Kurbelgehäuse — System Bekamo — besaßen, und daß das die einzigen Maschinen dieser Bauweise waren, die je in Deutschland hergestellt wurden?

... Dr.-Ing. e. h. Max Friz, der 1923 das erste BMW-Motorrad schuf, bis 1916 bei Daimler war und dort nicht nur an Automobilen arbeitete, sondern auch Flugmotoren — wie später bei BMW — konstruierte?

... Wanderer 1929 die ganze Produktionseinrichtung zusammen mit Zeichnungen, Fertigteilen usw. für die 500 ccm ohv Einzylinder-Blockmaschine, die Kardanantrieb und einen Preßstahlrahmen besaß, an die damals neugegründete Motorradfabrik von Jawa nach Prag verkaufte?

... die interessante 246 ccm Fabula Zweitakt-Kardanmaschine 1923 von Ing. Nikolaus Henzel, der jahrelang führender Konstrukteur in der Automobilabteilung bei Dürkopp war, konstruiert und von der Fabula GmbH in Bielefeld gebaut wurde?

... Walter Postler, Konstrukteur und Fabrikant der in den zwanziger Jahren gebauten Postler Sesselmotorräder (Roller) und Motorräder, ein bekannter deutscher Automobilrennfahrer war und daß er 1927 mit einem ganz neuen 2,3 Liter Bugatti »Grand Prix« Type 35 B Rennwagen, den er erstmalig beim Hohnstein-Bergrennen fuhr, schwer verunglückte?

... man 1939 bei Zündapp einen von Albert Roder konstruierten luftgekühlten Königswellenmotor zum Angriff auf den Geschwindigkeits-Weltrekord für Motorräder baute und daß dieser Vierzylindermotor auf beiden Seiten je zwei horizontal liegende und zur Fahrrichtung quergestellte Zylinder besaß und daß Kurt Füglein, der erfolgreiche Nürnberger Motorradrennfahrer auf Victoria, Ardie, Rudge usw. mit diesem Kompressormotor, der 1000 ccm Hubraum hatte, noch nach 1945 starten wollte?

500 ccm DKW Type ULD Werksrennmaschine 1935

Die neue Auflage informiert Sie darüber, daß ...

... die von Friedl Münch in Ossenheim, Hauptstraße 12, gegründete Herstellerfirma der mit vierzylindrigen NSU-Automotoren ausgerüsteten Münch-4-Motorräder in den Besitz einer amerikanischen Firma aus Los Angeles übergegangen ist, daß aber Münch nach wie vor die technische Leitung innehat. Jetzt wird die »Münch-4« in 6472 Altenstadt gebaut.

... zwei Bielefelder Zweiradhersteller, die Fahrzeugfabrik Karl Goebel und die Meister-Fahrzeug GmbH, nunmehr vereinigt sind und zahlreiche Kleinkraftradversionen, u. a. mit Sachs-Fünfgangmotoren, herstellen.

.. das Triebwerk der 1934 gebauten Abendsonne-Zweitaktmaschinen aus zwei gekuppelten 98 ccm Villiers-Motoren bestand, und daß keine dieser Maschinen mehr existieren dürfte.

... vor 1939 mehrere deutsche Seitenwagenfahrer auf Imperia bei dieser Bad Godesberger Fabrik hergestellte »flexible« Seitenwagen-Gespanne (Pendelseitenwagen) fuhren, und daß sich unter ihnen Ernst Loof, Otto Kohfink, Paul Scharrenbroich und Josef Rosenbaum befanden.

... am Beginn der zweiten Hälfte des Jahres 1967 zwei berühmte deutsche Motoren-Experten, Dipl.-Ing. Gustav Steinlein von Fichtel & Sachs in Schweinfurt und Obering. August Prüssing, langjähriger Rennleiter von DKW in Zschopau/Sa. und nach dem Krieg für Hoffmann, Victoria und die Zweirad-Union in Nürnberg tätig, für immer von uns gingen.

... es bei Adler in Frankfurt zwei Perioden gab, in denen Motorräder gebaut wurden, und daß diese vor dem ersten Weltkrieg und gleich nach dem zweiten Weltkrieg lagen, während man in den zwanziger und dreißiger Jahren dort nur Automobile baute.

... Paul Paffrath, Konstrukteur und Hersteller der interessanten M. W. (Paffrath)-Maschinen der zwanziger Jahre, 1952–1954 Fahrräder mit eigenen »Eilenriede«-Hilfsmotoren in Linz am Rhein baute und dort am 20. November 1960 verstarb.

... die Pantherwerke AG in Bad Wildungen und Bielefeld und auch die Bielefelder Göricke-werke, Hersteller von Mofas, Mopeds, Mokicks und Kleinkrafträdern, jetzt zur in Bad Wildungen beheimateten Schminke-Gruppe gehören.

... Europa-Motorräder in den dreißiger Jahren von der Firma Max Vorbauer in München hergestellt wurden, und daß dieses Unternehmen, jetzt in Lochham bei München, ausländisches Fahrrad- und Mopedzubehör importiert.

... Kronprinz Friedrich Wilhelm bereits 1910 ein NSU-Motorrad besaß, und daß diese altrenommierte Neckarsulmer Firma jetzt keine Motorräder mehr herstellt.

... Universal-Motorräder, von 1925 bis 1929 in Dresden gebaut, hauptsächlich unter dem Namen »Universelle« auf dem Markt erschienen.

... es zwischen 1924 und 1926 auch einen N. M. K.-Radmotor gab, und daß dieser über dem Vorderrad angebrachte Zweitakt-Hilfsmotor bei 42 mm Bohrung und 37 mm Hub nur 51 ccm Hubraum hatte und eine Leistung von 0,75 PS entwickelte.

... die ab 1926 gebauten 490 ccm Ardie-Einzylindermodelle einen seitengesteuerten JAP-Motor besaßen und große Beliebtheit in Deutschland genossen. Die Leistung betrug damals 9 PS, die Spitze 90 km/h.

... außer der Nürnberger Zweirad-Union mit DKW, Victoria und Expreß auch Hercules und Rabeneick zur Sachs-Gruppe gehören.

... man bei Bayerland 1926 auch eine 348 ccm OHV-Einzylindermaschine mit dem deutschen Kühne-Einbaumotor herstellte und daß die damals von Ottmar Cramer in Nürnberg gebauten Lloyd-Maschinen außer mit 346 ccm OHV-Motoren von JAP auch mit größeren Motoren dieser englischen Fabrik geliefert werden konnten.

... Rixe in Brake bei Bielefeld nach wie vor Kleinkrafträder baut und daß das neue Rixe-Mofa 25 einen Schalen-Tankrahmen und einen liegenden Sachsmotor mit Automatik-Kupplung aufweist.

... die in den fünfziger Jahren hergestellten Bismarck-Motorräder zu den bestkonstruierten Maschinen der damaligen Zeit gehörten und daß die meisten Typen mit Ilo-Zweitaktmotoren ausgerüstet wurden.

... 1956 die erste Kreidler »Florett« erschien und daß 1968 das Kreidler-Mofa bei der Ausstellung in Köln seine Premiere hatte.

... in den zwanziger Jahren zahlreiche deutsche Motorradfabriken besonders bei Sportveranstaltungen, wie Zuverlässigkeitsfahrten und Rennen, den Roderwald-Gliederkeilantrieb verwendeten und daß dieser nach Angabe der Fabrik (Roderwald-Antrieb GmbH in Berlin) einen Wirkungsgrad von 97 % hatte.

... man bei den Heidemann-Werken KG in Einbeck-Hannover zahlreiche Fahrradmodelle, aber keine Motorräder mehr baut.

... die einst von den Hoffmann-Werken in Lintorf (Bezirk Düsseldorf) unter Lizenz gebauten Vespa-Erzeugnisse jetzt von der Vespa GmbH in Augsburg geliefert werden.

... Abako, die erste Marke im ersten Teil von »Motorräder in Deutschland 1894–1967«, dort irrtümlich mit »c« anstatt mit »k« geschrieben wurde.

... sich in den letzten Jahren bei BMW vieles veränderte und daß man die Motorraderzeugung von München nach Berlin verlegt hat, obwohl die Entwicklungsabteilung und andere Abteilungen nach wie vor in München sind. Die neuesten zweizylindrigen BMW-Modelle sind die R 50/5 mit 498 ccm und 32 PS, die R 60/5 mit 599 ccm und 40 PS und die große R 75/5 mit 745 ccm Hubraum und 50 PS. Ausgerüstet mit verbesserten Fahrgestellen und weiterentwickelten Motoren, fanden diese Neukonstruktionen der berühmten Werke bald große Beliebtheit.

... derzeit von Göricke und Panther hergestellte Mofas einen Tank-Preßrahmen und Sachsmotoren des Typs 502/1 besitzen.

... es bei Kreidler einen käuflichen Rennsatz für den 49 ccm Typ RS gibt, der die Motorleistung auf 9,5 PS bei 12 000 U/min. und die Höchstgeschwindigkeit auf 120 km/h bringt.

... Ilo in Pinneberg in den zwanziger Jahren komplette Motorräder, später nur Einbau-Zweitakter für andere Motorradhersteller und dann Mofa- und Mopedmotoren baute.

... die einst sehr bekannte Autofabrik Brennabor in Brandenburg a. d. Havel zu den Pionieren des Motorradbaus in Deutschland gehörte und bereits vor 65 Jahren sehr gute Krafträder mit zum Großteil in Aachen gebauten Fafnir-Einbaumotoren herstellte.

.. Simson in Suhl (Thüringen) auch in den zwanziger und dreißiger Jahren erstklassige und erfolgreiche Kraftwagen (Simson-Supra) schuf, in den Nachkriegsjahren als nationalisiertes Unternehmen außer einer 245 ccm OHV-Einzylinder-Kardanmaschine auch schnelle 248 ccm Ein- und Zweizylinder OHC-Werksrennmaschinen mit Kardan- und Kettenantrieb baute und jetzt sich ganz auf die Herstellung von 49 und 74 ccm Zweitaktversionen, inklusive Trialmodellen, verlegt hat. Die Firma heißt jetzt VEB Fahrzeug- und Jagdwaffenwerk »Ernst Thälmann«, Suhl/ Thüringen.

... Kurt Mansfeld, Friedl Schön, Hugo Schmitz, Werner Gerber und Bill Petch in den fünfziger Jahren die 498 ccm Parallel-Zweizylinder Doppel-OHC Horex-Werksrennmaschinen fuhren.

... es in den zwanziger Jahren auch Harle Motorräder gab, die in Plauen im Vogtland entstanden, und daß der später berühmt gewordene D-Rad-Werksfahrer Franz Seelos in den zwanziger Jahren auch eine in München gebaute »Bravis« mit Vis-Motor fuhr.

... man bei Franz Bücker in Oberursel im Taunus nie große Quantitäten, dafür aber jahrelang gute Motorräder baute und auch noch in den fünfziger Jahren moderne Kleinkrafträder, zum Großteil mit Ilo-Zweitaktmotoren, schuf.

... Toni Bauhofer, auf Megola, BMW und DKW jahrelang einer der führenden Werksrennfahrer Deutschlands, am 11. Januar 1968 die Augen für immer schloß. Josef Stelzer und Albin Tommasi waren bei Megola seine Teamkollegen; für BMW fuhr er zur gleichen Zeit wie Ernst Henne, Josef Stelzer, Rudi Ecker, Hans Soenius, Karl Gall und Paul Köppen, und als er dann 1930 zu DKW ging, fand er dort u. a. Walfried und Hans Winkler, Arthur Geiss, Kurt Friedrich, Arthur Müller, Herbert Kirchberg, Xaver Gmelch, Josef Klein, Hans Sprung, Günther Barthels, Hans Kahrmann, Ewald Kluge und später auch Bernd Rosemeyer. Toni war 76, als er in seinem geliebten München starb.

... Cyclon, Brennabor und Progreß alte deutsche Motorradhersteller waren, die ihre ersten Modelle um die Jahrhundertwende bauten und damals, nach Werner-Bauweise, den Motor über das Vorderrad eines verstärkten Fahrradrahmens setzten.

... es im Kapitel »Opel« einen Fehler gab, da die dort abgebildete 1922 gebaute wassergekühlte Rennmaschine nicht 138 ccm, sondern bei 60 mm Bohrung und 72 mm Hub einen Hubraum von 204 ccm besaß.

... ab 1967 die vom früheren BMW-Seitenwagenfahrer Helmut Fath konstruierte 500 ccm Vierzylinder »URS«-Rennmaschine immer mehr in den Vordergrund trat und dann, 1968, von ihm mit dem Beifahrer Wolfgang Kalauch gesteuert, nicht nur die deutsche Meisterschaft, sondern auch die Weltmeisterschaft in der Seitenwagenklasse gewann.

... die der J. S. Rasmussen A. G. gehörenden Zschopauer Motorenwerke, einst die größte Motorradfabrik der Welt, 1926 auch die beliebte 206 ccm DKW (Sport) und 1935 die unorthodoxe 498 ccm Zweizylinder ULD-Werksrennmaschine mit Preßstahlrahmen und horizontalem, wassergekühltem Zweitaktmotor (s. Bild S. 389) sowie 1939 die 248 ccm US, eine Zweizylindermaschine (für das Werksteam) mit Kompressor, schufen. Ab 1932 gehörte DKW zur Auto-Union.

... bereits während der zwanziger Jahre zahlreiche Konstrukteure an Stelle von Rohrrahmen, Preßstahlfahrgestelle verwendeten, und daß zu den Marken mit derartigen Rahmen Mars, Ammon, Sterna, Per, BMW, Wanderer, RS und Menos gehörten.

... es 1925 beim Bergrennen Saalfeld-Arnsgereuth in der Klasse bis 200 ccm einen dreifachen Erfolg der von Emil Zehner in Suhl in Thüringen gebauten 197 ccm Zehner-Maschinen mit den Fahrern Henning, Kärner und Zehner gab.

... Herbi-Motorräder nicht in Bad Liebwerda, sondern in Bad Liebenwerda gebaut wurden, und daß Max Huckes Rinne-Rennmaschinen 149 ccm Zweitaktmotoren mit Verdampfungs- und auch normaler Wasserkühlung besaßen.

... Hans Schuhmann, in den dreißiger Jahren einer der erfolgreichsten deutschen Seitenwagenfahrer und Mitglied der Werksteams von NSU und DKW und auch noch nach 1945 auf DKW oft siegreich, im März 1968 starb.

... die nach dem zweiten Weltkrieg in Westdeutschland beheimatete Auto-Union in Ingolstadt wieder DKW-Zweitaktmaschinen baute, die 1957 nach einer Reorganisation zur Zweirad-Union in Nürnberg kamen, wo nunmehr von da ab verschiedene Zweitaktmodelle von 49 ccm bis 122 ccm hergestellt werden. Das Unternehmen, nunmehr zur Sachs-Gruppe gehörend, hat als derzeit neuestes Modell die RT 159, die einen Sachs-Breitwandmotor mit 6,25 PS besitzt, und mit ihren 49 ccm 85 km/h erreicht. Gebaut wird auch die 125 TS mit 122 ccm-Motor und 15 PS bei 7400 U/min.

... Otto Sensburg, bekannt als Rennfahrer und Sportfunktionär, bereits 1927 mit 172 ccm Villiers-Zweitaktmotoren ausgerüstete CR-Maschinen fuhr, die von der früheren Firma Carl Rueff, München, Bruderstraße 5, in beschränkter Anzahl hergestellt wurden.

... bei den 1938 von Ing. Rudy Albert konstruierten Phänomen-Sachs (98 ccm) Kleinkrafträdern auf Verdrehung beanspruchte Gummiblöcke als Federung für das Vorderrad und das Hinterrad benutzt wurden. Nach dem Krieg war dieser Konstrukteur, der schon in den zwanziger Jahren die Allright-KG-498 ccm-Kardanmaschinen umkonstruierte, zunächst bei Mars in Nürnberg-Doos und zuletzt bei Fichtel & Sachs in Schweinfurt tätig.

... Dieter Salevsky, Lothar Schünemann, Rudolf Jenak und Schneidewind zu den derzeit führenden mitteldeutschen Geländefahrern auf 50 und 75 ccm Simson-Maschinen gehören.

... der bekannte Freiburger (Br.) Rennfahrer Fritz Kläger in den letzten Jahren mehrere Rennmaschinen, hauptsächlich für die 250 ccm Klasse, schuf, die den Namen F. K. S. (Fritz Kläger Spezial) tragen.

... es bei Bergmüller & Co. in Stuttgart-Vaihingen in den zwanziger Jahren auch UT-Modelle gab, die mit 144 und 244 ccm Bekamo-Lizenzmotoren ausgerüstet wurden.

... Theo Steininger, Konstrukteur der Enag-Motorräder, neben Hugo Ruppe, Dr. Martin Böhme, Heinrich Schlüpman, Kurt Pohle, Hermann Weber, Engelbert Zaschka, Willi Baier, Dir. Ahrens, Hans Windhoff, Hans Grade, Fritz Cockerell u. a. zu den »Revolutionären« der deutschen Zweitakterperiode in den zwanziger Jahren gehörte.

... das 1950 entstandene Motra-Wiesel (später: Mota-Wiesel) halb Mofa und halb Roller war und mit seinem 75 ccm Flachkolben-Zweitaktmotor eine fortschrittliche Konstruktion darstellte.

... die Dürkopp-Werke in Bielefeld zu den ersten deutschen Motorradherstellern gehörten, bis 1927 auch Personenwagen und bis 1929 Lastwagen bauten und nach 1945 mit erstklassigen Motorrädern wieder von sich reden machten. Auch die von dieser Firma gebauten »Diana«-Roller erfreuten sich großer Beliebtheit.

... 1949 die Maschinenfabrik Karl Ruwisch in Köln den »Brummer«, einen kleinen primitiven Roller mit dem 38 ccm Victoria »Vicky« Fahrradmotor, in kleinen Stückzahlen baute.

... Boge-Motorräder, von 1923 bis 1927 gebaut, typisch englischer Bauart waren und von der jetzt noch existierenden Firma Boge-Kompressoren, Bielefeld, hergestellt wurden.

... Hoock & Co., Köln am Rhein, Probsteingasse 15, in den Jahren 1927–1928 die »Hoock«-Motorräder mit englischen 342 ccm Villiers-Einzylinder-Zweitaktmotoren für den Preis von RM 965,– anboten, und daß es sich hierbei um Maschinen handelt, die zum Großteil in England für diese Firma gebaut wurden.

... es in den zwanziger Jahren auch den »Rekord«-Fahrrad-Einbaumotor gab, der von der Kleinmotoren- & Magnetfabrik GmbH., Berlin N 39, Reinickendorfer Straße 113, gebaut wurde.

... die 1926 gebauten Hansa-Motorradmodelle der Hansa-Präzisionswerke A. G., Bielefeld, eigene 198 ccm und 246 ccm OHV-Blockmotoren und nette Doppelrahmen aus nahtlos kaltgezogenen Stahlrohren besaßen, daß infolge der damaligen wirtschaftlichen Situation jedoch nur wenige dieser Maschinen die Kunden erreichten.

... auch die deutsche Fahrradfabrik Stricker in der zweiten Hälfte der dreißiger Jahre Motorfahrräder mit 79 ccm und 98 ccm Ilo-Zweitaktmotoren herstellte, während Frischauf in Offenbach am Main, wo vorher größere Motorräder entstanden, bis 1939 die Mayweg-Frischauf-Motorfahrräder mit 98 ccm Sachs-Motoren in beschränktem Maßstab im Mayweg-Werk baute. Hersteller der Stricker: E. & P. Stricker, Brackwede, Bielefeld.

... Jahag-Motorräder 1926 in Augsburg entstanden und daß es sich hier um die nur kurze Zeit existierende Nachfolgerfirma von Paqué handelte. Bei Jahag wurde auch der Paqué-Stahlblechrahmen und darin der 198 ccm Paqué OHV-Einzylindermotor verwendet.

... die Nachkriegsmodelle von Hecker in Nürnberg moderne und schöne Leichtkrafträder, größtenteils mit Ilo-Zweitaktmotoren und geschlossenem Rahmen, waren.

... es zwischen den in Dresden gebauten Huy-Motorrädern der zwanziger Jahre und den Elster-Maschinen der Elster-Werke GmbH in Mylau im Vogtland eine große Ähnlichkeit gab und daß auch die 1926 Bankrott gegangene Mylauer Firma zum Teil Alba-SV-Motoren einbaute.

... man in der einst bekannten Automobilfabrik von Ludwig Maurer in Nürnberg in den zwanziger Jahren zahlreiche unkonventionelle Motorradkonstruktionen schuf und daß sich unter diesen eine wassergekühlte 247 ccm Einzylindermaschine und ein 494 ccm Zweizylindertyp mit einem Boxermotor befanden.

... in der Schweiz hergestellte 498 ccm, 746 ccm und 988 ccm Motosacoche V-Zweizylindermotoren mit wechselgesteuerten Ventilen bei den »Bayern«-Motorrädern verwendet wurden und daß dieses Werk nicht 1926, sondern erst anfangs 1928 die Produktion einstellte.

.. man Anfang der dreißiger Jahre im Ausland auch eine deutsche Atlas-Maschine mit dem 246 ccm Ardie-Zweitaktmotor erwerben konnte, und da diese den damaligen Ardie-Modellen recht ähnlich sah, kann angenommen werden, daß sie auch bei Ardie für bestimmte Auslandsmärkte unter dem Namen »Atlas« gebaut wurden. Die Kataloge gaben interessanterweise den Hersteller nicht bekannt.

.. Komet-Motorräder ab 1901 von der Firma Kirschner & Co., den späteren Komet-Fahrradwerken in Dresden, mit Ixion-Lizenz-Zweitaktmotoren gebaut wurden.

... die ersten Nachkriegsmodelle von Hercules in Nürnberg zum Teil noch mit Ilo-Motoren ausgerüstet wurden, das Werk später in die Sachs-Gruppe kam und nunmehr erfolgreiche Mofas, Mokicks, Mopeds, Roller und Motorräder baut. Unter den Modellen für 1971 fanden wir eine neue Mofa- und Mopedlinie mit Stahlpreßrahmen, die prachtvollen 49 ccm Maschinen mit 6,25 PS, Fünfganggetrieben und Superbreitwand-Aluzylinder, die 97 ccm K 105 X mit 12 PS und die K 125 X mit dem 123 ccm 15 PS-Motor. Die Sensation der IFMA 1970 war aber der Hercules-Prototyp mit dem Sachs-Wankelmotor und mit Kardan-Antrieb. Erstklassig auch die Hercules-Geländesportmaschinen.

... bereits 1925 bei der Vis-A. G. in München ein einzylindriger 249 ccm Zweitaktmotor unorthodoxer Konstruktion entstand, der die für die damalige Zeit hohe Leistung von 10 PS hatte.

... Fritz Wiese, einer der erfolgreichsten BMW-Privatfahrer und späterer Continental-Rennleiter, dreimal die deutsche Viererbobmeisterschaft gewann.

... früher zahlreiche deutsche Motorradfabriken halb oder ganz offiziell Rennen bestritten und daß sich unter diesen BMW, DKW, NSU, Imperia, Standard, UT, Ardie, Hercules, Ernst-MAG, Schüttoff, Bücker, Triumph, Adler, Horex, D-Rad, Tornax, Victoria, Mabeco, Wanderer, Astra, Megola, Windhoff, Beier, Flottweg, Wimmer, Paqué, Kreidler, Cockerell, Boge, Roconova, Avis-Celer, Stock, Allright-KG, Mars, Bekamo, Renner-Original, OD, Bayerland, Indus, RMW, Klotz und TX befanden.

... der österreichische Konstrukteur Ludwig Apfelbeck bereits 1939 bei BMW war, nach dem Krieg unter anderem Rennmaschinen für Horex und KTM schuf und dann nochmals, hauptsächlich in Verbindung mit Rennwagenmotoren, nach München zu BMW ging.

... typisch englische Konstruktionstendenzen bei den Mitte der zwanziger Jahre von der Hermes-Motorfahrzeug-Gesellschaft mbH, Berlin C. 25 gebauten und mit JAP-Motoren ausgerüsteten Hermes-Motorrädern angewendet wurden und daß das Grundmodell einen 346 ccm SV-Motor dieser englischen Einbaumotorenfabrik besaß.

... aus den früheren Standard Motorradwerken in Ludwigsburg (Stuttgart-Feuerbach und Plochingen) die jetzigen Gutbrod-Werke GmbH in 6601 Bübingen/Saar hervorgingen, wo Walter und Wolfgang Gutbrod, die Söhne des verstorbenen Gründers der Standard-Werke, Wilhelm Gutbrod, Kleintraktoren, Einachsschlepper, Kehrmaschinen, Motorgartengeräte und Sportplatzpflegegeräte, aber keine Motorräder und Automobile mehr herstellen.

... Dr.-Ing. Paul Kuhn an der Entwicklung der vierzylindrigen 498 ccm URS Rennmaschinen von Helmut Fath beteiligt war, und daß bei deren Bau Weltmeister Fath seine bereits bekannten technischen Fähigkeiten erneut bewies. Die Konstruktion und der Renneinsatz ist inzwischen jedoch an die Firma Münch übergegangen und Helmut Fath hat keine Verbindung mehr mit der URS.

... zu den Motorrädern mit Vierzylinder-in-Reihe-Motoren außer der belgischen FN, der dänischen Nimbus, der tschechoslowakischen Laurin & Klement und der italienischen Garabello sowie den amerikanischen Henderson, ACE, Cleveland, Pierce-Arrow, Militaire und Indian-Maschinen auch die 1925 gebaute 779 ccm »Hess« der Darmstädter Firma Valentin Hess gehörte.

... man bei TAS in Saarbrücken zunächst die französische 493 ccm OHV-Gnome & Rhone unter Lizenz herstellte, aber 1928 zum Einbau Schweizer MAG-Motoren überging.

... Horex in der ersten Hälfte der fünfziger Jahre große Anstrengungen machte, um ins internationale Renngeschehen eingreifen zu können, und daß zunächst verschiedene Ausführungen der 498 ccm Doppelnocken-Parallel-Zweizylinder-Werksrennmaschinen, später von Apfelbeck konstruierte 348 ccm Versionen verwendet wurden.

... es einst in Deutschland zahlreiche Motorradfabriken gab, die wassergekühlte Motorräder serienmäßig herstellten, und daß sich unter diesen außer DKW auch Wimmer, Arco, Cockerell, Maurer, Windhoff, Böhme, Aristos, Menos, Sterna und Sept & Unger befanden.

... das deutsche Reichsfinanzministerium einst »indirekt« Motorräder baute, weil es der Hauptaktionär der früheren D-Rad Motorradwerke in Spandau war, und daß dort der bekannte Obering. Martin Stolle 498 ccm Werksrennmaschinen mit OHV- und auch OHC-Motoren entwickelte. Es gab dort auch ausgesprochene Bahnrennmaschinen; diese wurden 1930 u. a. von dem verstorbenen Berliner Franz Heck gefahren.

... Hercules von 1929 bis 1931 auch den in der Schweiz hergestellten 198 ccm OHV-Moser-Motor einbaute, und daß der später so bekannte und erfolgreiche Herculesfahrer Carlchen Geffers jetzt VW-Vertreter in Hamburg ist.

... bereits 1946 in Chemnitz im »Konstruktionsbüro 10« unter Leitung des sowjetischen Majors Koganow von deutschen Technikern mit Ing. Kurt Bang und dem verstorbenen Obering. August Prüssing an der Spitze neue sensationelle 248 und 348 ccm-Rennzweitakter geschaffen wurden. Es handelte sich um gegenläufige wassergekühlte Zweizylindermaschinen, deren Motoren nach dem Junkers-Prinzip mit direkter Kompressor-Aufladung arbeiteten und schon damals 48 (248 ccm) bzw. 53 PS (348 ccm) abgaben, wobei die Spitzengeschwindigkeit des letzteren Typs bei 190 km/h lag. Nach ihrer Fertigstellung kamen die Maschinen nach Rußland, sie wurden bei Rennen im Westen nie gefahren.

... auch die schönen Brand-Motorräder der Jahre 1924 bis 1930 mit 129 ccm Bekamo-Zweitaktmotoren ausgestattet waren, und daß diese Motoren einen gegenläufig zum Arbeitskolben oszillierenden Hilfskolben im Kurbelgehäuse besaßen.

... Neander, Elfa, Renner-Original (1930 noch in Einzelherstellung), Herbi, Frischauf, Atlantis, Zeus und Franzani zu den deutschen Motorradmarken gehörten, die 1930 den von Küchen konstruierten und gebauten »K«-Königswellen-Einbaumotor verwendeten, wobei es sich bei »Zeus« nicht um die Firma Christian Linser in Reichenberg (Tschechoslowakei) handelte, die vor dem ersten Weltkrieg dort Zeus-Motorräder baute.

... bereits 1924–1925 von Kroboth & Richter in Sternberg (Tschechoslowakei) K. & R.-Motorräder gebaut wurden, daß Gustav Kroboth nachher »Favorit« und »Kroboth«-Kleinautos herstellte und daß er dann nach seiner Auswanderung nach Deutschland dort in den fünfziger Jahren in Seestall über Landsberg/L. Roller mit Sachsmotoren fabrizierte.

... 1954 Ernst Neumann-Neander, der bekannte Konstrukteur der nach ihm benannten Motorräder und Fahrmaschinen, im Alter von 83 Jahren starb und daß seine unorthodoxen Schöpfungen oft großes Aufsehen, selten aber größere kommerzielle Erfolge brachten.

... infolge ihrer roten, Feuerlöscher-ähnlichen Kraftstoffbehälter die in den ersten zwanziger Jahren gebauten 298 ccm und 348 ccm Ardie Zweitaktmaschinen oft auch als »Minimaxe« bezeichnet wurden.

... Wolf Hirth, der jüngere Bruder des berühmten Fliegers, Autorennfahrers und Konstrukteurs Hellmuth Hirth, selbst auch als Segelflieger berühmt, von 1924 bis 1926 zusammen mit Erwin Gehrung die 144 ccm und 244 ccm Hirth Doppelkolben-Rennzweitakter fuhr und daß deren Gehäuse, Pleuel und Kolben aus Elektron-Material gefertigt waren.

... es bei BMW auch einmal ein dreirädriges Fahrzeug gab, als man nämlich 1932 derartige Lieferwagen mit 650 kg Tragkraft mit 198 ccm OHV-Einzylindermotoren ausrüstete, diese jedoch nie serienmäßig baute.

... die Maico-Fahrzeugfabrik GmbH, Pfäffingen/Tübingen, durch erstklassige Konstruktionen und große Sporterfolge weltbekannt, mit der 124 ccm RS die einzige seit mehreren Jahren käufliche Straßenrennmaschine in Deutschland herstellt, und daß diese mit einem Zweitakt-Drehschiebermotor ausgerüstete Konstruktion rund 25 PS bei 12 000 U/min. leistet. Sie hat ein Sechsganggetriebe, Doppelrohrrahmen, wiegt 75 kg und erreicht über 180 km/h. Das rührige Werk stellt außerdem Kleinkrafträder mit 49 ccm Drehschiebermotor, sowie Motorräder mit 124 und 247 ccm Zweitaktmotoren eigener Erzeugung her. Dazu kommen Roller (Maicoletta) mit 247 ccm und die berühmten Geländesportmodelle mit 124-, 247-, 345- und 354 ccm-Motoren. Daneben gibt es Moto Cross-Versionen, wobei die 124er je nach Ausführung 14,5 PS oder 18 PS, die 247er 28 PS und die 354er 35 PS leisten. Die zahlreichen deutschen Meisterschaften, die von Maico-Fahrern in den letzten Jahren, und besonders von Adolf Weil errungen wurden, sind das beste Zeichen, daß Deutschland international konkurrenzfähige Sportmaschinen liefert. Interessehalber sei hier auch die 1956–1958 gebaute 348 ccm und 394 ccm Maico »Taifun« erwähnt, die einen Parallel-Zweizylinder-Zweitaktmotor besaß und bei ihrem Erscheinen geradezu eine Sensation darstellte. Trotz starker ausländischer Konkurrenz konnten 1970 die Fahrer Toni

Gruber und Günter Fischer mit 123 ccm Maico Rennmaschinen den zweiten und dritten Platz bei der deutschen Straßenmeisterschaft erringen und Gruber war dabei nur zwei Punkte hinter dem deutschen Meister Siegfried Möhringer auf der japanischen Yamaha.

... Mammut in Nürnberg 1926 außer 248- und 348-ccm-Modellen mit eigenen Zweitaktmotoren auch 247- und 348-ccm-SV- und OHV-Viertakter mit englischen Blackburne-Motoren im Herstellungsprogramm hatte.

... 1968 auf der IFMA in Köln von Floyd Clymer, dem früheren Inhaber der Firma Mammut (Münch) in Ossenheim, folgende Typen angeboten wurden, teilweise mit dem Namen Indian am Tank: Modell »Papoose« 50 ccm Zweitakt; 500 ccm OHV Einzylinder mit Velocette-Motor; OHC-Versionen mit 500 ccm, 600 ccm und später auch 750 ccm-Motor sowie eine 750er mit 8 Ventilen. Andere Modelle sind die V-Zweizylinder Indian »Scout« mit 750 ccm und 1000 ccm SV-Motoren und die bereits bekannte große Mammut mit dem vierzylindrigen 1058 ccm NSU-Automobilmotor. Zu einer wirklichen Produktion und auch Weiterentwicklung kam es allerdings nur bei der großen »Mammut«. Floyd Clymer ist inzwischen gestorben. Die Mammut ist jetzt die Münch-4.

... sich Hildebrand & Wolfmüller 1894 das Wort »Motorrad« patentieren ließen, daß deren Werke in München nach anfänglicher Hochbeschäftigung immer mehr an Boden verloren und als man das Jahr 1900 schrieb, gab es diese erste Motorradfabrik der Welt nicht mehr.

... Albert Roders kleine 249 ccm Ermag mit dem eigenen OHV-Motor 65 mm Bohrung, 75 mm Hub und eine Höchstgeschwindigkeit von 110 km/h besaß und daß es sich um eine erstklassige Sportmaschine handelte, die bei entsprechender Weiterentwicklung einen führenden Platz hätte einnehmen können. Leider verhinderte die damalige wirtschaftliche Situation den Einsatz dieser schönen Maschine. Albert Roder, der auch für NSU hervorragende Motorräder schuf und dort 1962 in den Ruhestand trat, starb am 5. September 1970 in Heilbronn an den Folgen einer Operation im Alter von 74 Jahren.

... es während der zwanziger Jahre mehrere deutsche Rennmaschinen mit V-Zweiyzlindermotoren gab, die eigene Motoren besaßen; hier seien nur die OHV-Versionen von Mabeco (748 ccm), Wanderer (706 ccm und 746 ccm) sowie NSU (996 ccm) erwähnt.

... Fritz Ihle, Artur Müller, Ernst Lohse, Herbert Kirchberg und Erich Hirth Mitglieder der Werksmannschaft von Schüttoff in Chemnitz waren, und als 1930 das Werk von DKW in Zschopau übernommen wurde, fanden sich Müller und Kirchberg bei den Zschopauern.

... NSH in Hersfeld die einzige deutsche Motorradfabrik war, die 1927 den damals herausgekommenen 344 ccm Parallel-Zweizylinder Villiers-Zweitaktmotor serienmäßig einbaute, und daß dieser auch von Francis-Barnett (England), Monet-Goyon (Frankreich), La Mondiale (Belgien) und M. T. (Österreich) in beschränkter Stückzahl verwendet wurde.

... der Name Mars 1925 an den unorthodoxen 956 ccm Zweizylindermaschinen mit dem Maybach-Boxermotor und Stahlblech-Kastenrahmen verschwand und daß die umkonstruierte Firma in Nürnberg-Doos diese nunmehr »M. A.« nannte. Dies betraf auch spätere Modelle mit MAG, Villiers-, JAP- und Sturmey-Archer-Motoren, und erst, als nach dem Krieg die von Ing. Rudi Albert konstruierte 150 ccm »Stella« gebaut wurde, erschien sie wieder mit dem alten Namen »Mars« am Markt.

... der wohl kleinste deutsche OHV-Motor in einem Motorrad von Diag verwendet wurde, und zwar handelte es sich um eine Eigenkonstruktion mit 109 ccm Hubraum.

... man beim D-Rad 1922–1923 auch Spezialrennmaschinen für die Werksfahrer mit den damals verwendeten 398 ccm Zweizylinder-Boxermotoren herstellte. Normalerweise hatten diese seitengesteuerte Ventile, doch besaßen die Rennmodelle nicht nur obengesteuerte Ventile, sondern auch Wasserkühlung. Bei Rennen wurden sie meist von dem Berliner Erich Tennigkeit gefahren.

... MZ bis Ende 1966 rund 750 000 Motorräder gebaut hatte, und daß das Zschopauer Werk außer zahlreichen Varianten der netten 125, 150, 175 und 250 ccm Serienmaschinen nach wie vor erstklassige und erfolgreiche Geländesportmodelle mit 172, 243 und 293 ccm Breitwand-Zweitaktmotoren sowie die schnellsten deutschen Straßenrennmaschinen für die Klassen bis 250 ccm und 350 ccm baut.

... bevor Imperia 1926 von Köln-Kalk nach Bad Godesberg »übersiedelte«, dort ausschließlich Modelle mit Schweizer MAG-Motoren gebaut wurden; es handelte sich um 346 und 496-ccm-

Einzylinder und 500-, 600- und 750 ccm V-Zweizylinderversionen, die teils wechselgesteuerte, teils aber auch obengesteuerte Ventile besaßen. Der verstorbene Kölner Rennfahrer Erich Pätzold war 1925–1926 Spitzenfahrer dieser Marke.

... der Bekamo-Zweitaktmotor mit kombinierter Spül- und Ladepumpe, der von 1924 bis 1926 in den 175 ccm TX-Tankrohrmaschinen verwendet wurde, ein Bekamo-Lizenzerzeugnis von Westendarp & Pieper GmbH, Berlin W 66 war, und die damals erstaunliche Leistung von 6,5 PS bei 3450 U/min. entwickelte. Die von Dir. Ahrens, Ing. Kurt Pohle und anderen Fahrern gefahrenen wassergekühlten TX-Rennmodelle sollen bis 9 PS abgegeben haben.

... die letzten bei NSU 1952–1954 gebauten Werksrennmaschinen die 123 ccm »Renn-Fox« und die 246 ccm »Renn-Max« waren. Die erstere war ein Einzylinder, die größere Version ein Parallel-Zweizylinder. Beide besaßen zwei obenliegende Nockenwellen und wurden in den letzten Rennjahren von Werner Haas, Rupert Hollaus, H. P. Müller und Hans Baltisberger mit großen Erfolgen gefahren. Von diesem famosen Team lebt nur noch Müller.

.. Standard-Motorräder infolge ihrer erstklassigen Konstruktion und Ausführung einen sehr guten Ruf genossen. Die Popularität dieser Maschinen wurde auch durch die Rennerfolge der Werksfahrer Eugen Gerlach, Josef Thevis, Dipl.-Ing. A. F. Dom, Arthur Baltes, Albin Tommasi, Karl Gall, Paul Rüttchen, Rudi Ecker, Hermann Lang und Konrad Dürr vergrößert. Lang wurde später als Mercedes-Werksfahrer weltberühmt.

... es schon 1902 ein »Solituderennen« gab, und zwar führte die 5900 Meter lange Strecke vom Stuttgarter Westbahnhof auf die Solitude.

... man bei Alge in Knauthain bei Leipzig Ende der zwanziger Jahre die Fertigung eigener Motoren einstellte und dann nur noch englische 172-, 197- und 342-ccm-Villiers-Zweitakter einbaute.

... der selige Fritz Cockerell ein besonders Auge auf Italien hatte, wo seine 110 ccm Cockerell-Zweitaktmaschinen 1923–1925 zahlreiche Verbrauchskonkurrenzen gewannen und dadurch auch gute kommerzielle Erfolge erzielten.

... die letzten (1926er) Modelle von Orionette in Berlin sehr schöne glattflächige und moderne Maschinen waren. Der damals erfolgte kommerzielle Zusammenbruch der Berliner Zweitaktfirma lag aber nicht nur in der wirtschaftlichen Depression, sondern auch in dem großen finanziellen Aufwand, den man in die notwendige Entwicklung der von Engelbert Zaschka konstruierten Neukonstruktion mit 130,5 und 249 ccm Ventil-Zweitaktmotoren stecken mußte. Nur wenige dieser komplizierten und unorthodoxen Ventil-Zweitakter waren gebaut, als das verhältnismäßig kleine Unternehmen zusammenbrach.

... der Zweitaktmotor der zwischen 1924 und 1929 sehr beliebten kleinen 119 ccm Stock ein Kurzhuber mit 55 mm Bohrung und 50 mm Hub war. Die Stock-Motorrad AG., Berlin SW 11, Prinz-Albrecht-Straße 8, gehörte damals zu den größten Motorradproduzenten Deutschlands.

... die von Maico offerierten 49 und 124 ccm MD 50 und MD 125 Supersportmodelle mit eigenen Zweitakt-Drehschiebermotoren ausgerüstet sind, die 5,6 PS bei 8500 U/min. bzw. 14,5 PS bei 7200 U/min. leisten.

... Ing. Kurt Pohle, Konstrukteur und Rennfahrer von TX und Konstrukteur bei Windhoff, zu Beginn der dreißiger Jahre auch Einfluß auf die Konstruktion einiger Elfa-Modelle hatte.

... 1901 Ing. Paul Schauer die Progreß-Motoren & Apparatbau GmbH in Charlottenburg gründete und daß man dort in den folgenden Jahren zahlreiche gute und erfolgreiche Motorradkonstruktionen schuf.

... man bei den Nürnberger Hercules-Werken schon immer sehr gute Maschinen für Geländefahrer baute und daß die Versionen der mit Sachs-Breitwandzylindermotoren ausgerüsteten Geländesportmaschinen folgende Leistungen aufweisen: 49 cmm = 6,75 PS, 74 ccm = 8,5 PS, 97 ccm = 13 PS und 124 ccm = 16 PS.

... Andrees in Düsseldorf während der zwanziger Jahre nicht nur ölgekühlte 346 ccm Einzylinder und 498 ccm Boxer-Zweizylindermodelle mit englischen Bradshaw-Motoren, sondern auch 584- und 748 ccm V-Zweizylinder mit wechselgesteuerten MAG-Motoren baute.

... es zwischen den anfangs der zwanziger Jahre gebauten DKW-Zweitaktmaschinen und den von Franz Döpfner konstruierten 154 ccm Snob Viertaktern nicht nur auf Rennstrecken zu harten Kämpfen (Zweitakt kontra Viertakt!) kam, sondern daß es jahrelang zwischen beiden Firmen Federkriege in verschiedener Form in der Presse gab.

... die von Johannes Rössig von 1924 bis 1926 in Berlin-Charlottenburg gebauten 248 und 348 ccm OHC-Roconova Maschinen zu den ersten Königswellenmotorrädern deutscher Konstruktion gehörten. Josef Thevis und Johannes Rössig fuhren sie damals auch beim Großen Preis von Italien in Monza, wo sie zwar nicht siegten, aber beträchtliches Aufsehen erregten.

... Dipl.-Ing. Josef Ganz, der u. a. in den dreißiger Jahren den Standard »Superior« konstruierte, der von der bekannten deutschen gleichnamigen Motorradfabrik gebaut wurde, und der später via die Schweiz nach Australien zu Holden ging, dort vor kurzer Zeit starb.

... der Typ M2 B15 Einbaumotor von BMW, ein ab 1921 gebauter 494 ccm seitengesteuerter zweizylindriger Boxermotor mit 68 mm Bohrung und gleichem Hub, nicht nur damals von Victoria, sondern auch von Helios, RS, Heller, SBD, Bayerland, Karü, SMW, Bison und anderen kleineren Firmen verwendet wurde. Dagegen war der 143 ccm Einzylindermotor der damals bei BMW gebauten Flink nicht, wie vorher bei dieser Marke angegeben, ein Eigenerzeugnis der Münchner Werke, sondern stammte von der Baugesellschaft Michelsohn in Minden, Westfalen; es handelte sich um den damals bekannten Baumi-Einbaumotor. Als dann 1923 BMW die ersten eigenen kompletten Motorräder schuf, verschwanden alle anderen Erzeugnisse des Werkes, und das betraf nicht nur die 494 ccm-Einbaumotoren, sondern auch die Herstellung der Helios- und Flink-Maschinen.

... Ilo lieferte anfang der fünfziger Jahre an zahlreiche Motorradkonfektionäre Einbau-Zweitaktmotoren; Hecker, Patria, Schürhoff, Göricke, Anker, Rabeneick, U. T., Rixe, Hummel (Sitta), Tornax, Bücker, Torpedo, Hercules, Bauer, Expreß, Hoffmann, Meister, Bismarck, Geier, Panag, Wurring und Bastert gehörten zu den Kunden in Deutschland.

... das Motorradwerk der Waffenschmiede von Hermann Schilling in Suhl/Thüringen die Rennsteig-Motorräder auf Bestellung auch mit 346, 496 und 596 ccm SV- und OHV-Motoren von Sturmey-Archer ausrüstete.

... nach 1929 Arco mit luftgekühlten 197-ccm-Zweitaktern experimentierte, doch konnte die Fabrik in Speyer aus kommerziellen Gründen deren Serienherstellung nicht mehr aufnehmen.

... es sogar eine einzylindrige 248 ccm BMW-Werksrennmaschine gab, die 1925–1926 meist von Josef Stelzer gefahren wurde. In späteren Jahren wurde sie von einen Privatfahrer, dem ebenfalls inzwischen verstorbenen Hans Walter (Guben), erworben. Walter war in den dreißiger Jahren Mitglied der Geländemannschaft von DKW.

... viele Motorräder der zwanziger Jahre, die mit zweizylindrigen, in Längsrichtung angeordneten Boxermotoren ausgerüstet waren, unter Kühlungsproblemen litten, und daß auch die 398 ccm Star, Vorgängerin der ersten D-Räder, hier keine Ausnahme bildete.

... der Inhaber von 76 Weltrekorden auf BMW, der Münchner Ernst Henne, einer der größten Daimler-Benz Vertreter in Deutschland ist. Sein erstes Motorrad war eine Wanderer, und bereits 1925 bot er beim Großen Preis von Italien auf einer in München gebauten 348 ccm Astra mit OHV-Blackburne-Motor eine derart gute Leistung, daß man ihn bald darauf in den Werksrennstall von BMW engagierte. Ende 1937 zog er sich vom aktiven Rennsport zurück.

... man bei Tornax immer nur erstklassige Motorräder baute. Zunächst hatten diese englische JAP-Motoren, später kamen auch deutsche Columbus-(Horex-)Motoren und auch Modelle mit Ilo- und Sachsmotoren hierzu. In den dreißiger Jahren gab es auch die Tornax »Tornado«, die den von Horex gebauten 789 ccm Columbus-Parallel-Zweizylinder OHC-Motor besaß. Ernst Wewer, der Gründer und Besitzer der früheren Tornax-Werke in Wuppertal-Langerfeld starb 1967, 71 Jahre alt.

... der sehr erfolgreiche Maico-Moto-Cross-Fahrer Adolf Weil am 25. 12. 1938 das Licht der Welt erblickte und u. a. 1968 in den USA große Erfolge für das Werk in Pfäffingen errang.

... die nunmehr in Frankfurt/Main, Hanauer Landstraße 208/210, ansässige Torpedo-Rad GmbH auch Mofas und Mopeds in ihrem Bauprogramm hat, doch baut die seit 1896 existierende Firma keine größeren Motorräder mehr.

... zu den käuflichen BMW-Rennmaschinen 1938 die obengesteuerte R51 SS, 1939 die R51 RS und 1953 die bereits mit einem OHC-Motor ausgerüstete RS gehörten. Kompressor-Rennmaschinen wurden vom Werk an Privatfahrer nie verkauft.

... Württembergia-Motorräder, in Velten bei Berlin gebaut, deshalb diesen Namen trugen, weil die Württembergia AG, Fabrik für landwirtschaftliche Maschinen und Motorradwerke, auch ein Werk in Mengen in Württemberg hatte. Dort entstand auch das später nach Velten verlegte Unternehmen.

.. es Anfang der fünfziger Jahre in Deutschland auch eine Firma gab, die Kleinkrafträder mit 123 ccm Ilo-Motoren unter dem Namen »Planet« erzeugte.

.. ab 1921 bei der Firma Willi Ostner in Dresden Vergaser und Fahrgestelle gebaut wurden. So wurden ab 1924 auch Rahmen für »Renner-Original« angefertigt, und als 1927 die ersten eigenen himmelblauen OD-Motorräder entstanden, übernahm der bisher bei Renner tätige Karl Ostner, ein Bruder des Firmenchefs, die Produktionsleitung. Arno Zaspel, der spätere Werkmeister und Rennfahrer von OD, fuhr damals noch Victoria-Seitenwagenmaschinen bei Rennen. Zaspels OD-Werks-Seitenwagenrennmaschine hatte den 55 PS V-Zweizylinder 996 ccm OHV-Rennmotor von JAP, wie er sich auch in Rennmodellen von Tornax, Ardie, Bücker, Standard fand.

... Victoria in Nürnberg, jetzt zur Zweirad-Union gehörend, jahrelang durch die dort gebauten 500 und 600 ccm Modelle mit Boxer-Zweizylindermotoren berühmt war. Nach 1945 war der kleine 38 ccm Vicky-Fahrradeinbaumotor sehr beliebt, doch baute das Werk auch zahlreiche gute größere Zweitakter eigener Konstruktion. Victoria war einst auch bei Rennen sehr erfolgreich, und es seien hier nur Fahrer wie Möritz, Grohmann, Escoffier, Münzig, P. Müller (Augsburg), H. P. Müller (Bielefeld), Karl Bodmer, Kurt Füglein, Herbert Adam, Ing. Otto Mühlbacher, Dotterweich, Höfle und Toni Babl erwähnt.

... eine der letzten Konstruktionen bei Horex in Bad Homburg 1956 die mit einen 47 ccm Zweitakt Sachs-Motor ausgestattete kleine »Rebell« war. 1923 wurde die Firma von der Familie Kleemann als Familien AG gegründet, und nachdem Ende der fünfziger Jahre der Motorradbau eingestellt wurde, veräußerte man die Betriebsstätten an die Daimler-Benz AG.

... Otto Dehne, durch seinen Schaltlenker und andere Patente bekannt, schon 1924 für die Konstruktion der schnellen 198 ccm Zehner Motorräder verantwortlich zeichnete.

... Anfang der fünfziger Jahre wieder Standard-Motorräder gebaut wurden, doch handelte es sich um Maschinen, die mit 244 ccm Ilo-Zweizylinder-Zweitaktmotoren im Schweizer Werk, das die Firma seit den dreißiger Jahren besaß, entstanden. Zwischen Standard und der Schweiz bestanden schon immer enge Verbindungen, und dazu gehörte nicht nur der langjährige Einbau von MAG-Motoren, sondern auch der Ankauf der früheren Zehnder-Werke in Gränichen.

... man bei der Wittler & Co., GmbH., in Bielefeld in den zwanziger Jahren außer Fahrrädern auch nette 198 und 249-ccm-Zweitaktmaschinen, teilweise mit eigenen Motoren, baute, während die meisten anderen Motorradhersteller in der Fahrradstadt Bielefeld die Antriebsquellen von Spezialfabriken bezogen.

... zu den deutschen Rennfahrern, die auf Motorrädern und Automobilen an den Start gingen, u. a. Rudi Klein, Bernd Rosemeyer, Adolf Brudes, Paul Weyres, Eugen Stösser, Walter Bäumer, Adolf Reichenwallner, Ing. Kurt Weichelt, Richard v. Frankenberg, Eugen Krings, Alexander v. Falkenhausen und Hans Soenius gehörten.

... die großen einzylindrigen Baier-Doppelkolben-Zweitaktmaschinen den ungewöhnlichen Hubraum von 476 ccm besaßen und bei Rennen auch von Willi und Karl Baier gefahren wurden.

... man bei Kreidler in Kornwestheim außer einem Mokick und den zwei 49 ccm Florett-Versionen TM und RS (Touren und Sport) nunmehr auch ein erstmalig auf der 1968 IFMA in Köln gezeigtes hübsches Mofa baut.

... das Jahr 1930 geschrieben wurde, als man bei Hercules erstmalig Maschinen mit Sachs-Zweitaktmotoren baute, und zwar handelte es sich damals um den kleinen 75-ccm-Sachsmotor.

... zahlreiche deutsche Fahrradfabriken Motorräder, teilweise aber auch Automobile, herstellten resp. noch bauen, und daß man hierzu die Marken Opel, Adler, Dürkopp, Mars, Triumph, Hercules, Victoria, Elite, Stoewer, Expreß, Bauer, Torpedo, Heidemann, Rixe, Bismarck, Vaterland, Meister, Phänomen, NSU, Gritzner, Maico, Anker, Goebel, T. A. S., Dreistern, Metzger & Schlegel, Goldberg, Allright, Seidel & Naumann, Diamant, Fadag, Schminke, Tremonia, Cito, Bleha, Corona, Brennabor, Hansa, Elfa, Westfalia, Mafa, Premier, Wanderer, Patria-WKC, Falter, Rabeneick, Gritzner, Wittler, Panther, Miele und Göricke zählen kann.

... bei Wiga in Ludwigshafen auch nach 1930 noch einige Maschinen mit 493 ccm »K«-Motoren gebaut wurden, und daß es auch noch nachher Experimente mit verschiedenen Motorradkonstruktionen gab. So gab es 1938 eine moderne 496 ccm Einzylindermaschine mit Hinterradfederung und dem damals neuen »high camshaft«-Motor von JAP in London.

... die 1971 bei Zündapp in München gebauten 50 ccm Modelle K 50 Sport und K 50 Super-Sport mit neuen Zweitaktmotoren ausgerüstet wurden, die 6,25 PS bei 7500 U/min. abgaben, und daß die KS 100, eine 98 ccm Version auf 10 PS bei 6300 U/min. kam. Ganz neu für 1971 entstand die KS 125 Sport; ein richtiges Motorrad mit einem 123 ccm Motor, dessen Leistung mit 15 PS bei 7500 U/min. angegeben wird. Gegangen sind die Zeiten der Zündappschen »Bauernmotorräder«, wie es z. B. die gute 197 ccm »Norma« war, und obwohl man dort nach wie vor höchst solide baut, kann die KS 125 Sport ihre Rasse nicht verleugnen.

... am 20. November 1923 (in der Inflationszeit!) eine 211 ccm Zündapp Z 22 nicht weniger als 1200 Billionen Mark kostete. Damals entstand das ein Jahr später herausgekommene 249 ccm »Einheitsmodell«, das jahrelang zu den beliebtesten Maschinen Deutschlands gehörte. Derzeit werden im Werk München außer Motorrädern auch Mofas, Mopeds, Mokicks und Kleinroller mit 49 ccm Motoren gebaut.

... Martin Stolle, vorher Konstrukteur bei BMW, Victoria, Sedlbauer und den Deutschen Werken (D-Rad), 1932 ein Kleinkraftrad mit einen 144-ccm Bark-Zweitaktmotor unter dem Namen »Sursum« schuf. Zu einer Serienproduktion kam es infolge der damaligen schlechten Wirtschaftsverhältnisse nicht.

... es in den dreißiger Jahren auch einen seitengesteuerten »K« (Küchen) Einbaumotor mit 346 ccm und 496 ccm Hubraum gab. Hercules und Elfa gehörten zu den Firmen, die ihn verwendeten. Andere deutsche Einbaumotorenhersteller zwischen den beiden Weltkriegen waren Kühne, Bark (Nachfolgerfirma von Kühne), Columbus (gehörte zu Horex), Fichtel & Sachs, Ilo, Heros, Bekamo, Gruhn, Windhoff, Baumi, DKW, Cockerell und Alba.

... die heutigen Mofas, Mopeds, Mokicks etc. bereits 1930 Vorgänger hatten, als Sachs und Ilo 75 ccm Motoren herausbrachten. Diese neuen Fahrzeuge nannte man oft »Volksmotorräder«. Hecker, Elfa u. a. Firmen verwendeten diese Bezeichnung.

... Deutschlands Motorradindustrie nie vor ungewöhnlichen Konstruktionen zurückschreckte. Die einst in Chemnitz gebaute »Oruk« gehörte zu ihnen. Oruk stand für »Ohne Riemen und Kette«, und diese Maschinen hatten, wie auch die fünfzylindrige 640 ccm Megola mit dem Motor im Vorderrad, keinen derartigen Antrieb. Hier lag der Motor auf der linken Seite neben dem Hinterrad! Technisch zwar interessant, war die Oruk in der Praxis und auch damit in kommerzieller Beziehung kein Erfolg.

... die zwischen 1923 und 1925 gebauten Ammon Preßstahlrahmen-Motorräder nur über die Hansa Westfalia Handels AG in Berlin und nicht von der Fabrik erworben werden konnten.

... Egon Weitzel für die Konstruktion der ungewöhnlichen Autoflug-Motorroller und Motorräder, die Bekamo und DKW-Zweitaktmotoren besaßen, verantwortlich war.

... nach dem zweiten Weltkrieg bei Adler in Frankfurt gebaute Zweitaktmaschinen von Hermann Friedrich entworfen wurden und zu den besten Zweitaktern der fünfziger Jahre gehörten.

... es nicht nur die Atlantik-Werke G.m.b.H. in Bamberg gab, sondern daß auch die Etablissements Besse, 4—6 Boulevard de la Republique, Aix Le Provence, Atlantic-Motorräder (mit »c« am Ende!) um 1930 herum bauten.

... A. F. W., ursprünglich in Gleina bei Zeitz in Sachsen (und nicht in Brakel/Sachsen) später den Motorradbau nach Brake in Westfalen verlegte.

... sofort nach Kriegsende 1918 Alfred Baruch die Stettiner Alba-Werke gründete und dort schon 1919 die ersten Alba-Motorräder baute.

... die auch unter den Namen Sterna und Menos gebauten Aristos Zweizylindermaschinen mit liegenden wassergekühlten Viertaktmotoren und geschweißten Stahlblechfahrgestellen von Ing. Johannes Pässler gebaut wurden und daß Carl von Treu kaufmännischer Direktor dieser nicht lange existierenden Berliner Motorradfabrik war.

... die bisher hier nicht erwähnte Automobil- und Motorrad-Bau AG in Berlin-Steglitz, Kniephofstraße 64, 1922–1924 auch Kleinkrafträder mit Gruhnschen Fahrgestellen und Zweitaktmotoren anbot.

... 50 ccm und 124 ccm Zündapp-Motoren jetzt in die AGS-Motorräder der holländischen Firma J. de Groot, Veendijk 41, Havelte, eingebaut werden und daß andere holländische Motorraderzeuger wie Batavus und Cyrus deutsche Sachs-Motoren verwenden.

... zu den deutschen Marken B. B. und Be-Be, auch noch eine weitere B. B. dazukommt. Die erste hieß nach dem Hersteller B. Bortius und wurde in Stettin gebaut; die Be-Be war ein Erzeugnis der Berlin-Burger Eisenwerk AG und die jetzt erst »aufgetauchte« B. B., ein anfangs der zwanziger Jahre gebauter kleiner Viertakter, stammte von der Firma Berthold Bielagk, Berlin N. 113, Greifswalderstraße 42.

... der berühmte Konstrukteur der Megola 5-Zylindermaschine Fritz Cockerell bereits 1919 mit Dr. Jur. Heinrich Fuld die Cockerell-Werke in Nürnberg gründete und daß diese dann in den Besitz von Samuel Felix Weikersheimer übergingen, bevor man 1924 die Tore schließen mußte. Dabei waren die 110 ccm, 145 ccm und 165 ccm Cockerell Zweitaktmaschinen erstklassige Erzeugnisse, die leider auch ein Opfer der Inflation wurden.

... in der zweiten Hälfte der zwanziger Jahre die Firma Carl Rueff, München, Bruderstraße 5, die mit 173 ccm Villiers-Zweitaktmotoren ausgerüsteten C. R.-Motorräder baute und daß ein erfolgreicher Konkurrent mit diesen Erzeugnissen bei Sportveranstaltungen der noch immer sehr aktive und populäre Otto Sensburg war.

... die mit modifizierten 1197 ccm Vierzylinder-NSU-Automotoren ausgerüsteten Mammut-Motorräder nunmehr »Münch-4« heißen.

... zwischen 1923 und 1932 drei berühmte deutsche Konstrukteure, Ing. H. F. Günther, Obering. Christiansen und Obering. Martin Stolle bei den D-Rad-Werken in Berlin-Spandau waren.

... Ernst Eichler, als er sich 1924 von Eichler & Co., vorübergehend trennte, die mit Tankrohr-Preßstahlrahmen ausgestatteten Ernst Eichler-Motorräder mit Zwei- und Viertaktmotoren baute aber mit diesen keine besonderen kommerziellen Erfolge hatte.

... es zwischen der Fahrzeugfabrik Düsseldorf AG, Hersteller der Fadag-Motorräder, und der Vis A.G. in München eine enge technische und kommerzielle Verbindung gab.

... die Bielefelder Göricke-Werke ebenso wie Panther jetzt zur Schminke-Gruppe gehören und daß der einst in Deutschland wohnhafte französische Fahrer Lismonde gute Sporterfolge auf mit Blackburne-Motoren ausgerüsteten Göricke-Motorrädern hatte.

... Richard Gruhn nicht erst nach dem ersten Weltkrieg Motorräder baute, sondern bereits 1909 mit dem Motorradbau in Berlin begann.

... die Gemeinschaft Deutscher Autofabriken, aus den Marken Brennabor, Hansa, Hansa-Lloyd und NAG bestehend, baute 1923–1925 auch die G. D. A.-Motorräder, die 148 ccm Zweitaktmotoren von DKW besaßen.

... es eine »deutsche« Motorradmarke in Italien gibt, die früher hauptsächlich NSU-Motoren verwendete und daß diese Marke »Müller« jetzt Sachs-Zweitakter einbaut.

.. die 1923 entstandene Parallel-Zweizylinder Motag von der Motor-Handelsgesellschaft, Berlin W. 15., Kurfürstendamm 220 gebaut wurde, jedoch nie einen Erfolg hatte.

... NSU-Motorradkonstruktionen seit Jahren von der jugoslawischen Firma Pretis in Sarajewo gebaut werden und sich dort eines guten Rufes erfreuen.

... noch heute, nach 40 Jahren, eine große Freundschaft zwischen den früheren und in Deutschland sehr populären und erfolgreichen englischen NSU-Werksfahrer Tom Bullus und seinem damaligen NSU-Teamkollegen Toni Ulmen besteht. Bullus wohnt in Leeds in Nordengland, Ulmen in Düsseldorf.

... Oswald Giebel, ein Leipziger, Konstrukteur der O. G. E.-Motorräder war und daß auch er viel mit unorthodoxen Zweitaktkonstruktionen experimentierte.

... der Konstrukteur der M. W. (Paffrath) Motorräder, Paul Paffrath, nach 1945 nach Linz am Rhein kam und dann dort die kleinen Eilenriede-Fahrrad-Einbaumotoren schuf; ein größerer Erfolg war ihnen nicht beschieden. Paffrath gehörte zweifellos zu den einfallsreichsten deutschen Konstrukteuren.

... die 1912 gegründete Zweigfabrik der englischen Premierwerke (Coventry) in Nürnberg nicht der Stammfirma, sondern Justus Christian Braun gehörte und als diese 1919 in Nürnberg liquidiert wurde, gründete Arno Dietrich, der Werkmeister, in Nürnberg seine eigene Motorradfabrik ... Ardie. Bemerkt sei, daß der Motorradbau von Premier-Nürnberg zum Großteil schon 1913 über die Grenze »verschoben« wurde und sich in Eger (Cheb) befand. Eger gehörte zur österreichisch-ungarischen Monarchie und ab 1918 gehört die Grenzstadt zur Tschechoslowakei.

... Roco (und nicht Roconova!) Motorräder von der Berliner Firma Rossner & Co. gebaut wurden und daß die Brüder Hermann und Heinrich Rossner, die aus Zeitz in Thüringen stammten, berühmte und erfolgreiche Rennfahrer, besonders auf Mabeco und Victoria, waren.

... der in Karlsruhe wohnhafte Adolf Kornmann, einst Hersteller der Superia-Motorräder (mit Küchen-Motoren) und bekannter Rennfahrer, Ende der sechziger Jahre starb.

... die in Motorradkreisen unbekannte Frau Elise Grötsch 1918 Besitzerin der Maschinenfabrik Scharrer & Gross in Nürnberg wurde, wo man in den zwanziger Jahren die guten S. & G.-Motorräder baute.

... seit einigen Jahren der Name der Fabrik der ostdeutschen »Simson«-Leichtkrafträder auf VEB Fahrzeug- und Jagdwaffen-Werk »Ernst Thälmann«, Suhl/Thüringen, abgeändert wurde.
... Hercules mit dem Wankelmotor-Prototyp 1970 auf der IFMA eine einmalige Motorrad-Sensation bot und daß diese Versuchskonstruktion auch Kardanantrieb hatte.
... sich Maico jahrelang überhaupt nicht aktiv am Sport beteiligt hat und daß heute die in Pfäffingen gebauten Zweitakter, Straßenrennmaschinen mit Drehschiebersteuerung und Moto Cross und Geländesportmaschinen nicht nur in Deutschland, sondern in aller Welt erfolgreich und beliebt sind.
... die 1197 ccm Münch-4 mit ihren 88 PS das teuerste und stärkste serienmäßig in Deutschland gebaute Motorrad ist. Der Preis 1971: DM 10 780.–.
... 1970 Maico zahlreiche Meisterschaftserfolge hatte und Zweite bei der 125 ccm Weltmeisterschaft bei Straßenrennen, Dritte bei der 500 ccm Moto Cross-Weltmeisterschaft, Europameister bei Bergrennen in der 250 ccm Klasse, Österreichische und Schweizer Meister bei 125 ccm Bergrennen, Französische 500 ccm Moto Cross-Meister und auch Französische 125 ccm Straßenmeister; Deutsche, Österreichische und Holländische Vizemeister im 125 ccm Straßenrennsport, Deutsche 250 ccm, 350 ccm und 500 ccm Geländesportmeister und auch Deutsche Juniorenmeister im 250 ccm und 500 ccm Geländesport wurden.
... auch Zündapp 1970 wieder sehr erfolgreich war und 5 Europa-Geländemeisterschaften, 6 Deutsche Geländemeisterschaften und 3 Deutsche Trialsmeisterschaften gewann.
... es bei BMW für 1972 Detailänderungen und vor allem auch neugeformte Betriebsstoffbehälter gibt.
... der Absatz deutscher Motorräder 1971 einen großen Aufschwung genommen hat und daß Erzeugnisse von Kreidler bei internationalen Straßenrennen hervorragende Erfolge errangen.
... Horst Owesle mit der vierzylindrigen Münch-URS Rennmaschine 1971 Weltmeister der Seitenwagenklasse bei Straßenrennen wurde.
... Maico 1971 bei Moto-Cross Veranstaltungen mit Adolf Weil, Willy Bauer, Christoph Specht, Ernst Schmid und Hans Maisch immer wieder unter den erfolgreichsten Marken am Ziel war.
... man bei Schüttoff in Chemnitz 1928 auch mehrere 346 ccm-Werksrennmaschinen mit OHC-Motoren eigener Konstruktion ausgerüstet hat.
... die Brüder Franz und Karl Zürtz von 1922 bis 1925 sehr gut konstruierte Maschinen mit 148 ccm-DKW, 198 ccm-OHV-Motoren von Paqué und 246 ccm-OHV-Columbus-Motoren gebaut haben, die den Namen »Zürtz-Rekord« trugen.
... man in den Jahren 1928–1930 beim Rupp-Motorfahrzeugbau in Swinemünde außer 198 ccm-Zweitaktern mit Villiers-Motoren auch 346 ccm- und 496 ccm-OHC-Einzylindermodelle mit Küchen-Motoren im Programm hatte.
... August Wurring bereits 1921 Motorradhersteller war, und daß seine ersten Maschinen Villiers-, Blackburne-, DKW-, Küchen- und auch Kühne-Einbaumotoren in seinen AWD-Fahrgestellen besaßen.
... Cockerell-ähnliche 124 ccm-Zweitaktmaschinen unter dem Namen »Hermes« zwischen 1922 und 1925 vom Motorradbau Ing. Berwald in Hamburg hergestellt wurden, und daß derzeit noch eine Anzahl dieser Maschinen existiert.
... zahlreiche berühmte Oldtimer, wie die fünfzylindrige 640 ccm-Megola, die sagenhafte 956 ccm-Mars mit Kastenrahmen und Maybach-Boxermotor, Böhmerlands 598 ccm-»Langfahrgestelltyp«, die ölgekühlte 746 ccm-Vierzylinder-Windhoff, hochqualitative und interessante Wanderer-Modelle, zahlreiche DKW-Typen inklusive einer der seltenen 348 ccm Werks-Dreizylinder-Rennmaschinen, eine NSU-Sportmax und zahlreiche andere NSU-Modelle, fast die komplette BMW- und Zündapp-Reihe, prachtvolle Maschinen von Tornax, Standard, OD, Imperia, Mabeco, Adler, Victoria, D-Rad, Hercules, Wimmer, Schüttoff, UT, Opel, Imme, Hoffmann, Bücker, Phönix und auch die einst berühmte KG (Krieger-Gnädig) nebst anderen deutschen (und ausländischen) Motorrädern im Deutschen Automobil- und Motorradmuseum in Bad Oeynhausen vertreten sind, und daß sich unter den ausländischen Marken auch Moto Guzzi, Gilera, FN, Sarolea, Indian, Harley Davidson, Puch, Motosacoche, Rudge, AJS, Nimbus und andere befinden.
... der Rennfahrer Dieter Braun 1972 auch eine zweizylindrige 248 ccm-Rennmaschine unter Verwendung von Maico-Teilen erfolgreich gesteuert hat.
... es bei MZ in Zschopau auch eine wassergekühlte dreizylindrige 125 ccm-Zweitaktrennmaschine gegeben hat, und daß diese jetzt im Zweitaktmuseum auf der Augustusburg im Erzgebirge (DDR) steht.

... der bekannte Konstrukteur J. F. Drkosch 1972 einen neuen 498 ccm-Bahnmotor entworfen hat.
... es 49 ccm-Kreidler-Motoren gibt, die durch Weiterentwicklung für Rennzwecke 15 PS bei 14 800 U/min erreichen.
... sich 1971 die Nürnberger Hercules-Werke an die Spitze der deutschen Zweiradindustrie setzen konnten.
... Robert A. Lutz, von seinen Freunden kurz »Bob« genannt, 1972 als Nachfolger von Paul G. Hahnemann, Verkaufsdirektor bei BMW wurde.
... die bekannte Berliner Bootsmotorenfirma König 1972 500 ccm Straßenrennmaschinen mit vierzylindrigen Boxer-Zweitaktern mit Erfolg eingesetzt hat, und daß diese – an der Kurbelwelle – 86 PS bei 10 500 U/min abgeben.
... es bei Maico auch eine einzylindrige Moto Cross-Zweitaktmaschine mit einem Hubraum von 501 ccm gibt, die 91,6 mm Bohrung und 76 mm Hub hat.
... Bücker in Oberursel bereits 1926 seitengesteuerte 498 ccm- und 598 ccm-Columbus-Einbaumotoren verwendete.
... der Cockerell-Hilfsmotor für Fahrräder 1925–1926 gebaut wurde, über dem Hinterrag lag und bei einem Hubraum von 110 ccm 1 PS abgab.
... Flottweg-Motorräder, in den Otto-Werken München gebaut, zunächst 169,6 ccm Hubraum und von oben gesteuerte Ventile hatten.
... es 1924–1926 in Berlin gebaute Hermes-Motorräder mit englischen 346 ccm-, 496 ccm- und 678 ccm-JAP-Einbaumotoren gab.
... die frühere Norddeutsche Maschinenfabrik GmbH in Pinneberg, bekannt auch als Hersteller von Zweitakt-Einbaumotoren unter dem Namen »Ilo«, von 1923 bis 1926 komplette Ilo-Motorräder baute, die 130 und 170 ccm Hubraum besaßen.
... die Firma Karl Diem in Mannheim, einst Hersteller der Kadi-Motorräder, auch sehr nette 496 ccm-Einzylindermodelle mit Doppelschleifenrahmen und »K«-Motoren fabrizierte.
... es in den mittleren zwanziger Jahren bei Mammut in Nürnberg Modelle mit eigenen 249 ccm-Zweitaktmotoren sowie 248 ccm- und 348 ccm-Viertakter mit SV- und OHV-Motoren von Blackburne gab.
... Hansa in Bielefeld 1926 198- und 248 ccm-Einzylinder-OHV-Maschinen mit eigenen Motoren und Doppel-Dreiecksfahrgestellen baute, bei denen der Hinterradantrieb mittels Riemen vom Zweigang-Blockmotor erfolgte.
... die ersten Phönix-Motorräder 1933 nicht in Neheim-Ruhr von RMW, sondern vom Phönix-Motorradwerk GmbH in Wentholtshausen, Kreis Meschede/Westfalen, hergestellt wurden.
... Fafnir in Aachen, eine der ersten deutschen Firmen, die Einbaumotoren lieferten und komplette Motorräder (sowie Automobile) herstellten, in den dreißiger Jahren Speichen für Räder anbot.
... die Firma Windhoff in der Benningsenstraße in Berlin noch heute existiert, aber seit 40 Jahren keine Motorräder mehr herstellt, und daß es auch noch die frühere Autofabrik Windhoff in Rheine gibt, die schon seit rund 60 Jahren keine Automobile mehr baut.
... Gutbrod-Rasenmäher und ähnliche Maschinen für die Landwirtschaft von den Söhnen Wilhelm Gutbrods, der 1926 die Standard-Motorradfabrik in Ludwigsburg gründete, hergestellt werden.
... Dipl.-Ing. Steinlein, der verstorbene Motoren-Entwicklungschef von Fichtel & Sachs, 1925 die Kompressor-Rennmaschinen von Victoria in Nürnberg schuf, und daß Adolf Brudes beim Kilometerrennen in Freiburg/Br. mit so einer 500 ccm-Boxer-Zweizylindermaschine 1926 schon 166 km/h erreichte.
... in den frühen dreißiger Jahren die schnellen 348 ccm-OHV-Einzylindermotoren der Victoria-Maschinen von Raleigh (Sturmey-Archer) in England konstruiert und für Victoria bei Horex (Columbus) in Bad Homburg v. d. H. gebaut wurden.
... die R 90 S von BMW eine seit 1973 gebaute 898 ccm OHV-Sportmaschine mit 67 PS bei 7000 U/min ist.
... Hercules als erste Motorradfabrik Deutschlands eine serienmäßige 293 ccm Maschine mit einem Wankel Kreiskolben-Einscheibenmotor von Fichtel & Sachs herausgebracht hat.
... man bei Münch eine dreizylindrige 700 ccm Zweitaktmaschine als Prototyp entwarf und es fraglich ist, ob diese Konstruktion – Motor von Fichtel & Sachs – in Serie gehen wird.
... es 1925–1926 in Leipzig gebaute Zeus-Motorräder mit 346 ccm und 498 ccm Küchen-Motoren gab und daß diese Motoren – wie bei den Wanderer-Zweizylindermodellen – im Fahrgestell hängend angebracht wurden.

ÖSTERREICH

ALFA-GNOM

Franz & Anton Rumpler, Motorradfabrik, Wiener Neustadt, Grünangergasse 11

Diese Firma war in den zwanziger Jahren als Hersteller der mit JAP-Motoren ausgerüsteten Smart-Motorräder bekannt, doch baute man dort auch eine beschränkte Anzahl Alfa-Gnom-Maschinen, die mit eigenen 594-ccm-Einzylinder-OHC-Motoren ausgerüstet wurden. Obwohl hier eine obenliegende Nockenwelle verwendet wurde, waren diese 1927–1928 gebauten Motorräder hauptsächlich als schnelle Tourenmaschinen gedacht.

ALLSTATE

Steyr-Daimler-Puch A. G., Graz-Thondorf

Ein in Österreich unbekannter Namen, und doch werden diese Mopeds, Roller und Motorräder von der größten Fabrik des Landes hergestellt. Es handelt sich um Erzeugnisse von Puch, die in den USA seit Anfang der fünfziger Jahre unter dem Namen Allstate von der großen Firma Sears-Roebuck verkauft werden. Mehr über diese Maschinen unter Puch.

AUSTRIA

K. Lamperts, Motorradwerk, Trautmannsdorf

Bereits vor dem ersten Weltkrieg gab es unter diesem Namen hergestellte Fahrradmotoren. Lamperts begann jedoch erst 1930 in den früheren D. S. H.-Werken den Bau seiner von Ing. Hauler konstruierten Austria-Motorräder. Diese waren mit Doppelschleifenrahmen aus gezogenen Duralumin-Profilen hergestellt und umfaßten eine Modellreihe mit 346 ccm Villiers-Zweitakt-Einzylindermotoren in luft- und wassergekühlter Ausführung, ferner eine 348 ccm SV-Maschine mit dem englischen Sturmey-Archer-Motor,

346 ccm Austria (Villiers) 1930

348 ccm Austria (Sturmey-Archer) 1931

und auf Bestellung konnten diese Austria-Konstruktionen auch mit SV oder OHV-JAP-Motoren geliefert werden. Die Produktion wurde 1933 eingestellt.

AUSTRIA-ALPHA

Josef Illichmann, Motorradbau, Wien XVI, Hasnerstraße 8 (später 73)

Der bekannte Rennfahrer Josef Illichmann, welcher Ende der zwanziger Jahre bei Werner-MAG tätig war und der jetzt ein Großunternehmen (Gießerei) in Wien und Altmünster/Traunsee (Oberösterreich) besitzt, baute bereits 1935 eine interessante 249 ccm V-Zweizylinder-OHC-Rennmaschine mit 49 mm Bohrung und 66 mm Hub, bei der der Motor quergestellt – wie bei der neuen V-Zweizylinder-Moto-Guzzi – im Fahrgestell lag. Der Konstrukteur fuhr diese Maschine selbst erfolgreich bei Rennen.

249 ccm Austria-Alpha (V-Zweizyl. OHC-Rennmaschine) 1935

Später baute er auch eine 496 ccm OHV-Einzylinder-Rennmaschine und errang Weltruf durch die von seiner Firma hergestellten Fußschaltungen, Hinterradfederungen und Vollnabenbremsen. Nach dem Krieg kehrte er eine Zeitlang zum Motorradbau zurück und schuf nette 250 ccm Zweitakt-Sportmaschinen mit Puch-, hauptsächlich jedoch mit

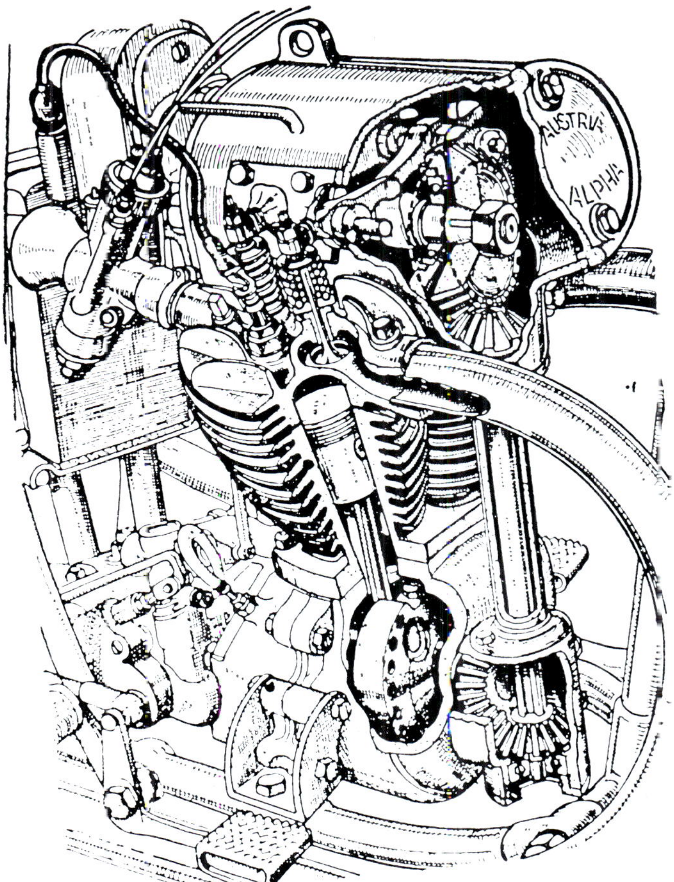

249 ccm Austria-Alpha (quergestellter OHC-V-Motor) 1935

244-ccm-Zweizylinder-Ilo-Zweitaktmotoren. Bemerkenswert an diesen Austria-Alpha-»Komet«-Versionen waren die Leichtmetall-Vollnabenbremsen mit 200 mm ∅ und 40 mm Bremsbackenbreite. Die immer größer werdende Gießerei von Illichmann verhinderte den Weiterbau von Motorrädern.

AUSTRO-ILO

Temple & Co., Wien VI, Mollardgasse 67

Eine alte Motorrad-Importfirma in Wien, die u. a. amerikanische Super-X- und Henderson-Maschinen nach Österreich einführte und auch mit Zubehör, wie z. B. Schebler-

Vergasern, handelte. 1938 ging sie zur Herstellung eigener Volksmotorräder mit 120-ccm-Ilo-Zweitakt-Einbaumotoren über, doch kam es nicht zu größerer Produktion, da das Unternehmen nach dem Anschluß an Deutschland keine Baubewilligungen seitens der offiziellen Stellen bekam.

AUSTRO-MOTORETTE

1. Steirische Fahrzeugwerke A. G., Puntigam bei Graz
2. Grazer Motorenwerke A. G., Puntigam bei Graz

Die Austro-Motorette war eine unorthodoxe Konstruktion von Ing. Karl Schüber und wurde von 1924 bis 1927 gebaut. Sie hatte einen vertikal angeordneten 144 ccm Paral-

144 ccm Austro-Motorette (Zweizyl.-Zweitaktmotor) 1927

lel-Zweizylinder-Zweitaktmotor mit 48 mm Bohrung, 40 mm Hub und 2,5 PS bei 3000 U/min. Motor und Zweiganggetriebe bildeten einen Block, der Hinterradantrieb erfolgte mittels Kette. Das Werk baute auch einen einzylindrigen 82 ccm-Fahrrad-Hilfsmotor, der das Vorderrad über Zahnräder antrieb. Daneben wurden von derselben Firma die größeren Titan-Motorräder hergestellt. Besonders interessant waren einige 1925 entworfene Werksrennmaschinen; diese 173 ccm Austro-Motoretten besaßen Viertaktmotoren mit zwei obenliegenden Nockenwellen und wassergekühlten Zylinderköpfen. Bedauerlich, daß diese interessante Konstruktion nicht weiterentwickelt wurde und erhalten blieb.

AUSTRO-OMEGA

Josef Pruckner, Korneuburg (Niederösterreich), Lebzeltergasse 12

Bei Pruckner stellte man seit Ende der zwanziger Jahre bis Ende der fünfziger Jahre Seitenwagen, sowie von 1930 bis 1939 erstklassige Motorräder, meist mit englischen JAP-Motoren her. Es handelte sich um Maschinen typisch englischer Bauweise mit 348 ccm, 496 und 746 ccm Hubraum und seiten- sowie obengesteuerten Ventilen. Die 746-ccm-V-Zweizylindermaschine war nur mit dem SV-Motor von JAP erhältlich, während die Einzylindermodelle auch mit Sturmey-Archer-Motoren geliefert wurden. Eine moderne Konstruktion und gute Werkmannsarbeit machten die Austro-Omega Konstruktion bald

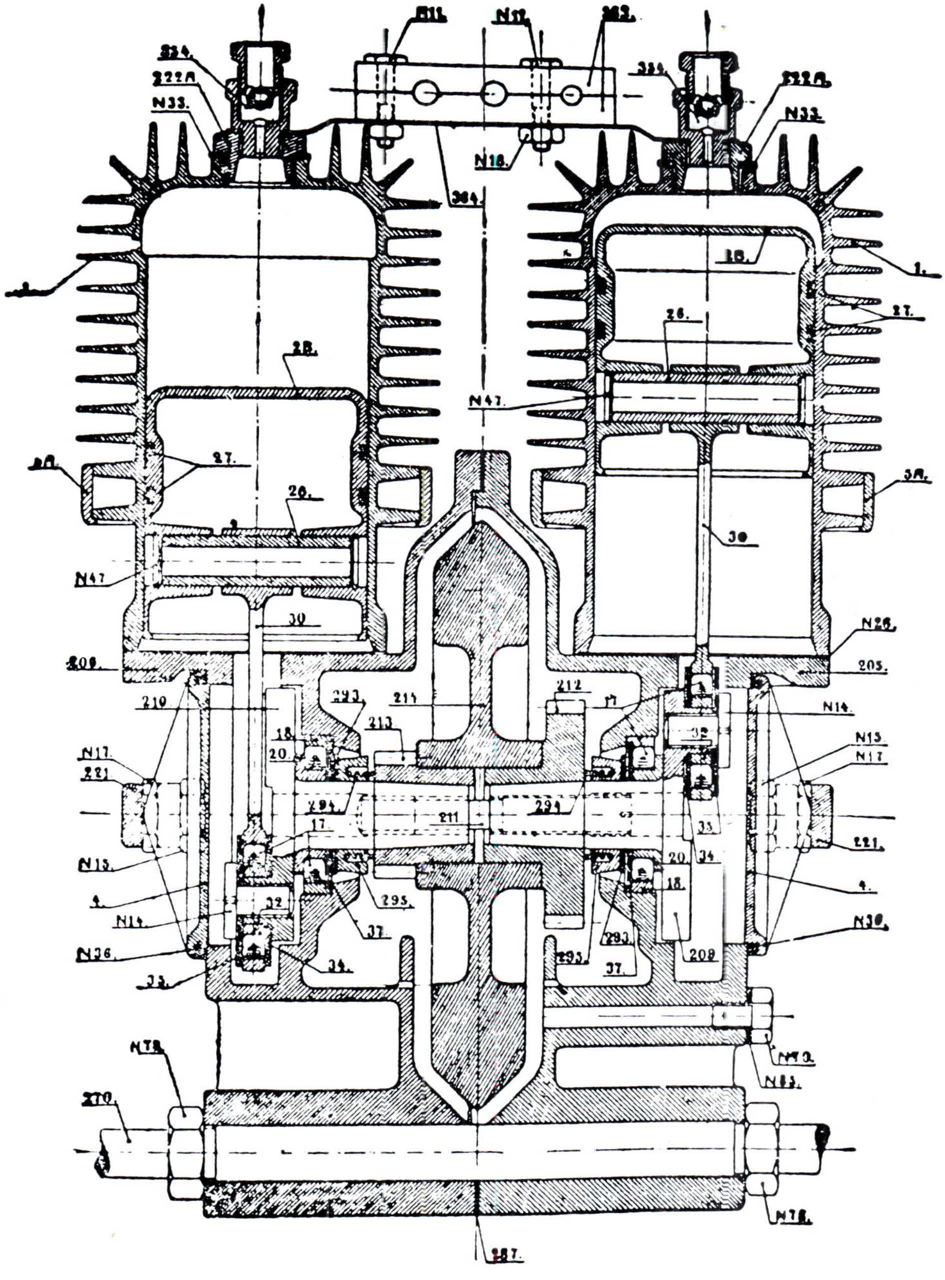

144 ccm Austro-Motorette (Parallel-Zweizyl. Zweitaktmotor) 1927

496 ccm Austro-Omega (OHV-JAP-Motor) 1931

beliebt. Dazu kam, daß Rennversionen, von Martin Schneeweiß (499 ccm JAP-Motor), Franz Behrendt (346 ccm Sturmey-Archer-Motor) und anderen Fahrern gesteuert, zahlreiche Erfolge für diese strebsame Firma errangen. Auch Hermann Deimel und Rudi Hunger siegten auf Austro-Omegas.

BISON

Bison-Motorradfabrik G.m.b.H., Liesing bei Wien

Ing. Oskar Hacker, später ein berühmter Konstrukteur von Automobilen, Eisenbahn-Antriebswagen usw. bei Austro-Daimler, schuf 1924 die mit Doppelsätteln versehenen Bison-Motorräder, die zunächst den 298-ccm-Bosch-Douglas »Flat-Twin«, später dann den 492 ccm BMW-Zweizylindermotor und auch den 678 ccm Coventry-Victor-Einbaumotor als Antriebsquelle besaßen. In allen Fällen handelte es sich um liegende Zweizylinderversionen, die in Längsrichtung (wie bei Douglas, Victoria, Humber, Raleigh, S.A.R. Maxima, Itar, Zenith, Brough und auch bei Coventry-Victor selbst) eingebaut waren. Die finanziell nicht sehr starke Firma mußte sich mit der Herstellung

492 ccm Bison (BMW Flat-Twin SV-Motor) 1925

kleiner Stückzahlen begnügen, und nach zwei Jahren genügten diese nicht mehr, um die Bison am Leben zu halten.

BOCK & HOLLÄNDER

Bock & Holländer, Kraftfahrzeugfabrik, Wien III, Hauptstraße 72

Bei dieser Firma gab es schon Kraftfahrzeugzubehör und ausländische Erzeugnisse knapp nach der Jahrhundertwende, und 1903 begann man mit der Herstellung von Automobilen, denen 1905 Motorräder folgten. Die Kraftwagen trugen den Namen Regent, während die Motorräder als Bock & Holländer auf dem Markt erschienen und hier jahrelang eine führende Rolle spielten. Verwendet wurden hierbei eigene 3½ PS, 6 PS und 8 PS Ein- und V-Zweizylindermotoren, und die besonders für österreichische Verhältnisse gebaute 1098 ccm V-Zweizylindermaschine mit automatischen Saugventilen und Riemenantrieb zum Hinterrad wurde auch viel mit Seitenwagen, damals meist einer Art Korbsessel, gefahren. Der Kraftfahrzeugbau wurde noch vor dem ersten Weltkrieg (ca. 1911) ganz aufgegeben. Ing. Ferdinand Eichler, jahrelang österreichischer Importeur von Douglas, Ascot-Pullin, Norton und Greeves und auch erfolgreicher Rennfahrer, fuhr auch Bock & Holländer-Maschinen.

BRÉE

Motorenbau Theodor Brée, Wien IV, Weyringergasse

Die vor rund 65 Jahren gebaute Brée war eine der ersten in Österreich hergestellten Leichtgewichtsmaschinen. Soweit bekannt, besaß sie einen 1½ PS-Einzylinder-Zweitaktmotor, der in einen verstärkten Fahrradrahmen eingebaut war. Es scheint, daß die Leistung dieser Konstruktion den Bedürfnissen der damaligen Zeit, besonders aber dem gebirgigen Gelände und den schlechten Straßen, nicht entsprach; nach wenigen Jahren verschwand jedenfalls die Brée vom Motorradmarkt.

CLESS & PLESSING

Fahrrad- und Motoren-Werke Cless & Plessing, Graz

Der Verfasser vertritt die Ansicht, daß es zwischen Puch und Cless & Plessing eine (wenn auch nicht offizielle) Zusammenarbeit gab. Darauf ist auch die Ähnlichkeit der von C. & P. verwendeten 2¾ PS und 3½ PS Einzylinder- und 5 PS V-Zweizylindermotoren mit den Konstruktionen von Johann Puch zurückzuführen. Johann Puch deshalb, weil Cless & Plessing Motorräder in der Periode von 1903 bis 1906 baute, und weil die ebenfalls in Graz beheimatete Firma Puch zur gleichen Zeit ebenfalls derartige Modelle schuf.

COLIBRI

Josef Walter & Co., Wien XXI, Frömmelgasse 28

Vornweg sei bemerkt, daß diese Firma Walter mit den zwei Prager Walter-Fabriken (Walter-Košíře und Walter-Jinonice) und auch mit der reichsdeutschen Firma Walter in

Mühlhausen (Thüringen) keinerlei Verbindung hatte. Sie begann 1953 mit der Herstellung der mit 123 ccm DKW-Zweitaktmotoren ausgerüsteten Colibri-Roller, es gab später auch eine 173-ccm-Variante, und verschwand vom Markt, ohne einen bleibenden Eindruck hinterlassen zu haben.

DELTA-GNOM

1. Engler, Wolmerstorfer & Co., Kom.-Ges., Wien XIV, Stättermayergasse 33
2. Motorenfabrik Engler, Wolmerstorfer & Co., Wien VII, Kaiserstraße 41
3. Engler, Wolmerstorfer & Co., Wien X, Gudrunstraße 179
4. Ing. J. Wolmerstorfer, Wien X., Buchsbaumplatz 2

1925 begann diese rührige Fabrik mit dem Motorradbau, und zwar mit einer 248-ccm-Einzylindermaschine, die einen eigenen Zweitakt-Nasenkolbenmotor mit 66 mm Bohrung

346 ccm Delta-Gnom (JAP) 1927

und 73 mm Hub besaß. Bald darauf folgten 344 und 490 ccm SV-Einzylindermodelle mit englischen JAP-Motoren. 1927 folgte eine moderne 494 ccm OHV-Delta-Gnom, die bereits gekapselte Stoßstangen und einen Satteltank besaß und eine Konstruktion von Ing. Hans Pitzek war. Später wurde die kleine Zweitaktmaschine fallengelassen und das Herstellungsprogramm durch 346 ccm SV und OHV-Modelle mit Sturmey-Archer-Mo-

248 ccm Delta-Gnom 1929

toren und durch 986 ccm SV und OHV-Versionen mit V-Zweizylinder JAP-Motoren bereichert. 1932 kam ein neues 246 ccm OHV-Modell heraus, und die damalige (als Resultat der Wirtschaftskrise beschränkte) Produktion erfuhr erst 1935 wieder durch mit JAP-Motoren ausgerüstete 248 ccm OHV und 596 ccm SV-Einzylindertypen eine Auffrischung, die jedoch nicht ganz die erwünschten Erfolge in kommerzieller Beziehung brachte. Die immer sportfreudige Fabrik war aber auch in der zweiten Hälfte der dreißiger Jahre aktiv, und erfolgreiche Fahrer wie Leopold Killmayer und Hans Hubmann fuhren Delta-Gnom-Bahnrennmaschinen mit 498 ccm OHV-JAP-Motoren. Andere erfolgreiche Delta-Gnom-Fahrer waren im Lauf der Jahre Karl Bohmann, Franz Behrendt, Ladislaus Möslacher, F. J. Meyer, Franz Messner, W. A. Loyda u. a.
Erst 1953 kam Delta-Gnom nach einer Reorganisation mit 98-ccm-Zweitaktermodellen, die Rotax-Motoren besaßen, zum Motorradbau zurück. Ihnen folgten 123 ccm und 173 ccm Zweitaktmaschinen mit Rotax (Sachs-Lizenz)-Motoren und auch ähnliche Modelle mit dem Ilo-Zweitakter. Wie vor dem Krieg, waren auch die Delta-Gnoms der

494 ccm Delta-Gnom (Eigener OHV-Motor) 1929

fünfziger Jahre schöne und gut ausgeführte Maschinen, deren Produktion der Situation entsprechend, immer mehr Mopeds mit 49 ccm Puch- und HMW-Einbaumotoren weichen mußte. Das Werk baute auch Zubehör, wie z. B. Federgabeln, doch erreichten die Delta-Gnom-Nachkriegsmodelle im Sport nicht mehr die Berühmtheit wie in den zwanziger und dreißiger Jahren.

986 ccm Delta-Gnom (V-Zweizyl. SV-JAP) 1930

D. S. H.

1. Trautmannsdorfer Fahrzeuggesellschaft AG., Wien V, Wiedner Hauptstraße 99
2. Trautmannsdorfer Fahrzeuggesellschaft, Inzersdorf, Triester Straße 44
3. Franz Döller, Motorradbau, Wien XV, Idagasse 5

Bei D. S. H. stammte das D von Franz Döller, das S von Franz Seidl und das H von Ing. Hauler, der 1924 mit Döller die ersten D. S. H.-Motorräder konstruierte. Seidl war für die Finanzen und Ing. Kuntner für den Verkauf verantwortlich. Keine leichte Arbeit

346 ccm D. S. H. (SV-JAP-Motor) 1927

bei einer Firma, die nie überflüssiges Geld hatte! Sicherheitshalber übernahm man auch die Generalrepräsentanz der englischen 348 ccm Humber SV, OHV und OHC-Maschinen für Österreich ... und konkurrierte damit zum Teil mit den eigenen Erzeugnissen. Diese setzten sich zunächst aus Zweitaktern mit 147 ccm, 172 ccm, 246 ccm und 346 ccm Villiers-Einzylindermotoren und 490 ccm SV und OHV-Modellen mit JAP-Motoren zusammen. Gebaut wurden auch 172 ccm-Rennzweitakter mit dem Villiers-»Brooklands«-Motor, die von bekannten Fahrern, wie Rudolf Runtsch, Anton Hunek, Josef Opawsky, Friedrich Schwarz, dem Prinzen Rudolf Windischgräz, zu großen Erfolgen gebracht wurden.

Rupert Karner, mehrfacher österreichischer Meisterfahrer auf englischen Sunbeam-Maschinen, deren Generalvertretung sein Bruder Anton Karner innehatte, ging 1927 zu D. S. H., wo er zunächst eine 490 ccm Einzylindermaschine mit dem OHV-JAP-Motor zu vielen Siegen fuhr und wo ihm für 1928 346 ccm und 496 ccm OHV-Rennma-

496 ccm D. S. H. (OHV-MAG-Motor, Super-Sport-Modell) 1928

schinen mit einzylindrigen M. A. G. (Motosacoche)-Rennmotoren zur Verfügung standen. Zweifellos waren diese und auch die serienmäßigen 496 ccm OHV-Renntypen mit MAG-Motoren dem damaligen Sunbeam-Typ 90 T. T. nicht unähnlich. Leider verunglückte Karner bei der ungarischen Tourist Trophy tödlich, und damit verlor D. S. H. nicht nur einen tüchtigen Rennfahrer, sondern auch einen hervorragenden Techniker, dessen Tätigkeit einen großen Einfluß auf das Unternehmen gehabt hatte. Dieser Einfluß war so groß gewesen, daß die Firma nach wenigen Monaten die Tore schließen mußte.

490 ccm D. S. H.
(SV-JAP-Motor) 1929

Der Name D. S. H. war allerdings noch nicht tot, denn Ende 1929 wurde er durch Franz Döller wieder zu neuem Leben aufgeweckt, als dieser nach Verlust der Betriebe in Trautmannsdorf und Inzersdorf in Wien den Bau neuer D. S. H.-Modelle mit 490 ccm und 746 ccm SV-JAP-Motoren, später auch mit 246 ccm OHV-JAPs, aufnahm. Bis 1932 konnte er den beschränkten Bau aufrechterhalten; später lieferte er nur noch Ersatzteile für D. S. H.-Maschinen, die in seiner Herstellungsperiode keine besonderen Merkmale, außer gute Werkmannsarbeit, aufwiesen. Im allgemeinen sahen fast alle D. S. H.-Motorräder englischen Konstruktionen sehr ähnlich, doch waren Döllers Konstruktionen nicht die modernsten ihrer Zeit. Döller selbst war in der ersten Hälfte der zwanziger Jahre, wie Ing. Kuntner und Franz Suchanek, im Werksteam von D. S. H. Erwähnt sei, daß die 496 ccm Doppelport-Serienrennmaschine von 1928, die einen OHV-MAG-Motor hatte, 24 PS bei 3000 U/min. abgab und wohl die schönste je gebaute (von R. Karner entworfene!) D. S. H.-Konstruktion war.

746 ccm D. S. H.
(V-Zweizyl. JAP) 1929

E. M.

Ing. Ernst Minkus, Wien X, Arsenal, Obj. XIX

Die rassige E. M. entstand 1928 und wurde drei Jahre lang in beschränktem Umfang hergestellt. Wie viele andere Maschinen ihrer Zeit besaß auch sie einen schweizerischen 496 ccm MAG-Motor, wobei es sich um die einzylindrige Super-Sport-Version mit Doppelauspuff handelte. Wie andere österreichische Firmen litt auch E. M. unter Kapitalmangel, und um auch weniger bemittelten Kunden die Anschaffung eines Motorrades zu ermöglichen, baute Minkus keine eigenen kleineren Modelle, sondern übernahm die Generalvertretung der englischen 198 ccm und 247 ccm Baker-Zweitaktmaschinen mit Villiers-Motoren. Die kleine Baker kostete S 1520,–, seine E. M. dagegen S 2950,– und bei seiner handwerksmäßigen Erzeugung hätte er eine Maschine wie die Baker trotz Zoll etc. nie um diesen Preis liefern können.

ERR-ZETT

Ottomar Rosenkranz, Wien XIV, Grimmgasse 39

Österreich wurde 1938 »Kleinmotorradsüchtig«. Damals entstanden die Austro-Ilo, die Wespe, die Hai und auch die Err-Zett, die mit einem 98er Sachs-Motor ausgerüstet war und die man auch mit dem ähnlichen Ilo-Motor erwerben konnte. Auch hier machten ein offizielles Bauverbot und der Krieg eine weitere Verbreitung unmöglich.

F. A. R.

Franz & Anton Rumpler, Motorradbau, Wiener Neustadt, Grünangergasse 11

Die Brüder Rumpler bestritten Wertungsfahrten und Rennen mit ihren F. A. R.-Maschinen, welche in der Periode von 1924 bis 1927 hergestellt wurden. Sie waren den ebenfalls in Wiener Neustadt gebauten Smart-Motorrädern nicht unähnlich, und es scheint, als ob die Firmen Platzer und Rumpler zusammenarbeiteten. Bei Rumpler wurden hauptsächlich 346 und 496 ccm SV und OHV-Einzylindermodelle mit Motoren von JAP und Blackburne gebaut.

FORCE

Eduard Huber, Motorradbau, Wien V, Margaretengürtel

Das englische Wort »Force« bedeutet Kraft, doch scheint es weder bei den 349 ccm Zweitaktmotoren (75 mm Bohrung × 79 mm Hub) der Force viel Kraft gegeben zu haben noch bei der Herstellerfirma, die 1925 mit dieser Maschine erschien und bereits 1926 wieder die Tore für immer schloß. Der Einzylindermotor war Eigenbau.

FREYLER

1. Freyler Motor Gesellschaft m. b. H., Wien XIII, Linzer Straße 403
2. Österreichische-Motor-Company, Freyler & Co., Wien XIII, Linzer Straße 403

Adalbert Freyler hatte gute Absichten, als er seine 348 ccm Königswellen-Sportmaschine schuf, doch war das technische und damit verbunden das kommerzielle Resultat nicht ganz befriedigend. Seine Konstruktion war nämlich insofern unorthodox, als sie an Stelle der Ventile im Zylinderkopf einen Drehschieber besaß. Und hier gab es Schwie-

348 ccm Freyler (OHC-Drehschiebermotor) 1928

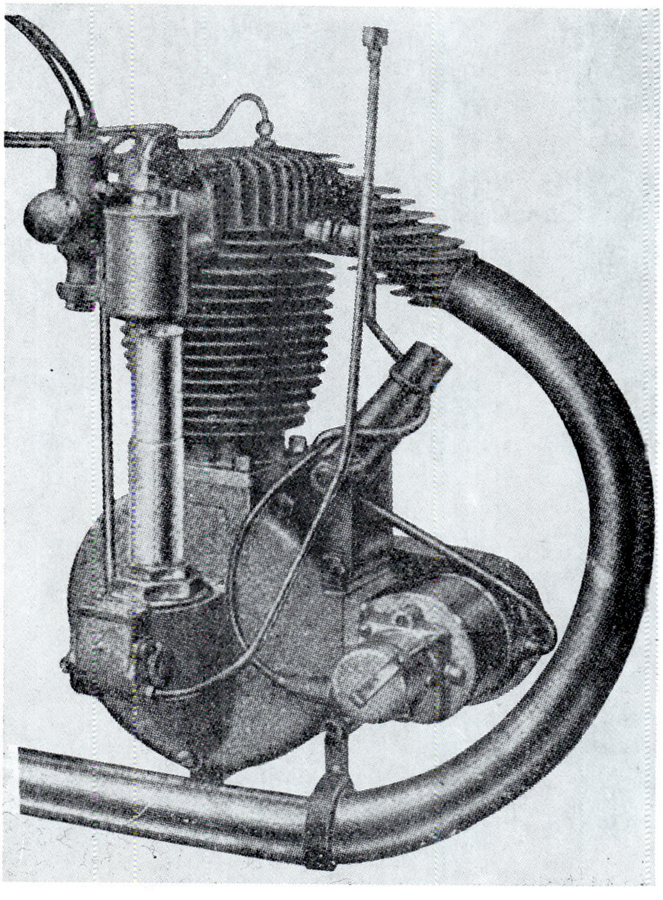

348 ccm Freyler (Motor mit Drehschieber im Kopf) 1928

rigkeiten mit Schmierung, Abdichtung, mit der Kerze u. a., und ehe es Freyler gelang, seine Schöpfung standfest zu machen, wurde sie ein Opfer ihres schlechten Rufs. Dabei hatte sie eine vollautomatische Umlaufschmierung und auch sonst gute und nicht immer billige Konstruktionsmerkmale. Gebaut wurde sie 1928–1929, zunächst mit einem Brough-Superior ähnlichen Tank, später mit einem Satteltank. Nach Torschluß bei Freyler baute eine andere österreichische Firma viele Freyler Zylinderköpfe mit Ventilen an Stelle des Drehschiebers um.

GAZDA

Ing. Anton Gazda, Wien X, Arsenal, Obj. XIX

Die Firmen Gazda und E. M. (Minkus) lagen nebeneinander; als jedoch 1928 die E. M. erschien, baute Gazda schon keine Motorräder mehr, sondern die von ihnen erfundenen Blattfederlenker, die damals u. a. auch von DKW, Zündapp und anderen deutschen Firmen verwendet wurden. Er hatte Filialen in vielen Ländern, in England, Frankreich,

246 ccm Gazda (Zweitakt-Versuchskonstruktion) 1926

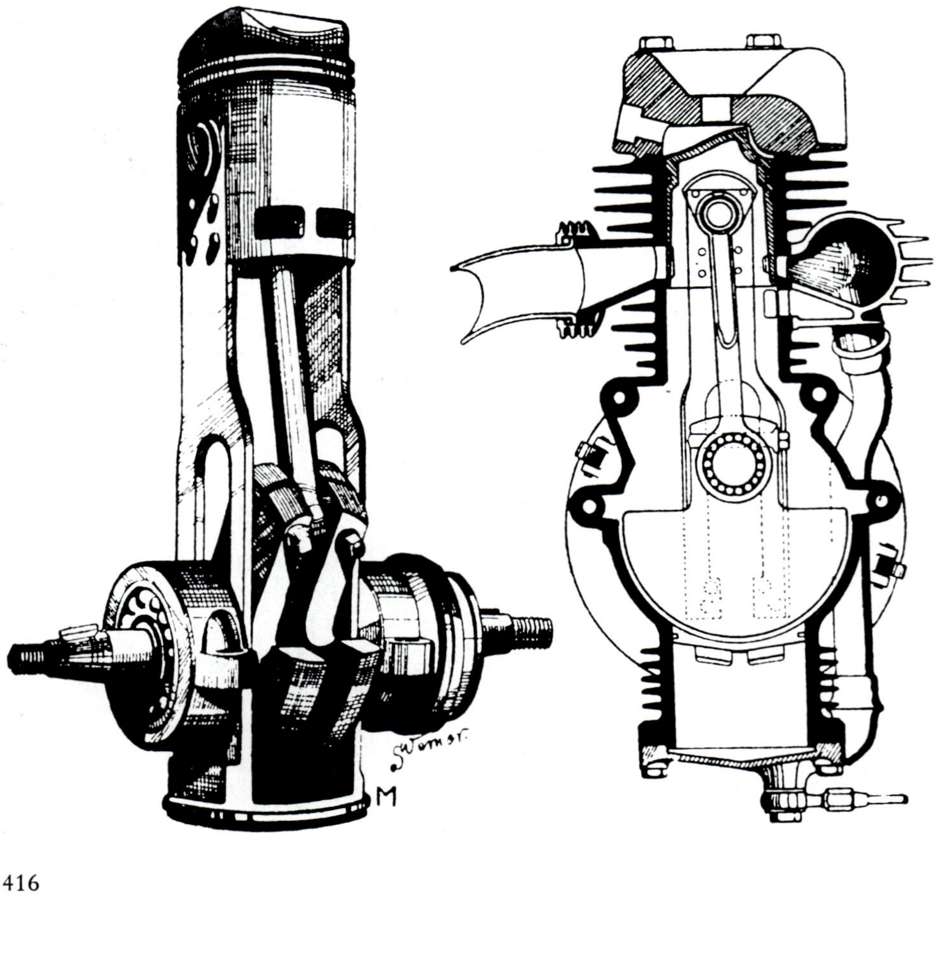

Italien und sogar in Amerika! Weniger bekannt waren seine 1926 entwickelten 246 ccm Dreikanal-Zweitakter mit 67 mm Bohrung, 70 mm Hub und einem abnormal hohen Kolben mit vier seitlichen Schlitzen. Nach unten erweiterte sich, ähnlich einem Stufenkolben, der Kolbenmantel, wobei die Kurbelwangen durch die seitlichen Schlitze gingen. Der zweiteilige Zylinder hatte unten eine größere Bohrung, und während der mit drei Ringen versehene Deflektorkolben im oberen Teil der Zylinderbohrung (67 mm) arbeitete, wirkte der breitere untere Kolbenteil als Pumpenkolben. Das war auch der Grund, daß Gazda diese Motoren als Zweitakter mit Kompressor bezeichnete, und es ist unbekannt, warum er deren Konstruktion nicht weiter verfolgte. 1926 waren fast ein halbes Dutzend dieser Gazda-Maschinen in Berlin ausgestellt, wo Gazda auch ein Unternehmen besaß. Die Motorräder wurden aber ausschließlich in Wien gebaut.

GIGANT

Motorradbau Johann Teichert, Wien XV, Holochergasse 36

Martin Schneeweiß, der einst berühmte österreichische Fahrer, brachte die Marke schnell zu internationaler Berühmtheit. Sie entstand 1936, und bereits 1937 gewann er auf einer dieser schönen und soliden Gigant in Grün-Chrom die Europameisterschaft der Bahnfahrer, wobei er 490 ccm OHV-JAP- und 498 ccm OHV-Husqvarna-Einzylindermotoren benützte. Auch andere Fahrer, wie Fritz Bardas (Tschechoslowakei), Hans Meier,

598 ccm Gigant (OHV-JAP-Motor) 1937

Franz Hödlmoser u. a., fuhren die erstklassigen Fahrgestelle Teicherts mit englischen Bahnrennmotoren von JAP. Serienmäßig wurden in der Holochergasse vor allem 598 ccm OHV-Einzylinder- und 746 ccm SV-V-Zweizylinder JAP-Motoren verwendet. In der Periode bis zum Krieg gehörten die Erzeugnisse von Gigant zu den schönsten und bestausgeführten, wenn auch nicht leichtesten Maschinen österreichischer Erzeugung.

GLOCKNER

Glockner-Fahrzeugbau, Biberwier in Tirol

Bei Glockner bestritt man nie Rennen, nie Zuverlässigkeitsfahrten und zahlte auch nie

50 ccm Glockner (HMW-Sportmotor) 1956

große Beträge für Reklame. Seit den fünfziger Jahren baut man dort gute Mopeds und ähnliche Kleinfahrzeuge mit 49 ccm HMW- und 47 ccm Puch-Zweitaktmotoren.

GOLO

Golo-Motorradwerke, Wilhelm Schweppe, Wien XVIII, Währinger Gürtel 43

Ende 1923 erschien die Golo auf dem österreichischen Markt, und Ende 1925 wurde ihre Produktion wieder eingestellt. Schweppe, der Fabrikant, wurde Vertreter der englischen Scott-Maschinen für Österreich! Seine Golo-Motorräder waren allerdings keine wassergekühlten Zweitakter, sondern 344 und 496 ccm SV und OHV-Maschinen mit einzylindrigen JAP-Motoren. Sie hatten starke Fahrgestelle, konnten sich jedoch gegen die damals in Österreich herrschende Konkurrenz englischer, deutscher, italienischer, französischer und schweizerischer Maschinen nicht durchsetzen. Einige Golos hatten den ölgekühlten 346 ccm Bradshaw-Motor.

HAI

Bargmann & Co., Mauer bei Wien, Rosengasse 7 (Fabrik in Liesing)

Der in der früheren Liesinger Motorenfabrik ab 1938 gebaute kleine Hai hatte eine ungewöhnliche Rahmenkonstruktion, bei der das Fahrgestell mit dem Tank ein Ganzes bildete und daher Schrauben und Schweißstellen wegfielen. Der 108er Zweitaktmotor eigener Bauart bildete mit dem Getriebe und der Kupplung einen Block und hatte

108 ccm Hai 1938

eine Leistung von 3 PS. Es war ein rein österreichisches Motorrädchen, das jedoch den damaligen Herstellungsproblemen und dem Krieg zum Opfer fiel. Keine österreichische Firma, die damals mit dem Motorradbau begann, konnte ihn nach dem Krieg fortsetzen.

H. M. K.

H. M. K.-Motorräder, Wien I, Schmerlingplatz 3

Auch die H. M. K. kam erst 1937 auf den Markt und war im Gegensatz zur Gigant, Austro-Omega u. a. ein Motorrad, bei dessen Herstellung weniger auf gutes Finish als auf einen billigen Preis gesehen wurde. Sie war von konventioneller Bauart, besaß keine

496 ccm H. M. K. (OHV-JAP-Motor) 1938

besonderen Details oder Vorzüge, und wurde mit 246, 346, 496 und 594 ccm OHV-Einzylindermotoren von JAP geliefert. Die letzte 594er Version hatte bereits den h. c. (high camshaft)-Motor, doch wurde nur eine beschränkte Anzahl dieser Maschinen gebaut. Noch nach dem Krieg wurden 246-ccm-Modelle bis 1948 angeboten, doch gab es keine Produktion mehr, und es dürfte sich um eine Auslauf-Kleinserie gehandelt haben, die man aus vorhandenen Teilen zusammenbaute.

H. M. W.

1. Halleiner-Motorenwerke Hinterberger, Schreitl & Co., Hallein
2. H. M. W.-Motorenwerke, Kottingbrunn (Niederösterreich), Wiener-Neustädter-Straße

50 ccm H. M. W. (SS Supersport) 1957

Diese Firma entstand Anfang der fünfziger Jahre, baute zunächst den kleinen Fuchs-Fahrrad-Hilfsmotor und entwickelte später zahlreiche Eigenkonstruktionen von Kleinmotoren mit rund 50 ccm Hubraum, auch Mopeds resp. Kleinkrafträder, die trotz starker Konkurrenz deutscher, italienischer und holländischer Firmen bald große Verbreitung fanden. Andere österreichische Kleinkraftfahrzeughersteller, wie Delta-Gnom, RWC usw., gingen zur Benützung der guten H. M. W.-Zweitaktmotoren über, und dazu kam bald auch ein Exportgeschäft, das die Halleiner Firma zu einem der führenden Unternehmen der Branche machte. Das führte dann zu Veränderungen und Übersiedlung des Betriebs nach Kottingbrunn, wo allerdings inzwischen die Produktion eingestellt wurde.

KAUBA

Ing. Otto Kauba, Wien XIII, Amalienstraße 4

In der Zeit des Rollerbooms schuf auch Ing. Kauba seine eigenen Konstruktionen und trat mit diesen 1953 an die Öffentlichkeit. Er verwendete zunächst den unter Sachs-Lizenz gebauten 98er Rotax-Zweitaktmotor und ergänzte diesen Typ später durch eine 123er Version, die ebenfalls einen Motor von Rotax aufwies. Für Großserienhersteller wie Vespa, Lambretta etc. war eine Firma wie Kauba, wo man nur geringe Stückzahlen auflegen konnte, keine Konkurrenz, und ganz abgesehen davon zeichnete sich dieser österreichische Roller auch nicht durch besondere Formschönheit aus.

KRAMMER

Mechanische Werkstätten Rudolf Krammer, Wien VI, Marchettigasse 9

Krammer war ein tüchtiger Fachmann vom alten Schlag, der 1927 bis 1929 gute 496 ccm OHV-Einzylindermaschinen mit Anzani- und MAG-Motoren sowie 996 ccm V-Zweizylindertypen mit dem British-Anzani »Vulpine« Vierventilmotor schuf. In seinem sehr

496 ccm Krammer (OHV-British-Anzani) 1928

gut eingerichteten Unternehmen baute er hauptsächlich auf Bestellung der Kunden, wobei jedes Fahrzeug einzeln hergestellt und den Wünschen entsprechend ausgestattet wurde. Man hatte den Eindruck, der Motorradbau sei für ihn eine Liebhaberei und weniger ein kommerzielles Unternehmen.

KTM

1. Motorradbau Moser & Co., Mattighofen, Oberösterreich
2. Motorradfabrik Kronreif & Trunkenpolz, Mattighofen, Oberösterreich
3. KTM-Motorfahrzeugbaugesellschaft Kronreif & Trunkenpolz, Mattighofen, Oberösterreich

Als 1953 die Firma Moser & Co. den Motorradbau mit einer 98er Zweitaktmaschine begann, hatte diese die Typenbezeichnung KTM. Das K stand für Kussin, den Rennfahrer, der hier beteiligt war, das T kam von Trunkenpolz, und Moser lieferte das M. Dann folgte eine Reorganisation, die den endgültigen Markennamen KTM mit K für Kronreif, T für Trunkenpolz und M für Mattighofen brachte. Rotax, das österreichische Sachs-Lizenzfabrikat, lieferte die 98-ccm-Zweitakter, denen bald ähnliche 123er Versi-

123 ccm KTM (Rotax-Sachs) 1955

onen folgten. Jahrelang konzentrierte das Werk die Produktion auf Maschinen mit diesem Hubraum und erzeugte zahlreiche Modellvarianten. Später kamen auch Roller dazu, von denen besonders der ab 1955 gebaute 123 ccm Mirabell-Roller mit Gebläsekühlung und Elektrostarter erwähnt werden muß. Später gab es den Moped-Roller Mecky in ein- und zweisitziger Ausführung, und der Mirabell wurde auch mit 149er Rotax-Motor gebaut. Auch Motorrad-Modelle mit 149 ccm-Motoren kamen zur Lieferung. Es gab auch Spezialversionen für Trials und Moto Cross mit 123 und 149 ccm sowie schnelle Werksrennmaschinen, die zunächst 123 ccm OHC-Motoren von MV-Agusta, später jedoch bei KTM von Ludwig Apfelbeck entwickelte 123 ccm Vierventil-Doppelnockenwellen-Einzylindermotoren besaßen und unter Erwin Lechner, Paul Schwarz, Franz Albert und anderen Österreichern große Erfolge für das strebsame Werk in Mattighofen errangen.
Dieses konnte dank der guten und preiswerten Konstruktionen sogar die schwere Krise in der zweiten Hälfte der fünfziger Jahre überwinden, der andere, viel ältere Motorradfabriken zum Opfer fielen. Von der offiziellen Beteiligung an Rennen zog man sich zurück, doch gab es zahlreiche Erfolge bei Wertungsfahrten, woran besonders die Fahrer Kurt Statzinger, Edi Kranavetvogel, Josef Zöhrer, Egon Dornauer, Karl Aubrunner und der erwähnte Erwin Lechner beteiligt waren. Die Rotax-Motoren wurden später durch Original-Sachs-Zweitakter ersetzt und der Bau von Mopeds und ähnlichen Leichtkrafträdern mit 49 ccm Motoren eingeführt. Das derzeit modernste KTM-Leicht-Moped ist das »Hobby«, das auch in verschiedenen Ausführungen gebaut wird. Daneben stellt

KTM für den USA-Markt Moto Cross- und »Enduro«-Versionen und auch andere Modelle mit 98 und 123 ccm Sachs-Motoren her. Nette Sportmaschinen sind die modernen 49 ccm Fünfgang »Comet«-Versionen sowie die 1968 erschienene 123er »Comet« mit Fünfgangmotor im Doppelschleifenrahmen, die trotz erstklassiger Ausführung nur 95 kg wiegt. Von Stuhlberger entwickelte Werksgeländemaschinen besitzen stark umgebaute, resp. veränderte 49 ccm Sachs-Motoren.

Das Jahr 1969 brachte eine neue KTM-Version in Form der »Comet 504 S«, die einen 49 ccm Puch-Motor mit Umkehrspülung, jedoch einen bei KTM entwickelten Alu-Großflächenzylinder besitzt. Geliefert wird dieser Typ als Moped, Kleinmotorrad und auch mit dem 123 ccm Sachs-Fünfgangmotor, den es in seiner 49 ccm-Version für die Exportversionen auch an Stelle des Puchmotors gibt. Für 1969 baute man bei KTM in Zusammenarbeit mit Fichtel & Sachs auch wieder Werksrennmaschinen, wobei Motorgehäuse und Getriebe dieser 49 ccm Rennmaschine von Sachs, Kurbelwelle, Zylinder und alle übrigen Teile von KTM stammten. Die Motorenleistung wurde mit 13 PS bei 13 000 U/min., das Gewicht dieser Sechsgang-Rennmaschine mit 60 kg angegeben. Der österreichische Meister der 50-ccm-Klasse, Jakob Unterladstätter, war offizieller Werksfahrer für das Mattighofener Unternehmen.

49 ccm KTM (»Comet 50 S« Sachs-Motor) 1971

Einst ein kleiner Motorradkonfektionär, hat sich KTM immer mehr zu einer führenden Motorradfabrik Europas entwickelt. Man baut in Mattighofen erstklassige und hochmoderne Maschinen mit 50 ccm, 123 ccm und 173 ccm Sachs-Motoren und erzeugt hierbei viele wichtige Teile ganz im eigenen Betrieb. Ab 1970 baut man sogar schon komplette 173 ccm Hochleistungszweitakter für Moto-Cross und Geländesport, die sich ausgezeichnet bewährt haben. Ähnliche 250-ccm-Modelle – alle diese KTM von den Konstrukteuren Ing. Morawetz und Stuhlberger geschaffen – gibt es derzeit auch schon, und aus der einstigen »Konfektionsfirma« ist eine Marke entstanden, die immer unabhängiger und dabei erfolgreicher geworden ist. Zu den kommerziellen Erfolgen gehört auch der große Absatz der 123 ccm Penton-KTM in den USA. Wie gut KTM-Geländemaschinen sind, geht aus der Tatsache hervor, daß bei der Internationalen Sechstagefahrt 1971 sowohl amerikanische als auch italienische Teams österreichische KTM-Maschinen steuerten. Nebenbei bemerkt war Manfred Klerr auf KTM 1970 österreichischer Staatsmeister in der Moto-Cross-Klasse bis 250 ccm geworden.

L. A. G.

Liesinger-Motorenfabrik A. G., Liesing bei Wien, Franz-Parsch-Straße 14

Fahrrad-Hilfsmotoren mit 118 ccm und 148 ccm Hubraum waren die ersten, 1921 gebauten Erzeugnisse dieser Firma. Für die damaligen schlechten österreichischen Straßen und natürlich auch fürs Gebirge waren sie zu schwach, und so wurden sie 1924 durch Motorräder mit eigenen 246 ccm Zweitakt-Nasenkolbenmotoren ersetzt. Es gab auch Modelle mit dem englischen 490 ccm SV-Motor von JAP, und 1926 erschienen die ersten 346 ccm L. A. G.-Typen, deren eigene Zweitaktmotoren 70 mm Bohrung und 90 mm Hub hatten und 10 PS bei 3200 U/min. abgaben. Verbesserte »Gebirgstypen« mit Sat-

346 ccm L. A. G. 1928

teltankrahmen und diesem Motor erschienen 1927 auf dem Markt. Sie kosteten 1750 österreichische Schillinge und wurden bis 1929 gebaut. Der größte Sporterfolg von L. A. G. war 1924 bei der österreichischen Tourist Trophy, als Franz Reiter die 250-ccm-Klasse gewann. Karl Klamuth, Ernst Kaltenbrunner und der L. A. G.-Konstrukteur Ludwig Stein waren andere erfolgreiche Fahrer dieser Marke.

LANCO

Erdberger Maschinenfabrik Aktien-Gesellschaft, Wien III, Erdbergerlände 28 c

Eine kleine Fabrik, die sich ebenfalls in den ersten zwanziger Jahren dem Motorradbau zuwandte und starke Fahrgestelle mit schweizerischen 492 und 746 ccm V-Zweizylindermotoren von MAG (Motosacoche) versah. Auf Bestellung konnte man auch den wechselgesteuerten 986 ccm MAG-Motor im Lanco-Fahrgestell bekommen. Chefkonstrukteur Josef Wild schuf 1924 auch Modelle mit eigenen 498 ccm SV und OHV-Einzylindermotoren, doch konnten diese sich nicht durchsetzen, und 1926 wurde der Motorradbau bei Lanco eingestellt. Das war in einer Periode, als Hunderte ausländische Marken in Österreich vertreten waren und die eigene Industrie mit ihren beschränkten Herstellungsmöglichkeiten einen sehr schweren Stand hatte.

LOHNER

Lohnerwerke G.m.b.H., Wien I, Walfischgasse 10, später Porzellangasse 2, dann Donaufelder Straße 77/79

In Wien IX, Berggasse 6, wohnte vor rund 70 Jahren ein Mann, der bald als Automobilkonstrukteur Weltruf errang: Ferdinand Porsche. Er schuf damals für die Kaiser- und Königliche Wagen- und Automobil-Fabrik von Jacob Lohner & Co. Motoren System Lohner-Porsche, und damals dachte sicher niemand daran, daß diese berühmte Fabrik Anfang der fünfziger Jahre den Bau der plötzlich so populären Roller aufnehmen würde. Zunächst verwendete man zu deren Antrieb die 98 ccm Rotax-Zweitaktmotoren, später kamen Modelle mit 123-ccm-Zweitaktern derselben Motorenfirma dazu. In der zweiten Hälfte der fünfziger Jahre entstand dann der »Rapid 200«, den man mit dem bulligen einzylindrigen 197 ccm Ilo-Zweitakter ausrüstete und den man auch mit einer Art Seitenwagen, dem »Lohner-Beiboot«, erwerben konnte. Infolge der starken Konkurrenz, besonders seitens der beiden italienischen Roller-Großserienhersteller Lambretta und Vespa, hatte es der Lohner schwer, sich zu behaupten, doch wurde er in der großen »Rollerperiode« in seiner Heimat gut verkauft.

98 ccm Lohner Roller 1952

49 ccm Lohner (»Sissy« Moped-Roller) 1957

MESSNER

Franz Messner, Mechanische Werkstätten, Wien II, Fugbachgasse 21

Messner, ein bekannter Rennfahrer, galt auch als Spezialist für englische JAP-Motoren und fuhr nicht nur H. R. D.-Maschinen mit diesen Antriebsquellen, sondern baute im eigenen Unternehmen ab 1928 auch mehrere Rennmaschinen, die mit dem 246 ccm OHV-Rennmotor von JAP ausgerüstet waren. Gefahren wurden diese Maschinen von Messner selbst, aber auch von anderen Fahrern, und 1929 gab es einen Doppelerfolg, als Ernst Schwarz auf einer Messner beim Gaisberg-Rennen die 250 ccm Klasse vor seinen Markenkollegen Franz Messner gewann. Anfang der dreißiger Jahre wandte sich dieser auch der Konstruktion und dem Bau eigener OHC-Rennmotoren mit 248 ccm Hubraum zu und nahm mit diesen ebenfalls an zahlreichen Bahnrennen teil. Zu größeren Erfolgen brachten es diese Langhubmotoren jedoch nie, und Messner wandte sich nachher von schnellen Motorrädern ab und widmete sein Interesse schnellen Bootsmotoren.

MEZO

1. Medinger & Zoglmann, Motorfahrzeugbau, Wien IV, Karlsplatz
2. Motorradhaus Medinger, Wien IV, Gußhausstraße 30

Wie Messner war auch Hermann Medinger ein bekannter Rennfahrer, der jedoch noch der älteren Generation angehörte. In den ersten zwanziger Jahren fuhr er auf NSU, DKW, New Imperial und Zenith, und bereits 1921 importierte er englische Villiers-, später auch JAP-Motoren, die er in eigene Fahrgestelle, welche den Dreiecksrahmen der englischen Cotton-Motorräder ähnelten, setzte und unter dem Namen Mezo verkaufte. Es waren gute Maschinen, die auch bei Sportveranstaltungen ihre Zuverlässigkeit und Geschwindigkeit bewiesen. Leider stürzte Medinger 1924 bei der österreichischen T. T. schwer, und damit verschwand auch die von ihm konstruierte Mezo, zumal Zoglmann nur der Finanzmann der Firma, aber kein Fachmann war. Erst 1927 konnte Medinger wieder in das Geschehen eingreifen; er zog es jedoch vor, den Motorradbau nicht wieder aufzunehmen. Die bekanntesten Typen von Mezo hatten 344 ccm SV und 490 ccm SV und OHV-JAP-Motoren.

MONTLHÉRY

Motorradbau Leopold Sykora, Wien XVIII, Kreuzgasse 21

Die berühmte Montlhéry-Rennstrecke liegt in Frankreich, Sykoras bedeutend weniger bekannte Montlhéry-Motorräder wurden jedoch in Österreich gebaut; in geringen Stückzahlen und in der Periode von 1926 bis 1928. Es gab nur einen Typ, eine 346-ccm-Maschine typisch englischer Bauweise, die je nach Wunsch mit SV oder OHV-Einzylindermotoren von JAP oder Blackburne geliefert wurde. Sykora fuhr seine Konstruktion auch bei einigen kleineren Veranstaltungen, konnte jedoch keine besonderen Erfolge erringen.

MOSER

Moser & Co., Motorradbau, Mattighofen

Es muß beachtet werden, daß diese Firma keinerlei Verbindung mit der bekannten schweizerischen Einbaumotoren- und Motorradfabrik von Fritz Moser in St. Aubin hatte. Vielmehr handelte es sich bei Moser & Co. um eine Gründung aus dem Jahr 1953, die den Grundstock für die derzeitige Firma K. T. M. (Kronreif & Trunkenpolz, Mattighofen) legte und damals den Motorradbau mit einer 98 ccm Zweitaktmaschine mit Rotax-Motor unter der Typenbezeichnung »KTM 100« begann. Das KTM wurde dann zum »Kronreif-Trunkenpolz-Mattighofen«.

M. T.

1. Motorradwerk Max Thun, Traiskirchen, Mühlbachgasse 137
2. M. T. Motorräder Max Thun, Wien X, Siccardburggasse 75
3. M. T. Motorräder Max Thun, Wien X, Laxenburgerstraße 86

Diese 1925 gegründete Motorradfabrik lief immer unter dem Namen Max Thun, obwohl der Chef in Wirklichkeit Graf Matthias Thun hieß und das Max wohl nur als Abkürzung von Matthias gedacht war. Wichtiger war die Tatsache, daß M. T.-Motorräder fast zehn Jahre lang gebaut wurden und jahrelang auch im österreichischen Rennsport eine Rolle spielten. Außer mit der Motorradherstellung befaßte sich das Werk mit dem Import englischer Villiers-Motoren, Albion-Getrieben etc., und es war daher nicht verwunderlich, daß die ersten M. T.-Maschinen einzylindrige Villiers-Zweitakter mit 147, 172, 247 und 342 ccm besaßen. Dazu kam zunächst auch ein 496 ccm Modell mit dem SV-Motor von Blackburne. 1930 wurden die kleinen Zweitakter aufgegeben, und außer einem moderneren 346 ccm (70 mm Bohrung × 90 mm Hub) Villiers-Langhuber wurden nun auch 490 ccm SV und OHV-JAP-Motoren, der 746 ccm SV-V-Zweizylinder-JAP und auch der 496 ccm OHV-Einzylindermotor von Sturmey-Archer (Raleigh) eingebaut. Vorher gab es auch eine M. T. mit dem 344 ccm Villiers-Parallel-Zweizylinder-Zweitaktmotor, und außerdem eine Anzahl von Werksrennmaschinen, die mit 172-ccm-Villiers-»Brooklands«-Rennmotoren, 247 ccm Blackburne- und JAP-Rennmotoren und auch 490 ccm MAG-Einzylindermotoren ausgerüstet waren; für die österreichische T. T. 1930 wurde dem Werk sogar der seltene 498 ccm OHC-Rennmotor von MAG zur Verfügung gestellt, den F. J. Meyer im Rennen fuhr.

247 ccm M. T. (Villiers) 1927

Bei M. T. wurden schöne Motorräder konventioneller Bauweise mit leichten und guten Fahrgestellen gebaut. Bei Rennen auf Straßen, Berg und Bahn war M. T. neben Puch in den letzten zwanziger Jahren die wohl aktivste österreichische Motorradfabrik, und zahlreiche damals bekannte Fahrer, wie Graf Philipp Boos-Waldeck, Robert Wolf, Josef Opawsky, F. J. Meyer, Lorenz Hubbauer, Friedrich Schwarz, Josef Mayerhofer u. a. konnten unzählige Rennen erfolgreich bestreiten. So war M. T. bei der 1928 ausgetragenen österreichischen Tourist Trophy an erster, zweiter und dritter Stelle in der 175 ccm Klasse, und 1929 belegte Robert Wolf den zweiten Platz in der 500er Klasse beim Großen Preis von Österreich.
Die meisten Werksrennmaschinen besaßen, wie erwähnt, 172 ccm »Brooklands«-Typ Zweitakt-Rennmotoren von Villiers, und hier lag auch die Stärke von M. T. bei Rennen. Opawsky und Graf Boos-Waldeck fuhren oft auch 247 ccm Blackburne-Motoren mit obengesteuerten Ventilen, und sowohl Wolf als auch Meyer hatten 490 ccm Einzylinderversionen mit den OHV-Rennmotoren von JAP; der Graf Leopold Hardegg dage-

490 ccm M. T. (SV-JAP-Motor) 1930

gen fuhr eine Rennmaschine mit dem 246 ccm Villiers-Motor. Opawsky bestritt 1928 auch einige Bahnrennen mit einer 344 ccm Zweitakt-Rennmaschine, die einen frisierten Villiers-Parallel-Zweizylindermotor hatte. Anfang der dreißiger Jahre wurde es um M. T. etwas stiller, doch trat das Werk 1935 mit neuen Modellen ins Geschehen ein und baute außer 246 ccm Zweitaktern mit luft- und wassergekühlten Villiers Flachkolbenmotoren auch einzylindrige 346 ccm OHV sowie 498 ccm SV und OHV-Modelle mit JAP-Motoren. Bald verschwanden aber auch diese und damit die einst so bekannte und erfolgreiche österreichische Marke M. T. vom Markt.

246 ccm M. T.
(Villiers wassergekühlt) 1935

MÜLLER

Motorfahrzeugfabrik Heinrich Müller jun., Wien XVI, Brunnengasse 5

Der Erfolg der Doppelkolben-Zweitakter von Puch ließ Müller keine Ruhe, und 1924 kam er mit einer Eigenkonstruktion heraus, die einen etwas eckigen hohen Rahmen mit einem eigenen 183 ccm Einzylinder-Zweitaktmotor mit Nasenkolben und Zweiganggetriebe im Block besaß. Bis 1926 konnte er Motorradfabrikant sein; dann war es auch mit dieser Konstruktion zu Ende. Bemerkt sei, daß diese österreichischen Müller-Maschinen keinerlei Verbindung mit den jetzt in Italien gebauten Müller-Motorrädern hatten und daß man sie auch nicht mit den alten Konstruktionen von Miller-Balsamo verwechseln darf.

NIESNER

Mechanische Werkstätten Josef Niesner, Wien VI, Schmalzhofgasse 10

Bereits 1900 wurde diese Firma gegründet; der Motorradbau wurde 1905 aufgenommen und fast zehn Jahre lang, wenn auch in beschränktem Umfang, aufrechterhalten. Niesner existierte als Motorradvertreter noch in den fünfziger Jahren, er repräsentierte in den zwanziger Jahren die Interessen von Norton in Österreich. Seine vor dem ersten Weltkrieg gebauten Niesner-Motorräder waren von ungemein robuster Konstruktion, um den damaligen schlechten Straßenverhältnissen standhalten zu können. Als Antriebsquellen wurden hauptsächlich 3 PS, $3^1/_2$ PS und 5 PS Einzylinder- und V-Zweizylinder Fafnir-Einbaumotoren, die damals einen sehr guten Ruf genossen, verwendet.

O & B

Opel & Beyschlag, Wien I., Canovagasse 5

Diese alte Firma wurde von Opel zusammen mit dem Wiener Otto Beyschlag schon um die Jahrhundertwende zum Verkauf der Opel-Kraftwagen in Österreich gegründet, und 1903 kamen auch die damals neuen $2^1/_4$ PS Opel-Motorräder dazu. Beyschlag fuhr diese auch erfolgreich bei Rennen, doch bereits 1904 wandte er sich einer Eigenkonstruktion zu, die er in Verbindung mit dem Rüsselsheimer Werk baute. Diesem Einzylin-

2 PS O. & B. (Einzyl., Kardan) 1904

$3^1/_2$ PS O. & B. (V-Zweizyl., Kardan) 1904

der folgte bald eine interessante Zweizylindermaschine, die einen $3^1/_2$ PS V-Motor in einem geschlossenen Fahrgestell und als Besonderheit Kardanantrieb zum Hinterrad besaß. Es wurden jedoch nur wenige dieser Opel & Beyschlag-Maschinen hergestellt.

PERPEDES

Albert R. Stouratz, Motorradhaus, Wien XII, Fockygasse 36

Eine in den zwanziger Jahren bedeutende Motorradfirma, welche 1923 mit den Perpedes Fahrrad-Hilfsmotoren herauskam. Diese hatten 148 ccm Hubraum und waren Zweitakter, die auf einen besonderen Gepäckträger montiert werden konnten. Das Interesse für derartige Motoren war gering, zumal die Leistung derselben oft kaum den primitivsten Ansprüchen genügte, weil viele Fahrradfahrgestelle auch nicht den Anforderungen entsprachen und weil auch die Zuverlässigkeit dieser Konstruktionen viele Wünsche offen ließ. So kam es, daß 1927 der Perpedes nicht mehr gebaut wurde.

PERSCH

Persch Motoren-Gesellschaft m. b. H., Graz, Fellergasse

Die Hauptproduktion bei Persch lag bei Einbaumotoren für existierende Fahrräder, doch wurden damals zwischen 1923 und 1925 auch Leichtkrafträder mit diesen 110 ccm Einzylinder-Zweitaktmotoren gebaut. Im Gegensatz zu den Doppelkolbenmotoren von Puch hatte Persch die Zweitakter nach dem Dreikanalsystem gebaut.

PUCH

1. Johann Puch, Erste steiermärkische Fahrrad-Fabrics-Actiengesellschaft, Graz
2. Puchwerke Aktien-Gesellschaft, Graz, Steiermark
3. Austro-Daimler-Puchwerke A. G., Wien – Graz
4. Steyr-Daimler-Puch Aktiengesellschaft, Wien – Graz

Johann Puch wurde 1862 in Sakuschak, Bezirk Pettau (Untersteiermark), geboren und gründete 1891 die Fahrradfabrik von Johann Puch & Co., die 1897 in Styria-Fahrradwerke umbenannt wurde. Damals schied er aus dem Unternehmen aus und gründete 1899 die Johann Puch, Erste steiermärkische Fahrrad-Fabrics-Actiengesellschaft, wo 1903 auch der Motorradbau mit einer 2³/₄ PS Einzylindermaschine aufgenommen wurde. Bis 1917 folgten ihr zahlreiche andere Typen mit 1- und V-2-Zylinder-Viertaktmotoren, und 1916 gab es auch die nur in 10 Exemplaren gebaute zweizylindrige MM, deren An-

2 3/4 PS Puch (Einzyl.) 1904

triebsquelle ein in Fahrrichtung liegender Boxermotor war. Die Gesamtzahl der bis dahin gebauten Puch-Motorräder betrug 5320, und damit gehörte das Unternehmen zu den führenden Motorradherstellern der seligen österreichisch-ungarischen Monarchie. Für die meisten Konstruktionen war der von Laurin & Klement zu Puch gekommene tschechi-

9 PS Puch (V-Zweizyl.-Werksrennmaschine) 1907

6 PS Puch (Flat-Twin Mod. MM) 1916

sche Konstrukteur Vaclav Pritel verantwortlich, während die Fahrer Eduard Nikodem, Louis Obruba, Josef Wetzka, Franz Gerger, Albert Curjel, Karl Lust u. a. im In- und Ausland große Rennerfolge auf den in Graz gebauten Motorrädern errangen. Johann Puch, der Gründer der Firma, starb am 19. Juli 1914, nachdem zwei Monate vorher das Unternehmen als Puchwerke A. G. registriert worden war.

Damals baute man bei Puch auch Automobile, doch als 1923 der Motorradbau mit neuen, von Ing. Giovanni Marcellino geschaffenen Doppelkolben-Zweitaktkonstruktionen wiederaufgenommen wurde, zog man sich von der Autoherstellung zurück. Die ersten Zweitakter hatten 123 ccm, doch folgten ab 1925 ähnliche mit 173 ccm, ab 1927 auf 220 ccm vergrößert, und ab 1929 schon baute man auch 248-ccm-Modelle. 1928 kam auch ein 490 ccm Viertakter mit dem SV-Motor von JAP hinzu, doch wurde er bald wieder fallengelassen und 1931 durch eine neue 496 ccm Zweitakt-Doppelkolben-Zweizylindermaschine, mit 2 × 45 mm Bohrung und 78 mm Hub pro Zylinder ersetzt. Daneben wurde die 248 ccm Doppelkolben-Einzylindermaschine einer ständigen Weiterentwicklung unterzogen und in verschiedenen Formen bis lange nach dem

123 ccm Puch (Doppel-kolben-Zweitakter) 1924

zweiten Weltkrieg verkauft. Allein von der ersten 248 ccm Version, dem Typ »T«, wurden von 1929 bis 1932 über 13 200 Exemplare gebaut. Großer Beliebtheit erfreute sich besonders bei sportlich eingestellten Fahrern die »250 S4« der Periode von 1934 bis 1938, welche in 7600 Einheiten verkauft wurde und bei zahlreichen Sportveranstaltungen dominierte. 1934 baute man eine 198 ccm Version dieser Konstruktion, und 1937 kam mit der »Puch 200« eine modernisierte und mit einem Preßstahlfahrgestell ausgerüstete kleine Puch dazu. 1936 brachte eine sensationelle 792 ccm Vierzylinder-Viertakt-Puchmaschine, die einen quergestellten SV-Boxermotor mit je zwei in einen Block gegossenen luftgekühlten Zylindern und 20 PS Leistung sowie Umlaufschmierung und ein Vierganggetriebe aufwies. 550 derartige Seitenwagenmaschinen wurden bis 1938 gebaut.
Außer dieser Viertaktmaschine gab es 1936 die 250 R mit 7,5 PS, die S4 mit 10,5 PS

346 ccm Puch (Vierkolben-Zweizyl. »Monza«-Versuchsm.) 1925

220 ccm Puch 1927

248 ccm Puch (Modell S4) 1934

496 ccm Puch (Zweizyl.-Zweitakt-Mod. N.) 1932

792 ccm Puch (Vierzylinder-Viertakt-Boxermotor) 1936

sowie Versionen des 496 ccm Zweizylinder-Zweitakters mit 15 PS. Die »Puch 200« von 1937 hatte bereits 6 PS und die Kupplung im Schwungrad des Motors, während frühere Modelle die Kupplung im Hinterrad eingebaut hatten. 1938 sah das Erscheinen der einzylindrigen 348 ccm Geländesport (GS)-Doppelkolbenmaschine mit Hinterradfederung und der 60 ccm Styriette. Beide verschwanden im Lauf der folgenden Periode, vor allem infolge des Krieges. Bis dahin hatten Puch-Maschinen einen hervorragenden Ruf, bei Wertungsfahrten und bis 1932 auch bei den großen internationalen Rennen (teilweise mit 248 ccm Ladepumpen-Werksrennmaschinen mit Wasserkühlung)

348 ccm Puch (Geländesport) 1938

errungen, und diese großen Erfolge waren es, die in Verbindung mit der hervorragenden Qualität dieser Konstruktionen den Namen Puch und die Doppelkolben-Zweitaktkonstruktionen Marcellinos überall bekannt und beliebt machten. Hugo Höbel, Rupert Karner, Siegfried Cmyral, Elvetio Toricelli, Hans Sandler, Rudi Hunger, Rudolf Runtsch, Franz Nowotny, Anton Uroic, Stanislaus Suchanek, Umberto Faraglia, Endre Kozma, Johann Puch jun., Ladislaus Kiss, Martin Schneeweiß, Leopold Killmayer, Eugen Stösser und zahlreiche andere Fahrer konnten zahllose Erfolge auf Puch-Maschinen erringen.

172 ccm Puch (Mod. 175 SVS) 1964

Wohl sah man gelegentlich auch noch nach dem zweiten Weltkrieg Puch-Maschinen bei Rennen und moderne 123 ccm sowie 248 ccm Zweitakter, von Weingartmann, Herburger, Vinatzer, Hans Walz, Volzwinkler, Radler u. a. gefahren, konnten sich oft sehr gut plazieren. Aber man konzentrierte in Graz die sportliche Tätigkeit auf Trials, Wertungsfahrten etc. und vertrat dabei immer mehr die österreichischen Farben im internationalen Sportgeschehen. Mit neuen modernen Preßstahlfahrgestellen ausgerüstet, wurden die 123 ccm S- und SL-Modelle und auch die 248 ccm TF bald sehr beliebt, und das betraf auch die Anfang der fünfziger Jahre herausgekommene 148 ccm (150 TL)-Puch, die bereits 7 PS mitbrachte. Ihr folgte dann auch eine 171er Version, und bei der 1952er Sechstagefahrt hatte das Werk sogar zwei Mannschaften mit Cmyral, Weingartmann, Kramer, Beranek, Gnaser und Czakoi dabei.

248 ccm Puch (Modell SGS) 1966

1952 kamen die ersten Puch-Roller mit 123 ccm Einkolben-Zweitaktmotoren dazu, und damals gab es auch schon die 248 ccm TFS Sportmaschine mit einem 15 PS Doppelkolbenzweitakter, der dann auf 18 PS gebracht wurde. 1953 gab es 123, 148, 171 und 248-ccm-Puch-Motorräder und dazu von den zwei größeren Typen ausgesprochene Sportversionen. Vom 123 ccm Roller Typ »R« wurden 1953 über 10 000 Stück verkauft! Neu war 1954 die 248 ccm SGS mit 16,5 PS bei 5800 U/min. und ein 49 ccm Moped, das den Beginn der großen Moped-Epoche in der Grazer Fabrik darstellte und das in zahlreichen Variationen in den modernen nach dem Krieg wiederaufgebauten Thondorfer Werksanlagen gebaut wird. Damals kostete die »Normalausführung« 3000 österreichische Schillinge! Der verwendete Einkolben-Zweitakter saß in einem Preßstahl-Schalenrahmen, der vorn eine Teleskopgabel, hinten eine Schwinggabel aufwies. Der mit Gebläsekühlung ausgestattete Motor hatte 1,8 PS, doch gab es auch eine »gezähmte« Variante mit 1 PS. 1955 kam dann der mit einem Elektrostarter versehene 121 ccm Roller und 1956 ein weiterer Rollertyp (125 RLA) mit 5,1 PS bei 5100 U/min. dazu. Nach diesen kamen Roller mit 148 ccm, während die Modellreihe bei den Motorrädern aus 121 ccm, 173 ccm und 248 ccm-Maschinen bestand. Das Hauptgewicht verlagerte sich dabei immer mehr auf die kleinen Hubräume, besonders die 49 ccm-Mopeds. Als Ersatz für die größeren Typen trat die Produktion des 500 ccm Steyr-Puch-Kleinwagens mit gebläsegekühltem Zweizylinder-Viertakt-Boxermotor immer mehr in den Vordergrund. Später folgten dann eine 650er und 700er Variante.
In Thondorf bei Graz entstanden auch zahlreiche Spezialversionen für Trials und Moto Cross. So gab es Werks-Trialmaschinen mit 282 ccm Doppelkolbenmotoren und

auch mit anderen Hubräumen, alle diese Konstruktionen waren von Serienmodellen abgeleitet. Seit Anfang der fünfziger Jahre lieferte Puch auch große Mengen motorisierter Zweiräder – Mopeds, Roller, Motorräder etc. – nach den USA, wo Puch-Erzeugnisse unter dem Namen »Allstate« von der Firma Sears, Roebuck & Co. im ganzen Land gehandelt wurden. Außer dem derzeitigen Hauptwerk in Thondorf besitzt Puch auch die ältere Fabrik in der Grazer Puchstraße. Vor dem zweiten Weltkrieg gab es auch in Passau (Deutschland) eine Zweigniederlassung; jetzt befindet sich die Deutsche Steyr-Daimler-Puch Ges. m. b. H. in Freilassing/Oberbayern.

Das derzeitige Herstellungsprogramm auf dem motorisierten Zweiradsektor umfaßt zahlreiche Mofas, Mopeds, Mokicks mit 49 ccm Zweitakt-Einkolbenmotoren mit Umkehrspülung, die neue verbesserte M 125 mit einem 123,5 ccm 11,5 PS (bei 7000 U/min.) Einkolben-Zweitakter, der 110 km/h erreicht, mit Vierganggetriebe und mit Doppelschleifenrahmen. Gebaut wird auch noch der 248 ccm Doppelkolbentyp SGS mit 14,2 PS bei 5800 U/min., doch ist es nicht ausgeschlossen, daß man auch hier bald neue Einkolbenversionen sehen wird, die keine Zweitakter sein dürften!

Seit einigen Jahren ist das Werk auch wieder sehr sportfreudig geworden. Die Stärke von Puch im Motorradsport liegt weiter bei den schweren Zuverlässigkeitsfahrten wie den Int. Sixdays, und die Liste der bereits erwähnten erfolgreichen Puchfahrer kann nun durch Norbert Gabler, Rolf Witthöft, Alfred Lehner, Johann Sommerauer, Walter Leitgeb, Ferdinand Hendlmeier, K. Ziegler, Walter Hinze, Pachernegg, Helmut Inzko, Josef Aufreiter, Sepp Pucher, Karlheinz Behrendt u. a. ergänzt werden. In Deutschland war Puch bereits vor dem Krieg bei sportlichen Veranstaltungen durch Hans Stolze, Lothar Zencominierski, Fritz Stumfoll, Karl Jurisch, Paul Günther und Robert Köster gut vertreten.

Ursprünglich wurden Gemeinschaftsmodelle mit BMW geplant. Zum Serienbau kam es aber nicht. Inzwischen brachte Puch neue Geländesport- und Moto Cross-Modelle für

123 ccm Puch (M 125) 1967

die Klasse bis 175 ccm mit eigenen schlitzgesteuerten 22 PS-Motoren heraus und errang auch große Verkaufserfolge mit 49 ccm Modellen.

REFORM

Thein & Goldberger, Wien III, Löwengasse 18

Bei Thein & Goldberger reparierte man zunächst Benzin- und Dampfautomobile, ab 1903 baute man auch Motorräder. Es handelte sich um Einzylindermaschinen mit 2¹/₄ PS, die zwar am Kurbelgehäuse den Namen Reform trugen, nach Ansicht des Verfassers jedoch in England bei der damaligen Motorenfirma Monarch gebaut wurden. Diese Motoren hatten gesteuerte Saugventile mit veränderlichem Hub, und zur Erleichterung des Antriebs der Reform gab es einen Leergang mit Konuskupplung. Geliefert wurden diese Maschinen mit Riemenantrieb, doch konnte auf Bestellung auch Kettenantrieb verwendet werden. Zu größerer Bedeutung brachten es diese Maschinen nicht.

R. W. C.

Fahrradfabrik Franz Tresnak, St. Christophen bei Neulengbach, Niederösterreich

Es gibt immer wieder Perioden, in denen bestimmte Kraftfahrzeugtypen plötzlich Bedeutung auf dem Markt erlangen. So hatte man z. B. 1938 in Österreich mehrere neue Kleinkrafträder, wie die Austro-Ilo, die Hai, die Styriette, und 1953 gab es außer der »neuen« Delta Gnom die Moser (KTM) und die RWC, die wie viele andere Maschinen mit dem 98 ccm Rotax Sachs-Lizenz-Zweitaktmotor ausgerüstet war. Ihr folgten mehrere Varianten mit anderen Zweitaktmotoren, doch konnten diese Motorräder nicht die gleichen kommerziellen und sportlichen Erfolge wie die KTM für sich buchen.

SCHEIBERT

Motorradbau Anton Scheibert, Wien VIII, Josefstätter Straße 43

Es ist nicht mehr mit Sicherheit festzustellen, ob die zwischen 1911 und 1913 bei Scheibert gebauten Krafträder Zweitakt- oder seitengesteuerte Viertaktmotoren besaßen. Sie waren ein Eigenfabrikat und wurden über dem Vorderrad verstärkter Fahrräder angebracht. Der Hubraum betrug 197 ccm, und der Antrieb des Vorderrads war ein Reibradantrieb. Die verhältnismäßig kurze Produktionsdauer dieser Konstruktion läßt darauf schließen, daß sie sich nicht besonders gut bewährte.

SMART

Motorrad- und Seitenwagenbau Eduard Platzer jun., Wiener Neustadt, Wöllersdorfer Straße 32

Englische Motorräder hatten infolge ihrer Qualität und ihrer Rennerfolge einen ausgezeichneten Ruf im Ausland, und dazu gehörte natürlich auch Österreich. Wir fanden in Deutschland Motorradmarken mit englisch klingendem Namen wie Lord, King-JAP, Allright, Centaur, Progreß, Standard, in Belgien die Ready und Lady, in der Tschecho-

346 ccm Smart (SV-JAP-Motor) 1928

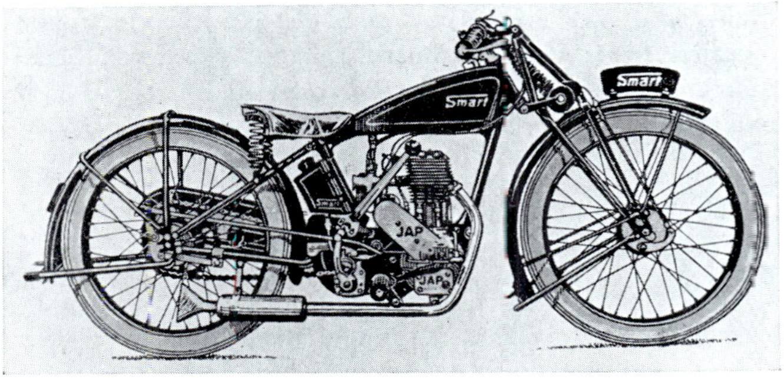

slowakei die Premier, Torpedo und Grizzly und andere Namen, während es in Österreich außer einer Titan und einer York auch die nach englischen Bautendenzen hergestellte Smart gab. Gebaut wurde sie von 1925 bis 1932 mit englischen JAP-Motoren, englischen Sturmey-Archer Getrieben, englischen Best & Lloyd Ölpumpen, englischen Amal Vergasern, englischen Magneten, Ketten etc., doch war damit Smart nicht allein, auch viele andere Firmen in allen Ländern verwendeten damals in England hergestellte Bauteile. Bei den JAP-Motoren handelte es sich um Einzylindertypen mit 346, 498 und 596 ccm SV- sowie 346 und 498 ccm OHV-Zylindern resp. Köpfen; mit Ausnahme von 1927–1928, als man nur ein Einheitsmodell mit dem seitengesteuerten 346 ccm-JAP anbot. Alle Modelle waren formschön und gut ausgeführt.

STYRIETTE

Steyr-Daimler-Puch A. G., Graz (Steiermark), Fuhrhofgasse

Den Namen Styria konnte man schon auf Tausenden Fahrzeugen und auf Motorrad-Prototypen sehen, als 1938 die Grazer Werke dem Zeichen der Zeit entsprechend mit einem motorisierten Fahrrad, der Styriette, auf den Markt kamen. Für 390 Schillinge bekam man hier einen 60 ccm Einkolben-Zweitaktmotor mit 48,8 mm Bohrung, 40 mm

60 ccm Styriette 1938

Hub und 1,5 PS bei 4000 U/min. Die Kraftübertragung erfolgte mittels geräuschloser Spiral-Kegelräder zur Tretkurbelachse und von dort führte eine Rollenkette zum Hinterrad. Die Styriette wog 30 kg komplett und erreichte 35 km/h. Wie die Hai, Err-Zett und Austro-Ilo wurde auch sie ein Opfer der damaligen Verhältnisse, und die Gesamtzahl der gebauten Styrietten betrug nicht mehr als 2300, obwohl es sich um eine Konstruktion handelte, für die ein großer Bedarf vorlag.

TITAN

Grazer Motorenwerke A. G., Puntigam bei Graz (Steiermark)

Die Austro-Motorette hatte sich als zu schwach erwiesen, und so kamen die Grazer Motorenwerke 1927 mit der 348 ccm Titan, einer einzylindrigen Zweitaktmaschine mit Membransteuerung und 8 PS bei 3000 U/min., heraus. Eine derartige Membran-Ansaugsteuerung wurde später auch bei DKW verwendet. Die Titan hatte Leichtmetallkolben, einen Bronzekopf, Graetzin-Vergaser und Sturmey-Archer-Dreiganggetriebe. Ihr

348 ccm Titan (Tourenmodell) 1927

Verkaufspreis betrug 1800 Schillinge, und damit war sie damals die billigste 350er in Österreich. Ihre Zuverlässigkeit wurde 1928 bewiesen, als Hans Morawitz die ADAC-Fünfländerfahrt – 3600 km in 10 Tagen – erfolgreich beendete. Konstruiert wurde die Titan von Ing. Karl Schüber, der schon vorher die Austro-Motorette in Puntigam geschaffen hatte. Er wie auch der Titan-Direktor Ing. Willibald Rath, nahmen mit ihren Konstruktionen an zahlreichen Wertungsfahrten erfolgreich teil. Albert Gödel, Franz Oswald und Josef Mayerhuber konnten ebenfalls Erfolge erringen.

Das Jahr 1928 brachte auch drei neue Titan-Modelle: einen Tandem-Typ mit zwei hintereinander montierten Sätteln, ein mit höherer Verdichtung versehenes Sportmodell, das eine Spezial-Vierblättermembran, einen Amac-TT-Vergaser und ein Satteltankfahrgestell besaß, sowie eine Viertaktmaschine, bei der ein seitengesteuerter 490 ccm JAP-Einzylindermotor als Antriebsquelle diente.

Nur 1650 Schillinge kostete 1930 die modernisierte 348 ccm Tourenmaschine mit dem Membran-Zweitaktmotor. Dazu kam eine Luxusausführung als Sportmodell und eine größere Viertakt-Titan, die nunmehr mit dem seitengesteuerten 498 ccm Blackburne-Motor ausgerüstet wurde. Um diese Zeit begann der Titan-Stern zu verblassen, und 1933 war es dann ganz aus. Bedauerlich, denn eine Weiterentwicklung des interessanten

Membran-Motors hätte, wie später DKW bewies, von Erfolg gekrönt sein können. Leider fehlte es dem kleinen Puntigamer Werk an entsprechenden finanziellen Mitteln, um die damalige internationale Wirtschaftskrise überwinden und Kapital für die Weiterentwicklung der Konstruktion aufwenden zu können.

WERNER-MAG

1. Friedrich Werner, Rio Garage, Wien III, Weißgärberlände 42
2. Heinrich Riedl, Rio Garage, Wien III, Weißgärberlände 42

Die österreichische Tourist Trophy des Jahres 1928 brachte das erste Auftreten der von Ing. Konstantin Leschan konstruierten Werner-MAG Motorräder. Das waren moderne Einzylindermaschinen mit Doppelschleifenrahmen und 498 ccm MAG (Motosacoche) OHV-Super-Sport-Motoren (nicht Rennversionen mit dem OHC-Werksmotor der

996 ccm Werner-MAG (wechselgesteuerter V-Zweizyl.) 1929

Schweizer Werke). Beide Fahrer, Fritz Werner und Ing. Leschan, schieden zwar aus, doch konnte Ing. Leschan später bei einigen Veranstaltungen gute Resultate erzielen. Ein anderer Fahrer auf Werner-MAG war der später berühmte Konstrukteur von Fußschaltungen, Hinterradfederungen, Vollnabenbremsen und kompletten Rennmaschinen (Austria-Alpha), Josef Illichmann. Außer diesen Einzylindermodellen wurden bei Werner-MAG V-Zweizylinderversionen mit den wechselgesteuerten 746 und 996 ccm MAG-Motoren hergestellt. Nach zweijähriger Produktion verschwand auch diese Marke vom überfüllten österreichischen Motorradmarkt.

WESPE

Motorradbau Thos. G. Harbourn, Wien VI, Mollardgasse 83

Harbourn, ein in Wien ansässiger Engländer aus Coventry, vertrat in den zwanziger und dreißiger Jahren die englischen Triumph-Werke in Österreich. Nach dem Torschluß bei M. T., 1936, hatte er auch die Vertretung der englischen Villiers-Zweitaktmotoren übernommen und kam 1937 mit einer eigenen Motorradkonstruktion, der Wespe, auf den Markt. Das war eine nette und moderne Maschine mit dem damals populären 123 ccm Villiers-Motor, doch ließen die politischen Zustände in Verbindung mit einer von der deutschen Regierung geregelten Motorradproduktion den Bau von Krafträdern mit englischen Motoren nicht zu. So kam es, daß nur wenige dieser Wespen hergestellt wurden.

W. K. B.

Kummer, Medinger & Co., Wien IV, Favoritenstraße 4–6

Der W. K. B. war ein von Hermann Medinger konstruierter Fahrrad-Hilfsmotor, der 1923 auf den Markt kam und über dem Hinterrad auf einem Gepäckträger montiert wurde. Es gab auch komplette Leichtkrafträder, die verstärkte Fahrradrahmen mit diesem 183 ccm Zweitaktmotor besaßen. Der schwere Unfall Medingers bei der Tourist Trophy 1924 verhinderte die Weiterentwicklung und weitere Verbreitung dieser Konstruktion.

W. & W.

Motorradfabrik J. Wild & K. Wildberger, Wien VI, Mollardgasse 63

Ich bezweifle, daß es bei diesem Unternehmen zu einer regelrechten Motorradherstellung kam. Wild, bis 1925 Chefkonstrukteur bei Lanco, baute höchstwahrscheinlich aus verbliebenen Teilen einige 498 ccm SV-Einzylindermaschinen unter eigenem Markenzeichen zusammen und stellte außerdem einige Fahrzeuge mit 746 und 996 ccm V-Zweizylindermotoren von MAG her. 1927 übernahm er dann die Generalvertretung der in Breslau hergestellten Ernst-MAG-Maschinen für Österreich. Die Lanco- und W. & W.-Motorräder aber gab es nicht mehr.

YORK

York-Motorfahrzeuge-Fabrik, Robert Sturm, Wien VIII, Lederergasse 18

Genau stimmt diese Adresse nicht, da Sturm seine Maschinen in der Cumberlandstraße 49 (XIII. Bezirk Wiens) herstellte. Der Verfasser vertritt die Ansicht, daß sie auch dort nur mehr oder weniger aus englischen Teilen zusammengebaut wurden und daß die Rahmen von der Firma Omega aus Coventry, die Motoren dagegen von JAP in London bezogen wurden. Sturm war bis 1927 Omega-Vertreter in Österreich, kam dann mit der York heraus und verlegte bereits 1929 die Produktion nach Halle-Trotha in Deutschland, wo es ein Jahr lang die Firma Robert Sturm & Co. gab. 1927 gab er bekannt, daß der Namen York aus markenschutzrechtlichen Gründen anstatt Omega verwendet werde, 1928 bezeichnete er seine Maschinen als »rein österreichisches Erzeugnis«, und bevor er 1929 Wien verließ, wurden sie bereits als deutsche York-Maschinen mit englischen 346 ccm SV, 490 ccm SV und OHV und 746 ccm V-Zweizylinder SV-JAP-Motoren offeriert. Es handelte sich um moderne und gut durchkonstruierte Motorräder.

746 ccm York (V-Zweizyl. JAP-Motor) 1928

ÖSTERREICH – ANHANG

Die nachstehend angeführten Konstrukteure und Firmen bauten ebenfalls, allerdings in kleinem Maßstab, Motorräder:

1. Ludwig Apfelbeck (Waltendorf bei Graz, Wels etc.) schuf als unabhängiger Konstrukteur bereits in den dreißiger Jahren verschiedene Rennmaschinen und setzte gleich nach 1945 diese Tätigkeit fort. Später brachte ihn seine Tätigkeit zu Horex, KTM, Maico und BMW. Bekannt für seine Konstruktion mit vierventiligen Zylinderköpfen, schuf er zahlreiche einzylindrige Rennmotoren mit Hubräumen von 123, 248, 346 und 498 ccm, wobei es sich um OHV- und OHC-Versionen für Bahn- und Straßenrennen handelte. Zahlreiche bekannte und erfolgreiche Fahrer, wie Leopold Killmayer, Karl Killmayer, Leonard Fassl, Max Braunstein, Horst Bartenstein, Franz Albert, Erwin Lechner, Paul Schwarz u. a. fuhren diese Maschinen. Apfelbeck ist derzeit wieder in seinem eigenen Konstruktionsbüro in Graz mit der Entwicklung von Rennmotoren beschäftigt.
2. Franz Bartisch, Wien X, Triester Straße 49 und Wien X, Knöllgasse 6. Bereits 1928 schuf Bartisch eine hochmoderne 496 ccm OHC-Einzylindermaschine, die wegen der damals herrschenden Wirtschaftsverhältnisse nicht zur Serienproduktion kam. Bei Rennen wurde sie von Franz Degen gefahren.
3. Franz Degen, Wien X, Siccardsburggasse 75, arbeitete zunächst mit Franz Bartisch zusammen und schuf bereits in den zwanziger Jahren Maschinen mit 172 und 346 ccm Villiers-Zweitaktmotoren. In den dreißiger Jahren baute er u. a. die schnelle 996 ccm V-Zweizylinder OHV-Rennmaschine mit JAP-Motor, mit welcher Hans Medwenitsch zahlreiche Seitenwagenrennen gewinnen konnte.

4. Michael Pichler, Wien I, Bartensteingasse 11, baute Ende der zwanziger Jahre Motorräder mit dem damals populären 496 ccm OHV-MAG (Motosacoche)-Einzylinder-Super-Sportmotor und bestritt mit diesen auch zahlreiche Wertungsfahrten.
5. Rotax-Werke, Gunskirchen bei Wels. Inmitten des zweiten Weltkriegs entstand dieses ehemalige Zweigwerk von Fichtel & Sachs (Schweinfurt) und lieferte nach Kriegsende Rotax-Einbaumotoren an zahlreiche Firmen, zu denen auch KTM gehörte. Dann ging das Werk an Lohner über und gehört jetzt der kanadischen Firma Bombardier in Valcourt (Quebec). Gebaut werden Zweitakter von 75 ccm bis 800 ccm. Man baute aber auch bei Rotax schon komplette und erfolgreiche Rennmotorräder mit von Dipl.-Ing. Heinz Lippitsch konstruierten und entwickelten 125 ccm und 250 ccm Zweitakt-Drehschiebermotoren, die auch international gut abschnitten. Seine derzeit letzte Rennmaschinenkonstruktion ist eine 440 ccm Rotax Zweizylinder-Zweitaktmaschine mit 70 PS bei 8500 U/min.
   Inzwischen wurden diese Rennmaschinen auf 498 ccm gebracht und weiterentwickelt. Und seit 1972 baut Rotax die erfolgreichen 124 ccm und 174 ccm Drehschiebermotoren für die im Stammwerk (Bombardier in Valcourt, Quebec, Kanada) hergestellten »Can-Am«-Motorräder. Dort ist auch der berühmte englische Moto-Cross-Weltmeister Jeff Smith in der Entwicklungsabteilung tätig. Erfolgreiche Fahrer auf 173 ccm und 498 ccm Rennmaschinen der Bombardier-Rotax GmbH. in Gunskirchen: Maxwald, Zemsauer, Bergold, M. & W. Schmid, Maas.

TSCHECHOSLOWAKEI

ACHILLES

A. Schneider & Co., Achilles Fahrrad- & Motorfahrzeugfabrik, Ober-Politz an der Nordbahn

Der griechische Held des trojanischen Krieges, Achilles, gab seinen Namen diesen vor dem ersten Weltkrieg gebauten Motorrädern und Kleinwagen. Die Motorräder wurden meist mit $2^1/_2$ PS und $3^1/_2$ PS Einzylinder- und 4 PS V-Zweizylinder-Viertaktmotoren von Fafnir und Minerva ausgerüstet. In den zwanziger und dreißiger Jahren stellte das Werk Fahrräder her. Zu einer Reorganisation und Übersiedlung des Unternehmens kam es nach 1945, als die Produktion nach Wilhelmshaven-Langewerth in Deutschland verlegt wurde, wo man 1953 mit der Herstellung der Achilles-Kleinkrafträder mit Sachs-Zweitaktmotoren begann.

AEROS

Aeros-Werkstätten, Kaaden in Böhmen.

Diese kleine Firma versuchte zwischen 1927 und 1929, die erfolgreichen BMW-Maschinen zu kopieren und verwendete BMW-ähnliche Fahrgestelle mit blattgefederten Vor-

496 ccm Aeros (»K« OHC-Motor) 1927

dergabeln, im Gegensatz zu den Münchener Zweizylinder-Boxermotoren jedoch nur einzylindrige 346 ccm und 496 ccm OHC-Einbaumotoren von Küchen. Eine größere Bedeutung errangen die Aeros-Maschinen nicht.

AZA

Motor-Company, Praha VII, Vinářska 16

Der Name Aza bezeichnete normalerweise einen kleinen Motorentyp der englischen Firma JAP; hier stand er jedoch am Tank 1924–1925 gebauter Kleinkrafträder mit 147 ccm Zweitaktmotoren. Die Prager Motor-Company war eine Großreparaturwerkstätte und Ersatzteilfabrik und stellte später auch die M. C.-Motorräder her.

B. A. F.

Ing. C. B. A. Frisek, Praha II, Palackého Náměsti 2

Eine ambitionierte Firma, welche ab 1927 173 ccm Maschinen mit Bekamo-Zweitaktmotoren, ab 1928 auch solche mit 247 ccm herstellte. Im Gegensatz zur in Rumburg gebauten Bekamo, die einen TX-Tankrohrrahmen besaß, hatten die B. A. F.-Modelle ein orthodoxes Fahrgestell. Die B. A. F. gab es aber auch mit obengesteuerten 345 ccm Motoren

498 ccm B. A. F. (Chaise OHC-Motor) 1929

in Touren- und Sportausführung und mit dem 498 ccm OHC-Touren-Blockmotor von Chaise. Allerdings fehlte hier der Namen Chaise am Kurbelgehäuse, und das erweckte den Eindruck, als ob es sich um eine Eigenkonstruktion von Frisek handle. Auch der 345 ccm-Motor wurde nicht bei B. A. F. gebaut. Er stammte von Kühne in Dresden.

BARRY

Brüder Bardas, Maschinenfabrik, Müglitz in Mähren, Schillerstraße 40

Die 246 ccm Barry-Rennmaschinen entstanden 1932 und waren eine Konstruktion des jetzt in Deutschland lebenden und bekannten Dipl.-Ing. Friedrich Drkosch. Den damaligen französischen Terrots nicht unähnlich, besaßen sie einen ausgezeichneten Rahmen, und Fritz Bardas, Drkosch selbst und Weiss konnten gute Erfolge mit diesen obengesteuerten Einzylinder-Rennmaschinen bei Straßen- und Bahnrennen erringen. 1938 war auch der Bau von Kleinkrafträdern mit 98 ccm Zweitaktmotoren geplant, doch verhinderten verschiedene Umstände die Verwirklichung dieser Absicht.

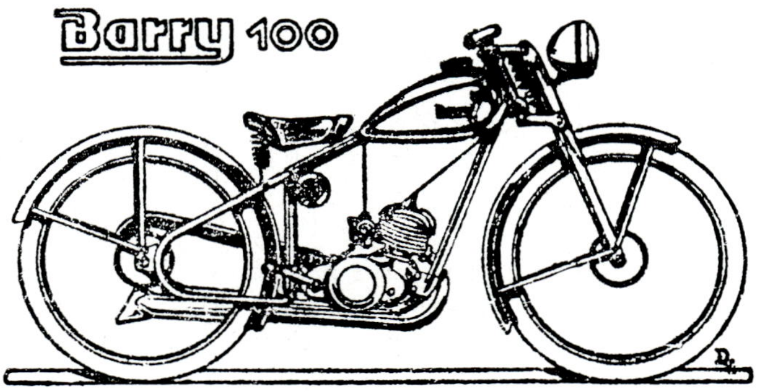

98 ccm Barry (Prototyp) 1938

B. D.

Továrna na stroje, Breitfeld-Daněk & Co., Praha X – Karlin

J. F. Koch, einer der bekanntesten und erfolgreichsten tschechoslowakischen Konstrukteure, schuf 1927 die robuste 497 ccm B. D., deren Einzylindermotor eine obenliegende Nokkenwelle besaß. Es handelte sich um ein sportliches Motorrad, keinesfalls jedoch um eine ausgesprochene Rennmaschine. Trotzdem gelang es Ing. Štěpan, J. F. Koch, V. Pokorny

497 ccm B. D. (OHC-Motor) 1927

und anderen Fahrern, bei Rennen und Wertungsfahrten gute Erfolge für B. D. zu erringen. 1929 wurde die Firma von den Praga-Automobilwerken erworben und die B. D. in verbesserter Form unter dem Namen Praga weitergebaut. Auffallend war bei dieser Konstruktion der Rundtank, der den Brough-Superior-Tanks nicht unähnlich war.

BEKAMO

Kaehlert & Ruppe, Motorradwerke, Rumburg

Bis 1925 wurden 123 ccm Bekamos von Berlin in die Tschechoslowakei eingeführt. Dann schloß der berühmte Konstrukteur Hugo Ruppe die Berliner-Kraftrad-Motorenwerke und übersiedelte den ganzen Betrieb nach Rumburg in Nordböhmen, wo bald darauf eine 173 ccm Version mit dem Hilfskolben-Bekamomotor, jedoch mit dem bei Westendarp & Pieper in Berlin von Ing. Pohle entwickelten TX-Tankrohrfahrgestell entstand. Diese Bekamo-TX war mit ihrem 7-PS-Motor sehr leistungsfähig und gewann

173 ccm Bekamo TX 1928

mit Fahrern wie Ing. Heller, Luedtke, Rudolf, Krause, Russe, Kosinka u. a. zahlreiche Rennen; auch gegen die DKW-Werksfahrer teilweise mit wassergekühlten Motoren. 1929 kam auch eine 247 ccm Bekamo hiezu, diese besaß jedoch einen »Normalrahmen« und wurde nur in geringer Anzahl gebaut, bevor man in Rumburg die Tore schloß. Alfred Olbrich, jahrelang Werkmeister bei Bekamo, fuhr auch diesen Typ erfolgreich bei Rennen. Die Firma stellte auch von B. A. F., Velox und anderen Firmen verwendete Einbaumotoren her.

BEZDĚZ

Bratři Veselý, Mechanické Dílny, Bělá pod Bezdězem

Eine kleine Firma, die zwischen 1923 und 1926 einzylindrige Fahrrad-Hilfsmotoren herstellte. Es handelte sich um eine Konstruktion mit 147 ccm Hubraum und seitengesteuerten Ventilen. Man konnte diese Antriebsquellen über dem Vorderrad wie dem Hinterrad anbringen.

BÖHMERLAND

1. Albin Liebisch, Motoren & Motorradbau, Schönlinde, Nordböhmen
2. Albin Liebisch, Motoren & Motorradbau, Schluckenau-Kunratice, Nordböhmen

Die Böhmerland – sie wurde auch unter dem Namen Čechie geliefert – war eine der *unorthodoxesten* je in Serie gebauten Maschinen. 1925 von Albin Liebisch konstruiert,

598 ccm Böhmerland (Touren-Modell) 1927

598 ccm Böhmerland (Langtouren-Modell) 1928

wurde sie bis 1939 in nur wenig veränderter Form hergestellt. Sie hatte einen 598 ccm OHV-Motor mit 79,8 mm Bohrung, 120 mm Hub und zuletzt 25 PS. Unorthodox waren die Fahrgestelle. Die schweren, tiefen und sehr langen Doppelschleifenrahmen besaßen drei offizielle zugelassene Sitze und zwei Kraftstoffbehälter neben dem Hinterrad. Hinter diesem lag noch ein Werkzeug- und Gepäckbehälter. Etwas kürzere Versionen, mit normalen Sätteln ausgestattet, hatten den Tank in der herkömmlichen Position.

598 ccm Böhmerland (Jubiläums-Modell) 1935

598 ccm Böhmerland (Langtouren-Modell) 1935

348 ccm Böhmerland (Zweitakt-Volksmodell) 1937

Alle Böhmerland-Modelle hatten gegossene und durchbohrte Leichtmetallräder, eine besonders schwere Vordergabel mit gezogenem Rad, und das Durchschnittsgewicht einer Böhmerland dürfte über 200 kg betragen haben. Trotz ihrer ungewöhnlichen Konstruktion erfreuten sich diese rot-gelben und grünen Maschinen ziemlicher Beliebtheit, besonders in Nordböhmen, teilweise auch in Sachsen und Schlesien. Dank ihrer robusten Konstruktion und ihrer tiefen Schwerpunktlage waren sie besonders für Seitenwagenbetrieb gut geeignet und im übrigen sehr zuverlässig. 1937 entstand auch ein 348 ccm Zweitakt-Einzylindermodell mit einem neuartigen, patentierten Spülsystem, doch wurden nur wenige dieser interessanten Zweitakter in Schluckenau-Kunratice hergestellt. Auch hier wurde ein ungewöhnliches, allerdings leichteres Fahrgestell verwendet.

B. V.

1. Balzer & Vemola, Motorradfabrik, Tovačov u Prostějova
2. Balzer & Vemola, Motorradfabrik, Prostějov, Olomoucká Třída 48
3. Balzer & Koštal, Motorradfabrik, Prostějov, Olomoucká Třída 48
4. Volt-Watt A. G., Motorradfabrik, Prostějov, Olomoucká Třída 48

Man baute bei B. V. *orthodoxe* Motorräder typisch englischer Bauweise. Es gab 173 ccm Zweitakter, seitengesteuerte 347 ccm und obengesteuerte 596 ccm Einzylindermodelle und auch einen seitengesteuerten 746 ccm V-Zweizylinder für Seitenwagenbetrieb. Die interessanteste B. V. war wohl eine von 1925 bis 1927 von Julius Vemola gefahrene 497 ccm Einzylinder-Rennmaschine, deren obenliegende Nockenwelle bereits damals – 2 Jahre bevor die erste Ketten-A. J. S. in England erschien – mittels Kette angetrieben wurde. Der Konstrukteur fuhr sie meist bei tschechoslowakischen Bergrennen, während Balzer eine frisierte 173 ccm Zweitaktmaschine auf die Rennstrecken brachte. 1930 wurde der Motorradbau eingestellt.

347 ccm B. V. 1926

Č. A. S.

Česká Automobilová Společnost, Praha II, Riegrovo Nábřezi 24

Auf Grund amerikanischer und englischer Vorbilder baute die Firma bereits 1920 Kleinroller mit verschiedenen Motoren, die über dem kleinen Hinterrad, aber auch unter dem Fahrersitz lagen. Unter diesen Motoren befanden sich Boxer-Zweizylinder mit 129 und 147 ccm Hubraum. Daneben gab es auch von Ing. J. Rechziegel konstruierte

248 ccm Č. A. S. (Roller) 1922

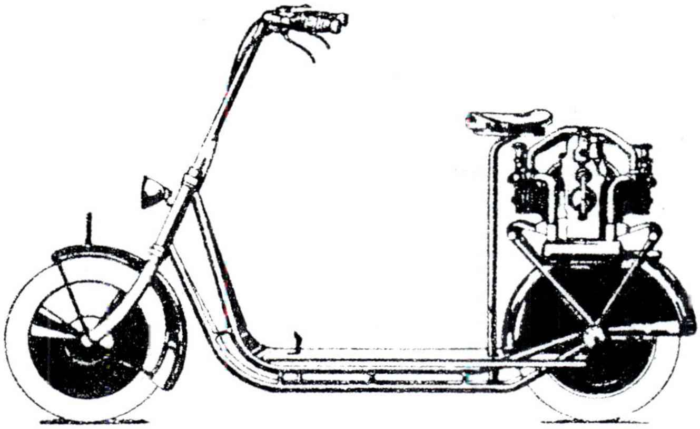

Motorräder mit 173 und 225 ccm Einzylinder-Zweitaktmotoren. 1924 wurde die Erzeugung der Č. A. S.-Konstruktionen eingestellt.

Č. Z.

Česká Zbrojovka, Strakonice

Dies ist neben Jawa die berühmteste und erfolgreichste derzeit existierende Motorradfabrik in der Tschechoslowakei. 1922 als Waffenfabrik gegründet, ging das damals zur Skoda-Gruppe gehörende Werk später zur Herstellung von Produktionsmaschinen über und gründete 1931 eine Abteilung zum Bau von Motorrädern. Der einst bei Steyr unter Ferdinand Porsche tätig gewesene Ignaz Uhl wurde Chefkonstrukteur, und die erste, 1932 auf den Markt gebrachte Č. Z. war ein verstärktes Fahrrad mit einem eigenen 60 ccm Zweitaktmotor, der bald darauf mit einem Hubraum von 76 ccm in Serie ging. 1933 wurde der Hubraum nochmals (auf 98 ccm) vergrößert.
Das erste richtige Č. Z.-Motorrad entstand 1934, es war mit einem Preßstahlrahmen und eigenem 172 ccm Dreikanal-Zweitakt-Blockmotor ausgerüstet. Zu diesem gesellte sich 1936 eine ähnliche 246er Version, von der es auch eine Sportausführung mit dem leichteren Fahrgestell der 172er gab. Diese sehr robusten, dabei aber schnellen Č. Z.-Modelle erfreuten sich bald großer Beliebtheit, und Sporterfolge, besonders bei schweren Zuver-

173 ccm Č. Z. 1935

248 ccm Č. Z. 1936

lässigkeitsfahrten, trugen schnell zur Popularisierung der Marke bei. Damals wurden auch neue 98-ccm-Modelle gebaut, und 1937 bekam das 246-ccm-Modell einen Flachkolbenmotor, nachdem bisher nur Nasenkolben-Zweitakter in Strakonice gebaut worden waren. Die sehr rührige Konstruktionsabteilung befaßte sich auch mit 348 ccm Einzylinder- und 498 ccm Parallel-Zweizylinder-Versuchskonstruktionen; ein solcher luftgekühlter Zweitakter war es, der damals mit Seitenwagen und von der bekannten Rennfahrerin Milada Bayer gefahren, zahlreiche schwere Wettbewerbe erfolgreich beendete. Trotzdem ging er, wie die 348-ccm-Version, nie in Serie. Für diese 498 ccm Zweizylinder-Zweitaktmaschine baute man auch einige nette Seitenwagen im eigenen Werk – unter Lizenz von Stoye/Leipzig.
Bei Kriegsende wurde das Werk beschädigt, doch bereits 1946 wurden außer den 173 und 246 ccm Vorkriegsmodellen in verbesserter Ausführung auch die knapp vor dem Kriege entwickelten neuen 98 und 122-ccm-Modelle geliefert. Der berühmte Konstrukteur J. F. Koch arbeitete damals auch bereits an einem Č. Z.-Roller, und zu den verschiedenen 122-ccm-Versionen gesellten sich auch ähnliche 145-ccm-Modelle, die fast ganz im eigenen Werk gebaut wurden. Der damalige sportfreudige Direktor Skála war es, der 1949 erstmalig auch ein Werksteam mit den Fahrern Kohliček, Paštika und

173 ccm Č. Z. 1947

123 ccm Č. Z. 1948

Marha nach Schottland zur Sechstagefahrt sandte, wobei der Konstrukteur Ing. Jan Walter und der Verfasser dieser Zeilen an der Vorbereitung der Maschinen und Fahrer, die dort hervorragend abschnitten, nicht unbeteiligt waren. Bald darauf trat auch Ing. Jaroslav Walter, der jüngere Bruder von Ing. Jan Walter, als erfahrener Rennmaschinenkonstrukteur bei Č. Z. ein und schuf dort bis 1968, als er in den Ruhestand trat, alle erfolgreichen 123, 248, 293 und 348 ccm OHC-Rennmodelle für das Werk, die u. a. von Franta Bartoš, Václav Parus, Jirka Koštíř, Jaroslav Malina, Karel Bojer, Frantisek Boček mit großen Erfolgen im In- und Ausland gefahren wurden. Auch Leonard Fassl, der österreichische Meisterfahrer, fuhr eine 348-ccm-Werksrennmaschine der Strakonizer Fabrik, die zu den modernsten Motorradwerken der Welt gehört und auch als Hersteller von Ketten Weltruf genießt. Mit Jawa, Manet etc. gehört Č. Z. zur verstaatlichten tschechoslowakischen Motorradindustrie, und während aus kommerziellen Gründen die Maschinen auch mit Jawa-Č. Z. bezeichnet werden (besonders gewisse Serienmodelle), hat man es in Strakonice doch immer verstanden, einen hohen Grad an Selbständigkeit und Individualismus zu bewahren, und auf Rennstrecken stehen die beiden Werke sich als harte Gegner gegenüber. Bis 1956 baute man hauptsächlich 123- und 148-ccm-Zweitakter mit Dreiganggetriebe, nachher neue 123 und 172-ccm-Viergangversionen. Bald darauf entstand auch der nette 172-ccm-Čezeta-Roller, der bis 1963 in Strakonice gebaut wurde. Das Hauptgewicht lag nunmehr bei weiterentwickelten 123, 173- und 248-ccm-Einzylindermaschinen mit Zweitaktmotoren, die in verschiedenen

248 ccm Č. Z.
(Werksrennmaschine) 1964

Ausführungen auf den Markt kamen und auch in großen Stückzahlen exportiert wurden. Bereits 1946 hatte der Verfasser dieser Zeilen, damals mit Č. Z. in enger Verbindung, diese Maschinen erstmalig den Amerikanern vorgestellt.
1963 kam auch ein 173-ccm-Typ mit elektrischem Anlasser heraus, und von den Serienmodellen wurden auch zahlreiche Sportversionen, Serien-Rennzweitakter und Spezial Moto Cross-Modelle abgeleitet. Der Sport wurde in Strakonice immer sehr gepflegt. Bis 1949 gab es frisierte 123-, 173- und 248-ccm-Zweitakter, die von bekannten Fahrern wie Němec, Butula, Paštika, Marha, Körner etc. gefahren wurden. Als dann Jaroslav Walter die Rennabteilung übernahm, brachte er seine erfolgreichen 248 und 348 ccm

172 ccm Č. Z. 1965

OHC-Walter-Rennmotoren mit, die den Grundstock für alle folgenden, sehr guten Viertakt-Straßenrennmaschinen von Č. Z. bildeten. Bei Wertungsfahrten, Moto Cross etc. wurden jedoch ausschließlich Zweitakter eingesetzt. Erwähnt man in diesem Zusammenhang nur die Namen der Č. Z.-Spitzenfahrer wie Friedrichs, Robert, Bickers, Schmider, Aird, Mayes, De Coster, Geboers u. a., so bekommt man ein Bild von der Leistungsfähigkeit der Č. Z. 248- und 360-ccm-Moto Cross-Modelle. Werksmaschinen haben Motoren bis 400 ccm Hubraum.
Die derzeit neuesten serienmäßigen Č. Z.-Maschinen sind die mit Rohrrahmen ausgerüsteten Typen 476 und 477 mit 123,2 ccm 11 PS und 172 ccm 15 PS-Zweitaktmotoren.

EISLER

Továrna na Stroje, Eisler & Spol., Boskovice, Morava

Diese auch in der Tschechoslowakei schon ganz vergessene Firma ist dem Verfasser deshalb in guter Erinnerung, weil er dort in seiner Jugend erstmalig der Herstellung von Motorrädern beiwohnen durfte. Es handelte sich um eine Maschinenfabrik, die von 1922 bis 1924 kleine 147-ccm-Zweitakter teilweise für komplette Motorräder, teilweise aber auch als Hilfsmotoren für Fahrräder produzierte. Die Berliner Firma Eichler dürfte als Vorbild gedient haben, da auch die Eisler rot lackiert waren und den Eichler-Maschinen ähnlich sahen.

ESO

ESO Národní Podnik, Divišov

Der Mangel an neuen JAP-Speedwaymotoren in der Tschechoslowakei führte nach dem Krieg 1948 zur Entwicklung eigener Bahnmotoren, die von dem früheren Techniker und Rennfahrer von Jawa, Jaroslav Šimandl, konstruiert und gebaut wurden. Zunächst den JAP-Motoren ähnlich, wurden sie einer ständigen Weiterentwicklung unterzogen und unterschieden sich dadurch mehr und mehr vom Original. Heute ist der ESO-Speedway-Motor kaum zu schlagen. Nicht zuletzt auch deshalb, weil der JAP in der Entwicklung stehenblieb. Seit den fünfziger Jahren werden ESO-Motoren, meist 499-ccm-OHV-Einzylinderversionen, in Divišov hergestellt; in den letzten Jahren wurde die Produktion un-

499 ccm ESO-Jawa (Speedway-Maschine) 1969

ter die Obhut von Jawa gebracht. Außer Motoren baut man jetzt auch komplette Speedwaymaschinen mit sehr leichten Fahrgestellen, außerdem aber auch besondere Versionen für Moto Cross und andere Motorsportarten. Es gab auch ESO-Maschinen, die bei Straßenrennen in der Tschechoslowakei eingesetzt wurden, doch zog man sich von deren Produktion zurück. Geliefert werden die nunmehr 55 PS leistenden Flachbahnmaschinen in alle Teile der Welt, und führende Speedwayfahrer in England (wie Barry Briggs), Schweden, Rußland, Polen, Österreich, Deutschland etc. benützen sie mit Erfolg.

G. H.

Motorradfabrik Gustav Heinz, Mährisch-Schönberg, Mähren

Die kleinen 1924–1925 gebauten 175 ccm G. H. hatten Villiers-Zweitaktmotoren und einfache, offene Fahrgestelle. Sie errangen keine größere Verbreitung, und Heinz ersetzte sie in den folgenden Jahren durch seine Sirocco- und Velamos-Maschinen. Er selbst und sein Werkstättenleiter Zwesper fuhren sie auch bei Bergrennen in der 175er Klasse.

GRIZZLY

Matyaš & Polák, Továrna na motocykly, Pardubice-Skřivanek

Josef Matyaš, der Konstrukteur der Grizzly, schuf seine ersten 247-ccm-Einzylinder-Zweitaktmaschinen 1924, und zusammen mit anderen Fahrern, wie Korbel, A. J. Trnka und Adamek, bestritt er zahlreiche Sportveranstaltungen, besonders Bergrennen. Hierbei wurden gute Resultate erzielt, und vor allem Trnka fiel damals dadurch auf, daß er eine dieser kleinen Maschinen mit Seitenwagen in der 350 ccm-Klasse fuhr. 1928 bekamen die Grizzlys nette Satteltankrahmen, und 1929 kamen neue 346 ccm SV- und

247 ccm Grizzly 1930

OHV-Einzylindermodelle mit schweizerischen MAG-Motoren hinzu. Eine Werksrennmaschine, meist von Zdeněk Herrmann gesteuert, besaß sogar den von Dougal Marchant konstruierten und von Bert Le Vack weiterentwickelten OHC-Einzylindermotor von Motosacoche. 1933 gab die Firma den Motorradbau auf.

HURIKAN

Motor-Union, Národní Podnik, České-Budějovice

Der in Rußland geborene tschechoslowakische Rennfahrer Vladislav Vlk war bei Ogar und bei Jawa, ehe er 1947 seine Hurikan-Sportmaschinen bei der Motor-Union konstruierte und baute. Es handelte sich um moderne 247-ccm-Einzylindermaschinen mit eigenen Blockmotoren, die eine obenliegende Nockenwelle und ein Vierganggetriebe besaßen. Vlk bestritt mit ihnen auch sportliche Veranstaltungen, doch kam es nie zu einer größeren Produktion. Es gab auch einen Prototyp mit einem 347 ccm Einzylindermotor.

ITAR

1. J. Janatka, Praha – Smíchov, Štefaniková 30
2. Holubovsky & Spol., Praha-Radlice, Havličková 113

Die Konstruktion der Itar Maschinen ging auf das Jahr 1917 zurück, als sie von Ing. Josef Zubaty für die Walter-Werke in Jinonice geschaffen wurden. In Wirklichkeit nahm

746 ccm Itar (SV-Flat-Twin) 1923

Walter deren Herstellung nie auf und verkaufte die Konstruktion dieser 746 ccm Flat-Twin-(Boxermotor)-Zweizylindermaschine mit seitengesteuerten Ventilen an die Firma Janatka. Bei dieser stellte man größere Stückzahlen für die tschechoslowakische Armee her, weniger jedoch für Privatkunden. 1926 fielen die Armeelieferungen aus, und nach einer Reorganisation hieß die Firma Janatka, Jakubec & Co. Berühmte Fahrer, wie Hejzlar, Solansky, Koselka, Ziegler und auch Josef Janatka sowie Ing. Tacheci, errangen Erfolge bei Wettbewerben mit der Itar, doch war das Unternehmen nicht fähig, sich durch den ausschließlichen Verkauf an Privatkunden auszulasten. Eine neuerliche

746 ccm Itar 1928

Reorganisation führte 1928 zur Übernahme durch Holubovsky & Co. und 1929 zur Ergänzung der Modellreihe mit 348 und 498 ccm SV- und OHV-Einzylindermaschinen mit englischen JAP-Motoren. Auch wurde die nunmehr mit einem modernen Fahrgestell und Satteltank ausgerüstete 746-ccm-Zweizylindermaschine bedeutend verbessert, und Franta Stradal konnte mit ihr manchen Erfolg erringen. Auf Itar begann auch der später berühmte Jawa-Werksfahrer Anton Vitvar seine Rennfahrerlaufbahn, doch fuhr er eine 348er OHV-Version. 1930 schloß Itar für immer die Tore.

J. A. C.

J. A. Cvách, Motorradbau, Horaždòvice, Böhmen

Cvách gehörte zu den vielen Männern auf der Welt, die sich mit Zweitaktern befaßten, und seine 1929 herausgebrachten 498-ccm-Einzylindermaschinen waren voller ungewöhnlicher Konstruktionseinzelheiten. Da war vor allem der schiebergesteuerte und luftgekühlte Motor, das handgefertigte, tiefe Fahrgestell aus geschweißtem und genietetem Preßstahl, der Kraftstoffbehälter unter dem Sattel, hinter dem Zylinder, der Kardanantrieb zum Hinterrad und auch ein verhältnismäßig niedriger Preis von 9900 Kč, der kaum eine genügende Verdienstspanne übrigließ. Trotzdem baute Cvách, wenn auch in kleinen Stückzahlen, vier Jahre lang diese Maschinen.

498 ccm J. A. C. (Drehschieber-Zweitakt-motor) 1930

JAWA

1. Waffenfabrik Ing. F. Janeček, Praha-Nusle II
2. Továrna Jawa, Národní Podnik, Praha-Nusle II

1929 war auf der Welt wenig Meinung, Krieg zu führen, und das veranlaßte den Prager Waffenfabrikanten Ing. Dr. Techn. h. c. František Janeček, Motorräder herzustellen. Zunächst wollte man die Lizenz für den Puch-Doppelkolbenmotor, nachher die für den Schliha-Zweitakter mit Aufsatzkolben, und zuletzt erwarb man die deutsche Wanderer-

498 ccm Jawa (Ex-Wanderer-Konstruktion) 1930

Lizenz für die 498 ccm OHV-Wanderer-Einzylindermaschine mit Blockmotor, Kardanantrieb und Preßstahlrahmen. Nach kostspieligen Weiterentwicklungen wurde sie bei Jawa bis 1933 weitergebaut. (Der Namen Jawa selbst entstand aus den ersten zwei Buchstaben von Janeček und Wanderer.) 1930 kam dann der englische Konstrukteur und Rennfahrer George William Patchett zu Jawa (er war vorher bei Brough-Superior,

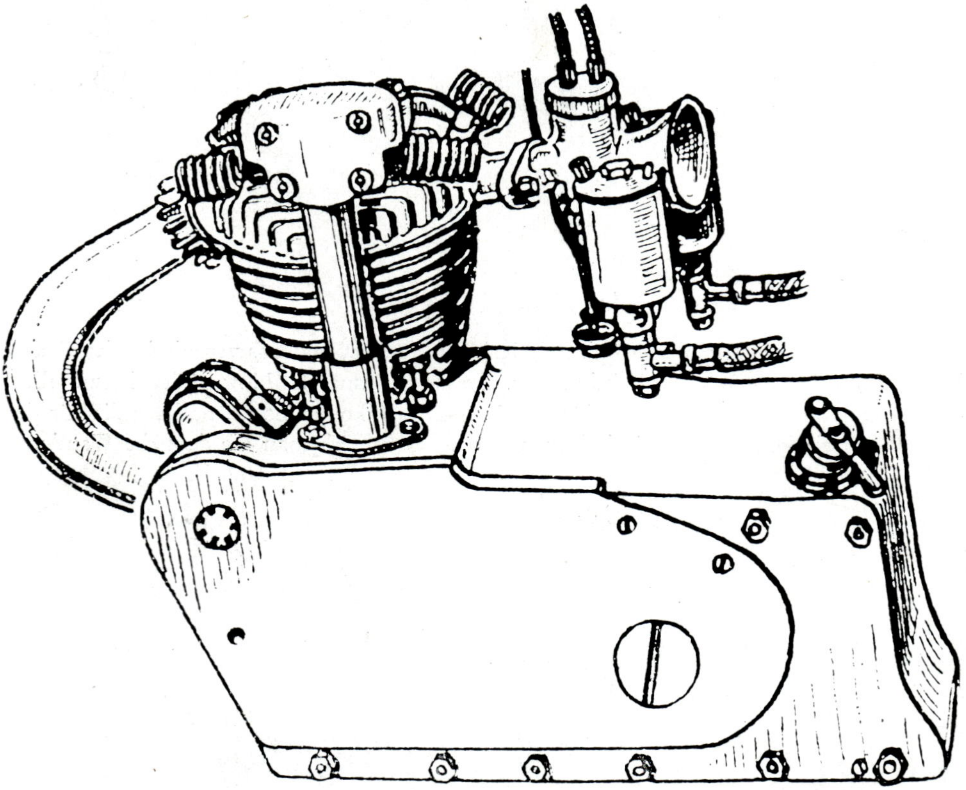

498 ccm Jawa (OHV-Motor der Werksrennmaschinen) 1932

McEvoy und bei F. N. in Belgien), wo er bald neue 500 ccm OHV-Einzylinder-Rennmaschinen, später auch solche mit 173, 248 und 348 ccm in verschiedenen Ausführungen für Straßen- und Bahnrennen schuf.

Das Jahr 1932 sah neue, von ihm konstruierte Serienmodelle, die 173-ccm-Villiers-Zweitaktmotoren und leichte – rote – Preßstahlrahmen besaßen. Sie wurden ein großer kommerzieller Erfolg, und 1934 gesellten sich 246-ccm-Versionen dazu. Diese hatten allerdings Zweitaktmotoren mit Flachkolben System Schnürle (Auto Union-Lizenz), und auch die kleineren Zweitakter wurden nunmehr unter Villiers-Lizenz bei Jawa gebaut. Zwei 346 ccm Jawas, mit SV und OHV-Einzylindermotoren, kamen bis 1939 auch noch dazu, und Jawa war bereits 1934 die größte Motorradfabrik des Landes. Dank der vielen Rennerfolge war sie auch die populärste, und es seien hier aus dieser Periode, in der

246 ccm Jawa 1936

346 ccm Jawa
(OHV-Motor) 1936

98 ccm Jawa
(Modell »Robot«) 1937

man auch Rennmaschinen mit 172 ccm Villiersmotoren hatte, nur die Fahrer Hermann Gunzenhauser, Franta Juhan, Hugo Rosák, Anton Vitvar, Franta Brand, Richard Dusil, Zdeněk Houška, Václav Stanislav und Jirka Bayer erwähnt. Knapp vor dem

123 ccm Jawa (OHV-Werksrennmaschine) 1938

246 ccm Jawa 1947

Krieg gab es auch noch ein leistungsfähiges Kleinmotorrad, das einen Zweitaktmotor mit 98 ccm hatte und, von Josef Jozif konstruiert, unter dem Namen Jawa »Robot« auf dem Markt erschien.

Während des Krieges starb Ing. Janeček senior, und nach 1945 wurde das Unternehmen, dem inzwischen auch Zweigfabriken in Týnec a. d. Sazava u. a. einverleibt wurden, verstaatlicht.

Allerdings war man auch während des Krieges nicht untätig gewesen und hatte entgegen den Wünschen der Gestapo in dieser Periode neue 246 ccm Einzylinder-Zweitaktmaschinen modernster Konstruktion entwickelt. Jawa, im Protektorat Böhmen liegend, war bestimmt worden, Motorräder aller Marken für die deutsche Wehrmacht zu reparieren. Das tat man auch. Daneben tarnte man aber auch neue, eigene Prototypen mit Wehrmachtsfarben, und als 1945 der langersehnte Frieden auch in Prag eintraf, hatte man dort ein neues Modell fix und fertig. Diese neue Jawa bildete die Grundlage für

498 ccm Jawa (Werks-Bahnrennmaschine) 1947

alle späteren Modelle mit kleineren und auch größeren (346 ccm) Zweitaktmotoren und für alle sportlichen Ableitungen. Die 346-ccm-Version, ein Zweizylinder, wurde ursprünglich für die ebenfalls verstaatlichte Ogar-Fabrik entwickelt, doch wurde diese dann von Jawa übernommen; heute dient sie als Konstruktions- und Entwicklungswerk der

498 ccm Jawa (Zweizyl. Werks-Kompressorrennmaschine) 1948

tschechoslowakischen Motorradindustrie. Im Lauf der Nachkriegsjahre gab es auch verschiedentlich Versuche, die beiden größten tschechoslowakischen Firmen, Jawa und Č. Z., ganz zu vereinigen, doch blieb es bei einer beschränkten Zusammenarbeit auf produktionstechnischem und kommerziellem Gebiet. Das Produktionsprogramm selbst wurde durch 50-ccm-Mopeds, Roller und zahlreiche Moto Cross- und Trial-Versionen ständig erweitert und der Export nach vielen Ländern der Welt vergrößert.

Die derzeitige Modellreihe von Jawa setzt sich aus folgenden Zweitaktern zusammen: 48 ccm mit liegendem Zylinder und 4,5 PS-Motor, 123 ccm mit 7 PS, 173 ccm mit 10 PS, 247 ccm mit 14 PS und 16 PS und 346 ccm mit 18 PS und 20 PS. Dazu kommen Moto Cross-Maschinen mit 247 ccm und 29 PS sowie 360 ccm mit 36 PS und andere Varianten. In den fünfziger Jahren gab es auch eine 488 ccm OHC-Parallel-Zweizylinder-Jawa, doch wurde deren Bau später eingestellt. Erfolgreiche deutsche Moto Cross-Fahrer auf Jawa sind Erwin Schmider, Herbert Schek und Wilfried Behrens, um nur einige zu nennen.

498 ccm Jawa (Zweizyl. Werks-Bahnrennmaschine mit Kompressor) 1948

Wie schon vor 1939, so hat sich auch nach 1945 Jawa stark am Rennsport beteiligt, und bereits 1946 setzte man neue 348 ccm und 498 ccm Parallel-Zweizylinder-Rennmaschinen mit Kompressoren ein. Nachher baute man ähnliche, jedoch kompressorlose Modelle mit ein und zwei obenliegenden Nockenwellen und setzte sie bei internationalen Straßenrennen ein, dazu noch verschiedene 246-ccm-Zweizylinderversionen. Josef Jozif, Vincenz Sklenář, Ján Křivka u. a. tschechische Konstrukteure waren für diese Modelle verantwortlich. Ende 1967 zog man alle Viertakt-Rennmaschinen zurück und entwarf neue

496 ccm Jawa (Zweizyl. Serienmodell) 1955

Rennzweitakter, von denen besonders die vierzylindrige 346 ccm-Version 1968 großes Aufsehen bei Rennen erregte, obwohl sie noch nicht die gewünschte Zuverlässigkeit erreicht hatte. Groß ist natürlich auch die Anzahl der Fahrer, die nach dem Krieg für das

89 ccm Jawa (90 Cross) 1968

Werk fuhren; hier seien außer dem bekannten Franta Štastny und dem tödlich verunglückten Gustav Havel auch noch Pavel Slaviček, Miloš Čada, Anton Vitvar, Ladislav Steiner, Karel Rykr, Ján Novotny, Richard Dusil, František Helikar, Jan Srna, Franta Boček, Chalupnik und Klatil erwähnt.
Alle bisher gebauten Jawa-Modelle oder erfolgreichen Jawa-Rennfahrer hier aufzuzählen ist unmöglich. Ihre Anzahl ist zu groß. So gab es oft Ableitungen von existierenden Typen, wobei Hubraumvergrößerungen auch eine Rolle spielten. Oft wurden bei Rennen, Trials und Moto Cross-Veranstaltungen seitens der Werksfahrer auch Prototypen benützt; so konnte man 346 ccm OHC-Einzylindermodelle genau so beobachten wie Doppelnockenwellen-Zweizylinder mit 392 ccm oder besonders schnelle 246-ccm-Zweitakter.

JELINEK

Josef Jelinek, Výroba motocyklu, Praha-Smíchov

Diese Marke ist schon lange vergessen, zumal sie nur in der Periode von 1904 bis 1907 oder 1908 Motorräder, hauptsächlich $2^1/_2$-PS- bis 5-PS-Modelle mit Ein- und V-Zweizylindermotoren von Fafnir, Minerva und Orion zusammenbaute und im Sport keine Rolle spielte.

J. F. K.

1. J. F. Koch, Motocyklová továrna, Praha – Vysočany
2. Štěpanek & Spol., Továrna motoru, Kostelec nad Labem

1923 entstand Kochs erste Konstruktion, die mit einer obenliegenden Nockenwelle ausgestattete 348 ccm J. F. K., ein luftgekühlter Einzylinder mit 74,5 mm Bohrung und 80 mm Hub. J. F. Koch war immer ein Verfechter von Königswellenmotoren, aber da es sich hier nur um eine sportliche Tourenmaschine handelte, betrug ihre Leistung vorerst nur 8,6 PS bei 4000 U/min. Später wurde sie auf 12 PS gebracht. 1926 wurde der Bau eingestellt, und Koch ging zu Breitfeld Daněk über, wo er 1927 die B. D. schuf.

348 ccm J. F. K. (OHC-Motor) 1923

JULES

Leopold Křivanek, Moto Praga-Jules, Brünn, Masaryková 25–27 (später Trtná 2a)

Bei dieser Firma wurden Praga-Fahrräder mit einer einfachen Hinterrad-Blattfederung hergestellt. Außerdem wurde von 1929 bis 1934 der Jules-Fahrrad-Einbaumotor, ein Zweitakter mit 120 ccm Hubraum, allerdings nicht in großen Stückzahlen, gebaut.

KILEAR

Továrna na Stroje a Motocykly A. S., Brno-Maloměřice

Maloměřice, ein Vorort von Brünn, war durch ein großes Zementwerk, aber keinesfalls durch die dort von 1924 bis 1926 gebauten Kilear-Motorräder bekannt. Sie hatten ein typisch englisches Fahrgestell und einen eigenen 247-ccm-Dreikanal-Zweitaktmotor. Der bekannte Fahrer Franta Klapal fuhr sie auch bei Sportveranstaltungen, ohne jedoch nennenswerte Erfolge zu erzielen.

KOCH

J. F. Koch & Spol., Praha VIII, Na Košince

Der bereits erwähnte Konstrukteur kam über J. F. K., B. D. und Praga wieder zu einer Eigenfabrikation. Diesmal war es die 1934 herausgekommene Koch, die in jeder Beziehung sehr gut und fortschrittlich war, infolge Kapitalmangels und der Wirtschaftskrise in den dreißiger Jahren jedoch kaum mehr als ein Jahr gebaut wurde. Auch sie besaß einen 348-ccm-OHC-Blockmotor mit Doppelauspuff und fußgeschaltetem Vierganggetriebe und lief 115 km/h. Angeboten wurde sie für 9500 Kč, doch konnte sie sich aus den angeführten Gründen nicht durchsetzen, und Koch ging später zu Č. Z. Er selbst und auch der Rennfahrer Jindra Kostlivec fuhren die Koch bei Wertungsfahrten.

KOHOUT

Výroba Motocyklu Petr Kohout & Spol., Brno, Cejl

Eine kleine Firma der Pionierperiode, die 1904 außer Motorrädern auch ein vierrädriges Fahrzeug mit einem 2½ PS Einzylindermotor erzeugte. Kohouts Motorräder besaßen Minerva- und Fafnir-Motoren mit 2½ und 2¾ PS, doch verschwand diese Marke bereits 1906, ohne einen besonderen Eindruck hinterlassen zu haben.

LAURIN & KLEMENT

V. Laurin & V. Klement, Továrna na Kola, Mladá Boleslav

Bereits 1895 wurde diese Firma von Václav Klement, einem Buchhändler, und Václav Laurin, einem Mechaniker, gegründet. Man baute zunächst Fahrräder. Dann sah Klement in Paris das Motorrad der Brüder Werner, und 1899 baute auch er ein derartiges »motorisiertes Fahrzeug«. Klement war ein tüchtiger Geschäftsmann, Laurin ein hervorragender Techniker, und das Resultat waren zahlreiche Motorrad-Modelle mit ein, zwei und sogar vier Zylindern sowie unzählige Siege bei den schwersten Rennen Europas. Es

5 PS Laurin & Klement (Modell CCR) 1905

gab auch wassergekühlte Typen und eine teleskopartige Abfederung des Vorderrads bereits 1903. Allein 1903 und 1904 errangen Laurin & Klement-Motorräder 56 erste und 59 zweite Plätze bei Rennen, und 1905 gab es bereits V-Zweizylindertypen, die 5 PS leisteten.
Seidel & Neumann in Dresden erwarben damals die Baulizenz für Deutschland, wo Laurin & Klement Motorräder auch unter dem Namen Slavia bekannt waren, während sie in Österreich »Republic« hießen und große Beliebtheit errangen. 1907 wurde die Firma in eine Aktiengesellschaft umgewandelt und der Automobilbau in größerem Maßstabe eingeführt, der Motorradbau bald darauf aufgegeben. 1925 wurde dann die Firma von den Škoda-Werken übernommen. Berühmte und erfolgreiche Fahrer auf Laurin & Klement-Motorrädern: Václav Vondřich, Narcis Podsedníček, František Toman, Karl Merfait, Fritz Hirsche. Zu den größten internationalen Erfolgen gehörte 1904 der zweite Platz von Toman im Coupe International und dortselbst (in Dourdan in Frankreich ausgetragen) 1905 der Sieg von Vondřich gegen die Konkurrenz der Marken Griffon, Progreß, Ariel, JAP, Puch, Matchless und Peugeot. Auf Laurin & Klement bestritt auch Graf Alexander »Sascha« Kolowrat erfolgreich Rennen, und das sowohl auf Motorrädern als auch mit Rennwagen.

LINSER

Christian Linser, Maschinenfabrik, Reichenberg, Böhmen

Eine größere Firma, die ab 1904 Motorräder unter dem Namen Zeus und auch später Bestandteile für die Reichenberger Automobil Fabrik (R. A. F.) im Herstellungsprogramm hatte. Die guten Zeus-Maschinen wurden meist mit 3½ PS Einzylinder- und 4½ PS V-Zweizylindermotoren geliefert; Spezialrennmaschinen hatten bereits 8 PS, und eine von diesen wurde von Franta Šir, der später als Tenor Weltberühmtheit errang, gefahren. Die 1858 zur Erzeugung von Eisenwaren gegründete Fabrik produzierte fast alles für die Zeus-Maschinen im eigenen Betrieb und existierte bis Mitte der dreißiger Jahre. Motorräder wurden allerdings nach dem ersten Weltkrieg nicht mehr gebaut.

MANET

Považské Strojírny, Národní Podnik, Považska – Bystřica, Slowakei

Vincenz Sklenář, der die ersten 346- und 496-ccm-Parallel-Zweizylinder Kompressor-Rennmaschinen nach 1945 bei Jawa konstruierte, war auch für die ab 1948 gebauten 88-ccm-Manet-Leichtkrafträder (Zweitakter mit Doppelkolbenmotoren) verantwortlich. Die unter dem Einfluß von Jawa stehende slowakische Firma verlegte sich später auf verschiedene Rollermodelle, die man in Zusammenarbeit mit Jawa entwickelte und baute.

123 ccm Manet (S. 125 Roller) 1965

M. A. T.

Miloš Bondy & Spol., Praha II, Pořič 30

Als die von Ing. J. Votroubek 1929 konstruierte M. A. T. erschien, besaß Bondy nicht nur diese Firma, sondern auch die Flugzeugfabrik Avia, die er später an die Škodawerke veräußerte. Er war auch ein bekannter und erfolgreicher Autorennfahrer und besaß verschiedene Bugatti-Modelle. Die M. A. T. war eine hochmoderne 496-ccm-Vierzylindermaschine mit 14 PS bei 4200 U/min. und hatte, wie die später von Edward Turner konstruierte Ariel »Square Four«, die luftgekühlten Zylinder paarweise nebeneinander im Quadrat angeordnet, ein Vierganggetriebe im Block und Kardanantrieb zum Hinterrad. Als Fahrgestell wurde ein starker Doppelschleifenrahmen verwendet. Aus

496 ccm M. A. T. (Vierzylindertyp) 1929

verschiedenen Gründen wurden jedoch nur wenige dieser interessanten Maschinen hergestellt.

M. B.

Miloš Bondy & Spol., Praha II, Poříč 30

Die 1927–1928 gebaute M. B. war die Vorgängerin der M. A. T. Sonst hatte diese Konstruktion mit der Vierzylindermaschine nichts gemeinsam, zumal es sich hier um eine von Ing. Šlechta entworfene 498-ccm-Einzylindermaschine handelte, die als Besonderheit einen Drehschieber im Zylinderkopf an Stelle von Ventilen besaß. Ähnlich war damals auch die österreichische Freyler konstruiert, doch bewährte sich keine dieser Konstruktionen, und nach zweijährigen Versuchen wurde die M. B. durch die M. A. T. ersetzt.

M. C.

Motor-Company, Továrna na automobilové součástky, Praha VII, Vinářska 16

Die Motor-Company produzierte vor allem Ersatzteile für Automobile, ab 1924 auch die Aza-Motorräder und 1925 kamen die schweren M. C.-Maschinen dazu. Diese wurden hauptsächlich für die Verwendung mit Seitenwagen gebaut, waren typisch englischer Konstruktion und hatten auch englische 986-ccm-V-Zweizylinder JAP-Motoren mit seitengesteuerten Ventilen. Ernst Gregr siegte mit ihnen bei Bergrennen in der 1000 ccm Seitenwagenklasse, doch wurde 1928 die Produktion eingestellt – gegen die damals starke amerikanische Konkurrenz von Harley-Davidson und Indian konnte die in der Herstellung teuere M. C. kommerziell nicht aufkommen.

METEOR

František Radvan, Výroba motocyklů, Praha – Vinohrady 393

Eine kleine Marke, die nie eine Rolle im tschechoslowakischen Motorradwesen spielte. Gebaut wurden Meteor-Motorräder zwischen 1909 und 1926, und zwar besaßen sie eigene 147 und 169 ccm Zweitakt-Einzylindermotoren mit Nasenkolben und englische Albion-Getriebe. Die Rohrrahmen waren einfach und offen. Es scheint, daß Kapitalmangel eine Entwicklung der Firma verhinderte, die auch 211-ccm-Fahrrad-Hilfsmotoren herstellte.

NECO

August Negedly & Co., Motorfahrzeugwerk, Bratislava

An diese Marke erinnert sich sicherlich kaum noch ein Tscheche, zumal die in der Slowakei beheimatete Firma ihre Produktion vor allem dortselbst, aber auch im benachbarten Ungarn absetzte. Das war in den Jahren zwischen 1923 und 1927, als man hauptsächlich seitengesteuerte 347 ccm und 496 ccm JAP-Motoren in orthodoxe Fahrgestelle einbaute und außerdem Lieferdreiräder mit diesen Antriebsaggregaten unter dem Namen »Hippos« produzierte. Konstrukteur der Firma war der später bei Werner-MAG in Wien tätige Ing. K. Leschan.

NOVICUM

Ladislav Švestka, Mechanická Dílna, Praha – Smíchov

Gehörte zu den mechanischen Werkstätten, die in der Frühzeit des Motorrads vom Fahrradbau zum Motorradbau übergingen. Gebaut wurden mehrere Modelle mit Fafnir-, Peugeot-, Minerva- und anderen Einbaumotoren. Es handelte sich um die Periode von 1904 bis 1908. Die Modellreihe umfaßte Ein- und V-Zweizylinder mit 1½ PS bis 4 PS

OGAR

Machek & Spol. »Autfit«, Praha XII, Římská Ulice 20

Machek & Spol. war eine Großhandelsfirma für Motorrad- und Automobilteile und Zubehör, die 1934 mit 198-ccm-, bald darauf jedoch mit 246-ccm-Einzylinder-Zweitakt-

246 ccm Ogar 1935

maschinen in den Motorradbau einstieg. Diese von Ing. Frantisek Bartuška konstruierten schwarz-grünen Maschinen waren leistungsfähig, zuverlässig und hatten einen sportlichen Einschlag. Sie siegten bei zahlreichen Wertungsfahrten und nahmen in frisierter Ausführung auch erfolgreich an Rennen teil. Bekannte Fahrer wie Ján Lucák, Václav Liška, František Fiala, Anton Mikl, Jiři Plichta, Ladislav Steiner u. a. bewiesen oft die Qualität der Ogar-Zweitakter. Die ambitionierte Firma baute aber auch wassergekühlte 246-ccm-Werks-Rennzweitakter und Bahnrennmaschinen mit 498 ccm OHV-Einzylindermotoren, die von Hugo Rosák und Ján Lucák gefahren wurden. Nach der Verstaatlichung des Unternehmens (1945) kam Ogar mit einer hochmodernen 348-ccm-

246 ccm Ogar 1937

348 ccm Ogar (OHC-Blockmotor-Prototyp) 1946

OHC-Einzylinder-Blockmaschine heraus, von Vincenz Sklenář konstruiert, doch ging diese nie in Serie. Damals war das Unternehmen bereits eng mit Jawa verbunden und sollte die 346-ccm-Zweitakt-Zweizylindermodelle herstellen. Das ging einige Zeit, doch wurde später das Unternehmen in Strašnice als Entwicklungszentrum für alle tschechoslowakischen Motorradfabriken eingerichtet; damit verschwand der Name Ogar, das heißt eine Firma, die vor dem Krieg der drittgrößte Motorradhersteller in der Tschechoslowakei – hinter Jawa und Č. Z. – gewesen war.

ORION

Vilém Michl, Motocyklová továrna Orion, Slány

Michl begann 1894 mit dem Fahrradbau, und bereits 1902 stellte seine Fabrik Motorräder her. Zusammen mit Laurin & Klement und Walter gehörte er zu den Pionieren der Motorradindustrie auf dem Gebiet der derzeitigen Tschechoslowakei. Damals gehörte Slány allerdings noch zur seligen österreichisch-ungarischen Monarchie, die in Kaiser

347 ccm Orion (Einzylinder-Zweitaktmotor) 1923

598 ccm Orion (Einzylinder-Zweitakt-Prototyp) 1926

Franz-Joseph ihr Oberhaupt hatte. Michls moderne Maschinen, die eigene 2-PS-, 2½-PS- und 3-PS-Einzylindermotoren und 7-PS-V-Zweizylindermotoren besaßen, hatten schon damals einen guten Ruf und konnten viele Sporterfolge erzielen. 1923 wurde die Nachkriegsproduktion aufgenommen; Ing. Zdeněk Michl, der zweite Sohn des Besitzers, war nunmehr für die Konstruktionen verantwortlich.

496 ccm Orion (OHV-Motor) 1929

Zu diesen gehörte zunächst ein nach vorn geneigter, langhubiger 347-ccm-Zweitakt-Einzylindertyp, dem 1925 eine *unorthodoxe* Konstruktion folgte: ein 596-ccm-Zweitakter mit Luftkühlung und zwei parallel angeordneten Zylindern. Das war drei Jahre, ehe DKW mit einer ähnlichen 496-ccm-Maschine auf den Markt kam. Orion ließ diese Neukonstruktion jedoch bald fallen und baute nicht nur weiterentwickelte 347-ccm-Zweitakter, sondern später auch 496-ccm-Einzylinder-OHV- und SV-Maschinen sowie eine 598-ccm-SV-Einzylindermaschine; alle typisch englischer Bauweise und von guter Qualität. Für den erfahrenen Michl gab es keine Kompromisse in bezug auf Qualität, und zahlreiche Tourenwettbewerbe wurden dank dieser hohen Qualität von Orion-Maschinen siegreich beendet. Auch bei Rennen, besonders Berg- und Bahnrennen, zeichneten sie sich aus, und besonders war es Ing. Z. Michl selbst, der immer wieder als Erster das Ziel durchfuhr. Andere erfolgreiche Orion-Fahrer waren Vilém Michl (Junior), Jaroslav Kotek, später mit den 496-ccm-OHV-Rennmaschinen auch František Holoubek, Václav Liška und Jaroslav Melzer. 1929 gab es Spezial-Bahnrennmaschinen mit diesen Motoren, während die kleineren Zweitakter nicht mehr gebaut wurden. Fast gleichzeitig mit Premier (1933) wurde auch bei Orion der Motorradbau eingestellt, und der tüchtige Ing. Z. Michl ging als Leiter der Zweitakt-Motorenentwicklung zu den Aero-Automobilwerken.

PERUN

1. F. & J. Ždarský, Výroba motocyklů, Turnov
2. F. Zdarský, Podolí u. Svíjan

Eine weitere sehr alte Firma, die 1904 mit dem Motorradbau begann und 3,5 PS Einzylinder- sowie 4,5-PS-V-Zweizylindermaschinen in beschränktem Umfang herstellte. Trotzdem war das Unternehmen sehr agil und stellte diese Erzeugnisse bereits 1905 bei den Ausstellungen in Prag und Wien aus. Beim Riederbergrennen 1907 belegte Justernitz mit dem Einzylindertyp gegen stärkste Konkurrenz den zweiten Platz. Bemerkt sei, daß diese von Zdarsky gebauten Maschinen meist unter dem Namen Vulkan offeriert wurden.

PETA

1. Peta Spol., Továrna motocykly, Plzeň, Přemyslová 18
2. Peta Spol. S. R. O., Plzeň, Vaňkova 3
3. Motorfahrzeugfabrik & Scooterbau, Jaň Tajc, Plzeň

Bei Peta baute man, ähnlich wie bei Č. A. S., bald nach dem ersten Weltkrieg Roller. Dazu kamen dann auch, wie man sie damals nannte, Kleinkrafträder. Man baute dafür auch eigene 170 ccm Einzylindermotoren, doch war diesen Aggregaten kein besonderer Erfolg beschieden; nach mehrmaligen kommerziellen Reorganisationen wurde das Unternehmen 1924 geschlossen.

POUSTKA

1. František Poustka, Výroba motocyklů a mechanické dílny, Praha-Vinohrady, Divišová 15
2. František Poustka, Mechanické dílny, Praha-Vinohrady, Italská 8

Poustka war ein Mann mit eisernen Nerven. Fünf Minuten vom berühmten Prager Wenzelsplatz entfernt, baute er von 1924 bis 1934 solide einzelangefertigte Motorräder mit einzylindrigen 147-, 247- und 348-ccm-Villiers-Zweitaktmotoren. »Eiserne Nerven« wurde deshalb gesagt, weil er noch 1934 Modelle anbot, die noch nicht einmal Satteltanks und Innenbackenbremsen, sondern den langgezogenen Kraftstoffbehälter zwischen

172 ccm Poustka (Villiers-Motor) 1924

den beiden oberen Rahmenrohren und dazu noch Klotzbremsen besaßen: Kein Wunder, daß ihm die Reparatur von Maschinen damals mehr eintrug als der Bau neuer Motorräder.

PRAGA

Moto Praga, Českomoravská Kolben Daněk A. S., Praha X-Karlin, Karlova Ulice 22

Eine große Firma der Schwer- und Automobilindustrie, die 1929 die Firma Breitfeld-Daněk A. S. und damit den Bau der B. D.-Motorräder übernahm und diese nunmehr

499 ccm Praga (Ex-B. D.) 1929

in verbesserter Form unter dem eigenen Markenzeichen Praga weiterbaute. Ing. J. F. Koch, der Konstrukteur, ging mit seinen Maschinen ebenfalls zu Praga über, wo zunächst die verbesserte 499-ccm-OHC-Einzylindermaschine, eine robuste Konstruktion mit gekapseltem Ventilmechanismus und einem Brough-Superior-ähnlichen Kraftstoffbehälter sowie 175 kg Gewicht weitergebaut wurde. Aus der stark verchromten B. D. wurde dabei allerdings eine dunkelblaue Praga! 1930 wurde dann das Bauprogramm durch eine hochmoderne 346-ccm-OHC-Einzylindermaschine ergänzt. Der hier verwendete Motor mit angeblocktem Getriebe hatte 70 mm Bohrung, 90 mm Hub und einen nach vorn geneigten Zylinder. Dazu kam nicht nur ein Preßstahlrahmen, sondern auch eine Gabel aus Preßstahl und Wellenantrieb zum Hinterrad. Auch diese kleinere Praga war ein gutes und hübsches, in der Herstellung jedoch teueres Motorrad, und so kam es, daß 1935 auch hier der Motorradbau eingestellt wurde. Obwohl mit OHC-Motoren ausgerüstet, handelte es sich bei beiden Konstruktionen nur um sportliche Tourenmaschinen, die sich vor allem bei schweren Zuverlässigkeitsfahrten mit J. F. Koch und Emil Přádny, Ladislav Toušek, Pavel Dubsky, Bohuslav Frýda u. a. im Sattel auszeichneten.

499 ccm Praga (OHC-Motor) 1929

346 ccm Praga (Eigener OHC-Motor) 1932

PREMIER

Premier-Fahrrad & Maschinenfabriks A. G., Eger (Cheb)

Gegründet wurden die Premier-Werke 1908 von Hillman, Herbert & Cooper Ltd., Coventry. Später wurde ein Zweigwerk in Nürnberg errichtet, und als sich vor dem ersten Weltkrieg die wirtschaftlichen Verhältnisse in Deuschland verschlechterten, verlegte man das Zweigwerk über die Grenze nach Eger, das damals zur österreichisch-ungarischen Monarchie gehörte und 1918 bei der Gründung der Tschechoslowakei dieser zufiel. Die Hauptproduktion bestand damals aus Kinderwagen, Fahrrädern und Motorrädern, wobei viele Teile aus dem englischen Werk in Coventry importiert wurden. Aus England kam auch der Generaldirektor von Premier, Geoffrey Rotherham. Bemerkenswert ist,

269 ccm Premier (Zweitakt-Motor) 1926

daß man in Coventry bereits 1915 den Motorradbau aufgab und Anfang der zwanziger Jahre Dreiradwagen und Kleinautomobile herstellte. Später ging dann das Stammwerk an die Firma Singer über.
In Eger baute man zunächst eine seitengesteuerte 347-ccm-Einzylindermaschine und einen

498 ccm Premier (Eigener Motor) 1929

leichten 1300-ccm-Sportwagen. 1923 kam es dann zu einer größeren Motorradproduktion, wobei mit einer 269-ccm-Einzylinder-Zweitaktmaschine der Anfang gemacht wurde. Diese war der englischen Triumph »Baby« und der deutschen Triumph »Knirps« sehr ähnlich. Ab 1925 kamen seitengesteuerte 348-ccm- und 499-ccm-Einzylinder- und dann auch 744-ccm-V-Zweizylindermodelle, alle typisch englischer Bauweise, dazu. Es gab auch eine 498-ccm-OHV-Sportmaschine und weitere Modelle, die ähnliche, aber bei JAP gebaute Motoren besaßen. Auch die Premier-Motoren wurden in verschiedenen Ausführungen hergestellt, und die Sportmodelle wurden, je nach Wunsch, mit ein oder zwei Auspuffrohren geliefert. Die schwere 744-ccm-Maschine (sie wog 200 kg) ersetzte die älteren Itar-Maschinen bei der Armee und wurde fast ausschließlich mit Seitenwagen gefahren.

494 ccm Premier (OHV-Langhub-Sportmodell) 1929

Premier war eine »internationale« Fabrik und jahrelang der führende Motorradhersteller in der Tschechoslowakei. Sie lag in der sudetendeutschen Stadt Eger, ganz nahe der deutschen Grenze, doch da man auch Regierungsaufträge (Armee etc.) hatte, gab es z. B. neben dem englischen Generaldirektor Rotherham und dem deutschen Direktor Haubner einen tschechischen Verkaufsdirektor in Mašinda. Chefkonstrukteur war Ing. Baumann, doch als 1929 das Werk eine neue hochmoderne 494-ccm-Langhub-Einzylinder-OHV-Maschine herausbrachte, zeichnete für deren Konstruktion Ing. Otto Lausmann verantwortlich. Der hier verwendete, geneigte Premier-Motor hatte 75,5 mm Bohrung, 110 mm Hub, gekapselte Ventile, Doppelauspuff und Trockensumpf-Umlaufschmierung. Das war leider das letzte bei Premier konstruierte Modell. 1933, nachdem das Unternehmen unter der Leitung der Živnobank gekommen war, wurde der Motorradbau eingestellt – zur gleichen Zeit, als Jawa immer größer wurde. Der Niedergang von Premier lag nicht nur in der mangelnden Anpassungsfähigkeit an die schlechte wirtschaftliche Situation, sondern auch in der Vielzahl der Modellreihe, die 1931 nicht weniger als 24 Varianten beinhaltete und daher eine Großserienherstellung unmöglich machte. Dazu

kam, daß man in Eger oft zu lange benötigte, um konstruktive Verbesserungen einzuführen, und Satteltank-Modelle erst anbot, als diese bei Konkurrenzfirmen schon zwei Jahre lang zur Selbstverständlichkeit gehörten.
Eine bedeutende Rolle spielte Premier im Sport. Jahrelang gab es dort einen Rennstall, und man bestritt nicht nur Wertungsfahrten, sondern auch alle Arten von Rennen mit Werksmaschinen und Werksfahrern. Fast alle Rennversionen besaßen englische 348-, 490-, 746- und 998-ccm-OHV-Motoren von JAP; 1929–1930 setzte man auch die 494-ccm-OHV-Maschine mit dem eigenen Langhubmotor und ab 1931 eine 499-ccm-Version mit dem fabelhaften englischen Vierventil-Python-(Rudge)Motor ein. Spitzenfahrer bei Premier war jahrelang Alois Kraus, der 1928 zur Firma kam, und neben ihm konnte Václav Lischka die meisten Erfolge buchen. Schon vorher zeichnete sich Bohumil Matcha aus; Míla Štipek, Emil Kaubek, Rudolf Schmid, Karl Tauber, Adolf Wainer, Vladimir Kučka, Bedřich Saska, Karel Böhm, Ladislav Polák, Zdeněk Herrman. Viktor Rindler, Josef Matyaš, František Jedlička waren weitere erfolgreiche Fahrer dieser Marke.

REPUBLIC

Laurin & Klement, Mladá Boleslav (Jungbunzlau)

Die einst berühmte Fabrik benützte den Namen »Republic« für ihre in die deutschen Gebiete der österreichisch-ungarischen Monarchie verkauften Motorräder, die man in Deutschland auch unter dem Namen »Slavia« finden konnte. Einzelheiten sind unter »Laurin & Klement« nachzulesen.

RÖSSLER & JAUERNIG

Fahrrad- & Motor-Fahrzeug-Fabrik, Inh. E. & R. Fehres, Aussig a. d. Elbe, Austraße 14

Gleichzeitig mit Laurin & Klement baute auch die in Nordböhmen beheimatete Firma Rössler & Jauernig erstklassige Motorräder fortschrittlicher Konstruktion. Bekannt wurden diese Maschinen durch Modelle mit Abfederung beider Räder, eine Besonderheit in der Periode von 1902 bis 1907, als diese $2^1/_2$ PS, $2^3/_4$ PS und 4 PS Maschinen mit Ein- und V-Zweizylindermotoren, die zum Teil eigene Erzeugung waren, hergestellt wurden. Die Firma existierte auch noch nach dem ersten Weltkrieg, stellte jedoch dann keine Motorräder mehr her.

R. & K.

Richter & Kroboth, Motorfahrzeuge, Sternberg, Mähren

Es begann 1924, als diese Firma Zweitaktmaschinen mit 147- und 172-ccm-Einzylindermotoren baute und als Kroboth diese auch bei verschiedenen kleineren Rennen fuhr. In späteren Jahren bestritt Gustav Kroboth Rennen mit belgischen Gillet-Maschinen, baute Anfang der dreißiger Jahre Favorit- und Kroboth-Automobile und stellte nach dem zweiten Weltkrieg in Seestall/Lech (Deutschland) Roller mit 98-, 147- und 173-ccm-Sachs-Zweitaktmotoren bis Mitte der fünfziger Jahre her. Der Bau der kleinen R. & K.-Maschinen, die nur lokale Bedeutung hatten, wurde 1926 eingestellt.

RULLIERS

1. František Boušek & František Venda, Praha II, Na Sloupi 11
2. Ladislav Fischer & Spol., Praha II, Slezská 48

Mit ihren gold-dunkelblauen Kraftstoffbehältern sahen die 1925 auf den Markt gekommenen Rulliers-Zweitakter sehr nett aus. Der Name Rulliers kam höchstwahrscheinlich von seiner Ähnlichkeit mit dem damals berühmten Namen Villiers, von wo auch die 147-, 173- und 346-ccm-Einzylindermotoren bezogen wurden. Die nicht sehr finanz-

147 ccm Rulliers (Villiers-Motor) 1925

kräftige Firma wurde 1927 reorganisiert und die 147-ccm-Rulliers noch bis 1929 weitergebaut. Das Ende kam, als die Firma Fischer & Spol. in eine GmbH umgewandelt wurde und man nicht am unlukrativen Kleinserienbau weiter draufzahlen wollte, zumal man bei der Herstellung dieser Maschinen mehr auf Qualität als auf eine Massenerzeugung Wert gelegt hatte.

SAGITTA

Ferrum A. G., Praha – Vinohrady, Legerova ulice 82

Die Sagitta hatte ein kurzes Leben. 1928 wurde sie geschaffen, und zwei Jahre später mußte die im Motorradbau unerfahrene Stahlwarenfabrik einsehen, daß es doch nicht so leicht ist, gute Motorräder herzustellen und diese erfolgreich zu verkaufen. Mit ihrem 247-ccm-Villiers-Motor besaß auch diese Konstruktion keine hervorstechenden Merkmale, die ihr eine längere Lebensdauer ermöglicht hätten.

SATAN

Šiký-Rott, Strojírna, Praha II, Na Sloupi 452

Mit der Sagitta hatte die Satan viel gemeinsam. Auch sie entstand Ende der zwanziger

Jahre (1929) und auch sie wurde von einer im Motorradbau unerfahrenen Maschinenfabrik hergestellt. Allerdings lehnte man ihre Konstruktion ziemlich stark an die englische Panther an, verwendete aber einen eigenen 548 ccm (82 mm × 104 mm Bohrung/Hub) SV-Einzylindermotor; sogar das Dreiganggetriebe baute man im eigenen Betrieb. Die Leistung dieser Maschine mit nach vorn geneigtem Zylinder betrug 10 PS bei 3000 U/min. Sie entstand in einer Zeit wirtschaftlicher Depression, und das verhinderte ihre Weiterentwicklung und Verbreitung.

S-FORTIS

Fortis-Werke A. G., Jaktar bei Troppau (Opava)

Das Jahr 1929 brachte auch die S-Fortis auf den damals überfüllten und immer aufnahmeschwächeren tschechoslowakischen Motorradmarkt. Sie war eine 596-ccm-OHV-Einzylindermaschine, deren Motor den Motoren von Saroléa (Belgien) so ähnlich war, daß der Verfasser annimmt, er sei aus Belgien bezogen bzw. für S-Fortis in beschränkter Anzahl dort gebaut worden. Der Rennfahrer Emanuel Phillip bestritt einige Rennen auf der neuen Konstruktion, die noch 1931 angeboten, aber nur schwach verkauft wurde.

SIROCCO

Motorradfabrik Gustav Heinz, Mhr. Schönberg, Mähren

Heinz hatte zweifellos eine große Ambition. Zunächst baute er seine G. H.-Maschinen und ab 1925 auch die Sirocco. Erst mit verschiedenen kleinen Villiers-Zweitaktmotoren, später mit eigenen 148-, 174- und 245-ccm-Nasenkolben-Zweitaktern, die er selbst sowie der Werkmeister seiner Firma, Zwesper, des öftern bei Bergrennen fuhren. 1928 wurde auch der Bau der Sirocco eingestellt und die Herstellung von Velamos-Fahr- und Motorrädern begonnen. Die Fahrradproduktion blühte und wanderte später in eine neue große Fabrik in der Nähe von Olmütz. Über die gleichnamigen Motorräder mehr unter »Velamos«.

SKO

1. Sko Motocykly, Praha II, Sokolska 50
2. Ing. F. Skopec, Praha II, Hooverova Třída 96
3. Ing. F. Skopec, Praha – Nusle, Čestmírová 7

Skopec gehörte zu den verbissenen Zweitaktenthusiasten. Wie Hugo Ruppe und Heinrich Schlüpmann in Deutschland, Dir. Giovanni Marcellino und Ing. Gazda in Österreich, Bob Newey und Arthur Butterfield in England respektive Plinio Galbusera und Ing. A. Garelli in Italien. Seine Sko hatte einen formschönen 496-ccm-Zweitakt-Einzylindermotor, der mit einem Nasenkolben nach dem Dreikanalsystem arbeitete. Es gab Schmierungs-, Kühlungs- und die damit verbundenen Kerzen- und Materialprobleme, und bevor noch die Konstruktion richtig standfest gemacht werden konnte, stellte Skopec 1925 die Produktion ein.

SLAVIA

Laurin & Klement, Mladá Boleslav (Jungbunzlau)

Ein weiterer, vornehmlich in Deutschland benützter Name für die bekannten Maschinen von Laurin & Klement. Die Firma Seidel & Naumann in Dresden, bekannt durch die Erika-Schreibmaschinen, baute jahrelang Laurin & Klement-Konstruktionen in Lizenz und benützte dafür den Namen Slavia.

STADION

Továrna na kola, Národní Podnik, Rakovnik

Schon lange vor dem letzten Krieg war die Firma als Hersteller von Fahrrädern, besonders guten Rennrädern, bekannt. In den dreißiger Jahren kamen Leichtkrafträder, meist mit Sachsmotoren, hinzu. Die Produktion dieser 98-ccm-Maschinen war jedoch verhältnismäßig gering, und erst nach dem Krieg trat die Firma, nunmehr zur verstaatlichten tschechoslowakischen Kraftradindustrie gehörend, mehr in den Vordergrund. Das Herstellungsprogramm wurde auf verschiedene Mopeds mit (meist von Jawa hergestellten) 49,8 ccm-Einzylinder-Zweitaktmotoren konzentriert.

TERROT

Československé Terrot Závody, Olcmouc (Olmütz) 2, Třída Čsl. Légíi 28

Die Aufzählung der Marke Terrot im Rahmen der tschechoslowakischen Motorradindustrie ist kein Irrtum: Seit 1927 war diese große französische Marke in der Č. S. R. gut eingeführt, und Mirko Wagner, der die Interessen der Dijoner Werke kommerziell und auch bei Rennen vertrat, gründete 1933 in Olomouc ein Zweigwerk, um dort 173-, 248- und vor allem 346-ccm-SV-Einzylindermaschinen billiger herstellen und verkaufen zu können. Sehr erfolgreich war er damit allerdings nicht, und 1935 wurde der Zweigbetrieb wieder aufgegeben.

TORPEDO

1. F. Trojan & A. Nagl, Mechanické Dílny, Kolín n. L., Havlíčková Ulice
2. F. Trojan & J. Strach, Mechanické Dílny, Kolín n. L., Havlíčková Ulice

Ein Bekannter des Verfassers besaß noch 1946 Eine 1908 gebaute Torpedo mit Seitenwagen und fuhr diese damals schon 38 Jahre alte Maschine ohne Schwierigkeiten täglich zu seiner Arbeitsstelle. Die 1903 gegründete Firma baute bis zum Ausbruch des ersten Weltkrieges 3½- und 4-PS-Einzylinder- und 6- und 8-PS-Zweizylindermaschinen mit Riemenantrieb. Sie existierte noch in den zwanziger Jahren; Besitzer dieser erstklassigen Motorräder hatten nie Schwierigkeiten, Ersatzteile auch für die ältesten Modelle zu bekommen. Sowohl Leistung als auch Ausführung der Torpedo-Modelle waren erstklassig, doch beteiligte sich die Firma nicht so stark an Wettbewerben wie z. B. Laurin & Klement, Puch, Walter oder Linser (Zeus).

TRIPOL

Tripol Fahrradfabrik GmbH., Rokycan

Diese Marke gehört eigentlich nicht in dieses Buch, da es bei dieser bekannten Fahrradfabrik nie zu einer richtigen Motorradfertigung kam. Fest steht aber, daß man dort 1925–1926 mehrere 246-ccm-Zweitaktmaschinen mit englischen Villiers-Motoren im Versuch laufen hatte und diese 1925 auch beim Motorradsalon in Prag ausstellte. Warum es nie zu einer Serienherstellung kam, ist unbekannt.

TRUSTY

Alfred Leubner, Reichenberg, Bahnhofstraße 38

Bei der Einschaltung dieser englisch klingenden Marke steche ich evtl. in ein anderes Wespennest, zumal sich Leubner krampfhaft bemühte, die Trusty als englisches Erzeugnis zu verkaufen. In Wirklichkeit hatte diese Marke mit »Trusty« Triumph nichts gemeinsam und ansonsten gab es nie ein Motorrad mit der Marke Trusty in England. Englische Motorräder hatten damals – 1926 bis 1930 – einen sehr guten Ruf in der Č. S. R., und das wollte der Hersteller ausnützen, zumal tatsächlich wohl 90 % aller Teile der Trusty von englischen Spezialfirmen stammten: der 147 ccm Zweitaktmotor von Villiers, das Getriebe von Albion und höchstwahrscheinlich auch das leichte und einfache Fahrgestell von Hobart oder einer anderen Firma in Conventry. Dazu kam, daß er den Namen »Trusty« nie auf den Tank schrieb. Die ungemein primitive und billig gebaute Leichtgewichtsmaschine war durchweg schwarz emailliert. Es gab auch eine 172er Version, und Leubner selbst fuhr eine Trusty mit dem 172er Villiers-»Brooklands«-Rennmotor bei Bergrennen mit Erfolg. Interessant: Man konnte die Trusty nur bei Leubner und sonst nirgends auf der Welt erwerben. Sie wurde in seiner Werkstatt zusammengebaut und ab dort verkauft.

VELAMOS

Motorradfabrik Gustav Heinz, Mhr. Schönberg, Mähren

Die Sirocco wirkte wie eine Kopie einer englischen Leichtgewichtsmaschine, die ab 1928 gebaute Velamos dagegen war mehr nach mitteleuropäischem Geschmack, etwas robuster und schwerer. Dabei war sie verhältnismäßig primitiv und konnte die aufgewendete viele Handarbeit nicht verleugnen. Praktisch wurde sie einzeln angefertigt, und das betraf scheinbar auch die 247-, 347- und 498-ccm-Einzylinder-Zweitaktmotoren mit ihren Nasenkolben, die sich weder durch Leistungsfähigkeit noch durch ökonomischen Betrieb, Zuverlässigkeit, Geschwindigkeit oder Schönheit auszeichneten. Da die Maschine schwer absetzbar war, verlegte sich Heinz in seinem Betrieb immer mehr auf den Fahrradbau und konnte Mitte der dreißiger Jahre bei Olmütz eine große, hochmoderne Fahrradfabrik bauen, die noch heute als verstaatlichtes Unternehmen Fahrräder unter dem Namen Velamos in großen Quantitäten produziert. Die Velamos-Motorräder und Gustav Heinz hat die Welt jedoch schon lange vergessen.

VELOX

Hynek Vohanka, Plzeň,, Nepomucká 25 (später Radyňská 13)

Plzeň heißt auf deutsch Pilsen, und Pilsen ist weltberühmt durch sein gutes Bier. Weniger berühmt waren die dort von dem Rennfahrer Vohanka gebauten Velox-Maschinen, die zunächst 147 ccm-Villiers-Motoren, ab 1925 jedoch 129- und 173-ccm-Bekamo-Motoren mit Hilfskolben, eine Konstruktion des deutschen Zweitaktspezialisten Hugo Ruppe, besaßen, wodurch sie auch als Velox-Bekamo bekannt wurden. Im Gegensatz zu den in der Bekamo-Fabrik mit TX-Tankrohrrahmen ausgerüsteten Modellen verwendete man bei Velox »normale« offene Fahrgestelle. Nach zweijähriger Produktion wurde der Bau der Velox und auch der Velox-Bekamo-Maschinen aufgegeben. Vohanka selbst bestritt mit ihnen zahlreiche Rennen und errang manche Erfolge.

VULKAN

1. F. & J. Ždàrský, Výroba motocyklů, Turnov
2. F. Ždàrský, Podolí u Svíjan
3. K. Ružička, Mechanické Dílny, Turnov 441

Diese Maschinen wurden bereits unter Perun beschrieben; es handelte sich um eine der ersten Firmen, welche in der österreichisch-ungarischen Monarchie Motorräder in größeren Stückzahlen bauten. Obwohl dieser Bau schon vor dem ersten Weltkrieg sein Ende nahm, konnte man Ersatzteile vom Werk noch bis Mitte der zwanziger Jahre erhalten. Allerdings gehörte die reorganisierte Firma nunmehr K. Ružička, der vorher bei Ždàrský als Werkmeister tätig gewesen war.

WAGNER

Adolf Wagner, Továrna na Motocykly, Horaždovice

Eine etwas mysteriöse Firma, die von 1930 bis 1935 neue Motorräder von 98 bis 499 ccm zu verhältnismäßig niedrigen Preisen und in großer Modellauswahl mit Zweitakt-, SV- und OHV- und sogar OHC-Motoren anbot. Wenigstens auf dem Papier! In Wirklichkeit kenne ich niemand, der je ein Wagner-Motorrad sah oder sogar fuhr.

WALTER (K)

1. Josef Walter, Výroba Motocyclů, Praha-Smíchov, Kinského Třída
2. Josef Walter, Výroba Motocyklů, Praha-Smíchov, Na Zatlance
3. Josef Walter & Spol., Praha-Jinonice
4. Josef Walter, Továrna ozubených kol, Praha-Košíře, Třebizkého Ul. 41

Um die Verhältnisse bei Walter richtig zu verstehen, muß erwähnt werden, daß Josef Walter, ein Pionier der tschechoslowakischen Motorradindustrie, das von ihm gegründete Unternehmen 1922 verließ und eine neue Zahnradfabrik – in Praha-Košíře – gründete. Damals befand sich sein Werk in Praha-Jinonice und baute vor allem Dreiräder, Automobile und Flugzeugmotoren. Der Motorradbau wurde durch den Krieg unterbrochen und erst 1923 wiederaufgenommen. So kam es, daß Josef Walter an

3 PS Walter 1905

der in den zwanziger Jahren in Jinonice gebauten Maschine keinen Anteil hatte, und deshalb beschreibe ich diese Maschinen in einem anderen Kapitel unter »Walter (J)«, während die Original-Walter-Konstruktionen hier unter »Walter (K)« aufgeführt sind (wobei das »K« für Košíře steht).

Josef Walter begann bereits 1900 in Praha-Smíchov mit dem Motorradbau und stellte erstklassige Maschinen mit 3-PS-Einzylinder- und 4-PS-Zweizylindermotoren her, die ständig weiterentwickelt wurden. So gehörte Walter zu den ersten Firmen, die den Riemen zum Hinterrad durch eine Kette ersetzten – und das bereits 1907! 1908 begann er mit dem Bau von Dreirädern für Personen- und Lastentransport, und 1912 wurde die neue Fabrik in Praha-Jinonice bezogen, wo 1913 auch der Automobilbau aufgenommen wurde. Während des Krieges konstruierte Ing. Josef Zubatý eine 750-ccm-Zweizylindermaschine mit Boxermotor, deren Herstellung jedoch später an Itar abgegeben wurde. Wie schon bemerkt, schied Josef Walter 1922 aus dem Unternehmen aus, und erst

497 ccm Walter (SV-Prototyp) 1926

248 ccm Walter (OHC-Rennmotor) 1948

1926 baute er in seiner Zahnradfabrik in Košíře neue Motorräder. Genauer gesagt gab es nur einige Prototypen dieser seitengesteuerten 497-ccm-Einzylindermaschine mit 80 mm Bohrung und 90 mm Hub, da der bereits sehr groß gewordene Betrieb mit Aufträgen für Getriebeteile u. a. so überlastet war, daß man keine Möglichkeit fand, Motorräder in größerem Maßstab herzustellen. Diese Walter war eine schöne Maschine typisch englischer Bauweise. Erst 1937–1938 gab es wieder »schnelle Sachen« bei Walter in Košíře. Diesmal war es jedoch schon Jaroslav Walter, der jüngste Sohn von Josef Walter, der hier mitwirkte und zunächst schnelle 248-ccm-OHV, bald darauf auch 248-ccm-OHC-Einzylinder-Rennmotoren schuf, die er auch noch nach 1945 unter größten Schwierigkeiten – das Unternehmen wurde damals verstaatlicht – weiterbaute; er entwickelte sogar noch eine 348-ccm-OHC-Version.

Diese Rennmotoren (Fahrgestelle wurden nicht hergestellt) zeichneten sich durch ihre einfache Konstruktion, große Zuverlässigkeit und auch Geschwindigkeit aus und wurden bis Ende der fünfziger Jahre mit großem Erfolg von vielen bekannten Fahrern benützt, die sie in alle möglichen Rahmen einbauten. Jaroslav Walter verließ bereits 1949 das

248 ccm Walter (OHC-Rennmotor v. Jaroslav Walter konstruiert) 1948

Unternehmen, um die Rennmaschinenkonstruktionsabteilung bei Č. Z. in Strakonice zu übernehmen (wo er 1968 in den Ruhestand trat). Zu den Fahrern, die 248- und 348-ccm-OHC-Walter-Rennmotoren benützten, gehörten Ján Lucák, Vojta Diviš, Bořivoj Sedlák, Eman Hájek, Václav Hovorka, Jaroslav Kost, Václav Stanislav, Ján Horák, Ladà Steiner, Jaroslav Frištenský, Ladislav Richter, Franta Bartoš, Josef Tůma und andere.

WALTER (J)

Walter & Spol., A. G., Továrna na Auta a Letecké Motory, Praha-Jinonice

Dir. Plocek konstruierte die 746-ccm-Walter bereits 1920, als Josef Walter noch in Jinonice war, doch erst ein Jahr nach seinem Ausscheiden, das heißt 1923, war sie serienreif. Mit der von Ing. Zubatý konstruierten Zweizylindermaschine, die zur Itar wurde, hatte sie nichts gemeinsam – außer dem Hubraum. Ansonsten handelte es sich um eine obengesteuerte V-Zweizylindermaschine, deren Motor quer im Fahrgestell eingebaut war. Eine Konstruktion, wie wir sie erst später wieder bei Finzi in Italien, Ardie in Deutschland (als Prototyp 1938) und nach dem Krieg bei Victoria (350 ccm

Bergmeister) und in neuester Zeit auch bei Moto Guzzi (700 ccm »V7«) vorfinden. Bemerkenswert war, daß die bei Walter konstruierte Itar mit der bei Walter gebauten Walter um den großen Umsatz bei der tschechoslowakischen Armee kämpfte, und obwohl die Walter mehr Leistung als die seitengesteuerte Itar hatte, bevorzugte die Armee doch

746 ccm Walter-J. (Zweizyl. OHV-V-Motor) 1923

984 ccm Walter-J. (Zweizyl. OHV-Werksrennmaschine) 1926

die tiefere und zuverlässigere Maschine mit dem »Flat-Twin« Motor. Obengesteuerte Motoren waren damals, zwischen 1923 und 1927, eben noch nicht sehr zuverlässig. In der Geschwindigkeit war die Walter jedoch überlegen, und als man im Werk einige 984-ccm-Rennversionen herstellte, gehörte die von den Fahrern Bohumil Turek, Václav Liška und Stanislav Chaloupka gefahrene V-Zweizylinder Walter zu den erfolgreichsten Maschinen bei tschechoslowakischen Bergrennen. 1927 zeigte es sich, daß der Bau von Automobilen und Flugzeugmotoren mehr einbringt, und nachdem man schon vorher die Dreiradfabrikation an Šibrava abgegeben hatte, stellte man nunmehr auch den Motorradbau in Jinonice für immer ein.

WEBER & REICHMANN

Weber & Reichmann, Maschinen- & Kettenfabrik, Warnsdorf

Hier handelte es sich um einen DKW-Lizenzbau, und zwar stellte die nordböhmische Firma das »Reichsfahrtmodell« (142 ccm) sowie die 175er ZM- und SM-Modelle der Zschopauer Zweitaktmotorradfabrik her, wobei ein Teil der Bauaggregate vom Stammwerk bezogen wurde; in Warnsdorf baute man die Maschinen nur mehr oder weniger zusammen und versah sie mit dem eigenen Markenzeichen.

ZEUS

Christian Linser, Maschinenfabrik, Reichenberg (Liberec), Nordböhmen

Ein größeres Unternehmen, welches von 1902 bis 1912 die erstklassigen Zeus-Motorräder und auch Teile für Kraftfahrzeuge anderer Herkunft baute. So lieferte z. B. die Gießerei Kurbelgehäuse etc. für die Produktion der R. A. F.- (Reichenberger-Automobil-Fabrik) Automobile, die mit Knight-Schiebermotoren ausgerüstet waren. Der Motorradbau wurde noch vor dem ersten Weltkrieg eingestellt, das Unternehmen existierte jedoch als Lieferant für die Kraftfahrzeugindustrie bis Mitte der dreißiger Jahre. Die Zeus-Motorräder waren gute und bei Rennen erfolgreiche Konstruktionen mit eigenen $3^1/_2$-PS-Einzylinder und $4^1/_2$-PS-Zweizylinder V-Motoren, die mechanisch gesteuerte Einlaßventile besaßen. Auch ein Rennmodell mit einem 8-PS-V-Motor wurde gebaut. Mehr über die Zeus-Maschinen, die auch unter der Marke Linser bekannt waren, finden sich unter dem Namen Linser. Bemerkt sei, daß R. A. F. 1913 von Laurin & Klement übernommen wurde, von denen 1926 die früheren Fabriksgebäude von R. A. F. an die Firma Christian Linser veräußert wurden. Nach dem Zusammenbruch von Linser (1934) wurde die Maschinenfabrik an Winter & Co., die Gießerei an die Firma Appelt veräußert.

TSCHECHOSLOWAKEI – ANHANG

Die nachstehend angeführten Firmen bauten ebenfalls – in beschränktem Umfang und meist vor 1914 – Motorräder. Genaue Daten liegen nicht vor.

1. Kasak Franz, Motorräderfabrik, Chrudim
2. Fischer Martin, Motorradfabrik, Eger
3. Es-Ka, Kastrup & Swetlick, Motorfahrzeugfabrik, Eger
   Diese bekannte Fahrradfabrik stellte vor 1914 einige Maschinen und in den dreißiger Jahren motorisierte Fahrräder mit 98-ccm-Sachsmotoren her.
4. Scheufler Anton, Motorradfabrik, Morchenstern
5. Škoda Anton, Motorradfabrik, Náchod, Böhmen
6. Pospišil & Smíšek, Motorfahrzeugfabrik, Olmütz (Olomouc)
7. Wacek August, Motorradfabrik, Pecka
8. Meissner Adolf, Metallwaren- und Fahrzeugfabrik, Pilnikau
9. Smetana Antonin, Motorräderfabrik, Slany
10. Stašek Rudolf, Motorradfabrik, Týniště
11. Mai Reinhold, Motorfahrzeugfabrik, Warnsdorf, Zittauer Straße

ÖSTERREICH UND TSCHECHOSLOWAKEI

Wußten Sie, daß ...

... zwischen 1930 und 1932 bei Puch in Österreich wassergekühlte Zweitakt-Werksrennmaschinen mit Ladepumpen, eine Konstruktion des verstorbenen Ing. Giovanni Marcellino, gebaut und von den Werksfahrern Siegfried Cmyral, Elvetio Torricelli und Rudi Hunger mit Erfolg bei internationalen Rennen gesteuert wurden?

... Premier in Eger (jetzt Cheb) in der Tschechoslowakei ursprünglich ein englisches Unternehmen war, das 1913 die Nürnberger Zweigfabrik nach Eger in die damalige österreichisch-ungarische Monarchie verlegte, und daß 1918 diese westböhmische Grenzstadt zur damals neugegründeten Tschechoslowakei kam?

... die österreichischen 348-ccm-Titan-Zweitaktmaschinen, ab 1927 gebaut, eine Einlaßsteuerung mittels Membranen besaßen und daß der Konstrukteur derselben Ing. Karl Schüber war?

... durch Zusammensetzung der ersten zwei Buchstaben der Namen Janeček und Wanderer 1929 der Name Jawa entstand, und daß die ersten Motorräder dieser Prager Firma ein Lizenzerzeugnis der 498-ccm-OHV-Einzylinder Wanderer-Maschine waren, die einen Blockmotor mit Kardanantrieb und einen Preßstahlrahmen besaß?

... der österreichische Rennfahrer und Konstrukteur Josef Illichmann 1935 die Austria-Alpha-Rennmaschine baute und daß diese mit einem quergestellten 249-ccm-OHC V-Zweizylindermotor ausgerüstet war?

... auch Itar in der Tschechoslowakei, wie Puch und Bison in Österreich, einen Zweizylindertyp mit einem 746-ccm-SV-Boxermotor herstellte?

... die Rennmaschinen der österreichischen Marke M. T. nicht nur mit 172er Villiers »Brooklands«-Zweitaktmotoren, sondern auch mit Viertaktmotoren der Marken JAP, MAG (Motosacoche), Blackburne und Python (Rudge) gebaut und werksseitig mit den Fahrern Josef Opawsky, Philip Graf Boos-Waldeck, Friedrich Schwarz, Robert Wolf, Franz-Josef Meyer, Lorenz Hubbauer u. a. eingesetzt wurden?

... der hervorragende tschechoslowakische Konstrukteur J. F. Koch erst die J. F. K. und später die B. D.-, Praga- und Koch-Motorräder sowie verschiedene Konstruktionen für die Strakonitzer Č. Z.-Werke schuf?

... Rupert Karner, jahrelang auf englischen Sunbeam-Maschinen Meisterfahrer Österreichs, ab 1927 in Österreich gebaute 348- und 498-ccm-OHV-Rennmaschinen der Marke D. S. H. fuhr, die mit JAP- und MAG-Motoren ausgerüstet waren?

... Böhmerland-Motorräder, eine Konstruktion von Albin Liebisch, die wohl stärksten und auch ungewöhnlichsten bei Motorrädern je verwendeten Fahrgestelle besaßen und daß diese unorthodoxe Konstruktion, von 1925 bis 1939 gebaut, einen einzylindrigen 598-ccm-OHV-Motor eigener Erzeugung besaß?

... Anton Vitvar, Franta Brand, Hugo Rosak, Ladislav Nerad, Josef Paštika, Richard Dusil, Franta Juhan, Václav Stanislav, Jaroslav Šimandl, Jirka Bayer, Václav Somol, Josef Kosinka, Fritz Bardas, Ján Lucák, George Wiliam Patchett, Jack Williams, Tommy Spann, S. »Ginger« Wood, Mita Vychodil, Ján Novotny, Karel Rykr, Ladislav Steiner, Leopold Killmayer, Franta Štastny und Gustav Havel zu den vielen Fahrern gehörten, die Werksrennmaschinen von Jawa fuhren?

... man 1925 bei Delta-Gnom in Österreich den Motorradbau begann und daß man nach einer Reorganisation 1953 nochmals die Herstellung von Krafträdern, nunmehr vornehmlich Kleinkrafträdern aufnahm?

... Duralumin-Profile zur Herstellung der Rahmen der zwischen 1930 und 1933 gebauten 346-ccm-Austria Motorräder verwendet wurden und daß diese Maschinen den damaligen deutschen Ardie-Konstruktionen sehr ähnlich waren?

... Bekamo-Motorräder, von 1925 bis 1930 in Rumburg in der Tschechoslowakei von der Firma Kaehlert & Ruppe gebaut, den Ruppeschen 173-ccm-Zweitaktmotor mit der Ladepumpe im Kurbelgehäuse und den von Ing. Kurt Pohle für Westendarp & Pieper in Berlin konstruierten TX-Tankrohrrahmen hatten?

... seit dem ersten Weltkrieg bei Puch in Graz nur zwei Viertakter gebaut wurden, bei denen es sich um eine 1928 offerierte SV-Einzylindermaschine mit dem 490 ccm JAP-Motor und um den in den dreißiger Jahren hergestellten 792 ccm Vierzylindertyp handelte, dessen quergestellter SV-Boxermotor eine eigene Konstruktion war?

... man bei Č. Z. in Strakonice (Tschechoslowakei) 1932 mit 98-ccm-Fahrrad-Hilfsmotoren die Kraftraderzeugung aufnahm und daß bald darauf der damalige Chefkonstrukteur Ignaz Uhl gute und schöne 173- und 246-ccm-Zweitaktmaschinen mit Blockmotoren und Preßstahlfahrgestellen schuf?

... Erwin Lechner, Paul Schwarz und Franz Albert zu den Fahrern gehörten, die Mitte der fünfziger Jahre die von Ludwig Apfelbeck entwickelten 123-ccm-KTM-Werksrennmaschinen mit Vierventil-Doppelnockenwellen-Einzylindermotoren erfolgreich bei Rennen fuhren?

... George William Patchett, ein Engländer, der vorher bei Brough Superior und McEvoy in seiner Heimat und danach bei F. N. in Belgien war, 1930 Chefkonstrukteur, Rennleiter und Rennfahrer bei Jawa wurde?

... Krammer, als einzige österreichische Firma, Ende der zwanziger Jahre englische 498- und zweizylindrige 992-ccm-4-Ventil-OHV-Motoren von British-Anzani einbaute?

... einige österreichische und tschechoslowakische Motorradfabriken, wie Puch, Bock & Holländer, Walter, Laurin & Klement, Premier, Achilles, K. & R. und Praga, auch Automobile herstellten?

... die meisten 346-, 498-, 746- und 996-ccm-Werksrennmaschinen von Premier englische OHV-Motoren von JAP und auch den vierventiligen 498 ccm Python-Motor besaßen und daß Alois Kraus, Václav Liška, Bohumil Matcha, Viktor Rindler, Mila Štipek, Karl Tauber, Josef Wainer und Rudolf Schmidt dem Werksteam angehörten?

... Schmierungs- und Kerzenprobleme einen Erfolg der 1927–1928 von Adalbert Freyler konstruierten und gebauten 348-ccm-OHC-Einzylindermaschinen mit einem Drehschieber an Stelle von Ventilen im Zylinderkopf verhinderten?

... man bei Orion in der Tschechoslowakei 1925 einen von Ing. Zdeněk Michl konstruierten 596-ccm-Zweitakttyp mit einem Parallel-Zweizylindermotor in luftgekühlter Ausführung herstellte und daß die gleiche Firma 1929 Bahnrennmaschinen mit eigenen 496 ccm OHV-Einzylindermotoren – die von Václav Liška, Jaroslav Melzer und František Holoubek bei Rennen gefahren wurden – erfolgreich einsetzte?

... die Wiener Firma Josef Niessner bereits 1900 Motorräder baute und die meisten späteren Modelle mit deutschen Fafnir-Einbaumotoren ausrüstete?

... Englands einst berühmte Ariel »Square Four«, ein von Eduard Turner 1930 konstruierter Vierzylindertyp, einen Vorgänger hatte, der bereits 1929 bei der dem berühmten Bugatti-Rennfahrer Miloš Bondy gehörenden Prager Motorradfabrik M. A. T. entstand – eine ähnliche, von Ing. Josef Votroubek geschaffene 496 ccm Vierzylindermaschine mit paarweise angeordneten luftgekühlten Zylindern?

... früher zahlreiche österreichische Rennfahrer ausländische Werksmaschinen fuhren, und daß zu diesen Karl Gall auf BMW, Rudolf Runtsch auf Douglas, O. K.-Supreme und NSU, Max Reheis auf NSU, Leopold Killmayer und Otto Heisinger auf Jawa, Rupert Karner und Otto Putz auf Sunbeam, Karl Kodric auf Bianchi, F. J. Meyer auf Frera und Rush, Gustav Grohmann und Ing. Otto Mühlbacher auf Victoria, Eddy Mayer auf Brough-Superior und P. & M.-Panther, Leonard Fassl auf Č. Z., Josef Schörg auf Ardie und Bert Schneider auf Suzuki sowie Rupert Hollaus auf NSU gehörten?

... G. H., Sirocco und Velamos Zweitakt-Motorräder mit Villiers- und teilweise eigenen Einzylindermotoren von der früheren Firma Gustav Heinz in Mähr. Schönberg gebaut wurden und daß es noch heute in der Tschechoslowakei Velamos-Fahrräder gibt?

... die österreichische Firma Delta-Gnom noch Mitte der dreißiger Jahre durch die Fahrer Karl Bohmann auf einer 248-ccm-Maschine und Hans Walz auf einem 346-ccm-Modell bei internationalen Straßenrennen vertreten war?

... Jawa jetzt nicht nur Mopeds und ähnliche Fahrzeuge mit 49 ccm Motoren, sondern auch sehr leistungsfähige 89 ccm Versionen in verschiedenen Ausführungen baut?

... man 1935 bei M. T. in Österreich auch eine 247-ccm-Zweitaktmaschine mit dem wassergekühlten Villiers-Flachkolbenmotor anbot?

... 1946 eine hochmoderne 346-ccm-Einzylinder OHC-Maschine mit Blockmotor, Teleskopgabel und Hinterradfederung von dem früheren Jawa-Konstrukteur Vinzenc Sklenář für Ogar geschaffen wurde, aus Planungsgründen seitens der verstaatlichten tschechoslowakischen Motorradindustrie jedoch nie in Serie ging?

... Franz Gall, ein Bruder des einst berühmten BMW-Rennfahrers Karl Gall und selbst auf Zenith, New Imperial etc. ein erfolgreicher Fahrer, 1927 Rennleiter der Grazer Puch-Werke wurde, und daß auch Adolf Gall, der jüngste der drei Brüder, auf Douglas und anderen Maschinen mit Erfolg Rennen bestritt?

... die 746-ccm-Walter-Zweizylindermaschinen mit dem quergestellten OHV-Motor eine Konstruktion von Dir. Ing. Karel Plocek waren, und daß Rennversionen, mit tschechoslowakischen Fahrern wie Bohumil Turek, Václav Liška und Stanislav Chaloupka im Sattel, zahlreiche Rennen gewannen?

... von Rupert Karner und Hugo Höbel 1924 beim Großen Preis von Italien in Monza gefahrene 246-ccm-Puch-Rennmaschinen aus zwei gekoppelten 123-ccm-Doppelkolbenmotoren in einem extra konstruierten Rennfahrgestell bestanden?

.. Anfang der zwanziger Jahre bei Č. A. S. außer Zweitakt-Motorrädern mit Scheibenrädern auch mehrere Roller-Versionen mit Einzylindermotoren und auch mit über dem kleinen Hinterrad angebrachten Boxer-Zweizylindermotoren gebaut wurden?

... Michael Gayer, Friedrich Schwarz, Josef Illichmann, Franz Degen, Martin Schneeweiss, Karl Abarth (der Fabrikant der gleichnamigen Sport- und Rennwagen), Franz Messner, Ing. Proschko, Karl Rain und Franz Bartisch zu den bekanntesten österreichischen »Friseuren« von Rennmaschinen gehörten?

... ab 1927 gebaute tschechoslowakische Aeros-Motorräder BMW-ähnliche Fahrgestelle und Blattfedergabeln, aber von Küchen gebaute 348- und 498-ccm-Einzylinder-OHC-Motoren, die damals unter dem Namen »K-Motoren« bekannt waren, besaßen?

... Robert Sturm, Hersteller der York-Motorräder in Wien und später in Halle-Trotha (Deutschland), fast alle Bestandteile für seine Maschinen aus England bezog, und daß dazu auch die Einbaumotoren von JAP gehörten?

... Ogar, bis 1939 die drittgrößte Motorradfabrik in der Tschechoslowakei, sehr rassige und in Sportkreisen sehr beliebte 246-ccm-Zweitakt-Einzylindermaschinen herstellte, und daß diese von vielen bekannten Fahrern, wie Ján Lucák, Ladislav Steiner, Franta Fiala u. a. gefahren wurden, daß es auch Rennversionen mit wassergekühlten Motoren bei dieser Motorradfabrik gab?

... österreichische Bison-Motorräder, von Ing. Oskar Hacker konstruiert, 493-ccm-Boxer-Zweizylinder-SV-Motoren von BMW und ähnliche 596-ccm-Versionen von Coventry-Victor besaßen und serienmäßig mit Doppelsitzen ausgerüstet wurden?

... man bereits 1925 bei B. V. in Prossnitz (jetzt Prostějov) in der Tschechoslowakei eine 498-ccm-OHC-Rennmaschine baute, deren obenliegende Nockenwelle mittels Kette (wie später bei A. J. S. u. a.) angetrieben wurde, und daß diese vom Konstrukteur und Mitinhaber der Firma Balzer & Vemola, Julius Vemola, auch bei Rennen zu erfolgreichem Einsatz kam?

... einer der schönsten und modernsten österreichischen Königswellenmotoren 1928 von Franz Bartisch gebaut wurde, und daß es sich hierbei um eine 497-ccm-Einzylinderversion handelte?

... Achilles ursprünglich das Erzeugnis einer tschechoslowakischen Fahrradfabrik war und daß diese Marke 1953 in Deutschland (Wilhelmshafen-Langewerth) als Hersteller von netten Kleinkrafträdern wiedererstand?

... man 1967 bei Jawa einen 248 ccm »Produktionsracer« mit einen 31 PS Breitrippen-Zweitaktmotor in Produktion nahm?

... die 1938 bei Puch herausgekommene kleine 60 ccm Styriette für nur 390 österreichische Schillinge angeboten wurde, daß aber der zweite Weltkrieg ein größere Verbreitung dieser Konstruktion verhinderte?

... der Verfasser dieses Buches nach dem zweiten Weltkrieg in der Tschechoslowakei mehrere Bahnrennmaschinen, zum Teil mit Hinterradfederung für Langstrecken-Bahnrennen, mit stark modifizierten 498-ccm-OHV-JAP Speedway-Motoren baute und daß diese u. a. von dem berühmten Hugo Rosak gesteuert wurden?

... es bereits 1928 in Österreich eine Parallel-Zweizylinder-Zweitaktmaschine mit dem 344-ccm-Villiers-Motor gab und daß diese bei M. T. gebaut wurde?

... Jawa-Konstrukteur Josef Jozif 1938 die fabelhafte kleine 98 ccm Jawa »Robot« schuf, für die modernen Jawa-Konstruktionen der Nachkriegsperiode verantwortlich war, und daß er zu den tüchtigsten tschechoslowakischen Konstrukteuren aller Zeiten gehört?

498 ccm Tragatsch (JAP-Bahnrennmaschine) 1948

... es knapp vor dem zweiten Weltkrieg bei Č. Z. im Versuch auch 348-ccm-Einzylinder- und 496-ccm-Zweizylindermodelle, alles von Ignaz Uhl konstruierte Zweitakter, gab und daß sich die größeren Parallel-Zweizylindermodelle, von der berühmten tschechoslowakischen Rennfahrerin Milada Bayerová gefahren, mit Seitenwagen bei schweren Zuverlässigkeitsfahrten ausgezeichnet bewährten?

... die 346-ccm-L. A. G.-Motorräder, ab 1927 gebaut, eigene Zweitaktmotoren der Liesinger Motorenfabrik A. G. besaßen, wie sie das Unternehmen auch zum Antrieb von Draisinen verwendete?

... Koch-Motorräder, eine Konstruktion von J. F. Koch, 1934 entstanden und mit einem eigenen 348-ccm-(74,5 mm Bohrung und 80 mm Hub)-OHC-Einzylindermotor, Vierganggetriebe und zwei Auspuffrohren ausgerüstet waren?

... man bei Lohner in Wien schon um die Jahrhundertwende Karosserien und Kraftwagen baute und nach 1945 mit der Herstellung von Kleinrollern begann?

... es bei Jawa im Lauf der Jahre unzählige Werksrennmaschinen gab und daß sich darunter luft- und wassergekühlte 172er Zweitakter, 174er OHV-Modelle, 248er Zweitakter und 248er OHV-Einzylinder sowie OHC-Zweizylinder, 348er OHV-Einzylinder und OHC-Zweizylinder sowie ähnliche 498-ccm-Modelle befanden, und daß außerdem einzylindrige 596-ccm-OHV-Bahnrennmaschinen wie auch mit Kompressoren ausgestattete 346- und 496-ccm-OHC-Zweizylinderversionen für Straßenrennen gebaut wurden?

... die von Franz Messner in Wien gebauten »Messner-Spezial«-Rennmaschinen meist mit 246-ccm-OHV-JAP-Rennmotoren, aber auch mit von Messner gebauten OHC-Einzylindermotoren ausgestattet waren?

... 1905 die Coupe Internationale in Dourdan (Frankreich) von Václav Vondřich mit einer V-Zweizylinder-Rennmaschine von Laurin & Klement gegen die Konkurrenz der Marken Puch, Matchless, Griffon, JAP, Peugeot, Ariel und Progreß gewonnen wurde?

... das Kleinmotorrad Hai der österreichischen Firma Bergmann & Co. 1938 herauskam und einen eigenen Zweitaktmotor mit 108 ccm Hubraum bei 50 mm Bohrung und 54 mm Hub hatte?

... die ersten tschechoslowakischen ESO-Speedwaymotoren, 498er OHV-Einzylinder, eine Konstruktion des früheren Jawa-Rennfahrers und Technikers Jaroslav Simandl waren?

... Austria-Alpha-Rennmaschinen mit 250 ccm Motoren nicht nur vom Konstrukteur Josef Illichmann, sondern auch von Fritz Hehle (Pseudonym: Franz Zederbauer) gefahren wurden, und daß es auch eine sehr schnelle 498-ccm-OHV-Einzylinder-Austria-Alpha-Rennmaschine gab, die Illichmann meist bei Bergrennen Ende der dreißiger Jahre fuhr?

... B. A. F.-Motorräder, zwischen 1928 und 1930 gebaut, mit 173- und 247-ccm-Bekamo-Zweitakt-Ladepumpenmotoren, mit 346-ccm-OHV-Kühne-Motoren und auch mit 498-ccm-OHC-Einzylinder-Blockmotoren der französischen Firma Chaise ausgerüstet waren?

... Delta-Gnom um 1930 außer 247-ccm-Zweitaktern mit eigenen Nasenkolbenmotoren und größeren SV und OHV-Versionen mit JAP- und Sturmey-Archer Motoren auch eine große V-Zweizylindermaschine für Seitenwagenbetrieb mit dem englischen 996-ccm-SV-Motor von JAP herstellte und daß das Werk 1928 auch eine nette Halbliter-Einzylindermaschine mit einen eigenen, von Ing. Pitzek konstruierten OHV-Motor herausbrachte?

... Ing. Josef Zubatý 1917–1918 bei Walter in Jinonice eine zweizylindrige 746 ccm SV-Maschine mit einem Boxermotor schuf, daß diese später bei Itar gebaut wurde, während dieser Konstrukteur 1919 zu H. & M. Farman nach Frankreich und 1923 von dort zu A. C. (Zündkerzenwerke!) nach Flint (Michigan – USA) ging, 1931 schließlich in die Pilsner Škoda-Werke als Vizedirektor zurückkehrte?

... Weingartmann, Vinatzer, Radler, Volzwinkler, Czakoi, Husar, Paul Schwarz, Walter und Johann Kramer, Fussi, Karl Zöhrer, Edi Beranek, Ing. Riedl, Edi Platzer und Herburger zu den erfolgreichsten Puch-Fahrern der ersten Nachkriegsjahre gehörten?

... Vilém Michl Fabrikant der Orion-Motorräder, zu den Pionieren der tschechoslowakischen Motorradindustrie gehörte, und daß sein im Krieg verstorbener Sohn Ing. Zdeněk Michl nicht nur ein hervorragender Rennfahrer, sondern auch ein erfahrener Konstrukteur schneller Zweitakter war?

... Puch, Cless & Plessing, Brée, Thein & Goldberger (Reform), Josef Niessner und Bock & Holländer zu den ersten Firmen gehörten die auf dem derzeit österreichischen Gebiet Motorräder erzeugten?

... auch Josef Walter zu den Pionieren der tschechoslowakischen Motorradindustrie gehörte, daß sein Sohn Jaroslav Walter ab 1938 sehr gute und schnelle 248- und 348-ccm-OHV- und bald darauf OHC-Einzylinder-Rennmotoren baute, und daß dieser tüchtige und erfahrene Techniker von 1949 bis 1968 alle Č. Z.-Rennmaschinen konstruierte?

... Austria-Motorräder, von 1930 bis 1933 gebaut, Fahrgestelle aus Duralumin-Profilen besaßen, eine Konstruktion von Ing. Hauler waren und in der früheren Fabrik von D. S. H. in Trautmannsdorf (Niederösterreich) hergestellt wurden?

... es ab 1937 bei Böhmerland auch eine Zweitaktmaschine mit einen unorthodoxen, von Albin Liebisch konstruierten 345-ccm-Einzylindermotor mit 76 mm Bohrung und 76 mm Hub gab, daß dieser Motor, der 12,2 PS bei 3000 U/min. abgab, nach dem Wirbelstrom-System-Liebisch mit 9 Kanälen im Zylinder arbeitete und daß auch dieser Zweitakter in einer leichteren Variante des ungewöhnlichen Böhmerland-Fahrgestells eingebaut war?

... der einst berühmte Sportler Graf Alexander »Sascha« Kolowrat am 23. September 1906 seine Klasse beim Semmeringrennen mit einem Laurin & Klement-Motorrad gewann und daß dieser Mäzen 1922 die von Ferdinand Porsche konstruierten Austro-Daimler-»Sascha«-Rennwagen nicht nur selbst fuhr, sondern deren Bau auch finanzierte?

... sowohl die Firma M. A. T. als auch die Firma M. B. dem einst bekannten Prager Bugatti-Rennfahrer Miloš Bondy gehörte und daß diese 1928 gebauten 498-ccm-M. B.-Einzylindermaschinen wie die österreichischen Konstruktionen von Adalbert Freyler einen Drehschieber im Zylinderkopf besaßen?

... eine von Franz Bittner gefahrene Cless & Plessing 1904 den Rekord des Semmeringrennens brach und daß Jakob Werlin, später durch seine kommerzielle Verbindung mit der Daimler-Benz AG bekannt geworden, 1909 dort auf Puch der schnellste Motorradfahrer war, während ein anderer Puch-Fahrer, Ing. Robert Medinger, 1910 das Rennen gewann?

... der im Krieg umgekommene tschechoslowakische Rennfahrer František Hladěna mit mehreren tschechoslowakischen Motorradfabriken, wie J. F. K., Grizzly, Itar und Praga, eng verbunden war und zahlreiche Erfolge errang?

... die prachtvollen österreichischen Gigant-Maschinen von dem früheren Techniker der Firma Delta-Gnom, Johann Teichert, konstruiert und in der zweiten Hälfte der dreißiger Jahre gebaut wurden und daß von Martin Schneeweiss gefahrene 498-ccm-Gigant Bahnrennmaschinen mit einzylindrigen OHV-Motoren von JAP und Husqvarna kaum zu schlagen waren?

... auch die tschechoslowakische Firma Grizzly sehr rennsportfreundlich eingestellt war und daß deren 246-ccm-Zweitakter im Rennen nicht nur von Hladěna, Matyaš und Korbel solo, sondern von A. J. Trnka auch mit Seitenwagen gefahren wurden und daß es ab 1931 auch eine 348-ccm-OHC-Grizzly-Rennmaschine – von Zdeněk Herrmann gefahren – gab, die einen Ex-Werks-Motosacoche-(MAG-)Rennmotor besaß?

... 1937 der Secklehner-Fahrrad-Hilfsmotor, ein Erzeugnis einer alten Wiener Zubehörfirma, auf den Markt kam und daß es sich bei ihm um einen kleinen 99 ccm Boxer-Zweizylinder-Zweitakter mit Flachkolben handelte?

... es bei der Firma Grazer Motorenwerke AG in Puntigam bei Graz außer den Titan-Motorrädern auch die 144-ccm-Austro-Motoretten mit zweizylindrigem Parallel-Zweitaktmotor, Fahrrad-Hilfsmotoren sowie (1925) von Ing. Karl Schüber konstruierte 173-ccm-Rennmaschinen gab, die wassergekühlte Zylinderköpfe und obenliegende Nockenwellen besaßen, leider jedoch nie fertig entwickelt wurden, aber dennoch bei Bergrennen Erfolge errangen?

... bereits 1903 in Berlin Grasbahnrennen ausgetragen wurden und daß hier der Tscheche Václav Vončřich, der erfolgreichste Werksfahrer von Laurin & Klement, gewann?

... Anton Rumpler, dem zusammen mit seinen Bruder Franz in Wiener Neustadt die Motorradfabrik F. A. R. gehörte, 1927 bei einer Prüfungsfahrt tödlich verunglückte?

... Oswald, Gödel und Mairhuber das Werksteam von Titan bildeten und diese interessanten Zweitakter mit ihren Membranmotoren 1927 auch bei der österreichischen T. T. fuhren?

... bereits 1946 neue 348-ccm und 496-ccm-Jawa-Werksrennmaschinen, von Vincenz Sklenář konstruierte Parallel-Zweizylinder Doppelnockenwellen-Kompressormodelle, ins Renngeschehen eingriffen, und daß deren Fahrer Anton Vitvar, Richard Dusil und Jan Novotny waren?

... es sogar eine obengesteuerte 490-ccm-Puch-Werksrennmaschine gab, und daß dieses mit einem JAP-Einzylindermotor ausgerüstete Modell 1928 von Hugo Höbel beim Großen Preis von Österreich an den Start gebracht wurde?

... Č. Z. als erste tschechoslowakische Fabrik 1949 an der Sechstagefahrt in Schottland teilnahm und daß dort die Werksfahrer Kohlíček, Paštika und Marha hervorragend abschnitten?

... Thomas G. Harbourn, ein jahrelang in Wien seßhafter Engländer und Importeur der englischen Triumph-Motorräder, 1937 die mit 123-ccm-Villiers-Zweitaktmotoren ausgerüsteten »Wespe« Kleinkrafträder konstruierte und herstellte?

... die in Eger (jetzt Cheb) befindlichen Premier-Werke ein Unternehmen waren, in dem außer Motorrädern auch Fahrräder und Kinderwagen gebaut wurden und wo Geoffrey Rotherham, der Generaldirektor, ein Engländer war, während sich unter den anderen Direktoren der Tscheche Mašinda und der Deutsche Haubner befanden?

... es 1909 bei Bock & Holländer ein Motorradmodell mit einem 1098 ccm V-Zweizylindermotor gab?

... die tschechoslowakischen Firmen Jawa, M. A. T., Praga und J. A. C. Modelle mit Kardanantrieb herstellten?

... der Österreicher Hans Medwenitsch in den dreißiger Jahren auf einer von Franz Degen konstruierten Seitenwagen-Rennmaschine, die einen 996 ccm OHV-V-Zweizylinder-JAP-Motor mit 55 PS hatte, zahlreiche Rennen gewann?

... der Verfasser eine 1911 gebaute 5 PS Torpedo V-Zweizylindermaschine mit Klubsessel-Seitenwagen kannte, die noch 1947 im täglichen Gebrauch stand und wie fabriksneu aussah?

... Erwin Lechner, Dornauer, Kussin, Aubrunner, Statzinger, Trunkenpolz jun., Buck, Paul Schwarz, Kranawettvogel, Albert, Hofleitner u. a. Österreicher in den fünfziger Jahren auf KTM-Maschinen sehr viele Erfolge bei Wertungsfahrten und Rennen errangen?

... Rulliers, 1925 von František Boušek und František Venda in Prag gegründet, nette Zweitaktmaschinen baute und daß man bei diesen Villiers-Motoren mit 147, 172 und 342 ccm einbaute?

... Eduard Nikodem und Louis Obruba 1905–1907 unter anderem die 904-ccm-V-Zweizylinder Puch-Rennmaschinen fuhren und damit ihnen zahlreiche Siege errangen?

... Chefkonstrukteur Ing. Zdeněk Michl nach Einstellung des Motorradbaues bei Orion zur Automobilfabrik Aero nach Prag-Vysočany ging und dort zahlreiche Sportversionen und Prototypen dieser erfolgreichen Zweitakt-Automobilmarke schuf?

... eine von Franz Reiter gefahrene 244-ccm-L. A. G.-Zweitaktmaschine 1924 die Leichtgewichtsklasse bei der österreichischen Tourist Trophy gewann und daß Ing. Oskar Hacker, der damals für die Bison-Motorräder verantwortlich zeichnete, später ein berühmter Konstrukteur von Schwerkraftfahrzeugen bei Austro-Daimler in Wiener Neustadt wurde?

... das erste Manet-Motorrad 1947 von einer slowakischen Maschinenfabrik gebaut wurde und daß hier der Ex-Jawa-Konstrukteur Vincenz Sklenář einen 90 ccm Doppelkolben-Zweitaktmotor verwendete?

... zu den interessantesten Puch-Konstruktionen der dreißiger Jahre ein 792-ccm-Vierzylinder-SV-Modell mit einem quergestellten Boxermotor und eine 349-ccm-Doppelkolben-Zweitakt-Geländesportmaschine gehörten, die 1938 auf den Markt kam?

... Hermann Gunzenhauser, jahrelang Deutschlands erfolgreichster Grasbahnfahrer, Jawa-Werksmaschinen mit 248-, 348-, 498- und gelegentlich auch 598-ccm-OHV-Einzylinder-Langhubmotoren fuhr?

... Erich Trunkenpolz, der das »T« bei den bekannten österreichischen KTM Maschinen bildet, selbst zahlreiche Veranstaltungen wie Rennen und Wertungsfahrten mit diesen Konstruktionen erfolgreich bestritt und daß diese schönen und guten Motorräder, die früher Rotax-Motoren (Sachs-Lizenz) aufwiesen, nunmehr mit Original Sachs-Zweitaktern und eigenen Motoren ausgerüstet sind?

... um 1922 herum das »Reichsfahrtmodell« von DKW in Lizenz von der Nordböhmischen Federnfabrik Weber & Reichmann in Warnsdorf gebaut wurde?

... bald nach dem tödlichen Unfall von Rupert Karner bei der Ungarischen Tourist-Trophy 1928 die Firma D. S. H. ihre Tore schließen mußte, die Marke jedoch 1929 durch einen anderen früheren Rennfahrer und Techniker der Firma, Franz Döllner, für kurze Zeit zu neuem Leben in einer neuen Fabrik erweckt wurde?

... 1953 auch die 1925 gegründete Firma Delta-Gnom unter Leitung des alten Firmeninhabers Ing. J. Wolmersdorfer wiedererstand, zunächst 98-ccm-Rotax-Motoren, später auch 123-ccm-Versionen dieser Motorenfabrik einbaute und dann auf die Herstellung von Mopeds mit Puch-, H. M. W.- und anderen Mopedmotoren überging?

... Ján Křivka für zahlreiche und sehr erfolgreiche Jawa-Konstruktionen, besonders Rennmaschinen und Geländemodelle, verantwortlich ist und daß neben dem berühmten Franta Stàstný auch dem 1968 bei einer Versuchsfahrt verunglückten Gustav Havel die meisten Siege auf diesen schnellen Rennmaschinen zufielen?

... es bereits 1904 auf dem Gebiet der derzeitigen Tschechoslowakei die Motorradfirmen Laurin & Klement, Orion, Walter, Kohout, Linser (Zeus), Roessler & Jauernig, Jelinek und Trojan & Nagel (Torpedo) gab?

... der berühmte Wiener Bahnfahrer Leopold Killmayer jahrelang von Ludwig Apfelbeck konstruierte 498-ccm-Vierventil-OHV-Einzylinder-Speedwaymotoren benützte und daß diese auch von seinem jüngeren Bruder Karl Killmayer mit sehr guten Resultaten verwendet wurden?

... es in der mährischen Stadt Olmütz (jetzt Olomouc) zwischen 1933 und 1935 ein Zweigunternehmen der französischen Terrot-Werke in Dijon gab, wo hauptsächlich seitengesteuerte Einzylindermaschinen mit 346 ccm hergestellt wurden?

... man bei den früheren Halleiner Motoren Werken (H. M. W.) zunächst den Fuchs-Fahrradhilfsmotor und später eigene 49-ccm- und auch größere Zweitakter, zum Teil für andere Mopedhersteller, baute und daß es dort auch sehr rassige Sportmopeds gab?

... 1927 von J. F. Koch konstruierte B. D.-Motorräder mit eigenen 498-ccm-OHC-Motoren und Brough-Superior-ähnlichen Satteltanks auf den Markt kamen und daß die Herstellung dieser erstklassigen und robusten Maschinen 1929 von der Praga-Automobilfabrik (durch den Ankauf der Breitfeld-Daněk Werke [B. D.]) übernommen wurde?

... bereits 1913 und 1914 österreichische Puch-Maschinen, von Dr. Robert Medinger gefahren, bei der englischen T. T. auf der Insel Man mitfuhren, das Rennen jedoch nicht beenden konnten?

... der bekannte deutsche Techniker und Fachjournalist J. F. Drkosch 1932 die 247-ccm-OHV-Rennmaschinen der Firma Barry in Müglitz (Mähren) schuf und 1938 für diese auch ein 98-ccm-»Volksmotorrad« konstruierte, das infolge der damaligen Verhältnisse jedoch nie serienmäßig gebaut wurde?

... zu den Motorradherstellern, die in Österreich schweizerische MAG-(Motosacoche) Einbaumotoren verwendeten, auch D. S. H., Werner, E. M., Lanco und M. T. gehörten?

... die Motorradfabrik Č. Z. früher zu den Škoda-Werken gehörte und daß auch die frühere Brünner Automobilfabrik »Z« unter der Kontrolle von Škoda stand, obwohl es bei diesen Waffenwerken keine direkte Zusammenarbeit auf dem Gebiete der Kraftfahrzeugherstellung gab?

... Michael Gayer, einst einer der erfolgreichsten österreichischen Rennfahrer auf L. A. G. Sarolea, Sunbeam, Chater Lea, Indian und Husqvarna, der auch als Rennmaschinen-Techniker

498 ccm Gayer (OHC-Rennmaschine von G. Mach gefahren) 1950

Ansehen errang und u. a. nach dem zweiten Weltkrieg eine 498-ccm-OHC-Rennmaschine für den bekannten Seitenwagenfahrer Georg »Schurl« Mach schuf, deren Konstruktion auf Gayers alter (1927 gebauter) Chater Lea basierte?
... Václav Vondřich, František Toman und Narcis Podsedniček Werksfahrer bei Laurin & Klement waren und daß man bei dieser Firma, die als Automobilfabrik 1924 zu Škoda kam, bereits 1905 Motorräder mit luftgekühlten vierzylindrigen Reihenmotoren baute?
... Ing. Anton Gazda, der 1926 die 246-ccm-Gazda-Zweitaktmaschinen schuf, bald darauf die nach ihm benannten Gazda-Blattfederlenker herstellte und daß diese u. a. in Serienmodellen von DKW und Zündapp verwendet wurden?
... der Namen Mezo aus den ersten zwei Buchstaben von Medinger und Zogelmann entstand und daß Hermann Medinger, der diese österreichischen Motorräder mit englischen Villiers- und JAP-Motoren schuf und 1924 bei der österreichischen T. T. schwer verunglückte, später eine Motorrad-Zubehörhandlung betrieb?
... die unorthodoxen J. A. C. Motorräder mit 498 ccm Fahrgestelle aus geschweißtem Preßstahl hatten und daß der Konstrukteur J. A. Cvách für den großvolumigen Zweitakter einen Drehschieber zur Einlaßsteuerung sowie Kardanantrieb verwendete, wobei auch bemerkenswert war, daß der Kraftstoffbehälter nicht über, sondern hinter dem Zylinder lag?
... nur wenige der 1925 gebauten österreichischen Force-Motorräder mit eigenen 348-ccm-Zweitaktmotoren verkauft wurden und daß auch die Produktion der ebenfalls in Wien hergestellten Montlhéry Maschinen in bescheidenen Grenzen lag?
... das letzte in Eger gebaute Premier-Modell die von Ing. Otto Lausmann konstruierte OHV-Einzylinder Sportmaschine mit 494 ccm war, deren Langhubmotor mit nach vorn geneigtem Zylinder 75,5 mm Bohrung und 110 mm Hub besaß und daß dieser Typ in Rennausführung 1929–1930 unter dem Werks-Spitzenfahrer Alois Kaus eingesetzt wurde?
... in den zwanziger Jahren von den beiden österreichischen Firmen D. S. H. und M. T. zahlreiche 172-ccm-Rennmaschinen mit dem Villiers-»Brooklands«-Motor gebaut wurden und daß

die Fahrer Rudolf Runtsch, Anton Hunek, Josef Opawsky, Lorenz Hubbauer, Graf Philip Boos-Waldeck u. a. mit diesen die großen Gegner der Puch-Werksfahrer Hugo Höbel, Hans Sandler und Erwin Nowak waren?

... besonders in den zwanziger Jahren in Österreich und in der Tschechoslowakei die meisten ausländischen Motorradmarken vertreten waren und der einheimischen Industrie den Kampf um jeden Kunden und damit um die Existenz sehr erschwerten, zumal infolge verhältnismäßig kleiner Produktion die Herstellungskosten nicht immer konkurrenzfähig sein konnten?

... die bereits erwähnten 246er Gazda-Zweitaktmotoren 67 mm Bohrung und 70 mm Hub, abnehmbare Zylinderköpfe aus Elektron, Pumpenschmierung und hohe Kolben mit vier seitlichen Schlitzen besaßen?

... Ing. Konstantin Leschan, der 1926–1927 Rennen auf einer Brough-Superior-Maschine für die Salzburger Firma Funk bestritt und später die Werner-MAG-Motorräder konstruierte, jetzt angeblich in Persien lebt?

... 1903 Laurin & Klement-Motorräder an 34 Rennen teilnahmen und 32 davon siegreich beendeten?

... der in Österreich geborene Konstrukteur Ing. Lackler 1929 für Victoria in Nürnberg einen speziellen Zylinderkopf entwickelte, später als technischer Leiter beim Delahaye-Autorennstall der Lucy O'Reilly Shell (Ecurie Blue) in Nizza tätig war und dann nach den USA ging?

... es bei Böhmerland, so unglaublich es klingt, auch einen Renntyp mit dem 598-ccm-OHV-Liebisch-Einzylindermotor und dem schweren, ungewöhnlichen Fahrgestell gab und daß dieser Typ bei Veranstaltungen wie den Bergrennen am Schöberberg und Eichwald-Zinnwald in Nordböhmen von den Fahrern Liebisch und Hawlik auf gute Plätze gebracht wurde?

... die 1953 gegründete österreichische Firma KTM immer mehr in den Vordergrund kam und heute interessante Modelle mit 49-ccm-Sachsmotoren, wie das Modell »Hobby«, und die verschiedenen 98- und 123-ccm-Versionen mit Sachs-Fünfgangmotoren wie das Modell »Comet 125«, teilweise auch in »Penton-Six Day« Ausführung für den amerikanischen Markt, herstellt?

... J. V. Illichmann, der seine Laufbahn bei Werner-MAG begann und später neben seinen berühmten Hinterradfederungen, Fußschaltungen und Leichtmetallbremsen die schnellen 246- und 498-ccm-Austria-Alpha-Rennmaschinen schuf und außerdem auch auf Rudge, Norton etc. erfolgreich Rennen bestritt, jetzt in Altmünster/Traunsee (Oberösterreich) ein bekanntes und gutgehendes Unternehmen, eine Gießerei, betreibt?

... die Firma von Josef Walter 1898 als Fahrradfabrik gegründet wurde, daß sie 1902 das erste Motorrad mit einem eigenen Einzylindermotor baute und später zur Produktion von Dreirädern, Automobilen und zuletzt Flugzeugmotoren überging?

... Ing. Pitzek, jahrelang Chefkonstrukteur bei Delta-Gnom, in den dreißiger Jahren den österreichischen 798-ccm-Gloria-Kleinwagen schuf?

... die Smart, York, Titan und Montlhéry, trotz fremdsprachiger Namen, in Österreich hergestellte Motorräder waren?

... auch der Sohn des einst sehr bekannten Puch-Fahrers Siegfried Cmyral nach dem zweiten Weltkrieg mit Erfolg an Sportveranstaltungen teilnahm?

... in den Jahren vor und nach dem zweiten Weltkrieg der Deutsche Hermann Gunzenhauser auf Jawa und der Österreicher Martin Schneeweiss auf Gigant und Schneeweiss-Spezial die großen Gegner bei Sand- und Grasbahnrennen waren?

... Franta Brand auf der einzylindrigen, von G. W. Patchett konstruierten 498er OHV-Jawa Werksrennmaschine 1932 der erste tschechoslowakische Fahrer auf einer tschechoslowakischen Maschine war, der die englische T. T. (in 14ter Position) beendete?

... Erwin Lechner mit der 123 ccm OHC-Werksrennmaschine von KTM 1959 der beste einheimische Fahrer beim Großen Preis von Österreich in Salzburg war?

... der langjährige und erfolgreiche Jawa-Werksrennfahrer Franta Juhan, ein Bruder des früheren Porsche-Rennfahrers Jaroslav Juhan, jetzt in Kanada Motorräder vekauft?

... sich in der einzigartigen Motorrad-, speziell Rennmaschinen-Sammlung von Walter Brandstetter in St. Pölten in Österreich auch eine alte österreichische 346-ccm L. A. G. Zweitaktmaschine neben berühmten Rennmaschinen von Moto Guzzi, Sunbeam, AJS, Rudge, Norton, DKW, NSU, BMW, Motosacoche, Scott, Velocette, Schneeweiss-Spezial, Saroléa und Brough-Superior befindet und daß es dort auch Rennmotoren von Chater Lea JAP, Blackburne, Gayer, Husqvarna, Excelsior und anderer einst berühmter Marken gibt?

... George William Patchett, einst Chefkonstrukteur, Rennleiter und Rennfahrer von Jawa, durch den Verkauf von Waffen-Patenten an englische Firmen sehr wohlhabend wurde und jetzt in einer prachtvollen Villa in Cannes wohnt?

... Joel Robert, Paul Friedrichs, Dave Bickers, S. Geboers, V. Arbekov, Rene de Coster, Peter Dobry und V. Válek zu den erfolgreichsten Č. Z.-Moto Cross-Fahrern der sechziger Jahre gehörten?

... man bei der tschechoslowakischen Firma ESO außer Speedway-Maschinen und Motoren auch Moto Cross- und sogar Straßenrennmaschinen mit 348- und 498-ccm-OHV-Einzylindermotoren gebaut hat und noch heute herstellt?

... H. M. W. (Halleiner-Motoren-Werke) das älteste österreichische Moped-Werk war, 1957 von Hallein nach Kottingbrunn übersiedelte und damals mit der 49 ccm »Supersport«, die 2,2 PS leistete, eines der schönsten Mopeds im Lande baute?

... sowohl Österreich als auch die Tschechoslowakei sehr gute Fahrerinnen im Motorradsport hatte und daß in Österreich Sophie Skorpil, Poldi Mühlegger, Githa von Rotherham, Betty Steiner und Dr. Johanna Wagner, in der Tschechoslowakei Milada Bayerová, Ella Hladka, Elli Keimer (verehelichte Pokorny), Hertha Geissler, Ella Parus und Irena Kafka beachtliche Sporterfolge erzielten?

... 1954 eine 498-ccm-Parallel-Zweizylinder-Jawa-Rennmaschine mit 209,9 km/h einen neuen tschechoslowakischen Rekord aufstellte?

... die ersten, 1932 gebauten Č. Z. Kleinkrafträder 76 ccm, 1933 bereits 98 ccm besaßen und daß 1935 die ersten 173 ccm Zweitakter mit einem schönen Preßstahlrahmen und mit Blockmotor auf den Markt kamen?

... Austro-Omega, in den dreißiger Jahren ein schönes und gutes Motorrad mit englischem JAP-Motor, noch in den fünfziger Jahren als Seitenwagenmarke existierte?

... der neueste Roller von Manet »Tatran« heißt, einen Zweitaktmotor mit 123 ccm besitzt und daß 1930 erstmalig eine tschechoslowakische Maschine, eine von Mita Vychodil gesteuerte Praga 498 ccm, an der internationalen Sechstagefahrt teilnahm?

... nach 1945 trotz einer geringeren Anzahl von Motorradherstellern in Österreich und der Tschechoslowakei bedeutend mehr Motorräder, Roller und Mopeds in diesen Ländern als in irgendeiner Periode vorher gebaut und verkauft wurden?

... man bei den österreichischen Firmen KTM und Puch erstklassige 50 und 125 ccm-Maschinen herstellt, und daß es bei KTM eine 125er Moto Cross-Maschine mit dem 18 PS Sechsgang-Sachs-Zweitaktmotor gibt?

... man bei KTM in Mattighofen in Oberösterreich nicht nur Fichtel & Sachs-Motoren verwendet, sondern auch im eigenen Betrieb Zweitakter entwickelt und herstellt, und daß zu den letzteren auch ein 175 ccm-Sechsgangmotor mit Elektrongehäuse gehört?

... daß Puch Einbau-Zweitakter auch an Motorradhersteller in England, Italien und Holland geliefert werden?

... daß der Maico-Chefkonstrukteur Dipl.-Ing. Schier aus Wien stammt?

... Puch, ursprünglich für den USA-Markt, das Modell »Enduro« mit einem 175 ccm-Zweitaktmotor und 22 PS bei 9000 U/min entwickelt hat, und daß es dort 1972 auch schon 250er mit 34 PS und 400er mit 40 PS gab?

... von Jaroslav Pudil konstruierte vierzylindrige 348 ccm-CZ-Viertakt-Rennmaschinen schon 1971 gute Leistungen zeigten, und daß es sich bei diesen um OHC-Motoren handelt?

... in der Tschechoslowakei gebaute Jawa-(Eso-)Bahnmaschinen resp. Bahnmotoren von den führenden Bahnrennfahrern in aller Welt erfolgreich benützt werden, und daß diese weiterentwickelte Konstruktion auf eine von Jaroslav Simandl 1948 geschaffene Eigenkonstruktion, die dem JAP-Bahnmotor ähnlich war, zurückgeht?

... im Januar 1972 Bohumil Turek, einer der besten tschechoslowakischen Rennfahrer der zwanziger Jahre und jahrelanger Werksfahrer von Walter (Jinonice) mit der 1000 ccm V-Zweizylinder, im Alter von 71 Jahren in Prag starb?

... die serienmäßige 125 ccm CZ-Moto Cross-Maschine 1972 eine Leistung von 18 PS bei 8600 U/min hatte?

... zu Beginn des Jahres 1974 in England der berühmte frühere englische Konstrukteur und Rennleiter/Rennfahrer von Jawa in Prag, Georg William Patchett im Alter von 73 Jahren verstarb?

... zur neuen Generation führender CZ-Moto Cross-Fahrer Falta, Churavy, Halm, Baborovsky, Toman, Velký und Hlous gehören?

INHALTSVERZEICHNIS